PLANEJAMENTO PARA A COMPREENSÃO

W655p Wiggins, Grant.

Planejamento para a compreensão : alinhando currículo, avaliação e ensino por meio do planejamento reverso/ Grant Wiggins, Jay McTighe ; tradução Sandra Maria Mallmann da Rosa ; revisão técnica: Bárbara Barbosa Born, Andréa Schmitz Boccia. – 2. ed. (ampliada). – Porto Alegre : Penso, 2019.

xiii, 364 p. ; 28 cm.

ISBN 978-85-8429-183-0

1. Educação. 2. Didática. 3. Pedagogia. I. McTighe, Jay. II. Título.

CDU 37

Catalogação na publicação: Karin Lorien Menoncin – CRB 10/2147

GRANT WIGGINS · JAY McTIGHE

2ª EDIÇÃO AMPLIADA

PLANEJAMENTO PARA A COMPREENSÃO

ALINHANDO CURRÍCULO, AVALIAÇÃO E ENSINO POR MEIO DO PLANEJAMENTO REVERSO

Tradução:
SANDRA MARIA MALLMANN DA ROSA

Revisão técnica:
BÁRBARA BARBOSA BORN
Bacharel e licenciada em História pela Pontifícia Universidade Católica de São Paulo. Mestre em Educação Internacional Comparada pela Stanford Graduate School of Education e em Educação pela Universidade de São Paulo. Doutoranda em International Comparative Education e Curriculum and Teacher Education na Stanford Graduate School of Education.

ANDRÉA SCHMITZ BOCCIA
Pedagoga. Formadora no Instituto Canoa. Especialista em Docência de Língua Portuguesa pelo Instituto Superior Vera Cruz. Mestra em Estudos Literários pela Universidad Complutense de Madrid.

Porto Alegre
2019

Obra originalmente publicada sob o título *Understanding by design*, expanded 2nd edition.

ISBN 9780131950849

Translated and published by PENSO EDITORA LTDA with permission from ASCD. This translated work is based on Understanding by design, expanded 2nd edition by Grant Wiggins and Jay McTighe.

Copyright © 2005 ASCD. All Rights Reserved. ASCD is not affiliated with PENSO EDITORA LTDA, nor responsible for the quality of the translated work.

Gerente editorial: Letícia Bispo de Lima

Colaboraram nesta edição:

Coordenadora editorial: Cláudia Bittencourt

Capa: Márcio Monticelli

Imagem da capa: ©shutterstock.com / Andrii Zastrozhnov, Alternative chaotic business choice. Order concept. – Imagem

Leitura final: Camila Wisnieski Heck

Editoração: TIPOS – design editorial e fotografia

Reservados todos os direitos de publicação, em língua portuguesa, à
PENSO EDITORA LTDA., uma empresa do GRUPO A EDUCAÇÃO S.A.
Av. Jerônimo de Ornelas, 670 – Santana
90040-340 Porto Alegre RS
Fone: (51) 3027-7000 – Fax: (51) 3027-7070

SÃO PAULO
Rua Doutor Cesário Mota Jr., 63 – Vila Buarque
01221-020 – São Paulo – SP
Fone: (11) 3221-9033

SAC 0800 703-3444 – www.grupoa.com.br

É proibida a duplicação ou reprodução deste volume, no todo ou em parte,
sob quaisquer formas ou por quaisquer meios (eletrônico, mecânico, gravação,
fotocópia, distribuição na Web e outros), sem permissão expressa da Editora.

IMPRESSO NO BRASIL
PRINTED IN BRAZIL

Autores

Grant Wiggins foi presidente da Authentic Education, localizada em Monmouth Junction, New Jersey. Consultor em escolas, distritos e secretarias de educação estaduais acerca de uma variedade de questões; organizou conferências e oficinas, e desenvolveu materiais impressos e recursos na *web* sobre mudança curricular com base em planejamento para a compreensão. O trabalho de Wiggins foi apoiado por Pew Charitable Trust, Geraldine R. Dodge Foundation, National Science Foundation e Education Commission of the States, entre outras organizações.

Trabalhou em algumas das iniciativas de reforma mais influentes nos Estados Unidos, entre as quais o sistema de portfólio de Vermont e a Coalition of Essential Schools. Wiggins fundou um consórcio em âmbito estadual dedicado à reforma da avaliação e planejou um protótipo para avaliação de portfólio baseado no desempenho e comandado por professores para a Carolina do Norte e New Jersey.

Wiggins é autor de *Educative assessment* e *Assessing student performance*. Seus muitos artigos foram publicados em periódicos como *Educational Leadership* e *Phi Delta Kappan*.

Seu trabalho está fundamentado em 14 anos de ensino e treinamento no ensino médio. Wiggins ensinou inglês e filosofia, treinou futebol universitário, *cross country*, beisebol universitário júnior e caminhada e atletismo. Treinou seus dois filhos e sua filha em futebol e beisebol. Em 2002, foi Scholar in Residence no College of New Jersey. Fez doutorado em Educação na Harvard University e bacharelado em Artes no St. John's College, em Annapolis. Wiggins também tocava violão e cantava na Hazbins, uma banda de *rock*.

Wiggins faleceu em 2015.

Jay McTighe contribui com diversas experiências desenvolvidas durante uma rica e variada carreira em educação. Foi diretor do Maryland Assessment Consortium, uma colaboração estadual de distritos escolares que trabalham em conjunto para desenvolver e compartilhar avaliações de desempenho formativas. Antes disso, esteve envolvido com projetos de melhoria de escolas no Maryland State Department of Education. É conhecido por trabalhar com habilidades de pensamento, tendo coordenado esforços estaduais para desenvolver estratégias instrucionais, modelos curriculares e procedimentos de avaliação para a melhoria da qualidade do pensamento dos estudantes. McTighe também dirigiu o desenvolvimento da Instructional Framework, uma base de dados multimídia sobre ensino. Além de seu trabalho em âmbito estadual, tem experiência em âmbito distrital no condado de Prince George, Maryland, como professor de sala de aula, especialista em recursos e coordenador de programas. Também foi diretor do Maryland Summer Center for Gifted and Talented Students, um programa estadual de aprimoramento em residência realizado no St. Mary's College.

McTighe publicou artigos em periódicos e livros, entre os quais *Educational leadership* (ASCD), *Developing minds* (ASCD), *Thinking skills: concepts and techniques* (National Education Association) e *The developer* (National Staff Development Council). É coautor de três livros sobre avaliação: *Assessing learning in the classroom* (NEA), *Assessing student outcomes: performance assessment using the dimensions of learning model* (ASCD) e *Evaluation tools to improve as well as evaluate student performance* (Corwin Press). E, com Grant Wiggins, escreveu *Understanding by design professional development workbook* (ASCD), *Understanding by design handbook* (ASCD) e outros títulos essenciais em planejamento para a compreensão, também pela ASCD.

McTighe tem um longo histórico em desenvolvimento de equipes e é palestrante em conferências e oficinas nacionais, estaduais e distritais. Também é apresentador e consultor de programas em videoteipe, entre eles *Performance assessment in the classroom* (Video Journal of Education), *Developing performance assessments* (ASCD) e a série de vídeos de *Understanding by design* (vídeos 1-3) (ASCD).

McTighe concluiu seu curso de graduação no College of William and Mary, fez mestrado na University of Maryland e concluiu seus estudos de pós-graduação no Educational Policy Fellowship Program por meio do Institute for Educational Leadership, em Washington D.C. Foi membro do National Assessment Forum, uma coalisão de organizações educacionais e de direitos civis que defendem reformas em políticas e práticas de avaliação nacionais, estaduais e locais. Ele também concluiu um mandato de três anos no ASCD Publications Committee, como diretor do comitê em 1994-1995.

McTighe pode ser encontrado na 6581 River Run, Columbia, MD 21044-6066.
Fone (410) 531-1610. *E-mail*: jmctigh@aol.com. *Website*: jaymctighe.com.

Agradecimentos

Muitos profissionais, numerosos demais para mencionar, nos ajudaram a desenvolver e refinar as ideias e materiais de *Planejamento para a compreensão*. No entanto, alguns deles merecem um agradecimento especial. Primeiramente, temos um débito de gratidão com os membros da equipe de formação em planejamento para a compreensão – John Brown, Ann Cunningham-Morris, Marcella Emberger, Judith Hilton, Catherine Jones, Everett Kline, Ken O'Connor, Jim Riedl, Elizabeth Rutherford, Janie Smith, Elliott Seif, Michael Short, Joyce Tatum e Allison Zmuda. Suas opiniões e orientações, baseadas em extensa experiência na condução do desenvolvimento profissional em planejamento para a compreensão, resultaram em maior precisão de linguagem, clareza de exemplos e meios de apoio. Agradecemos em especial os conselhos de Elliott e Allison no curso de incontáveis horas de revisão e conversas enquanto o livro era finalizado.

Um agradecimento especial a Lynn Erickson, cujo trabalho sobre educação baseada em conceitos foi vital para nosso pensamento sobre compreensão; a Denise Wilbur, colega veterana de Grant na Authentic Education, foi uma inestimável colaboradora, crítica e editora enquanto o livro era organizado; e a Everett Kline, que tem sido companheiro neste trabalho há quase 20 anos e nunca deixou de colaborar com perguntas entusiásticas e relevantes e críticas construtivas aos autores. Expressamos nosso profundo agradecimento aos muitos milhares de educadores que participaram de oficinas de formação e conferências sobre planejamento para a compreensão. Suas devolutivas, perguntas incisivas e esforços de planejamento nos ajudaram a moldar e aperfeiçoar os materiais e as discussões.

Não existiria *Planejamento para a compreensão* não fosse o incansável apoio e entusiasmo de Sally Chapman na ASCD: ela foi a primeira a ter a visão de parceria entre os autores e a confiar em nós para dar início e persistir nessa jornada (mesmo quando a conclusão do livro estava com um ano de atraso). Somos muito gratos – ela teve paciência de Jó (a maior parte do tempo).

Também somos muito gratos à equipe editorial da ASCD por sua habilidade de transformar um original excessivamente complicado em um produto final bem-concebido e por aceitar um livro em atraso de bom grado. O original tornou-se uma obra melhor devido a sua flexibilidade e talentos.

Por fim, agradecemos a nossas famílias por tolerarem os intermináveis telefonemas, as constantes viagens entre Maryland e New Jersey, e as horas passadas na estrada empregando e aprimorando estes conteúdos.

Apresentação à edição brasileira

Acreditamos que planejar e compreender são as duas ações principais advindas do livro *Planejamento para a compreensão.* Ainda que não estranhas à prática profissional escolar, ambas merecem um aprofundamento para situá-las e relacioná-las no fazer docente.

O planejamento como atividade necessária na rotina profissional dos educadores é, muitas vezes, visto pelo professor apenas como um dever estritamente burocrático e até, de maneira histórica, de controle de seu trabalho pelos vários âmbitos organizacionais do sistema educacional e de gestão da escola, sem qualquer contraponto prático para seu dia a dia.

No entanto, o ato de planejar, quando pensado de forma mais abrangente, faz parte do cotidiano da profissão docente e é muito importante. De forma explícita ou implícita, professores planejam toda vez que preparam suas aulas, projetam avaliações e desenham atividades de aprendizagem e ensino para os alunos. Também planejam quando previamente imaginam múltiplas formas de interação com os estudantes e entre eles, concebem rotinas e procedimentos concernentes à vida em sala de aula, esboçam provas e deveres de casa, programam prazos para entrega de trabalhos e tarefas, selecionam os conteúdos que irão priorizar em cada turma, vislumbram aprendizagens possíveis, etc. Enfim, grande parte das tomadas de decisão de um professor passa antecipadamente pelo ato de planejar, ainda que apenas mentalmente.

O planejamento precede todo currículo posto em ação. Trata-se, pois, de uma ferramenta preambular para a reflexão profunda sobre o currículo que é prescrito: que tópicos são essenciais para esta área do conhecimento humano? Que relações existem entre os tópicos prescritos? Que lógica existe entre os diferentes eixos da disciplina? Que princípios organizadores desse campo de estudos poderão oferecer sentido aos alunos? Como fazer com que eles percebam essas conexões? Como ajudá-los a conhecer as partes a fundo, mas sem deixar de lado a complexidade do todo?

Essas reflexões aportam ao professor o que deveria ser a essência de seu curso: as compreensões essenciais da disciplina. Compreensões que poderão encorajar os alunos a resolver problemas fundamentais da condição humana na complexidade do mundo real. Mais do que inundar a cabeça dos estudantes com conhecimentos isolados, é preciso ensiná-los a integrar os saberes que chegam à escola por vezes tão fragmentados. Cada vez mais se torna tarefa impraticável o ensino de todo o conhecimento humano já produzido: é preciso selecionar.

Paulo Freire, Edgard Morin e muitos outros importantes estudiosos da reforma do ensino já sonharam a escola sob a perspectiva da compreensão pelo aluno, contextualizada com base em sua leitura de mundo e evidenciada por sua aptidão para integrar conhecimentos. Diante disso, o planejamento para a compreensão conversa diretamente com a Base Nacional Comum Curricular (BNCC), já que se mostra uma ferramenta prática e efetiva para ajudar a organizar conhecimentos e habilidades específicos em torno das ideias centrais de cada área. Pode ainda apoiar grupos de trabalho envolvidos na (re)elaboração de documentos curriculares, assim como professores de educação básica ou de ensino superior em seus planejamentos de aulas ou unidades.

Planejar para a compreensão é um caminho necessário para prever e organizar as ações e os processos didáticos. Um planejamento bem refletido pode dar maior flexibilidade ao professor, já que oferece mais possibilidades para sua prática docente diária, evitando improvisações. Pode ainda otimizar o alcance das compreensões intencionadas, se alinhado de forma construtiva (objetivos de aprendizagem guiando possíveis modos de evidenciar essa aprendizagem, que, por sua vez, encaminharão o planejamento das atividades de ensino).

O planejamento como um exercício de reflexão. A compreensão como o entendimento mais profundo das complexidades da vida real. O planejamento para a compreensão como um caminho para uma educação mais autêntica e refletida. São essas as motivações essenciais que deram origem à tradução ao português da obra de Grant Wiggins e Jay McTighe, fruto de muitos anos de pesquisa, docência e formação de professores. O planejamento para a compreensão já tem sido usado de forma intensa no Brasil, desde 2016, por todos os professores universitários e de educação básica que participam do Programa de Especialização Docente (PED), em parceria com a professora Rachel Lotan, da Universidade de Stanford (Estados Unidos).

Fundação Lemann
Instituto Canoa

A Fundação Lemann acredita que um Brasil feito por todos e para todos é um Brasil em que é possível sonhar, realizar e chegar longe. Tudo isso começa pela Educação pública de qualidade e com pessoas que querem resolver grandes desafios sociais. Desde 2002, colabora com iniciativas que ajudam a construir um país mais justo, inclusivo e avançado. Escolhemos trabalhar com a Educação pública para que alunos do norte ao sul tenham as mesmas oportunidades e trabalhamos lado a lado de professores, gestores, secretarias e governos. Queremos que você faça parte dessa transformação com a gente!

O Instituto Canoa tem como objetivo apoiar a melhoria da qualidade da formação de professores no País em parceria com universidades, escolas e secretarias de educação. Nosso modelo de trabalho envolve a criação de comunidades de prática nas quais tanto o planejamento como a reflexão são realizados de forma coletiva. No Programa de Especialização Docente (PED Brasil), projeto criado e liderado pelo Centro Lemann da Universidade Stanford (Estados Unidos), somos parceiros no desenvolvimento de uma rede de dezenas de universidades brasileiras para a oferta de cursos de especialização inspirados nos princípios e no currículo do *Stanford Teacher Education Program* (STEP). Em nossa parceria com o Departamento de Educação de São Roque, no interior de São Paulo, colaboramos com os professores de matemática para o planejamento e a implementação de aulas com foco no trabalho em grupo e na busca por equidade.

Prefácio

Convidamos você que está lendo *Planejamento para a compreensão* pela primeira vez a conhecer um conjunto de ideias e práticas que podem ratificar boa parte do que você acredita e faz como educador. De certa maneira, o que buscamos aqui foi simplesmente organizar o que sempre pareceu ser a melhor prática no planejamento da aprendizagem. No entanto, já antevemos que pelo menos algumas das nossas ideias poderão provocar sua reflexão e talvez fazê-lo repensar seus próprios hábitos (ou os de seus colegas) relativos a planejamento, avaliação e ensino. O material apresentado nas próximas páginas pode abalar as convicções de alguns leitores e demandar que repensem muito alguns hábitos confortáveis. Independentemente do seu ponto de partida ou do grau de conforto enquanto lê, esperamos que as ideias de *Planejamento para a compreensão* fortaleçam suas capacidades para promover uma aprendizagem mais engajadora e eficaz, estejam seus estudantes no 3º ano do ensino fundamental, no 1º ano de faculdade, ou façam parte do corpo docente de sua instituição de ensino.

Os leitores que estão familiarizados com a 1ª edição de *Planejamento para a compreensão* poderão ficar perplexos ou ansiosos ao examinar o sumário desta nova edição. Reformulamos o livro de cima a baixo com base em seis anos de pesquisa e desenvolvimento constante dos autores, de nossas equipes e uma dezena de membros da Equipe de Treinamento apoiada pela Association for Supervision and Curriculum Development (ASCD), além de incontáveis educadores ao redor do mundo. Os refinamentos resultantes não causarão surpresa para esses profissionais que trabalharam conosco nestes últimos seis anos. Eles sempre perguntam (com um misto de risos e temor): então, que mudanças vocês fizeram *desta* vez? A resposta, resumidamente: nós revisamos inúmeras vezes o modelo de planejamento reverso, os principais termos usados em *Planejamento para a compreensão*, dúzias de folhas de trabalho e algumas das grandes ideias, baseados nas devolutivas dos leitores, em nossas próprias observações e no profundo desejo de progredir continuamente.

Trabalhamos com milhares de educadores da educação básica e do ensino superior em todos os 50 estados e em 8 países estrangeiros desde que a 1ª edição foi escrita, e cada vez temos uma nova ideia – um risco da profissão, infelizmente, para aqueles leitores que anseiam por um pouco mais de estabilidade. De fato, é assim que nós somos. E, mais importante ainda, é disso que se ocupa o trabalho de ensinar para a compreensão: investigar mais a fundo, fazer as perguntas essenciais continuamente, repensar. Então, embora possamos pedir desculpas por algumas vezes tornarmos mais difícil percorrer esse caminho, não nos desculpamos por praticar o que pregamos: continuamos tentando entender melhor o planejamento e a compreensão.

Segue uma lista com a explicação das principais mudanças implementadas nesta edição:

- O modelo de planejamento reverso para o planejamento de unidades provê a estrutura para o livro. Este destaque reflete não só o fato de que o modelo comprovou seu benefício prático como uma ferramenta no planejamento para a compreensão, mas também nossa crença em seu valor para o cultivo de melhores hábitos de planejamento.
- O modelo de planejamento reverso foi revisado para ser mais claro e mais acessível ao leitor, acreditamos tanto na sua aparência geral quanto na sua integração de forma e conteúdo. Os refinamentos ocorreram como consequência da realização contínua da seguinte pergunta: este elemento proposto envolve o que o *produto final* deve conter ou ele é apenas um *movimento do processo* que leva a um melhor planejamento? Todas as mudanças e refinamentos no modelo provêm de uma resposta afirmativa à primeira parte da pergunta; o modelo representa uma forma para o planejamento final, com os elementos alinhados. Todas as ações processuais estratégicas que ajudam os planejadores a refletir sobre os elementos do planejamento mais clara e cuidadosamente são encontradas na forma de folhas de trabalho e ferramentas de planejamento em *Understanding by design: professional development workbook* (MCTIGHE; WIGGINS, 2004).
- Aperfeiçoamos muito o significado de *compreensão* em termos conceituais e práticos – uma ironia que ilustra muito bem o que significa trabalhar para a compreensão; ou seja, repensar constantemente as grandes ideias. Oferecemos orientações mais específicas sobre como estruturar as compreensões desejadas (isto é, na forma de generalizações completas) e colocamos muito mais ênfase no objetivo da transferência (porque um indicador essencial da compreensão é a habilidade de transferir a aprendizagem para novos contextos e desafios, em vez de meramente recordar).
- Discutimos com muito mais cuidado o que são as perguntas essenciais e o que elas não são. Isso acabou envolvendo mais avanços e alguns recuos meticulosos na produção do Capítulo 5 (Perguntas essenciais: a porta de entrada para a compreensão) do que o necessário para qualquer outra parte desta nova edição. Por quê? Porque vimos uma inconsistência entre a versão original e a prática difundida. O debate pode ser estruturado por um conjunto de perguntas essenciais: uma pergunta essencial deve ser atemporal e abrangente? Ou pode haver perguntas essenciais mais específicas utilizadas para alcançar os objetivos da unidade? Uma pergunta essencial deve ser filosófica e aberta? Ou ela pode – ou deve – ser direcionada para compreensões específicas? Em suma, o que queremos (e devemos) dizer com o termo *essencial*? Significa que é essencial para viver e pensar em nossas vidas como um todo, essencial para a visão que o especialista tem das coisas ou essencial para o ensino bem-sucedido? As pessoas das ciências humanas tendem à primeira visão; aquelas ligadas às ciências naturais tendem à segunda visão; as pessoas nas escolas de educação básica ou que lecionam cursos de habilidades básicas tendem à terceira visão. Nossa resposta final é: sim – todas as três! Desse modo, o capítulo novo busca trazer mais ordem para um assunto inerentemente desordenado.

- Criamos o acrônimo OPERAAO* acrescentando AO ao acrônimo original OPERA no Estágio 3 do modelo de planejamento reverso. Fizemos isso para honrar duas ideias que sabíamos ser importantes no planejamento de ensino: diferenciação ("**A**daptar-se" – Adaptar o trabalho, quando necessário) e sequência ("**O**rganizar-se" – Organização das atividades para máximo impacto). A adição do *A* reflete não só o senso comum sobre um desafio importante do planejamento de ensino – a personalização do trabalho para máxima eficácia – mas também um ajuste que se desenvolveu a partir de um projeto de pesquisa de dois anos em que milhares de educadores foram solicitados a identificar planejamentos exemplares específicos e as características que todos esses planejamentos tinham em comum. (Os exercícios e os resultados são descritos no Capítulo 9.)

  Adicionamos o *O* por duas razões. Esta edição introduz uma discussão do panorama geral do planejamento – estruturas curriculares – expresso nos termos do *Planejamento para a compreensão*. Na 1ª edição, discutimos a organização de uma forma geral em termos da história da ideia de um "currículo em espiral". Também a discutimos em termos das unidades como histórias. Mas agora, tendo muito mais clareza sobre o planejamento de unidades e como as unidades estruturam e são estruturadas pelos cursos e programas, nos pareceu necessário distinguir o fluxo da unidade do fluxo do programa ou curso. Portanto, o *O* nos possibilita discutir convenientemente a sequência *dentro* das unidades, enquanto consideramos separadamente a sequência *entre* as unidades. E, para dizer a verdade, a segunda razão é que queríamos que o acrônimo terminasse com uma letra que o deixasse mais fácil de ser lembrado e *O* parecia ser o ideal – em inglês, o acrônimo significa "Whereto?" (*Para onde?*) em nosso planejamento.
- Eliminamos ou reduzimos as seções sobre ensinar para compreender (todos os hábitos da mente necessários), tendo decidido que esse tópico estava fora do escopo do livro. Nosso propósito sempre foi discutir os elementos principais do objetivo de compreender e como nos planejarmos para isso. Ensinar para a compreensão (incluindo a preparação de alunos, pais e equipe para uma mudança na ênfase) requer um tratamento separado e minucioso. Em nosso entendimento, alguns dos últimos capítulos na 1ª edição não pareciam mais se encaixar nesse propósito.
- Incluímos mais exemplos, em vários níveis educacionais e disciplinas, refletindo o fato de que o livro passou a ser amplamente usado por profissionais dos anos iniciais do ensino fundamental e professores universitários, dois grupos que inicialmente não estavam incluídos no público-alvo. O livro original foi escrito primordialmente para um público que trabalha a partir dos anos finais do ensino fundamental até o ensino médio (4º ao 12º anos**), como sugeriam os exemplos e o texto. (Em retrospectiva, nossa cautela em limitar o público agora parece uma tolice. Achávamos que um foco no "planejamento para a compreensão" teria grande ressonância apenas nos níveis mais altos do sistema da educação básica, e ainda não havíamos trabalhado suficientemente com

---

* N. de R.T.: No original, o acrônimo WHERETO. Esse acrônimo faz referência a um dos elementos do planejamento reverso (a busca por um destino). "Where to", em tradução livre, significa "para onde".
** N. de R.T.: Nos Estados Unidos, a educação básica se inicia no *Kindergarten* (último ano da educação infantil) e se estende até o 12° ano, equivalente ao 3° ano do ensino médio no Brasil.

> docentes universitários para gerar bons exemplos.) No entanto, apesar das limitações dos exemplos originais, para nossa satisfação os argumentos parecem ter ecoado para educadores em todos os níveis.

Leitores nos dois extremos do espectro – que vai da educação infantil ao ensino superior – descobrirão que suas preocupações agora se refletem melhor nos materiais, com ilustrações extraídas das muitas oficinas com docentes em todos os níveis de escolaridade. Infelizmente, foi impossível incluir exemplos específicos de cada série e disciplina para cada ideia; a leitura se tornaria impraticável. Portanto, embora tenhamos ampliado muito os exemplos, esperamos que os leitores tenham a mente aberta e sejam criativos durante a leitura quando os exemplos parecerem um pouco distantes da sua realidade. Exemplos adicionais específicos para cada série e assunto podem ser encontrados, em inglês, mediante assinatura no *website* que apoia o trabalho.*

---

* Disponível em: <https://understandingbydesign.weebly.com/>. A criação e manutenção deste *site* são responsabilidade da ASCD.

Lista de figuras

Sumário

Introdução

Começar com o fim em mente significa iniciar com uma compreensão clara do seu destino. Significa saber para onde você está indo de modo que compreenda melhor onde você se encontra no momento para que seus passos sejam sempre na direção certa.

_ Stephen R. Covey, *Os 7 hábitos das pessoas altamente eficazes*, 1989, p. 98

Isto é o que considero tão empolgante neste processo: é muito melhor para mim e meus alunos quando estamos envolvidos no planejamento para a compreensão. Tudo parece tão relaxado, eu me sinto mais confiante, e os alunos ficam muito entusiasmados. Eles parecem perceber que existe algo mais na essência do que eu estou fazendo. Suponho que eles percebem o objetivo: normalmente, o objetivo não é revelado tão completa e claramente. Sei o que os meus alunos sabem, sei o que eles não sabem e sei o que eu preciso fazer. Como isso é libertador!

_ Um professor refletindo sobre o uso de planejamento para a compreensão

Considere os quatro casos a seguir e o que eles sugerem sobre compreensão e o planejamento do currículo e das avaliações. Dois deles são reais e dois são relatos ficcionais da prática corrente.

1. Como parte de uma oficina sobre "compreensão", uma experiente professora de inglês do ensino médio trouxe a seguinte reflexão em uma anotação sobre sua própria experiência como estudante no ensino médio:

> *Na época, eu achava que o meu cérebro era uma estação de passagem para o material que entrava por um ouvido e (depois da prova) saía pelo outro. Eu conseguia decorar com muita facilidade e então tirava ótimas notas, mas mesmo assim ficava envergonhada porque compreendia muito menos do que alguns outros alunos que se preocupavam menos com as notas.*

2. Durante duas semanas a cada outono, todas as turmas do 3° ano participam de uma unidade sobre maçãs. Os alunos dessas turmas se envolvem em diversas atividades relacionadas com o tema. Em linguagens, eles leem a história de Johnny Appleseed* e assistem a um filme ilustrado da história. Cada um escreve uma história criativa envolvendo uma maçã e depois ilustra sua história usando tinta têmpera. Em artes, os alunos colhem folhas de macieira nas redondezas e fazem uma colagem gigante, usando as folhas como carimbo, que é afixada no quadro de avisos do corredor próximo às salas de aula dos terceiros anos. O professor de música ensina às crianças canções sobre maçãs. Em ciências, eles usam seus sentidos para observar detalhadamente e descrever as características dos diferentes tipos de maçãs. Durante as aulas de matemática, o professor demonstra como aumentar uma receita de suco de maçã para fazer o suficiente para todos os alunos do 3° ano.

   Um destaque da unidade é o trabalho campo em um pomar de maçãs local, onde os alunos observam a produção de cidra e fazem um passeio em uma carroça de feno. A atividade culminante da unidade é o festival da maçã do 3° ano, uma celebração em que os pais se vestem com fantasias de maçã e as crianças se revezam em várias estações de atividades – fazendo suco de maçã, participando de uma competição de caça-palavras relacionadas a maçãs, pegando as frutas com a boca e preenchendo uma folha de habilidades matemáticas com problemas cujos enunciados contêm maçãs. O festival é encerrado com alunos selecionados lendo suas histórias sobre a fruta enquanto o grupo inteiro desfruta de maçãs doces preparadas pelo pessoal da cantina.
3. Um item no teste de matemática da Avaliação Nacional do Progresso Educacional – (NAEP)** apresentou a seguinte questão aos alunos do 8° ano, na forma de uma questão de resposta construída e demandando uma resposta por escrito: "De quantos ônibus o exército precisa para transportar 1.128 soldados, se a lotação de cada ônibus for de 36 soldados?". Quase um terço dos alunos deu a seguinte resposta: "31, e restam 12" (SCHOENFELD, 1988, p. 84).
4. É fim do mês de outubro, e o pânico está começando a se instalar. Um cálculo rápido revela ao professor de História geral que ele não irá terminar o livro didático, a menos que cubra uma média de 40 páginas por dia até o final do ano letivo. Ele decide, com algum pesar, eliminar uma unidade curta sobre a América Latina e diversas atividades mais demoradas, como a simulação de um debate nas Nações Unidas e votações e discussões de acontecimentos internacionais do momento relacionados aos tópicos de história mundial que eles estudaram. Para preparar seus alunos para a prova final do departamento, será necessário mudar para uma estratégia de aula expositiva que avance rapidamente sobre o conteúdo.

Cada um desses casos revela algum aspecto inquietante sobre *compreensão* e *planejamento*. (A propósito, os casos de número ímpar são reais; os outros também poderiam ser, considerando-se a prática recorrente nas escolas.)

* N. de R.T.: Trata-se da história de John Chapman, um famoso agricultor norte-americano responsável pela introdução das macieiras em vários Estados da costa Leste dos Estados Unidos. Ele atribuía uma importância simbólica às maçãs e somava ao seu trabalho de agricultura um componente missionário e religioso.

** N. de R.T.: A National Assessment of Educational Progress (NAEP) faz parte de um sistema de avaliação nos Estados Unidos que é similar ao Sistema de Avaliação da Educação Básica (SAEB) no Brasil.

A reflexão da professora de inglês do ensino médio revela uma verdade corriqueira – mesmo os "bons" alunos nem sempre têm uma compreensão profunda do que foi ensinado, embora as medidas convencionais (notas do curso e média de desempenho acumulada) certifiquem o sucesso. No caso dela, a avaliação estava focada predominantemente na memorização de informações dos livros didáticos e em apresentações em classe. Ela relatou que raramente recebia avaliações que exigiam a demonstração de uma compreensão mais profunda.

A unidade ficcional sobre a festa da maçã apresenta uma cena conhecida – o currículo orientado para a *atividade* – na qual os alunos participam de uma variedade de atividades práticas. Essas unidades frequentemente são envolventes para os alunos. Elas podem ser organizadas, como nesse caso, em torno de um tema e proporcionar conexões interdisciplinares. Mas permanecem dúvidas sobre o valor do trabalho. Para que fins o ensino está direcionado? Quais são as grandes ideias e competências importantes que serão desenvolvidas durante a sequência didática? Os alunos compreendem quais são os objetivos de aprendizagem? Até que ponto as *evidências* de aprendizagem da unidade (p. ex., a colagem com as folhas de maçã, as histórias criativas por escrito, as pesquisas de palavras realizadas) refletem padrões de conteúdo proveitosos? Que compreensões emergirão de tudo isso e serão duradouras?

O item do teste de matemática da NAEP revela outro aspecto da compreensão ou da falta dela. Embora os alunos tivessem calculado acuradamente, eles não haviam entendido o significado da pergunta, nem haviam aparentemente entendido como usar o que sabiam para chegar à resposta de 32 ônibus. É possível que esses alunos tenham dominado os problemas fora de contexto e repetitivos do livro de matemática e das folhas de exercícios, mas tenham tido pouca oportunidade de aplicar a matemática no contexto do mundo real? Devemos concluir que os alunos que responderam "restam 12" *realmente* compreendem a divisão e seu uso?

Quase todos os professores conseguem ser empáticos com as dificuldades do professor de História geral, dadas as pressões para "cobrir" o material. Esse desafio é exacerbado pelo crescimento natural do conhecimento em áreas como Ciências e História, sem mencionar as obrigatoriedades das avaliações externas e acréscimos ao currículo nos últimos anos (p. ex., estudos de informática e educação sobre drogas). No entanto, na pior das hipóteses, uma orientação de *cobertura* – continuar avançando no livro didático independentemente das prioridades, dos resultados desejados, necessidades e interesses dos alunos ou evidência de avaliação adequada – pode frustrar seus próprios objetivos. Para que os alunos precisam se lembrar, e em muito menor medida compreender, quando existe apenas *ensino* sem nenhuma oportunidade de realmente *aprender* a trabalhar, jogar, investigar e usar as ideias-chave e os pontos de conexão entre elas? Tal abordagem pode claramente ser rotulada corretamente de "ensine, teste e reze pelo melhor".

Os pecados capitais do planejamento

Achamos interessante observar que tanto a unidade sobre a festa da maçã quanto a aula de História mundial padecem do mesmo problema geral, embora o que está acontecendo em cada uma pareça claramente muito diferente. Embora na sala de aula do ensino fundamental os alunos estejam fazendo inúmeras atividades práticas e na de História um professor esteja dando aula expositiva, nenhum dos casos revela objetivos intelectuais claros. Chamamos as duas versões do problema de "pecados capitais" do planejamento de ensino nas escolas: o ensino focado em atividades e o ensino focado na cobertura. Nenhum dos casos dá uma resposta adequada às principais perguntas que estão na essência da *aprendizagem* efetiva. O que é importante aqui? Como esta experiência irá me capacitar como aprendiz para cumprir minhas obrigações? Dito de uma forma mais simples, em uma frase a ser considerada ao longo deste livro, o problema em ambos os casos é que não há grandes ideias explícitas guiando o ensino e nenhum plano para assegurar a aprendizagem.

Sobre o que é este livro

Como sugere o título, este livro é sobre um bom planejamento – de currículo, avaliação e ensino – focado no desenvolvimento e no aprofundamento da compreensão de ideias importantes. Formulada como pergunta, considerada ao longo do livro e a partir de muitas perspectivas, a essência deste livro é esta: *Como tornamos mais provável – por meio do nosso planejamento – que mais alunos realmente compreendam o que devem aprender?* Contudo, muito frequentemente, aqueles que "entendem" são os aprendizes que chegam até nós já capazes e articulados – compreendendo por uma questão de sorte. O que nosso planejamento deve incluir para que tenha um impacto intelectual em todos – os menos experientes; os altamente capazes, mas desmotivados; os menos capazes; aqueles com interesses e estilos variados?

Para explorar essas perguntas, precisamos certamente investigar o propósito dos planejamentos – no nosso caso, a compreensão. Então, o que temos em mente quando dizemos que queremos que nossos alunos *compreendam*, em vez de meramente assimilar e recordar? Como é possível que um aluno saiba muitas coisas importantes, mas não compreenda o que elas significam – algo que todos nós já vimos como professores? E também o contrário: como outro aluno comete inúmeros erros sobre os fatos – e nem mesmo faz todo o trabalho requerido – e, no entanto, penetra nas ideias-chave? Assim, embora este livro seja sobre o planejamento de currículos para engajar os alunos na exploração de grandes ideias, ele também é uma tentativa de melhor compreender a *compreensão*, especialmente para fins de avaliação da aprendizagem.

Como você verá, propomos que uma maneira útil de pensar sobre o que é compreensão, como planejar para alcançá-la e como encontrar evidências dela no trabalho do aluno é perceber que a compreensão tem várias facetas. A linguagem diária revela uma variedade de conotações, daí a necessidade de esclarecê-las. Reflita sobre a diferença, por exemplo, entre dizer "Ele não compreendeu o homem que falava francês" e "Ela não compreende o que os documentos da fonte primária queriam dizer". Há diferentes tipos de compreensão, e precisamos ser claros sobre quais deles estamos buscando. Argumentamos que compreensão *não* é um objetivo único, mas uma família de habilidades inter-relacionadas – seis diferentes facetas da transferência –, e uma educação para a compreensão deveria desenvolver mais deliberadamente todas elas.

Este duplo propósito – esclarecer o objetivo chamado de "compreensão do aluno", explorando ao mesmo tempo o instrumento denominado "bom planejamento" – levanta inúmeras perguntas vitais no mundo real do ensino. Qual é a melhor maneira de planejar tanto para o domínio do conteúdo quanto para a compreensão? Como podemos atingir o objetivo da compreensão se os livros didáticos que usamos oferecem uma grande quantidade de conhecimento descontextualizado? O quanto é realista ensinar para a compreensão em um mundo de orientações curriculares e avaliações de alto impacto? Assim, neste livro fazemos o seguinte em uma tentativa de responder a essas e outras perguntas:

- Propomos uma abordagem de currículo* e ensino concebida para engajar os alunos em investigações, promover a transferência da aprendizagem, oferecer uma estrutura conceitual para ajudá-los a dar sentido aos diversos fatos e habilidades e a descobrir as grandes ideias do conteúdo.
- Examinamos um leque de métodos para avaliar apropriadamente o grau de compreensão, conhecimento e habilidades do aluno.
- Consideramos o papel que as incompreensões previsíveis do aluno devem desempenhar no planejamento de currículos, avaliações e ensino.
- Exploramos práticas comuns de currículo, avaliação e ensino que possam interferir no cultivo da compreensão do aluno e propomos uma abordagem de *planejamento reverso* que nos ajude a atender aos padrões sem sacrificar os objetivos relacionados à compreensão.
- Apresentamos uma teoria das *seis facetas da compreensão* e exploramos suas implicações teóricas e práticas para o currículo, a avaliação e o ensino.
- Apresentamos um modelo de unidade para auxiliar no planejamento de currículos e avaliações que focam na compreensão do aluno.
- Mostramos como essas unidades individuais devem ser agrupadas em uma estrutura maior e mais coerente de cursos e programas também estruturados em torno de ideias, perguntas essenciais e tarefas de avaliação centrais.
- Propomos um conjunto de padrões de planejamento para obter o controle de qualidade em planejamentos de currículo e avaliação.
- Argumentamos que os planejadores precisam trabalhar de forma mais inteligente, e não mais árdua, compartilhando planejamentos de currículo em todo o mundo por meio de uma base de dados pesquisável na internet.

O público do livro

Este livro é destinado a educadores, novos ou veteranos, que estão interessados em melhorar a compreensão dos alunos e em planejar currículos e avaliações mais eficazes para atingir esse fim. O público inclui professores de todos os níveis (ensino fundamental até universitário), especialistas das disciplinas e em avaliação, diretores de currículo, formadores de professores que atuam na formação inicial e continuada, gestores e supervisores escolares que atuam na escola ou na secretaria de educação. Ao longo do livro, fornecemos inúmeros exemplos, de todos os níveis de escolaridade, mas nunca o suficiente para se adequarem a qualquer público a qualquer momento, infelizmente. Exemplos adicionais de todos os assuntos e níveis podem ser encontrados em *Understanding by Design: Professional Development Workbook* (MCTIGHE; WIGGINS, 2004).

---

* N. de R.T.: Em inglês, a palavra "currículo" é utilizada principalmente em referência às escolhas pedagógicas do professor (seleção de conteúdos, estratégias de ensino, material didático utilizado). Os documentos oficiais são denominados *standards* e serão traduzidos neste livro como "orientações curriculares" ou "padrões curriculares".

Principais termos utilizados no livro

Algumas palavras sobre terminologia são necessárias. Falamos muito ao longo do livro sobre as *grandes ideias* que devem ser o foco da educação para a compreensão. Uma grande ideia é um conceito, tema ou questão que dá significado e conecta fatos específicos e habilidades. Apresentamos aqui alguns exemplos: adaptação; como forma e função estão relacionadas nos sistemas; a propriedade distributiva em matemática (em que podemos usar qualquer número de agrupamentos ou subgrupos para produzir os "mesmos" números); a solução de problemas como forma de encontrar modelos úteis; o desafio de definir *justiça*; e a necessidade de focar no público-alvo e no propósito como escritor ou orador. Em uma educação para a compreensão, um desafio vital é destacar as grandes ideias, mostrar como elas priorizam a aprendizagem e ajudar os alunos a compreenderem seu valor para encontrarem sentido em todas as "coisas" do conteúdo.

Educadores envolvidos em contextos de reforma educacional sabem que as palavras *currículo* e *avaliação* têm quase tantos significados quanto existem pessoas que usam os termos. Neste livro, *currículo* se refere ao plano específico para aprendizagem que é derivado dos *resultados desejados* – ou seja, padrões de conteúdo e de desempenho (sejam eles determinados em âmbito estadual, sejam desenvolvidos localmente). O currículo parte do conteúdo (de padrões externos e objetivos locais) e o organiza em um plano sobre como conduzir o ensino e a aprendizagem de forma efetiva e engajadora. Ele é, assim, mais do que uma lista de tópicos e listas de fatos essenciais e habilidades (os "insumos"). É um mapa sobre como atingir os "resultados" de desempenho desejado do aluno, no qual atividades de aprendizagem e verificações da aprendizagem apropriadas são sugeridas para aumentar a probabilidade de que os alunos alcancem os resultados desejados.

A etimologia da palavra sugere isto: *currículo* é um "curso a ser seguido" em particular, considerando-se um ponto de chegada desejado. Dessa forma, um currículo é mais do que um guia programático tradicional. Além do mapeamento dos tópicos e materiais, ele especifica as experiências, tarefas e avaliações mais apropriadas que podem ser usadas para atingir os objetivos. Os melhores currículos (e programas de curso), em outras palavras, são escritos do ponto de vista das aprendizagens desejadas, não apenas do que será coberto. Eles especificam o que o aprendiz deve ter alcançado no final do processo, o que o aprendiz precisa fazer para alcançar e o que o professor precisa fazer para conseguir os resultados buscados. Em suma, eles especificam o resultado desejado e os meios de atingi-lo, e não apenas uma lista de conteúdos e atividades.

Por *avaliação da aprendizagem* (*assessment**) podemos entender o ato de determinar em que medida os resultados desejados estão a caminho de ser alcançados e em que medida eles foram atingidos. Avaliação é o termo geral para o uso deliberado de *muitos* métodos de compilar evidências de que os resultados desejados foram alcançados, sejam esses resultados padrões de conteúdo estaduais, sejam objetivos curriculares locais. As evidências coletadas que procuramos podem muito bem incluir observações e diálogos, questionários e testes tradicionais, tarefas de desempenho e projetos, além de autoavaliações dos alunos acumuladas ao longo do tempo. *Avaliação da aprendizagem* é, assim, um termo mais focado na aprendizagem do que *avaliação*, e os dois não devem ser vistos

* N. de R.T.: Nesse trecho, os autores opõem os termos *assessment* e *evaluation*, uma distinção que não é comum em língua portuguesa, em que no geral utilizamos o termo "avaliação" em todos os contextos. Aqui, *assessment* tem a conotação de avaliação contínua do progresso dos estudantes ou verificação das aprendizagens para fins formativos, ao passo que *evaluation* tem um caráter de avaliação somativa, de síntese ao final do período. Para preservar a ideia central do texto, utilizaremos "avaliação da aprendizagem" todas as vezes que os autores utilizarem *assessment*.

como sinônimos. Avaliar a aprendizagem é dar devolutivas* e confrontá-las com os padrões de desempenho para possibilitar o progresso e o alcance dos objetivos. *Avaliação*, por sua vez, é mais somativa e relacionada à atribuição de notas e decisões sobre aprovação. Em outras palavras, não precisamos atribuir uma nota – *avaliar* – a tudo aquilo para o que damos devolutivas. De fato, uma premissa central do nosso argumento é a de que a compreensão pode ser desenvolvida e fomentada somente por meio de múltiplos métodos de avaliação da aprendizagem contínua, dando-se muito mais atenção à avaliação formativa (e de desempenho) do que é típico.

Por *resultados desejados* nos referimos ao que frequentemente é denominado como *resultados pretendidos, consecução de metas* ou *padrões de desempenho*. Todos os quatro termos visam mudar nosso foco dos insumos para o resultado**: o que o aluno deve ser capaz de saber, fazer e compreender ao deixar a escola, expressos em termos de desempenho e produto. *Resultado desejado* nos faz lembrar também de que, como "treinadores" (*coaches*), provavelmente teremos que ajustar nosso planejamento e desempenho durante o percurso, se a devolutiva mostrar que corremos o risco de não atingir as conquistas almejadas.

A palavra *compreender* acaba sendo um alvo complexo e confuso apesar do fato de aspirarmos por ela o tempo todo. A palavra naturalmente merece esclarecimento e elaboração, o que é o desafio para o restante do livro. Por enquanto, porém, consideremos nossa definição operacional inicial do termo: *compreender* é fazer conexões e ordenar nosso conhecimento na forma de algo que dê sentido às coisas (ao passo que sem compreender podemos ver apenas fatos pouco claros, isolados ou inúteis). Mas a palavra também implica ação, não só um ato mental: uma capacidade de desempenho reside na essência da compreensão, como Bloom (1956) observou em sua Taxonomia ao discutir aplicação e síntese. Compreender é ser capaz de *usar* com inteligência e eficácia – transferir – o que sabemos, no contexto; *aplicar* conhecimento e habilidade efetivamente, em tarefas e contextos realistas. Ter compreendido significa que mostramos evidências de nossa capacidade de transferir o que sabemos. Quando compreendemos, temos um entendimento fluente e fluido, não um entendimento rígido e estereotipado baseado apenas em recordar e inserir a informação correta nos espaços destinados a ela.

Quando falamos do produto dessa conquista – *uma* compreensão, como substantivo –, estamos descrevendo discernimentos (*insights*) particulares (frequentemente difíceis de serem obtidas). Por exemplo, falamos sobre a compreensão atual dos cientistas de que o universo está se expandindo ou da compreensão pós-moderna de que autores não são comentadores privilegiados do significado dos seus livros. O grande desafio de ensinar é possibilitar que essas compreensões adultas sutis se tornem compreensões dos alunos – sem reduzir a compreensão a uma mera afirmação simplista para ser recordada. Se o aluno obtém uma compreensão genuína, tipicamente dizemos que ele "*realmente* entendeu". Com nossa ajuda como planejadores e treinadores (*coaches*), eles "chegam a uma compreensão".

No entanto, durante anos, os guias curriculares argumentaram contra a estruturação dos objetivos em termos de compreensões. Bloom (1956) argumentou que a palavra é muito ambígua para usar como um fundamento para os objetivos de ensino e suas avaliações; por isso ter escrito a Taxonomia. Mas permanece uma distinção conceitual importante que precisa de reflexão: a diferença entre *saber* e *compreender*. Definir essa

---

* N. de R.T.: No original, os autores utilizam o termo *feedback*, cuja tradução literal seria "retroalimentação". Tem o sentido de alimentar os estudantes com comentários que os façam continuar aprendendo, daí a escolha pelo termo "devolutiva" em português.

** N. de R.T.: No original, "mudar nosso foco dos *inputs* para o *output*".

distinção na teoria e na prática não foi fácil. Sugerimos no livro que foi dada atenção insuficiente ao fato de que há *diferentes tipos* de compreensões, de que conhecimento e habilidade *não* levam automaticamente à compreensão, de que o mal-entendido do aluno é um problema muito maior do que podemos perceber e de que a avaliação da compreensão, portanto, requer evidências que *não podem* ser obtidas apenas com a testagem tradicional focada nos fatos.

Sobre o que *não* é este livro

1. *Planejamento para a compreensão* não é um programa prescritivo. Ele é uma forma de pensar mais intencional e cuidadosamente sobre a natureza de *qualquer* planejamento que tenha como objetivo a compreensão. Em vez de oferecer um guia passo a passo a ser seguido – o que é contrário ao bom planejamento, seja em educação, seja em arquitetura –, o livro oferece uma estrutura conceitual, muitos pontos de entrada, um modelo de planejamento, várias ferramentas e métodos acompanhados de um conjunto de padrões de planejamento. Não oferecemos orientação específica sobre qual deve ser o conteúdo do currículo – exceto que suas prioridades devem estar centradas nas grandes ideias e nas tarefas de desempenho importantes do tópico escolhido. O que oferecemos, então, é uma forma de planejamento ou replanejamento de *qualquer* currículo para tornar mais provável a compreensão do aluno (e os resultados desejados em geral).
2. *Planejamento para a compreensão* não é uma filosofia de educação, nem requer uma crença em um único sistema ou abordagem pedagógica. Oferecemos orientação sobre como resolver qualquer problema no planejamento educacional relacionado ao objetivo da compreensão do aluno. Em nenhum lugar especificamos quais "grandes ideias" você deve adotar. Em vez disso, ajudamos a focar melhor seu trabalho de planejamento em como atingir a compreensão das ideias importantes que você (ou as orientações curriculares estabelecidas) visa. (Oferecemos muitos exemplos de grandes ideias em várias disciplinas.) Portanto, o livro não deve ser visto como competindo com outros programas ou abordagens. De fato, a visão proposta da compreensão e o processo de planejamento reverso são compatíveis com um amplo leque de iniciativas educacionais proeminentes, entre as quais *Problem-Based Learning Across the Curriculum* (PROBLEM-BASED..., 1997), Seminário socrático, *4MAT* (MCCARTHY, 1980), *Dimensions of Learning* (MARZANO *et al.*, 1997), ensino segundo as orientações curriculares estaduais, *Core Knowledge*, *The Skilfull Teacher* (SAPHIER; GOWER, 1997) e os materiais da equipe do Projeto Zero na Harvard Graduate School of Education intitulados *Teaching for Understanding* (WISKE, 1998; BLYTHE *et al.*, 1998). De fato, durante os últimos cinco anos, professores universitários que usam o formato de aula expositiva, professores montessorianos e educadores que trabalham em escolas usando o Bacharelado Internacional (*IB*), o *Success for All*, o programa avançado de colocação e a filosofia da *Coalition of Essential Schools* já usaram nosso trabalho para melhorar seus planejamentos.
3. O livro apresenta uma abordagem robusta para *planejar*. Dizemos pouco sobre estratégias de *ensino per se*, mesmo que acreditemos que uma variedade de abordagens de ensino possa desenvolver e aprofundar a compreensão dos alunos. Independentemente de técnicas particulares, assumimos que todos os professores com propósitos e eficientes seguem repetidamente um ciclo de pla-

nejar-revisar-ensinar-avaliar-refletir-ajustar. Esse é um alerta digno de nota porque a informação crucial para *replanejamento* necessariamente será derivada de uma análise do trabalho do aluno e da avaliação diagnóstica. (Veja o Capítulo 11 sobre o processo de planejamento.)

4. Este livro é preponderantemente focado no planejamento de unidades curriculares (em oposição a aulas individuais ou programas mais amplos). Embora seja altamente recomendável que as unidades individuais estejam embasadas no contexto mais amplo dos programas e cursos (conforme discutido no Capítulo 12), deliberadamente restringimos nossa atenção neste livro ao trabalho mais detalhado e voltado para o professor no planejamento da unidade. Trabalhando com milhares de professores ao longo dos anos, descobrimos que a unidade proporciona um ponto de entrada confortável e prático para esse processo de planejamento. Embora possa parecer natural aplicar a abordagem do planejamento para a compreensão a um sistema de planejamento diário das aulas, não recomendamos isso. As aulas individuais são simplesmente curtas demais para permitir o desenvolvimento em profundidade de grandes ideias, a exploração de perguntas essenciais e aplicações autênticas. Em outras palavras, uma aula individual oferece um período de tempo muito curto para que possam ser atingidos objetivos complexos. Obviamente, os planos das aulas devem fluir com lógica a partir dos planos da unidade: as aulas são tipicamente mais intencionais e conectadas quando informadas por planejamentos maiores da unidade e do curso.
5. Embora o ensino para a compreensão em profundidade seja uma meta vital da escolarização, ele é, obviamente, apenas uma entre muitas. Assim, não estamos sugerindo que *todo* ensino e avaliação sejam direcionados *o tempo todo* para a compreensão profunda e sofisticada. Há claramente circunstâncias em que isso não é viável nem desejável. Aprender o alfabeto; adquirir determinadas habilidades técnicas como digitação; ou desenvolver noções básicas em língua estrangeira não requerem compreensão em profundidade. Em alguns casos, o nível de desenvolvimento dos alunos irá determinar até onde a conceituação é apropriada; outras vezes, os objetivos de um curso ou programa farão da compreensão em profundidade um objetivo menor ou tangencial. Algumas vezes, "familiaridade" é um objetivo apropriado e suficiente para determinados tópicos em certos momentos. Não há tempo nem necessidade de aprofundamento em tudo, e isso seria contraproducente quando o objetivo é transmitir uma noção da dimensão mais ampla. Assim, o livro está alicerçado em uma premissa condicional: *se* você deseja desenvolver maior compreensão em profundidade em seus alunos, *então* as ideias e os processos de *Planejamento para a compreensão* se aplicam.

Algumas advertências e comentários úteis

Nós fazemos três alertas aos leitores que estão dispostos e prontos para planejar e ensinar para a compreensão. Primeiro, embora os educadores frequentemente falem que querem ir além da mera cobertura para assegurar que os alunos realmente compreendam o que aprendem, você poderá descobrir que o que anteriormente achava que fosse um ensino eficaz para compreensão na verdade não era. Você também poderá descobrir que não está sendo tão claro quanto poderia ser sobre o que, especificamente, seus alunos devem compreender quando saírem da escola. De fato, prevemos que você vai ficar um pouco perturbado ao ver como é difícil especificar as compreensões e como elas se apresentam na avaliação e o quanto é fácil perder de vista os objetivos relacionados à compreensão em meio ao planejamento, ao ensino e à avaliação do trabalho dos alunos.

Segundo, embora muitas propostas curriculares de algumas áreas do conhecimento foquem apropriadamente em habilidades (como leitura, álgebra, educação física e introdução ao espanhol), os professores planejadores podem descobrir, após a leitura deste livro, que há, na verdade, grandes ideias essenciais para a aprendizagem de habilidades importantes com fluência – ou seja, compreender como *usar* as habilidades *com inteligência* – que precisam de maior atenção em seus planos. Por exemplo, uma grande ideia no desenvolvimento da alfabetização é que o significado do texto não está no texto, mas nas entrelinhas, na interação entre o leitor ativo e o texto. Fazer os alunos entenderem isso não só é difícil como também requer um planejamento muito diferente e apresenta um problema de ensino muito distinto do que aquele que focaliza apenas em estratégias específicas de leitura. O desafio é, na sua essência, ajudar os alunos a superarem o mal-entendido de que leitura é apenas decodificação e ajudá-los a saber o que fazer quando a decodificação isoladamente não produz significado.

Terceiro, embora muitos professores acreditem que planejar para a compreensão é incompatível com as orientações curriculares estabelecidas e com testes estaduais, acreditamos que, depois que você tiver lido este livro, irá considerar essa crença como falsa. A maioria dos padrões estaduais identifica ou pelo menos deixa implícitas grandes ideias que visam ser compreendidas, não meramente cobertas. Considere estes exemplos dos padrões de Ohio para Estudos Sociais no 11° ano* e os padrões da Califórnia para Física:

> Identificar as principais decisões da Suprema Corte relacionadas a uma disposição da Constituição (p. ex., casos relacionados a redistribuição de distritos legislativos, livre expressão ou separação entre igreja e Estado).
>
> Energia não pode ser criada ou destruída, embora em muitos processos a energia seja transferida para o ambiente como calor. Como uma base para a compreensão desse conceito:
>
> **a.** Os alunos sabem que fluxo de calor e trabalho são duas formas de transferência de energia entre sistemas...

De forma geral, depois que você compreender os elementos que propomos como centrais para o bom planejamento, esperamos que sua abordagem em *todas* as obrigações de planejamento se modifique.

Acreditamos que você experimentará dois sentimentos muito diferentes enquanto lê. Às vezes você dirá a si mesmo: "Bem, é claro, isso é apenas bom senso! Isso só torna explícito o que os bons planejadores sempre fizeram". Outras vezes você vai pensar que estamos propondo ideias provocativas e contraintuitivas sobre ensino, aprendizagem, avaliação e planejamento. Para ajudá-lo neste último caso, apresentaremos barras laterais relacionadas a mal-entendidos potenciais – denominadas "Alertas de equívoco" –, em que procuramos antecipar a confusão do leitor quanto às linhas de argumento e ideias que estão sendo propostas.

A presença dessas barras laterais em particular transmite uma mensagem vital: para que seja eficiente, o ensino para a compreensão deve prever com sucesso mal-entendidos potenciais e pontos difíceis na aprendizagem. *Na verdade, o essencial para a abordagem*

* N. de R.T.: O 11° ano é equivalente ao 2° ano do ensino médio no Brasil.

de planejamento que propomos é que precisamos planejar aulas e avaliações que antecipem, evoquem e superem as incompreensões ou equívocos mais prováveis dos alunos. A primeira dessas barras laterais aparece nesta página.

Você também vai encontrar alguns quadros intitulados "Dica de Planejamento". Eles o ajudarão a ver como começar a traduzir as teorias de planejamento para a compreensão para o trabalho prático de planejamento, ensino e avaliação da aprendizagem. Também fornecemos um Glossário para ajudá-lo a navegar na linguagem usada ao longo do livro. Para que você tenha uma noção de como funciona o processo de pensamento do planejador, acompanhamos um professor fictício, Bob James, enquanto ele planeja (e replaneja) sua unidade sobre nutrição. (O *UbD Professional Development Workbook* que complementa este livro aprresenta um extenso conjunto de ferramentas de planejamento, exercícios e exemplos para auxiliar os planejadores.)

Portanto, caro leitor, prepare-se! Estamos convidando você a explorar as ideias-chave e a repensar muitos hábitos consagrados relativos a currículo, avaliação e ensino. Esse repensar é o que pregamos. Porque, como você verá, ensinar para a compreensão *requer* que o aprendiz repense o que parecia estabelecido ou óbvio – independentemente de o *aprendiz* ser um jovem estudante ou um educador veterano. Acreditamos que você encontrará muito material para reflexão, além de muitas dicas práticas sobre como atingir a compreensão do aluno por meio do planejamento.

ALERTA DE EQUÍVOCO!

- *Apenas métodos alternativos ou progressivos de ensino e avaliação podem produzir compreensão. Isso tem a ver com o processo, e não com o conteúdo.* Nada poderia estar mais distante da verdade. Você não pode compreender sem conhecimento da disciplina. Todas as chamadas abordagens tradicionais da aprendizagem em nível universitário, por exemplo, visam e frequentemente têm sucesso em gerar compreensão em profundidade. O desafio não é escolher esta ou aquela tática em detrimento de outras, mas *expandir* e *direcionar* melhor nosso repertório de ensino, com base em uma consideração mais cuidadosa do que implicam nossos objetivos de aprendizagem. Na prática, descobrimos que todos os professores, independentemente da sua filosofia educacional, estão em geral rodeados de um conjunto de opções de planejamento muito limitadas. O desafio é assegurar que os professores usem uma diversidade de métodos apropriados de ensino maior do que costumam fazer agora, independentemente da sua filosofia. (Veja os Capítulos 9 e 10.)
- *Somos contra as testagens tradicionais.* Isso não é verdade. Aqui, também, procuramos expandir o repertório normal para assegurar que mais *diversidade apropriada* e validade sejam encontradas na avaliação em sala de aula, com base na diversidade de objetivos tipicamente encontrados na maioria dos programas. O desafio é saber qual método usar, quando e por que e melhor compreender os pontos fortes e fracos de *cada* forma de avaliação. (Veja os Capítulos 7 e 8.)
- *Somos contra as notas por meio de letras**. Por que seríamos, se as notas correspondem a uma avaliação válida da compreensão? As notas por meio de letras, de modo geral, vieram para ficar, e nada neste livro é incompatível com notas, transcrições, boletim escolar e padrões para admissão à faculdade. Pelo contrário, este livro deve ajudar os professores (especialmente aqueles que atuam nos níveis secundário e universitário) a melhor articular e justificar seu sistema de avaliação, proporcionando aos alunos avaliações mais justas, melhores devolutivas e maior clareza sobre o que significam aquelas notas.

---

* N. de R.T.: A forma mais comum de atribuir notas por meio de letras, nos Estados Unidos, é utilizando uma escala que varia de A (maior nota possível) até F (que significa que o aluno falhou na atividade).

Capítulo 1
Planejamento reverso

Planejar, v., - Ter propósitos e intenções; planejar e executar.
_ *Dicionário Oxford de Inglês*

A complexidade do trabalho de planejamento é frequentemente subestimada. Muitas pessoas acham que sabem muito sobre planejamento. O que elas não percebem é o quanto ainda precisam saber para planejar bem, com distinção, refinamento e elegância.
_ John McClean, "20 Considerations That Help a Project Run Smoothly", 2003

Professores são planejadores. Uma ação essencial da nossa profissão é a elaboração do currículo e das experiências de aprendizagem para atingir os objetivos especificados. Também somos planejadores de avaliações para diagnosticar as necessidades dos alunos e orientar nosso ensino, possibilitando que nós, nossos alunos e outras pessoas (pais e administradores) sejamos capazes de determinar se conseguimos atingir nossos objetivos.

Da mesma forma que pessoas atuando em outras profissões que requerem planejamento, como arquitetura, engenharia ou artes gráficas, os planejadores em educação devem estar conscientes de seu público. Os profissionais nessas áreas são fortemente centrados no cliente. A eficácia dos seus planos corresponde ao alcance de objetivos explícitos para usuários finais específicos. Obviamente, os alunos são nosso cliente principal, considerando que a eficácia do currículo, da avaliação e do planejamento do ensino é, em última análise, determinada pelo alcance das aprendizagens desejadas. Assim, podemos pensar em nosso planejamento como um *software*. Nosso material didático é planejado para tornar a aprendizagem mais eficaz, assim como um *software* de computador destina-se a tornar seus usuários mais produtivos.

Como em todas as profissões que requerem planejamento, os padrões ou orientações curriculares informam e moldam nosso trabalho. O desenvolvedor de *software* trabalha para maximizar a facilidade de utilização e reduzir as falhas que impedem os resultados. O arquiteto é guiado pelos códigos de construção, pelo orçamento do cliente e pela estética do bairro. O professor como planejador é igualmente restringido. Não somos livres para ensinar qualquer tópico que escolhemos e de qualquer maneira. Ao contrário, somos guiados por orientações curriculares nacionais, estaduais, municipais ou institucionais que especificam o que os alunos devem saber e ser capazes de fazer. Esses padrões fornecem uma estrutura útil para nos ajudar a identificar prioridades de ensino e aprendizagem e para orientar nosso planejamento do currículo e das avaliações da aprendizagem. Além dos padrões externos, também precisamos integrar as necessidades dos nossos muitos e variados alunos ao planejamento das experiências de aprendizagem. Por exemplo, diferentes interesses dos alunos, níveis de desenvolvimento, turmas grandes e resultados prévios devem sempre moldar nosso pensamento sobre as atividades de aprendizagem, tarefas e atividades avaliativas.

No entanto, como nos faz recordar o velho ditado, nos melhores planejamentos a função precede a forma. Em outras palavras, todos os métodos e materiais que usamos são moldados por uma clara concepção da visão dos resultados desejados. Isso significa que precisamos ser capazes de indicar com clareza o que o aluno deve compreender e ser capaz de fazer como o resultado de qualquer plano, independentemente de quaisquer restrições que enfrentamos.

Você provavelmente conhece o ditado: "Se você não sabe exatamente para onde está indo, qualquer estrada o levará até lá". Infelizmente, essa questão é muito séria em educação. Somos rápidos em dizer que coisas *nós* gostamos de ensinar, que atividades *nós* iremos realizar e que tipos de recursos *nós* iremos usar; mas, sem clarificar os resultados desejados do nosso ensino, como vamos saber se nossos planos são apropriados ou arbitrários? Como vamos distinguir aprendizagem meramente interessante de aprendizagem *efetiva*? Mais precisamente, como iremos cumprir os padrões de conteúdo ou ajudar o aluno a chegar a compreensões difíceis a não ser que pensemos sobre o que esses objetivos implicam para as atividades e realizações do aprendiz?

Um bom planejamento, portanto, tem menos a ver com a aquisição de novas habilidades técnicas e mais com aprender a ser mais reflexivo e específico sobre nossos objetivos e suas implicações.

Por que "reverso" é melhor

Como essas considerações gerais sobre planejamento se aplicam ao planejamento do currículo? O planejamento de ensino deliberado e focado requer que nós, como professores e autores do currículo, façamos uma mudança importante em nosso pensamento sobre a natureza do nosso trabalho. A mudança envolve inicialmente pensar muito sobre as aprendizagens específicas almejadas, antes de pensar sobre o que nós, como professores, vamos fazer ou oferecer nas atividades de ensino e aprendizagem. Embora considerações sobre o que ensinar e como ensinar possam dominar nosso pensamento como uma questão de hábito, o desafio é focar primeiro nas aprendizagens desejadas a partir das quais o ensino apropriado logicamente irá se desenvolver.

Nossas aulas, unidades e cursos devem ser logicamente inferidos dos resultados buscados, e não derivados dos métodos, livros e atividades com os quais nos sentimos mais à vontade. O currículo deve configurar as formas mais eficazes de atingir resultados específicos. Isso é análogo ao planejamento de uma viagem. Nossas referências devem fornecer um conjunto de itinerários deliberadamente planejados para atender aos objetivos culturais, em vez de resultar em um passeio sem finalidade a todos os locais importantes em um país estrangeiro. Em resumo, os melhores planejamentos derivam retroativamente das aprendizagens buscadas.

A adequação dessa abordagem se torna mais clara quando consideramos o propósito educacional que é o foco deste livro: compreensão. Não podemos dizer *como* ensinar para compreensão ou *quais* materiais e atividades usar até que estejamos certos sobre quais compreensões específicas pretendemos e como essas compreensões se efetivam na prática. Poderemos decidir melhor, como guias, quais "locais" faremos nossos "turistas" alunos visitarem e qual "cultura" específica eles devem experimentar em seu breve tempo ali somente se tivermos certeza das compreensões particulares sobre a cultura que queremos que eles levem para casa. Somente especificando os resultados desejados podemos focar no conteúdo, nos métodos e nas atividades mais prováveis para atingir esses resultados.

Todavia, muitos professores começam e permanecem focados nos livros didáticos, aulas preferidas e atividades já consagradas – os insumos (*inputs*) – em vez de derivar esses meios do que está implícito nos resultados desejados – os resultados (*outputs*). Mesmo que pareça estranho, muitos professores focam no *ensino*, e não na *aprendizagem*. Eles passam a maior parte do seu tempo pensando, primeiro, sobre o que irão fazer, que materiais irão usar e o que irão pedir para os alunos fazerem em vez de primeiro refletir sobre o que o aprendiz precisará saber para atingir os objetivos de aprendizagem.

Dica de planejamento

Considere estas perguntas que surgem nas mentes de todos os leitores, em cujas respostas iremos estruturar as prioridades da aprendizagem dirigida: por que devo ler o livro? O que estou procurando? O que iremos discutir? Como devo me preparar para essas discussões? Como sei se a minha leitura e discussões são eficazes? Para onde os objetivos de desempenho desta leitura e estas discussões estão me conduzindo, para que eu possa focar e priorizar meus estudos e fazer anotações? Quais grandes ideias, associadas a outras leituras, estão em jogo aqui? Estas são perguntas adequadas dos alunos sobre a aprendizagem, não sobre o ensino, e um bom planejamento educacional responde desde o início e durante um curso de estudo com o uso de ferramentas e estratégias, tais como organizadores gráficos e orientações por escrito.

Considere um episódio típico do que pode ser denominado planejamento focado no *conteúdo* em vez de planejamento focado nos *resultados*. O professor poderia basear uma aula em um tópico particular (p. ex., preconceito racial), escolher um recurso (p. ex., o livro *O sol é para todos**), escolher métodos de ensino específicos baseados no recurso e no tópico (p. ex., seminário socrático para discutir o livro e grupos cooperativos para analisar imagens estereotipadas em filmes e na televisão) e esperar, com isso, promover aprendizagem (e atender a alguns padrões de literatura/linguagem). Por fim, o professor pode pensar em algumas questões dissertativas e testes para avaliar a compreensão que o aluno teve do livro.

Essa abordagem é tão comum que podemos muito bem ser tentados a responder: o que poderia haver de errado com uma abordagem assim? A resposta imediata reside nas questões básicas de propósito: por que estamos pedindo que os alunos leiam esse romance em particular – em outras palavras, quais *aprendizagens* buscaremos ao fazer com que o leiam? Os alunos entendem por que e como o objetivo deve influenciar seus estudos? O que é esperado que os alunos compreendam e façam depois de lerem o livro em relação aos nossos objetivos além do livro? A menos que comecemos nosso trabalho de planejamento com uma clara percepção dos objetivos mais amplos – em que o livro é apropriadamente visto como um meio para um fim educacional, não um fim em si mesmo –, é improvável que todos os alunos *compreendam* o livro (e suas obrigações de desempenho). Sem consciência das compreensões específicas que buscamos sobre preconceito, e como a leitura e a discussão do livro irão ajudar a desenvolver tais compreensões, o objetivo será muito vago: a abordagem é mais "por esperança" do que "por planejamento". Tal abordagem acaba involuntariamente sendo o que poderia ser descrito como jogar algum conteúdo e atividades contra uma parede e esperar que algum deles grude.

---

* N. de R.T.: LEE, Harper. *To Kill a Mockingbird*. New York, NY: Perennial Classics, 2005.

Responder às perguntas "por quê?" e "e daí?" que os alunos mais velhos sempre fazem (ou desejam fazer), e fazer isso em termos concretos como o foco do planejamento do currículo, é, portanto, a essência do planejamento para a compreensão. O que é difícil para muitos professores verem (porém mais fácil para os alunos sentirem!) é que, sem tais prioridades explícitas e transparentes, muitos alunos acham o trabalho do dia a dia confuso e frustrante.

Os pecados capitais do planejamento tradicional

De forma mais geral, o planejamento educacional fragilizado envolve dois tipos de falta de propósito, visíveis no mundo educacional desde o jardim de infância até a pós-graduação, conforme observado na introdução. Chamamos isso de "pecados capitais" do planejamento tradicional. O erro do planejamento orientado para a atividade deve ser chamado de *mão na massa sem usar a cabeça* – ou seja, engajar-se em experiências que levam apenas acidentalmente, na melhor das hipóteses, à descoberta ou aquisição de novas aprendizagens. Tais atividades, embora divertidas e interessantes, não levam a lugar nenhum intelectualmente. Conforme caracterizado pelo caso da unidade sobre maçãs na Introdução, tais currículos orientados para as atividades carecem de um foco explícito em ideias importantes e evidências apropriadas de aprendizagem, especialmente nas mentes dos alunos. Eles pensam que seu trabalho é meramente se engajar; são levados a pensar que a aprendizagem *é* a atividade, não percebendo que a aprendizagem provém do estímulo à reflexão sobre o *significado* da atividade.

Uma segunda forma de falta de objetivo recebe o nome de "cobertura", uma abordagem na qual os alunos seguem um livro didático, página por página (ou os professores, por meio das anotações das aulas), na ousada tentativa de percorrer todo o material factual dentro de um tempo prescrito (como no caso da aula de História geral na Introdução). Cobertura é, assim, como uma visita relâmpago à Europa, perfeitamente resumida pelo título daquele filme antigo intitulado *If It's Tuesday, This Must Be Belgium* (no Brasil, *Enquanto viverem as ilusões*; literalmente: Se hoje é terça-feira, esta deve ser a Bélgica), que sugere apropriadamente que nenhum objetivo mais abrangente informa a viagem.

Como uma generalização mais ampla, o foco na atividade é mais típico nos anos iniciais do ensino fundamental, enquanto a cobertura é um problema prevalente no ensino médio e na faculdade. No entanto, embora as salas de aula da unidade sobre maçãs e de História geral pareçam ser muito diferentes, com inúmeras atividades físicas e conversas na primeira, e aula expositiva e anotações feitas silenciosamente na segunda, o resultado do planejamento é o mesmo em ambos os casos: nenhum objetivo intelectual orientador ou prioridades claras estruturam a experiência de aprendizagem. Em nenhum dos casos os alunos veem e respondem perguntas tais como estas: qual é o objetivo? Qual é a grande ideia aqui? O que isso nos ajuda a compreender ou ser capaz de fazer? Por conseguinte, os alunos tentam se engajar e seguir da melhor maneira que podem, esperando que o significado surja.

Os alunos não serão capazes de dar respostas satisfatórias quando o planejamento não fornecer objetivos claros e me-

ALERTA DE EQUÍVOCO!

Cobertura não é o mesmo que *pesquisa propositada*. Fornecer aos alunos uma visão geral de uma disciplina ou um campo de estudo não é inerentemente errado. A questão tem a ver com a transparência do propósito. *Cobertura* é um termo negativo (enquanto *introdução* ou *investigação* não são) porque quando o conteúdo é "coberto" o aluno é conduzido em meio a infindáveis fatos, ideias e leituras com pouca ou nenhuma noção das ideias fundamentais, questões e objetivos de aprendizagem que podem informar o estudo. (Veja o Capítulo 10 para mais informações sobre cobertura *versus* descoberta.)

tas de desempenho explícitas realçadas durante seu trabalho. Igualmente, os professores com uma orientação para a atividade ou cobertura têm menos probabilidade de obter respostas aceitáveis às perguntas principais do planejamento: o que os alunos devem compreender como resultado das atividades ou do conteúdo coberto? O que as experiências de aprendizagem ou aulas expositivas devem equipá-los para fazer? Como, então, as atividades ou discussões em classe devem ser moldadas e processadas para que sejam atingidos os resultados desejados? Quais seriam as evidências de que os alunos estão caminhando para alcançar as habilidades e descobertas desejadas? Como, então, todas as atividades e recursos devem ser escolhidos e usados para garantir que os objetivos de aprendizagem sejam alcançados e as evidências mais apropriadas sejam produzidas? Como, em outras palavras, os alunos serão ajudados *pelo planejamento* a ver o propósito da atividade ou do recurso e sua utilidade para alcançar os objetivos específicos de desempenho?

Dica de planejamento

Para testar os méritos de nossas alegações sobre a ausência de objetivos, incentivamos você a se aproximar de um aluno durante uma aula e fazer as seguintes perguntas:

- O que você está fazendo?
- Por que está sendo pedido que você faça isso?
- O que isso vai ajudá-lo a fazer?
- Como isso se encaixa com o que você fez anteriormente?
- Como você vai mostrar que aprendeu isso?

Estamos defendendo o inverso da prática comum, nesse caso. Solicitamos que os planejadores comecem com uma declaração muito mais criteriosa dos resultados desejados – as *aprendizagens* prioritárias – e desenvolvam o currículo a partir dos desempenhos requeridos ou implicados pelos objetivos. Então, diferentemente da prática mais comum, pedimos que os planejadores reflitam sobre as seguintes perguntas depois de estruturarem os objetivos: o que contaria como evidência desses resultados? Com o que o alcance desses objetivos se parece? Quais são, então, os *desempenhos* implícitos que devem fazer parte da avaliação, e para qual direção todo o ensino e aprendizagem devem apontar? Somente depois de responder a essas perguntas é que podemos derivar logicamente experiências de ensino e aprendizagem apropriadas de modo que os alunos possam ter um desempenho bem-sucedido para corresponder ao padrão. A mudança, portanto, vai muito além de começar com perguntas como "Que livro vamos ler?" ou "Que atividades iremos fazer?" ou "O que iremos discutir?", mas "O que eles devem ser capazes de compreender ao cruzarem a porta da saída, independentemente de quais atividades ou texto usarmos?" e "Quais são as evidências de tal habilidade?" e, portanto, "Que textos, atividades e métodos melhor possibilitarão esse resultado?". Ao ensinar para a compreensão, precisamos entender a ideia-chave de que *nós somos treinadores da habilidade dos alunos para jogarem o "jogo" de performar o conhecimento com compreensão, e não contadores da nossa compreensão para os alunos que ficam nas laterais do campo.*

Os três estágios do planejamento reverso

Chamamos esta abordagem em três estágios de planejamento de "planejamento reverso". A Figura 1.1 retrata os três estágios em termos mais simples.

Estágio 1: Identificar os resultados desejados

O que os alunos devem saber, compreender e ser capazes de fazer? Que conteúdo merece ser compreendido? Quais compreensões *duradouras* são desejadas? No Estágio 1, consi-

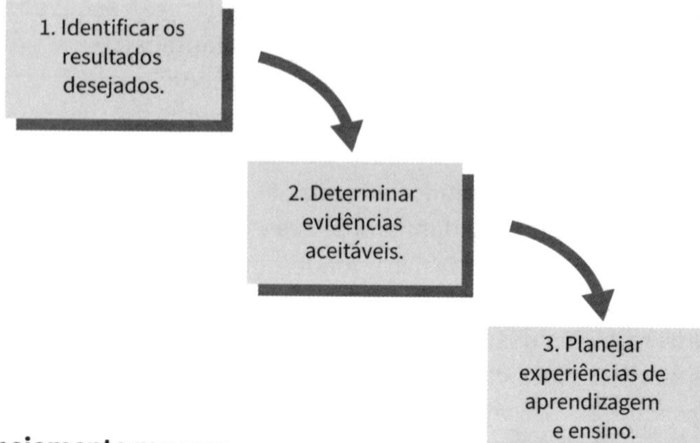

Figura 1.1
Planejamento para a compreensão: estágios do planejamento reverso.

deramos nossos objetivos, examinamos os padrões de conteúdo estabelecidos (nacionais, estaduais, municipais) e revisamos as expectativas do currículo. Como em geral temos mais conteúdo do que podemos sensatamente abordar dentro do tempo disponível, precisamos fazer escolhas. Esse primeiro estágio no processo de planejamento requer clareza quanto às prioridades.

Estágio 2: Determinar evidências aceitáveis

Como saberemos se os alunos atingiram os resultados desejados? O que iremos aceitar como evidência da compreensão e da proficiência dos alunos? A orientação do planejamento reverso sugere que pensemos sobre uma unidade ou curso em termos das evidências de aprendizagem colhidas na avaliação, necessárias para documentar e validar que a aprendizagem desejada foi atingida, não simplesmente como um conteúdo a ser coberto ou como uma série de atividades de aprendizagem. Essa abordagem incentiva os professores e planejadores de currículos a primeiramente "pensar como um avaliador" antes de planejar unidades e aulas específicas e, assim, considerar antecipadamente como irão determinar se os alunos alcançaram as compreensões desejadas.

Estágio 3: Planejar experiências de aprendizagem e instrução

Tendo em mente os resultados e as evidências apropriadas da compreensão claramente identificados, agora é hora de refletir sobre as atividades de ensino mais adequadas. Várias perguntas importantes devem ser consideradas neste estágio do planejamento reverso: quais conhecimentos (fatos, conceitos, princípios) e habilidades (processos, procedimentos, estratégias) estruturantes os alunos precisarão para ter um desempenho efetivo e atingir os resultados desejados? Que atividades irão equipar os alunos com o conhecimento e as habilidades necessários? O que será ensinado, e qual a melhor maneira de ensinar, à luz dos objetivos de desempenho? Que materiais e recursos são mais adequados para atingir esses objetivos?

Observe que as particularidades do planejamento de ensino – escolhas sobre métodos de ensino, sequência de aulas e recursos materiais – podem ser concluídas com sucesso somente depois que identificarmos os resultados e avaliações desejados e considerarmos o que eles implicam. Ensino é um meio para um fim. Ter um objetivo claro ajuda a focar nosso planejamento e guiar a ação intencional na direção dos resultados pretendidos.

O planejamento reverso pode ser pensado, em outras palavras, como a análise intencional da tarefa: considerando uma tarefa importante a ser cumprida, como melhor equipamos a todos? Ou podemos pensar nela como a construção de um itinerário inteligente usando um mapa: considerando-se um destino, qual é a rota mais efetiva e eficiente? Também podemos pensar nela como planejamento para formação, conforme sugerido anteriormente: o que os aprendizes precisam dominar para que desempenhem perfeitamente? O que será contabilizado como evidência *em campo*, não meramente nos exercícios, de que eles realmente compreenderam e estão prontos para *desempenhar com compreensão, conhecimento e competência* por conta própria? Como a aprendizagem será planejada de modo que as capacidades dos aprendizes sejam desenvolvidas por meio do uso e das devolutivas?

ALERTA DE EQUÍVOCO!

Quando falamos em evidências dos resultados desejados, estamos nos referindo a evidências reunidas por meio de uma variedade de avaliações da aprendizagem formais e informais durante uma unidade de estudo ou um curso. Não estamos aludindo apenas a testes de fim de curso ou tarefas finais. Ao contrário, as evidências colhidas que buscamos podem muito bem incluir minitestes e testes tradicionais, tarefas de desempenho e projetos, observações e diálogos, assim como as autoavaliações dos alunos acumuladas ao longo do tempo.

Tudo isso tem muito lógica quando você consegue compreender, embora seja "reverso" para a perspectiva corriqueira e tradicional no nosso campo. Uma mudança importante da prática comum ocorre quando os planejadores precisam começar a pensar na avaliação *antes* de decidir o que e como irão ensinar. Em vez de criar avaliações quase na conclusão de uma unidade de estudo (ou basear-se em testes fornecidos pelos editores dos livros didáticos, o que pode não avaliar completa ou apropriadamente nossos padrões e objetivos), o planejamento reverso requer que tornemos nossas metas ou padrões mais específicos e concretos, em termos das evidências de aprendizagem, quando começamos a planejar uma unidade ou curso.

A lógica do planejamento reverso se aplica independentemente dos objetivos de aprendizagem. Por exemplo, ao começar pelas orientações curriculares de um estado, os planejadores do currículo precisam determinar as evidências de avaliação apropriadas explícitas ou implícitas no padrão. Da mesma forma, um desenvolvedor de equipes deve determinar quais evidências irão indicar que os adultos aprenderam o conhecimento ou habilidade pretendida antes de planejar as várias atividades da oficina.

As coisas ficam mais complicadas com a avaliação. Três professores diferentes podem estar seguindo os mesmos padrões de conteúdo, porém se as suas avaliações variarem consideravelmente, como iremos saber quais alunos atingiram o quê? O consenso quanto às evidências de aprendizagem necessárias proporciona maior coerência curricular e uma avaliação mais confiável por parte dos professores. Igualmente importantes são as descobertas de longo prazo por parte do professor, dos alunos e dos pais sobre o que conta e o que não conta como evidência do alcance de padrões curriculares complexos.

Essa visão de focar intencionalmente na aprendizagem desejada está longe de ser radical ou nova. Tyler (1950) descreveu a lógica do planejamento reverso clara e sucintamente há mais de 50 anos:

> Os objetivos educacionais se tornam os critérios pelos quais os materiais são selecionados, o conteúdo é delineado, os procedimentos de ensino são desenvolvidos e os testes e exames são preparados [...]
>
> O propósito de explicitar os objetivos é indicar os tipos de mudanças a serem produzidos no aluno de modo que as atividades de ensino possam ser planejadas e desenvolvidas de uma forma que provavelmente atinja esses objetivos. (TYLER, 1950, p. 45)

E, em seu famoso livro, *How to Solve It* (Como resolvê-lo, em tradução livre), originalmente publicado em 1945, Pólya regressa aos gregos ao discutir de forma específica "pensar reversamente" como uma estratégia na solução de problemas:

> Há certa dificuldade psicológica em mudar o rumo, em afastar-se do objetivo, em trabalhar reversamente... No entanto, não é preciso ser um gênio para resolver um problema concreto trabalhando reversamente; qualquer um pode fazer isso com um pouco de bom senso. Nós nos concentramos na finalidade desejada, visualizamos a posição final em que gostaríamos de estar. A partir de que posição anterior poderemos chegar lá? (PÓLYA, 1945, p. 230)

Essas considerações são antigas. O que talvez seja novo é que oferecemos aqui um processo útil, um modelo, um conjunto de ferramentas e padrões de planejamento para tornar o plano e o desempenho resultante do aluno mais prováveis de ser bem-sucedidos pela via do planejamento, em vez de contar com a sorte. Como sugere uma professora do 4° ano, de Alberta, Canadá: "Depois que eu encontrei uma maneira de definir claramente o final em mente, o restante da unidade 'entrou nos eixos'".

Os pecados capitais do planejamento baseado na atividade e baseado na cobertura refletem uma falha em considerar o propósito de acordo com a visão do planejamento reverso. Tendo isso em mente, vamos revisitar os dois casos fictícios da Introdução. No caso das maçãs, a unidade parece focar em um tema particular (a época da colheita) por meio de um objeto específico e familiar (maçãs). No entanto, como a descrição revela, a unidade não tem profundidade real porque não existe aprendizagem duradoura decorrente para os alunos. O trabalho é *mão na massa sem usar a cabeça* porque os alunos não precisam (e na verdade não são desafiados a) extrair ideias e conexões sofisticadas. Eles não precisam trabalhar para compreender; tudo o que precisam é se engajar na atividade. (Infelizmente, é comum recompensar os alunos pelo mero engajamento, e não pela compreensão; engajamento é necessário, mas não suficiente como um resultado.)

Além do mais, quando você examina a unidade sobre maçãs, fica claro que ela não tem prioridades explícitas – as atividades parecem ser de igual valor. O papel dos alunos é meramente participar das atividades preponderantemente prazerosas sem ter que demonstrar que compreendem alguma grande ideia que se encontre no centro do tema. Todo o ensino baseado nas atividades – e não nos resultados – compartilha a mesma fragilidade da unidade sobre maçãs: pouca coisa no planejamento requer que os alunos extraiam um fruto intelectual da unidade. Podemos caracterizar essa abordagem orientada para a atividade como "fé na aprendizagem por osmose". É provável que determinados alunos aprendam algumas coisas interessantes sobre maçãs? É claro que sim. Porém, na ausência de um plano de aprendizagem com objetivos claros, qual a probabilidade de que os alunos desenvolvam compreensões compartilhadas sobre as quais as lições futuras possam ser construídas? Não muito alta.

No caso da aula de História geral, o professor cobre uma vasta quantidade de conteúdo durante o último trimestre do ano. No entanto, em sua preocupada marcha para terminar o livro, ele aparentemente não leva em consideração o que os alunos irão compreender e aplicar a partir daquele material. Que tipo de apoio intelectual* é fornecido para guiar os alunos pelas ideias importantes? Como é esperado que os alunos usem essas

---

* N. de R.T.: Os autores utilizam o termo *scaffolding*, que em tradução literal significa andaime. O termo é oriundo das teorias de Vygotsky e refere-se aos apoios intelectuais (desde estratégias pedagógicas, passando por tipos de agrupamento, comandos de atividades, entre outros) que os professores deliberadamente utilizam para auxiliar os estudantes a adquirir novos conhecimentos (transformando suas zonas de desenvolvimento proximal).

ideias para dar significado aos muitos fatos? Que objetivos de desempenho ajudariam os alunos a saberem como fazer anotações para o máximo uso efetivo quando chegarem ao final do curso? O ensino baseado na cobertura implica que o professor meramente fale, cumpra o ensino dos tópicos e siga em frente, não levando em conta se os alunos compreendem ou se estão confusos. Essa abordagem pode ser denominada "ensino pela menção". O ensino orientado para a cobertura tipicamente se baseia em um livro didático, que define o conteúdo e a sequência do ensino. Em contrapartida, propomos que o ensino orientado para os resultados empregue o livro didático como um recurso, não como o programa do curso.

Um modelo de planejamento reverso

Depois de descrito o processo de planejamento reverso, agora o organizaremos em um formato útil – um modelo para os professores usarem no planejamento de unidades que focalizam na compreensão.

Muitos educadores observaram que o planejamento reverso é senso comum. Todavia, quando começam a aplicá-lo, descobrem que ele parece não ser natural. Trabalhar dessa maneira parece um pouco estranho e demorado até você se habituar. Mas o esforço vale a pena – assim como a curva de aprendizagem para aprender a usar um bom *software* vale a pena. Pensamos no planejamento para a compreensão como um *software*, de fato: um conjunto de ferramentas para, em última instância, tornar você mais produtivo. Assim, um dos pilares de planejamento para a compreensão é um modelo de planejamento que visa reforçar hábitos mentais apropriados e necessários para planejar para a compreensão do aluno e evitar os hábitos que estão na essência dos pecados capitais do planejamento baseado na atividade e baseado na cobertura.

A Figura 1.2 apresenta uma visão preliminar do modelo de planejamento reverso em uma versão de uma página com perguntas-chave de planejamento incluídas nos vários campos. Esse formato guia o professor aos vários elementos do planejamento para a compreensão enquanto visualmente transmite a ideia de planejamento reverso. Os próximos capítulos apresentam uma descrição mais completa do modelo e de cada um dos seus campos.

Embora essa versão de uma página do modelo não permita muitos detalhes, ela tem várias virtudes. Primeiramente, fornece uma *gestalt*, uma visão geral do planejamento reverso, sem parecer sobrecarregada. Segundo, ela possibilita uma rápida verificação do alinhamento – o quanto as avaliações da aprendizagem (Estágio 2) e as atividades de aprendizagem (Estágio 3) estão alinhadas com os objetivos identificados (Estágio 1). Terceiro, o modelo pode ser usado para revisar as unidades existentes que os professores ou secretarias de educação desenvolveram. Por fim, o modelo de uma página proporciona uma estrutura de planejamento inicial. Também temos uma versão de muitas páginas, que permite o planejamento mais detalhado, incluindo, por exemplo, um plano para tarefa de desempenho e um calendário diário para listar e sequenciar os principais eventos de aprendizagem. O *Understanding by Design Professional Development Workbook* (MCTIGHE; WIGGINS, 2004, p. 46-51) inclui um modelo de seis páginas que permite um planejamento mais detalhado.

Normalmente observamos que os professores começam a internalizar o processo de planejamento reverso enquanto trabalham com o modelo de planejamento para a compreensão. O Estágio 1 demanda que os planejadores considerem o que querem que os alunos compreendam e, então, que estruturem essas compreensões na forma de perguntas. Ao completarem as duas primeiras seções do Estágio 1 do modelo, os usuários são

Estágio 1 – Resultados desejados	
Objetivos estabelecidos: (O) • Que objetivos relevantes (p. ex., orientações curriculares ou padrões de conteúdo, objetivos do curso ou programa, resultados de aprendizagem) este planejamento aborda?	
Compreensões: (CD) Os alunos compreenderão que... • Quais são as grandes ideias? • Que compreensões específicas sobre elas são desejadas? • Que incompreensões são previsíveis?	**Perguntas essenciais:** (PE) • Que perguntas provocativas irão estimular a investigação, a compreensão e a transferência da aprendizagem?
Os alunos saberão... (CO) • Quais os principais conhecimentos e habilidades que os alunos irão adquirir como resultado desta unidade? • O que eles serão finalmente capazes de fazer como resultado de tais conhecimentos e habilidades?	*Os alunos serão capazes de...* (H)
Estágio 2 – Evidências para avaliação	
Tarefas de desempenho: (T) • Por meio de quais tarefas de desempenho autênticas os alunos demonstrarão as compreensões desejadas? • Por meio de quais critérios as evidências da compreensão serão julgadas?	**Outras evidências** (OE) • Por meio de quais outras evidências (p. ex., questionários, testes, projetos acadêmicos, observações, dever de casa, diários) os alunos demonstrarão o alcance dos resultados desejados? • Como os alunos irão refletir a respeito e autoavaliar sua aprendizagem?
Estágio 3 – Plano de aprendizagem	
Atividades de aprendizagem: (A) Que experiências de aprendizagem e ensino possibilitarão que os alunos alcancem os resultados desejados? Como o planejamento irá O = Ajudar os alunos a saber para **O**nde a unidade está indo ou **O** que se espera? Ajudar o professor a saber de **O**nde os estudantes estão vindo (conhecimento prévio, interesses)? P = **P**render a atenção dos alunos e mantê-los interessados? E = **E**quipar estudantes, ajudá-los a **E**xperimentar as ideias-chave e **E**xplorar as questões? R = Oferecer oportunidades de **R**epensar e **R**ever suas compreensões e trabalho? A = Permitir que os alunos **A**valiem o próprio trabalho e suas implicações? A = **A**daptar-se às diferentes necessidades, interesses e capacidades dos alunos? O = **O**rganizar-se para maximizar o envolvimento inicial e contínuo, bem como a aprendizagem efetiva?	

Figura 1.2
Modelo de uma página com perguntas de planejamento para professores.

estimulados a identificar as compreensões e perguntas essenciais para estabelecer um contexto maior em que determinada unidade está inserida.

O Estágio 2 requer que o planejador considere uma variedade de métodos de avaliação para reunir evidências das compreensões desejadas. O organizador gráfico com dois quadros oferece espaços para detalhar as avaliações específicas a serem usadas durante a unidade. Os planejadores precisam pensar em termos das evidências coletadas, não de um teste isolado ou uma tarefa de desempenho.

O Estágio 3 requer uma listagem das principais atividades de aprendizagem e das aulas. Quando estiver preenchido, o planejador (e os outros) deve ser capaz de discernir o que denominamos elementos "OPERAAO".

O *formato* do modelo oferece um meio de apresentar sucintamente o planejamento da unidade; sua *função* é orientar o processo de planejamento. Quando concluído, o modelo pode ser usado para autoavaliação, revisão dos pares e compartilhamento do planejamento da unidade concluído com outras pessoas.

Para melhor compreender os benefícios do modelo para o professor-planejador, vamos dar uma olhada em um modelo preenchido. A Figura 1.3 mostra uma versão de três páginas do modelo preenchido para uma unidade sobre nutrição.

Observe que o modelo da Figura 1.3 apoia o pensamento do planejamento reverso tornando os objetivos de mais longo prazo mais explícitos do que é típico no planejamento de aulas, e podemos acompanhar esses objetivos por meio dos Estágios 2 e 3 para garantir que o planejamento seja coerente. O foco nas grandes ideias no Estágio 1 é transparente, sem sacrificar os elementos mais específicos de conhecimento e habilidades. Por fim, ao requerer apropriadamente tipos de avaliação diferentes, o modelo nos faz lembrar de que em geral precisamos de evidências variadas e avaliações baseadas no desempenho para mostrar transferência, se a compreensão for o nosso objetivo.

Estágio 1 – Identificar os resultados desejados

Objetivos estabelecidos: O

Padrão de Conteúdo 6 – Os alunos compreenderão conceitos essenciais sobre nutrição e dieta.
6a – Os alunos usarão uma compreensão de nutrição para planejar dietas apropriadas para eles mesmos e para os outros.
6c – Os alunos compreenderão seus próprios padrões alimentares individuais e formas como esses padrões podem ser melhorados.

Que perguntas essenciais serão consideradas? 

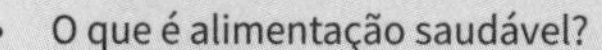

- O que é alimentação saudável?
- Você se alimenta de forma saudável?
- Como uma dieta saudável para uma pessoa pode não ser saudável para outra?
- Por que há tantos problemas de saúde em nosso país causados por má nutrição apesar das informações disponíveis?

Os alunos compreenderão que... 

- Uma dieta balanceada contribui para a saúde física e mental.
- A pirâmide alimentar do Ministério da Saúde apresenta diretrizes relativas para nutrição.
- As necessidades dietéticas variam entre os indivíduos com base na idade, nível de atividade, peso e saúde geral.
- Uma vida saudável requer que um indivíduo coloque em prática as informações disponíveis sobre boa nutrição mesmo que isso signifique romper com hábitos confortáveis.

Que conhecimento-chave e habilidades os alunos irão adquirir como resultado desta unidade?

Os alunos saberão... 

- Termos principais – proteína, gordura, carboidrato, colesterol.
- Tipos de alimentos em cada grupo alimentar e seus valores nutricionais.
- As diretrizes da pirâmide alimentar do Ministério da Saúde.
- Variáveis que influenciam as necessidades nutricionais.
- Problemas gerais de saúde causados por má nutrição.

Os alunos serão capazes de... 

- Ler e interpretar informações nutricionais sobre os rótulos dos alimentos.
- Analisar dietas quanto ao seu valor nutricional.
- Planejar dietas balanceadas para si mesmos e os outros.

Figura 1.3 (continua)
Exemplo de três páginas sobre nutrição.

Estágio 2 – Determinar evidências aceitáveis

Que evidências mostrarão que os alunos compreendem? T

Tarefas de desempenho:

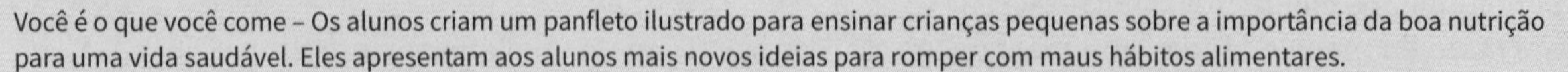

Você é o que você come – Os alunos criam um panfleto ilustrado para ensinar crianças pequenas sobre a importância da boa nutrição para uma vida saudável. Eles apresentam aos alunos mais novos ideias para romper com maus hábitos alimentares.

Devore! – Os alunos desenvolvem um cardápio de três dias para as refeições e lanches de uma experiência futura de acampamento para um trabalho de campo. Eles escrevem uma carta ao diretor do acampamento para explicar por que seu cardápio deve ser escolhido (mostrando que ele atende às recomendações da pirâmide alimentar do Ministério da Saúde e, ao mesmo tempo, é suficientemente saboroso para os estudantes). Eles incluem pelo menos uma modificação para uma condição dietética específica (diabéticos ou vegetarianos) ou consideração religiosa.

Que outras evidências precisam ser reunidas à luz dos Resultados Desejados do Estágio 1?

Outras evidências:

(p. ex., testes, questionários, tarefas, amostras de trabalho, observações)

Questionário – Os grupos alimentares e a pirâmide alimentar do Ministério da Saúde.

Tarefa – Descrever dois problemas de saúde que podem surgir como consequência de má nutrição e explicar como eles podem ser evitados.

Verificação da habilidade – Interpretar as informações nutricionais em rótulos de alimentos.

Autoavaliação e reflexão do aluno:

1. Autoavaliar o folheto: Você é o que você come.
2. Autoavaliar o cardápio do acampamento: Devore!
3. Refletir sobre o quanto você come de forma saudável no final da unidade (comparado com o início).

Estágio 3 – Planejar experiências de aprendizagem

Que sequência de experiências de ensino e aprendizagem equipará os alunos para se engajar, desenvolver e demonstrar as compreensões desejadas? Use a folha a seguir para listar em sequência as principais atividades de ensino e aprendizagem. Codifique cada entrada com as iniciais apropriadas dos elementos de OPERAAO.

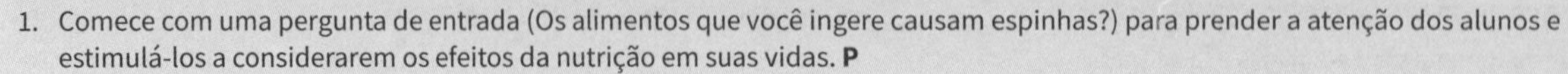

1. Comece com uma pergunta de entrada (Os alimentos que você ingere causam espinhas?) para prender a atenção dos alunos e estimulá-los a considerarem os efeitos da nutrição em suas vidas. **P**
2. Introduza as perguntas essenciais e discuta as tarefas de desempenho finais da unidade (Devore e Plano de ação alimentar). **O**
3. Nota: Os principais termos do vocabulário são introduzidos quando necessário pelas várias atividades de aprendizagem e tarefas de desempenho. Os alunos leem e discutem trechos relevantes do livro sobre saúde para apoiar as atividades e tarefas de aprendizagem. Como atividade contínua, os alunos mantêm uma tabela diária do que comem e bebem para exame e avaliação posteriores. **E**
4. Apresente a aula referente aos conceitos sobre os grupos alimentares. A seguir, faça os alunos praticarem a classificação de figuras de alimentos em conformidade com os grupos alimentares. **E**
5. Introduza a Pirâmide Alimentar e identifique os alimentos em cada grupo. Os alunos trabalham em grupos para desenvolver um cartaz da Pirâmide Alimentar contendo figuras recortadas dos alimentos em cada grupo. Exponha os cartazes na sala de aula ou no corredor. **E**
6. Dê um rápido teste sobre grupos de alimentos e Pirâmide Alimentar (formato de encontrar a relação entre itens). **E**
7. Revise e discuta o folheto sobre nutrição do Ministério da Saúde. Pergunta para discussão: Todas as pessoas devem seguir a mesma dieta para que sejam saudáveis? **R**
8. Trabalhando em grupos cooperativos, os alunos analisam uma dieta familiar hipotética (deliberadamente desequilibrada) e fazem recomendações para melhorar a nutrição. O professor observa e orienta os alunos enquanto trabalham. **A**
9. Os alunos compartilham suas análises da dieta e discutem em classe. **E, A** (Nota: O professor recolhe e examina as análises da dieta para identificar mal-entendidos que precisam de atenção no ensino.)
10. Cada aluno planeja um folheto nutricional ilustrado para ensinar crianças menores sobre a importância da boa nutrição para uma vida saudável e os problemas associados à má alimentação. Essa atividade é realizada fora da classe. **E, A-2**
11. Os alunos trocam os folhetos com os membros do seu grupo para uma avaliação dos pares baseada em uma lista de critérios. Permita que os alunos façam revisões com base nas devolutivas. **E, A**
12. Apresente e discuta o vídeo "Nutrição e você". Discuta os problemas de saúde associados à má alimentação. **E**

Figura 1.3 (continuação)
Exemplo de três páginas sobre nutrição.

13. Os alunos ouvem e questionam um palestrante convidado (nutricionista do hospital local) sobre problemas de saúde causados pela má nutrição. **E**
14. Os alunos respondem por escrito ao comando: descreva dois problemas de saúde que podem surgir em consequência da má nutrição e explique as mudanças na alimentação que poderiam ajudar a evitá-los. (Isso é coletado e avaliado pelo professor.) **A**
15. O professor exemplifica como ler e interpretar informações nos rótulos dos alimentos sobre os valores nutricionais. Então os alunos praticam usando caixas, latas e garrafas doadas (vazias!). **E**
16. Os alunos trabalham de forma independente para desenvolver o cardápio do acampamento de três dias. Avalie e dê *feedback* sobre o projeto do cardápio para o acampamento. Os alunos avaliam seus próprios projetos e os projetos dos colegas usando rubricas. **A, A-2**
17. Na conclusão da unidade, os alunos revisam sua tabela alimentar diária preenchida e autoavaliam o quanto sua alimentação é saudável. Eles observaram mudanças? Melhoras? Eles percebem mudanças em como se sentem e na sua aparência? **A**
18. Os alunos desenvolvem um "plano de ação alimentar" pessoal para uma alimentação saudável. Esses planos são guardados e apresentados em futuras reuniões que envolvem pais e alunos. **A, A-2**
19. Conclua a unidade com a autoavaliação dos alunos relativa aos seus hábitos alimentares pessoais. Cada aluno deve desenvolver um plano de ação pessoal para seu objetivo de "alimentação saudável". **A, A-2**

Figura 1.3 (continuação)
Exemplo de três páginas sobre nutrição.

Padrões de planejamento

Existe um conjunto de padrões de planejamento que acompanha o modelo de planejamento para a compreensão, correspondendo a cada estágio do planejamento reverso. Os padrões oferecem critérios para uso durante o desenvolvimento e para o controle de qualidade dos planejamentos de unidade finalizados. Estruturados como perguntas, eles servem aos planejadores de currículo da mesma maneira que uma rubrica de pontuação serve aos alunos. Quando apresentada aos alunos antes de iniciarem seu trabalho, a rubrica fornece a eles uma meta de desempenho identificando as qualidades importantes em direção às quais eles devem se empenhar. Igualmente, os padrões de planejamento especificam as qualidades de unidades eficazes de acordo com a estrutura de planejamento para a compreensão. A Figura 1.4 apresenta os quatro padrões para o planejamento para a compreensão com os indicadores correspondentes.

Os padrões contribuem para o trabalho de planejamento em três aspectos:

- *Como um ponto de referência durante o planejamento* – Os professores podem checar periodicamente para ver, por exemplo, se as compreensões identificadas são verdadeiramente abrangentes e duradoras ou se as avaliações coletam evidências suficientes. Assim como uma rubrica, as perguntas servem como lembretes dos elementos importantes do planejamento que devem ser incluídos, tais como um foco nas perguntas essenciais.
- *Para uso em autoavaliação e revisões de pares do esboço dos planejamentos* – Os professores e seus pares podem usar os critérios para examinar os esboços das suas unidades e identificar os refinamentos necessários, como, por exemplo, o uso das seis facetas da compreensão para ir mais a fundo em uma ideia abstrata.
- *Para controle de qualidade dos planejamentos completos* – Os padrões podem, então, ser aplicados por revisores independentes (p. ex., comitês curriculares) para validar os planejamentos antes da sua distribuição a outros professores.

Nossa profissão raramente sujeita as unidades e as avaliações planejadas pelo professor a esse nível de revisão crítica. No entanto, constatamos que revisões estruturadas por pares, guiadas por padrões de planejamento, são enormemente benéficas – tanto para os professores quanto para seus planejamentos (WIGGINS, 1996, 1997). Os participantes

Estágio 1 – Até que ponto o planejamento focaliza nas grandes ideias do conteúdo visado?

Considere:

- As compreensões almejadas são duradouras, baseadas em grandes ideias transferíveis e que se encontram na essência da disciplina e na necessidade de descoberta?
- As compreensões almejadas são estruturadas por perguntas que estimulam conexões significativas, provocam investigação genuína e pensamento profundo e encorajam a transferência?
- As perguntas essenciais são provocativas, promovem discussão e são capazes de gerar investigação em torno das ideias centrais (em vez de uma resposta automática)?
- Os objetivos apropriados (p. ex., orientações curriculares ou padrões de conteúdo, critérios, objetivos do currículo) são identificados?
- O conhecimento e habilidades válidos e relevantes para a unidade são identificados?

Estágio 2 – Até que ponto as avaliações da aprendizagem oferecem medidas justas, válidas, confiáveis e suficientes dos resultados desejados?

Considere:

- Os alunos são solicitados a exibir sua compreensão por meio de tarefas de desempenho autênticas?
- São usadas ferramentas de avaliação baseadas nos critérios apropriadas para avaliar os produtos e desempenhos dos alunos?
- São usados vários formatos de avaliação apropriados para proporcionar evidências adicionais de aprendizagem?
- As atividades avaliativas são usadas para dar devolutivas a alunos e professores, tanto quanto para avaliar?
- Os alunos são encorajados a se autoavaliar?

Estágio 3 – Até que ponto o plano de aprendizagem é eficiente e engajador?

Considere: Os alunos...

- Saberão para onde estão indo (os objetivos de aprendizagem), por que o material é importante (razão para aprender o conteúdo) e o que é exigido deles (objetivo da unidade, exigências de desempenho e critérios avaliativos)?
- Estão envolvidos – engajados na investigação mais profunda das grandes ideias (p. ex., investigação completa, pesquisa, solução de problemas e experimentação)?
- Têm oportunidades adequadas de explorar e experimentar grandes ideias e recebem instrução para equipá-los para os desempenhos requeridos?
- Têm oportunidades suficientes para repensar, ensaiar, revisar e refinar o trabalho com base em devolutivas oportunas?
- Têm a oportunidade de avaliar seu trabalho, refletir sobre sua aprendizagem e estabelecer objetivos?

Considere: O plano de aprendizagem é...

- Adequado e flexível para tratar dos interesses e estilos de aprendizagem de todos os alunos?
- Organizado e sequenciado para maximizar o engajamento e eficácia?

Planejamento global – Em que medida a unidade inteira é coerente com os elementos de todos os três estágios alinhados?

Figura 1.4
Padrões de planejamento do planejamento para a compreensão.

de sessões de revisão por pares normalmente comentam sobre o valor de compartilhar e discutir com os colegas os planejamentos de currículo e avaliação. Acreditamos que essas sessões são uma abordagem poderosa para o desenvolvimento profissional porque as conversas focalizam na essência do ensino e da aprendizagem.

Não podemos deixar de sublinhar a importância do uso de padrões de planejamento para regularmente revisar o currículo – tanto as unidades e os cursos existentes como os novos a serem desenvolvidos. Frequentemente é difícil para os educadores, tanto os novos quanto os veteranos, adquirirem o hábito de autoavaliar seus planejamentos comparando-os com os critérios. Uma norma prevalente em nossa profissão parece ser: "se eu trabalho arduamente no planejamento, ele deve ser bom". Os padrões de planejamento do planejamento para a compreensão ajudam a quebrar essa norma ao fornecerem um meio para controle da qualidade. Eles nos ajudam a validar os pontos fortes do nosso currículo, ao mesmo tempo que revelam aspectos que precisam ser melhorados.

Além do uso dos padrões de planejamento para autoavaliação, a qualidade do produto do currículo (plano de unidade, avaliação do desempenho, planejamento do curso) é invariavelmente melhorada quando os professores participam de uma revisão de pares estruturada na qual eles examinam os planejamentos de unidades uns dos outros e compartilham as devolutivas e sugestões para melhorias. Essas revisões de "amigos críticos" retroalimentam os planejadores, ajudam os professores a internalizar as qualidades do bom planejamento e oferecem oportunidades de ver modelos de planejamento alternativos. ("Nossa, eu nunca havia pensado em começar uma unidade com um problema. Acho que vou tentar isso na minha próxima unidade".)

Ferramentas de planejamento

Além dos padrões de planejamento, desenvolvemos e refinamos um conjunto abrangente de ferramentas de planejamento para apoiar os professores e desenvolvedores de currículos. Esse é um trabalho árduo! Constatamos que uma gama de estruturas de apoio – estímulos, organizadores, folhas de ideias e exemplos – ajuda os educadores a produzir planejamentos de melhor qualidade. Todo um conjunto desses recursos está disponível no *UbD Professional Development Workbook*.

Acreditamos que um bom modelo serve como uma ferramenta inteligente. Ele proporciona mais do que um lugar onde escrever as ideias. Ele focaliza e guia o pensamento do planejador ao longo do processo de planejamento para tornar mais provável um trabalho de alta qualidade. Na prática, os planejadores de currículo trabalham a partir de uma cópia do modelo, apoiados por ferramentas de planejamento específicas e inúmeros exemplos preenchidos de bons planejamentos de unidade. Dessa maneira, praticamos o que pregamos para os alunos; modelos e padrões de planejamento são fornecidos previamente para focar o desempenho do planejador desde o início.[1]

Mas por que nos referimos ao modelo, aos padrões de planejamento e às correspondentes ferramentas de planejamento como "inteligentes"? Assim como uma ferramenta física (p. ex., um telescópio, um automóvel ou um aparelho auditivo) amplia as capacidades humanas, uma ferramenta inteligente melhora o desempenho em tarefas cognitivas, tais como o planejamento de unidades de aprendizagem. Por exemplo, um organizador gráfico efetivo, como um mapa da história, ajuda os alunos a internalizar os elementos de uma história de maneiras que melhoram sua leitura e escrita de histórias. Da mesma forma, por meio do uso rotineiro do modelo e das ferramentas de planejamento, os usuários provavelmente irão desenvolver um modelo mental das ideias-chave apresentadas neste livro: a lógica do planejamento reverso, pensar como um avaliador, as facetas da compreensão, OPERAAO e padrões de planejamento.

Ao incorporar os elementos do planejamento para a compreensão em elementos tangíveis (isto é, o modelo e as ferramentas de planejamento), procuramos apoiar os educadores na aprendizagem e na aplicação dessas ideias. Assim, as ferramentas de planejamento são como rodinhas de apoio em uma

ALERTA DE EQUÍVOCO!

Embora os três estágios apresentem uma lógica de planejamento, isso não significa que este seja um processo verdadeiramente gradual. Como argumentamos no Capítulo 11, não confunda a lógica do produto final com o processo confuso do trabalho de planejamento. Não importa exatamente por onde você começa ou como você prossegue, *contanto que você termine com um planejamento coerente* que reflita a lógica dos três estágios. O esboço final de uma aula expositiva universitária que flua naturalmente raramente reflete o processo de pensamento de avanço e recuo (iterativo) que esteve presente na sua criação.

bicicleta, proporcionando uma influência estável durante esses períodos de desequilíbrio provocados por novas ideias que podem desafiar hábitos estabelecidos e confortáveis. No entanto, depois que as principais ideias do planejamento para a compreensão estiverem internalizadas e sendo aplicadas regularmente, o uso explícito das ferramentas se torna desnecessário, assim como a criança que está aprendendo a andar de bicicleta elimina as rodinhas de apoio depois que consegue atingir equilíbrio e confiança.

Planejamento reverso em ação com Bob James

Contexto: Estamos dentro da cabeça de Bob James, um professor do 6ª ano na Escola de Ensino Fundamental Newton, quando ele começa a planejar uma unidade de três semanas sobre nutrição. Seu planejamento final será a unidade apresentada anteriormente, na Figura 1.3. Mas Bob é novo no planejamento para a compreensão, então seu planejamento irá se desenvolver e ser revisado com o passar do tempo. Ao longo do livro, mostraremos seu pensar – e repensar – enquanto reflete sobre o pleno significado dos elementos do modelo.

Estágio 1: Identificar os resultados desejados

O modelo me pede para destacar os objetivos da unidade, e para mim isso significa recorrer às orientações curriculares estaduais. Revisando nossas orientações em saúde, descobri três padrões de conteúdo sobre nutrição que são referência para essa faixa etária:

- Os alunos compreenderão conceitos essenciais sobre nutrição.
- Os alunos compreenderão os elementos de uma dieta balanceada.
- Os alunos compreenderão seus próprios padrões alimentares e as formas como esses padrões podem ser melhorados.

Usando esses padrões como ponto de partida, preciso decidir o que quero que meus alunos extraiam dessa unidade. Sempre focalizei em conhecimentos e habilidades: conhecimento da pirâmide alimentar, a habilidade de ler rótulos na loja e em casa, etc. Embora eu nunca tenha pensado deliberadamente sobre *compreensões*, *per se*, gosto do conceito e acho que ele me ajudará a focalizar meu ensino e tempo de aula limitado nos aspectos verdadeiramente importantes dessa unidade.

Quando penso a respeito, acho que o que estou realmente buscando tem alguma coisa a ver com uma compreensão dos elementos da boa nutrição para que os alunos consigam planejar uma dieta balanceada para eles mesmos e para outras pessoas. As grandes ideias têm a ver com nutrição e planejamento de refeições de uma maneira plausível. Assim, as perguntas importantes são: então, o que é bom para você? O que não é? Como você sabe? O que dificulta saber sobre isso e comer corretamente? (O gosto bom da *junk food* dificulta!)

Essa ideia é claramente importante porque o planejamento de cardápios nutritivos é uma necessidade autêntica e para toda a vida, além de ser uma forma de aplicar esse conhecimento. Porém, ainda estou um pouco inseguro sobre o que significa "uma compreensão" nesse contexto. Vou precisar refletir mais sobre o que é uma compreensão e como isso vai além do conhecimento específico e seu uso. Os conceitos básicos da nutrição são muito simples, no final das contas, assim como as habilidades de planejamento do cardápio. Há alguma coisa na unidade que requeira, então, uma *descoberta* deliberada e aprofundada? Há incompreensões típicas, por exemplo, nas quais eu deva focar mais deliberadamente?

Bem, enquanto penso sobre isso, descobri que muitos alunos têm as duas falsas concepções de que se a comida é boa para você, ela deve ter gosto ruim, e se ela for vendida em lugares famosos e populares, ela deve ser boa. Um dos meus objetivos nessa unidade é desfazer esses mitos para que os alunos não tenham uma aversão automática a alimentos saudáveis e inadvertidamente comam coisas nocivas. Em termos do potencial para engajamento – não há nenhum problema aqui. Qualquer coisa que tenha a ver com comida é campeã de audiência entre crianças de 10 e 11 anos. E há alguns pontos no planejamento do cardápio (como equilibrar custos, variedade, sabor e necessidades dietéticas) que não são nem um pouco óbvios. Essa maneira de pensar sobre a unidade possibilitará que eu me concentre melhor nesses pontos.

Estágio 2: Determinar evidências aceitáveis

Isso fará eu me alongar um pouco mais do que normalmente. Em geral, em uma unidade de três ou quatro semanas como essa, eu aplico um ou dois questionários; tenho um projeto, no qual eu atribuo nota; e concluo com um teste sobre a unidade (geralmente múltipla escolha ou associação). Muito embora essa abordagem torne a avaliação e a justificativa das notas relativamente fáceis, sempre me senti um pouco preocupado que essas avaliações possam não refletir o objetivo da unidade e que a nota do projeto algumas vezes tenha menos a ver com as ideias-chave e mais a ver com o esforço. Acho que tenho a tendência a testar o que é fácil testar em vez de avaliar de acordo com meus objetivos mais profundos, independentemente dos fatos nutricionais. Na verdade, uma coisa que sempre me perturbou é que as crianças tendem a focar em suas notas em vez de na sua aprendizagem. Talvez a forma como usei as avaliações – mais para fins de atribuição de notas do que para ajudar a moldar e documentar a aprendizagem – tenha contribuído de alguma forma para essa atitude.

Agora preciso pensar sobre o que serviria como evidência das ideias em que estou focando. Depois de examinar alguns exemplos de tarefas de desempenho e discutir ideias de "aplicação" com meus colegas, decidi provisoriamente pela seguinte tarefa:

> *Como estamos aprendendo sobre nutrição, o diretor do acampamento no centro de educação ao ar livre pediu que propuséssemos um cardápio nutricionalmente balanceado para o passeio de três dias até o centro no fim do ano. Usando as diretrizes da pirâmide alimentar e as informações nutricionais nos rótulos dos alimentos, faça um planejamento alimentar para três dias, incluindo três refeições e três lanches (pela manhã, à tarde e na hora da fogueira). Seu objetivo: elaborar um cardápio saboroso e nutricionalmente balanceado.*

Estou entusiasmado com essa ideia porque ela requer que os alunos demonstrem o que eu realmente quero que eles extraiam da unidade. Essa tarefa também tem muito a ver com um dos nossos projetos da unidade: analisar a dieta de uma família hipotética durante uma semana e propor formas de melhorar sua nutrição. Com essa tarefa e projeto em mente, agora posso usar meus questionários para verificar o conhecimento dos alunos sobre os grupos de alimentos e as recomendações da pirâmide alimentar e um teste mais longo para checar sua compreensão de como uma dieta com deficiências nutricionais contribui para problemas de saúde. Ei! Esse é um dos melhores planos de avaliação que já elaborei para uma unidade, e acho que a tarefa irá motivar os alunos e também fornecer evidências da sua compreensão.

Estágio 3: Planejar experiências de aprendizagem e ensino

Esta é minha parte favorita do planejamento – decidir quais atividades os alunos irão fazer durante a unidade e que recursos e materiais iremos precisar para essas atividades. Entretanto, de acordo com o que estou aprendendo sobre planejamento reverso, vou precisar pensar primeiro nos conhecimentos e habilidades essenciais que meus alunos precisarão ter para que sejam capazes de demonstrar em seu desempenho as compreensões que estou buscando.

Bem, eles vão precisar saber a respeito dos diferentes grupos de alimentos e os tipos de alimentos encontrados em cada grupo para que compreendam as recomendações da pirâmide alimentar do Ministério da Saúde. Eles também precisarão ter conhecimento das necessidades nutricionais humanas de carboidratos, proteína, açúcar, gordura, sal, vitaminas e sais minerais, além dos vários alimentos que os fornecem. Eles terão que aprender sobre as necessidades diárias mínimas desses elementos nutricionais e sobre os vários problemas de saúde que se originam da má nutrição. Em termos de habilidades, terão que aprender a ler e interpretar os rótulos dos alimentos com informações nutricionais e a aumentar ou reduzir uma receita porque essas competências são necessárias para seu projeto final – o planejamento de cardápios saudáveis para o acampamento.

Agora, vamos passar para as experiências de aprendizagem. Vou usar os recursos que coletei durante os últimos anos – um folheto do Ministério da Saúde sobre os grupos de alimentos e as recomendações da pirâmide alimentar; um vídeo maravilhoso, "Nutrição para você"; e, é claro, nosso livro didático sobre saúde (que agora planejo usar de forma seletiva). Como tenho feito nos últimos anos, vou convidar uma nutricionista do hospital local para falar sobre dieta e saúde e sobre como planejar cardápios saudáveis. Percebi que as crianças prestam muita atenção a um usuário real das informações que eles estão aprendendo.

Meus métodos de ensino vão seguir meu padrão básico – um misto de ensino direto, métodos indutivos, trabalho em grupo de aprendizagem cooperativa e atividades individuais.

Planejar reversamente para produzir esse novo rascunho foi muito útil. Agora posso ver e expressar mais claramente quais conhecimentos e habilidades são essenciais, levando em consideração meus objetivos para a unidade. Poderei me concentrar nos aspectos mais importantes do tópico (e aliviar alguma culpa por não ter coberto tudo). Também é interessante observar que, mesmo que algumas seções dos capítulos do livro sobre nutrição sejam especialmente úteis (p. ex., as descrições dos problemas de saúde que se originam da má nutrição), outras seções não são tão informativas quanto os outros recursos que vou usar agora (o folheto e o vídeo). Em termos de avaliação, agora sei com mais clareza o que preciso avaliar usando testes e questionários tradicionais e por que a tarefa de desempenho e o projeto são necessários – para que os alunos demonstrem a sua compreensão. Estou começando a entender o planejamento reverso.

Comentários sobre o processo de planejamento

Note que o processo de desenvolvimento desse esboço de unidade sobre nutrição revela quatro aspectos principais do planejamento reverso:

1. As atividades avaliativas – as tarefas de desempenho e fontes de evidências relacionadas – são planejadas antes de as aulas serem desenvolvidas plenamente. As avaliações servem como metas de ensino para refinar o foco do professor e editar os planos de aulas passados porque elas definem em termos muito específicos o que queremos que os alunos compreendam e sejam capazes de fazer. O ensino é, então, visto como *facilitador* do desempenho. Essas avaliações também guiam as decisões sobre o conteúdo que precisa ser enfatizado e o que não é realmente essencial.
2. É provável que as atividades e os projetos mais familiares e preferidos tenham que ser posteriormente modificados à luz das evidências necessárias para avaliar os objetivos almejados. Por exemplo, se a unidade sobre maçãs descrita na Introdução fosse planejada por meio desse processo de planejamento reverso, esperaríamos ver revisões em algumas das atividades para melhor apoiar os resultados desejados.
3. Os métodos de ensino e os recursos materiais são escolhidos no fim, com o professor tendo em mente o trabalho que os alunos devem produzir para atender aos padrões. Por exemplo, em vez de focar na aprendizagem cooperativa por ser uma estratégia popular, a pergunta segundo uma perspectiva do planejamento reverso seria: que estratégias de ensino serão mais eficazes para nos ajudar a atingir nossos objetivos? A aprendizagem cooperativa pode ou não ser a melhor abordagem, dependendo dos alunos e dos padrões em particular.
4. O papel do livro didático pode mudar, deixando de ser o recurso principal e passando a ser um apoio. Na verdade, o professor do 6° ano que planejava a unidade sobre nutrição percebeu as limitações de se basear no texto se quisesse atingir seus objetivos. Levando em consideração outros recursos valiosos (o material do Ministério da Saúde, o vídeo e a nutricionista), ele já não se sentia tão impelido a seguir o livro palavra por palavra.

Essa visão introdutória visa apresentar um esboço preliminar do quadro geral de uma abordagem de planejamento. Bob James irá refinando seu plano de unidade (e mudando várias vezes a sua forma de pensar) à medida que obtiver mais conhecimento sobre a compreensão, as perguntas essenciais, a avaliação válida e as atividades de aprendizagem relacionadas.

Uma visão preliminar

A Figura 1.5 apresenta os elementos-chave da abordagem do planejamento para a compreensão e, com isso, uma descrição dos próximos pontos no livro. Nos próximos capítulos, iremos "descobrir" esse processo de planejamento, examinando suas implicações para o desenvolvimento e o uso das avaliações, o planejamento e a organização do currículo e a seleção de métodos de ensino robustos. Algumas explicações sobre cada coluna na Figura 1.5 são apropriadas para preparar você para o que está por vir ao longo do livro.

É melhor ler o quadro da esquerda para a direita, uma linha por vez, para ver como são na prática os três estágios do planejamento. Uma descrição do processo de planejamento em três estágios para cada um dos três elementos básicos (os resultados desejados, as evidências para avaliação e o plano de aprendizagem) é destacada no cabeçalho das colunas. Comece por uma pergunta-chave sobre o planejamento; reflita sobre como delimitar as possibilidades por meio de prioridades inteligentes (Considerações sobre o planejamento); autoavalie, autoajuste e finalmente critique cada elemento do planejamento em relação aos critérios apropriados (Filtros); e termine com um produto que atenda aos padrões de planejamento apropriados à luz do objetivo de desempenho (O que o planejamento final atinge).

Em resumo, o planejamento reverso produz maior coerência entre os resultados desejados, desempenhos estratégicos e experiências de ensino e aprendizagem, o que resulta em melhor desempenho dos alunos – o propósito do plano.

Perguntas-chave para o planejamento	Capítulos do livro	Considerações sobre o planejamento	Filtros (critérios para o plano)	O que o plano final atinge
Estágio 1 • Quais são os resultados válidos e apropriados? • Quais são as principais aprendizagens desejadas? • O que os alunos devem sair compreendendo, sabendo e sendo capazes de fazer? • Quais as grandes ideias que podem estruturar todos estes objetivos?	• Capítulo 3 – Obtendo clareza nos nossos objetivos • Capítulo 4 – As seis facetas da compreensão • Capítulo 5 – Perguntas essenciais: portas de entrada para a compreensão • Capítulo 6 – Elaborando compreensões	• Orientações curriculares nacionais • Orientações curriculares estaduais • Orientações curriculares municipais • Oportunidades regionais sobre o assunto • Especialidade e interesse do professor	• Focados nas grandes ideias e desafios centrais	• Unidade estruturada em torno de compreensões duradouras e perguntas essenciais, em relação a objetivos e padrões claros
Estágio 2 • Quais são as evidências dos resultados desejados? • Em particular, quais são as evidências apropriadas da compreensão desejada?	• Capítulo 7 – Pensando como um avaliador • Capítulo 8 – Critérios e validade	• Seis facetas da compreensão • *Continuum* dos tipos de avaliação	• Válidos • Confiáveis • Suficientes	• Unidade ancorada em evidências confiáveis e úteis dos resultados desejados
Estágio 3 • Que atividades de aprendizagem e ensino promovem compreensão, conhecimento, competência, interesse do aluno e excelência?	• Capítulo 9 – Planejamento para a aprendizagem • Capítulo 10 – Ensino para a compreensão	• Repertório de aprendizagem e estratégias de ensino baseados em pesquisa • Conhecimentos e habilidades apropriados e estruturantes.	• Envolventes e eficazes, usando os elementos do OPERAAO: • Para **O**nde está indo? • **P**render a atenção dos alunos • **E**xplorar e equipar • **R**epensar e revisar • Exibir e **A**valiar • **A**justar às necessidades, interesses e estilos dos alunos • **O**rganizar para máximo engajamento e efetividade	• Atividades de aprendizagem coerentes e ensino que evoque e desenvolva as compreensões, conhecimentos e habilidades desejados; promover interesse; e tornar o desempenho com excelência mais provável

Figura 1.5

Matriz para o planejamento para a compreensão.

Capítulo 2

Compreendendo a compreensão

A coisa mais característica da vida mental, para além do fato de que apreendemos os acontecimentos do mundo à nossa volta, é que constantemente vamos além da informação dada.
– Jerome Bruner, *Beyond the Information Given*, 1957, p. 218

Educação. **Aquilo que revela aos sábios e esconde dos tolos a sua falta de inteligência.**
Ambrose Bierce, *Dicionário do diabo*, 1881-1906

Este livro explora duas ideias diferentes, porém relacionadas: planejamento e compreensão. No capítulo anterior, exploramos o bom planejamento em geral e o que o modelo requer especificamente. Entretanto, antes de nos aprofundarmos no modelo, precisamos dar um passo atrás e refletir sobre outra vertente do livro – a compreensão. Bob James estava um pouco confuso sobre "compreensões". Sua confusão, na verdade, é um problema bastante comum. Quando pedimos aos planejadores em oficinas que identifiquem as compreensões desejadas e, assim, façam distinção entre "conhecimento" desejado e "compreensão", eles frequentemente ficam confusos. Qual é a diferença? O que *é* compreensão? E então fazemos uma pausa para refletir sobre uma questão que é essencial: quão bem compreendemos a compreensão? O que estamos buscando quando dizemos que queremos que os alunos compreendam isso ou aquilo? Até agora, escrevemos sobre compreensão como se compreendêssemos plenamente o que estamos buscando. Mas, como veremos, a ironia é que, embora afirmemos como professores que nossa pretensão é que os alunos compreendam o conteúdo, *nós mesmos* podemos não compreender adequadamente esse objetivo. Essa afirmação pode parecer um pouco estranha. Os professores sabidamente buscam a compreensão todos os dias, não é? Como, então, podemos não saber o que estamos pretendendo? Entretanto, inúmeros indícios sugerem que "compreender" e "ensinar para a compreensão" são termos ambíguos e incertos.

Encontramos algumas dessas incertezas conceituais na *Taxonomia dos objetivos educacionais: domínio cognitivo*. O livro foi escrito em 1956 por Benjamin Bloom e colaboradores para classificar e clarificar toda a gama de objetivos intelectuais possíveis, dos cognitivamente fáceis até os mais difíceis. De fato, a intenção era classificar os graus de compreensão. Como os autores frequentemente observam, a produção do livro foi motivada por problemas recorrentes em testagem: simplesmente como os objetivos educacionais ou os objetivos dos professores deveriam ser medidos diante do fato de que não havia (e não há) um significado claro, ou um consenso sobre o significado de objetivos como "compreensão crítica" e "conhecimento sólido" – expressões que devem ser usadas pelos desenvolvedores de testes?

Na introdução à *Taxonomia*, Bloom (1956) e colaboradores se referem à *compreensão* como um objetivo comumente buscado, porém mal definido:

> Por exemplo, alguns professores acham que seus alunos devem "realmente compreender", outros desejam que seus alunos "internalizem o conhecimento", outros ainda querem que seus alunos "entendam o fundamental ou a essência". Todos eles querem dizer a mesma coisa? Especificamente, o que faz um aluno que "realmente compreende" e não faz quando não compreende? Através da consulta à Taxonomia [...] os professores devem ser capazes de definir esses termos nebulosos. (BLOOM, 1956, p. 1)

Lembre-se de que quando nosso professor de Ciências, Bob James, estava pensando em sua unidade sobre nutrição (veja o Capítulo 1), ele parecia inseguro quanto ao que era *compreensão* e como ela era diferente de *conhecimento*. De fato, duas gerações de escritores de currículo foram alertadas a evitar o termo *compreender* em suas propostas como resultado das precauções da *Taxonomia*. Por exemplo, em *Benchmarks for Science Literacy* (Parâmetros para o letramento científico, em tradução livre), da Associação Americana para o Avanço da Ciência (AAAS), os autores descrevem de forma sucinta o problema que enfrentaram na estruturação de parâmetros para o ensino e a avaliação em Ciências:

> Os Parâmetros usam "saber" e "saber como" para conduzir a cada conjunto de parâmetros. A alternativa teria sido usar uma série de verbos cuidadosamente gradativos, incluindo "reconhecer, estar familiarizado com, apreciar, entender, saber, compreender, entender" e outros, cada um significando um grau um pouco maior de sofisticação e totalidade do que o anterior. O problema com a série gradativa é que diferentes leitores têm diferentes opiniões sobre qual é a ordem apropriada. (AMERICAN ASSOCIATION FOR THE ADVANCEMENT OF SCIENCE, 1993, p. 312)

No entanto, a ideia de *compreender* é seguramente distinta da ideia de *saber* alguma coisa. Com frequência dizemos coisas como: "Bem, ele sabe muito de Matemática, mas na verdade não compreende o seu fundamento" ou "Ela sabe o significado das palavras, mas não compreende a frase". Uma indicação adicional é que, 50 anos depois de Bloom, muitas orientações curriculares estaduais agora especificam compreensões separadas de conhecimento. Considere estes exemplos das orientações curriculares da Califórnia para Ciências, que fazem a distinção explícita, com *conhecimento* incluído na noção mais abrangente de *compreensão*:

> As leis de Newton predizem o movimento da maioria dos objetos. Como base para a compreensão desse conceito:
>
> **a.** Os alunos sabem como resolver problemas que envolvem velocidade constante e velocidade média.
>
> **b.** Os alunos sabem que, quando as forças são equilibradas, não ocorre aceleração; assim, um objeto continua a se movimentar em uma velocidade constante ou permanece em repouso (primeira lei de Newton).

c. Os alunos sabem como aplicar a lei F = ma para resolver problemas de movimento unidimensional que envolvem forças constantes (segunda lei de Newton).
d. Os alunos sabem que, quando um objeto exerce força sobre um segundo objeto, o segundo objeto sempre exerce uma força de igual magnitude e na direção oposta (terceira lei de Newton) [...]

O progresso científico ocorre por meio da formulação de perguntas significativas e pela condução de investigações detalhadas. Como base para a compreensão desse conceito, e abordando o conteúdo das outras quatro vertentes, os alunos devem formular suas próprias perguntas e realizar investigações. Os alunos irão:

a. Selecionar e usar ferramentas e tecnologia apropriadas (como sondas computadorizadas, planilhas e calculadoras gráficas) para realizar testes, coletar dados, analisar as relações e apresentar os dados.
b. Identificar e comunicar fontes de erro experimental inevitáveis.
c. Identificar as possíveis razões para resultados inconsistentes, como fontes de erro ou condições não controladas [...]

Embora possamos discutir se a afirmação "O progresso científico ocorre por meio da formulação de perguntas significativas e da condução de investigações detalhadas" é um *conceito*, a implicação da orientação curricular é suficientemente clara: uma compreensão é um construto mental, uma abstração feita pela mente humana para dar sentido a muitos fragmentos de conhecimento. A orientação sugere ainda que, se os alunos *compreendem*, eles são capazes de fornecer evidências dessa compreensão mostrando que sabem e conseguem realizar coisas específicas.

Compreensão como inferências significativas

Mas como compreensão e conhecimento estão relacionados? A orientação curricular ainda deixa a relação obscura na frase: "Como base para a compreensão deste [...]". A compreensão é simplesmente uma forma mais complexa de conhecimento, ou é algo separado, mas relacionado com o conhecimento do conteúdo?

Para complicar ainda mais as coisas, existe a nossa tendência a usar os termos *saber*, *saber como* e *compreender* como sinônimos no discurso cotidiano. Muitos de nós diríamos que "sabemos" que as leis de Newton predizem o movimento dos objetos. E podemos dizer que "sabemos como" consertar nosso carro e "compreendemos" como consertar nosso carro como se as duas afirmações expressassem a mesma ideia. Nossa utilização também carrega o sentido de desenvolvimento: aquilo que no passado nos esforçamos para "compreender" dizemos que agora "sabemos". A implicação desse pensamento é que, se alguma coisa em determinado momento exigiu uma cadeia de raciocínio para ser apreendida, já não é necessário nenhum esforço: nós simplesmente a "vemos".

Cientes da nossa tendência a usar as palavras *compreender* e *saber* como sinônimos, quais devem ser as distinções conceituais importantes que devemos preservar ao falar sobre a diferença entre conhecimento e compreensão? A Figura 2.1 apresenta algumas distinções úteis entre os termos.

John Dewey (1933) resumiu a ideia com maior clareza em *Como pensamos*. Compreensão resulta da aquisição de sentido dos fatos para o aprendiz:

> Entender o significado de uma coisa, um acontecimento ou uma situação é vê-la em suas relações com outras coisas: ver como essa coisa opera ou funciona, que consequências decorrem dela, o que a causa, em que pode ser usada. Em contraste, o que chamamos de coisa bruta, a coisa sem significado para nós, é algo cujas relações não foram entendidas. [...] A relação entre meios e consequência é o centro e a essência de toda a compreensão. (DEWEY, 1933, p. 137, 146)

Considere uma analogia para destacar essas semelhanças e diferenças: o revestimento de um piso apenas com ladrilhos pretos e brancos. Todo o nosso conhecimento factual é encontrado nos ladrilhos. Cada peça tem traços definidos que podem ser identificados com relativa precisão e sem muita discussão. Cada ladrilho é um fato. Uma compreensão é um padrão que pode ser visualizado entre os muitos ladrilhos. Existem muitos padrões diferentes, alguns deles incluindo muitos ou poucos ladrilhos. Ahá! De repente vemos que pequenos padrões podem ser agrupados em conjuntos de padrões maiores – isso inicialmente não estava aparente para nós. E você pode ver os padrões de uma forma diferente da que nós vemos, então discutimos sobre qual é a "melhor" maneira de descrever o que vemos. De forma mais relevante, o padrão não está realmente "ali", então. Nós o inferimos; o projetamos nos ladrilhos. A pessoa que está colocando os ladrilhos meramente posicionou um preto ao lado de um branco; ela não precisava ter um padrão em mente: nós podemos ser os primeiros a ter visto o padrão.

Vamos aproximar mais essa analogia da vida intelectual. As palavras na página são os "fatos" de uma história. Podemos consultar cada palavra no dicionário e dizer que as conhecemos. Mas o significado da história permanece aberto para discussão e argumentação. Os "fatos" de uma história são detalhes sobre os quais existe acordo; a compreensão da história é o que entendemos pela expressão "ler nas entrelinhas". (O autor pode não ter "pretendido dizer" o que podemos perspicazmente "inferir" – assim como no exemplo dos ladrilhos. Esta é uma das discussões na crítica literária moderna – qual das visões, se houver, é privilegiada.) Um exemplo bem conhecido oriundo dos estudos sobre alfabetização salienta a questão de maneira elegante:

> Primeiro você organiza as coisas em grupos. É claro que uma pilha pode ser suficiente, dependendo do quanto há para ser feito; mas algumas coisas certamente precisam ser separadas das outras. Um erro aqui pode custar caro; é melhor fazer poucas coisas por vez do que muitas ao mesmo tempo. O procedimento não é demorado; quando estiver terminado, você organiza as coisas em diferentes

Conhecimento	Compreensão
• Os fatos • Um corpo de fatos coerentes • Afirmações verificáveis • Certo ou errado • Eu sei que uma coisa é verdade • Eu respondo ao estímulo com o que sei	• O significado dos fatos • A "teoria" que fornece coerência e significado a esses fatos • Teorias em processo e falíveis • Uma questão de grau ou sofisticação • Eu compreendo por que isso é assim, o que o torna conhecimento • Eu julgo quando usar e quando não usar o que conheço

Figura 2.1
Conhecimento *versus* compreensão.

> grupos novamente, de modo que elas possam ser guardadas nos lugares aos quais elas pertencem. (BRANSFORD; JOHNSON, 1972, apud CHAPMAN, 1993, p. 6)

Como observa um escritor que se refere a essa passagem em um livro sobre habilidades de leitura crítica,

> Há um ponto que varia dependendo de cada leitor em particular, no qual os leitores que monitoram sua própria compreensão percebem que não estão "entendendo", muito embora conheçam o significado de todas as palavras, as frases isoladas façam sentido e haja uma sequência coerente de eventos [...] Nesse ponto, os leitores críticos que querem compreender tipicamente reduzem a velocidade, aguçam a atenção e tentam estratégias de leitura diferentes. (CHAPMAN, 1993, p. 7)

A primeira passagem é um relato vago sobre lavagem de roupas. De modo geral, o objetivo na compreensão é lançar mão de tudo o que você recebeu para produzir ou encontrar alguma coisa com significado – usar o que temos na memória, mas ir além dos fatos e abordagens para usá-los *conscientemente*. Em contrapartida, quando queremos que os alunos "conheçam" os acontecimentos principais da História medieval, que sejam digitadores eficientes ou intérpretes competentes de peças musicais específicas, o foco está em um conjunto de fatos, habilidades e procedimentos que devem ser "aprendidos de cor" (*by heart* – de coração) – uma expressão reveladora!

Compreensão envolve, portanto, encontrar um desafio para o pensamento. Nós nos deparamos com um problema mental, uma experiência com significado confuso ou sem sentido algum. Usamos o julgamento para mobilizar o nosso repertório de habilidades e conhecimentos para resolvê-lo. Como Bloom (1956) afirma, compreensão é a capacidade de reunir habilidades e fatos sábia e apropriadamente, por meio da efetiva aplicação, análise, síntese e avaliação. Fazer alguma coisa corretamente, portanto, não é por si só evidência de compreensão. Pode ser que o acerto tenha ocorrido acidentalmente ou por força do hábito. Compreender é ter feito da maneira correta, o que frequentemente se reflete na capacidade de explicar *por que* uma habilidade, abordagem ou corpo de conhecimento particular é ou não é apropriado em uma situação específica.

Compreensão como transferibilidade

> Seria impossível superestimar a importância educativa de formar concepções: isto é, significados que são gerais porque aplicáveis a uma grande variedade de diferentes casos, apesar da sua diferença [...] Elas são pontos de referência conhecidos pelos quais nos orientamos quando estamos mergulhados no estranho e no desconhecido [...] Sem essa conceitualização, nada se ganha que possa ser transferido para a melhor compreensão de novas experiências.
>
> _ John Dewey, *How We Think*, 1933, p. 153

> Cozinhar sem uma compreensão dos ingredientes e de como eles funcionam é como cozinhar de olhos vendados... algumas vezes tudo dá certo. Mas quando não dá, você tem que adivinhar como modificar... É essa compreensão que me possibilita ser criativo e bem-sucedido.
>
> _ Rose Levy Berenbaum, *The Cake Bible*, 1988, p. 469

Saber *qual* fato usar e *quando* o fazer requer mais do que outro fato. Requer compreensão – discernimento (*insight*) dos aspectos essenciais, propósito, público, estratégia e táticas. Treinamento e ensino direto podem transformar habilidades específicas e fatos em automaticidade (saber "de cor"), mas não podem nos tornar verdadeiramente capazes.

Compreensão tem a ver com *transferência*, em outras palavras. Para sermos verdadeiramente capazes, é necessária a habilidade de transferir o que aprendemos para contextos novos e algumas vezes confusos. A capacidade de transferir nossos conhecimentos e habilidades efetivamente envolve a capacidade de lançar mão daquilo que sabemos e usar esses saberes de forma criativa, flexível e fluente, em diferentes contextos ou problemas, por nós mesmos. Transferibilidade não é uma mera conexão com os conhecimentos e habilidades previamente aprendidos. Na famosa frase de Bruner, compreensão tem a ver com "ir além da informação dada"; podemos criar novo conhecimento e chegar a mais compreensões se aprendemos com compreensão algumas ideias-chave e estratégias.

O que é transferência e por que ela é importante? Espera-se que lancemos mão do que aprendemos em uma aula e sejamos capazes de aplicar a outras situações relacionadas, porém distintas. Desenvolver a habilidade de transferir a própria aprendizagem é a chave para uma boa educação (veja Bransford, Brown e Cocking, 2000, p. 51 e seguintes). Essa é uma habilidade essencial porque os professores só podem ajudar os alunos a aprender um número relativamente pequeno de ideias, exemplos, fatos e habilidades em cada campo de estudo; portanto, precisamos ajudá-los a transferir sua aprendizagem inerentemente limitada para muitos outros contextos, situações e problemas.

Considere um exemplo simples vindo dos esportes. Quando entendemos a ideia de que na defesa precisamos fechar o espaço disponível para o ataque, podemos usar essa compreensão para adaptá-la a quase *todos* os movimentos que os membros do outro time fazem, não ficando limitados a apenas um ou dois posicionamentos que nos foram ensinados em um treinamento de basquete 3x3*. Podemos lidar com classes inteiras de problemas ofensivos, não apenas situações com as quais estamos familiarizados. A falha em entender e aplicar essa ideia no contexto custa caro:

> "Quando peguei a bola no meio-campo e comecei a driblar", disse Lavrinenko, o incrível atacante do torneio dos campeões [liga universitária de futebol dos Estados Unidos], "eu pretendia passar imediatamente. Mas meus companheiros abriram espaço e eu continuei correndo. Quando passei a bola para Alexei, dois jogadores se aproximaram dele e abriram mais espaço para mim. (YANNIS, 1999, documento *on-line*)

Como a grande ideia de "restringir o espaço ofensivo" se *transfere* para outros esportes, ela é igualmente aplicável no futebol, basquete, hóquei, polo aquático, futebol americano e lacrosse. O mesmo é verdadeiro em Matemática ou leitura: para ir além da mera aprendizagem e memorização automáticas, temos que ser ensinados e avaliados na capacidade de ver padrões, para que possamos enxergar os muitos problemas "novos" que encontramos como variantes de problemas e técnicas com as quais estamos familiarizados. Isso requer uma educação baseada em como resolver problemas usando grandes ideias e estratégias transferíveis, não meramente em conectar fatos ou fórmulas específicos.

Grandes ideias são essenciais porque fornecem a base para a transferência. Por exemplo, você precisa aprender que uma única estratégia está por trás de todas as combinações possíveis de movimentos e contextos específicos. A estratégia é abrir espaço para

---

* N. de R.T.: Um jogo de basquete 3x3 é uma forma de treinamento que utiliza apenas metade da quadra, em que times com apenas três membros jogam um contra o outro.

alguém no seu time, usando vários movimentos e simulações – independentemente do que o outro time faz ou se isso se parece exatamente com o que você fez quando estava praticando. Em contextos acadêmicos, você precisa aprender a transferir conhecimento intelectual e habilidades:

> A transferência é afetada pelo grau com que as pessoas aprendem com compreensão em vez de meramente memorizar conjuntos de fatos ou seguir um conjunto fixo de procedimentos. [...] Tentativas de cobrir muitos tópicos rapidamente podem prejudicar a aprendizagem e a subsequente transferência. (BRANSFORD *et al.*, 2000, p. 55, 58)

Esta é uma ideia antiga, celebremente estruturada por Whitehead (1929, p. 1-2) quase cem anos atrás em sua queixa sobre "ideias inertes" em educação:

> Ao formar uma criança para atividade do pensamento, acima de todas as coisas devemos tomar cuidado com o que irei chamar de "ideias inertes" – ou seja, ideias que são meramente recebidas dentro da mente sem que sejam utilizadas ou testadas, ou lançadas em novas combinações [...] Educação com ideias inertes não é só inútil: é, acima de todas as coisas, prejudicial [...] Permita que as principais ideias apresentadas sejam poucas e importantes e deixe que elas sejam lançadas em todas as combinações possíveis.

Em leitura, pode ser que não tenhamos lido anteriormente *este* livro *deste* autor, mas, se compreendemos "leitura" e "poesia romântica", transferimos nosso conhecimento prévio e habilidades sem muita dificuldade. Se aprendermos a ler somente por repetição e memorização, e pensando na leitura como mera decodificação, encontrar sentido em um novo livro pode ser um desafio monumental. A propósito, o mesmo é verdadeiro para leitores em nível universitário. Se aprendermos a "ler" um texto de filosofia por meio de uma leitura literal, complementada pelo que o professor disse a respeito, e se não aprendermos a questionar ativamente e responder perguntas de significado enquanto lemos, a leitura do livro seguinte não será mais fácil (para mais informações sobre esse tópico, veja Adler, 1940).

Transferência é a essência do que Bloom e seus colegas queriam dizer por aplicação. O desafio não é "conectar" o que foi aprendido, de memória, mas modificar, ajustar e adaptar uma ideia (inerentemente geral) às particularidades de uma situação:

> Os alunos não devem ser capazes de resolver novos problemas e situações meramente lembrando da solução ou do método preciso de solução de um problema similar que fizeram em classe. Não será um novo problema ou situação se ele for exatamente como outros resolvidos em classe, exceto que novas quantidades ou símbolos são usados [...] Será um novo problema ou situação se o aluno não tiver recebido instrução ou ajuda em determinado problema e deve fazer algum dos seguintes [...] 1. O enunciado do problema deve ser modificado de alguma maneira antes que ele possa ser enfrentado [...] 2. O enunciado do problema deve ser apresentado na forma de algum modelo antes que o aluno possa lançar mão das generalizações previamente aprendidas em que se basear [...] 3. O enunciado do problema requer que o aluno procure na memória generalizações relevantes. (BLOOM; MADAUS; HASTINGS, 1981, p. 233)

Conhecimento e habilidades, então, são elementos necessários, mas não suficientes, para a compreensão. A compreensão requer mais: a habilidade de, de forma cuidadosa e ativa, "fazer" o trabalho com discernimento, além da habilidade de se autoavaliar, justificar e criticar esses "fazeres". Transferência envolve descobrir qual conhecimento e habilidade são importantes *aqui* e frequentemente adaptar o que sabemos para enfrentar o desafio em questão.

Apresentamos uma tarefa de transferência divertida para ilustrar o ponto mais uma vez. Veja se você consegue usar seu conhecimento da pronúncia de francês e rimas em inglês para "traduzir" a canção[1] a seguir. Diga em voz alta, na velocidade da fala normal:

> Oh, Anne, doux
> But. Cueilles ma chou.
> Trille fort,
> Chatte dort.
> Faveux Sikhs,
> Pie coupe Styx.
> Sève nette,
> Les dèmes se traitent.
> N'a ne d'haine,
> Écoute, fée daine.*

Todos os casos que discutimos aqui ilustram a importância de confrontar os alunos com um problema real para o pensamento, para que a compreensão seja necessitada e despertada. Isso é muito diferente de dar aos alunos lições e testes que meramente requerem assimilar e recuperar da memória, com base em exercícios cheios de dicas em que os alunos simplesmente completam o que é solicitado sem nenhuma ambiguidade. (Veja os Capítulos 6 a 8 para mais discussões sobre a elaboração de compreensões e avaliações significativas.)

A dificuldade até mesmo dos nossos melhores alunos em transferir sua aprendizagem é evidente em muitas áreas, mas é mais marcante em Matemática. Considere os seguintes exemplos de itens de testes, todos eles testando a mesma ideia (em cada caso, aproximadamente *dois terços* dos alunos testados não responderam corretamente à questão):

Do *Regents Exam* do Estado de Nova York**:

> Para ir da escola até sua casa, Jamal viaja 5 milhas para o leste e depois 4 milhas para o norte. Quando Sheila vai para casa saindo da mesma escola, ela viaja 8 milhas para o leste e 2 milhas para o sul. Qual é a medida da distância mais curta, arredondando para o décimo de milha mais próximo, entre a casa de Jamal e a casa de Sheila? (O uso da matriz que acompanha é opcional.)

Do teste de Matemática do 12° ano da Avaliação Nacional do Progresso Educacional (NAEP):

---

* N. de R.T.: Esta é uma canção inventada em que as palavras em francês são usadas para criar uma rima familiar sobre números – em inglês com sotaque. Dica: o livro é chamado *Mots d'Heures: Gousses, Rames* (*Mots d'Heures: Gousses Rames*, de Luis d'Antin Van Rooten [*Penguin Books*, 1980; primeira edição publicada por *Grossman Publishers*, 1967]).

** N. de R.T.: Os *Regents Exams* são as avaliações padronizadas utilizadas para certificar os estudantes nova-iorquinos com o diploma de ensino médio. Eles são testados nas disciplinas centrais do currículo e podem se submeter ao teste para receber o diploma básico ou avançado.

Qual é a distância entre os pontos (2, 10) e (-4, 2) no plano xy?

☐ 6 ☐ 14 ☐ 8 ☐ 18 ☐ 10

De um artigo do *Boston Globe* sobre as notas em Matemática do 10° ano no Sistema de Avaliação Global de Massachusetts (MCAS):

> A pergunta mais difícil na seção de Matemática, a qual apenas 33% acertaram, pedia que os alunos calculassem a distância entre dois pontos. Era muito simples – se os alunos soubessem que podiam ligar os pontos e usar o teorema de Pitágoras, uma fórmula bem conhecida para calcular a hipotenusa de um triângulo retângulo se forem dados os comprimentos de dois lados. A sexta questão mais difícil de Matemática, a qual apenas 41% acertaram, também requeria o uso do teorema de Pitágoras. "Aparentemente a aplicação do teorema de Pitágoras era um ponto fraco das crianças", disse William Kendall, diretor de Matemática das escolas públicas de Braintree. "Estas não eram perguntas simples relacionadas ao teorema de Pitágoras. Eles tinham que fazer um pouco mais." (VAISHNAV, 2003)

Todos os três problemas requerem que os alunos transfiram sua compreensão do teorema de Pitágoras para uma nova situação. É provável que a maioria dos alunos nos Estados Unidos não conseguisse fazer isso, apesar do fato de que *todos* os conjuntos de orientações curriculares estaduais identificam a compreensão do teorema de Pitágoras como um resultado desejado importante.

Podemos aplicar a *nossa* compreensão a essa notícia sem muita dificuldade, com base no que foi dito até agora. Presumimos que o teorema $A^2 + B^2 = C^2$ é ensinado como um fato, uma regra para fazer determinados cálculos quando confrontados com um triângulo retângulo conhecido e tarefas simples. No entanto, remova algumas dicas explícitas e os alunos não conseguem transferir sua aprendizagem para desempenhar com compreensão. É de admirar, então, que os alunos não *compreendam* o que supostamente *sabem*? O que poucos educadores parecem perceber, portanto, é que treinar os alunos para testes estaduais é uma estratégia *frágil*.

Compreensão como um substantivo

Observe mais uma vez que a palavra tem um significado como verbo – *compreender* – e um significado como substantivo – *compreensão. Compreender* um tópico ou assunto é ser capaz de *usar* (ou "aplicar", na acepção de Bloom) conhecimento e habilidade de forma sábia e efetiva. *Uma compreensão* é o resultado bem-sucedido da tentativa de compreender – o entendimento resultante de uma ideia que não é evidente, uma inferência que dá significado a muitas peças de conhecimento diferentes (e aparentemente insignificantes).

Uma compreensão genuína envolve outro tipo de transferência. Vamos além do que vemos, usando grandes ideias, para dar um sentido a isso, como observou Dewey na citação de *Como pensamos* mencionada anteriormente. "Ah, isso é bem parecido com o que vimos quando os pioneiros foram para o oeste!", um aluno percebe animado, quando está refletindo sobre a imigração no século XX. Esse é o tipo de transferência que buscamos! O desafio é tornar isso mais provável *por meio do planejamento* em vez de deixar por conta da sorte ou da disposição natural. Com o ensino deliberado e explícito sobre como transferir (e avaliações da aprendizagem que constantemente demandem essa transferência), o aprendiz precisa lançar mão do que inicialmente eram fragmentos de conhecimento sem estrutura clara ou força e passar a vê-los como parte de um sistema maior, mais significativo e mais útil. Sem a existência de aulas planejadas para dar vida às ideias, conceitos como honra, destino manifesto ou o ciclo da água permanecem como expressões a serem memorizadas, privando os alunos da descoberta de que as ideias têm força.

Essa é, então, uma ligação entre a discussão do Capítulo 1 sobre as prioridades no planejamento e o objetivo específico da compreensão do aluno. O planejamento em torno de ideias torna a aprendizagem mais efetiva e eficiente. Como observam os autores de *Como as pessoas aprendem*:

> Ensinar tópicos ou habilidades específicas sem tornar claro seu contexto na estrutura fundamental mais ampla de um campo de conhecimento é contraproducente [...] Uma compreensão dos princípios e ideias fundamentais parece ser o caminho principal para a transferência adequada de treinamento. Compreender alguma coisa como um exemplo específico de um caso mais geral – que é o que significa compreender uma estrutura mais fundamental – é ter aprendido não só uma coisa específica, mas também um modelo para a compreensão de outras coisas como ela que podemos vir a encontrar. (BRANSFORD *et al.*, 2000, p. 25, 31)

Transferência deve ser a meta de todo o ensino na escola – não é uma opção – porque quando ensinamos, podemos nos ocupar apenas de uma amostra relativamente pequena de todo o assunto. Todos os professores já disseram a si mesmos depois de uma aula: "Ah, se tivéssemos mais tempo! Essa é apenas uma gota no oceano". Nunca poderemos ter tempo suficiente. A transferência é a nossa grande e difícil missão porque precisamos colocar os alunos em posição de aprender, por conta própria, muito mais do que eles jamais poderão aprender conosco.

Paradoxalmente, a transferência segue na direção oposta do conhecimento "novo". Uma educação para a compreensão requer que examinemos mais detalhadamente o conhecimento anterior e os pressupostos pelos quais afirmamos que alguma coisa é conhecimento. Sócrates é o modelo aqui. Ele questionou afirmações de conhecimento para compreender e aprender muito mais. Quando somos ajudados a fazer certas perguntas – Por que isso é assim? Por que pensamos isso? O que justifica tal visão? Quais são as evidências? Qual é o argumento? O que está sendo presumido? –, aprendemos um tipo diferente de transferência poderosa: a habilidade de entender o que faz o conhecimento ser *conhecimento* em vez de mera crença, consequentemente nos colocando em uma posição muito melhor para aumentarmos nosso conhecimento e compreensão.

O ponto cego do especialista

> Ensinar tópicos ou habilidades específicas sem tornar claro seu contexto na estrutura fundamental mais ampla de um campo de conhecimento é contraproducente.
>
> _ Jerome Bruner, *The Process of Education*, 1960, p. 31

Compreender a importância da transferência pode nos ajudar, então, a entender educadores que, como Bruner, afirmam que a cobertura típica é "contraproducente". Como podemos dizer isso? Isto parece tão manifestamente falso: ensinar para a compreensão talvez seja mais *efetivo*, mas como é possível que seja mais *eficiente*? Não podemos cobrir muito mais conteúdo por meio do ensino didático e da cobertura dos livros didáticos do que estabelecendo um trabalho com base em investigação para ajudar os alunos a atingirem uma compreensão mais profunda do material por conta própria?

Mas isso confunde o *ensino* com a *aprendizagem*. Considere as três razões de Bruner para que uma abordagem de cobertura tradicional seja contraproducente no longo prazo:

> Tal ensino torna excessivamente difícil para o aluno generalizar a partir do que aprendeu para o que ele irá encontrar mais tarde. Em segundo lugar, [tal] aprendizagem [...] tem pouca gratificação em termos de entusiasmo intelectual. Terceiro, o conhecimento que é adquirido sem uma estrutura suficiente à qual se associar é um conhecimento que provavelmente será esquecido. Um conjunto de fatos desconectados tem um tempo de vida lamentavelmente curto na memória. (BRUNER, 1960, p. 31)

Em outras palavras, nós, como educadores, falhamos em compreender a compreensão quando pensamos que a cobertura funciona. Aquilo que nós chamamos de ponto cego do especialista é veemente, nos fazendo confundir aquilo que nós (ou os autores do livro didático) estamos falando com a busca ativa de significado necessária para o aprendiz entender e usar o significado. Essa resposta habitual de tantos de nós equivale a dizer: "Se eu cobrir tudo claramente, eles vão 'sacar' e serão capazes de invocar [o conhecimento] no futuro. Portanto, quanto mais eu cobrir, mais eles irão aprender, e melhor se sairão nos testes".

Entretanto, o que esperamos que você perceba até o final deste livro é que esse pressuposto tão amplamente difundido é falso; o "produto" da cobertura é muito reduzido para a maioria dos alunos:

> Mais de 30 anos atrás, os educadores médicos conduziram um estudo sobre o que os alunos de Medicina do primeiro ano recordavam dos milhares de novos termos que haviam memorizado na disciplina de Anatomia geral no primeiro ano. Eles foram testados e retestados ao longo do tempo. *A curva que mais se aproximava do seu esquecimento de Anatomia geral tinha a mesma forma que a encontrada no clássico estudo de Ebbinghaus feito um século atrás sobre a memória para sílabas sem sentido*. A publicação de dados como esses deixou sua marca no mundo da educação médica. O ensino de Anatomia desde então mudou radicalmente nos cursos de Medicina. (SHULMAN, 1999, p. 13, grifo nosso)

Cobrir tudo é como avançar rapidamente em um jogo de unir os pontos no qual o professor confunde ainda mais o pensamento dos alunos ao fazê-los pensar que compreensões são meramente mais pontos a serem acrescentados à página, tornando a figura ainda menos clara e mais confusa do que ela era anteriormente. A cobertura deixa os alunos sem uma ideia do todo que parece tão óbvio para o especialista – quase todos os alunos ficarão perdidos e talvez alienados, com exceção, talvez, dos mais hábeis.

Os professores não otimizam o desempenho, mesmo nos testes externos, ao cobrirem tudo superficialmente. Os alunos acabam se esquecendo ou compreendendo mal *muito mais do que é necessário*, de modo que é preciso o reensino ao longo de toda a experiência escolar. (Quantas vezes você disse aos seus alunos: "Meu Deus, não ensinaram isso para vocês na série x?") Então acabamos com o que vemos em tantas escolas (conforme verificado pelos resultados dos testes da NAEP): os alunos em geral conseguem fazer tarefas de nível baixo, mas são universalmente fracos em trabalhos de ordem superior que requeiram transferência.

A pesquisa sobre aprendizagem (examinada em mais detalhes no Capítulo 13) meramente apoia a sensata verdade do bom senso: se a aprendizagem precisa perdurar de maneira flexível e adaptável para uso futuro, a cobertura não pode funcionar. A cobertura só nos deixa com fatos, definições e fórmulas facilmente confundidos e esquecidos para associar com questões estáticas que são muito parecidas com as que foram cobertas. Além do mais, desse modo, tornamos muito mais difícil para os alunos a aprendizagem das "mesmas" coisas de formas mais sofisticadas e fluentes posteriormente. Eles ficarão completamente confusos e frequentemente resistentes à necessidade de repensar o conhecimento anterior. Em suma, como expressa tão bem Lee Shulman, presidente do Centro Carnegie para o Avanço no Ensino (*Carnegie Center for the Advancement of Teaching*), o ensino tradicional incentiva as três "patologias da desaprendizagem: esquecemos, não compreendemos o que interpretamos mal e somos incapazes de usar o que aprendemos. Apelidei essas condições de amnésia, fantasia e inércia" (SCHULMAN, 1999, p. 12).

Nossa análise até o momento sugere, então, a necessidade de três tipos de "descoberta" ao planejar e ensinar para a compreensão com vistas a evitar esquecimento, falsas concepções e ausência de transferência:

- Descobrir incompreensões potenciais dos alunos (por meio de perguntas focadas, devolutivas, avaliação diagnóstica).
- Descobrir as perguntas, os problemas, os pressupostos e as áreas sombrias que se escondem debaixo do preto e branco das narrativas superficiais.
- Descobrir as principais ideias da essência da compreensão de um assunto, ideias que não são óbvias – e talvez sejam contraintuitivas ou desconcertantes – para os novatos.

As evidências da compreensão

> O que diferencia os pensadores revolucionários dos não revolucionários quase nunca é um maior conhecimento dos fatos. Darwin conhecia muito menos sobre as várias espécies na viagem a bordo do *Beagle* do que os especialistas na Inglaterra que classificaram esses organismos para ele. No entanto, especialistas após especialistas não entendiam o significado revolucionário do que Darwin havia coletado. Darwin, que conhecia menos, de alguma maneira compreendeu mais.
>
> _ Frank J. Sulloway, *Born to Rebel*, 1996, p. 20

Se compreender diz respeito a encontrar significado nos fatos e transferir o conhecimento para outros problemas, tarefas e domínios, com o que essa compreensão (ou a falta dela) se parece? O que devemos observar se nossos alunos estiverem melhorando a compreensão do que estão aprendendo? Fazer essa pergunta é promover uma mudança: em vez de falar sobre nossos objetivos, falar sobre as evidências de que nossos objetivos foram ou não atingidos.

O comentário de Sulloway (1996) sobre Darwin sugere uma linha de investigação. Considere as palavras que usamos na descrição de compreensão nos níveis mais altos de pesquisa. Frequentemente descrevemos a compreensão como "profunda" ou "em profundidade", como o oposto de conhecimento superficial. Você tem que "cavar" abaixo da "superfície" (isto é, da "cobertura") para "descobrir" percepções "nucleares" não óbvias. Compreender "demanda tempo e prática". Compreensões são "arduamente conquistadas", não imediatas – talvez até mesmo negligenciadas ou despercebidas por aqueles com muito conhecimento, como sugere Sulloway. A ênfase em todas essas conotações está em ir abaixo da superfície, até as gemas ocultas da descoberta. Não podemos *cobrir* conceitos e esperar que dessa forma eles sejam compreendidos; temos que *descobrir* seu valor – o fato de que conceitos são o resultado de investigação e discussão.

Observe, então, a diferença nas duas perguntas que se encontram na essência do trabalho com os objetivos relacionados à compreensão (e todos os objetivos educacionais de um modo mais geral) por meio do planejamento reverso – as perguntas para os dois primeiros dos três estágios:

> Estágio 1: O que os alunos devem compreender ao final do processo?
> Estágio 2: O que irá contar como evidência dessa compreensão?

A primeira pergunta refere-se às ideias importantes sobre conteúdo e o que deve ser aprendido. Ela pede que o planejador seja específico sobre o que o aluno deve levar consigo, dadas as ideias, os fatos e as competências encontradas. (Especificar as compreensões que buscamos é surpreendentemente difícil, como discutiremos no Capítulo 6.) A segunda pergunta é diferente. Ela não fala do que deve ser aprendido; ela se ocupa da materialização aceitável desses objetivos: o que constitui o desempenho e os produtos apropriados – resultados – dessa aprendizagem que devem ser produzidos pelos alunos, determinados por meio dos instrumentos de avaliação.

A segunda pergunta, na verdade, abrange perguntas distintas que compõem o segundo estágio do planejamento reverso.

- Onde devemos procurar as evidências? Qual é o *tipo* de trabalho dos alunos que precisamos ver bem feito, levando em consideração o objetivo estabelecido?
- O que devemos procurar especificamente no desempenho dos alunos, independentemente da abordagem particular, para julgarmos o grau de compreensão do aluno?

Em linhas gerais, essa primeira pergunta sobre as evidências envolve um padrão de planejamento para a avaliação do trabalho (isto é, o que são tarefas, testes, observações válidas?). A segunda pergunta sobre as evidências se refere à verdadeira avaliação do trabalho produzido, via rubricas ou outras diretrizes relacionadas aos critérios.

O argumento para o planejamento reverso está baseado na visão de que provavelmente não conseguiremos atingir nosso objetivo de compreensão – qualquer que seja a definição do termo – a menos que tenhamos clareza do que conta como *evidência* dessa compreensão. E, quanto mais fizermos essa pergunta de avaliação que vai a fundo no detalhe, mais professores irão entender que podem não ter compreendido adequadamente a compreensão.

Por que ficaríamos inseguros sobre o que constitui boa evidência de compreensão? Porque as evidências nas quais tendemos a focalizar ou que se destacam mais prontamente podem facilmente nos iludir se não tivermos cuidado. Quando os alunos dão a resposta que buscamos, é fácil associar essa memorização com compreensão. Bloom (1956, p. 29) nos lembra da distinção quando reconta a famosa história sobre John Dewey:

ALERTA DE EQUÍVOCO!

Um *padrão* é diferente de um *indicador de desempenho*. Um padrão representa um objetivo e pertence ao Estágio 1. Um indicador de desempenho, como aqueles encontrados frequentemente em listas de itens segundo alguns documentos curriculares estaduais, representa possível evidência de avaliação. Para tornar as coisas ainda mais confusas, algumas vezes os padrões também se referem a atividades de aprendizagem como as que mencionamos no Estágio 3. (Veja *padrão* no Glossário.)

> Quase todos já tiveram a experiência de não conseguir responder a uma pergunta envolvendo memorização quando a pergunta é formulada de uma maneira e depois ter pouca dificuldade [...] quando a pergunta é formulada de outra maneira. Isso é bem ilustrado pela história de John Dewey em que ele perguntou a uma turma: "O que vocês encontrariam se cavassem um buraco na terra?". Não obtendo reposta, ele repetiu a pergunta; mais uma vez, só obteve silêncio. A professora censurou o Dr. Dewey: "O senhor está fazendo a pergunta errada". Voltando-se para a classe, ela perguntou: "Qual é o estado do centro da terra?". A classe respondeu em uníssono: "Fusão vulcânica".

A história ilustra muito bem a necessidade de distinguir entre objetivo de conteúdo e evidências, além da necessidade de enfatizar a transferibilidade nos requisitos das evidências. Não podemos dizer que as crianças compreendem a própria resposta, mesmo que ela esteja correta, se elas só conseguirem responder uma pergunta formulada de uma única maneira. Além do mais, elas não serão capazes de usar o que "sabem" em nenhum teste ou desafio que estruture a mesma pergunta de forma diferente, como parece ter acontecido nos testes estaduais mencionados anteriormente.

Obter evidências de compreensão significa elaborar avaliações que evocam transferibilidade: descobrir se os alunos são capazes de mobilizar sua aprendizagem e usá-la de forma sábia, flexível e criativa. Os autores da *Taxonomia* observam, por exemplo, que conhecimento "real" envolve o uso da aprendizagem de novas maneiras. Eles chamam isso de "capacidade intelectual" e a distinguem de "conhecimento" baseado na recordação e uso roteirizado. Igualmente, David Perkins, no livro *Ensino para compreensão*, define compreensão como "a habilidade de pensar e agir flexivelmente com o que se sabe [...] uma capacidade de desempenho flexível" em oposição à memorização automática ou "ligar" as respostas (WISKE, 1998, p. 40). Uma pessoa que tem compreensão é capaz de lidar muito melhor do que as outras com desafios ambíguos – isto é, do mundo real – nos quais o que é solicitado não vem empacotado junto com uma dica simples para estimular uma resposta única. (Lembre-se do caso da Introdução sobre a melhor aluna da turma que admitia uma falta de compreensão apesar das notas altas nos testes de memória.)

As evidências de uma compreensão que seja transferível envolvem a avaliação da capacidade dos alunos de usar seu conhecimento ponderadamente e aplicá-lo efetivamente a diversos contextos – ou seja, colocar o conteúdo *em prática*. Como descrevem os autores de *Como as pessoas aprendem*:

> As habilidades dos alunos de transferir o que apenderam para novas situações fornece um importante indicador de aprendizagem adaptativa e flexível [...] Muitas abordagens de ensino parecem equivalentes quando a única medida da aprendizagem é a memória [...] As diferenças de ensino se tornam mais aparentes quando avaliadas segundo a perspectiva do quanto a aprendizagem se transfere para novos problemas e contextos. (BRANSFORD *et al.*, 2000, p. 235)
>
> Os alunos desenvolvem compreensão flexível de quando, onde, por que e como usar seu conhecimento para resolver novos problemas se *eles aprenderem a extrair os princípios e temas subjacentes* dos seus exercícios de aprendizagem. (BRANSFORD *et al.*, 2000, p. 224, grifo nosso)

A questão não é nada nova. Bloom (1956) salientara o mesmo ponto sobre "aplicação" na *Taxonomia*, mais de 50 anos atrás. Uma avaliação da aplicação tinha que envolver uma tarefa nova, que exigisse transferência, e idealmente envolvia o uso prático e contextualizado das ideias:

> Se as situações [...] envolverem aplicação como a estamos definindo aqui, então elas devem ser situações novas ou situações que contenham elementos novos [...] Idealmente estamos procurando um problema que irá testar em que medida um indivíduo aprendeu a aplicar a abstração de maneira prática. (BLOOM, 1956, p. 125)

Dessa forma, evidências de compreensão requerem que testemos de forma um pouco diferente. Precisamos ver as evidências da capacidade dos alunos de "extrair" compreensões e aplicá-las em problemas localizados, enquanto eles desempenham uma tarefa – algo um pouco diferente de meramente ver se eles conseguem recordar e conectar os princípios básicos que o professor ou o livro didático lhes ofereceu.

Isso requer que apoiemos nossas avaliações nos desempenhos prototípicos de cada área, cujo sucesso indica compreensão – por exemplo, a capacidade de planejar um experimento científico, depurá-lo e revisá-lo para determinar o conteúdo químico de uma substância; a capacidade de usar os fatos e as habilidades aprendidos em História para escrever uma narrativa verossímil sobre um período da história local. (Fazemos referência a esses dois exemplos como duas das muitas "tarefas essenciais" em um campo de estudo e propomos que as estruturas do currículo e os programas sejam planejados em torno dessas tarefas essenciais, juntamente com as grandes ideias. Para uma discussão mais detalhada das tarefas essenciais, veja os Capítulos 7 e 12.) Precisamos observar se os alunos com capacidade compreensivelmente limitada podem mesmo assim transferir – ou seja, reconhecer o que em seu repertório *poderia* ser útil *aqui*, nesta situação nova, e usá-lo de forma eficaz. Assim, utilizaríamos muito menos estímulos restritos que pretendem obter a resposta "correta" a uma pergunta familiar.

O exemplo da "fusão vulcânica" é extremo, mas o problema coloca o dedo na ferida mais do que a maioria de nós pode ver ou admitir. Frequentemente somos muito propensos a atribuir compreensão quando encontramos respostas que parecem corretas e inteligentes em nossos testes. Em outras palavras, o que pode nos fazer tropeçar mais do que nos damos conta é a compreensão *aparente*. E essa dificuldade provavelmente é exacerbada em um mundo de notas e testes de alto impacto, pois, na medida em que a educação promove um jogo de gato e rato em que os alunos são incentivados a nos agradar e também a *parecer* que compreendem o que se espera que aprendam (independentemente de terem aprendido ou não), o desafio de avaliar a verdadeira compreensão se torna ainda maior.

Resumindo, precisamos ser cuidadosos: não importa como denominamos a diferença entre conhecer e compreender, desde que preservemos a verdadeira diferença. O que chamamos de compreensão não é uma questão de mera semântica. É uma questão de clareza conceitual em que distinguimos entre uma opinião emprestada de um especialista e uma ideia flexível internalizada. Se nossas avaliações forem excessivamente superficiais e centradas nos fatos, podemos não perceber a distinção nas evidências que coletamos. Ao final de tudo, não importa o que chamamos de objetivos relacionados à compreensão, mas é muito importante que preservemos a distinção entre "compreender" e "saber a resposta certa quando estimulados". O importante é que possamos entender o desafio de avaliar a habilidade de transferência.

Temos que estar mais atentos à especificação dos *tipos* de trabalhos dos alunos e evidências de avaliação que são necessários se quisermos julgar se um aluno realmente compreende. Os autores dos *Parâmetros para o letramento científico* da AAAS citados anteriormente dizem que eles decidiram contra a especificação de verbos de ação ou comportamentos observáveis para esclarecer que tipos de evidências eram necessários para revelar compreensão porque "a escolha entre eles é arbitrária" e o uso de determinados verbos "seria limitante e poderia implicar um desempenho único que não era pretendido" (AMERICAN ASSOCIATION FOR THE ADVANCEMENT OF SCIENCE, 1993, p. 312-313).

Embora reconheçamos que não exista uma tarefa de avaliação única ou inerentemente perfeita para uma meta de compreensão, certos tipos de desafios são mais apropriados do que outros. Saber que tipos de avaliações incorporam os padrões curriculares é precisamente o que muitos professores necessitam. Lembre-se de que é por isso que a *Taxonomia* de Bloom foi escrita antes de mais nada. Sem especificidade quanto ao que conta como evidência apropriada para satisfazer os padrões, um professor poderá muito bem se satisfazer com um teste de conhecimento factual, ao passo que somente uma investigação complexa e a defesa dos métodos e resultados verdadeiramente farão justiça ao padrão curricular.

Se as respostas "corretas" produzirem evidências inadequadas de compreensão, o que devemos fazer para que nossas avaliações distingam melhor compreensão real de aparente? Antes de respondermos a essa pergunta, devemos primeiro tratar de outro problema: algumas vezes uma resposta correta esconde uma *incompreensão*. Como *isso* é possível? E quais são as implicações para a avaliação da compreensão? A ironia é que podemos obter ganhos significativos para o planejamento, a avaliação e o ensino para a compreensão considerando o fenômeno da incompreensão.

Incompreensões do aluno e o que podemos aprender com isso

De alguma forma, um aluno bem-intencionado, capaz e atento pode extrair lições que nunca foram a nossa intenção. Do que estamos nos queixando quando dizemos sobre os alunos: "eles conhecem todos os fatos, mas os organizam de forma totalmente errada" ou "eles simplesmente não estão pensando no que estão dizendo"? O livro *O apanhador no campo de centeio* (SALINGER, 1951) é um recurso constante nas aulas de inglês do ensino médio nos Estados Unidos, por exemplo. No entanto, muitos alunos saem da escola achando que o livro é sobre a "excelente aventura" (para tomar emprestado o título de um filme recente*) de Holden, sobre os dias de liberdade na vida de um estudante da escola preparatória que matava aula. De alguma maneira, o fato de Holden estar vivendo uma grande dor emocional – e contar a história no leito de um hospital psiquiátrico – passa despercebido para muitos alunos. Igualmente, em Matemática, muitos alunos do ensino fundamental enfrentam grande dificuldade com a multiplicação de frações, devido à estranheza causada pelo fato de as respostas serem menores do que os números com os quais eles começaram. Ou, ainda, considere o grande desafio da leitura: a simples decodificação não é tão simples. Pronunciamos *tóxico* como *tóchico*, e o professor nos diz que estamos errados. Mas nós achávamos que tínhamos compreendido a regra! Por que a pronúncia de *tóxico não é* consistente com a regra do *x* pronunciado como *ch* como nas palavras lixo, luxo e lixa?**

Incompreensão não é ignorância, portanto. É o mapeamento de uma ideia que ainda está sendo trabalhada de uma maneira plausível, porém incorreta, em uma situação nova. Estes são alguns exemplos:

---

* N. de R.T.: Os autores se referem ao filme que em português foi traduzido como *Bill e Ted – uma aventura fantástica*, de 1989.

** N. de R.T.: Adaptamos o exemplo (no original, a pronúncia de *lose* como *loze*) para o contexto do português (pronúncia do *x*).

- Um dos nossos filhos perguntou: "Pai, espanhol e inglês usam as mesmas palavras, mas as pronunciam de forma diferente?".
- A mesma criança reclamou alguns anos mais tarde: "Como 4,28 + 2,72 = 7? Sete não é um decimal!".
- Uma aluna de História do ensino médio perguntou timidamente à sua professora no final de uma unidade: "Então, o que exatamente a Louisiana *comprou**?".
- Uma professora do ensino fundamental relatou a irritação de um dos seus alunos no 4° ano por não ter visto as linhas de latitude e longitude quando atravessou o país de avião com sua família.
- Um rapaz muito inteligente e estudioso, que tinha em seu histórico cursos avançados** em Ciências, achou que "erro" em Ciências era uma função de enganos evitáveis, em vez de um princípio inerente no esforço de indução.

Paradoxalmente, você precisa ter conhecimento e capacidade de transferência para interpretar mal as coisas.

Assim, uma evidência de incompreensão é incrivelmente valiosa para os professores, e não um mero engano a ser corrigido. Significa uma tentativa de transferência plausível, porém malsucedida. O desafio é recompensar a tentativa sem reforçar o erro ou esmorecer futuras tentativas de transferência. Na verdade, muitos professores não só falham em perceber o valor desses eventos na devolutiva da incompreensão para o aluno como também se sentem um tanto ameaçados ou irritados com isso. Um professor que perde a paciência com alunos que não "entendem" a aula está, ironicamente, falhando em compreender – mais uma vez o ponto cego do especialista. Ter alunos *atentos* que não "entendem" nos mostra que o que pensávamos que estava claro na realidade não estava. Para alguns professores, portanto, a incompreensão permanente de um aluno é compreensivelmente ameaçadora porque parece colocar em questão nossos métodos e objetivos implícitos. O que o professor ingênuo pode estar ignorando, é claro, é que as grandes ideias raramente são óbvias. De fato, elas com frequência são contraintuitivas, conforme observamos no Capítulo 1. Uma palavra para os sensatos, então: se você se ouvir dizendo à turma "Mas isso é tão óbvio!", é mais provável que você esteja incorrendo no ponto cego do especialista! Reflita um pouco: Hummm, o que não é óbvio para os novatos aqui? O que estou tomando como certo que é facilmente incompreendido? Por que eles chegaram à conclusão que chegaram?

O que torna a questão ainda mais urgente é o fato de que as pesquisas nos últimos 20 anos confirmam a surpreendente profundidade e amplitude do fenômeno. Muitos alunos, mesmo os melhores e os mais avançados, podem *parecer* compreender seu trabalho (conforme revelado pelas provas e discussão em classe) e posteriormente revelam incompreensões significativas sobre o que "aprenderam" quando são feitas perguntas de seguimento para sondagem da compreensão ou quando é necessária aplicação da aprendizagem. Na verdade, não é unicamente a nossa visão, mas também o ponto de vista de importantes pesquisadores cognitivos, que detectar as concepções e falsas concepções dos alunos e estar ciente delas ao planejar a aprendizagem são pontos essenciais para se

---

* N. de R.T.: Os autores se referem ao episódio histórico da Compra da Louisiana, que originalmente pertencia à França, pelos Estados Unidos. A confusão da aluna é gerada pela forma como o tópico é apresentado em inglês: "Louisiana Purchase" significa "A compra da Louisiana", que pode ser entendido tanto como o território sendo comprado por alguém como quanto o território (enquanto sujeito da sentença) comprando algo.

** N. de R.T.: Nos Estados Unidos, os alunos podem cursar matérias avançadas durante o ensino médio, chamadas de *advanced placement (AP) courses*. Essas disciplinas podem ser utilizadas como créditos válidos durante o ensino superior e auxiliam na entrada nas melhores universidades.

obter melhores resultados (um resumo das pesquisas sobre aprendizagem e ensino para a compreensão é apresentado no Capítulo 13). Howard Gardner, David Perkins e suas colegas de Harvard no Projeto Zero resumiram esses achados de forma eloquente e cuidadosa na última década, embora a pesquisa sobre incompreensões remeta ao trabalho feito em educação científica na década de 1970. Como explica Gardner (1991, p. 6) ao resumir a pesquisa:

> [O que] uma extensa literatura de pesquisa documenta agora é que um grau regular de compreensão está rotineiramente faltando em muitos, talvez na maioria dos alunos. É razoável esperar que um estudante universitário seja capaz de aplicar em um novo contexto uma lei da física, ou uma prova em Geometria, ou o conceito em História em que ele acabou de demonstrar domínio aceitável em sua classe. Se, quando as circunstâncias dos testes forem levemente alteradas, a competência buscada não puder mais ser documentada, então a compreensão – em um sentido razoável do termo – simplesmente não foi atingida.

Testes até mesmo de um tipo convencional podem fornecer evidências dessas falhas na compreensão se eles forem planejados tendo as incompreensões em mente. Na Introdução, observamos o exemplo de Matemática da NAEP em que uma grande parte dos alunos respondeu "32 ônibus e restam 12". Reflita sobre esse resultado de modo mais geral. A maioria dos adolescentes norte-americanos estuda Álgebra I e recebe notas de aprovação. No entanto, os resultados da NAEP (1988) mostram que apenas 5% desses adolescentes têm bom desempenho em tarefas que requerem uso de ordem superior do conhecimento de Álgebra I. O Terceiro Estudo Internacional de Matemática e Ciências (*Third International Mathematics and Science Study* – TIMSS*, 1998) chegou a uma conclusão semelhante para Ciências em um dos estudos mais exaustivos até o momento (TRENTON TIMES, 1997). E, da mesma forma, fez o teste recente da NAEP, mostrando "uma grande lacuna entre a capacidade dos alunos em geral para aprender princípios básicos e sua capacidade de aplicar o conhecimento e explicar o que aprenderam" (NEW YORK TIMES, 1997) (o teste era uma mistura de perguntas de múltipla escolha, resposta construída e tarefas de desempenho).

Por mais de uma década em Física, testes específicos foram desenvolvidos e usados como instrumentos avaliativos voltados para as principais incompreensões. O teste mais amplamente usado, o Force Concept Inventory (Inventário do conceito de força, em tradução livre), fornece um instrumento de pré e pós-teste para medir o progresso na superação das incompreensões mais comuns (e surpreendentemente persistentes).

A AAAS, em suas publicações *Parâmetros* (1993) e *Atlas do letramento científico* (*Atlas of Science Literacy*, 2001), forneceu um rico relato das compreensões desejadas nas Ciências, associado às principais incompreensões conectadas a elas:

> Quando uma relação é representada em símbolos, os números podem ser substituídos por todos exceto um dos símbolos, e o possível valor do símbolo restante calculado. Algumas vezes, a relação pode ser satisfeita por um valor, algumas vezes mais de um e, algumas vezes, nenhum.

---

* N. de R.T.: A Associação Internacional de Avaliação e Desempenho Educacional (*International Association for the Evaluation of Educational Achievement – IEA*) vem realizando, desde a década de 1970, uma série de estudos sobre o desempenho de estudantes em diferentes países nas áreas de Matemática e Ciências. Hoje, esse teste se chama Estudo das Tendências Internacionais em Matemática e Ciências, mantendo o mesmo acrônimo.

- Os alunos têm dificuldade de compreender como os símbolos são usados em Álgebra. Eles frequentemente desconhecem a arbitrariedade das letras escolhidas. Essas dificuldades persistem mesmo depois do ensino de Álgebra e na faculdade. Estudantes de todas as idades com frequência não veem o sinal de igual das equações como um símbolo de equivalência, interpretando-o como um sinal para começar a calcular – o lado direito deve mostrar a "resposta".
- *A comparação dos dados dos dois grupos deve envolver comparação tanto das suas médias quanto da dispersão à sua volta.*
- *A média de uma distribuição de dados pode ser enganadora – quando os dados não são distribuídos simetricamente, ou quando há valores extremamente altos ou baixos, ou quando a distribuição não é razoavelmente uniforme.*
- O conceito de média é muito difícil para estudantes de todas as idades compreenderem, mesmo depois de anos de ensino formal [...] Pesquisas sugerem que uma boa noção de "representatividade" pode ser um pré-requisito para entender as definições de média, mediana e moda [...] A introdução prematura do algoritmo para calcular a média divorciada de um contexto significativo pode impedir que os alunos compreendam o que são médias. (AMERICAN ASSOCIATION FOR THE ADVANCEMENT OF SCIENCE, 2001, p. 122-123)

Para ver o quanto é fácil compreender mal as coisas que achamos que todos nós sabemos, considere esta pergunta mais básica de Ciências: por que é mais frio no inverno e mais quente no verão? Quase todos os estudantes nos Estados Unidos tiveram aula sobre astronomia básica. Nós "sabemos" que a Terra viaja em torno do Sol, que a órbita é elíptica e que a Terra se inclina aproximadamente 20 graus para fora do seu eixo norte-sul. Porém, quando essa pergunta foi feita a formandos de Harvard (conforme documentado em um vídeo sobre o fenômeno da incompreensão produzido pelo Centro Harvard-Smithsonian para a Astrofísica), poucos conseguiram explicar corretamente o porquê (A PRIVATE..., 1994).[2] Ou eles não tinham uma explicação adequada para o que afirmavam saber, ou então apresentavam uma visão plausível, mas errônea (tal como: as alterações no clima se devem ao fato de a Terra estar mais perto ou mais longe do Sol).

Achados similares ocorrem quando pedimos que adultos expliquem as fases da Lua: muitas pessoas instruídas descrevem as fases como eclipses lunares. Em outra série de vídeos sobre falsas concepções em Ciências intitulado *Minds of Their Own* (Mentes próprias, em tradução livre) (1997), o grupo de astrofísicos de Harvard documentou como um estudante de Física que consegue fazer os mesmos problemas de circuito elétrico que damos aos alunos do 4° ano, e descreve o que está ocorrendo, tem uma compreensão falha quando a pergunta é feita de uma nova maneira (você pode acender a lâmpada apenas com baterias e fios?).

O reconhecimento de incompreensões inevitáveis de um aprendiz mesmo nas melhores mentes, em disciplinas aparentemente tão objetivas e lógicas como Ciências e Matemática, é, na verdade, muito antigo. Os diálogos de Platão retratam vividamente a interação entre a busca pela compreensão e os hábitos da mente e falsas concepções que podem estar subconscientemente moldando ou inibindo nosso pensamento. Há 400 anos, Francis Bacon (1960), no livro *Organon*, forneceu uma sóbria descrição das incompreensões involuntariamente introduzidas por nossas tendências intelectuais agindo de surpresa. Ele observou que projetamos categorias, pressupostos, regras, prioridades, atitudes e questões de estilo na nossa "realidade" e, então, desenvolvemos incontáveis maneiras de "provar" que nossas ideias instintivas são verdadeiras: "A compreensão humana [...], depois que adotou uma opinião, lança mão de todas as outras coisas para apoiá-la e aprová-la" (BACON, 1960, p. 45-49). Filósofos e psicólogos desde Kant e Wittgenstein até Piaget e outros pesquisadores cognitivos modernos tentaram desvendar o quebra-cabeça da incompreensão persistente e da convicção ingênua que tipicamente a acompanha – e a autoavaliação e autodisciplina necessárias para superar ambas.

Em termos práticos, devemos começar a planejar avaliações reconhecendo a necessidade de parâmetros conceituais, não só de habilidades de desempenho. Precisamos planejar avaliações conscientes não só das grandes ideias, mas também da *probabilidade* de que essas ideias serão mal concebidas – e resistirão em ser superadas, como neste exemplo de Biologia citado por Shulman (1999, p. 12):

> Os professores de Biologia precisam combater a durabilidade das falsas concepções sobre a evolução e a seleção natural. A maioria dos alunos em cursos que enfatizam a evolução e a seleção natural ingressa nesses cursos como lamarquianos. Eles estão convencidos de que quaisquer características adquiridas por uma geração são, então, transmitidas à geração seguinte. A instrução formal enfatiza a refutação darwiniana dessa posição. Esses alunos podem receber As ou Bs no curso, mas submeta-os a um teste rápido três meses depois e eles mais uma vez serão lamarquianos intuitivos dedicados – como de fato somos muitos de nós. Suspeito que formas de fantasia são endêmicas entre os alunos e graduados em educação superior, muitos deles esperando muitos anos antes de se manifestarem em momentos críticos.

Eis alguns exemplos de incompreensões comuns para algumas ideias importantes e as compreensões que refletem a sua superação:

- *Impressionismo é a arte em que o pintor oferece uma impressão subjetiva ou um sentimento evocado pela cena.* É exatamente o contrário: o impressionismo era uma tentativa de pintar cenas realisticamente, não de forma abstrata ou pelo sentimento. Impressionismo se refere a um termo técnico em Filosofia em que impressões sensoriais diretas são distinguidas da colocação na mente dessas impressões transformando-as em ideias.
- *Todos os meses ocorre um eclipse lunar quando a Lua não é visível.* As fases da Lua dependem da posição relativa da Terra, do Sol e da Lua, de modo que vemos a parte da Lua que é iluminada pelo Sol. Eclipses lunares constantes *não* são a causa das fases.
- *A ciência trata de encontrar causas.* Os cientistas encontram correlações; falar de "causas" é encarado como excessivamente filosófico e não científico. A ciência, a economia e a medicina modernas procuram padrões estatísticos. É por isso que perguntar "o que causou isso?" não é necessariamente uma pergunta que os médicos podem responder, mesmo quando prescrevem medicamentos eficazes.
- *Quando você multiplica dois números, a resposta será maior.* Multiplicação *não* é adição repetida. As frações, quando multiplicadas, produzem uma resposta menor e, quando divididas, uma resposta maior. Como pode ser *isso*? Os alunos frequentemente veem as frações e decimais como sistemas numéricos separados; aprender a vê-los como meios alternativos de representar as "mesmas" quantidades é a compreensão.
- *A história trata de fatos, do que aconteceu.* Um historiador é um contador de histórias, não um mero compilador ou fornecedor de fatos. Por que, então, tão poucos alunos percebem que podem existir e existem diferentes histórias da mesma história importante?
- *Você deve deixar suas mãos em concha quando nadar para "pegar a água" e se mover mais rápido.* Quanto maior a área da superfície, maior a força. Assim,

você deve nadar com a mão espalmada para maximizar a quantidade de água que está sendo puxada e empurrada.

- *Luz é luz, e escuro é escuro.* Não é verdade. Dois feixes de luz com intersecção na crista ou no canal podem anular um ao outro e causar escuridão! Fones de ouvido canceladores de ruído usam o som para produzir silêncio. Igualmente, ondas de luz ou som em imagem especular cancelam uma a outra.
- *Números negativos e imaginários são irreais.* Números negativos e imaginários não são nem menos, nem mais reais do que os números comuns. Eles existem para dar a simetria e a continuidade necessárias para as leis essenciais da aritmética e álgebra.
- *Evolução é uma ideia controversa.* Não, a teoria da seleção natural como mecanismo da evolução é que é controversa. As teorias da evolução precedem em séculos as ideias de Darwin e não eram vistas como conflitantes com a doutrina religiosa.
- *Nossos fundadores eram liberais.* Os revolucionários norte-americanos sustentavam que os indivíduos, não os governos, tinham direitos naturais aplicados pelo trabalho (com base nas ideias de John Locke sobre propriedade). Assim, em determinado sentido, eles eram "conservadores" (isto é, o direito à propriedade individual é fundamental).
- *Ironia é coincidência.* Ironia não é mera coincidência, embora quase todos os locutores esportivos façam mau uso da palavra! Ironia é o que a pessoa mais sábia vê que outra pessoa aparentemente sábia não vê. O público vê o que Édipo não vê, e a tensão entre o orgulho deste último e o que sabemos ser a verdade é a fonte da força do drama.

Levando-se em conta as falsas concepções profundamente enraizadas e o potencial para mal-entendidos, faz-se necessária uma abordagem proativa e, para a maioria de nós, não familiar para o planejamento da avaliação. Para construir compreensão, temos que pensar reversamente: como se parece a compreensão quando ela está ali ou quando não está? Temos que ser capazes de descrever como ela se parece, como se manifesta, o quanto compreensão aparente (ou incompreensão) difere de compreensão genuína, quais as incompreensões mais prováveis de surgir (dessa forma interferindo no nosso objetivo) e se estamos fazendo progresso em detectar e erradicar os principais impedimentos à compreensão futura. Em outras palavras, temos que refletir sobre nossas avaliações antes de pensarmos sobre nosso ensino e aprendizagem.

Todo planejamento depende de propósitos claros, como já dissemos. No entanto, a questão é complicada pela mistura dos muitos objetivos impostos externamente (p. ex., orientações curriculares estaduais) e objetivos autosselecionados. Como devemos priorizar? Como escolhemos com sabedoria em meio a tantas exigências para garantir um planejamento efetivo e coerente? Como podemos planejar unidades coerentes e ao mesmo tempo permanecer atentos aos muitos e sobrepostos objetivos da disciplina e do programa? Agora nos voltaremos para essas questões.

Capítulo 3

Obtendo clareza nos nossos objetivos

Alice, falando com o Gato Que Ri:
"Você poderia me dizer, por favor, que caminho eu devo seguir daqui?"
"Isso depende muito de para onde você quer ir", disse o Gato.
"Não me importo muito para onde", disse Alice.
"Então não importa qual caminho você vai seguir", disse o Gato.
"- contanto que eu chegue a algum lugar", Alice acrescentou à guisa de explicação.
"Oh, com certeza você chegará", disse o Gato, "basta andar o suficiente".

_ Lewis Carroll, *Alice no País das Maravilhas*, 1865

A vida só pode ser compreendida olhando-se para trás; mas deve ser vivida olhando-se para frente.

_ Soren Kierkegaard, *Diários*, 1843

O planejamento reverso é direcionado para os objetivos. Visamos a resultados específicos e planejamos reversamente de acordo com eles. Os resultados desejados do Estágio 1 ditam a natureza das evidências da avaliação necessárias no Estágio 2 e sugerem os tipos de ensino e experiências de aprendizagem planejados no Estágio 3. Embora seja lógico direcionar o ensino e a aprendizagem para fins específicos, é importante reconhecer que nem todos os objetivos de aprendizagem são iguais. Eles diferem em termos da natureza do objetivo, da especificidade da sua descrição e das implicações para o ensino e a avaliação.

Lembre-se de que em planejamento para a compreensão estamos enfrentando dois problemas recorrentes em planejamento, os pecados capitais: cobertura despropositada do conteúdo e atividades isoladas que são meramente interessantes (na melhor das hipóteses) e desconectadas de objetivos intelectuais nas mentes dos aprendizes. O processo de planejamento reverso é uma abordagem deliberada para ajudar os planejadores a evitar esses erros tão comuns. Para esse fim, o modelo de planejamento reverso foi concebido para ajudar os educadores a se tornarem mais atentos e analíticos quanto aos resultados desejados. Por quê? Porque nossos objetivos frequentemente não são tão claros quanto poderiam ser, e diferentes tipos de objetivos estão simultaneamente em jogo em qualquer sala de aula. Assim, o modelo de planejamento tem lugares distintos para o que denominamos Objetivos Estabelecidos, Compreensões, Perguntas Essenciais, Conhecimento e Habilidades (veja a Figura 3.1). Neste capítulo, resumimos o que significa cada um desses "resultados desejados" do Estágio 1 e por que acreditamos que eles são necessários.

Por *Objetivos Estabelecidos* (reduzidos no modelo para a forma abreviada *Objetivos*), entendemos os objetivos formais de longo prazo, como padrões de conteúdo oriundos das orientações curriculares, objetivos do programa do distrito, objetivos elaborados no planejamento escolar da área de conhecimento e expectativas de aprendizagem para o nível de ensino – os resultados desejados que estabelecem prioridades para ensino e avaliação. Estes são objetivos inerentemente duradouros, fornecendo a justificativa para os objetivos de curto prazo que são específicos para uma aula e unidade. Em geral, eles se referem a uma mistura complexa de objetivos acadêmicos: factuais, conceituais, procedimentais, disposicionais e baseados no desempenho especializado. (Assim, hábitos da mente, como "tolerância à ambiguidade" e "persistência nos desafios exigentes", e valores e atitudes, como ler sozinho com entusiasmo e intervir para mediar uma briga no *playground*, estão incluídos ao lado de objetivos mais acadêmicos e tópicos.)

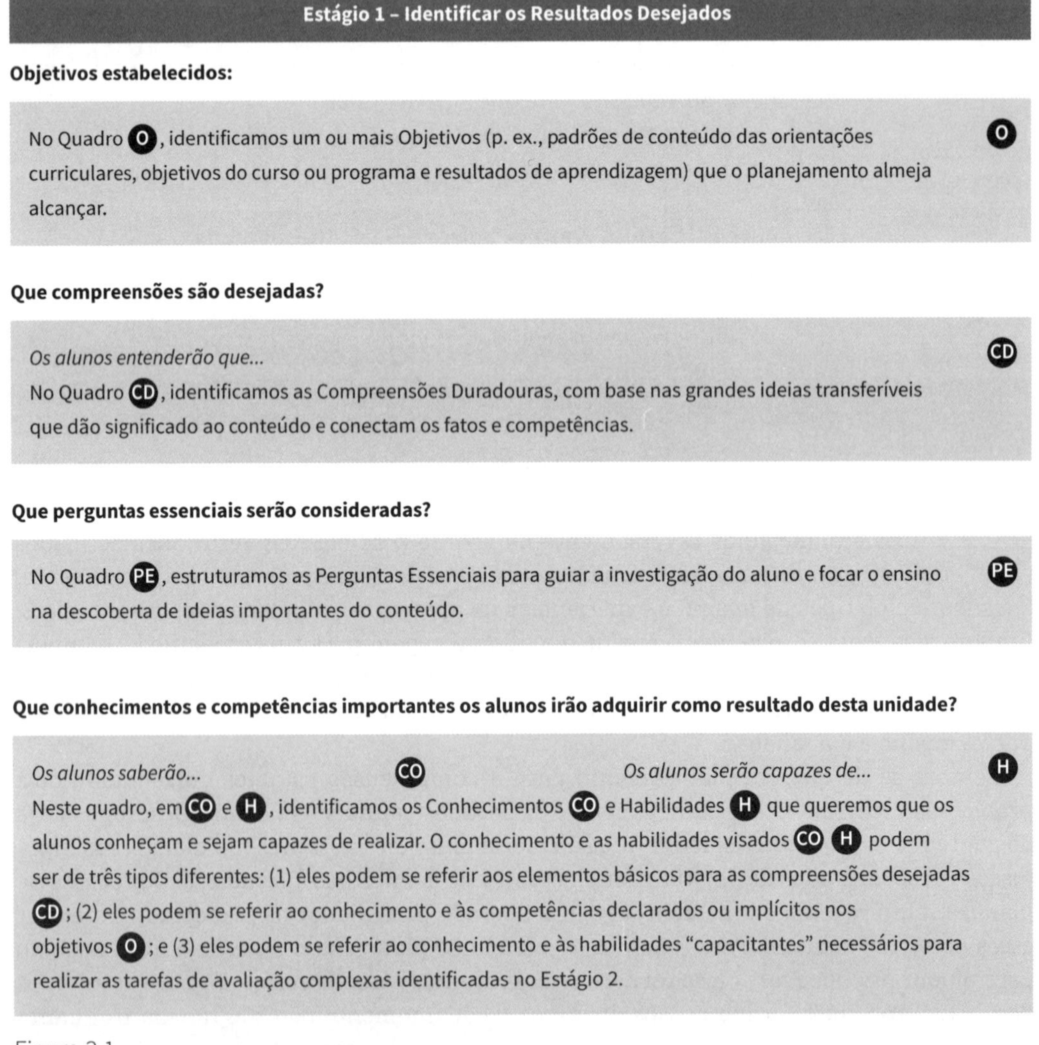

Estágio 1 – Identificar os Resultados Desejados

Objetivos estabelecidos:

No Quadro O, identificamos um ou mais Objetivos (p. ex., padrões de conteúdo das orientações curriculares, objetivos do curso ou programa e resultados de aprendizagem) que o planejamento almeja alcançar. O

Que compreensões são desejadas?

Os alunos entenderão que... CD
No Quadro CD, identificamos as Compreensões Duradouras, com base nas grandes ideias transferíveis que dão significado ao conteúdo e conectam os fatos e competências.

Que perguntas essenciais serão consideradas?

No Quadro PE, estruturamos as Perguntas Essenciais para guiar a investigação do aluno e focar o ensino na descoberta de ideias importantes do conteúdo. PE

Que conhecimentos e competências importantes os alunos irão adquirir como resultado desta unidade?

Os alunos saberão... CO *Os alunos serão capazes de...* H
Neste quadro, em CO e H, identificamos os Conhecimentos CO e Habilidades H que queremos que os alunos conheçam e sejam capazes de realizar. O conhecimento e as habilidades visados CO H podem ser de três tipos diferentes: (1) eles podem se referir aos elementos básicos para as compreensões desejadas CD; (2) eles podem se referir ao conhecimento e às competências declarados ou implícitos nos objetivos O; e (3) eles podem se referir ao conhecimento e às habilidades "capacitantes" necessários para realizar as tarefas de avaliação complexas identificadas no Estágio 2.

Figura 3.1
Estágio 1 – Elementos-chave do planejamento com comandos.

Não somos capazes de enfatizar o suficiente a importância das prioridades de longo prazo no planejamento. Decisões justificáveis sobre o que ensinar, o que deixar de fora, o que enfatizar e o que minimizar podem ser tomadas somente se houver prioridades estabelecidas para os objetivos sobre o que os alunos devem saber ao final de cada nível escolar. Sem objetivos de longo prazo, não há perspectiva – consequentemente, não há controle do hábito do professor de meramente ensinar objetivos de curto prazo relacionados ao conteúdo. De fato, o maior defeito do professor nos planos de aula e programas de curso, quando olhados no todo, é que prioridades intelectuais estratégicas – compreensão profunda das grandes ideias transferíveis e competência na realização de tarefas de desempenho centrais – se esvaem pelas rachaduras das aulas, unidades e cursos dedicados ao desenvolvimento de milhares de elementos específicos de conteúdos e habilidades que não apresentam prioridade ou conexão entre si. É por isso que existem as orientações curriculares e padrões de conteúdo (independentemente da qualidade das orientações específicas): para priorizar nosso trabalho, manter um olhar atento e evitar a esterilidade e a incoerência intelectual que provêm da definição de nossos objetivos na forma de centenas de objetivos específicos aparentemente iguais a serem "ensinados" e testados fora do contexto.

Além dos Objetivos, solicitamos que os planejadores especifiquem as *Perguntas Essenciais* no Estágio 1. De fato, estes não são "objetivos" típicos, e alguns podem alegar que fazer uma pergunta não é realmente relevante para identificar os resultados da aprendizagem. Pelo contrário, nós argumentamos que as Perguntas Essenciais destacam as grandes ideias que são centrais para o planejamento, ideias que o trabalho exigirá que os alunos levem em consideração. Como muitas das perguntas verdadeiramente essenciais são recorrentes e não têm resolução final, é apropriado dizer que "investigar seriamente a pergunta" em vez de "respondê-la" *é* o resultado desejado. Ao demandar Perguntas Essenciais, estamos encorajando os planejadores a evitarem a cobertura e a se comprometerem com a investigação genuína – a discussão, a reflexão, a solução de problemas, a pesquisa e o debate que são requisitos para o desenvolvimento da compreensão profunda das ideias essenciais.

Compreensões podem ser vistas como os resultados desejados de investigações e a reflexão sobre a atividade que buscamos conceber como planejadores. Em outras palavras, Compreensão é o resultado construtivista das tentativas do aluno de dar sentido ao trabalho e às aulas, usando investigação, desempenho e reflexão. *Conhecimento*, por sua vez, resume os fatos e conceitos relativamente simples que devem ser obtidos a partir das atividades de aprendizagem e ensino. Dewey observou que compreensões precisam ser "compreendidas"*, mas conhecimento precisa somente ser "apreendido". (Os Capítulos 5 e 6 discutem em profundidade Perguntas Essenciais e Compreensões, respectivamente.)

Habilidade refere-se não só a técnicas específicas, mas também a procedimentos e métodos complexos. Aqui o planejador se compromete com resultados que requerem prática guiada e treinamento, estabelecendo o que os alunos *serão capazes de fazer* no fim da unidade, como, por exemplo, "resolver problemas de divisão longa" ou "criticar um trabalho escrito levando em consideração a relação entre público e propósito". Objetivos relacionados a habilidades focalizam técnicas e abordagens (p. ex., desenho em perspectiva, divisão longa, pular corda) e processos (p. ex., leitura, pesquisa, solução de problemas), diferentemente de objetivos de desempenho, como "escrever boas redações", que são resultados complexos e de longo prazo, precisando de muitas unidades e cursos de estudo, além de diferentes habilidades, integrados ao desempenho.

---

* N. de R.T.: "Comprehended", em inglês, é uma palavra com múltiplas traduções. Aqui, os autores jogam com a ideia de "abrangência" e "alcance", que também são significados de compreender.

Como regra, descobrimos que muitos professores negligenciam as competências capacitadoras que estão na essência do desempenho de sucesso no longo prazo. Em oficinas com professores universitários, por exemplo, os participantes se queixam mais frequentemente da inabilidade dos alunos de transferir as lições das aulas expositivas e leituras para novos problemas ou casos. Quando perguntamos "Em que medida o seu curso lhes proporciona prática e treinamento e dá devolutivas sobre como aplicar as ideias?", muitos professores reconhecem sua omissão – ou seja, que meramente especificar as exigências de desempenho não prepara os alunos para o sucesso.

No entanto, o quadro onde se encontram as Habilidades pretende incluir mais do que apenas objetivos processuais de longo prazo. O planejador também é chamado aqui a *inferir* as habilidades capacitadoras exigidas pelos objetivos de desempenho, compreensões e perguntas da unidade (e, dessa forma, as tarefas de desempenho complexas identificadas no Estágio 2). É comum que os professores ignorem essa análise. Por exemplo, muitas aulas nos anos finais do ensino fundamental e ensino médio requerem que os alunos participem de debates ou façam uma apresentação em Power Point, mas os planos de aprendizagem dão mínima atenção a como essas habilidades serão desenvolvidas e apoiadas para garantir resultados finais justos. Com muita frequência, *presume-se* que os alunos de alguma forma já apresentem as principais habilidades capacitadoras (p. ex., habilidades de estudo, habilidades para falar em público, habilidades com *design* gráfico, habilidades de gestão de grupo) – com os lamentáveis resultados que fazem mais educadores se queixarem da ausência dessas habilidades em vez de voltarem a atenção para elas em seu planejamento. Ajudar os alunos a "aprenderem a aprender" e saber "como desempenhar" é uma missão vital, mas comumente negligenciada. O planejamento reverso, conforme incorporado nos elementos do Estágio 1 e na exigência de que todos os três estágios estejam alinhados, aumenta muito a probabilidade de que essas habilidades não escapem pelas rachaduras.

ALERTA DE EQUÍVOCO!

Observe que o modelo de planejamento reverso estrutura o trabalho segundo a perspectiva do professor, não do aprendiz. O aprendiz não compreenderia necessariamente os Objetivos, Compreensões e Perguntas Essenciais conforme estruturados no modelo, pelo menos inicialmente. A função do Estágio 3 é traduzir os resultados desejados pelo professor no Estágio 1 para uma aprendizagem efetiva e engajadora, inteligível para o aprendiz.

Em suma, o "domínio do conteúdo" não é o *objetivo* do ensino, mas um *meio*. O conhecimento do conteúdo é mais apropriadamente visto como as ferramentas e o material da competência intelectual, tornado útil por todos os aspectos do Estágio 1.

Embora as várias categorias do Estágio 1 sejam conceitualmente distintas, elas com frequência se sobrepõem na prática. Por exemplo, em uma aula de artes, os alunos aprendem o conceito de perspectiva, praticam a habilidade do desenho em perspectiva e (esperamos) começam a demonstrar persistência enquanto tentam dominar a habilidade. Daí a necessidade de um modelo que nos faça lembrar as distinções que podem acabar se perdendo na prática.

É importante reconhecer que classificar os objetivos de aprendizagem dessa maneira é mais do que um mero exercício acadêmico. Essas distinções têm implicações diretas e práticas para um melhor ensino e avaliação da aprendizagem. Diferentes tipos de objetivos requerem diferentes abordagens de ensino e de avaliação. A forma como as pessoas desenvolvem e aprofundam sua compreensão de um conceito abstrato difere fundamentalmente de como elas se tornam proficientes em uma habilidade. Igualmente, os alunos não aprendem informações factuais da mesma maneira que adquirem hábitos da mente e o controle de grandes ideias ao longo do tempo. Compreensões precisam ser inferidas a partir de experiências bem planejadas e bem mediadas, enquanto uma boa dose de conhecimento pode ser aprendida a partir de leituras ou aulas expositivas. As distinções no modelo lembram o planejador de que diferentes pedagogias são necessárias como consequências lógicas dos objetivos, não em virtude de alguns pressupostos ideológicos sobre o "bom ensino". (Decisões sobre o ensino são discutidas mais detalhadamente nos Capítulos 9 e 10.)

Consideremos a escrita. Podemos empregar recursos mnemônicos para ajudar os alunos a aprender e recordar regras de gramática (conhecimento) e podemos oferecer uma discussão guiada sobre o que o autor disse, mas precisamos usar outras técnicas, como modelagem, prática guiada e devolutivas, para ensinar o *processo* de escrita (desenvolvimento da habilidade). Para avaliação, podemos usar um formato de múltipla escolha para testar o conhecimento de gramática, mas precisaremos de avaliação do desempenho – amostras de escrita real – para julgar apropriadamente a eficácia geral do processo. Um estudante pode conhecer as regras de gramática e ortografia, mas ao mesmo tempo ser ineficiente ao se comunicar por escrito, e vice-versa; nossas avaliações precisam ser sensíveis a essas distinções.

O movimento dos padrões e orientações curriculares

Quando estávamos preparando a primeira edição de *Planejamento para a compreensão*, o movimento dos padrões e orientações curriculares ainda era tão recente que o mencionamos muito pouco no livro. Agora, é claro, quase todos os estados e províncias da América do Norte, e na maioria dos outros países, já identificaram objetivos de aprendizagem explícitos. Tipicamente conhecidos como padrões de conteúdo ou expectativas da aprendizagem, esses objetivos especificam o que os alunos devem saber e ser capazes de fazer nas várias disciplinas.

Em teoria, padrões escritos com clareza fornecem um foco para o currículo, para a avalição e para o ensino. Na prática, contudo, educadores em toda a América do Norte encontraram três problemas comuns ao tentar usar as orientações curriculares para planejamento educacional. Um deles pode ser denominado o "problema da sobrecarga", no qual o grande número de padrões de conteúdo ou expectativas de aprendizagem listados frequentemente supera o tempo disponível necessário para aprendê-los. Uma quantificação desse problema pode ser vista na pesquisa de Marzano e Kendall (1996). Eles revisaram 160 documentos sobre orientações curriculares em âmbito nacional e estadual em várias disciplinas, sintetizaram o material para evitar duplicação e identificaram 255 padrões de conteúdo e 3.968 expectativas de aprendizagem específicas que delineiam o que os alunos devem saber e ser capazes de fazer. Os pesquisadores especularam que, se os professores dedicassem 30 minutos do tempo de aula para ensinar cada expectativa (e muitos precisariam de mais do que meia hora para aprender), precisaríamos de mais 15.465 horas (ou mais 9 anos na escola) para os alunos aprenderem todas elas! Essa pesquisa apoia o que muitos professores têm dito – há muito conteúdo e não há tempo suficiente, especialmente se o conhecimento identificado e as habilidades contidas nos padrões forem vistos como elementos únicos e desconectados.

Este não é um problema novo. Considere os comentários a seguir:

> Cada objetivo geral, aparentemente, poderia ser analisado em um número quase infinito de objetivos específicos. O ímpeto sobre esse procedimento levou a análises cada vez mais detalhadas, em um esforço para incluir todos os objetivos desejáveis e torná-los o mais definidos possível. Pendleton lista 1.581 objetivos sociais para língua inglesa. Guiler lista mais de 300 objetivos para aritmética do primeiro ao sexto ano. Billings encontrou 888 generalizações que

> eram importantes em estudos sociais [...] Um programa de estudo para estudos sociais na sétima série lista 135 objetivos. Um curso em outro assunto contém 85 objetivos. Um curso para os primeiros anos do ensino médio contém 47 [...] páginas de objetivos.
>
> O resultado é que o professor fica sobrecarregado com tantos objetivos. As listas são tão extensas e complexas que nenhum programa de ensino razoável pode ser desenvolvido em torno deles. Os professores descobrem que limitam o trabalho indevidamente, tornando impossível considerar de forma adequada as necessidades e os interesses dos alunos.

Esses comentários apareceram no livro mais utilizado sobre currículo – em 1935 (CASWELL; CAMPBELL, 1935, p. 118).[1]

Um segundo problema comum é um pouco mais sutil, mas não menos perturbador. Denominamos Problema da Cachinhos Dourados. Como na situação do conto de fadas, alguns padrões são muito altos*. Por exemplo, considere o seguinte exemplo de geografia: "O aluno deverá analisar o desenvolvimento regional da Ásia, da África, do Oriente Médio, da América Latina e do Caribe em termos das características físicas, econômicas e culturais e da evolução histórica desde 1.000 d.C. até o presente". O que exatamente essa expectativa espera que ensinemos? O que deve ser avaliado? Poderíamos concentrar uma carreira acadêmica inteira nesse único objetivo. Ele é obviamente muito abrangente para ser útil aos professores e aos redatores de currículos.

Por sua vez, algumas expectativas são muito modestas, como esta de história para o 7° ano: "Comparar as primeiras civilizações do Vale do Rio Indo, no Paquistão, com as do rio Huang-He, da China". Padrões e expectativas como essa se concentram em "factoides" que correspondem ao que é importante de acordo com o entendimento de alguém, mas parecem um pouco esotéricos e arbitrários se exigidos de cada aluno no estado. Embora expectativas desse tipo sejam específicas e facilmente mensuráveis, elas em geral perdem de vista as grandes ideias da disciplina e correm o risco de passar aos alunos (e professores) a mensagem de que aprendizagem na escola não é nada mais do que memorizar fatos e passar nos testes de memorização e reconhecimento.

Um terceiro problema fica evidente no seguinte exemplo de uma expectativa de artes: Os alunos irão "reconhecer como os elementos técnicos, organizacionais e estéticos contribuem para as ideias, as emoções e o impacto global comunicados pelas obras de arte". A afirmação é tão nebulosa que praticamente garante que diferentes professores de artes a interpretem de formas diferentes, derrubando, dessa maneira, umas das intenções do movimento de orientações curriculares – objetivos educacionais claros, consistentes e coerentes.

Desvendando padrões

Durante anos, testemunhamos professores planejadores, desenvolvedores de currículo e elaboradores de avaliação enfrentando esses problemas (expectativas excessivas, muito grandes, muito pequenas ou muito vagas) ao trabalharem com as orientações curricu-

---

* N. de R.T.: Aqui, os autores se referem ao fato de, na história, Cachinhos Dourados tentar primeiramente alcançar as coisas "grandes demais" do papai urso, migrar para as coisas de tamanho médio da mamãe urso e, ao final, satisfazer-se com tudo o que era pequeno e que pertencia ao filho urso.

lares determinadas. Como uma forma de lidar com isso, sugerimos que as orientações curriculares sejam "desvendadas" para identificar as grandes ideias e tarefas essenciais nelas contidas. Por exemplo, a expectativa para geografia mundial ("O aluno irá analisar o desenvolvimento regional da Ásia, da África, do Oriente Médio, da América Latina e do Caribe em termos das características físicas, econômicas e culturais e da evolução histórica desde 1.000 d.C. até o presente") poderia ser reestruturada em torno da seguinte ideia mais ampla: "A geografia, o clima e os recursos naturais de uma região influenciam o estilo de vida, a cultura e a economia dos seus habitantes". Uma pergunta essencial que a acompanha poderia ser: "De que forma *o lugar onde* você vive influencia *como* você vive e trabalha?". Ao desvendarmos os padrões dessa maneira, agora temos uma lente conceitual maior através da qual podemos explorar *qualquer* região geográfica em diferentes épocas e comparar as regiões. Simultaneamente, podemos abordar a expectativa mais restrita ("Comparar as primeiras civilizações do Vale do Rio Indo, no Paquistão, com as do rio Huang-He, da China") usando a mesma grande ideia e pergunta essencial, com o Vale do Rio Indo e o rio Huang-He como dois casos particulares para exploração da mesma ideia transferível mais ampla.

Quanto às tarefas centrais, a maioria dos documentos sobre orientações curriculares as especifica em paralelo com as habilidades-chave das quais elas fazem parte. Nos exemplos a seguir, as ideias-chave são identificadas por números (1-3), os indicadores de desempenho são identificados por tópicos (•), e um exemplo de tarefa é identificado por um triângulo (Δ). Estes exemplos são de Estudos Sociais e Ciências, oriundos do currículo da Califórnia e de Nova Iorque, respectivamente:

Pensamento Cronológico e Espacial

1. Os alunos comparam o presente com o passado, avaliando as consequências de eventos e decisões passados e determinando as lições que foram aprendidas.
2. Os alunos analisam como as mudanças acontecem em ritmos diferentes em momentos distintos; compreendem que alguns aspectos podem mudar enquanto outros permanecem os mesmos; e compreendem que a mudança é complicada e afeta não só a tecnologia e a política, mas também valores e crenças.
3. Os alunos utilizam uma variedade de mapas e documentos para interpretar o movimento humano, incluindo os padrões principais de migração doméstica e internacional, a mudança de preferências ambientais e padrões de assentamento, o conflito que se desenvolve entre grupos populacionais e a difusão de ideias, inovações tecnológicas e bens.

Pesquisa Histórica, Evidências e Ponto de Vista

1. Os alunos distinguem argumentos válidos de argumentos falaciosos em interpretações históricas.
2. Os alunos identificam viés e preconceito em interpretações históricas.
3. Os alunos avaliam importantes discussões entre os historiadores relativas a interpretações alternativas do passado, incluindo uma análise do uso de evidências que determinado autor fez, bem como as distinções entre generalizações fundamentadas e simplificações excessivas e enganosas.

Ciências

1. O propósito central da investigação científica é desenvolver explicações de fenômenos naturais em um processo criativo contínuo.

Os alunos:

- formulam perguntas de modo independente, com o auxílio de referências apropriadas para orientação da busca de explicações sobre observações cotidianas
- constroem explicações para fenômenos naturais de modo independente, especialmente por meio da proposição de modelos visuais preliminares dos fenômenos
- representam, apresentam e defendem suas explicações propostas sobre as observações cotidianas, para que possam ser compreendidos e avaliados pelos outros

Isso é evidente, por exemplo, quando os alunos:

Δ Depois de demonstrada a disparidade entre a quantidade de resíduo sólido que é reciclado e o que poderia ser reciclado, trabalhando em pequenos grupos, os alunos devem explicar por que existe essa disparidade. Eles desenvolvem um conjunto de explicações possíveis e escolhem uma delas para um estudo intensivo. Depois que sua explicação é criticada por outros grupos, ela é refinada e submetida a avaliação. A explicação é classificada segundo a clareza, a plausibilidade e a adequação para estudo intensivo usando-se métodos de pesquisa.

Observe que processos complexos e o domínio de tarefas de desempenho complexas são centrais para essas e muitas outras orientações e padrões curriculares, embora os educadores estejam traduzindo lentamente esses requisitos em objetivos mais familiares para seus programas de curso, em detrimento do desempenho dos alunos. E cada expectativa resume uma grande ideia na essência de cada disciplina – os conceitos-chave subjacentes ao desempenho de sucesso.

Na prática, precisamos apenas olhar mais atentamente para os *principais substantivos, adjetivos e verbos recorrentes* nesses documentos para ter uma melhor noção das nossas prioridades como professores planejadores. (Veja a Figura 3.2 para um exemplo de matemática.) Desvendar as expectativas de aprendizagem dessa maneira tem duas virtudes: a primeira é fundamentalmente pragmática. Podemos gerenciar grandes quantidades de conteúdo, especialmente conhecimento factual específico e habilidades básicas, agrupando as especificidades sob dois "guarda-chuvas" conceituais contendo as grandes ideias e tarefas centrais. Os professores nunca conseguem cobrir todos os fatos e habilidades de determinado tópico, dadas as restrições de tempo e a sobrecarga do conteúdo. Entretanto, eles podem focalizar em um conjunto menor de grandes ideias e tarefas centrais da disciplina, estruturando o trabalho em torno de perguntas essenciais e das tarefas de desempenho apropriadas. Os fatos, conceitos e habilidades mais específicos identificados pelas orientações curriculares (e frequentemente avaliados em testes padronizados) podem, então, ser ensinados no contexto da exploração dessas ideias e habilidades mais amplas.

Como as grandes ideias são inerentemente transferíveis, elas ajudam a conectar tópicos específicos e habilidades. Por exemplo, a pergunta essencial "Como escritores eficientes fisgam e mantêm seus leitores?" fornece um guarda-chuva para a aprendizagem de várias habilidades e conhecimentos importantes demandados pelas expectativas de aprendizagem de linguagem (p. ex., diferentes estilos do autor, gênero literário, várias técnicas literárias). Da mesma forma, em matemática, a grande ideia de que "Todas as formas de medida contêm erros" pode ser usada para orientar a aprendizagem dos aspectos básicos das medidas com uma régua, além de conceitos mais sofisticados em estatística.

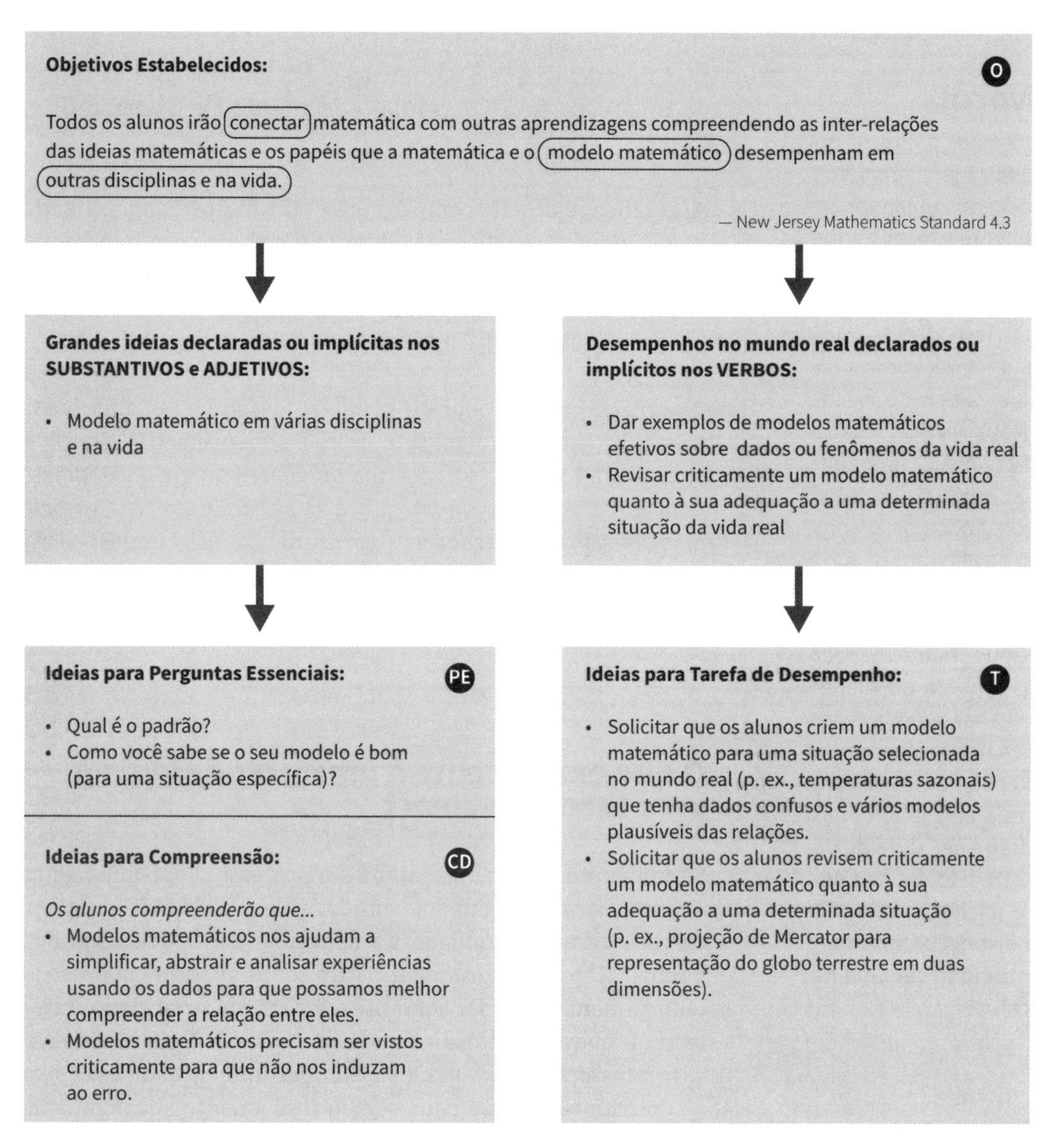

Figura 3.2
Desvendando padrões.

A segunda justificativa para desvendar padrões de conteúdo dessa maneira provém da pesquisa sobre aprendizagem da psicologia cognitiva. Considere os resumos dos achados de pesquisa do livro *Como as pessoas aprendem* (BRANSFORD *et al.*, 2000)*:

* N. de R.T.: No original, *How People Learn*. Esse livro é resultado de uma extensa pesquisa financiada pelo National Research Council, dos Estados Unidos, e sintetiza os achados de pesquisa do último século. O livro foi traduzido para o português, mas atualmente encontra-se fora de circulação. Pode ser encontrado em inglês, disponível para *download*, no site da National Academies Press (disponível em: <https://www.nap.edu/catalog/9853/how-people-learn-brain-mind-experience-and-school-expanded-edition>).

ALERTA DE EQUÍVOCO!

Neste livro, usamos o termo "padrões" ou "expectativas de aprendizagem" para nos referirmos coletivamente aos objetivos de aprendizagem formalmente especificados para as disciplinas. Em alguns lugares, os *padrões* ou *expectativas* se referem apenas ao conteúdo, mas, em outros, eles se referem também a "indicadores de desempenho" ou o equivalente (o exemplo de ciências de Nova Iorque, citado anteriormente, faz a distinção claramente). Seja se referindo apenas aos insumos - conteúdo - ou aos resultados desejados - evidências -, para nossos fins aqui, todos eles estão englobados no termo *padrões* ou *expectativas*. No entanto, se os planejadores locais estiverem tentando mapear os padrões dentro do modelo do planejamento para a compreensão, poderá ser necessário colocar os chamados indicadores, parâmetros e objetivos de desempenho no Estágio 2 porque eles falam mais das evidências do padrão a ser atingido do que do padrão *per se*. De fato, muitos documentos estaduais e nacionais não são claros quanto a essa distinção importante; portanto, deve ser tomado cuidado na análise em âmbito local.

Um achado importante na literatura sobre aprendizagem e transferência é que a organização das informações na forma de uma estrutura conceitual permite maior transferência. (p. 17)

Aprendizagem com compreensão tem maior probabilidade de promover transferência do que simplesmente a memorização de informações de um texto ou de uma aula expositiva. (p. 236) [Uma discussão mais detalhada de achados de pesquisa relevantes é apresentada no Capítulo 13.]

Os especialistas procuram primeiro desenvolver uma compreensão dos problemas, e isso frequentemente envolve pensar em termos de conceitos nucleares ou grandes ideias. É muito menos provável que o conhecimento dos principiantes seja organizado em torno de grandes ideias; principiantes mais provavelmente abordam os problemas buscando fórmulas corretas e respostas convenientes que se encaixam em suas intuições cotidianas. (p. 49)

O que exatamente é uma *grande* ideia e uma tarefa *nuclear*?

Suponhamos, então, que usamos o processo de planejamento reverso para planejar uma unidade de estudo. Podemos ter certeza de que a unidade irá estimular a compreensão dos alunos? Não necessariamente. Para ser alinhado e poderoso, o planejamento deve ser coerente e focado em prioridades intelectuais claras e válidas – o que chamamos de "grandes ideias" e "tarefas nucleares". Vamos examinar uma de cada vez.

Considerando que cada tópico tipicamente abrange mais conteúdo do que podemos sensatamente abordar, somos obrigados a fazer escolhas deliberadas *e definir prioridades explícitas*. Depois de escolhido o que ensinar (e o que não ensinar), temos que ajudar os aprendizes a enxergar as prioridades dentro do que lhes pedimos para aprender. Nossos planejamentos devem sinalizar claramente essas prioridades para que todos os alunos sejam capazes de responder a estas perguntas: O que é mais importante aqui? Como as peças se conectam? Em que devo prestar mais atenção? Quais são os (poucos) pontos de partida prioritários?

As grandes ideias ligam os pontos para o aprendiz ao estabelecerem prioridades de aprendizagem. Como observou um professor amigo nosso, elas servem como um "velcro conceitual" – ajudam os fatos e habilidades a aderirem uns aos outros e se aderirem às nossas mentes! O desafio, então, é identificar *poucas* grandes ideias e planejar detalhadamente em torno delas, resistindo à tentação de ensinar tudo que tenha possível valor para cada tópico. Como afirmou Bruner (1960, p. 52) alguns anos atrás,

Para qualquer assunto ensinado na escola primária, podemos perguntar se [isso é] um conhecimento que valha a pena para um adulto e se ter tido conhecimento disso quando criança torna a pessoa um adulto melhor. Uma resposta negativa ou ambígua significa que o material está atravancando o currículo.

Uma grande ideia pode ser ensinada como uma *cavilha*. Cavilha é a haste que mantém a roda afixada em um eixo. Assim, uma cavilha é aquilo que é essencial para a compreensão. Sem entender a ideia e usá-la para agregar conhecimento de conteúdo relacionado, ficamos apenas com cacos e peças de fatos inertes que não podem nos levar a lugar nenhum.

Por exemplo, sem entender a distinção entre a letra e o espírito da lei, não podemos dizer que um estudante compreende o sistema constitucional e legal estadunidense – mesmo que esse estudante seja altamente conhecedor e articulado acerca de muitos fatos da história constitucional. Sem um foco nas grandes ideias que têm valor duradouro, resta aos alunos, muito facilmente, fragmentos de conhecimento que são esquecidos. Assim, um estudante pode ter memorizado todas as Emendas Constitucionais e saber citar os nomes das decisões da Suprema Corte, mas, se não for capaz de explicar como é possível que as leis mudem enquanto os princípios legais e democráticos permanecem os mesmos, então julgaríamos a compreensão como inadequada.

Para outro exemplo, considere "as cinco maiores ideias em ciências", conforme descritas em um livro do mesmo nome (WYNN; WIGGINS, 1997). Os autores sugerem uma série de perguntas que englobam cinco ideias fundamentais em ciências:

> Pergunta: Existem partículas fundamentais para a matéria? E se existirem, como elas são?
>
> Resposta: Grande Ideia nº 1 – Modelo do Átomo da Física
>
> Pergunta: Que relações, se houver, existem entre os diferentes tipos de átomos, as partículas fundamentais do universo?
>
> Resposta: Grande Ideia nº 2 – Propriedades Periódicas da Química
>
> Pergunta: De onde vieram os átomos do universo e qual é seu destino?
>
> Resposta: Grande Ideia nº 3 – Teoria do Big Bang da Astronomia
>
> Pergunta: Como a matéria do universo é organizada no planeta Terra?
>
> Resposta: Grande Ideia nº 4 – Modelo das Placas Tectônicas da Geologia
>
> Pergunta: Como a vida na Terra se originou e se desenvolveu?
>
> Resposta: Grande Ideia nº 5 – Teoria da Evolução da Biologia (WYNN; WIGGINS, 1997, p. v-vi)

O que faz delas grandes ideias? Segundo Wynn e Wiggins (1997, p. v), grandes ideias são "[...] escolhidas especialmente pela sua capacidade de explicar fenômenos, elas oferecem uma investigação abrangente da ciência". Mesmo que você não concorde com as escolhas específicas dos autores, a abordagem deles reflete a necessidade de focar em um conjunto menor de ideias prioritárias e usá-las para estruturar o ensino e a avaliação.

Grandes ideias no "núcleo" (*versus* o "básico")

Sob um ponto de vista, a expressão "grande ideia" está correta, já que queremos sinalizar que algumas ideias servem como conceitos abrangentes. Entretanto, segundo outro ponto de vista, o termo "grande" pode ser enganador. Uma grande ideia não é necessariamente vasta no sentido de uma frase vaga que abarca diversos conteúdos. E uma grande ideia também não é uma ideia "básica". Em vez disso, grandes ideias estão no "núcleo" da disciplina; elas precisam ser descobertas; temos que cavar fundo até que cheguemos ao centro. Ideias básicas, por sua vez, são exatamente o que o termo implica – a base para trabalho adicional; por exemplo, definições, habilidades estruturantes e regras. Ideias que se encontram na essência ou no núcleo da disciplina, no entanto, são ideias que são o resultado duramente alcançado por meio da investigação, de maneiras de pensar e perceber que são próprias do especialista da área. Elas *não* são óbvias. Na verdade, a maioria das grandes ideias dos especialistas é abstrata e *contraintuitiva* para o iniciante, propenso a interpretações erradas.

Considere algumas ideias centrais de vários campos, contrastadas com "termos básicos", para ver esse ponto mais claramente:

- *Termos básicos*
  - Ecossistema
  - Gráfico
  - Quatro operações básicas
  - Narrativa
  - Composição de um quadro
  - Ataque e defesa
  - Experimento
  - Fato *versus* opinião
- *Ideias centrais*
  - Seleção natural
  - Curva que "melhor se ajusta" aos dados
  - Associatividade e transitividade (não pode ser dividido por zero)
  - Significado quando projetado na narrativa
  - Espaço negativo
  - Espalhar a defesa, dessa forma abrindo espaço para o ataque
  - Erro inerente e falibilidade dos métodos e resultados experimentais
  - Tese crível

As grandes ideias no centro de um assunto são alcançadas, algumas vezes de forma supreendentemente lenta, por meio de investigações guiadas pelo professor e do trabalho reflexivo por parte dos alunos. (Mais adiante no livro iremos sugerir que "compreensões" e "perguntas essenciais" devem sempre apontar para além do conhecimento e das habilidades básicos para o núcleo de um tema.)

Um de nós certa vez observou um grupo estudantes de educação especial trabalhando para descobrir as grandes ideias que estão no centro de *Macbeth* – honra e lealdade. As duas professoras alternavam habilmente entre a peça (lida em voz alta por partes para assegurar que problemas de letramento não atrapalhassem a compreensão) e questionamentos sobre as experiências dos alunos com questões de honra. Entre as perguntas que elas fizeram, estavam as seguintes: Qual é a diferença entre coisas que acontecem conosco e coisas que fazemos acontecer? O que é honra? Existe um custo ou preço para a honra? E vale a pena? O que é lealdade? Existe tensão entre lealdade e honra em *Macbeth*? E em nossas vidas?

Os alunos eram incitados a encontrar respostas para cada pergunta a partir da peça e de suas próprias vidas. "Por que defender sua honra é tão difícil?", perguntou uma das professoras, o que fez um aluno alto e magro se sentar bem ereto, mostrar um tipo de foco em seus olhos que até então tinha estado ausente e responder de forma comovente sobre a perda de amigos quando ele manteve seus princípios em defesa de outro amigo. O que aconteceu em *Macbeth* de repente parecia mais importante, mas também complexo – humano. O aluno havia feito a transferência e teve uma revelação: o núcleo da ideia de lealdade envolve dilemas inescapáveis, porque lealdades invariavelmente colidem. A aprendizagem que não penetra na essência do que é vital em relação às ideias produz aulas abstratas, alheias e desinteressantes. Quando dizemos que queremos que os alunos compreendam o conhecimento que estão aprendendo, não estamos sendo redundantes ou ingênuos quanto ao seu valor, considerando-se o tempo e as obrigações que temos.

Uma grande ideia no centro da matemática é "unitarização" – a habilidade de um numeral representar diferentes números. Valor posicional não é compreensível a menos que os aprendizes entendam isto: "Unitarização requer que as crianças usem números para contar não só objetos, mas também grupos – e contá-los simultaneamente. Assim, o número inteiro é visto como um grupo de números [...] Para os aprendizes, unitarização é uma mudança de perspectiva" (FOSNOT; DOLK, 2001b, p. 11).

Uma grande ideia é, portanto, central para estabelecer conexões coerentes em um campo de estudo e uma âncora conceitual para tornar os fatos mais compreensíveis e úteis. Mais uma vez invocamos uma noção antiga. Bruner (1960, p. 7-8) descreveu de forma célebre essas concepções como "estrutura":

> Entender a estrutura de uma disciplina é entendê-la de uma maneira que permite que muitas outras coisas sejam relacionadas a ela de forma significativa. Aprender estrutura, em suma, é aprender como as coisas estão relacionadas... Para usar um exemplo da matemática, a álgebra é uma forma de organizar números conhecidos e incógnitas em equações de modo que as incógnitas se tornem conhecidas. Os três fundamentos envolvidos [...] são comutação, distribuição e associação. Depois que um aluno entende as ideias constituídas por esses três fundamentos, ele está em posição de reconhecer que "novas" equações a serem resolvidas na verdade não são novas.

Não muito tempo depois, Phillip Phenix escreveu em *Realms of Meaning* (1964) sobre a importância do planejamento em torno de "ideias representativas" porque elas possibilitam que a aprendizagem seja efetiva e eficiente:

> Ideias representativas são claramente de grande importância para economizar esforços de aprendizagem. Se há determinados conceitos característicos de uma disciplina que a representam, então uma compreensão profunda dessas ideias é equivalente a um conhecimento da disciplina inteira. Se o conhecimento dentro de uma disciplina está organizado de acordo com certos padrões, então uma compreensão plena desses padrões contribui muito para tornar inteligíveis os inúmeros elementos particulares que se encaixam no planejamento do assunto. (PHENIX, 1964, p. 323)

E, conforme observamos, essas "grandes ideias" têm uma característica incomum: elas geram novos conhecimentos no campo, ao passo que também são úteis para os aprendizes iniciantes.

Considere um curso sobre avaliação educacional, no qual uma grade ideia é "evidência confiável". Os conceitos mais técnicos e específicos (como validade e confiabilidade) e as habilidades mais técnicas (como o cálculo dos desvios padrão) estão apropriadamente integrados nessa ideia, com sua transferibilidade para outras áreas onde podemos encontrar questões similares (p. ex., "Até que ponto os resultados são confiáveis? Até que ponto estamos confiantes em nossos achados?"). Uma grande ideia relacionada é que *todas* as avaliações educacionais devem ser como o direito civil: precisamos de uma "preponderância das evidências" para "condenar" um aluno por ter atingido os objetivos estabelecidos. Por que uma preponderância? Porque cada medida tem erro inerente (outra grande ideia), e o resultado de um único teste é inadequado para "condenar". Se não forem capazes de discutir inteligentemente o erro *em geral* dessa maneira, não podemos dizer que os alunos em um curso de avaliação compreendem "confiabilidade" e sua importância, mesmo que eles consigam definir acuradamente o termo ou o calculem usando coeficientes.

Nossa colega Lynn Erickson (2001, p. 35) oferece uma definição operacional útil de "grandes ideias". Elas são

- Amplas e abstratas
- Representadas por uma ou duas palavras
- Universais na aplicação
- Atemporais – perduram no tempo
- Representadas por diferentes exemplos que compartilham atributos comuns

De modo geral, então, como a vemos, uma grande ideia pode ser pensada como algo que

- Fornece uma "lente" de foco conceitual para qualquer estudo
- Fornece amplitude de significado ao conectar e organizar muitos fatos, habilidades e experiências; serve como o elemento-conector da compreensão
- Aponta para ideias no centro da compreensão do especialista sobre o assunto
- Requer "descoberta" porque seu significado ou valor raramente é óbvio para o aprendiz, sendo contraintuitivo ou propenso a mal-entendidos
- Tem grande valor de transferência; aplica-se a muitas outras investigações e questões ao longo do tempo – "horizontalmente" (entre as disciplinas) e "verticalmente" (ao longo dos anos em cursos posteriores), no currículo e fora da escola

Nosso último critério, a transferência, revela-se como vital, conforme sugerido pelo que Bloom e seus colegas disseram acerca da natureza e do valor das grandes ideias:

> Em cada área específica existem algumas ideias básicas que resumem muito do que os acadêmicos aprenderam... Essas ideias dão significado a muito do que foi aprendido e fornecem ideias básicas para lidar com muitos problemas novos... Acreditamos que é um compromisso primário dos acadêmicos [e] professores procurarem constantemente essas abstrações, encontrar formas de ajudar os alunos a aprendê-las e especialmente ajudar os alunos a aprenderem a usá-las em uma grande variedade de situações problema.... Aprender a usar tais princípios é ter uma forma poderosa de enfrentar o mundo. (BLOOM; MADAUS; HASTINGS, 1981, p. 235)

Em outras palavras, uma grande ideia não é "grande" meramente devido ao seu escopo intelectual. Ela tem que ter força pedagógica: ela deve possibilitar que o aluno encontre sentido no que veio antes e, sobretudo, ser útil para ajudar a tornar ideias novas e desconhecidas mais familiares. Assim, uma grande ideia não é apenas outro fato ou uma abstração vaga, mas uma ferramenta conceitual para aprimorar o pensamento, conectar conhecimentos discrepantes e equipar os aprendizes para aplicações transferíveis.

Na prática pedagógica, uma grande ideia é tipicamente manifesta de forma útil como:

- Conceito (p. ex., adaptação, função, *quantum*, perspectiva)
- Tema (p. ex., "o bem triunfa sobre o mal", "envelhecimento", "Marcha para o Oeste")
- Debates permanentes e pontos de vista (p. ex., natureza *versus* criação, conservadores *versus* liberais, margem de erro aceitável)
- Paradoxo (p. ex., a liberdade deve ter limites, sair de casa para se encontrar, números imaginários)
- Teoria (p. ex., evolução pela seleção natural, Destino Manifesto, fractais para explicar aparente aleatoriedade)
- Pressuposto subjacente (p. ex., textos têm significado, os mercados são racionais, parcimônia da explicação na ciência)
- Pergunta recorrente (p. ex., "Isso é justo?", "Como sabemos?", "Podemos provar isso?")
- Compreensão ou princípio (p. ex., a forma segue a função, o leitor tem que questionar o texto para compreendê-lo, correlação não é garantia de causalidade)

Note, portanto, que uma grande ideia pode se manifestar em vários formatos – como uma palavra, uma expressão, uma frase ou uma pergunta. Em outras palavras, um conceito nucelar, uma pergunta essencial e uma teoria formal são todos sobre grandes ideias, expressas de diferentes maneiras. No entanto, como exploraremos em capítulos posteriores, a forma como estruturamos as grandes ideias é importante e não meramente uma questão de gosto ou estilo. Estruturar as grandes ideias em termos do que queremos que o aprendiz venha a compreender sobre elas se revela como um bom trabalho de planejamento.

Uma estrutura com priorizações

Dado que em geral nos defrontamos com mais conteúdo do que podemos razoavelmente abordar, e porque com frequência o conteúdo é apresentado como se tudo fosse igualmente importante para os alunos, somos obrigados a fazer escolhas e estruturar prioridades. Uma estrutura útil para estabelecer prioridades em torno de grandes ideias pode ser graficamente representada usando-se as três ovais encaixadas apresentadas na Figura 3.3. Considere que o plano de fundo em branco fora do círculo representa o campo de todo o conteúdo possível (p. ex., tópicos, competências, recursos) que pode ser examinado durante a unidade ou curso. Obviamente, não podemos abordar tudo isso, portanto vamos para o interior da oval externa para identificar o conhecimento com o qual os alunos *devem ter familiaridade*. Durante a unidade ou curso, o que queremos que os alunos ouçam, leiam, vejam, pesquisem ou encontrem de outra maneira? Por exemplo, em uma unidade introdutória sobre estatística, podemos querer que os alunos tomem conhecimento das principais figuras históricas, entre as quais Blaise Pascal e Lewis Terman, juntamente com a história da curva normal. O conhecimento genérico, avaliado por meio de um pequeno teste tradicional ou questões de múltipla escolha, seria suficiente, dada a natureza introdutória da unidade.

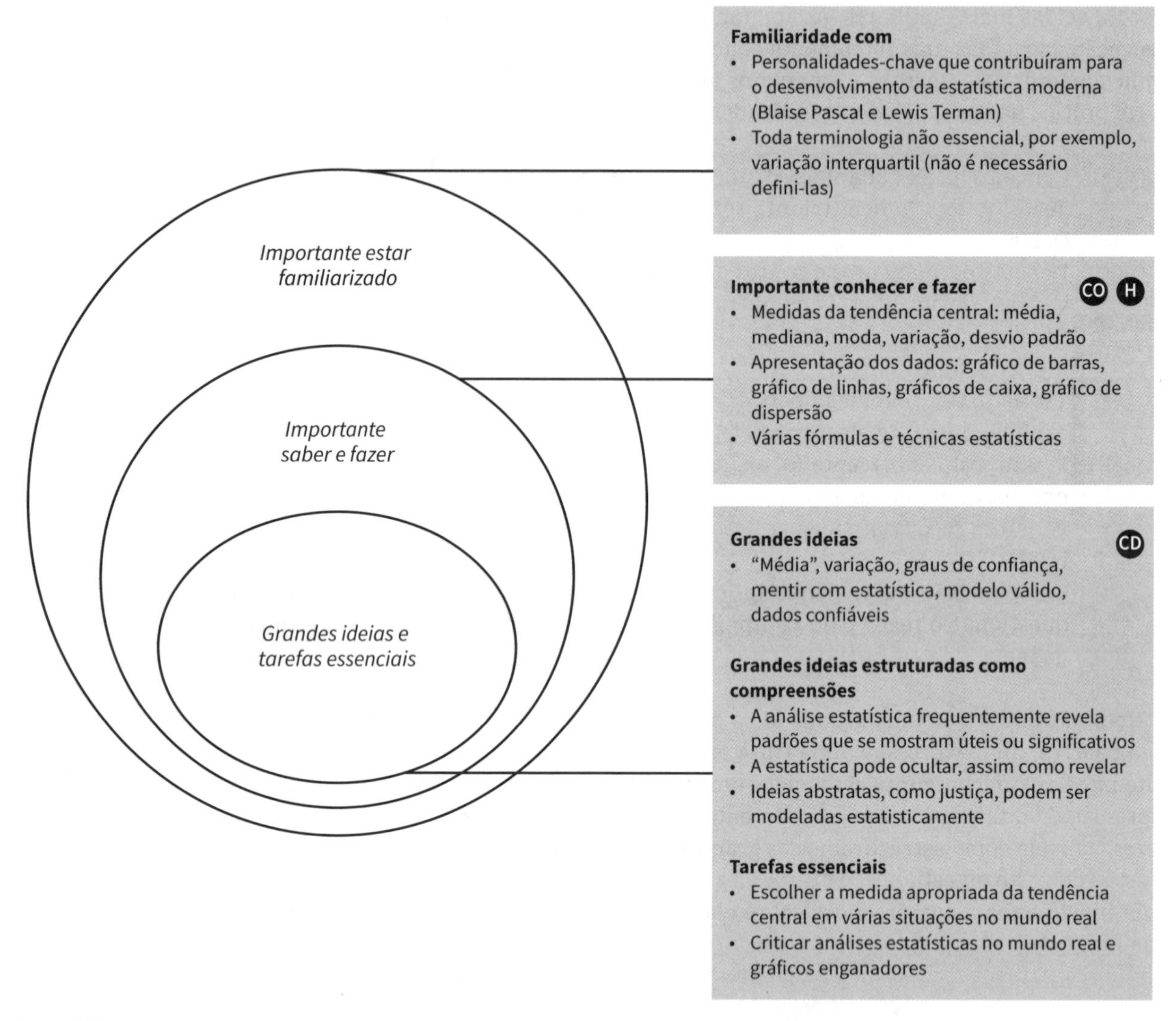

Figura 3.3
Esclarecendo prioridades de conteúdo.

Na oval do meio, aprimoramos e priorizamos nossas escolhas especificando o conhecimento, as competências e os conceitos importantes que têm poder de conexão e de transferência dentro dessa unidade e com outras unidades de estudo sobre tópicos relacionados. Por exemplo, esperaríamos que os alunos conhecessem as medidas da tendência central (média, mediana, moda, variação, quartil, desvio padrão) e desenvolvessem competência para organizar os dados em vários tipos de apresentações gráficas.

Porém, mais uma vez, há outra maneira de pensar sobre a oval do meio: ela identifica o conhecimento pré-requerido – ou seja, capacitador – e a competência necessária por parte dos alunos para que eles tenham sucesso em atingir os desempenhos complexos principais da compreensão, isto é, as tarefas de transferência. Por exemplo, um professor de matemática no ensino médio introduz uma unidade de estatística apresentando aos seus alunos a seguinte tarefa de desempenho:

> Seu professor de matemática permitirá que você escolha o método pelo qual a medida da tendência central – média, mediana ou moda – da sua nota trimestral será calculada. Examine suas notas nos questionários, testes e deveres de casa para decidir qual medida de tendência central será melhor para sua situação. Escreva uma observação para seu professor explicando por que você escolheu esse método e por que você acredita que ele seja a abordagem mais "justa" e "informativa" para a nota.

A tarefa de desempenho requer que os alunos realmente compreendam essas medidas de tendência central (de modo que possam determinar o método preferido de cálculo da média e expliquem o porquê) de uma maneira qualitativamente diferente do que se eles simplesmente tivessem que definir os termos. Além disso, a tarefa provavelmente irá estimular o interesse dos alunos em *querer* compreender as distinções, já que isso é de seu interesse. (Falaremos sobre a estruturação dos objetivos como tarefas de desempenho mais adiante neste capítulo.)

A oval mais interna requer decisões mais específicas. É ali que escolhemos as grandes ideias que irão ancorar a unidade ou curso e também especificamos as tarefas de transferência no centro dessa matéria. Continuando com o exemplo da unidade sobre estatística, a oval mais interna destacaria grandes ideias (p. ex., amostragem, margem de erro, encontrar padrões nos dados, fazer previsões, graus de confiança) e os principais desafios de desempenho (p. ex., determinar o significado de "média" para determinado conjunto de dados, desenvolver uma solução "justa").

O organizador gráfico com três ovais demonstrou ser uma ferramenta útil para os professores usarem quando tentam priorizar o conteúdo para uma unidade ou curso. De fato, muitos usuários observaram que conseguiram eliminar algumas coisas que eles "sempre ensinaram" depois que perceberam que essas coisas se encontravam na oval externa e mereciam uma atenção mínima comparadas com ideias e processos mais importantes. (A propósito, a mesma ferramenta foi utilizada no nível macro para conduzir uma auditoria em currículo. Em outras palavras, quais são as prioridades refletidas no nosso currículo atual? Estamos nos concentrando apropriadamente em ideias transferíveis importantes ou nosso currículo meramente cobre um amontoado de informações?)

Mais dicas para encontrar grandes ideias

Além do organizador com três ovais, recomendamos que os planejadores de currículo considerem as seguintes estratégias para identificação de grandes ideias:

1. Examine cuidadosamente orientações curriculares. Muitas delas declaram ou deixam implícitas grandes ideias, especialmente no texto descritivo que precede a lista de expectativas de aprendizagem. Por exemplo, examine as explicações nestas orientações de Ohio em Economia e Ciências Físicas (acrescentamos ênfase para destacar as várias grandes ideias):

> Os alunos usam habilidades de raciocínio econômico e o conhecimento de conceitos, problemas e sistemas fundamentais em economia para fazerem escolhas informadas como produtores, consumidores, poupadores, investidores, trabalhadores e cidadãos em um mundo interdependente.

No fim do ensino médio, devem:

a. *Explicar como* a escassez de recursos requer que as pessoas façam escolhas *para satisfazer seus desejos.*
b. Distinguir entre bens e serviços *e explicar como as pessoas podem tanto ser compradoras quanto vendedoras de bens e serviços.*
c. *Explicar formas como as pessoas podem obter bens e serviços.*

Os alunos demonstram uma compreensão da composição dos sistemas físicos e dos conceitos e princípios que descrevem e preveem interações físicas e eventos no mundo natural. Isso inclui demonstrar uma compreensão da estrutura e das propriedades da matéria, das propriedades dos materiais e objetos, das reações químicas e da conservação da matéria. Além disso, inclui compreensão da natureza da energia, bem como de sua transferência e conservação; do movimento e das forças que afetam o movimento; e da natureza das ondas e das interações da matéria e energia.

Ou considere estas expectativas do currículo da Califórnia para estudos sociais no 6° ano (mais uma vez, acrescentamos ênfase para destacar as grandes ideias):

Os alunos descrevem o que é conhecido por meio de estudos arqueológicos *sobre* os primórdios do desenvolvimento físico e cultural da humanidade *desde a era Paleolítica até a revolução da agricultura.*
- *Descrever* as sociedades de caçadores e coletores, *incluindo o desenvolvimento de ferramentas e o uso do fogo.*
- *Identificar as localizações das comunidades humanas que povoaram as principais regiões do mundo e* descrever como os humanos se adaptaram a uma variedade de ambientes.
- *Discutir as mudanças climáticas e as modificações humanas do ambiente físico que deram origem* à domesticação de plantas e animais *e a novas fontes de vestuário e abrigo.*

1. Circular os principais *substantivos recorrentes* em documentos de padrões para destacar grandes ideias e os *verbos recorrentes* para identificar tarefas nucleares. Esta técnica simples já foi mencionada anteriormente (veja a Figura 3.2).
2. Consultar as listas existentes de conceitos transferíveis. Por exemplo, ao procurar grandes ideias para determinado tópico, considere estas possibilidades:[2]

- abundância/escassez
- aceitação/rejeição
- adaptação
- ambiente
- amizade
- caráter
- ciclos
- comunidade(s)
- conexões
- conflito
- cooperação
- coragem
- correlação
- criatividade
- cultura
- defesa/proteção
- democracia
- descoberta
- diversidade
- envelhecimento/maturidade
- equidade
- equilíbrio
- evolução
- exploração
- harmonia
- honra

- humor
- interações
- interdependência
- invenção
- justiça
- lealdade
- liberdade
- migração
- mudança/continuidade
- ordem
- padrões
- perspectiva
- produção
- prova
- repetição
- ritmo
- saúde
- símbolo
- sistema
- sobrevivência
- tecnologia
- tirania
- variância/variável

3. Fazer uma ou mais das seguintes perguntas sobre um tópico ou padrão de conteúdo:
- *Por que estudar...? E então?*
- *O que torna o estudo de... "universal"?*
- *Se a unidade sobre... for uma história, qual é a "moral da história"?*
- *Qual é a "grande ideia" implícita na habilidade ou processo de...?*
- *Que conceito mais amplo, questão ou problema se encontra subjacente a...?*
- *O que não poderíamos fazer se não compreendêssemos...?*
- *Como... é usado e aplicado no mundo mais amplo?*
- *Qual é a aplicação ou entendimento de... no "mundo real"?*
- *Qual é o valor de estudar...?*

4. Gerar grandes ideias como o produto de pares relacionados e sugestivos. Esta abordagem útil apresenta duas virtudes: (1) indica os tipos de investigações que devem ser feitos (p. ex., comparar e contrastar) e (2) sugere o tipo de *repensamento* que os aprendizes precisarão ter para compreender as ideias e considerá-las úteis. Apresentamos uma lista de pares a serem considerados:
- absorver e refletir
- ação e reação
- capital e trabalho
- constante e variável
- continuidade e mudança
- destino e liberdade
- estrutura e função
- fator e resultado
- gostar e desgostar
- harmonia e dissonância
- idioma e linguagem
- importante e urgente
- luz e sombra
- literal e figurativo
- matéria e energia
- nação e povo
- natureza e criação
- poder e governança
- significado e sintaxe
- símbolo e significado
- soma e diferença

Considere o par "destino e liberdade" e seu uso ao longo de muitas matérias. Um conjunto relevante de perguntas essenciais para planejamento deve incluir: em que medida somos livres ou predestinados? Em que medida biologia ou cultura é destino? "Livre-arbítrio" é uma crença romântica e ingênua ou é o fundamento do pensamento e ação modernos? Em que sentido a Revolução Americana, o Holocausto ou as lutas religiosas estavam "predestinados" a acontecer – ou até que ponto esse é um argumento derrotista? Em que sentido guerras nucleares e aquecimento global são resultados predestinados do avanço científico? Existe liberdade em matemática, ou todos os resultados são "predestinados" (embora talvez desconhecidos para nós no momento)?

A "roupa nova" do professor

Se uma grande ideia *parecesse* inerentemente poderosa e significativa, a educação seria muito mais fácil! Infelizmente, o que é grande para o professor ou especialista na área em geral é abstrato, sem vida, confuso ou irrelevante para a criança. O que pode ser uma concepção vital para o especialista na área de estudo pode muito bem parecer sem sentido, ininteligível ou de pouco interesse para o iniciante. Mesmo as listas apresentadas aqui parecem inertes e desinteressantes para qualquer um sem as compreensões necessárias para entender sua importância. De fato, o desafio de ensinar para a compreensão é, em grande parte, o desafio de fazer as grandes ideias de uma área se tornarem grandes na mente do aprendiz.

Isso é difícil de fazer – muito mais difícil do que os educadores novatos tipicamente compreendem. O ponto cego do especialista persegue os professores a cada passo. Para o *professor*, o poder das grandes ideias e a importância das aulas são tão óbvios! "Venham, deixem que eu lhes apresente esta noção interessante..." Segundo a perspectiva do *aluno*, essa situação não é diferente da história da "Roupa Nova do Imperador". Você se recorda da história: alfaiates desonestos alegam ter criado roupas feitas do mais fino fio de ouro – tão fino que você precisa ser muito sofisticado para vê-lo. A história termina, como todos nós sabemos, com o rei andando nu, e apenas uma criança inocente dizendo o que os adultos não podem ver ou dizer: "mas ele não está vestindo nada!". Frequentemente na escola, as ideias "finas" se parecem com a roupa nova do imperador: simplesmente não são visíveis para o aprendiz, embora o professor, o autor do livro didático e o pesquisador especialista continuem com suas exclamações de satisfação e admiração pelo trabalho artesanal.

O que esquecemos facilmente é que as ideias no núcleo das disciplinas modernas são, em geral, abstratas, não óbvias e com frequência completamente contraintuitivas, portanto propensas ao mistério e à incompreensão. Considere o seguinte: a Terra parece não se mover para os observadores humanos; não há sinais óbvios de que sejamos descendentes dos primatas; parece bizarro que nossos fundadores democratas tivessem escravos; o texto de *Hamlet* parece não ter nada a ver com angústia adolescente e depressão; e derivadas e integrais não fazem sentido conceitual para o aluno de cálculo principiante (assim como não faziam sentido para muitos matemáticos especialistas quando foram propostas pela primeira vez!).

Temos dificuldade para entender grandes ideias e ver seu valor, assim como as grandes mentes que vieram antes de nós, e a situação fica ainda pior quando professores e livros didáticos tratam-nas como fatos. No entanto, depois que nós, como professores, vemos as grandes ideias claramente, ficamos propensos a pensar que elas são óbvias para os alunos. Portanto, o desafio do planejamento e do ensino para a compreensão depende, ironicamente, mais uma vez, de olhar como uma criança, de modo que as grandes ideias e seu valor não sejam assim tão óbvios. Um exemplo desse desafio é a ideia da aritmética de unificação mencionada anteriormente: "unificar essas dez coisas como uma coisa – um grupo – requer quase a negação de sua ideia de número original. Essa é uma grande mudança no pensamento para as crianças e, de fato, foi uma grande mudança na matemática, levando séculos para se desenvolver" (FOSNOT; DOLK, 2001b, p. 11).

Grandes ideias são abstrações, e o desafio do planejamento é dar vida a essas abstrações e fazê-las parecerem vitais. Dizer que devemos planejar em torno das grandes ideias é, portanto, mais desafiador do que podemos ter pensado inicialmente. Estar atento a prováveis *incompreensões* dos alunos torna-se mais central para o processo de planejamento porque as grandes ideias *não podem* ser entendidas unicamente por meio da exposição e da leitura e provavelmente serão mal-entendidas quando vistas pela primeira vez.

Como grandes ideias acadêmicas são essenciais para a compreensão, apesar de facilmente incompreendidas, nossos planejamentos de ensino irão funcionar melhor se requererem que os alunos constantemente reconsiderem as grandes ideias e sigam cuidadosamente até o núcleo delas. Grandes ideias não são como definições que podem ser aprendidas e arquivadas mentalmente para serem usadas de forma fácil. Elas são mais como "conjeturas orientadoras" (nas palavras de Bruner) sujeitas ao refinamento e ao ajuste à medida que aprendemos mais.

Nossos planejamentos devem ajudar os aprendizes a formular e reformular perguntas sobre grandes ideias *ativamente*, algo não diferente da aprendizagem de uma jogada nos esportes. Uma jogada pode funcionar bem por algum tempo (p. ex., fingir ir para a esquerda, ir para a direita), mas em algum momento esse movimento precisa ser repensado quando parar de funcionar nos jogos. O que certa vez funcionou passa a ser visto como inadequado. Em uma boa educação, o mesmo vale para as ideias: a ideia de "homem bom *versus* homem mau" na história e na literatura precisa ser repensada à luz dos tons de cinza (e das ironias) na vida adulta e na literatura. Um de nossos exemplos bem-humorados favoritos de como isso ocorre está em um episódio introdutório no terceiro filme de Indiana Jones, *Indiana Jones e a Última Cruzada*. Então, quem *são* os homens bons? Nos primeiros 10 minutos, todos os nossos pressupostos irrefletidos dos estereótipos de filmes são subvertidos em uma rápida sucessão: o escoteiro se transforma em ladrão, os ladrões têm direito ao seu prêmio arqueológico, os homens maus vestem branco, o xerife está do lado dos homens maus, o Pai não ajuda em nada, e o homem mau é um homem bom que admira tanto o jovem Indy que lhe dá seu chapéu.

É por isso que converter nossos objetivos e os parâmetros curriculares em *perguntas* é tão crucial. Nós sinalizamos aos alunos não apenas o que as grandes ideias são, mas também que a função deles como aprendizes ao longo da vida é continuar investigando o significado e o valor de tais ideias para sempre. O pensamento ingênuo se transforma em pensamento mais sofisticado por meio de perguntas provocativas e tarefas de desempenho desafiadoras por meio das quais as *ideias* são testadas, confirmadas e refinadas e por meio do uso do conteúdo como um *meio* de investigação.

ALERTA DE EQUÍVOCO!

"Eu foco principalmente nas habilidades, portanto não há grandes ideias no que eu ensino." Essa é uma das preocupações mais comuns que ouvimos nos últimos anos. Ouvimos isso especialmente de professores de educação física, matemática, idiomas no nível básico, anos iniciais do ensino fundamental e de cursos vocacionais. Argumentamos que essa crença está baseada em uma falsa concepção sobre as grandes ideias e seu papel crucial em *toda* aprendizagem. O professor de habilidades pode estar confundindo o propósito de seu ensino com os meios de atingir seus objetivos.

Evidentemente, é verdade que professores de leitura, matemática, espanhol e Pascal* estão tentando atingir um objetivo de habilidade: fluência em uma linguagem. Essa fluência é composta de muitas habilidades, mobilizadas no desempenho. Mas fluência é mais do que habilidade; é o uso inteligente de muitas habilidades com base em ideias claras sobre seu valor, por que uma competência funciona ou não e quando usá-la. O que estamos reivindicando, com base no senso comum e na pesquisa em cognição, é que nenhuma habilidade pode ser integrada a um repertório potente a não ser que o aprendiz compreenda as grandes ideias relacionadas ao uso inteligente da habilidade.

O Alerta de Equívoco aponta para a importância de associar grandes ideias ao ensino de habilidades. Considere, por exemplo, a escrita persuasiva como uma conquista desejada. À primeira vista, pareceria que estamos lidando exclusivamente com um desempenho baseado em um conjunto de competências simples de ser aprendidas por meio da prática e do recebimento de devolutivas. Entretanto, com um pouco mais de reflexão, observa-

* N. de R.T.: Pascal é uma linguagem de programação computacional.

Dica de planejamento

Em cursos de estudo focados em habilidades, procure as grandes ideias

- no valor das habilidades - o que a habilidade ajuda você a fazer mais efetiva e eficientemente
- em conceitos subjacentes (p. ex., "persuasão" quando ensinar as habilidades da escrita ou discussão persuasiva)
- questões de estratégia - táticas efetivas, incluindo *quando* usar determinada competência
- por que a competência funciona - as teorias subjacentes à habilidade, para que possa acontecer maior transferência

mos um elemento conceitual importante aqui, algo que deve ser compreendido além das competências de escrita particulares. Os alunos precisam desenvolver uma compreensão do que é *persuasão* e de como ela funciona para que sua escrita e fala possam ser verdadeiramente persuasivas. Eles precisam compreender *quais* técnicas de persuasão funcionam e por que e também precisam aprender as sutilezas nos papéis que o público, o conteúdo e a mídia desempenham na persuasão efetiva. Em suma, para aprender a escrever ou falar de forma persuasiva, os alunos precisam compreender o *propósito* do gênero, os *critérios* pelos quais julgamos a eficácia da persuasão e as *estratégias* que mais provavelmente funcionam na persuasão de públicos específicos. Isso requer que se tenha uma ideia clara sobre o que é e o que não é persuasão.

Posto dessa forma, fica claro que a compreensão do que é persuasão pode ser desenvolvida por outros meios além da escrita e que a mera capacidade de escrever certos tipos de formatos (p. ex., uma redação de cinco parágrafos) não indica uma compreensão da persuasão. Por exemplo, para melhor compreender a persuasão de modo a persuadir melhor, é preciso ler discursos famosos, criticar comerciais de TV e ler e discutir literatura, como o estudo de Orwell sobre linguagem e política. Assim, o objetivo da habilidade da escrita persuasiva contém várias grandes ideias que necessitam de compreensão.

Estes são alguns exemplos de grandes ideias em várias áreas focadas em habilidades:

- Quando cozinhar, reduza o desperdício e intensifique o sabor usando as sobras para caldos.
- Quando nadar, empurre a água diretamente para trás para assegurar alta velocidade e eficiência.
- Quando ler para compreender, pratique a "leitura nas entrelinhas" em vez de meramente decodificar.
- Na vida, desenvolva autossuficiência para várias competências (p. ex., planejamento do orçamento).
- Em esportes de equipe (p. ex., futebol, basquete, futebol americano), abra espaço para espalhar a defesa e criar oportunidades ofensivas.
- Em Ciências e Matemática, compreenda o conceito de erro em observação e medida.

Estruturando objetivos em termos de tarefas de transferência

Observamos, na Figura 3.3, que as prioridades podem ser estabelecidas não somente com base nas grandes ideias, mas também focalizando-se o trabalho escolar em torno das tarefas de transferência oriundas de desafios autênticos na área. Por *tarefa nuclear* entendemos as demandas de desempenho mais importantes em uma área. Por exemplo, uma tarefa nuclear em ciências é planejar e depurar um experimento controlado a partir do zero. Em artes dramáticas, uma tarefa nuclear é atuar no palco com empatia plena e graciosa, dentro de seu papel. Desafios *autênticos* envolvem situações realistas, em que o contexto da tarefa é o mais fiel possível às oportunidades e dificuldades do mundo real. Uma tarefa nuclear em história é construir uma narrativa defensável usando-se todas as fontes relevantes. Um desafio constante em uma tarefa como essa é que as fontes provavelmente serão incompletas e conflitantes. Em matemática, uma tarefa-chave é exemplificar um fenômeno complexo quantitativamente; o desafio típico é que os dados no mundo real são sempre confusos, com muitos erros e *outliers*.

Esses tipos de tarefas e as situações desafiadoras nas quais elas ocorrem refletem a transferência das grandes ideias que almejamos que os alunos façam no longo prazo. Elas não são meras avaliações interessantes. As tarefas nucleares com desafios autênticos incorporam nossos objetivos educacionais: o objetivo da escolarização é o desempenho fluente e efetivo no mundo, não a mera resposta verbal ou física a estímulos restritos. A transferência, reflexo da compreensão, envolve tratar de forma especializada desafios autênticos em tarefas centrais, para as quais o conteúdo é um meio. E, mais importante, o sucesso na transferência significa que os alunos conseguem ter bom desempenho com mínimo ou nenhum auxílio, orientação ou dicas dadas pelos professores. Estes são outros exemplos dessas tarefas e desafios que incorporam os objetivos:

- Um desafio na leitura de um texto é obter uma compreensão profunda do que o texto pretende informar, apesar dos obstáculos impostos pelos pressupostos, vieses, ferramentas e experiências limitadas do leitor. (Dito de outra forma, um desafio é evitar confundir a "reação" do leitor com a "compreensão" que ele tem do texto.)
- Um desafio em história é contar uma "história" convincente, informativa e fundamentada usando-se as fontes disponíveis. Dessa forma, vários desempenhos envolveriam tarefas em que os aprendizes exibem sua performance em cenários como aqueles que envolvem artigos em publicações acadêmicas ou jornais, exposições em museus ou aulas expositivas para outras pessoas.
- Um desafio em música é transformar um conjunto de instruções complexas em um todo fluente e dinâmico, mais do que apenas a soma das notas musicais. Nosso desempenho em uma peça musical particular (e a críticas aos desempenhos de outras pessoas) irá refletir um entendimento do desafio.
- Um desafio em ciências é isolar as variáveis mais evidentes em um vasto conjunto de possibilidades. Todas as principais tarefas de desempenho estão centradas em um experimento particular e no seu planejamento bem-sucedido e depurado ou em uma refutação em uma publicação sobre o planejamento proposto por outra pessoa. Vários desempenhos refletem nossas conquistas – por exemplo, falar sobre o texto de forma inteligente em um grupo, redigir um trabalho informativo ou fazer uma revisão criteriosa de um livro.
- Um desafio no estudo de outra língua é traduzir bem o significado idiomaticamente, não simplesmente fazer uma tradução literal de cada palavra. Muitas tarefas escritas ou orais diferentes apresentam esse desafio, com a dificuldade aumentada pelos coloquialismos e expressões idiomáticas usadas.
- Um desafio em matemática é exemplificar fenômenos complexos em termos puramente quantitativos quando existem suficientes anomalias e pontos isolados que nos deixam inseguros sobre o que é padrão e o que é ruído. (E, por falar em ruído, um grande desafio ao falar em público é informar e agradar *essa* plateia, *nesse* contexto, apesar do "ruído" inevitável, tanto no sentido literal quanto figurativo.)

ALERTA DE EQUÍVOCO!

Alguns leitores podem achar que fizemos um trabalho inadequado ao conectar nosso trabalho à antiga literatura da "análise da tarefa". Mas, como sugerem essas considerações sobre os elementos do Estágio 1, a estruturação dos objetivos é profundamente difícil. Poderia ser dito, paradoxalmente, que esse é o aspecto mais desafiador do planejamento de ensino. Portanto, embora a *ideia* de análise da tarefa seja conceitualmente idêntica ao planejamento reverso, não podemos simplesmente "começar" com objetivos específicos e avançar rapidamente a partir dali. Acreditamos que a análise de tarefas tenha sido persistentemente atrapalhada por uma visão excessivamente behaviorista e atomista dos objetivos educacionais, que o procedimento varia de acordo com o contexto e o objetivo e que os resultados de tal análise dessa maneira têm sido confusos, conforme observado por autores recentes em análise da tarefa (JONASSEN; TESSMER; HANNUM, 1999).

Conforme sugerimos aqui (e deixamos claro em capítulos posteriores sobre desempenho), precisamos planejar reversamente a partir de ideias complexas e desempenhos "confusos". A maioria das análises de tarefa presume, em contraste, que toda tarefa que coloca nossos objetivos em termos de comportamentos mensuráveis e sub-habilidades claras é válida. Acreditamos que a razão para o fracasso persistente do planejamento de ensino em fazer justiça à compreensão como um objetivo é que as análises de tarefa dependiam mais de objetivos de fácil manejo em vez de objetivos mais válidos.

Para entender esses exemplos de transferência mais robusta, considere a seguinte rubrica, que pode ser usada para autoavaliação e revisão por pares do planejamento de avaliações que pretendem envolver a verdadeira aplicação com desafios autênticos.

Demanda de Transferência/Grau das Sugestões

4. A tarefa parece desconhecida, até mesmo curiosa ou enigmática, e é apresentada sem pistas sobre como abordá-la ou resolvê-la. O sucesso depende de um levantamento criativo ou adaptação do conhecimento existente, com base na compreensão do conteúdo e da situação – "transferência distante". É necessário refletir cuidadosamente sobre o que a tarefa pede ou não pede e sobre o que ela fornece, identificando quais problemas adicionais, não óbvios inicialmente, precisam ser resolvidos. Consequentemente, a tarefa pode parecer impraticável para alguns (mesmo que provavelmente seja exequível se fosse aproveitada a aprendizagem anterior). Nem todos os alunos terão sucesso, portanto, e alguns poderão desistir – mesmo que pareçam ter mostrado controle do conteúdo previamente.

3. A tarefa pode parecer desconhecida, mas é apresentada com dicas ou indícios que visam sugerir a abordagem ou o conteúdo requeridos (ou restringir as opções consideravelmente). O sucesso depende da percepção de quais aprendizagens recentes se aplicam nesse cenário um tanto ambíguo ou diferente – "transferência próxima". O principal desafio para o aprendiz é descobrir que tipo de problema é esse a partir das informações fornecidas. Depois de perceber o que a tarefa requer, o aprendiz deve ser capaz de seguir procedimentos conhecidos para resolvê-la. Alguns aprendizes que pareciam competentes e conhecedores em testes passados podem não concluir a tarefa com sucesso.

2. A tarefa é apresentada com referência explícita a ideias, conteúdos ou tarefas estudados anteriormente, mas não é feita referência à regra ou fórmula específica que se aplica. É necessária transferência mínima. O sucesso requer apenas que os alunos reconheçam e recordem a regra que se aplica e que a utilizem com base em um problema conhecido. A única transferência envolve lidar com variáveis, categorias ou detalhes da situação diferentes daqueles nos exemplos ensinados e reconhecer a regra que se aplica a partir de algumas candidatas recentes óbvias.

1. A tarefa é apresentada de forma que o aluno precisa somente seguir as orientações e usar a memória e a lógica para realizá-la. Não é requerida transferência, apenas o acionamento de uma técnica ou conteúdo relacionado à aprendizagem concluída ou a exemplos recentes.

Tarefas desafiadoras no núcleo de uma matéria podem claramente nos ajudar a priorizar nossas metas se pensarmos nelas como agrupamentos organizadores de conhecimento e habilidades relacionadas. Elas seriam, dessa forma, o desempenho equivalente às "ideias representativas" de Phenix. Quais são, então, os *desafios representativos* em cada área? (Estágio 2 do modelo de planejamento reverso: quais são as tarefas-chave que representam a capacidade de resolver os principais desafios, com conteúdo essencial?) O que significa "fazer" a disciplina, usar conteúdo essencial de forma inteligente e efetiva em circunstâncias "desafiadoras" e realistas? (Esse ponto é tratado no Capítulo 7.) Sem boas respostas a essas perguntas corremos o risco de meramente listar as ferramentas de conhecimento e a competência como nossos objetivos, para que as grandes ideias e habilidades de desempenho essenciais não se percam apesar das nossas melhores intenções.

Assim, uma tarefa nucelar não é exatamente o mesmo que um teste específico. Ela congrega inúmeras demandas de desempenho relacionadas, em situações variadas. Abrange as principais expectativas de aprendizagem das orientações curriculares e, assim, pertence apropriadamente ao nosso pensamento no Estágio 1. Ela especifica as condições que uma avaliação de desempenho proposta no Estágio 2 deve atender para garantir que não focalizemos em projetos ou provas arbitrários. Os materiais curriculares são os meios para o desempenho autêntico. Quais são as tarefas e desempenhos mais importantes em cada área e na vida adulta? Essa é uma pergunta do Estágio 1. Que tarefas de avaliação e desafios específicos serão colocados diante dos alunos para medir seu progresso em direção aos objetivos? Essa é uma pergunta específica sobre "evidência" no Estágio 2.

Ter clareza sobre as tarefas nucleares complexas torna muito mais provável que nossos objetivos sejam intelectualmente vitais e coerentes. Quando os objetivos são concebidos apenas como listas de fatos e competências, planejamento e ensino acabam como fragmentos fora do contexto. Em outras palavras, a transferência é completamente ignorada como um objetivo. Para evitar essa omissão, devemos sempre perguntar acerca dos objetivos de conhecimento e habilidades: "Para quais tipos de capacidades importantes este conteúdo irá realmente nos equipar?" em vez de meramente perguntar "Que conhecimentos e habilidades são (potencialmente) importantes?". Assim, objetivos de desempenho abrangentes servem como critérios para decidir o que enfatizar e o que omitir, assim como acontece em qualquer área baseada no desempenho, como artes dramáticas, atletismo e carpintaria. Além disso, ao considerarmos cada área do programa acadêmico como a "disciplina" de pensar e agir de certas maneiras, de "fazer" o conhecimento, nos tornamos mais apropriadamente atentos aos resultados contínuos (a "aprendizagem"), como é o caso com os treinadores.

Planejamento reverso em ação com Bob James

Alguma coisa nesta unidade requer descoberta deliberada e em profundidade? Com certeza! Não é fácil entender a ideia de que as necessidades nutricionais variam de acordo com as características individuais. Não existe nenhuma dieta que seja adequada para todos. Existem, por exemplo, incompreensões típicas nas quais que devo focalizar mais deliberadamente? Bem, quando pensei nisso, *descobri* que muitos alunos têm a crença (incompreensão) de que, se a comida é boa para você, ela deve ter gosto ruim. Um dos meus objetivos nesta unidade é desfazer esse mito para que eles não tenham uma aversão automática à comida saudável.

Pensar além das tarefas nucleares para nutrição foi *muito* útil. Isso me ajudou a ir além dos elementos factuais para levar em consideração o que as pessoas na verdade fazem com essas informações, como profissionais e pessoas leigas. Várias tarefas nucleares vêm à mente – usamos o conhecimento de nutrição para planejar refeições saudáveis e dietas balanceadas, para sermos mais críticos da publicidade dos alimentos e para fazer ajustes no estilo de vida. Refletir sobre isso me ajudou a esclarecer meus objetivos e me deu algumas ideias para avaliação.

Meus alunos têm incompreensões típicas sobre nutrição? Vamos ver o que o Projeto 2061 das Referências para o Letramento Científico* diz: "Crianças nos primeiros anos do ensino fundamental [...] podem acreditar que energia e força resultam de exercícios, mas não da nutrição [...] Depois do ensino, os alunos no fim do ensino fundamental frequentemente não conseguem explicar seu conhecimento em termos científicos" (AMERICAN ASSOCIATION FOR THE ADVANCEMENT OF SCIENCE, 1993). Hummmm. Já ouvi esse primeiro erro anteriormente. Acho que vou planejar um questionário no início da unidade para checar essa incompreensão.

Quanto mais penso sobre incompreensões, recordo que muitos alunos têm a crença de que, se a comida é boa para você, ela deve ter gosto ruim, e vice-versa. Um dos meus objetivos na unidade é desfazer esse mito para que eles não tenham uma aversão automática à comida saudável. Acho que vou incluir algumas checagens informais para ver se os alunos neste ano também têm essa compreensão errada.

Em resumo

Depois de falarmos de modo geral sobre a necessidade de maior clareza intelectual, coesão e validade em nossos objetivos, precisamos agora nos voltar para o que dissemos anteriormente sobre compreensão; porque quando analisamos o objetivo que chamamos de "compreensão", o objetivo não é um, mas muitos.

---

* N. de R.T.: Referência ao documento *Benchmark for Science Literacy*, uma ferramenta de reforma curricular que estabelece o que todas as crianças devem saber e ser capazes de fazer ao final do 2°, 5°, 8° e 12° anos. Informações disponíveis em: <http://www.project2061.org/publications/bsl/>

Capítulo 4

As seis facetas da compreensão

Há muitas formas diferentes de compreensão, sobrepostas, mas não redutíveis, umas às outras, e, respectivamente, muitas formas diferentes de ensinar para a compreensão.
_ John Passmore, *The Philosophy of Teaching*, 1982

LAUNCE: What a block art thou, that thou canst not! My staff understands me.
SPEED: What thou sayest?
LAUNCE: Ay, and what I do too: look thee, I'll but lean,
and my staff understands me.
SPEED: It stands under thee, indeed.
LAUNCE: Why, stand-under and under-stand is all one.*
—William Shakespeare, *The Two Gentlemen of Verona*,c. 1593

Até agora em nossa análise da compreensão, nós a tratamos como uma noção, distinta de algo denominado "conhecimento". No entanto, surgem problemas quando examinamos mais de perto nossa linguagem, enquanto trabalhamos para estruturar objetivos relacionados à compreensão. A palavra *compreensão* tem vários significados, e nosso uso sugere que compreensão não é uma realização, mas várias, e que ela é revelada por meio de diferentes tipos de evidência.

Em termos de sinônimos para essa palavra na forma de substantivo, falamos sobre *discernimento (insight)* e *sabedoria* – ambos claramente diferentes (embora de alguma forma relacionados) de conhecimento. No entanto, nossa linguagem também sugere que a compreensão real é algo que vai além de uma mera compreensão "acadêmica". As expressões "caxias" e "intelectualoide"** sugerem que a mera destreza intelectual pode ser falsa compreensão e que aprendizagem demais pode algumas vezes *impedir* a compreensão.

---

* N. de T.: Diálogo de *Os dois cavaleiros de Verona*, em inglês arcaico. É feito um trocadilho quando Leôncio diz que seus empregados, que "estão abaixo" (stand-*under*) dele, o "compreendem" (*under*-stand), concluindo que tudo é a mesma coisa.
** N. de R.T.: No original, os autores utilizam os termos *egghead* e *pointy-headed intellectual*. O primeiro é utilizado para se referir a pessoas muito estudiosas, porém fechadas ao mundo ("nerds"), ao passo que o segundo se refere a pessoas que, a despeito de sua inteligência, são pedantes e autoimportantes.

Os verbos que usamos são igualmente instrutivos. Você só compreende, digamos, se conseguir ensinar, usar, provar, conectar, explicar, defender, ler nas entrelinhas, etc. O argumento para a avaliação de desempenho como uma necessidade, não um luxo, está, dessa forma, claramente ligado a esses usos: os alunos precisam *desempenhar efetivamente com conhecimento* para nos convencer de que realmente compreendem o que os questionários e as provas de respostas curtas apenas sugerem que eles entendem. Ademais, compreensões particulares podem diferir. Falamos sobre ver as coisas por uma perspectiva interessante, implicando que ideias complexas geram invariável e legitimamente diversos pontos de vista.

Contudo, o termo também tem outros significados. Há um significado interpessoal e um significado intelectual – implícito em inglês, mas explícito em outras línguas (os verbos em francês *savoir* – *saber* – e *connaitre* – *conhecer* –, por exemplo). Tentamos compreender ideias, mas também nos esforçamos para compreender outras pessoas e situações. Falamos de "chegar a compreender" ou de "alcançar uma compreensão" no contexto das relações sociais. De forma reveladora, algumas vezes falamos de "mudar nosso pensamento" (*change our mind*) *e* "mudar do fundo do coração" (*have a change of heart*) depois de um grande esforço para compreender assuntos complexos.

O *Dicionário Oxford de Inglês* nos diz que o verbo *compreender* significa "apreender o significado ou importância" de uma ideia. Em seu sentido mais elementar, a ideia é encontrada no sistema judicial quando determinamos a competência para ser julgado, seja em referência a uma criança ou a um adulto com as faculdades afetadas, com base em sua capacidade de compreender o significado das próprias ações. Quando pensamos em significado ou importância no sentido mais sofisticado, estamos nos referindo a ideias como sabedoria, a habilidade de superar pontos de vista ingênuos, irrefletidos ou inexperientes. Frequentemente chamamos essa capacidade de "perspectiva", a habilidade de evitar as paixões, as inclinações e as opiniões dominantes do momento para fazer o que a circunspecção e a reflexão revelam ser o melhor.

Algumas vezes, no entanto, precisamos do *oposto* do distanciamento para "realmente compreender". Precisamos lançar mão da empatia, como em: "Rapaz, eu entendo o que você está passando...". Uma falha na compreensão interpessoal tipicamente envolve uma falha em considerar ou imaginar que *existem* diferentes pontos de vista, não se importar em colocar-se no lugar do outro. (Piaget ironicamente observou anos atrás que pessoas egocêntricas têm apenas um ponto de vista – o delas.) Tornou-se um clichê a frase das relações de gênero na qual um dos lados diz ao outro: "Você não compreende...". O livro de grande sucesso de Deborah Tannen (1990) sobre diferenças de gênero na conversação, intitulado *Você simplesmente não me entende*, sugere como a compreensão interpessoal requer apropriar-se de estilos e propósitos não declarados, porém muito reais e diferentes, para a conversação. De forma análoga, uma falta de compreensão empática fica evidente em conflitos transculturais, conforme revelado nas seguintes citações extraídas de um artigo de alguns anos atrás no *New York Times* sobre uma conflagração de violência no Oriente Médio:

> Todavia, ambos os lados foram surpreendidos pela velocidade e fúria com que antigos ódios ressurgiram, e houve algumas vozes prevendo que a conflagração produziria um sentimento renovado de que dois povos não podem viver tão próximos sem chegar a alguma forma de entendimento. [...]
>
> Chegaremos à [ideia de paz] pelo cansaço. Chegaremos a essa ideia a partir de uma compreensão muito penosa de que o caminho da guerra nos leva a lugar nenhum. (MACFARQUHAR, 1996, p. A1)

Existe alguma ligação entre um acordo nascido do respeito mútuo com uma perspectiva inteligente e com a compreensão "intelectual" do problema? Certamente é plausível dizer que as falhas na política do Oriente Médio podem ser mais uma função de falta de empatia do que de falta de conhecimento por parte de cada um dos lados. Talvez o mesmo seja verdadeiro em estudos escolares. Para realmente compreender um romance, uma teoria científica ou um período na história, você tem que ter respeito e empatia suficientes para aceitar a possibilidade de que o autor compreende alguma coisa que você não compreende e de que pode se beneficiar com a compreensão. O mesmo vale para discussões em aula: muitos alunos às vezes não "escutam" as contribuições dadas por colegas que eles não respeitam.

Em suma, algumas vezes compreensão requer desprendimento; outras vezes requer solidariedade sincera com outras pessoas ou ideias. Algumas vezes pensamos em compreensão como altamente teórica, outras vezes como algo que é revelado na aplicação efetiva no mundo real. Algumas vezes pensamos nela como análise crítica desapaixonada, outras vezes como resposta empática. Algumas vezes pensamos nela como dependente da experiência direta, outras vezes como algo obtido por meio da reflexão desapegada.

No limite, essas observações sugerem a necessidade de maior circunspecção. A compreensão é multidimensional e complicada. Existem diferentes tipos de compreensão, diferentes métodos de compreensão e sobreposição conceitual com outras metas intelectuais.

Devido à complexidade da questão, faz sentido identificar aspectos diferentes (embora sobrepostos e idealmente integrados) da compreensão. Nós desenvolvemos uma visão multifacetada do que compõe uma compreensão madura, uma visão de seis lados do conceito. Quando compreendemos verdadeiramente, nós

- *Podemos explicar* – por meio de generalizações ou princípios, apresentando explicações justificadas e sistemáticas de fenômenos, fatos e dados; fazemos conexões perspicazes e fornecemos exemplos ou ilustrações esclarecedores.
- *Podemos interpretar* – contamos histórias significativas; oferecemos traduções adequadas; fornecemos uma dimensão histórica ou pessoal reveladora para ideias e eventos; tornamos o objeto de compreensão pessoal ou acessível por meio de imagens, relatos, analogias e modelos.
- *Podemos aplicar* – usamos efetivamente e adaptamos o que sabemos em contextos diversos e reais – podemos "pôr em prática" o conteúdo.
- *Temos perspectiva* – vemos e ouvimos pontos de vista através de olhos e ouvidos críticos; temos uma visão geral.
- *Podemos empatizar* – encontramos valor no que os outros podem achar diferente, estranho ou implausível; percebemos sensivelmente com base em experiência direta prévia.
- *Temos autoconhecimento* – mostramos consciência metacognitiva; percebemos o estilo pessoal, preconceitos, projeções e hábitos da mente que tanto moldam quanto impedem nossa própria compreensão; temos ciência do que não compreendemos; refletimos sobre o significado da aprendizagem e da experiência.

Essas facetas são manifestações da habilidade de transferência. Utilizamos essas facetas diferentes, mas relacionadas, para julgar a compreensão da mesma maneira que usamos critérios variados para julgar um desempenho específico complexo. Por exemplo, dizemos que a "escrita de uma boa redação" é composta de prosa persuasiva, organizada e clara. Todos os três critérios precisam ser satisfeitos, embora cada um seja diferente e de certa forma independente dos outros dois. A escrita pode ser clara, mas não persuasiva; pode ser bem organizada, mas não clara, e apenas ligeiramente persuasiva.

De maneira similar, um estudante pode ter uma explicação sofisticada de uma teoria, mas não ser capaz de aplicá-la; um aluno pode ver as coisas a uma distância crítica, mas sem empatia. As facetas refletem as diferentes conotações da compreensão que examinamos no Capítulo 3. Segundo uma perspectiva da avalição, as seis facetas oferecem vários indicadores – janelas – para a compreensão. Assim, elas podem orientar a seleção e o planejamento de avaliações para evidenciar a compreensão. De uma perspectiva educacional mais ampla, as facetas sugerem um objetivo: no ensino para transferência, a compreensão completa e madura idealmente envolve o pleno desenvolvimento de todos os seis tipos de compreensão.

Agora, examinaremos as facetas mais detalhadamente da seguinte forma:

- Introduzindo cada faceta com uma breve definição, seguida de uma ou duas citações ou questões apropriadas que podem ser típicas de alguém que deseja compreender.
- Oferecendo dois exemplos para cada faceta, um da vida pública diária e um da sala de aula, além de um exemplo de como a falta de compreensão se manifesta.
- Fornecendo uma análise da faceta, uma breve visão das implicações instrucionais e de avaliação a serem exploradas posteriormente neste livro.

Faceta 1: Explicação

Explicação: teorias e ilustrações sofisticadas e apropriadas que fornecem explicações informadas e justificadas de acontecimentos, ações e ideias.

> Nunca foi o sabor das sobremesas isoladamente o que me seduziu. Também foi minha fascinação pela variedade de texturas derivadas de tão poucos ingredientes. Quando lia os livros de culinária eu encontrava incontáveis variações de bolos e cremes amanteigados [...] Mas em nenhum lugar havia uma explicação de como eles se comparavam um com outro... Foi ficando cada vez mais evidente para mim que havia certas fórmulas básicas a partir das quais todas essas receitas aparentemente diferentes se desenvolviam.
>
> _ Rose Levy Berenbaum, *The Cake Bible*, 1988

> Vemos alguma coisa se movendo, ouvimos um som inesperadamente, sentimos um odor incomum e perguntamos: O que é isso? [...] Quando descobrimos o que isso significa, um esquilo correndo, duas pessoas conversando, uma explosão de arma de fogo, dizemos que compreendemos.
>
> _ John Dewey, *How We Think*, 1933

Por que isso é assim? O que explica tais acontecimentos? O que explica essa ação? Como podemos prová-la? A que isso está conectado? O que seria um exemplo ilustrativo? Como isso funciona? O que está implícito?

✔ Uma cozinheira explica por que acrescentar um pouco de mostarda a óleo e vinagre permite que eles sejam misturados: a mostarda age como um emulsificante.

✔ Um estudante de física do 9° ano do ensino fundamental apresenta uma explicação bem fundamentada de por que, em uma pista de pouso, o carro acelera daquela maneira quando a inclinação da via é variada.

✗ Um estudante do 1° ano do ensino médio conhece a fórmula para a aceleração dos corpos devido à força gravitacional, mas não sabe o que significam todos os símbolos na fórmula ou como usar a fórmula para calcular taxas de aceleração específicas.

A Faceta 1 envolve o tipo de compreensão que emerge de uma teoria sólida e se revela nessa teoria, uma explicação que dá sentido a fenômenos, dados, sentimentos ou ideias confusos, isolados ou obscuros. É a compreensão revelada por meio de desempenhos e produtos que explicam de maneira clara, integral e instrutiva como as coisas funcionam, o que elas implicam, onde se conectam e por que aconteceram.

Conhecimento do porquê e do como

Assim, a compreensão não é o mero conhecimento dos fatos, mas as inferências sobre o porquê e o como, com evidências específicas e lógicas – conexões e ilustrações perspicazes. Estes são alguns exemplos:

- Podemos citar o teorema de Pitágoras. Mas qual é a prova, de quais axiomas ele depende, o que decorre do teorema e por que o teorema é tão importante?
- Podemos saber que diferentes objetos caem no chão com aparente uniformidade de aceleração. Mas como é isso? Por que a massa não faz diferença na aceleração? Compreender, nesse sentido, é conectar fatos e ideias – com frequência fatos e ideias aparentemente estranhos, contraintuitivos ou contraditórios – a uma teoria que funciona.
- Podemos saber como dedilhar um violão e tocar canções afinadas, mas não compreender os princípios harmônicos e a física em ação.

Como explicou Dewey (1933, p. 137), compreender alguma coisa nesse sentido "[...] é vê-la em suas relações com outras coisas: observar como ela opera ou funciona, que consequências decorrem dela, o que a causa". Nós vamos além da informação dada para fazer inferências, conexões e associações – uma teoria que funciona. Modelos ou ilustrações potentes e profundos são o resultado dessa compreensão. Nós, por conta própria, podemos reunir fatos aparentemente díspares em uma explicação coerente, abrangente e esclarecedora. Podemos prever resultados até então não procurados e que não foram examinados e podemos lançar luz sobre experiências ignoradas ou aparentemente sem importância.

O que queremos dizer quando falamos de uma teoria que funciona? Vamos primeiramente considerar uma teoria adulta de sucesso, o exemplo da física moderna. Galileu, Kepler e finalmente Newton e Einstein desenvolveram uma teoria capaz de explicar o movimento de todos os objetos físicos, desde a queda de maçãs até cometas. A teoria prevê marés, a localização dos planetas e cometas e como colocar a bola nove na caçapa do canto.

A teoria não era óbvia ou resultante de uma mera catalogação dos fatos. Os autores tiveram que imaginar um mundo sem atrito, com o movimento na Terra sendo um caso especial. É claro que seus críticos tiveram um prato cheio com a ideia de que havia uma força – gravidade – em toda a Terra, atuando a distância, mas não discernível por nenhum meio (contrário à antiga visão grega e ao senso comum), agindo de forma tal que o peso de um objeto não tinha efeito na sua velocidade de descida até o solo. A teoria por fim venceu as teorias concorrentes porque, apesar de seus elementos constitutivos, ela fez um trabalho melhor do que qualquer teoria concorrente para explicar, ordenar e prever fenômenos.

Da mesma forma, um estudante no fim do ensino fundamental que sabe explicar por que vapor, água e gelo, embora superficialmente diferentes, são a mesma substância química tem uma melhor compreensão de H_2O do que alguém que não sabe. Um estudante universitário que sabe explicar os preços dos calçados e sua flutuação como uma função das forças do mercado tem uma melhor compreensão do custo de um calçado do que alguém que não sabe. Os aprendizes revelam uma compreensão das coisas – talvez uma experiência, uma aula dada pelo professor, um conceito ou seu próprio desempenho – quando conseguem transferir seu conhecimento abstrato e dar boas explicações que oferecem uma estrutura útil, lógica e evidências para apoiar suas alegações.

Compreensões envolvem explicações mais sistemáticas, em que a resposta está relacionada com princípios gerais e potentes:

> *A compreensão da propriedade distributiva é [uma] grande ideia. Perceber que 9 x 5 pode ser resolvido somando-se 5 x 5 e 4 x 5 ou por uma combinação de grupos de cinco que se somam até 9 implica compreensão sobre a estrutura das relações envolvidas entre as partes e o todo. (FOSNOT; DOLK, 2001a, p. 36).*

A Faceta 1 requer que os alunos recebam tarefas e avaliações que demandem deles explicações sobre o que sabem e que eles deem boas razões em apoio a isso antes que possamos concluir que compreendem o que foi ensinado.

Apoiando nossas opiniões

Dessa forma, meramente responder aos testes sobre teoria oficial no livro didático ou ao professor não é evidência de compreensão. Precisamos explicar *por que* nossa resposta está correta, por que os fatos existem, por que a fórmula funciona; precisamos fornecer sustentação para nossas opiniões. Ao avaliar, procuramos boas explicações dos alunos, esperando que eles revelem sua compreensão usando verbos como *sustentar, justificar, generalizar, prever, verificar, provar* e *substanciar.*

Independentemente do conteúdo disciplinar ou da idade ou sofisticação dos alunos, quando eles compreendem no sentido da Faceta 1, eles têm a habilidade de "mostrar seu trabalho". Também estamos sugerindo que a avaliação coloque os alunos diante de novos fatos, fenômenos ou problemas para observar se conseguem, por conta própria, incluir a informação segundo o princípio correto e explicar aparentes contra-argumentos ou contraexemplos. Tal explicação envolve o tipo de capacidades chamado de "análise" e "síntese" na Taxonomia de Bloom.

Os alunos com compreensão em profundidade nesse sentido têm maior controle – sobre os dados e sobre conexões robustas – do que aqueles com compreensões mais limitadas. Eles entendem os exemplos mais sutis, implicações e pressupostos do trabalho atual. Os professores invariavelmente descrevem tais compreensões como perspicazes, plenas, com nuanças ou criteriosamente qualificadas (em contraste com a teorização meramente superficial, isolada, simplista, abrangente ou grandiosa). Uma explicação ou teoria que não tem essa compreensão em geral não é tão errada quanto incompleta ou ingênua. Não é errado dizer que a temperatura depende do vento, que todos os triângulos são iguais ou que cortar o açúcar fará você perder peso, mas essas ideias transmitem visões ingênuas ou simplistas (em contraste com concepções qualificadas e apoiadas por dados).

Do ponto de vista de um planejamento, a Faceta 1 requer a construção das unidades em torno de perguntas, questões e problemas que demandam do aluno teorias e explicações como as encontradas na aprendizagem baseada no problema e em programas de ciências "mão na massa e com a cabeça na atividade" efetivos. As implicações para avaliação são simples: usar atividades (p. ex., tarefas de desempenho, projetos, estímulos e testes) que solicitem que os alunos forneçam uma explicação própria, não simplesmente recordem; que liguem fatos com ideias maiores e justifiquem as conexões; que demonstrem seu trabalho, não apenas forneçam uma resposta; e que embasem suas conclusões.

Faceta 2: Interpretação

Interpretação: interpretações, narrativas e traduções que conferem significado.

> [Os filmes de Juzo Itami] revelaram verdades aos japoneses que eles jamais imaginaram que existiam – muito embora elas estivessem bem ali na sua vida diária. "Ele conseguiu expressar a história oculta acerca de coisas que as pessoas pensam que compreendem, mas que na realidade não compreendem", disse o crítico de cinema Jun Ishiko.
>
> _ Kevin Sullivan, *Washington Post*, 22 de dezemro de 1997

> As narrativas e suas interpretações transitam nos significados, e os significados são intransigentemente múltiplos.
>
> _ Jerome Bruner, *The Culture of Education*, 1996

O que isso significa? Por que isso é importante? O que dizer disso? O que isso ilustra ou lança luz sobre a experiência humana? Que relação isso tem comigo? O que faz sentido?

- ✔ Um avô conta histórias sobre A Grande Depressão* para ilustrar a importância de economizar para tempos difíceis.
- ✔ Um calouro universitário mostra como o livro *As viagens de Gulliver* pode ser lido como uma sátira sobre a vida intelectual britânica, e não apenas como um conto de fadas.
- ✗ Um estudante no fim do ensino fundamental consegue traduzir todas as palavras, mas não entende o significado de uma frase em espanhol.

O objeto da interpretação é o significado, não meramente um relato plausível. A interpretação transita em histórias poderosas, não em teorias abstratas, pelos seus discernimentos. A compreensão desse tipo ocorre quando alguém lança luz de forma interessante e significativa sobre experiências atuais ou passadas. No entanto, interpretações interessantes sempre são contestáveis e "intransigentemente múltiplas", como observou Bruner (1996), e isso fica claro nos seguintes trechos de duas revisões *de The Beginning of Wisdom: Reading Genesis* (O começo da sabedoria: lendo a Gênesis, em tradução livre), de Leon Kass:

* N. de R.T.: Período iniciado após a quebra da Bolsa de Valores de Nova Iorque em 1929 que levou os Estados Unidos a uma das mais severas crises econômicas de sua história.

> [...] o denso livro do Sr. Kass é extraordinário. Ele trabalha com o texto com seriedade e demanda esforço comparável de seus leitores, penetrando em dois milênios de comentários. Ele pode nem sempre convencer, e algumas vezes seria de utilidade se houvesse mais contexto histórico, mas suas análises e hipóteses não deixarão inalterada a compreensão que o leitor tem sobre o Gênesis. (ROTHSTEIN, 2003, p. B7)

> Sim, no começo do século XXI, Kass apresenta uma apologia do patriarcado laboriosamente escrita. No processo, ele transforma o Gênesis em lições morais das convenções para pessoas contemporâneas [...] Trazendo um viés de patriarcado ao que por si só já é um livro patriarcal, Kass encontra ali o que ele já acredita [...] Moralismos extravagantes apimentam este livro, fazendo o patriarcado do Gênesis parecer muito mais pernicioso do que ele é [...] O Livro do Gênesis segundo Kass não é, para este revisor, o começo da sabedoria. Pelo contrário, ele é o começo da idiotice – inspirado pelo zelo de um patriarcado convertido em estudo bíblico. (TRIBLE, 2003, p. 28)

Contar histórias para compreender não é um mero enriquecimento da mente; sem elas, para usar a expressão de Kierkegaard, estamos reduzidos ao medo e ao estremecimento (KIERKEGAARD apud BRUNER, 1996, p. 90).

Valorizamos os bons contadores de histórias com razão. Uma boa história não só esclarece como também envolve; ela nos ajuda a recordar e fazer conexões. Uma narrativa clara e convincente pode nos ajudar a encontrar significado no que anteriormente pode ter parecido abstrato ou irrelevante:

> As características das parábolas revelam por que elas representam recursos de ensino efetivos. Sua materialidade, especificidade e organização narrativa prendem nossa atenção. Sua profundidade – ou seja, elas parecem significar mais do que simplesmente a própria história – atrai nosso intelecto. Queremos descobrir o que a história está "tentando nos dizer". Então começamos a ponderar a respeito. Sua obscuridade – elas resistem à decifração fácil – nos fornece material para reflexão. (FINKEL, 2000, p. 13)[1]

As histórias nos ajudam a encontrar sentido em nossas vidas e nas vidas a nossa volta, seja na história, seja na literatura ou na arte. Os significados mais profundos e transcendentes são encontrados, é claro, nas histórias, parábolas e mitos que ancoram todas as religiões. Uma história não é uma distração; as melhores histórias tornam nossas vidas mais compreensíveis e focadas.

Significados: transformando a compreensão

Mas uma "história" é mais do que um conceito das artes linguísticas. Os significados e padrões que atribuímos a *todos* os acontecimentos, dados ou experiências transformam nossa compreensão e percepção de fatos particulares. O aluno que processa essa compreensão consegue mostrar a significância de um acontecimento, revelar a importância dos dados ou fornecer uma interpretação que provoca uma reação de reconhecimento e ressonância. Considere como as palavras e o imaginário do memorável discurso de Martin Luther King na Marcha sobre Washington ("Eu tenho um sonho") cristalizaram as muitas ideias complexas e sentimentos por trás do movimento dos direitos civis. Ou pense em como os melhores editoriais de jornal dão sentido a correntes e ideias políticas complexas.

O significado, é claro, está nos olhos de quem vê. Pense no que o dia 22 de novembro de 1963 (o dia do assassinato do presidente John F. Kennedy) significa para aqueles de nós que crescemos na década de 1960, ou o 11 de setembro de 2001 para todos nós hoje. Ou considere o quanto uma mãe, um policial ou um adolescente em uma casa de acolhimento podem perceber de forma diferente a mesma reportagem de jornal sobre abuso infantil. Assistentes sociais e psicólogos até podem ter uma teoria aceita do abuso infantil no sentido da Faceta 1, mas o significado do acontecimento, e portanto uma compreensão dele, pode ter pouco a ver com a teoria; a teoria pode ser apenas uma explicação científica, sem abarcar, por exemplo, a visão que a pessoa que sofreu o abuso tem do acontecimento e do mundo.

Encontrar sentido – nas histórias de outros ou em dados empíricos – envolve tradução e interpretação no sentido mais amplo. Quer pensemos em um aluno com dificuldades em Alemão 1, em um estudante do último ano do ensino médio lendo *Rei Lear*, um estudante do 6º ano refletindo sobre a curva implicada em um conjunto de dados, um aluno de pós-graduação devorando os Manuscritos do Mar Morto ou um detetive de polícia examinando registros bancários e ligações telefônicas, o desafio é o mesmo: compreender o significado de um "texto" quando o significado geral é um enigma para o leitor e os fatos não contam uma história autoexplicativa. Em áreas como história e arqueologia, precisamos reconstruir o significado dos acontecimentos e artefatos a partir das pistas fornecidas pelo registro histórico. Em economia, o significado provém da habilidade de determinar tendências econômicas amplas interpretando-se os indicadores mais evidentes para o consumidor e a empresa. Em matemática, é necessário interpretação para tirar conclusões a partir de dados limitados. Com esse tipo de compreensão, os professores pedem que os alunos encontrem sentido, mostrem o significado, decodifiquem ou tornem uma história significativa.

Um desafio: dar vida a um "texto"

Nas salas de aula, esta faceta – interpretação – se manifesta mais frequentemente em discussões do significado de livros, obras de arte ou experiências passadas ou presentes. O desafio ao ensinar é dar vida a um "texto" mostrando-se, por meio do estudo e da discussão, como ele pode falar de coisas que nos dizem respeito. Por exemplo, todos nós temos alguma dificuldade nas relações com nossos pais, e Shakespeare nos oferece ótimas reflexões se formos capazes de encontrar significado na desafiadora linguagem de *Rei Lear*.

A compreensão não se restringe a uma teoria logicamente defensável (como na Faceta 1), mas também diz respeito à significância dos resultados. Isso vale também para a matemática, como nos lembra Henri Poincaré (1982, p. 431), um famoso matemático francês:

> O que é compreender? Essa palavra tem o mesmo significado para o mundo todo? Compreender a demonstração de um teorema é examinar sucessivamente cada um dos silogismos que o compõem e apurar sua correção, sua conformidade com as regras do jogo? [...] Para alguns, sim; depois que tiverem feito isso, eles dirão que compreendem. Para a maioria, não. Quase todos são mais exatos: eles desejam saber não apenas por que os silogismos [...] são corretos, mas por que se organizam nessa ordem, e não em outra. Na medida em que essas pessoas se percebem movidas pelo capricho, e não por uma inteligência sempre consciente do fim a ser atingido, elas não acham que compreendem.

Quando interpretam, os alunos circulam entre o texto e sua própria experiência para encontrar interpretações legítimas, mas *variadas*, conforme observado. Na esfera interpretativa, diferentemente do domínio da explicação científica, não só é aceitável como também provável que serão propostas diferentes compreensões do mesmo "texto" (livro, acontecimento, experiência). De fato, a crítica literária moderna foi avivada pela ideia de que nem mesmo a visão do próprio autor é privilegiada, de que independentemente da intenção do autor, os textos podem ter significados e valores não pretendidos. Um texto ou as palavras de um palestrante sempre terão diferentes leituras válidas. Todas as interpretações estão vinculadas aos contextos pessoais, sociais, culturais e históricos em que se originam.

No entanto, nem tudo é aceitável. Algumas compreensões de um texto, obra de arte, pessoa ou acontecimento são mais reflexivas ou defensáveis do que outras; uma leitura, história ou um caso psicológico é mais forte do que outro devido a sua coerência, rigor e documentação. O pináculo da *expertise* educacional, por exemplo, é uma dissertação pessoal – e sua defesa.

Assim, explicação e interpretação são relacionadas, porém diferentes. Teoria é geral; interpretações são contextuais e específicas. O ato da interpretação é mais repleto de ambiguidade inerente do que o ato da construção e testagem da teoria: podemos não concordar com a explicação teórica correta, mas esperamos que sobreviva apenas uma teoria no final. Mas sempre haverá tantos significados quantos intérpretes criteriosos houver. Um júri que tenta compreender um caso de abuso infantil, por exemplo, examina o significado e a intenção, não os achados gerais estabelecidos da ciência teórica. O teórico desenvolve conhecimento objetivo e geral sobre o fenômeno abuso, mas o romancista ou jornalista pode oferecer tanto ou maior clareza em relação ao "porquê". Podemos conhecer os fatos relevantes e os princípios teóricos, mas ainda assim podemos e devemos perguntar: o que tudo isso significa? Qual é a importância – para mim, para nós? Como devemos compreender esse caso *particular*?

Uma teoria precisa ser verdadeira para que funcione; uma história precisa apenas ter verossimilhança e proporcionar elucidação. A existência de três teorias concorrentes para o mesmo fenômeno físico é intelectualmente inaceitável, mas a existência de muitas interpretações diferentes plausíveis e esclarecedoras dos mesmos eventos humanos não só é aceitável como também enriquecedora para o significado.

As teorias fornecem vários significados, também – algumas vezes muito distantes das concepções de seus criadores. Sulloway (1996) sublinha o fato de que o aspecto revolucionário do trabalho de Darwin não estava nos fatos ou mesmo em uma teoria da evolução (porque outras teorias como essa foram propostas), mas na sua concepção de que a evolução ocorre por meio da adaptação *imprevisível* (i.e., "sem um propósito") – uma ideia que ameaça a visão de mundo e sensibilidades religiosas de muitas pessoas, até os dias de hoje.

As histórias que aprendemos a contar sobre nós mesmos e nosso mundo apontam para o verdadeiro significado de construtivismo. Quando dizemos que os estudantes precisam encontrar seu próprio significado, queremos dizer que é inútil entregar aos alunos "interpretações" ou enunciações do "significado" sem permitir que eles elaborem sobre as questões. Nem podemos decidir por outra pessoa o significado do darwinismo – mesmo que exista um construto teórico estabelecido na ciência denominado "teoria da evolução". A didatização *da* interpretação irá desviar os alunos da natureza verdadeiramente discutível de toda interpretação.

Desenvolvendo interpretações

A natureza inerentemente ambígua de textos, dados e experiências específicas requer uma educação que faça os alunos – e não só os professores e escritores de livros didáticos – desenvolverem interpretações e que assegure que as ideias dos alunos recebam a devolutiva necessária para forçar a contínua testagem e revisão dessas versões. Os alunos devem ter atividades e avaliações que requeiram que interpretem assuntos *inerentemente ambíguos* – muito diferentes da típica testagem com "resposta correta". A escolarização não pode ser a aprendizagem do que outra pessoa diz ser o significado de algo, exceto como uma forma de exemplificar a construção de significado ou como um prelúdio para testar a interpretação para melhor compreender as possibilidades.

Para que sejam educados para o desempenho intelectual autônomo quando adultos, os alunos precisam ver como as compreensões das disciplinas são construídas a partir de dentro. Os exemplos incluem convidar os alunos a exemplificar uma história oral a partir de entrevistas diferentes, desenvolver uma conclusão matemática a partir de dados desorganizados ou criar uma interpretação artística sujeita à revisão de pares, baseada em uma leitura atenta. Em suma, os alunos precisam ter conhecimentos básicos da história da criação e refinamento do conhecimento para que posteriormente possam encontrar significado no conhecimento.

Faceta 3: Aplicação

Aplicação: capacidade de usar o conhecimento efetivamente em novas situações e em contextos realistas diversos.

> [Por compreensão] refiro-me simplesmente a um entendimento suficiente dos conceitos, princípios ou habilidades de modo que seja possível mobilizá-los para novos problemas e situações, decidindo em que aspectos as competências atuais podem ser suficientes e em que aspectos podem ser necessárias novas habilidades ou conhecimento.
> _ Howard Gardner, *The Unschooled Mind*, 1991

> Use-o ou o perca.
> _ Anônimo

Como e onde podemos usar esse conhecimento, habilidade ou processo? Como meu pensamento e ação devem ser modificados para atender às demandas dessa situação particular?

- ✔ Um jovem casal usa seu conhecimento de economia (p. ex., a importância dos juros compostos e o alto custo dos cartões de crédito) para desenvolver um plano financeiro efetivo para economizar e investir.
- ✔ Estudantes do 7º ano utilizam seu conhecimento de estatística para projetar acuradamente os custos e necessidades do próximo ano para a loja de doces e materiais escolares administrada pelos alunos.

✗ Um professor de física não pode diagnosticar e consertar uma luminária quebrada.

Compreender é ser capaz de usar o conhecimento. Essa é uma ideia antiga na educação dos Estados Unidos – de fato, uma ideia antiga na longa tradição do pragmatismo estadunidense e do desprezo cultural pela torre de marfim do pensamento acadêmico. Dizemos aos jovens e também aos mais velhos: "você precisa percorrer o caminho, não só se limitar a falar". Bloom (1956) e seus colegas viram a aplicação como central para a compreensão e muito diferente das infindáveis tarefas do tipo "conectar" e preencher as lacunas encontradas em tantas salas de aula:

> Os professores frequentemente dizem: "Se um aluno realmente compreende alguma coisa, ele consegue aplicá-la...". Aplicação é diferente de conhecimento e compreensão simples em dois aspectos: o aluno não é incentivado a dar conhecimento específico, e o problema não é banal. (BLOOM, 1956, p. 120)

Combinando o conhecimento com o contexto

Compreensão envolve combinar nossas ideias, conhecimento e ações com o contexto. Em outras palavras, compreensão envolve tato no sentido antigo desse termo, tornado famoso por William James (1958) quando se referiu ao tato necessário para ensinar, ou seja, "conhecimento da situação concreta" (ao contrário de compreensão teórica – Faceta 1 –, isto é, conhecimento acadêmico de psicologia infantil).

As implicações para o ensino e a avaliação são diretas e estão no núcleo das reformas baseadas no desempenho das quais fizemos parte nas últimas duas décadas. Mostramos nossa compreensão de alguma coisa ao utilizá-la, adaptá-la e customizá-la. Quando precisamos negociar diferentes restrições, contextos sociais, propósitos e audiências, revelamos nossa compreensão na forma de conhecimento sobre como desempenhar, a habilidade de realizar tarefas com sucesso, com elegância, ainda que sob pressão, e com tato.

A aplicação da compreensão é, assim, uma habilidade dependente do contexto, requerendo o uso de novos problemas e diversas situações em avaliação. Bloom, Madaus e Hastings (1981, p. 267) disseram algo muito parecido:

> É evidente que o problema ou tarefa precisa ser novo... Também parece evidente que os alunos precisam ter muita liberdade na definição do problema ou tarefa para que possam relacionar suas próprias ideias... ou experiências a ela.

De fato, Bloom, Madaus e Hastings (1981, p. 266) ressaltam o argumento que defendemos ao longo do livro – que uma educação para o desempenho, baseada na compreensão aplicada, é da maior prioridade:

> Síntese é o que frequentemente é esperado do trabalhador maduro, e, quanto mais rápido os alunos recebem oportunidades de fazer sínteses por conta própria, mais rápido perceberão que o mundo escolar tem alguma coisa com que contribuir para eles e para a vida que irão viver na sociedade mais ampla.

Problemas no mundo real

Os problemas que desenvolvemos para os alunos devem ser o mais próximo possível da situação em que um estudioso, artista, engenheiro ou outro profissional enfrenta tais problemas. O tempo permitido e as condições de trabalho, por exemplo, devem ser o mais distanciados possível da típica situação controlada de uma prova. Bloom, Madaus e Hastings (1981, p. 268) defendem este ponto de vista:

> A adequação do produto final pode ser julgada em termos de:
>
> **a.** o efeito que tem no leitor, observador ou audiência
> **b.** a adequação com a qual ele realizou a tarefa e/ou
> **c.** evidências da adequação do processo pelo qual foi desenvolvido

Ou, como argumenta Gardner (1991, p. 117, 145):

> O teste da compreensão não envolve nem a repetição da informação aprendida, nem o desempenho de práticas dominadas. Em vez disso, envolve a aplicação apropriada de conceitos e princípios a perguntas ou problemas que acabaram de ser apresentados... Embora testes de resposta curta e respostas orais na aula possam fornecer indícios da compreensão do aluno, em geral é necessário examinar mais profundamente [...] Para esse fim, problemas novos e desconhecidos, seguidos por entrevistas clínicas de resposta aberta ou observações cuidadosas, oferecem a melhor maneira de estabelecer o grau de compreensão... atingido.

O psicólogo infantil Jean Piaget (1973, 1977) defendeu mais radicalmente que a compreensão se revela pela inovação na aplicação feita pelo estudante. Ele disse que muitos dos chamados problemas de aplicação, sobretudo em matemática, não eram verdadeiramente novos e, portanto, não eram indicativos de compreensão:

> A real compreensão de uma noção ou teoria implica a reinvenção dessa teoria pelo estudante. Depois que a criança é capaz de repetir certas noções e usar algumas aplicações destas em situações de aprendizagem, ela frequentemente dá a impressão de compreensão; no entanto, isso não atende à condição da reinvenção. A verdadeira compreensão se manifesta por novas aplicações espontâneas. (PIAGET, 1977, p. 731)

Assim, as implicações para o ensino e a avaliação da Faceta 3 requerem uma ênfase na aprendizagem baseada no desempenho: o trabalho que focaliza e culmina em tarefas mais autênticas, complementado por testes mais convencionais (veja WIGGINS, 1998; MCTIGHE, 1996).

Se compreensão significa florescer, os alunos precisam ter um claro objetivo de desempenho e constantemente manter esse objetivo em vista enquanto trabalham. O método de estudo de caso no direito e o método de aprendizagem baseada em problemas na medicina exemplificam esse ponto. Engajando-se nesse tipo de esforço, os alunos aprendem que não "concluíram" um projeto ou lição simplesmente porque trabalharam arduamente, seguiram as orientações e entregaram um produto. O ensino e o planejamento de desafios nucleares e tarefas de desempenho deve requerer que os alunos constantemente autoavaliem seu desempenho e produção comparando-os com as expectativas de aprendizagem.

Faceta 4: Perspectiva

Perspectiva: pontos de vista críticos e perspicazes.

> O benefício da educação é a habilidade que ela dá para fazer distinções que penetram abaixo da superfície... Sabe-se que há uma diferença entre som e sensação, entre o que é empático e o que é distintivo, entre o que é proeminente e o que é importante.
>
> _John Dewey, em A. H. Johnson, *The Wit and Wisdom of John Dewey*, 1949

> Um sintoma importante da emergência de uma compreensão é a capacidade de representar um problema de inúmeras formas diferentes e abordar sua solução a partir de variados pontos de vista; uma representação única e rígida provavelmente não será suficiente.
>
> _Howard Gardner, *The Unschooled Mind*, 1991

Segundo o ponto de vista de quem? A partir de qual ponto privilegiado? O que é presumido ou tácito que precisa ser explicitado e considerado? O que é justificado ou garantido? Há evidências adequadas? Isso é razoável? Quais são os pontos fortes e pontos fracos da ideia? Ela é plausível? Quais são seus limites? E então?

- ✔ Uma menina de 10 anos reconhece em um anúncio de TV a falácia de usar figuras populares para promover produtos.
- ✔ Um estudante explica os argumentos israelenses e palestinos a favor e contra novos assentamentos na Faixa de Gaza.
- ✗ Uma aluna brilhante, porém rígida, se recusa a considerar que exista outra maneira de exemplificar os fenômenos matematicamente. Ela simplesmente "sabe" que só há uma maneira – a dela.

Compreender, nesse sentido, é ver as coisas segundo uma perspectiva desapaixonada e desinteressada. Esse tipo de compreensão não é sobre um ponto de vista particular do aluno, mas sobre o reconhecimento maduro de que uma resposta a uma pergunta complexa em geral envolve um ponto de vista; consequentemente, uma resposta é com frequência uma das muitas possíveis explicações plausíveis. Um estudante com perspectiva está alerta ao que é tomado como certo, presumido, negligenciado ou encoberto em uma investigação ou teoria.

Perspectiva envolve tornar explícitas suposições e implicações tácitas. Ela frequentemente é revelada por meio de uma habilidade de perguntar "e então?" e ver uma resposta – mesmo a resposta de um professor ou um livro didático – como um ponto de vista. Esse tipo de perspectiva é uma forma poderosa de discernimento, porque ao mudar a perspectiva e lançar nova luz sobre ideias familiares é possível criar novas teorias, histórias e aplicações.

A vantagem da perspectiva

No sentido do termo como pensamento crítico, alunos com perspectiva expõem pressupostos questionáveis e não examinados, conclusões e implicações. Quando os alunos têm ou conseguem ganhar perspectiva, eles conseguem obter distanciamento crítico das crenças habituais ou precipitadas, sentimentos, teorias e recursos que caracterizam os pensadores menos cuidadosos e circunspectos.

Perspectiva envolve a disciplina de perguntar: como isso se parece a partir de outro ponto de vista? Como, por exemplo, minha visão crítica veria as coisas? Em sua autobiografia, Darwin (1958, p. 123) observou que essa postura crítica era essencial para seu sucesso na defesa de sua teoria controversa:

> Eu... segui a regra de ouro de que, sempre que me deparasse com um fato publicado, uma nova observação ou pensamento que fosse oposto aos meus resultados gerais, faria uma anotação sem falta e imediatamente; pois descobri com a experiência que tais fatos e pensamentos eram muito mais prováveis de escapar da memória do que os favoráveis. Devido a esse hábito, muito poucas objeções foram levantadas contra minhas posições que eu não tivesse pelo menos percebido e tentado responder.

Assim, perspectiva como um aspecto da compreensão é uma conquista amadurecida, uma compreensão conquistada sobre como as ideias se parecem a partir de diferentes pontos de vista. Os alunos principiantes, aqueles que recém estão começando na estrada do domínio do conhecimento, podem ter um ponto de vista revelador, mesmo quando não têm uma explicação completa das coisas. (Considere a criança que fala em "A Roupa Nova do Imperador".) Entretanto, principiantes, por definição, não têm a habilidade de deliberadamente assumir e considerar múltiplas perspectivas, como Gardner assinala na epígrafe apresentada anteriormente.

Uma perspectiva mais sutil envolve entender os pontos de vista que estão por trás das declarações do professor e do livro didático. Qual é o ponto de vista dos autores de livros didáticos de História dos Estados Unidos e de Física referente ao que é verdadeiro, verificado e importante? Outros autores compartilham essas perspectivas? Diferentes especialistas, professores e autores estabelecem prioridades diferentes? Em caso afirmativo, com que justificativa e vantagens ou desvantagens? O fato de essa linha de questionamento parecer muito esotérica mostra o quanto estamos longe de dar aos alunos a perspectiva necessária.

Bruner (1996, p. 13-14) observa que "compreender alguma coisa de certa maneira não impede compreendê-la de outras formas. Compreender de uma maneira específica é apenas 'certo' ou 'errado' segundo a perspectiva particular em termos dos quais ela está sendo buscada". Considere o seguinte trecho da passagem de um livro didático sobre a época da Revolução Americana:

> Quais, então, foram as causas da Revolução Americana? Costumava-se dizer que a Revolução foi causada pela tirania do governo britânico. Essa explicação simples já não é mais aceitável. Os historiadores agora reconhecem que as colônias britânicas eram as mais livres no mundo e que sua população tinha direitos e liberdades que não eram desfrutados em nenhum outro império [...] O governo britânico foi culpado por uma falha em compreender a situação americana [...]

> A grande maioria dos colonizados era leal, mesmo depois da Lei do Selo. Eles tinham orgulho do império e de suas liberdades... Nos anos seguintes à Lei do Selo, uma pequena minoria de radicais começou a trabalhar pela independência. Eles estavam atentos a todas as oportunidades de incitar agitação. (BARENDSEN, 1976, p. 38)

Isso decididamente parece estranho, não é? É porque esse trecho é de um livro didático de História do nível médio de uma escola *canadense*. Aqui podemos entender rapidamente que, se os estudantes dos Estados Unidos tivessem obtido uma real compreensão de seu texto (em vez de simples memorização precisa), eles seriam capazes de lidar facilmente com as questões históricas e historiográficas levantadas por essa outra leitura da "mesma" história. (Perspectiva envolve pesar as diferentes explicações e interpretações plausíveis, em outras palavras.)

Todos reconhecem o problema de expressar perspectiva em reportagens de jornal, então por que isso não é considerado no trabalho com os relatos dos livros didáticos (ou, mais tipicamente, de um único livro didático)? Todos sabem que os pontos de vista dos autores moldam a escolha do conteúdo, a ênfase e o estilo, portanto não deveríamos ajudar os alunos a usar essas competências das artes linguísticas na compreensão dos livros didáticos? Que perguntas e pressupostos informaram os autores do texto? Nesse sentido, aonde pensadores originais como Euclides, Newton, Thomas Jefferson, Lavoisier, Adam Smith, Darwin e outros estavam tentando chegar? Baseados em quais pressupostos? Com quais pontos cegos? Em que medida os livros didáticos distorcem essas ideias ao tentarem simplificá-las ou satisfazer inúmeros públicos?

Assim, uma perspectiva essencial sobre perspectiva envolve assegurar que todo o trabalho do curso pergunte e responda: e então? O que é presumido? O que vem a seguir? Estas não são perguntas superficiais ou um "bônus" em um ensino para a compreensão: elas são essenciais. Nossas estratégias de ensino e de avaliação precisam dar mais destaque aos meios e aos fins de uma educação liberal, quais sejam, maior controle sobre perguntas essenciais e ideias para que o aluno possa encontrar valor intrínseco e extrínseco na vida intelectual. De fato, no Dicionário Oxford de Inglês, uma definição do verbo *compreender* é "saber a importância" de alguma coisa. Por esse critério, o quão bem-sucedidas são mesmo as melhores escolas e faculdades em promover compreensão? Poucos estudantes saem da escola com uma compreensão do valor do seu trabalho escolar – do valor da "disciplina" necessária para aprender as disciplinas.

A Faceta 4 promove a ideia de que o ensino deve incluir oportunidades explícitas para os alunos confrontarem teorias alternativas e diversos pontos de vista referentes a grandes ideias – não apenas como consequência de ouvir as perspectivas de outro estudante que sejam diferentes da sua, mas como resultado do planejamento do trabalho e dos materiais, que mostram especialistas oferecendo perspectivas sobre as mesmas ideias.

Há bastante tempo, Joseph Schwab (1978) vislumbrou uma educação para a compreensão em nível universitário baseada nas mudanças de perspectiva. Ele desenvolveu o que chamou de arte do "eclético": o planejamento deliberado do trabalho que compelia os alunos a verem as mesmas ideias importantes (p. ex., livre-arbítrio *versus* determinismo, o desenvolvimento da personalidade) segundo perspectivas teóricas muito diferentes. Baseamo-nos na ideia de Schwab (e no trabalho de Dewey antes dele e Bruner depois dele) para propor que toda discussão de "conteúdo" requer uma consideração do significado e do valor do conteúdo a partir de diferentes pontos de vista para que ocorra compreensão e seja evitada a mera cobertura.

Faceta 5: Empatia

Empatia: a habilidade de entrar no interior dos sentimentos e da visão do mundo de outra pessoa.

> Compreender é perdoar.
> _ Provérbio francês

> Ao ler os trabalhos de um pensador importante, procure primeiro os absurdos no texto e pergunte-se como uma pessoa sensata poderia ter escrito isso. Quando encontrar uma resposta, quando essas passagens fizerem sentido, então você descobrirá que mais passagens centrais, aquelas que anteriormente você achou que tivesse compreendido, mudaram seu significado.
> _ Thomas Kuhn, sobre a leitura de textos científicos, in Bernstein, *Beyond Objectivism and Relativism*, 1983

O que você acha disso? O que eles veem que eu não vejo? O que preciso experimentar para que possa compreender? O que o escritor, artista ou intérprete estava sentindo, pensando, vendo e tentando me fazer sentir e ver?

✔ Um adolescente empatiza com o estilo de vida restritivo de sua avó acamada.

✔ De um exame nacional britânico: "*Romeu e Julieta*, Ato 4. Imagine que você é Julieta. Escreva seus pensamentos e sentimentos explicando por que você tem que tomar essa atitude desesperada."

✗ Um atleta nato se torna técnico e com frequência critica duramente seus jovens jogadores porque não consegue se identificar com suas dificuldades para aprenderem o jogo, já que foi tão fácil para ele.

Empatia, a capacidade de se colocar no lugar do outro, de desprender-se das próprias respostas e reações para entender as do outro, é central para o uso coloquial mais comum do termo *compreensão*. Quando tentamos compreender outra pessoa, povos ou cultura, nos esforçamos para sermos empáticos. Não é simplesmente uma resposta afetiva ou simpatia sobre o que temos pouco controle, mas a tentativa disciplinada de sentir como os outros sentem, de ver como os outros veem. Este trecho de uma entrevista com o cantor conhecido como Babyface ilustra a questão:

> As mulheres já se aproximaram de você e disseram: "Como você sabia disso? Como você sentia isso?", eu pergunto. E, pela primeira vez, ele se volta e olha para mim tranquilamente: "Sim, essa é a reação normal", ele diz com uma voz que de repente não é tão tímida. "Não é que eu entenda as mulheres melhor do que qualquer um, mas eu compreendo os sentimentos [...] Tudo o que você tem que fazer é imaginar o que aquela garota está passando, apenas veja por outro ângulo e se coloque no lugar dela [...] Somos todos as mesmas pessoas." (SMITH, 1997, p. 22)

Empatia é diferente de ver em perspectiva, que é ver de uma distância crítica, nos afastarmos para ver mais objetivamente. Com empatia, enxergamos desde o interior a perspectiva da pessoa. Empatia é quente; perspectiva é afastamento frio e analítico.

Um acadêmico alemão, Theodor Lipps, cunhou o termo *empatia* na virada do século XX para descrever o que o público precisa fazer para compreender uma obra de arte ou uma apresentação artística. Empatia é o ato deliberado de tentar encontrar o que é plausível, sensível ou significativo nas ideias e ações dos outros, mesmo que essas ideias e ações sejam confusas ou perturbadoras. Empatia pode nos levar não só a repensar uma situação, mas também a uma mudança de opinião quando compreendemos o que anteriormente parecia estranho ou alheio.

Empatia como uma forma de discernimento

Empatia é uma forma de discernimento porque envolve a habilidade de ir além de opiniões ou pessoas estranhas, alheias ou aparentemente esquisitas para encontrar o que existe de significativo nelas. Como indica o comentário de Thomas Kuhn, empatia intelectual é essencial se quisermos encontrar sentido em ideias que rejeitamos muito rapidamente devido aos nossos próprios pressupostos. Todos os estudiosos precisam ter empatia. "Se rirmos com desdém" das teorias de nossos predecessores, como diz o antropólogo Stephen Jay Gould (1980, p. 149), iremos fracassar "[...] na nossa compreensão do mundo deles". Igualmente, os estudantes precisam ter a mente aberta para acolher ideias, experiências e textos que possam parecer estranhos, perturbadores ou apenas difíceis se quiserem compreendê-los, compreender seu valor e sua conexão com o que é mais familiar. Eles precisam ver como ideias incomuns ou "estúpidas" podem parecer ricas depois que superamos as reações habituais e precisam entender como o hábito pode bloquear nossa compreensão sobre a compreensão de outra pessoa.

Um exemplo simples da necessidade de empatia pode ser encontrado em nosso sistema de governo. Poucos estudantes sabem que os senadores estadunidenses foram indicados, não eleitos popularmente, por mais de 100 anos. Ainda menos estudantes compreenderão por que essa prática parecia ser boa na época. É fácil imaginar que nossos antepassados eram equivocados ou hipócritas. Entretanto, podemos pensar em tarefas e avaliações que requeiram que os alunos façam uma dramatização sobre os autores da Constituição para que esses pontos de vista pareçam menos bizarros (mesmo que os consideremos inaceitáveis atualmente). O desafio seria defender, diante de um grupo de cidadãos, a ideia de que a nomeação de cargos é do melhor interesse dos cidadãos. Como um pós-escrito, poderíamos pedir que os alunos escrevessem uma redação ou anotação no caderno sobre os prós e contras do nosso atual sistema pelo voto popular e que considerassem o valor, se houver, do colégio eleitoral.

Uma mudança de sentimentos*

Como observamos em nossa discussão anterior sobre linguagem, compreensão no sentido interpessoal sugere não meramente uma mudança da forma de pensar, mas uma mudança significativa do sentir. Empatia requer respeito por pessoas diferentes de nós. Nosso respeito por elas nos faz ter a mente aberta e considerar cuidadosamente seus pontos de vista quando essas perspectivas são diferentes das nossas.

---

* N. de R.T.: Nesta passagem, os autores utilizam *change of heart* (mudança no coração), opondo mente e coração como metáforas para razão e sentido. Optamos pelo uso do termo "sentimento" por expressar melhor, em português, o sentido da passagem.

Fica mais fácil, então, imaginar o trabalho escolar que deliberadamente apresenta aos alunos textos, experiências e ideias estranhos ou alheios para ver se conseguem ir além do que é perturbador em relação ao trabalho. De fato, a Comissão Bradley sobre o Ensino de História argumentou que um objetivo primário de história é ajudar os alunos a se afastarem de sua perspectiva etnocêntrica e centrada no presente para desenvolver empatia por pessoas que vivem em lugares e épocas diferentes (GAGNON, 1989). Essa é, de fato, uma atividade comum nas aulas de língua estrangeira que enfatizam as questões culturais.

Mais experiências em aprendizagem

Esse tipo de compreensão implica um pré-requisito experiencial que algumas pessoas consideram problemático. Se alguém quisesse se referir a experiências como pobreza, abuso, racismo ou esportes competitivos de alta *performance* e dissesse "Você possivelmente não pode compreender sem ter estado lá", a implicação seria a de que é necessário discernimento a partir da experiência para a compreensão empática. Para assegurar maior compreensão de ideias abstratas, os alunos precisam ter muito mais experiências próprias diretas ou simuladas do que permite a maioria dos cursos atuais guiados por um livro didático. Pense em uma *Outward Bound** intelectual: a aprendizagem precisa ser mais direcionada para que os alunos se defrontem diretamente com os efeitos – e o afeto – das decisões, ideias, teorias e problemas. A ausência de tais experiências na escola pode explicar por que muitas ideias importantes são tão mal compreendidas e as aprendizagens tão frágeis, como revela a literatura sobre concepções equivocadas. A avaliação também deve prestar mais atenção a se os alunos superam o egocentrismo, o etnocentrismo e a visão centrada no presente em suas repostas e explicações.

Faceta 6: Autoconhecimento

Autoconhecimento: a sabedoria de conhecer a própria ignorância e como nossos padrões de pensamento e ação informam e também prejudicam a compreensão.

> Toda compreensão é, em última análise, autocompreensão... Uma pessoa que compreende, compreende a si mesma... Compreensão começa quando alguma coisa nos afeta. Isso requer... a suspensão fundamental dos nossos próprios preconceitos.
>
> _ Hans-Georg Gadamer, *Truth and Method*, 1994

> É o dever da compreensão humana compreender que há coisas que ela não pode compreender e que coisas são essas.
>
> _ Soren Kierkegaard, *Journals*, 1854

* N. de R.T.: Outward Bound são escolas criadas originalmente na Grã-Bretanha para promover experiências de aventura ao ar livre. Aqui, os autores utilizam a analogia para sugerir que intelectualmente é possível oferecer experiências e vivências para os alunos, tal como a escola de aventuras os prepara por meio de experiências concretas.

Como quem eu sou molda meus pontos de vista? Quais são os limites da minha compreensão? Quais são meus pontos cegos? O que estou propenso a compreender mal devido a um preconceito, hábito ou estilo?

- ✔ Uma mãe percebe que sua frustração com a timidez de sua filha está enraizada em questões de sua própria infância.
- ✔ Ciente de seu estilo de aprendizagem, uma estudante do fim do ensino fundamental usa deliberadamente organizadores gráficos para ajudá-la a estudar.
- ✗ "Quando tudo o que você tem é um martelo, cada problema se parece com um prego."

Compreensão profunda está, em última análise, relacionada ao que entendemos por *sabedoria*. Para compreender o mundo precisamos, primeiro, compreender a nós mesmos. Por meio do autoconhecimento também compreendemos o que não compreendemos. "Conhece a ti mesmo" é a máxima daqueles que realmente compreendiam, como os filósofos gregos com frequência diziam. Sócrates é o santo patrono da compreensão. Ele sabia que era ignorante, enquanto a maioria das pessoas não percebia que era.

Na vida cotidiana, nossa capacidade de nos autoavaliarmos e autorregularmos com precisão reflete compreensão. A *metacognição* se refere ao autoconhecimento sobre como pensamos e por que, bem como à relação entre nossos métodos de aprendizagem preferidos e nossa compreensão (ou falta dela). Assim, a mente imatura não é meramente ignorante ou não qualificada, mas irreflexiva. Um estudante ingênuo, não importa o quão brilhante e culto seja, não tem autoconhecimento para saber quando uma ideia está "lá fora" ou se é uma projeção; para saber quando uma ideia parece objetivamente verdadeira, quando na realidade apenas se encaixa nas crenças do aluno; ou saber como modelos ou estruturas para a percepção moldam como e o que o estudante compreende.

Racionalização intelectual

Nossos pontos cegos intelectuais nos predispõem à racionalização intelectual: a habilidade de interminavelmente assimilar experiência a crenças e categorias que parecem não ser meramente ideias plausíveis, mas verdades objetivas. Muito facilmente, mantemo-nos verificando nossos modelos, teorias, analogias e pontos de vista preferidos e não examinados.

Pensar em termos de "ou isso, ou aquilo" é um exemplo comum desse hábito natural, exemplo este que vemos de forma desenfreada na reforma educacional e que Dewey via como o curso de pensamento imaturo. Os estudantes frequentemente pensam em dicotomias sem ver essas categorias como projeções limitadas: Ela é legal. Ele é idiota. Eles são da turma dos atletas, não da turma dos *nerds*. O professor gosta de mim e detesta você. Matemática não é para garotas. Futebol é para animais. Isso é um fato. Isso está errado.

Salinger (1951) fez um uso genial dessa propensão em *O apanhador no campo de centeio*. Holden, o personagem principal, tem a tendência a ver outros rapazes adolescentes e adultos como "falsos", e seu preconceito esconde mais do que revela. Ficamos conhecendo muito acerca da alienação de Holden, de fato, quando, pela sua própria admissão, sua classificação das pessoas como falsas ou não é derrubada quando ele considera adultos interessantes e competentes como os Lunts*, o pianista de *blues* e seu professor. A maturidade fica evidente quando olhamos além de categorias simplistas para ver as

* N. de T.: Famosos artistas da Broadway.

sombras das diferenças talvez inesperadas, idiossincrasias ou surpresas em pessoas e ideias.

Também nós, educadores, ficamos irrefletidamente dependentes e satisfeitos por categorias simples e metáforas arrebatadoras, vendo seus limites e subjetividade somente muito tempo depois do fato. O cérebro é realmente como um computador? Crianças são realmente como objetos naturais ou fenômenos a serem tratados como variáveis iguais e "isoladas", de modo que um teste padronizado pode ser modelado segundo os procedimentos de experimentos científicos? Falar de educação como "entrega de serviços instrucionais" (uma metáfora econômica e uma variante mais moderna do antigo modelo de fábrica) ou como implicando "objetivos comportamentais" (linguagem enraizada no treinamento de animais skinneriano) é usar metáforas, e não necessariamente úteis.

> O fato fundamental é que estabelecemos regras... e, então, quando seguimos as regras, as coisas não acontecem como presumimos. Porque estamos, portanto, como estávamos, emaranhados nas nossas próprias regras. Esse emaranhado nas nossas regras é o que queremos compreender (Aforismo 125). (WITTGENSTEIN, 1953, p. 50)

Quase 300 anos atrás, Francis Bacon (1960) fez um relato minucioso dos mal-entendidos introduzidos por nossos hábitos de pensamento e o contexto cultural no qual nos encontramos:

> A compreensão humana é, por sua própria natureza, propensa a supor a existência de mais ordem e regularidade no mundo do que ela encontra... [e] depois que ela adotou uma opinião, lança mão de tudo o mais para apoiar e concordar com ela... É o erro peculiar e perpétuo do intelecto ser mais movido e estimulado por afirmativas do que por negativas... Em suma, incontáveis são as formas, e algumas vezes imperceptíveis, pelas quais as afeições colorem e infectam a compreensão. (BACON, 1960, Livro I, Nº 45-49, p. 50-52)

No entanto, ver o preconceito como sempre errado ou prejudicial também é preconceituoso. Gadamer (1994) e Heidegger (1968), por exemplo, argumentam que o preconceito humano é inseparável da compreensão humana. Como observou Virginia Woolf (1929, p. 4), uma exposição autoconsciente dos nossos preconceitos pode ser a chave para o discernimento:

> Talvez se eu expuser as ideias, os preconceitos que estão por trás dessa afirmação ["Uma mulher precisa ter dinheiro e um quarto só seu para escrever ficção"], você descobrirá que elas têm alguma influência nas mulheres e na ficção. Em todo caso, quando um assunto é altamente controverso – e qualquer questão sobre sexo é –, não podemos ter a expectativa de dizer a verdade. Podemos mostrar apenas como chegamos à opinião que temos. Podemos apenas dar à plateia a chance de tirar suas próprias conclusões enquanto ela observa as limitações, os preconceitos, as idiossincrasias de quem está falando. A ficção aqui provavelmente contém mais verdade do que fato.

O que o autoconhecimento demanda

Autoconhecimento é uma faceta-chave da compreensão porque demanda que questionemos com autoconsciência nossas formas de ver o mundo se quisermos obter mais compreensão – ser mais capazes de ver além de nós mesmos. Ela requer que tenhamos disciplina para procurar e encontrar os inevitáveis pontos cegos ou omissões no nosso pensamento e que tenhamos a coragem de enfrentar a incerteza e as inconsistências que espreitam por trás de hábitos efetivos, da confiança ingênua, das fortes crenças e visões do mundo que só parecem completas e definitivas. Quando falamos do assunto "disciplinas", note o significado da raiz: existe uma "disciplina" envolvida que requer coragem e persistência porque a compreensão racional nos faz questionar e, algumas vezes, desfazer nossas fortes crenças.

Falando de maneira prática, uma maior atenção ao autoconhecimento significa que precisamos fazer um melhor trabalho de autorreflexão sobre ensino e avaliação no sentido mais amplo. Fazemos isso muito bem em algumas áreas da escolarização; muitos programas e estratégias ajudam alunos com dificuldades de aprendizagem a desenvolver maior metacognição e consciência de seu próprio estilo de aprendizagem. As melhores aulas de escrita e artes cênicas enfatizam a constante autorreflexão. Porém, é necessária maior atenção à contínua autoavaliação do desempenho intelectual, assim como a melhor compreensão das habilidades filosóficas que estão incluídas sob a égide da "epistemologia" – o ramo da filosofia que aborda o que significa saber e compreender, conhecimento e compreensão, e como conhecimento difere de crença e opinião.

Principais implicações das facetas para ensino e aprendizagem

As seis facetas devem permear nosso pensamento sobre todos os três estágios do planejamento reverso. Elas podem nos ajudar a clarificar as compreensões desejadas, as tarefas de avaliação necessárias e as atividades de aprendizagem que mais provavelmente irão promover a compreensão dos alunos. Elas devem nos lembrar de que compreensões não são fatos e de que certas ações de aprendizagem e avaliações de desempenho são necessárias para promover a necessidade de busca de sentido por parte do aprendiz.

Em outras palavras, as facetas nos ajudam a evitar o ponto cego do especialista no trabalho quando somos vítimas do pensamento que diz "já que eu compreendo isso, vou lhes contar a minha compreensão e tornar o ensino e a aprendizagem mais eficientes". Ah, se fosse assim tão fácil! Infelizmente, ao reduzirmos as compreensões à informação (daí as avaliações com testes de memória ou preenchimento de lacunas), perpetuamos uma compreensão errada sobre a aprendizagem: os alunos acabam acreditando que sua função é memorizar as compreensões para recordar futuramente, como se elas fossem meros fatos. Dito de forma diferente, se a compreensão é o objetivo do nosso ensino, temos que arrancar pela raiz essa compreensão errada sobre aprendizagem e ajudar os alunos a verem que frequentemente será esperado que eles façam mais do que assimilar o conhecimento – isto é, encontrar significado em alguma coisa problemática e não óbvia.

O bom planejamento irá estabelecer a ideia de que haverá uma clara necessidade de que o aprendiz encontre sentido no que o professor ensina. Se compreensão é o objetivo, em outras palavras, o planejamento deve transformar o significado de certos fatos e habilidades em um problema, não em uma solução simplista. Isso acontece quando uma ideia, fato, argumento ou experiência é planejado para simultaneamente esclarecer as coisas e levantar questões.

Considere estes exemplos simples para tornar a "necessidade de compreender" mais clara. Precisamos ler um texto do qual conhecemos todas as palavras, mas do qual não conseguimos facilmente obter um significado que faça algum sentido (um problema comum quando lemos filosofia ou poesia, por exemplo). Somos conduzidos a um laboratório, só para ficarmos perplexos com um resultado inesperado do experimento. Somos apresentados a um conjunto de dados que não parece racional, dadas todas as fórmulas que aprendemos em matemática até agora. Encontramos dois textos de história que discordam das causas e dos efeitos dos mesmos acontecimentos. O técnico de futebol nos diz que mesmo os jogadores da defesa precisam jogar agressivamente no ataque.

O que um currículo planejado para a compreensão precisa fazer, então, é ajudar os alunos a perceberem que seu trabalho não é meramente assimilar o assunto que é "coberto", mas "descobrir" ativamente o que se encontra abaixo da superfície dos fatos e refletir sobre seu significado. Isso, é claro, é o que significa *construtivismo*: significado não pode ser ensinado; deve ser formado pelo aprendiz por meio de um planejamento engenhoso e do treinamento efetivo dado pelo professor. Assim, parte do que faz um currículo planejado para desenvolver a compreensão do estudante é "ensinar" os alunos que sua tarefa não é meramente aprender os fatos e as habilidades, mas também questioná-los quanto ao seu significado. O termo *descoberta* resume a filosofia do planejamento para a investigação guiada das grandes ideias, onde o conhecimento torna-se mais conectado, significativo e útil.

Embora no plano abstrato pareça perfeitamente razoável assegurar que o trabalho de planejamento seja mais focado nos resultados, nas grandes ideias e nas seis facetas da compreensão, provavelmente ainda não está claro para muitos professores o que isso implica para o trabalho de planejamento no plano concreto. Se a compreensão é composta de seis facetas, como elas são na prática? Como podemos distinguir com mais precisão entre alunos com e sem compreensão? Com nossa análise do planejamento reverso para compreensão, estamos agora prontos para examinar mais atentamente a estruturação de grandes ideias para o ensino no Estágio 1 e, posteriormente, a estruturação de nossas avaliações para melhor evocar compreensão (além de distinguir compreensão de não compreensão ou incompreensão) no Estágio 2.

Primeiro nos voltaremos para o elemento do modelo de planejamento reverso que engloba os dois estágios e mais facilmente ilustra como estruturar o trabalho pelas grandes ideias: Perguntas Essenciais.

Capítulo 5

Perguntas essenciais: a porta de entrada para a compreensão

Dada uma determinada disciplina ou um conceito particular, é fácil formular perguntas triviais... Também é fácil formular perguntas insuportavelmente difíceis. A proeza é encontrar perguntas intermediárias que possam ser respondidas e que levem você a algum lugar.

_ Jerome Bruner, *The Process of Education*, 1960

Questionar significa abrir, deixar exposto. Somente uma pessoa que tem perguntas pode ter [real compreensão].

_ Hans-Georg Gadamer, *Truth and Method*, 1994

Uma unidade complexa ou programa de estudo irá naturalmente envolver muitas metas educacionais simultaneamente: conhecimentos, habilidades, atitudes, hábitos mentais e compreensão. Mas, como já dissemos, se o objetivo é ajudar os alunos a darem sentido e a usarem o que aprendem, então o planejamento (e o ensino resultante) deve focar explicitamente nas grandes ideias que conectam e dão significado a todos os fatos e habilidades específicos.

Como permanecemos deliberadamente focados nas grandes ideias? Como podemos tomar uma massa de conhecimento do conteúdo e moldá-la, transformando-a em trabalho envolvente, intelectualmente estimulante e efetivo? Como podemos evitar os pecados capitais do planejamento baseados na atividade e na cobertura? No planejamento para a compreensão, esse foco é obtido em parte ao estruturarmos os objetivos em termos daquilo que denominamos Perguntas Essenciais. (As outras abordagens, discutidas nos capítulos posteriores, são a especificação das compreensões desejadas e das principais tarefas de desempenho.)

A quais tipos de perguntas estamos nos referindo? Não é qualquer pergunta que servirá. Considere os seguintes exemplos de perguntas e observe como elas diferem daquelas frequentemente formuladas nas aulas cotidianas e nos livros didáticos:

- O que é um amigo de verdade?
- O quanto precisamos ser específicos?
- Em que medida a arte reflete a cultura ou a molda?
- Uma história precisa ter início, meio e fim?

- Tudo é quantificável?
- O subjuntivo é necessário?
- Em que medida o DNA é destino?
- Em que aspectos a álgebra é real e em que aspectos ela é irreal?
- Em que medida a história estadunidense é uma história de progresso?
- Qual é a diferença entre um fato científico, uma teoria científica e uma opinião forte?
- Heróis não podem ter defeitos?
- O que devemos temer?
- Quem tem o direito a possuir o quê?
- O que faz um escrito merecer ser lido?

Estas são perguntas que não são respondíveis em caráter definitivo em uma sentença curta – e esse é o ponto. O objetivo delas é estimular o pensamento, provocar investigação e suscitar mais perguntas – inclusive perguntas reflexivas dos alunos –, e não respostas convenientes. Elas são amplas, repletas de possibilidades de transferência. A exploração de tais perguntas nos possibilita *descobrir* a real riqueza de um tópico que de outra forma seria ofuscada por declarações eloquentes de textos ou pela fala rotineira do professor. Precisamos ir além das perguntas que podem ser respondidas por fatos da unidade e formular perguntas que ultrapassem as fronteiras do tópico estudado. Compreensões profundas e transferíveis dependem da estruturação do trabalho em torno de tais perguntas.

Voltemos ao caso das maçãs na Introdução para ver o benefício de ancorar os currículos em perguntas instigantes que sugiram caminhos frutíferos (perdão!) de investigação. Se a sequência de atividades "divertidas" sofria com a ausência de um foco intelectual, perceba como podemos oferecer uma melhor perspectiva e o incentivo para maior aprofundamento por meio da estruturação da unidade com um conjunto de perguntas provocativas como estas: como as estações de plantio, cultivo e colheita afetaram a vida nos Estados Unidos? Como o papel das crianças na colheita mudou ao longo do tempo? Comparadas a outros alimentos, o quanto as maçãs são boas para você? Os produtores de maçãs de hoje conseguem sobreviver economicamente?

Essas perguntas demandam implicitamente mais do que apenas uma variedade de atividades e fragmentos de conhecimento em unidades isoladas. Elas requerem e tornam central para a unidade que sejam engendradas investigação e eventual transferência. Elas sugerem que descoberta é uma prioridade, não um acessório ou uma opção caso sobre tempo depois da aprendizagem de outras "coisas". Essas perguntas, quando usadas de forma apropriada, transmitem todos os sinais certos sobre a compreensão como um objetivo.

Perguntas: sinalizações para grandes ideias

As melhores perguntas apontam para as grandes ideias e as destacam. Elas servem como portas de entrada por meio das quais os aprendizes exploram os conceitos-chave, temas, teorias, questões e problemas que residem dentro do conteúdo, talvez como nunca antes visto: é por meio do processo de "interrogação" ativa do conteúdo partindo de perguntas provocativas que os alunos aprofundam sua compreensão. Por exemplo, a pergunta "De que forma histórias de diferentes lugares e épocas falam sobre mim?" pode levar os alunos às grandes ideias de que a grande literatura explora temas universais da condição humana e nos ajuda a ter uma compreensão das nossas próprias experiências. De forma similar, a pergunta "Em que medida as pessoas conseguem prever acuradamente o futuro?" serve como primeiro passo para o exame de grandes ideias em estatística (p. ex., variáveis amostrais, validade preditiva, graus de confiança, correlação *versus* causalidade).

Como sugere Bruner (1996, p. 127), boas perguntas: "[...] são aquelas que apresentam dilemas, subvertem 'verdades' óbvias ou canônicas ou chamam nossa atenção para incongruências". Boas perguntas suscitam pontos de vista interessantes e alternativos e sugerem a necessidade de focar no raciocínio que usamos para chegar a uma resposta e defendê-la, e não apenas em se nossa resposta está "certa" ou "errada". Boas perguntas instigam conexões significativas com aquilo que trazemos para a sala de aula das aulas anteriores e de nossa própria experiência. Elas podem e devem ser recorrentes de forma proveitosa. Elas nos fazem repensar o que achávamos que compreendíamos e transferir uma ideia de um contexto para outros.

Além de estimular o pensamento e a investigação, as perguntas podem ser usadas para estruturar efetivamente nossos objetivos de conteúdo. Por exemplo, se uma expectativa de aprendizagem requer que os alunos aprendam sobre os três poderes*, então uma pergunta tal qual "Como um governo pode se precaver contra abusos de poder?" ajuda a estimular o aluno a pensar *por que* precisamos de mecanismos de controle, o que os autores da Constituição estavam tentando alcançar, além de pensar em outras abordagens governamentais para equilibrar os poderes.

Experimente você mesmo. Em vez de pensar no conteúdo como um material a ser coberto, considere conhecimento e as habilidades como os meios de abordar questões centrais para a compreensão de aspectos centrais na sua matéria. Esse exercício conceitual oferece aos professores e aos comitês de elaboração curricular uma estratégia prática para a identificação de importantes ideias do conteúdo, ao mesmo tempo que engaja os estudantes exatamente no tipo de pensamento construtivista que a compreensão requer.

Em suma, as melhores perguntas servem não só para promover compreensão do conteúdo de uma unidade sobre um tópico específico; elas também estimulam conexões e promovem a transferência de ideias de um contexto para outros. Chamamos essas perguntas de "essenciais".

O que torna uma pergunta essencial?

Em que sentido uma pergunta deve ser considerada "essencial"? As melhores perguntas nos impulsionam até o núcleo das coisas – a essência. *O que é democracia? Como isso funciona? O que o autor quer dizer? Como podemos comprovar isso? O que devemos fazer? Qual é seu valor?* A busca honesta de respostas a essas perguntas leva não só a compreensões mais profundas, mas também a mais perguntas.

Mas perguntas essenciais não precisam ser tão globais. Elas podem ir até o núcleo de um determinado tópico, problema ou área de estudo. Assim, podemos dizer que cada campo acadêmico pode ser *definido* pelas suas perguntas essenciais. Considere estes exemplos:

- Quando o erro é inevitável em medições, quais margens de erro são toleráveis?
- De que formas o governo deve regular o sistema de mercado?
- Como podemos saber se o autor estava falando sério?
- Quais são os pontos fortes e os limites da teoria do *Big Bang*?
- Quem é um "vencedor" em atletismo?

* N. de R.T.: Os três poderes aos quais o texto se refere são o Executivo, o Legislativo e o Judiciário.

- Qual é a relação entre popularidade e grandiosidade em literatura?
- Em que medida "musical" é um julgamento estético vinculado à cultura?
- O que torna um argumento matemático convincente?
- Qual é a conexão entre a forma de governo de um país e a prosperidade de seus cidadãos?
- Quando, ao cozinhar, é sábio desviar-se da receita?
- O que "cuidado" e "Em primeiro lugar, não prejudicar" significam nas profissões da saúde?
- O quão importante é ouvir nossos antepassados?

As melhores perguntas desse tipo não são meramente emblemáticas das suas áreas, mas realmente vivas. As pessoas as perguntam e discutem fora da escola! As perguntas mais vitais vinculadas a uma disciplina abrem o pensamento e possibilidades para todos – igualmente para iniciantes e especialistas. Elas sinalizam que investigação e mente aberta são centrais para proficiência, que precisamos ser aprendizes sempre. No sentido mais prático, uma pergunta está viva em um tema se os alunos realmente se engajam nela, se ela lhes parece genuína e relevante e se os ajuda a obter uma compreensão mais sistemática e profunda daquilo que estão aprendendo.

Perguntas como "Quais margens de erro são toleráveis?" são essenciais em ainda outro sentido. Elas oferecem capacidade de transferência entre as disciplinas – ligando não só as unidades e os cursos sobre medidas e estatísticas, mas também matérias tão diversas quanto engenharia, cerâmica e música. Perguntas essenciais nesse sentido são aquelas que encorajam, sugerem, até mesmo *demandam* transferência para além do tema particular em que as encontramos pela primeira vez. Elas devem, portanto, ser recorrentes ao longo dos anos para promover conexões conceituais e coerência no currículo.

Quatro conotações

Assim como as seis facetas descritas no Capítulo 4 representam diferentes formas de caracterizar a compreensão, existem quatro significados diferentes, mas que se sobrepõem, para o termo *essencial* quando usado para caracterizar perguntas. Um dos significados envolve *perguntas importantes que são recorrentes ao longo de toda a nossa vida.* Tais perguntas são abrangentes e atemporais por natureza. Elas são permanentemente discutíveis: O que é justiça? Arte é uma questão de gosto ou princípios? Até que ponto devemos interferir na nossa própria biologia e química? Ciência é compatível com religião? A perspectiva de um autor é privilegiada na determinação do significado de um texto? Podemos chegar a compreensões ou ser ajudados a compreender essas perguntas, mas em seguida iremos perceber que elas são invariavelmente provisórias. Em outras palavras, é provável que mudemos de opinião em resposta à reflexão e às experiências relacionadas a essas perguntas enquanto passamos pela vida, e mudanças de opinião são não só esperadas como também benéficas. Uma boa educação está embasada nesse tipo de perguntas recorrentes ao longo da vida, mesmo que algumas vezes as percamos de vista enquanto focamos no domínio do conteúdo. Perguntas relacionadas a grandes ideias sinalizam que educação não diz respeito apenas a aprender "a resposta", mas a aprender a aprender.

Uma segunda conotação para *essencial* se refere a *ideias e investigações nucleares dentro de uma disciplina.* Perguntas essenciais nesse sentido são aquelas que apontam para o núcleo de grandes ideias em um assunto e para as fronteiras do conhecimento técnico. Elas são historicamente importantes e muito vivas no campo. "O que é alimentação saudável?" estimula atualmente um debate dinâmico entre nutricionistas, médicos, divulgadores de dietas e o público em geral (apesar do fato de que muito se sabe e compreende sobre nutrição). A pergunta "Uma história é capaz de ser dissociada da história social e pessoal dos seus escritores?" tem sido ampla e acaloradamente discutida entre os estudiosos nos últimos 50 anos e estimula os iniciantes e os especialistas a refletir sobre o viés potencial em toda narrativa histórica.

Uma terceira conotação importante para o termo *essencial* se refere ao que é necessário para aprender o conteúdo nuclear. Nesse sentido, podemos dizer que uma pergunta é essencial se ela *ajuda os alunos a investigarem efetivamente e a encontrarem sentido* em ideias, conhecimentos e *aplicações do saber* importantes, mas complicados – uma conexão com achados que os especialistas podem acreditar que estejam claros, mas que os aprendizes ainda não entendem ou não veem como importantes. De que forma a luz atua como uma onda? Como os melhores escritores fisgam e mantêm seus leitores? Quais são os modelos que melhor descrevem um ciclo econômico? A exploração ativa de perguntas como essas ajuda o aprendiz a alcançar compreensões importantes e também maior coerência no conhecimento e habilidades relacionados ao conteúdo. Por exemplo, conforme observado anteriormente, no futebol americano os jogadores precisam compreender a importância de se perguntarem repetidamente "Como podemos criar mais espaços abertos no ataque?" (i.e., espalhar a defesa e explorar os espaços abertos para aumentar as oportunidades de marcação de pontos) para que possam dar conta da pergunta mais óbvia: "Como podemos vencer mais jogos?".

Um quarto significado para o termo *essencial* se refere a perguntas com *maior potencial para engajar um grupo específico e diversificado de aprendizes.* Algumas perguntas adultas podem ser importantes no grande esquema das coisas (conforme avaliado tanto pelos especialistas quanto pelos professores), mas sem relevância, significado, interesse ou importância aparentes para determinados estudantes. Nesse sentido, as perguntas são essenciais se fisgarem e mantiverem a atenção dos *seus* alunos.

Chamar uma pergunta de "essencial" é, assim, ambíguo. Por um lado, uma pergunta pode ser essencial mesmo que os alunos não entendam sua força ao ouvi-la pela primeira vez. Como já observamos, grandes ideias são abstratas, não óbvias – e, em alguns casos, contraintuitivas. Por outro lado, se a pergunta não tocar rapidamente o estudante, sinalizando investigações e discernimentos interessantes e úteis, então um foco mais restrito nessa pergunta pode ser contraproducente. E, ainda, também é necessário cautela: uma pergunta incisiva pode provocar um debate animado entre seus alunos, mas não apontar para as grandes ideias e para os objetivos da unidade. O desafio no planejamento e ensino é tornar as perguntas essenciais (nos dois primeiros sentidos "objetivos") acessíveis, instigantes, desafiadoras e prioritárias – antes cedo do que tarde. O desafio pode ser enfrentado de várias maneiras: por meio de experiências provocativas que "naturalmente" dão origem às perguntas essenciais ou por meio de perguntas introdutórias concretas, cuja discussão aponta para o núcleo das grandes ideias e questões. Na prática, então, esse é um problema do Estágio 3 – o desafio de traduzir os resultados desejados do Estágio 1 em termos acessíveis às crianças para o ensino. (Daremos sugestões de como fazer isso no Capítulo 9.)

Essas várias conotações de *essencial* têm implicações para distinções mais detalhadas nos tipos de perguntas que examinaremos mais adiante neste capítulo. Por enquanto, vamos explorar as características comuns – os aspectos "essenciais" – dos vários tipos de perguntas essenciais. Propomos que *uma pergunta é essencial se ela pretende:*

1. Causar investigação genuína e relevante de grandes ideias e do conteúdo central.
2. Provocar pensamento profundo, discussão acirrada, investigação constante e nova compreensão, bem como mais perguntas.
3. Demandar que os alunos considerem alternativas, pesem as evidências, sustentem suas ideias e justifiquem suas respostas.

4. Estimular o repensar vital e contínuo de grandes ideias, pressupostos, aulas anteriores.
5. Suscitar conexões significativas com aprendizagem prévia e experiências pessoais.
6. Reaparecer naturalmente, criando oportunidades de transferência para outras situações e tópicos.

A importância da intenção

O uso desses critérios requer muito cuidado. Observe que eles se referem não a uma característica inata de uma pergunta, mas à sua força no contexto. Nenhuma pergunta é *inerentemente* essencial (ou trivial, complexa ou importante). Tudo provém do propósito, do público e do impacto: o que você, como professor planejador, pretende que os alunos façam com a pergunta? O objetivo é a investigação intensa ou a memorização de uma resposta correta? Os seis critérios deixam claro qual deve ser o objetivo para que a pergunta seja considerada essencial: o objetivo deve ser a investigação robusta e reveladora, levando a compreensões mais profundas e a novas perguntas.

Quando fazemos uma assim chamada pergunta essencial, fazemos isso para sinalizar os objetivos relacionados à compreensão e às investigações que eles implicam para a unidade, como sugere a declaração em itálico que precede os seis critérios: *em que medida a pergunta pretende...?* A essencialidade da pergunta depende de *por que* a formulamos, *como* pretendemos que os alunos as enfrentem e *o que* esperamos para as atividades de aprendizagem e avaliações como consequência. Prevemos uma exploração aberta, incluindo o debate em torno de questões "abertas", ou planejamos simplesmente orientar os alunos para uma resposta prescrita? Esperamos que nossas perguntas estimulem os alunos a formular suas próprias perguntas sobre o texto, ou esperamos uma interpretação convencional? Pretendemos que os alunos se defrontem com uma falsa concepção comum e tentem "desfazer" as falácias? Nossa pergunta pretende se manter viva depois que a unidade tiver terminado e ressurgir, ou esperamos que a questão esteja resolvida no final da unidade?

Assim, se olharmos apenas para o enunciado de uma pergunta, fora do contexto, não poderemos dizer se a pergunta é ou não essencial. Considere, por exemplo, a pergunta: "O que é uma história?". Ela parece buscar uma resposta específica e familiar. Mas não podemos afirmar sem examinar o planejamento como um todo – especialmente as avaliações – se ela é ou não essencial. Obviamente, se fizermos a pergunta com a intenção de que os alunos respondam "enredo, personagens, contexto, tema", então ela (tal como considerada) não é essencial nos termos dos seis critérios. No entanto, se a pergunta estiver sendo feita primeiro para suscitar elementos da história já conhecidos, mas depois para derrubar essa definição convencional por meio de um estudo de romances pós-modernos, então a pergunta *é* essencial. É quase como se a ênfase da pergunta tivesse mudado: "Então o que *é* uma história?".

De modo geral, perguntas como "O que é *x*?" podem visar uma investigação e sondagem complexas ou podem apenas capturar uma definição simples. Perguntas do tipo "Por que *y* acontece?" podem buscar investigações de alto nível ou podem requerer apenas a memorização do que o texto sinalizou. Na ausência de investigação bem planejada e deliberada como um seguimento para nossa formulação da pergunta, mesmo perguntas que pareçam essenciais acabam sendo meramente retóricas. Por sua vez, perguntas que soam um tanto banais isoladamente podem se tornar cada vez mais provocativas à medida que as respostas se tornam cada vez mais paradoxais, e o planejamento deixa claro que investigar em mais profundidade é uma necessidade.

Mais do que formato

Assim, não podemos dizer que uma pergunta é ou não é essencial com base apenas na linguagem usada na sua formulação. Ainda assim, muitos educadores foram ensinados que uma pergunta deve ser formulada de determinada maneira para sinalizar uma intenção de instigar investigação, discussão ou argumentação em vez da memorização de fatos aprendidos. Portanto, é comum que novos professores sejam aconselhados a evitar formulações de uma pergunta do tipo sim/não ou quem/o que/quando se o objetivo for o desenvolvimento do pensamento crítico ou a investigação. Embora apreciemos a preocupação de que os professores precisam sinalizar claramente suas intenções para os aprendizes, não acreditamos que uma regra rigorosa sobre a formulação seja a questão principal. Em vez disso, o que está em jogo é o planejamento como um todo: está claro para os alunos que a sua tarefa é investigar?

Por exemplo, um professor pode ser encorajado a revisar a pergunta "A luz é uma partícula ou uma onda?" porque a formulação sugere que é desejada uma resposta factual e definitiva. Embora o alerta faça algum sentido, a realidade é diferente quando a pergunta é acompanhada de experimentos planejados para ter resultados deliberadamente ambíguos. Assim, a intenção mais profunda é logo revelada pelos resultados paradoxais de laboratório de que a luz tanto exibe um comportamento como onda quanto um comportamento como partícula.

De fato, muitas perguntas do tipo sim/não, ou/ou e quem/o que/quando oferecem o potencial de provocar notável curiosidade, pensamento e reflexão nos alunos, dependendo de como elas são apresentadas e da natureza da sequência de atividades. Considere os exemplos a seguir e imagine a discussão acirrada, o pensamento continuado e as reflexões que eles podem evocar:

- O universo está se expandindo?
- A geometria euclidiana oferece o melhor mapa para os espaços em que vivemos?
- Quem deve liderar?
- *O apanhador no campo de centeio* é uma comédia ou tragédia?
- Uma democracia que suspende as liberdades é uma contradição dos princípios?
- O que é o "terceiro mundo"? Existe um "quarto"?
- Quando a vitória está assegurada?
- A pontuação é necessária?
- Os números são reais?

Podemos inverter a questão: obtemos pouco se as perguntas parecem convidar à exploração e à argumentação, mas a discussão e o trabalho que se segue as inibem. Os professores algumas vezes fazem perguntas intrigantes como preparação para um ensino muito específico e fraco, como se uma conversa momentaneamente envolvente fosse desenvolver ímpeto suficiente em direção ao domínio de uma aula banal. Todos nós compreendemos que perguntas como "Quantos graus tem um triângulo?" e "O que foram os Atos Intoleráveis*?" são direcionadas para respostas factuais específicas. Mas perguntas como "Como seria a vida nos Estados Unidos sem a Carta de Direitos?" e "Esta água está limpa?", as quais *parecem* abertas e podem de fato provocar uma conversa animada, podem simplesmente ter a intenção de servir como aquecimento antes de uma aula ex-

* N. de R.T.: Os Atos Intoleráveis (*Intolerable Acts*) foram leis punitivas aprovadas pelo Parlamento Britânico no período que antecedeu a Revolução Americana, com o intuito de punir os colonos de Massachusetts que se opunham aos impostos exigidos pelos britânicos.

positiva sobre a Carta de Direitos ou uma demonstração científica do tipo "receita de bolo" que atua como se a discussão nunca tivesse ocorrido. Igualmente, perguntas do professor que soam como se antecipassem uma ampla variedade de respostas – "Em que medida...?", "De que maneiras...?" – podem acabar tendo apenas uma resposta "certa", a ser retirada do livro didático. Se as perguntas suscitam nos alunos respostas reflexivas e variadas que acabarão não tendo nenhum efeito na direção da aula ou no planejamento do trabalho, elas são perguntas meramente retóricas, apesar da sua forma aparentemente aberta.

Por fim, então, examinar as perguntas isoladamente e até mesmo a intenção declarada do professor no Estágio 1 não é o que importa. Precisamos olhar para o planejamento como um todo e levar isto em consideração: o quanto o planejador é sério em relação à pergunta que está sendo visada? Este é um dos muitos aspectos do *alinhamento* considerados no quarto padrão de planejamento do planejamento para a compreensão. Precisamos sempre considerar o contexto mais amplo – as tarefas, avaliações e perguntas de seguimento que imaginamos – para determinar se a pergunta *acaba* sendo essencial.

Perguntas essenciais em áreas de habilidades

Alguns professores argumentaram que perguntas essenciais podem funcionar bem em disciplinas como História, Inglês ou Filosofia, mas não em áreas focadas em habilidades, como Matemática, Química, Leitura, Educação Física e Línguas Estrangeiras. Alguns até mesmo disseram com naturalidade que simplesmente não pode haver perguntas essenciais em áreas de habilidades. Uma professora certa vez nos disse em uma oficina que não havia grandes ideias ou perguntas essenciais em seu curso, devido à sua própria natureza. Qual era o curso, perguntamos? Habilidades para a vida, ela respondeu, sem nenhum sinal de ironia. Acreditamos que essa professora havia perdido de vista o seu propósito. Sua função não é meramente ensinar um conjunto de habilidades simples. Sua função é ensinar determinadas habilidades para desenvolver *autossuficiência* – uma grande ideia a partir da qual decorrem muitas perguntas vitais, como, por exemplo: "Quais habilidades eu mais preciso desenvolver para ser autossuficiente?", "O que preciso aprender (em vez de outros fazerem por mim) para maximizar minha autossuficiência?".

De fato, grandes ideias – e, portanto, perguntas importantes – subjazem todo domínio de habilidades, e levar em consideração tais perguntas é crucial para o desempenho fluente e flexível. Nós descobrimos que perguntas essenciais podem ser proveitosamente estruturadas em torno de quatro categorias de grandes ideias relevantes para a aprendizagem efetiva de habilidades: (1) conceitos-chave, (2) propósito e valor, (3) estratégia e táticas e (4) contexto de uso. Vamos examinar um exemplo de Educação Física. Para qualquer esporte que envolve a habilidade de movimentar objetos de cabo longo, como beisebol, golfe e tênis, os *conceitos-chave* incluem força, torque e controle. Assim, podemos estruturar uma pergunta para explorar essas ideias, como, por exemplo: "Como o torque afeta a força?". Podemos formular a pergunta "Como você pode bater com a maior força sem perder o controle?" para ajudar os alunos a desenvolverem *estratégias* eficientes para seu balanceio (p. ex., manter os olhos na bola e dar a tacada). Uma terceira pergunta relaciona-se ao *contexto:* "Quando devemos balançar com suavidade?".

As mesmas categorias são úteis em áreas de habilidades acadêmicas, como a leitura: "Como você sabe que compreende o que está lendo?" (conceito-chave); "Por que os leitores devem monitorar regularmente a sua compreensão?" (propósito e valor); "O que os bons leitores fazem quando não compreendem o texto?" (estratégia); e "Quando devemos usar estratégias de 'conserto'?" (contexto do uso).

Observamos que, quando julgamos o quanto uma pergunta é essencial, intenção é tudo, tal qual refletida em todo o planejamento do trabalho e nas evidências. Igualmente, perguntas nas áreas de habilidades são essenciais somente quando formuladas em um contexto de desafios de desempenho genuínos, no qual são necessários julgamentos constantes. Habilidades são os meios, não os fins; a meta é o desempenho fluente, flexível e efetivo. Isso requer a capacidade de fazer escolhas inteligentes em nosso repertório, contextualizadas: compreender *qual* competência usar *quando, como e por que* quando confrontados com desafios de desempenho complexos. Por exemplo, a pergunta "Qual é o padrão e como você sabe?" é central para todo pensamento matemático e solução de problemas. Mas, se as avaliações requerem apenas uma resposta simples, com sugestões, a partir de exercícios com comandos simples, com dados simplificados, fora de contexto, então elas ignoraram as perguntas importantes que são centrais para o desempenho genuíno. Assim, apenas *parece* que as áreas de competência não têm perguntas essenciais porque as avaliações mais comumente usadas infelizmente não requerem transferência nem julgamento.

Perguntas essenciais tópicas *versus* abrangentes

Para complicar mais as coisas, temos o fato de que perguntas essenciais diferem no seu escopo. Por exemplo, os professores tipicamente perguntam "Que lições devemos aprender com a guerra do Vietnã?" e "Como os melhores escritores de mistério fisgam e mantêm seus leitores?" para ajudar os alunos a obterem compreensões particulares em uma unidade. Essas perguntas se referem especificamente ao tópico (p. ex., guerra do Vietnã, mistérios) e devem ser acomodadas – pelo menos provisoriamente, na mente do professor – até o fim da unidade.

As perguntas essenciais mais gerais, no entanto, nos levam além de um tópico ou habilidade particular; elas apontam para as compreensões mais gerais e transferíveis. Não se referem ao conteúdo tópico, mas às grandes ideias que perpassam as unidades e cursos. Por exemplo, "Que lições aprendemos ou não aprendemos sobre o envolvimento militar estadunidense em conflitos regionais estrangeiros?" é uma pergunta essencial mais geral, ligada à pergunta sobre a guerra do Vietnã. "Como os melhores escritores e palestrantes atraem seu público?" é a pergunta mais ampla ligada àquela sobre a escrita de mistérios.

Referimo-nos a perguntas essenciais mais específicas como "tópicas" e a perguntas mais gerais como "abrangentes". Acreditamos que as melhores unidades estão alicerçadas em grupos relacionados dessas perguntas. A Figura 5.1 apresenta exemplos combinados desses dois tipos de perguntas essenciais em várias disciplinas.

As perguntas da segunda coluna, quando visadas, levam à compreensões de tópicos específicos dentro de uma unidade. As perguntas da primeira coluna, todavia, são diferentes. Elas não fazem alusão ao conteúdo específico da unidade. Elas apontam para além do conteúdo do tópico na direção de compreensões mais amplas e transferíveis que perpassam a unidade ou unidades aludidas na segunda coluna. Observe, também, que as três últimas fileiras de perguntas relacionadas sinalizam que inúmeras investigações tópicas podem ser necessárias antes que possamos abordar plena e efetivamente uma pergunta abrangente de algum escopo.

Perguntas abrangentes são, portanto, valiosas para a estruturação de cursos e programas de estudo (p. ex., o currículo de saúde do ensino fundamental e médio) em torno de verdadeiras grandes ideias. Seu uso como pilares conceituais fortalece um currículo plurianual, tornando-o mais coerente e conectado. (O planejamento de cursos e programas em torno de perguntas essenciais amplas e recorrentes com grande transferibilidade é discutido mais detalhadamente no Capítulo 12.)

Abrangentes	Tópicas
• Em que aspectos a arte reflete, bem como molda, a cultura?	• O que as máscaras cerimoniais revelam sobre a cultura inca?
• A partir de que perspectiva isso se dá e que diferença isso faz?	• Como os nativos americanos viam a "povoação" do oeste?
• Como nossos vários sistemas corporais interagem?	• Como o alimento se transforma em energia?
• Em que medida precisamos de mecanismos de controle sobre o poder do governo?	• Em que medida a separação dos poderes (p. ex., três instâncias do poder, duas casas do Congresso) causa impasses no governo estadunidense?
• Existem formas úteis de distinguir erro inerente de erro evitável nas ciências?	• Quais são as fontes possíveis de erro de medida neste experimento? • Existe uma margem de erro maior neste experimento do que no anterior?
• Quais são os fatores comuns na ascensão e na queda de nações poderosas?	• Por que o Império Romano entrou em colapso? • Por que o Império Britânico acabou? • O que explica a ascensão dos Estados Unidos como potência mundial?
• Como autores usam diferentes elementos da história para estabelecer o clima?	• Como John Updike usa o contexto para estabelecer um clima? • Como Ernest Hemingway usa a linguagem para estabelecer um clima? • Como Toni Morrison usa imagens e símbolos para estabelecer o clima?

Figura 5.1
Perguntas essenciais abrangentes e tópicas.

Pode parecer que as perguntas essenciais tópicas não são realmente essenciais porque elas frequentemente procuram uma resposta "certa". Mas, novamente, precisamos ter cuidado ao julgar a questão apenas pela linguagem. Se nossa intenção é a investigação verdadeira, ela estará refletida no que efetivamente pedimos que os alunos façam (ou não façam) com as perguntas nos Estágios 2 e 3. As atividades de aprendizagem deixarão claro que nenhuma resposta simples é esperada? As avaliações exigirão explicação e justificativa, não simplesmente uma resposta certa ou errada? Como diz o ditado, "A prova está no pudim"*. Todas as "boas" perguntas tópicas são essenciais? Não, pela mesma razão: uma pergunta que pretende culminar rapidamente em um fato ou uma conclusão completamente estabelecida não é essencial porque nenhuma investigação e argumento contínuo é pretendido ou garantido. Às vezes, chamamos essas perguntas de "orientadoras", porque a intenção não é tanto fomentar o pensamento e a investigação, mas sublinhar um ponto importante que queremos que os alunos notem.

Chamar uma pergunta de "orientadora" não é condená-la! Perguntas orientadoras têm seu lugar na avaliação e no ensino, como Sócrates demonstrou muitas vezes nos Diálo-

* N. de R.T.: O ditado *The proof is in the pudding* se refere ao fato de que apenas experimentando é possível saber se a receita é boa ou se ela funciona.

gos. (Perguntas orientadoras pertencem aos Estágios 2 e 3, em outras palavras.) Fazemos diferentes tipos de perguntas para servir a diferentes objetivos educacionais. Nosso ponto de vista é o de que perguntas orientadoras – os tipos de perguntas que os alunos agora encontram com mais frequência, infelizmente – não podem ser o fundamento de um planejamento para a compreensão porque elas se fixam nos fatos e demandam apenas memorização, não o uso reflexivo de grandes ideias.

Um olhar mais detalhado às perguntas essenciais

Um quadro de referência útil para classificar os diferentes tipos de perguntas essenciais é, portanto, formado pela intersecção de dois elementos discutidos previamente: intenção e escopo. O quadro da Figura 5.2 sugere quatro tipos de perguntas essenciais; ele funciona como uma ferramenta de planejamento para a geração de um misto de perguntas essenciais para as unidades e os cursos.

Intenção	Alcance	
	Abrangente	Tópica
Aberta: Desafiar os alunos a pensarem mais profunda e criativamente sobre importantes questões recorrentes e não acomodadas. **Os professores lançam essas perguntas controversas como um meio de engajar os alunos a pensar como especialistas na área. Não é esperada uma resposta definitiva.**	Estas são perguntas amplas e profundas que permanecem abertas e vivas na disciplina – talvez para sempre. Elas perpassam a unidade, o curso e (algumas vezes) fronteiras disciplinares. • *Em que medida a história estadunidense é uma história de progresso? O que é "progresso"?* • *Em que medida DNA é destino?* • *O que é um amigo de verdade?*	Estas perguntas estimulam a investigação e aprofundam a compreensão de ideias importantes dentro da unidade. Não é esperado que estejam respondidas até o fim da unidade. • *Como o Congresso poderia ter protegido melhor os direitos das minorias nas décadas de 1950 e 1960?* • *Deveríamos pedir amostras de DNA de todos os criminosos condenados?* • *A Rã deveria ter mentido para o Sapo?*
Orientadora: Guiar a investigação dos alunos para uma compreensão mais profunda de uma grande ideia. **Os professores lançam essas perguntas como um meio de descobrir as compreensões desejadas. Os alunos constroem significado enquanto enfrentam a pergunta.**	Estas são perguntas gerais que atravessam as fronteiras da unidade, do curso e da disciplina, mas que levam a uma ou mais compreensões desejadas. • *Que progressos nos direitos civis os Estados Unidos fizeram desde a fundação do país?* • *Como os desenvolvimentos recentes em genética afetam o debate natureza* versus *criação?* • *Quais são os sinais de que alguém é um amigo para todas as horas?*	Estas são perguntas específicas da unidade que convergem para uma ou poucas compreensões estabelecidas de ideias importantes. • *Quais foram os momentos definidores do movimento dos direitos civis?* • *Como é assegurada a confiabilidade em testes de DNA?* • *De que forma a Rã estava agindo como amiga na história?*

Figura 5.2
Um quadro de perguntas essenciais.

Um exame das quatro categorias de perguntas do quadro leva a várias reflexões importantes:

1. A estruturação de uma unidade *apenas com perguntas tópicas* que focalizam ideias e processos particulares não assegura transferência, independentemente do quanto possam ser provocativas ou relacionadas ao conteúdo central. Perguntas tópicas são *necessárias* para focar nas prioridades desejadas da unidade, mas não *suficientes* para produzir as compreensões mais amplas de que os alunos precisam para fazer conexões entre as unidades. Assim, considerando-se sua natureza tópica, é improvável que tais perguntas isoladamente estimulem o tipo de conexões amplas e o repensar que almejamos.
2. A estruturação da unidade *apenas com perguntas abrangentes e abertas* pode provocar dispersão, levando a uma discussão sem objetivo, sem jamais tocar nas compreensões particulares relacionadas às expectativas de aprendizagem e ao conteúdo central. A natureza irrespondível dessas perguntas provavelmente irá frustrar alguns alunos (e seus pais) – ainda mais se a discussão não estiver conectada ao domínio do conteúdo. Um regime com apenas perguntas mais abertas e abrangentes em geral não irá satisfazer o primeiro critério (ligação com o conteúdo central) e assim será difícil justificar um planejamento focado nos resultados.
3. A estruturação das unidades *apenas com perguntas orientadoras* torna improvável que os alunos tenham a liberdade intelectual e o convite a fazer as perguntas necessárias em um currículo dedicado à compreensão. A ideia de que a descoberta é vital será perdida.
4. Para serem essenciais, as melhores perguntas tópicas precisam ser explicitamente combinadas com perguntas abrangentes relacionadas. Isso sinaliza ao aprendiz que o processo de aprendizagem tem etapas e ritmos, em que as respostas levam a outras perguntas, e novas investigações sugerem a necessidade de revisitar respostas anteriores. Perguntas tópicas que levam a respostas finais ou inatacáveis, não conectadas a ideias e perguntas maiores, são mais apropriadamente alocadas no Estágio 3 como parte do ensino.

ALERTA DE EQUÍVOCO!

Alguns leitores podem se questionar se uma pergunta tópica poderá vir a ser essencial, considerando-se os seis critérios (especialmente os critérios que se referem a perguntas que são recorrentes e focam em grandes ideias). Eles podem preferir definir uma pergunta essencial como aquela que deve ser abrangente e aberta, em outras palavras. Embora essa seja uma posição aceitável, optamos por denominar as melhores perguntas tópicas como "essenciais", tendo em mente o terceiro significado amplo de *essencial* oferecido anteriormente: algumas perguntas tópicas são essenciais para que o aluno compreenda o conteúdo central, e elas apontam para ou implicam grandes ideias.

De forma alternativa, os leitores podem contestar dizendo que todas as perguntas orientadoras tópicas são direcionadoras porque elas frequentemente apontam para uma resposta específica. Entretanto, mesmo que uma pergunta orientadora e uma pergunta essencial tópica possam parecer iguais, seus propósitos são muito diferentes. Uma pergunta orientadora aponta para o conhecimento factual e uma resposta definitiva, enquanto uma pergunta essencial focada busca estimular investigação genuína, originando compreensões eventuais – inferências feitas a partir de fatos que são certamente provisórias, sem a intenção de serem definitivas. Uma pergunta orientadora é respondida simplesmente recordando-se o que foi dito ou lido, ou sabendo-se onde encontrar a resposta no livro. Uma pergunta essencial tópica demanda análise, interpretação, construção e argumentos – em outras palavras, pensamento real.

Perguntas essenciais: ênfase no plural

Como sugere esta discussão, uma única pergunta não pode dar conta de tudo. Considerando os diferentes significados de *essencial* e os diferentes objetivos que temos como planejadores, a forma mais útil de pensar nas perguntas essenciais é em termos de *conjuntos* de perguntas inter-relacionadas. As melhores unidades são desenvolvidas em torno de perguntas essenciais que, em sua *variedade* e *equilíbrio*, são as mais efetivas. Vejamos alguns exemplos:

> ***Perguntas essenciais tópicas:*** *O que aprendemos com* Minha Vida, *de Helen Keller, e* O diário de Anne Frank*? Como você compararia e contrastaria suas vidas? O que cada escritora "viu" e "não viu"?*
> ***Perguntas essenciais abrangentes:*** *Que "ficções" encontram espaço na não ficção? O que o escritor de uma autobiografia não consegue ver? O que o escritor consegue ver que outras pessoas não conseguem?*
>
> ***Pergunta essencial tópica:*** *Qual é o valor do valor posicional?*
> ***Perguntas essenciais abrangentes:*** *Quais são os pontos fortes e os pontos fracos da linguagem matemática? Quais são os limites da representação matemática? Tudo pode ser quantificado?*
>
> ***Perguntas essenciais tópicas:*** *O que é magnetismo? O que é eletricidade? O que é gravidade?*
> ***Perguntas essenciais abrangentes:*** *Se uma força não puder ser vista diretamente, como sabemos que ela está aí? O que torna uma teoria "científica", em oposição a mera especulação? De que forma as forças em física são similares a "forças" intangíveis na conduta humana? A psicologia é mais como a física ou como a história?*

Esses conjuntos de perguntas não oferecem apenas equilíbrio entre investigações tópicas, abrangentes, orientadoras e abertas. Uma *família* de perguntas sinaliza o movimento intenso e iterativo entre investigações restritas e amplas e entre compreensões provisórias e mais profundas e mais investigações necessárias. A arte de ensinar para a compreensão requer uma mistura delicada de investigações abertas e orientadoras, bem como tópicas e abrangentes. Ao atingirmos o equilíbrio correto, mostramos que liberdade intelectual e criatividade são valorizadas juntamente com os discernimentos mais poderosos de especialistas.

Dicas para gerar perguntas essenciais

Como podemos elaborar a melhor família de perguntas para estruturar nossas unidades? Podemos identificar perguntas tópicas úteis usando o formato do programa de televisão de perguntas e respostas *Jeopardy**. Levando em conta o conteúdo encontrado em um livro didático – as "respostas" a serem aprendidas –, qual é a pergunta importante sobre uma grande ideia (e a pesquisa relacionada que ela sugere) para a qual o livro fornece uma boa resposta resumida? Não fique atrelado a todas as distinções sobre os tipos de

---

* N. de R.T.: Esse programa de televisão tem o formato de perguntas e respostas, mas os participantes recebem dicas que são respostas a perguntas que eles não conhecem, e devem formular como respostas perguntas para essas dicas. Assim, dando um exemplo bastante simplista, se o apresentador der como dica "Washington Luís", o participante poderá responder: "Quem foi o último presidente da República Velha?".

perguntas feitas anteriormente – simplesmente faça um *brainstorm* para gerar uma lista de boas perguntas nas quais ancorar a unidade.

Voltemos ao exemplo dos "três poderes do governo". Se essa expressão for uma "resposta", então o que seria uma boa pergunta que ajudaria os alunos a compreenderem a ideia subjacente e o seu valor? Que tal: "Por que precisamos de um equilíbrio entre os poderes? Qual é a alternativa?". Ou podemos estruturar o desafio desta maneira: "Quais eram algumas das perguntas que os fundadores estavam fazendo a *eles mesmos* que originaram a sua proposta?". Uma pergunta mais específica para a unidade poderia ser esta: "Por que os federalistas defendiam um equilíbrio dos poderes, e quais eram os argumentos do outro lado?".

Uma vez que identifiquemos uma ou mais perguntas tópicas, precisamos considerar perguntas mais amplas que nos levarão para além do conteúdo específico de uma forma provocativa e rica para transferência. Considere o seguinte: "Que estrutura de governo se adapta melhor, para citar a obra *O federalista*, ao fato de que 'os homens não são anjos'? O que acontece com o governo se você rejeita essa premissa sobre a natureza humana?". Vamos mais além e ser mais provocadores: "Quando é inteligente dividir o poder? Quando ganhamos (e quando podemos perder) poder ao dividi-lo?". Todas essas perguntas mais abrangentes são consideradas provocativas, têm valor de transferência, ligam-se a conhecimento anterior e requerem conteúdo nuclear – em outras palavras, elas satisfazem nossos critérios.

Outra abordagem prática é extrair perguntas essenciais de orientações curriculares nacionais ou estaduais. Examine um grupo de padrões e identifique os principais substantivos que são recorrentes (i.e., os conceitos importantes) e faça deles a base de uma pergunta. Nos exemplos a seguir, observamos como questões foram formuladas a partir afirmações declarativas.

> **Ciências biológicas:** *Todos os alunos irão aplicar uma compreensão das células ao funcionamento de organismos multicelulares, incluindo como as células crescem, se desenvolvem e se reproduzem. (Das Orientações Curriculares de Ciências de Michigan)*
> ***Perguntas essenciais tópicas:*** *Como podemos comprovar que as células compõem coisas vivas? Se todos nós somos feitos de células, então por que não somos parecidos?*
> ***Pergunta essencial abrangente:*** *Como os cientistas comprovam as coisas?*
>
> **Dança:** *Compreender a dança como uma maneira de criar e comunicar significado. (NEW YORK STATE DEPARTMENT OF EDUCATION, 1996)*
> ***Perguntas essenciais tópicas:*** *Que ideias podemos expressar por meio da dança? Como o movimento pode comunicar emoção?*
> ***Perguntas essenciais abrangentes:*** *De que formas os artistas expressam o que pensam e sentem? De que formas o meio influencia a mensagem? O que o artista pode fazer que o não artista não pode?*
>
> **Educação física (6º ano):** *Aplicar conceitos e princípios do movimento à aprendizagem e ao desenvolvimento de habilidades motoras. (Da Associação Nacional para Esporte e Educação Física)*
> ***Perguntas essenciais tópicas:*** *Como batemos com maior potência sem perder o controle? O quanto é importante o movimento após a batida para distância e velocidade?*
> ***Perguntas essenciais abrangentes:*** *Que tipo de prática "leva à perfeição"? Que devolutiva irá aumentar e melhorar o desempenho?*

Dica de planejamento

Professores nas oficinas de planejamento para a compreensão frequentemente perguntam quantas perguntas essenciais eles devem ter para uma unidade. Nossa recomendação é uma variação do *slogan* de recrutamento da Marinha*: Estamos buscando algumas boas perguntas. Se forem verdadeiramente essenciais, elas podem (e devem) estabelecer prioridades e ajudar a descobrir todas as ideias-chave. Não faça perguntas que você não pretende investigar ativamente por meio da discussão, pesquisa, solução de problemas e outros meios.

Um processo relacionado é derivar perguntas essenciais de compreensões duradouras identificadas no Estágio 1. Por exemplo, a compreensão de que "coisas vivas se adaptam para sobreviver a ambientes difíceis ou em mudança" naturalmente sugere uma pergunta que a acompanha: "De que forma as coisas vivas se adaptam para sobreviver?".

Além de sua função como indicadoras da compreensão no Estágio 2, as seis facetas também são um quadro de referência útil para gerar perguntas provocativas. A Figura 5.3 apresenta uma lista de iniciadores de perguntas para cada faceta.

Claramente, o plano de aprendizagem irá exigir que planejadores do currículo mapeiem uma progressão sensata para avançar do acessível até o obscuro, mas o desafio do Estágio 1 está relacionado com o planejamento reverso: quais são as perguntas que queremos que os alunos *em algum momento* sejam capazes de responder bem, independentemente de acharmos que eles conseguem lidar com tais perguntas no momento atual? É por isso, afinal de contas, que as Perguntas Essenciais estão no Estágio 1: a habilidade de formular e considerar reflexivamente tais perguntas é um resultado desejado, não uma manobra de ensino.

Dicas para usar perguntas essenciais

As sugestões práticas a seguir podem ajudá-lo a aplicar perguntas essenciais em sua sala de aula, escola ou secretaria de educação:

- Organize programas, cursos, unidades de estudo e aulas em torno das perguntas. Transforme o conteúdo em resposta a essas questões.
- Selecione ou planeje tarefas de avaliação (antecipadamente) que estejam explicitamente ligadas às perguntas. As tarefas e os padrões de desempenho devem esclarecer como realmente deve ser uma busca aceitável e as respostas às perguntas.
- Use um número razoável de perguntas (de 2 a 5) por unidade. Menos é mais. Priorize o conteúdo para que o trabalho dos alunos focalize claramente em algumas perguntas-chave.
- Estruture as perguntas na "linguagem das crianças" quando necessário para torná-las mais acessíveis. Edite as perguntas para torná-las o mais envolventes e provocativas possível para a faixa etária.
- Assegure que cada criança compreende as perguntas e enxerga seu valor. Conduza um questionário ou checagem informal, quando necessário, para verificar isso.
- Infira e planeje atividades explanatórias concretas específicas e investigações para cada pergunta.
- Sequencie as perguntas para que elas naturalmente sigam de uma até a outra.

* N. de R.T.: O *slogan* tradicional da Marinha estadunidense dizia *The Few. The Proud* e *We are looking for a few good men*, que em tradução livre significa "Os Poucos. O Orgulho" e "Estamos procurando por alguns bons homens".

Explicação

Quem ________ ? O que ________ ? Quando ________ ? Como ________ ? Por que ________ ?

Qual é o principal conceito/ideia em ________ ?

Quais são exemplos de ________ ?

Quais são as características/partes de ________ ?

Por que isso é assim?

Como podemos comprovar/confirmar/justificar ________ ?

Como ________ está conectado a ________ ?

O que poderia acontecer se ________ ?

Quais são as incompreensões comuns sobre ________ ?

Interpretação

Qual é o significado de ________ ?

O que ________ revela sobre ________ ?

Como ________ é parecido com ________ (analogia/metáfora) ?

Como ________ se relaciona comigo/conosco ?

E daí? Que importância tem isso?

Aplicação

Como e quando podemos usar esse (conhecimento/processo) ________ ?

Como ________ se aplica no mundo em geral ?

Como podemos usar ________ para superar ________ ?

(obstáculo, restrição, desafio)?

Perspectiva

Quais são os diferentes pontos de vista sobre ________ ?

Como isso estaria de acordo com a perspectiva de ________ ?

O quanto ________ é semelhante a/diferente de ________ ?

Quais são as outras reações possíveis a ________ ?

Quais são os pontos fortes e os pontos fracos de ________ ?

Quais são os limites de ________ ?

Qual é a evidências para ________ ?

A evidência é confiável? Suficiente?

Empatia

Como seria se colocar no lugar de ________ ?

Como ________ se sentiria sobre ________ ?

Como obteríamos uma compreensão sobre ________ ?

O que ________ estava tentando nos fazer sentir/ver ?

Autoconhecimento

Como eu sei ________ ?

Quais são os limites do meu conhecimento sobre ________ ?

Quais são meus "pontos cegos" sobre ________ ?

Como posso melhor mostrar ________ ?

Como meus pontos de vista são moldados por ________ ?

(experiências, pressupostos, hábitos, preconceitos, estilo)?

Quais são meus pontos fortes e pontos fracos em ________ ?

Figura 5.3

Iniciadores de perguntas baseados nas seis facetas da compreensão.

- Afixe as perguntas essenciais nas salas de aula e encoraje os alunos a organizarem os cadernos em torno delas para deixar clara a sua importância para o estudo e anotações.
- Ajude os alunos a personalizarem as perguntas. Faça-os compartilharem exemplos, histórias pessoais e palpites. Encoraje-os a introduzirem recortes e artefatos para ajudar a fazer as perguntas ganharem vida.
- Reserve tempo suficiente para "desvendar" as perguntas – examinando questões derivadas e questionando as implicações –, ao mesmo tempo que considera a idade, a experiência e outras obrigações instrucionais dos alunos. Use mapas conceituais e de perguntas para mostrar as relações entre as perguntas.
- Compartilhe suas perguntas com outros docentes para maior coerência no planejamento e ensino entre as disciplinas. Para promover perguntas abrangentes em toda a escola, peça que os professores afixem suas perguntas na sala dos professores ou na reunião de departamento e áreas de planejamento; imprima e faça as perguntas circularem no boletim do corpo docente; apresente e discuta as perguntas nas reuniões de professores e do Conselho Escolar.

A importância de estruturar o trabalho em torno de perguntas abertas

> Permita-me sugerir uma resposta [para o problema de aprofundar e evitar a cobertura excessiva] que se desenvolveu a partir do que fizemos.
> Trata-se do uso da conjectura de organização [...] [que serve] a duas funções, uma delas óbvia: voltar a perspectiva para as particularidades. A segunda é menos óbvia e mais surpreendente. A pergunta frequentemente parecia servir como critério para determinar onde [os alunos] estavam chegando e o quanto estavam compreendendo.
> _ Jerome Bruner, *Beyond the Information Given*, 1973a

O objetivo da educação não é simplesmente aprender os achados menos controversos. Os alunos precisam ver como perguntas e argumentos penetrantes produzem conhecimento e compreensão. Se transferência é a chave para ensinar para a compreensão, nossos planejamentos precisam deixar claro que as perguntas são não só a causa de maior compreensão no aluno como também o *meio* pelo qual todo o conteúdo se acumula.

Em outras palavras, a escolarização deve capacitar os alunos a estarem por dentro de como as compreensões nascem, são testadas e solidificadas por meio da investigação, crítica e verificação. Nossos alunos precisam de um currículo que os trate mais como atores potenciais do que como observadores sentados à margem. Eles precisam ter a experiência de como seus próprios questionamentos e discussões são "essencialmente" correspondentes aos dos especialistas e de como até mesmo as principais compreensões estabelecidas podem mudar com o tempo em consequência do questionamento contínuo. Dessa maneira, eles podem entender mais profundamente o conhecimento como o *resultado* de investigações, em vez de como "verdades" incorpóreas que simplesmente "estão aí" para serem aprendidas dos professores e dos textos.

As próprias perguntas dos alunos frequentemente não parecem importantes para eles. "Eu sei que isso parece estúpido..." é geralmente o prefácio de uma pergunta *maravilhosa*. Por que a autodepreciação? Ela não é meramente desenvolvimental ou uma questão de timidez. Uma interminável dose de cobertura direta e a noção de que escola tem a ver com "respostas certas" podem facilmente fazer parecer que os especialistas não têm questionamentos, apenas os tolos e ignorantes.

Um preço terrível é pago quando perguntas intelectuais genuínas não recebem crédito, sendo adiadas indefinidamente pelos professores que alegam que precisam cobrir o conteúdo. Um interminável fluxo de perguntas orientadoras irá reduzir as perguntas da maioria dos alunos a estas poucas perguntas bem conhecidas: Isso vai cair na prova? É isso o que você quer? Quantas páginas o trabalho deve ter?

Quando aprender *as* respostas é o único objetivo para os alunos, o ensino "encoberta" as perguntas vitais que *surgem naturalmente* no desenrolar do trabalho – o que resulta em menor engajamento e menos compreensão. A cobertura interminável apenas daquilo que está estabelecido atualmente acabará reprimindo o questionamento reflexivo, como sugere o filósofo Hans-Georg Gadamer (1994, p.364-365):

> E contra a rigidez das opiniões, o questionamento torna o objeto e suas possibilidades fluidos. Uma pessoa habilidosa na "arte" do questionamento é uma pessoa que pode impedir que as perguntas sejam inibidas pela opinião dominante [...] É a opinião que inibe as perguntas.

Para o seu 25º aniversário em 2003, a seção "Science Times" do jornal *New York Times* destacou 25 das perguntas atuais mais importantes na ciência. Considere alguns exemplos:

> O quanto do corpo pode ser substituído?
> O que devemos comer?
> Os homens são necessários? As mulheres são necessárias?
> Robôs podem se tornar conscientes?
> Quando irá começar a próxima Era do Gelo? (THE NEW YORK TIMES, 2003, p. 1)

Observe como essas perguntas são qualitativamente diferentes das perguntas sem vida que permeiam um típico livro didático de ciências. Todas as perguntas citadas anteriormente estão "vivas", mas podem ser consideradas em alguma medida desde o ensino fundamental até a universidade – e *devem* ser consideradas para que a escola seja relevante e empoderadora. Constantemente colocar diante dos alunos um currículo estruturado por perguntas essenciais é deixar uma impressão duradoura não só sobre a natureza do conhecimento, mas também sobre a importância e a força da sua liberdade intelectual.

A descoberta, assim, não é meramente uma boa estratégia ou filosofia de educação; usar perguntas para estruturar o currículo não é meramente uma exigência estética ou ideológica de nossa parte. Pode-se dizer que não explorar ideias-chave no conteúdo por meio do questionamento genuíno e da investigação continuada é como deixar não examinadas todas as alegações e evidências em um tribunal, apenas guiando-se pela fé. Esse ensino origina ideias e fatos confusos e não priorizados que acabam parecendo a muitas opiniões aleatórias. Deve haver uma interrogação deliberada do conteúdo de modo que os alunos possam ver as principais compreensões como o *resultado* das conexões e inferências (diferentemente do livro didático autoritário ou de alegações do professor a serem aceitos com fé – como "fatos" para memorização).

Embora essa formulação possa parecer estranha, ela aponta para uma verdade importante sobre como todos nós, iniciantes e especialistas, obtemos compreensão. Precisamos dar aos alunos um trabalho que os capacite a exclamar um "Ahá!" equivalente ao que sentiu o estudioso que chegou àquela compreensão pela primeira vez. Foi assim, no fim das contas, como o pioneiro compreendeu o desconhecido: fazendo perguntas e testando ideias, como o aprendiz.[1] É por isso que Piaget disse tão sabiamente que "compreender é inventar":

> Depois que uma criança é capaz de repetir certas noções e usar algumas de suas aplicações em situações de aprendizagem, ela frequentemente dá a impressão de compreensão; contudo [...] a verdadeira compreensão se manifesta por novas aplicações espontâneas [...] A real compreensão de uma noção ou teoria implica a reinvenção dessa teoria pelo [aluno]. (PIAGET, 1977, p. 731)

Muitos documentos de orientações curriculares e currículos locais, no entanto, cometem o erro de estruturar os objetivos do conteúdo como sentenças em forma de fatos a serem "aprendidos" por meio da instrução direta e, assim, correm o risco de promover "cobertura" no pior sentido.[2] A cobertura, então, esconde dos professores, bem como dos alunos, duas compreensões cruciais sobre aprendizagem e alcance das expectativas de aprendizagem: (1) a compreensão deriva de perguntas e investigações e (2) o cumprimento dos padrões intelectuais requer não só assimilar as opiniões do especialista, mas explorá-las, até mesmo questioná-las.

Então, quais eram as noções, teorias e pontos de vista concorrentes encontrados no caminho para a compreensão adulta do assunto? Que perguntas e *discussões* os vários autores de livros didáticos tinham *antes* de chegar a um consenso? Parte dessa história das ideias é essencial para que os alunos entendam a diferença entre *compreensões* como construções arduamente obtidas *versus conhecimento* pronto para ser entendido – se quiserem aprender a ver compreensões como julgamentos ou inferências, baseados em evidências e argumentos, não como fatos não problemáticos a serem cobertos e aprendidos por memorização.

Em suma, como sugere a citação de Bruner, as melhores perguntas essenciais têm um benefício surpreendente para além da sua habilidade de proporcionar maior discernimento e perspectiva – se nos comprometermos a basear nossos planejamentos nelas. Elas podem servir como *critérios* contra os quais julgar o progresso em nossa aprendizagem. Elas nos mantêm focados na investigação, e não apenas em respostas.

Uma pergunta essencial não é, portanto, meramente uma manobra ou uma tática do Estágio 3 ao ensinar as "coisas". As perguntas essenciais estruturam os objetivos. Perguntá-las e examiná-las é a obrigação do professor e do aprendiz – é por isso que elas pertencem ao Estágio 1 (enquanto as perguntas mais "ensináveis" pertencem ao Estágio 3). Dessa forma, a busca por perguntas nos possibilita, como professores e aprendizes, *testar* o poder educativo das atividades e tarefas para garantir que a aprendizagem seja mais do que meramente uma atividade envolvente ou cobertura indiscriminada. Estamos fazendo progresso nesta aula e unidade ao responder à pergunta? (Em caso negativo, alunos *e* professor precisam se ajustar. Assim como os treinadores e atletas eficientes fazem ajustes com base nos resultados do desempenho, os planejadores eficazes devem estar abertos para revisar seu plano ao longo do caminho.)

Independentemente da tendência específica que o professor (ou a classe) escolhe como foco para o trabalho – nem toda boa pergunta pode ser viavelmente explorada, afinal de contas –, o que deve estar claro é que uma mistura de perguntas essenciais tópicas e abrangentes torna o planejamento mais focado e o papel do aluno mais apropriadamente intelectual e ativo. Sem um foco como esse, o aluno é deixado com uma massa de atividades desconectadas e ideias não desenvolvidas – sem *perspectiva* e sem *agenda* intelectual clara. Sem a necessidade de examinar as perguntas, sem o uso do conteúdo a serviço da investigação como a essência do planejamento, o aluno ficará involuntariamente passivo. "Ouvir e ler, lembrar e conectar é o que é ensinado" será a mensagem mais clara. Sem nos comprometermos com o currículo planejado em torno de perguntas essenciais, os dois pecados da cobertura e da atividade sem objetivo estão à espreita, independentemente do quanto o professor é interessante ou do quanto as lições individuais são dinâmicas.

Planejamento reverso em ação com Bob James

Bob James repensa seu plano original, à luz de maior reflexão sobre as perguntas essenciais.

Gosto dessa ideia de uma pergunta essencial pairando sobre todo o trabalho e servindo como guia para investigação mais profunda, ao mesmo tempo também usando perguntas de sondagem ou acompanhamento para aprimorar a compreensão. Desde que comecei a lecionar, procuro fazer meus alunos expandirem seu pensamento fazendo perguntas que aguçam as ideias, tais como: Você pode me dar outro exemplo de...? Como isso está relacionado com aquilo? O que aconteceria se...? Você concorda com...? Por quê? Embora eu me achei muito bom em apresentar essas perguntas cotidianas, me dou conta de que para a unidade de nutrição terei que refletir mais sobre os tipos de perguntas mais amplos descritos aqui.

Bem, a minha pergunta para a unidade – O que é alimentação saudável? – claramente se associa às perguntas abrangentes – O que é vida saudável? ou O que é bem-estar? Ou poderíamos focalizar a investigação e a discussão em todo o nosso programa de educação sanitária. E podemos apenas continuar questionando em cada curso e examinando ao longo do tempo por meio de avaliações recorrentes.

Essa ideia de usar perguntas da unidade para estruturar o currículo realmente me deixou pensando. Estou especialmente intrigado com esta noção: se o livro didático contém as respostas, então quais são as perguntas? Quando reflito sobre a minha própria educação, não consigo me lembrar de jamais ter estado em um curso em que o conteúdo estivesse explicitamente estruturado em torno de perguntas instigantes importantes. Alguns dos meus professores faziam perguntas instigantes durante a aula, mas essas perguntas (essenciais) da unidade são diferentes. Eu vejo como elas podem fornecer um foco para todo o trabalho e domínio do conhecimento, se feitas corretamente. Agora me sinto um pouco enganado porque estou começando a perceber o poder dessas perguntas abrangentes de apontar para ideias maiores dentro de um assunto ou tópico.

Para ver se estava no caminho certo, apresentei as minhas ideias na hora do almoço para alguns colegas na sala dos professores, e eles ficaram muito interessados! Tivemos uma discussão muito interessante sobre a minha pergunta, o que originou outras: Se deixadas por conta própria, as crianças vão comer aquilo de que precisam do ponto de vista nutricional? Os gostos mudam enquanto crescemos – na direção da alimentação mais saudável? Em caso afirmativo, por quê? E quanto aos outros no reino animal, então? Os animais jovens naturalmente comem o que é bom para eles? Que papel os comerciais de *junk-food* desempenham ao influenciarem os padrões alimentares de crianças e adultos? Lamentavelmente, nós estávamos realmente "cozinhando as ideias" quando acabou o período de 20 minutos de almoço, e eu tive que deixar para a hora do recreio. Acho que vou digerir isso por algum tempo.

Olhando em frente

Se as perguntas estruturam as unidades em torno de grandes ideias e apontam além delas para ideias abrangentes, na direção de qual resolução podemos focar? Que compreensões estamos buscando, à luz das perguntas que estruturam o trabalho? A que estamos nos referindo quando falamos em obter "compreensão" e como isso difere de obter "conhecimento" e "competências"? Agora nos dedicaremos a essas questões.

Capítulo 6

Elaborando compreensões

Se a hipótese [...] apresentada for verdadeira – de que qualquer assunto pode ser ensinado a qualquer criança de uma forma honesta –, então o que deve acontecer é que seja desenvolvido um currículo em torno de grandes questões, princípios e valores que uma sociedade julga merecedores de atenção constante por parte dos seus membros.

_ Jerome Bruner, *The process of Education*, 1960

O conteúdo deve ser escolhido de modo a exemplificar as ideias representativas das disciplinas. Ideias representativas são conceitos que contêm uma compreensão das principais características da disciplina. Elas não são ideias menores ou subordinadas; elas revelam a essência da disciplina. Elas são elementos da disciplina que representam o conjunto de seus aspectos importantes [...] elas são epítomes do assunto.

_ Phillip Phenix, *Realms of Meaning*, 1964

No Capítulo 2, sintetizamos o que queremos dizer por "compreensão", enfatizando que ela envolve a apreensão de grandes ideias, conforme refletido na transferência ponderada e efetiva. Essa transferência é tipicamente manifestada por meio de desempenhos que envolvem uma ou mais das seis facetas da compreensão discutidas no Capítulo 4. Agora examinamos mais detalhadamente a natureza das compreensões desejadas. O que especificamente queremos que os alunos compreendam ao fim da unidade? O que exatamente estamos tentando fazer os alunos perceberem que não é óbvio, mas importante? Como devemos estruturar essas compreensões desejadas no Estágio 1?

Em vez de fornecer uma resposta imediata, iremos praticar o que pregamos e pedir que os leitores façam um trabalho construtivista em torno dessas perguntas. Nossa abordagem emprega uma técnica de ensino para a compreensão conhecida como "assimilação conceitual". Sua tarefa é tentar descobrir o que é uma compreensão comparando um grupo de exemplos e contraexemplos apresentados na Figura 6.1. Em outras palavras, o que têm em comum os exemplos da primeira coluna? O que os distingue dos contraexemplos da segunda coluna?

Exemplos de compreensões	Contraexemplos de compreensões
• Uma história eficiente engaja o leitor criando tensões - por meio de perguntas, mistérios, dilemas, incertezas - sobre o que irá acontecer a seguir.	• Audiência e propósito.
• Quando a água líquida desaparece, ela se transforma em vapor d'água e pode reaparecer como líquido se o ar for resfriado.	• A água cobre três quartos da superfície terrestre.
• Correlação não assegura causalidade.	• As coisas estão sempre mudando.
• A decodificação é necessária, mas não suficiente, na leitura com significado.	• Sondar, examinar as imagens.

Figura 6.1
Compreensões: exemplos e contraexemplos.

Distinguindo características de compreensões

Examinando a Figura 6.1, o que podemos generalizar sobre os exemplos de compreensões comparados com os contraexemplos? Uma primeira observação é que todos os exemplos estão estruturados como sentenças completas que oferecem uma proposição particular de importância geral – isto é, todos eles especificam alguma coisa a ser compreendida. Em segundo lugar, os exemplos focam em grandes ideias – abstratas e transferíveis. Eles são como máximas úteis, proveitosas na navegação em um campo complexo. Uma terceira característica das compreensões tem a ver com sua aquisição. É improvável que os aprendizes compreendam imediata e completamente o significado da afirmação simplesmente ouvindo-a ou lendo-a. Será preciso investigar, refletir a respeito e trabalhar com essa ideia. Em outras palavras, a compreensão precisará ser descoberta porque ela é abstrata e não imediatamente óbvia.

Agora vamos considerar os contraexemplos para destacar melhor as importantes distinções e aprimorar nossa compreensão emergente das compreensões. O primeiro contraexemplo ("Audiência e propósito") é uma frase, não uma sentença. Ela se *refere* a uma grande ideia, mas não oferece afirmações específicas a seu respeito. O segundo é de fato uma sentença ("A água cobre três quartos da superfície terrestre"), mas não propõe uma ideia abstrata ou transferível. Em vez disso, simplesmente afirma um fato simples. Não é exigido investigação para compreender a afirmação. O terceiro contraexemplo ("As coisas estão sempre mudando") é um lugar-comum. Não especifica o que exatamente queremos que o aprendiz compreenda sobre a natureza do processo de mudança. Essa declaração global não oferece novo discernimento ou significado quando expressa. O quarto contraexemplo ("Sondar, examinar as imagens") se refere a um conjunto de habilidades, mas não oferece princípios úteis e transferíveis ou estratégias a respeito. Em outras palavras, não oferece nada específico e conceitual para compreender.

Tendo em mente essas distinções entre exemplos e contraexemplos, vamos examinar outros exemplos de várias disciplinas e níveis educacionais. Observe que eles correspondem às características citadas anteriormente, ao mesmo tempo que evitam os problemas representados nos contraexemplos.

- Nenhum comerciante consegue satisfazer todos os consumidores com o mesmo produto – dadas as diferenças nas características pessoais e as preferências de consumo –, de modo que eles devem escolher quais consumidores podem satisfazer. (*De um curso universitário de Administração*)
- As coisas vivas são projetadas para sobreviver como indivíduos e como espécie, embora a sobrevivência de um indivíduo ou comunidade frequentemente requeira a morte de outra coisa viva. (*De uma unidade do 2° ano da educação básica sobre "As Necessidades Básicas das Coisas Vivas"*)
- Escrever segundo o ponto de vista de outra pessoa pode nos ajudar a compreender melhor o mundo, nós mesmos e os outros. (*De uma unidade do 9° ano do ensino fundamental sobre "Aprendizagem do Campo", atividade curricular desenvolvida pelo Corpo da Paz*)
- Às vezes uma resposta matemática correta não é a melhor solução para problemas complicados do "mundo real". (*De um curso de Matemática do ensino médio*)
- A diversidade invisível torna todas as salas de aula heterogêneas. (*De um curso de métodos em educação para graduandos*)
- Fotografias refletem um ponto de vista e podem tanto enganar quanto revelar. (*De uma unidade interdisciplinar do 4° ano do ensino fundamental sobre "A História Revelada Através de Fotografias"*)

Como esses exemplos sugerem, uma compreensão sintetiza uma lição perseguida com base em fatos e experiências. Ela resume uma ideia transferível que queremos que os alunos *afinal* entendam. Ela chega a conclusões a partir de vários fatos que compõem o contexto.

Definição de compreensão

Vamos resumir destacando várias características distintivas das compreensões.

1. Uma compreensão é uma inferência importante, feita a partir da experiência de especialistas, formulada como uma generalização específica e útil.

2. Uma compreensão se refere a grandes ideias transferíveis que têm valor duradouro e que vão além de um tópico específico.

As compreensões duradouras usam fatos ou habilidades específicos para focar em conceitos, princípios ou processos mais amplos. Elas derivam da transferência e a possibilitam: são aplicáveis a novas situações dentro e além da disciplina. Por exemplo, estudamos a promulgação da Carta Magna como um acontecimento histórico específico devido à sua importância para uma ideia maior, o estado de direito, em que as leis escritas especificam os limites do poder de um governo e os direitos dos indivíduos, como o devido processo legal. Essa grande ideia transcendeu suas raízes na Inglaterra do século XIII para se tornar um dos alicerces das sociedades democráticas modernas. Os alunos podem usar essa compreensão em novas situações, como quando estudam democracias emergentes no mundo subdesenvolvido.

3. Uma compreensão envolve ideias abstratas, contraintuitivas e facilmente mal compreendidas.

4. Uma compreensão é mais bem adquirida por meio da "descoberta" (i.e., deve ser desenvolvida indutivamente, construída em conjunto com e pelos alunos) e colocando-se o assunto "em prática" (i.e., usando as ideias em contextos realistas e com problemas do mundo real).

O propósito do planejamento é ajudar os alunos a fazerem inferências. A compreensão requer que os alunos emulem o que os especialistas fazem quando geram novas compreensões, ou seja, eles consideram, propõem, testam, perguntam, criticam e verificam. Uma compreensão não é aceita por fé; ela é investigada e substanciada.

Os melhores candidatos à "descoberta" são aqueles conceitos e princípios mais propensos a equívocos. Eles tipicamente não são óbvios e podem ser contraintuitivos. Por exemplo, em Física os alunos frequentemente têm dificuldades com ideias relativas a gravidade, massa, força e movimento. Quando solicitados a prever qual dos objetos, uma bola de gude ou uma bola de boliche, irá atingir o solo primeiro quando caem juntos, muitos alunos revelam uma incompreensão comum, escolhendo incorretamente a bola de boliche. Que conceitos ou processos importantes os alunos têm dificuldade de entender ou com frequência entendem errado? Quais as grandes ideias sobre as quais eles provavelmente têm uma falsa concepção? Estes são tópicos fecundos para escolher e descobrir – para ensinar para a compreensão.

5. Uma compreensão resume importantes princípios estratégicos em áreas de habilidades.

Muitas habilidades são dominadas com sucesso somente quando se tornam parte de um repertório fluente e flexível, usado sabiamente no desempenho. Isso requer não só repetição, mas discernimento – a habilidade de julgar qual habilidade usar e quando, ou seja, compreender os princípios táticos e estratégicos relevantes que se aplicam. Por exemplo, ler histórias com compreensão requer a aplicação ativa da ideia de que os autores nem sempre deixam claro do que a história trata – esse significado está nas *entrelinhas*, não *nas* linhas. Essa compreensão estabelece o contexto para o uso de estratégias de entendimento específicas, como resumir, questionar o texto, prever e usar pistas do contexto para encontrar significado.

Precisamos mencionar aqui o ótimo trabalho de Lynn Erickson sobre compreensões. Nossas discussões e correspondência com Lynn, e a leitura cuidadosa de seu trabalho após a publicação da primeira edição deste livro, nos fizeram ver a necessidade de refinar nossa própria compreensão da compreensão! Descobrimos, de certa forma para nosso constrangimento, que nosso tratamento do que é uma compreensão não foi consistente na primeira edição do livro, especialmente nos exemplos. Foi por meio do trabalho de Lynn sobre generalizações (mencionado no Capítulo 3) que pudemos desenvolver uma descrição mais coerente e detalhada do que são as compreensões.

> Uma generalização é definida formalmente como [...] conceitos expressos em uma relação.
> Generalizações universais têm as mesmas características que um conceito:
>
> - Amplas e abstratas
> - Universais em sua aplicação
> - Geralmente atemporais – atravessam os tempos
> - Representadas por diferentes exemplos (ERICKSON, 2001, p. 35)

E Erickson, por sua vez, refletiu nosso pensamento na edição revisada de seu livro:

Generalizações são as compreensões duradouras, as "grandes ideias", a resposta ao "e então?" do estudo. (ERICKSON, 2001, p. 33)

Compreensões tópicas e abrangentes

No Capítulo 5, discutimos diferenças no escopo de perguntas essenciais, entre as quais a diferença entre perguntas que são *abrangentes* e aquelas que são *tópicas*. Distinções semelhantes se aplicam às compreensões desejadas: algumas são abrangentes e outras são mais específicas. Desse modo, aqui, também, distinguimos entre *abrangente* e *tópico*. Considere os conjuntos de exemplos combinados na Figura 6.2.

Como os conjuntos indicam, as compreensões podem ser agrupadas com base nos diferentes graus de abstração ou generalização. As compreensões da primeira coluna são mais gerais do que suas parceiras da segunda. Indo além das particularidades do tópico ou unidade de estudo, elas apontam para um conhecimento mais transferível. Assim,

Compreensões abrangentes	Compreensões tópicas
• Um presidente não está acima da lei. • A democracia requer uma imprensa corajosa, não apenas livre.	• Watergate foi uma crise constitucional relevante, não um "roubo de terceira categoria" (como dito por um colaborador de Nixon) ou mera trapaça eleitoral entre partidos políticos.
• O romance moderno abole muitos elementos e normas tradicionais da história para contar uma narrativa mais autêntica e envolvente.	• Holden Caulfield* é um anti-herói alienado, não um rapaz mediano em uma "aventura excelente."
• A gravidade não é uma coisa física, mas um termo que descreve a taxa de aceleração constante de todos os objetos que caem, conforme identificado em experimentos.	• A altura vertical, não o ângulo e a distância da descendente, determina a velocidade eventual de "pouso na água" de uma espaçonave em queda.
• Postulados são logicamente anteriores a qualquer sistema axiomático, mas desenvolvidos depois do fato para justificar teoremas importantes. Eles não são nem verdadeiros, nem autoevidentes, embora não sejam arbitrários.	• O postulado das paralelas é um fundamento crucial da geometria euclidiana, apesar da sua estranheza e semelhança com um teorema.
• Em uma economia de mercado livre, o preço é uma função de demanda *versus* oferta.	• O valor de um cartão de beisebol depende de quem o deseja, e não apenas da sua condição ou do número de cartões similares disponíveis. • Os números das vendas no eBay revelam que o que é sucata para uma pessoa é tesouro para outra.
• Maiores oportunidades de pontuação em certos esportes resultam da criação de espaço no ataque para espalhar a defesa e deixar os jogadores "abertos."	• Criar espaço e explorar a sua criação é o segredo para vencer no futebol. • A defesa no futebol precisa impedir que os jogadores ofensivos tenham espaço no meio do campo.

Figura 6.2
Exemplos de compreensões abrangentes e tópicas.

* N. de R.T.: Personagem do livro *O apanhador no campo de centeio*, de J. D. Salinger.

essas metas podem ser descritas como compreensões abrangentes porque proporcionam uma ligação com as grandes ideias. Delinear as compreensões abrangentes ajuda a responder à pergunta comum dos estudantes sobre o trabalho que parece não ter um propósito maior: "E daí?". Os exemplos da segunda coluna são entendimentos específicos do tópico; referimo-nos a eles como *compreensões tópicas*. Elas identificam as compreensões particulares que esperamos cultivar sobre tópicos específicos.

Encorajamos você a especificar compreensões tópicas e abrangentes na estruturação dos seus objetivos de aprendizagem[1]. (Como deixamos claro no Capítulo 12, no qual discutimos planejamento do programa, encorajamos secretarias de educação e equipes de áreas programáticas a estruturar currículos em torno de compreensões abrangentes e perguntas essenciais como uma forma de estabelecer prioridades de aprendizagem para o planejamento da unidade por professores específicos.)

Tal qual as perguntas essenciais tópicas e abrangentes, nenhuma regra rígida distingue compreensões tópicas e abrangentes. O escopo do conteúdo do curso, as prioridades da disciplina, a idade dos alunos, o tempo previsto para a unidade e outros fatores influenciarão a amplitude e a profundidade das compreensões visadas. Em vez de pensarmos na diferença como um tamanho ou escopo absoluto, é melhor pensarmos nas compreensões abrangentes como representantes de discernimentos transferíveis por fim buscados. Em outras palavras, considerando as compreensões específicas da unidade que você deseja, em que medida esses discernimentos podem ser generalizados para servir ao aluno com poderes de conexão em outro trabalho? Dito de outra maneira, que ideias recorrentes – tal como incorporado nesta unidade por essa compreensão tópica – devem estruturar seu trabalho do curso?

Compreensões *versus* conhecimento factual

Uma compreensão faz uma afirmação usando fatos. É a conclusão de alguém, baseada em evidências e lógica. Os fatos são o combustível para as compreensões; eles são os dados. As compreensões oferecem uma teoria baseada em dados ou interpretação. Assim, conforme observado anteriormente, Dewey (1933) defendeu que um fato requer apreensão, enquanto uma compreensão requer discernimento. "Adquirir" um fato requer apenas que captemos o significado das palavras ou vejamos os dados. "Adquirir" uma compreensão requer mais: mesmo depois que os significados de todas as palavras ou dados estão claros, podemos não entender seu sentido. Temos que fazer perguntas sobre os fatos, conectá-los a outros fatos e tentar aplicá-los em várias situações. Uma compreensão precisa ser elaborada e validada como uma conclusão apropriada e útil, não meramente aceita como uma afirmação do fato.

Qualquer charge sutil ou palavras cruzadas desafiadoras ilustram esse ponto. Conhecimento factual é necessário, mas insuficiente para "entender" uma piada ou pista. Devemos ir além do significado literal e fazer conexões, considerar possibilidades diferentes, testar teorias, raciocinar. O mesmo processo é necessário para compreender ideias abstratas em qualquer domínio.

Uma compreensão, então, é uma inferência feita a partir de fatos. Embora já tenhamos esclarecido essa distinção conceitual anteriormente, na prática a diferença é fácil de ser perdida de vista – especialmente para os alunos. Considere as duas afirmações a seguir: (1) Um triângulo tem três lados e três ângulos (um fato). (2) Um triângulo com três lados iguais tem três ângulos iguais (uma compreensão). Ambas parecem e soam quase a mesma coisa na forma de sentenças. No entanto, observe que a segunda sentença, embora semelhante à primeira (um fato) em termos de sintaxe, é bem diferente em termos

ALERTA DE EQUÍVOCO!

Uma frase comum usada nas orientações curriculares ou na estruturação das aulas é a de que "os alunos compreenderão como..." fazer alguma coisa. Esse enunciado apresenta uma fonte potencial de confusão no planejamento para a compreensão.

Com frequência a frase é vagamente usada como sinônimo de "aprender como..." quando, de fato, o desejado é na verdade uma habilidade específica (p. ex., escrever em letra cursiva, criar *slides* em PowerPoint), não uma compreensão. Esses objetivos sobre conhecimento e habilidades específicos são colocados nos campos Conhecimento e Habilidade no modelo.

Entretanto, quando "compreender como..." se refere a um leque de habilidades que também requerem atenção especial aos conceitos e princípios subjacentes, então nós *estamos* lidando com compreensões (bem como habilidades). Em tais casos, as sugestões descritas anteriormente se aplicam.

do que ela demanda do professor e do aprendiz. A segunda sentença (uma compreensão) apresenta uma inferência, tornada válida por meio da comprovação, enquanto a primeira afirmação é verdadeira na sua inspeção, por definição.

Assim, uma compreensão não é um dado simples, mas uma conclusão inferida *usando* os dados. É por isso que a "descoberta" é necessária: o que se pareceria com algo que o aprendiz poderia simplesmente aceitar, na verdade, demanda análise (dividir em partes) e síntese (recompor nas próprias palavras ou representações do aluno) antes que possa ocorrer a verdadeira compreensão. Quando nosso ensino apenas cobre o conteúdo sem sujeitá-lo à investigação, estamos potencialmente perpetuando a mesma falsa concepção e amnésia que censuramos.

Compreensões sobre habilidades

Como já foi observado, alguns professores acreditam que o planejamento para a compreensão não é aplicável ao ensino de habilidades. Eles acreditam que aprender habilidades é apenas uma questão de prática e refinamento, ou seja, que na verdade não há nada para compreender. Contestamos veementemente essa alegação. Considere os exemplos a seguir de compreensões de temas que são normalmente identificados como áreas de habilidades:

- Um músculo que se contrai em toda a sua amplitude de movimento irá gerar mais força. (*De uma unidade sobre golfe em um curso de Educação Física*)
- Quanto mais palavras conheço, melhor posso compartilhar minhas ideias e compreender as ideias dos outros. (*De uma unidade de linguagem do 2° ano do ensino fundamental sobre poesia*)
- A linguagem corporal pode transformar declarações em perguntas, afirmações em negações – e impacta a intensidade de uma declaração. (*De um guia do currículo de língua estrangeira*)
- Sobras e aparas que a maioria das pessoas joga fora ao cozinhar podem ser usadas para fazer caldos e realçar o sabor, além de economizar dinheiro. (*De uma unidade sobre caldos e sopas de um curso de culinária do ensino médio*)

Esses exemplos reforçam um ponto para o qual chamamos a atenção anteriormente sobre o ensino para a compreensão e perguntas essenciais: unidades e cursos que focam no desenvolvimento de habilidades precisam *incluir explicitamente* as compreensões desejadas. Em outras palavras, o aprendiz deve compreender os *conceitos subjacentes* das habilidades, *por que* a habilidade é importante e o que ela ajuda alcançar, quais *estratégias e técnicas* maximizam sua eficácia e *quando* usá-las. Como a pesquisa e a prática confirmam, o ensino de competências baseado na compreensão desenvolve proficiência mais fluente, efetiva e autônoma do que o ensino baseado na aprendizagem mecânica e em métodos unicamente de exercícios e prática. (Veja o Capítulo 13 para resumos de achados de pesquisa referentes à necessidade do ensino de competências baseado na compreensão.)

Orientações curriculares e compreensões

As expectativas de ensinar orientações curriculares identificadas deixam muitos educadores se questionando como tais orientações se conectam ao planejamento para a compreensão. Idealmente, todos os currículos estaduais e municipais seriam estruturados como compreensões de "grandes ideias", e, de fato, alguns currículos estaduais (nos Estados Unidos) assim fizeram. Por exemplo, examine estes dois exemplos de expectativas de aprendizagem de currículos estaduais que refletem claramente grandes ideias:

- Todas as coisas vivas têm necessidades básicas para que possam sobreviver (i.e., água, ar, nutrientes, luz); plantas e animais têm diferentes estruturas para diferentes funções de crescimento, sobrevivência e reprodução; o comportamento é influenciado por estímulos internos (p. ex., fome) e estímulos externos (p. ex., uma mudança no ambiente).
- A migração de grupos de pessoas nos Estados Unidos, no Canadá e na América Latina oportunizou a difusão cultural porque as pessoas carregam consigo ideias e estilos de vida quando se mudam de um lugar para outro.

Essencialmente, no entanto, a maneira como as orientações curriculares são apresentadas varia amplamente entre os estados e, com frequência, entre as disciplinas dentro do mesmo estado. Alguns currículos são apresentados como listas de objetivos específicos, enquanto outros são expressos globalmente. Algumas das chamadas compreensões acabam sendo fatos ou habilidades relativamente simples, como nos seguintes Padrões de Aprendizagem da Virgínia:

- A Terra é um dos vários planetas que orbitam o Sol, e a Lua orbita a Terra.
- O aluno irá desenvolver habilidades de mapeamento localizando a China e o Egito nos mapas-múndi.

E algumas orientações curriculares são tão vagas que não são úteis para ninguém, como nestes exemplos, também da Virgínia:

- Figuras e grupos históricos importantes deram contribuições significativas para o desenvolvimento do Canadá, da América Latina e dos Estados Unidos.
- Existem fatores que influenciam a demanda do consumidor.

Esses problemas vieram à tona quando os educadores tentaram construir seus planos de aula, avaliações e ensino em torno das orientações curriculares designadas. Para abordar esse problema, vários estados desenvolveram guias de recursos complementares para auxiliar os educadores no trabalho com as orientações. E alguns estados na verdade reestruturaram seus padrões de conteúdo em termos das compreensões e perguntas essenciais segundo o planejamento para a compreensão.[2] Estes são exemplos da Virgínia (História/Ciências Sociais) e do Michigan (Ciências):

- *O aluno irá explicar como os produtores usam os recursos naturais (água, solo, madeira e carvão), recursos humanos (pessoas no trabalho) e recursos de capital (máquinas, ferramentas e edificações) para produzir bens e serviços para os consumidores.*
  - *Compreensão: Os produtores de bens e serviços são influenciados pelos recursos naturais, humanos e de capital.*

  - *Pergunta essencial: Como os produtores usam os recursos naturais, humanos e de capital para produzir bens e serviços?* (Quadro de Referência do Currículo da Virgínia – Guia de Recursos do Professor)
- *Todos os alunos irão aplicar uma compreensão das células ao funcionamento de organismos multicelulares, incluindo como as células crescem, se desenvolvem e se reproduzem.*
  - *Perguntas essenciais: Como comprovamos que as células compõem as coisas vivas? Se todos nós somos formados por células, como então não somos todos parecidos?* (Michigan Science Benchmark Clarification [MICLIMB Science])

Independentemente de como são declaradas as orientações curriculares nacionais, estaduais ou locais, a maioria dos educadores é obrigada a se pautar por elas. A seção a seguir oferece sugestões práticas para uso dessas orientações para identificar compreensões duradouras.

Sugestões para identificação e estruturação das compreensões

Observamos, nos primeiros grupos de exemplos, que as compreensões são estruturadas como generalizações ou proposições em uma sentença completa. Considerando-se o tópico do conteúdo, que realizações ou inferências o aluno deve *sair* compreendendo?

Isso parece bem fácil, mas é surpreendentemente difícil de fazer. Um problema comum na estruturação de compreensões é involuntariamente reafirmar o tópico. "Quero que os alunos compreendam a Guerra Civil" ou "Quero que os alunos realmente compreendam amizade" são, na verdade, sentenças sobre esses tópicos, mas não são proposições referentes às compreensões desejadas. Em outras palavras, essas declarações não especificam o que o aprendiz deve extrair como compreensão sobre a Guerra Civil ou a amizade.

Esse alerta parece suficientemente claro, não é? Ainda assim, alguns professores respondem meramente restringindo o foco do conteúdo, dizendo, por exemplo: "Quero que os alunos compreendam as causas da Guerra Civil". O mesmo problema: isso simplesmente declara o objetivo do conteúdo de uma maneira mais detalhada, sem articular as aprendizagens que os alunos devem obter sobre as causas. O que você quer que os alunos compreendam sobre essas causas e por que elas são importantes?

"Ah, agora entendi. Quero que eles compreendam que havia várias causas relevantes e inter-relacionadas da Guerra Civil – a moralidade da escravidão, visões fundamentalmente diferentes sobre o papel do Governo Federal, disparidades das economias regionais e um conflito de culturas." Sim! *Isso* sim é um exemplo de uma compreensão que resume especificamente as percepções dos especialistas.

Como mostra o exemplo, uma maneira prática de estruturar o desafio é expressar a compreensão como uma proposição ou uma máxima. Como uma compreensão não é um fato, mas uma inferência, você deve considerar a generalização que resume as conclusões gerais que você (ou os autores do livro didático) elaborou a partir de inúmeros fatos *e* raciocínio.

Um simples comando que se revelou particularmente útil é pedir que os planejadores terminem a sentença "Os alunos devem compreender **que**...". Essa formulação assegura uma resposta de sentença completa e impede que o planejador recorra à declaração somente do tópico (p. ex., Guerra Civil) ou a um conceito (p. ex., amizade). (É por isso que incluímos esse comando no Quadro CD no modelo de planejamento.)

A estruturação das compreensões desejadas como proposições de sentenças completas é necessária, mas não suficiente. Nem todas as proposições envolvem compreensões *duradouras*, é claro. "Os alunos devem compreender que o sorvete desempenha um papel surpreendentemente grande na vida americana" não garantiria uma unidade de três semanas. Tampouco é adequado propor que queremos que os alunos compreendam que "coisas esquisitas acontecem na história". Embora a declaração certamente sugira algumas possibilidades interessantes, ela é irremediavelmente vaga e sem utilidade para estruturar o planejamento de uma unidade ou curso. Por sua vez, a declaração de que "Os alunos devem compreender que grandes mudanças ocorreram historicamente mais por acaso do que por planejamento na nossa história" é uma proposição instigante, capaz de servir ao estudo da história.

Para que seja uma compreensão valiosa, então, a proposição precisa ser *duradoura*. Propomos duas conotações diferentes para o termo:

- A compreensão perdurou no tempo e entre as culturas porque se revelou muito importante e útil.
- A compreensão deve perdurar na mente do aluno porque irá ajudá-lo a encontrar sentido no conteúdo *e* possibilitará a transferência de ideias-chave. Assim, a aprendizagem deve ocorrer de tal forma que não escape da memória depois que a unidade tiver terminado ou o teste tiver sido feito.

Uma estratégia prática para a determinação do valor de uma compreensão proposta e para estruturá-la como uma generalização completa é passá-la por um "filtro" de perguntas como as da Figura 6.3.

Compreensões e questões desenvolvimentais

Até aqui apresentamos uma concepção direta de *compreensão*. No entanto, alguns leitores certamente reconheceram que a questão não é tão simples! De fato, um paradoxo aparente se apresenta diante de nós. Para um estudante do 1° ano ou um iniciante na matéria, muitos dos chamados fatos não são assim tão óbvios. Seja considerando a inexperiência dos jovens aprendizes ou a história do pensamento humano, temos que nos defrontar com uma realidade desenvolvimental que turva a distinção entre fatos e compreensões: o que inicialmente é uma inferência difícil pode se tornar, com o tempo, um fato aceito e "óbvio". Assim, tal como com perguntas essenciais, nenhuma declaração é *inerentemente* um fato ou uma compreensão. Isso depende de quem são os aprendizes e de qual foi sua experiência anterior.

Nosso trabalho como planejadores se torna mais desafiador dada a realidade de que muitas coisas que consideramos como fatos são, na verdade, compreensões adquiridas com dificuldade. Considere, por exemplo, a forma e o movimento do planeta Terra. Esses "fatos" já foram debatidos intensamente antes de se tornarem "compreendidos" e aceitos. (A propósito, essas duas questões exigiram alguma experiência um tanto esotérica para serem verificadas – p. ex., paralaxe na observação das estrelas, horários diferentes do nascer do Sol em latitudes diferentes.) Muitas das coisas que *nós* dizemos que sabemos como fatos nunca foram verificadas pessoalmente. Nós as aceitamos como "verdades", mesmo quando não as compreendemos inteiramente. Pior ainda, muitas das grandes

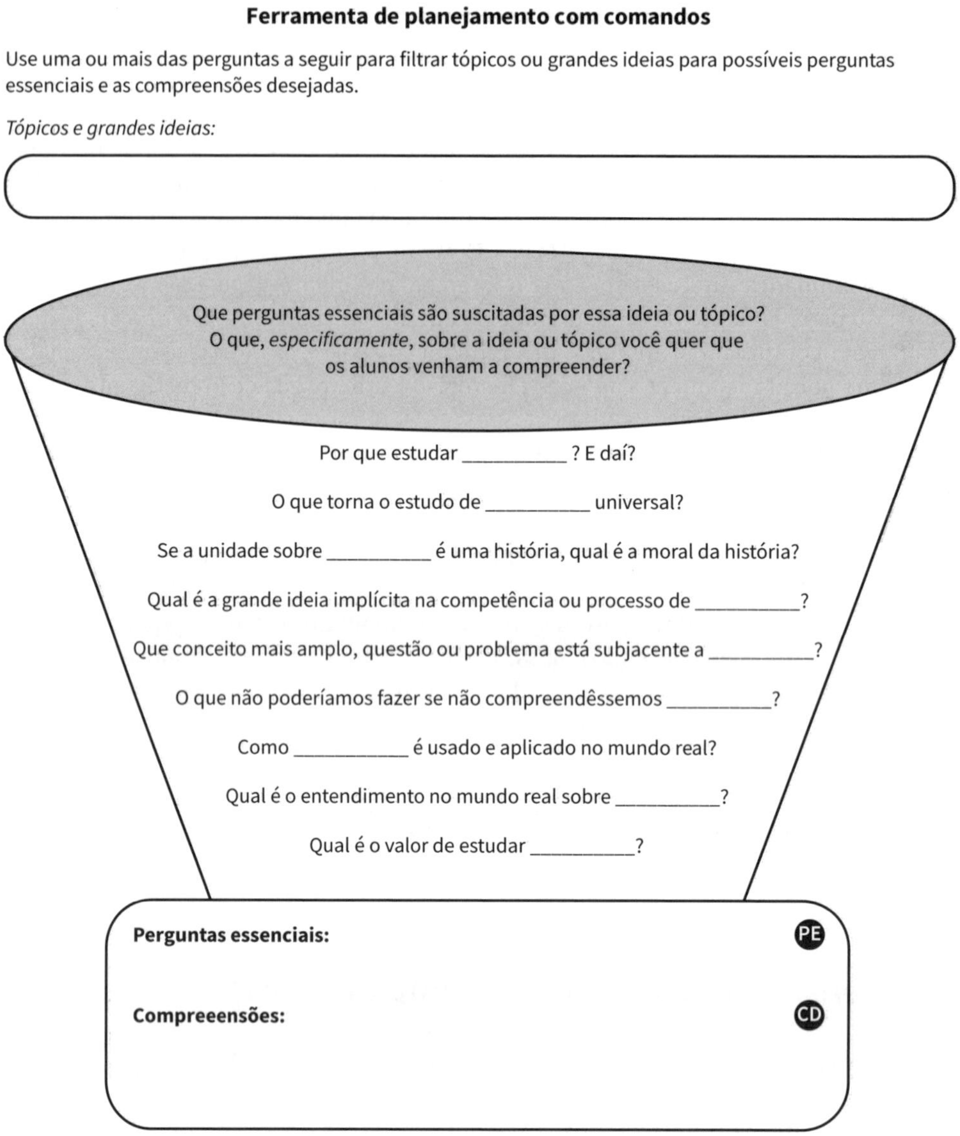

Ferramenta de planejamento com comandos

Use uma ou mais das perguntas a seguir para filtrar tópicos ou grandes ideias para possíveis perguntas essenciais e as compreensões desejadas.

Tópicos e grandes ideias:

Que perguntas essenciais são suscitadas por essa ideia ou tópico?
O que, *especificamente*, sobre a ideia ou tópico você quer que os alunos venham a compreender?

Por que estudar _________? E daí?

O que torna o estudo de _________ universal?

Se a unidade sobre _________ é uma história, qual é a moral da história?

Qual é a grande ideia implícita na competência ou processo de _________?

Que conceito mais amplo, questão ou problema está subjacente a _________?

O que não poderíamos fazer se não compreendêssemos _________?

Como _________ é usado e aplicado no mundo real?

Qual é o entendimento no mundo real sobre _________?

Qual é o valor de estudar _________?

Perguntas essenciais: PE

Compreeensões: CD

Figura 6.3
Identificação de perguntas essenciais e compreensões.

ideias que temos para ensinar podem nos ter sido ensinadas como se fossem fatos para recordação posterior.

Este é um teste prático para mostrar o quanto a distinção entre compreensões e fatos pode ser delicada algumas vezes e por que a experiência anterior é importante. Como você classificaria os seguintes pontos – fato ou compreensão?

- Cores estabelecem o humor.
- Em geometrias não euclidianas, não há figuras semelhantes, apenas figuras congruentes.
- Comunicação envolve a negociação do significado entre as pessoas.

- A mesma combinação de letras pode produzir diferentes sons, palavras e significados.
- Tradução não é comunicação.

Algumas dessas afirmações podem parecer lugares-comuns; outras parecem esotéricas ou novas. Se você for professor de línguas, suas respostas podem ser diferentes das de um professor de matemática; se você trabalha com crianças pequenas, suas respostas podem ser diferentes das daqueles que ensinam adultos. O que precisamos fazer, portanto, é refletir cuidadosamente sobre quem são nossos alunos e se o que chamamos de fato ou compreensão realmente é isso para eles. (É por isso que fazer um pré-teste e checagens contínuas para incompreensões é tão importante, como discutiremos nos próximos capítulos.)

Observamos, no Capítulo 5, que nenhuma pergunta é inerentemente essencial ou não essencial – isso depende da intenção. De modo similar, nenhuma sentença, ou escrutínio, pode ser declarada como um fato ou uma compreensão fora do contexto. Depende da visão do planejador se pode ser entendida por apreensão ou percebida somente pela compreensão ativa do aprendiz por meio de um bom planejamento e do acompanhamento. Quanto mais a alegação requer inferências e "descoberta" para ser entendida, e falsas concepções comuns a serem superadas, mais ela será uma compreensão. Quanto mais achamos que o aprendiz pode entendê-la apenas ouvindo, lendo ou se deparando com ela, mais devemos considerá-la como um fato e (se for importante) colocá-la no quadro "Conhecimento" no modelo de planejamento reverso.

Depois que estabelecemos compreensões apropriadas, o objetivo de cultivar compreensão no aprendiz vai depender da resistência vigorosa do professor a um instinto profundamente arraigado: ensinar uma compreensão como um fato. Na verdade, meramente *declarar* compreensões (seja por parte do professor, seja do livro didático) é o erro fundamental da "cobertura" no mau sentido do termo: tratar inferências complexas como palavras a serem simplesmente assimiladas, em vez de tratar a compreensão como um problema a ser resolvido pelo bom planejamento de atividades de aprendizagem.

Esse é um caso em que professores dos anos iniciais do ensino fundamental frequentemente têm vantagem sobre professores de outros níveis. Esses professores são, em geral, muito cientes de que muito do que os adultos "sabem" não é assim tão óbvio ou sensato para as crianças. Os melhores professores dos anos iniciais compreendem que ensinar requer constantemente "descobrir" o conhecimento adulto, não meramente "ensiná-lo". Quanto mais velhos os estudantes se tornam, mais assumimos que serão capazes de ver o que os especialistas conhecem como evidente depois que forem apresentados a isso. Infelizmente, a literatura de pesquisa sobre os mal-entendidos dos alunos revela a ingenuidade dessa suposição.

Ao longo do livro, chamamos esse problema de ponto cego do especialista – a falha em entender que lições-chave envolvem compreensões que precisam ser construídas, e não fatos a serem transmitidos. Quando o ponto cego do especialista está em ação, perdemos de vista essa compreensão sobre a compreensão. O que é óbvio para nós raramente é óbvio para um iniciante – e em algum momento também não foi óbvio para nós, mas nos esquecemos das nossas visões e dificuldades prévias. (Pesquisadores, entre eles Piaget e Duckworth, documentaram esse fenômeno em crianças: a criança não só esquece o que disse certa vez como na verdade nega que alguma vez tenha dito isso – mesmo quando confrontada com gravações da sua própria voz!)[3] Professores do ensino médio e do nível superior facilmente esquecem que muitas das coisas que agora chamamos de conhecimento foram antes ideias contraintuitivas que tiveram que ser exploradas, testadas e recompostas para uma compreensão genuína.

Expresso na linguagem das seis facetas, os especialistas frequentemente encontram dificuldade em ter empatia pelos iniciantes, mesmo quando tentam. É por isso que ensinar é difícil, sobretudo para os especialistas em alguma área que são professores iniciantes. Posto de forma positiva, precisamos nos esforçar incessantemente como educadores para sermos empáticos com as dificuldades conceituais do aprendiz para que possamos ter sucesso.

Um exemplo familiar do ponto cego do especialista em ação é o pressuposto de que o iniciante precisa aprender todo o vocabulário técnico que o especialista usa – na ausência de qualquer experiência que daria significado ao vocabulário:

> O conhecimento que é principalmente de segunda mão [...] tende a se tornar meramente verbal. Não se trata de uma objeção à informação que é revestida por palavras; a comunicação necessariamente acontece por meio de palavras. Mas, na medida em que o que é comunicado não pode ser organizado dentro da experiência existente do aprendiz, isso se transforma em meras palavras: ou seja, [...] carece de significado. Então isso opera para provocar reações mecânicas [...]
>
> O aluno aprende os símbolos sem a chave para o seu significado. Ele adquire um corpo técnico de informações sem a habilidade de fazer suas conexões com os objetos e operações com os quais está familiarizado – com frequência ele adquire simplesmente um vocabulário peculiar [...] Saber [apenas] as definições, regras, fórmulas, etc., é como saber os nomes das partes de uma máquina sem saber o que elas fazem. (DEWEY, 1916, p. 187-188, 220, 223)

Segundo a perspectiva do especialista, jargões e frases abreviadas permitem a comunicação fácil e eficiente; para os iniciantes frequentemente elas são barreiras desmotivadoras para a compreensão. O desafio de ensinar para a compreensão é introduzir vocabulário quando ele possa ajudar a esclarecer melhor a experiência e as ideias que surgem como resultado do planejamento do professor.

Um exemplo simples deste livro pode ajudar a entender. Você teria compreendido *compreensões* se tivéssemos iniciado o capítulo apenas definindo-as e avançando para outros aspectos do planejamento? Chegamos até a definição usando ideias simples, levantando preocupações previsíveis e considerando exemplos e contraexemplos antes de apresentar os critérios. Apresentar os critérios inicialmente sem explicar por que são necessários e como eles fazem sentido teria sido confuso para muitos leitores. Você teria compreendido *compreensão* como uma definição, mas não teria sido capaz de usar essa definição para elaborar e avaliar compreensões. (O fato de que você pode *ainda* não estar pronto para elaborar boas compreensões é outro exemplo do motivo pelo qual a compreensão é aprendida por meio do desempenho e refletida nele.)

Um retorno ao teorema de Pitágoras

Discutimos no Capítulo 2 a falha comum da transferência na aprendizagem do teorema de Pitágoras, portanto vamos revisitar essa grande ideia em maior profundidade. O que significa dizer que "$A^2 + B^2 = C^2$ vale para qualquer triângulo retângulo" é uma compreensão? Por que não a chamar de fato? Que implicação tem chamá-la de compreensão para o que devemos fazer (e *não* fazer) "por planejamento"?

Esse teorema tem aplicabilidade profunda (p. ex., calcular distâncias e inclinação ao desenhar funções ou alguma coisa em escala com precisão), embora essas implicações não sejam óbvias antes de estudarmos geometria. No entanto, apesar da sua familiaridade, esse não é um fato simples, nem obviamente verdadeiro na inspeção. De fato, ele absolutamente não parece correto se você apenas olhar para desenhos de triângulos retângulos; essa é uma afirmação que *precisa* de comprovação. A fórmula é o mesmo que dizer: "Se você desenhar um quadrado em cada aresta do triângulo retângulo, a soma das áreas dos quadrados nos dois lados menores equivale à área do quadrado no lado maior – sempre; independentemente da forma do triângulo retângulo". Isso não é óbvio, e nem são os seus usos práticos! (Se o teorema fosse óbvio, não precisaria de comprovação – ele seria um axioma.)

Sendo esse o caso, certamente faz pouco sentido tratar essa afirmação como um fato a ser coberto e guardado para recordar posteriormente, mesmo que a sentença soe familiar. Tratar compreensões não óbvias de grandes ideias como fatos aumenta muito mais a probabilidade de termos o tipo de amnésia, inércia e fantasia que citamos na descrição de Shulman no Capítulo 2. Qualquer um pode declarar o teorema como um fato sem ter a mínima compreensão do seu significado. Saber unicamente o que significam os símbolos na sentença – como traduzir a sentença em palavras – *não* equivale a compreendê-la.

Qual *é*, então, a compreensão que queremos que os alunos obtenham? E quais incompreensões devem ser superadas para chegar lá? Este é um relato atipicamente explícito das muitas ideias interconectadas e fatos implicados, mas raramente expressos em livros didáticos ou salas de aula, que são necessários para entender essa compreensão e suas implicações:

- O teorema é válido para um triângulo retângulo de *qualquer* tamanho ou forma.
- A afirmação é verdadeira para *todos os casos possíveis*, na verdade.
- Como podemos comprová-la para todos os casos possíveis, toda a trigonometria se torna possível, assim como a habilidade de comparar formas aparentemente incomparáveis e suas áreas.
- Nem sempre nos baseamos em uma imagem gráfica para fazer uma alegação de que um teorema é verdadeiro. A imagem nos engana, na verdade, fazendo parecer como se a alegação fosse verdadeira por inspeção dos desenhos quando ela é verdadeira apenas por argumentação lógica.
- A comprovação é dedutiva, não indutiva, em outras palavras. Não há dúvidas ou incertezas quanto à conclusão: ela resulta de nossos axiomas, lógica e teoremas anteriores.

Nenhuma dessas alegações é óbvia. Podemos chegar a uma compreensão de $A^2 + B^2 = C^2$ apenas por meio de tentativas de comprovação, satisfazendo-nos de que a conclusão é defensável como uma conclusão e importante como uma ideia. É nesse sentido que Piaget entendia que *compreender* é *inventar*: em certo sentido, o aprendiz "descobre" a prova como uma prova.

Compreensões como objetivos

O Estágio 1 pede que os planejadores especifiquem uma ou mais compreensões desejadas como resultado de uma unidade ou curso. É importante observar que o Estágio 1 é para o planejador, não para o aluno. As compreensões, quando escritas, podem não ser compreensíveis dessa forma para o aluno. Tal como as perguntas essenciais, não devemos confundir nosso pensamento sobre os resultados desejados (Estágio 1) com um plano de aprendizagem para causar esses resultados (Estágio 3). A questão não é fazer o aluno recitar a compreensão nas palavras com as quais a escrevemos. A questão é estruturar claramente nossos objetivos para nós mesmos (e nossos colegas). Pense na compreensão como escrita pelo "arquiteto" para o "contratante". Ela é uma planta para a construção de um plano de aprendizagem, não os materiais para o planejamento completo. Realizar o plano – ou seja, desenvolver as compreensões desejadas – é a meta do planejamento. As eventuais compreensões do aprendiz são reveladas com mais clareza no Estágio 2 nas suas próprias palavras, ou de forma não verbal, ou por meio de vários desempenhos, e são causadas no Estágio 3 pelo ensino, atividades experienciais, discussões e reflexões.

Considere as seguintes compreensões propostas no Estágio 1 para um planejamento de unidade:

- A força total é igual à soma da força que cada segmento corporal produz se as forças forem aplicadas em uma única direção com sequência apropriada e tempo correto.
- Quando todas as forças são aplicadas sequencialmente na mesma direção no tempo apropriado, é atingida aceleração máxima e força máxima.
- Forças internas ou contrações musculares podem criar, resistir e interromper a força.
- A produção de força interna depende do número de músculos envolvidos, do tamanho dos músculos envolvidos, do reflexo de estiramento, da distância ao longo da qual o músculo se contrai e da velocidade do movimento. O corpo inteiro precisa estar envolvido nos movimentos que requerem muita força.
- Um músculo que se contrai em toda a sua amplitude de movimento irá gerar mais força.
- O seguimento permite a desaceleração das partes do corpo e resulta em maior impulso na liberação ou impacto, aumentando, dessa forma, a probabilidade de atingir a produção de força máxima.

Isso parece física ou bioengenharia universitária, não é? Mas estas são as compreensões desejadas para a unidade de Educação Física sobre golfe citada anteriormente! Não é esperado que os jogadores de golfe iniciantes reafirmem essas ideias nessas palavras, mas que entendam a sua verdade como compreensões transferíveis, refletidas em suas ações e autoavaliações no curso de golfe, no campo de treinamento e no campo de prática.

Alertamos os leitores, então, para evitarem o equívoco comum de que os objetivos para compreensão representam declarações que os aprendizes devem "entregar" quando as aulas tiverem terminado ou de que as compreensões devem ser simplistas para os jovens aprendizes ou iniciantes em uma matéria. Pelo contrário: a compreensão de ideias poderosas em uso permanece nossa meta válida.

Isso significa que você nunca deve proferir a compreensão declarada ou transformá-la em linguagem acessível às crianças? Não estamos dizendo isso. Na verdade, no Estágio 3 você fará um plano para preencher a lacuna entre a compreensão do especialista e a do iniciante. Apenas alertamos que conhecimento verbal não é o foco. Evidências de compreensão não requerem que os alunos expressem a compreensão em palavras prioritariamente.

Consciência dos mal-entendidos previsíveis

Aprendizes não são folhas em branco. Eles chegam à situação de aprendizagem com conhecimento prévio, experiência e, muito possivelmente, algumas falsas concepções.

Essas falsas concepções, diferentemente da confusão ou desatenção, em geral provêm de experiência anterior e de uma inferência plausível baseada nessa experiência. Em consequência, um desafio no desenvolvimento da compreensão é ajudar os aprendizes a se tornarem mais abertos a experiências e ponderados. Por quê? Porque as falsas concepções existentes atravessam o caminho da compreensão e devem ser reconhecidas e erradicadas. Para que ocorram novas e melhores formas de pensamento, "fatos" e hábitos antigos de pensamento e de ação devem ser questionados e algumas vezes desaprendidos.

Vir a compreender é, dessa forma, mais como o desenvolvimento de um novo balanceio no golfe ou de um sotaque ao falar. Podemos nos surpreender ao descobrirmos que muitos dos nossos alunos mais capazes e bem-sucedidos resistem a novas compreensões porque se sentem confortáveis com as antigas. Sem um trabalho planejado para ir a fundo e erradicar sistematicamente as formas de pensamento mais previsíveis, porém inúteis, as preconcepções dos alunos podem permanecer intocadas pelo ensino.

Como uma questão prática, encorajamos os planejadores a revisarem mentalmente as falsas concepções previsíveis ou incompreensões possíveis sobre um conteúdo ou habilidade que vão trabalhar. Considere estas perguntas: Que desinformações arraigadas os aprendizes têm sobre o tópico? Quais são os "pontos difíceis" que sempre parecem surgir, apesar dos melhores esforços, quando ensinamos o tópico?

Ironicamente, a identificação de equívocos potenciais pode nos ajudar a melhor compreender as compreensões que estamos buscando e a reconhecer obstáculos inevitáveis. Por exemplo, um equívoco previsível sobre natação (algumas vezes implantado pelos pais) é o de que você deve fazer uma "concha" com as mãos e "apanhar" a água. Embora possa fazer sentido intuitivamente, isso viola um princípio básico da física do movimento; ou seja, podemos gerar maior força aumentando a área da superfície em contato com a água. Assim, queremos que os nadadores iniciantes compreendam que devem manter a posição da mão plana, e não em concha, ao darem as braçadas na água.

Compreendendo que pode não haver uma compreensão única

Uma reivindicação de compreensões *duradouras* pode ter feito alguns leitores se perguntarem se estamos sendo inconsistentes quando também falamos em perguntas essenciais abertas e na necessidade de repensar. "Mas e se a compreensão desejada *for* que não há compreensão oficial, única, estabelecida?" Então, *essa* é a compreensão que você quer que os alunos levem consigo. Você pode até ir mais além e ser mais específico sobre a falta de compreensão final, dizendo, por exemplo: "Os historiadores discordam quanto às principais causas da Guerra Civil. Alguns focam nos males da escravidão, enquanto outros focam em questões dos direitos dos estados". Em seu ensino, Grant gostava de usar o seguinte aforismo como uma compreensão relacionada à leitura interpretativa e discussão da grande literatura.

> Não há uma resposta certa para o que trata o texto. Mas isso não significa que todas as respostas são iguais. Pode não haver respostas certas, mas algumas respostas são melhores do que outras, e descobrir o que isso significa e como pode ser dessa forma é um dos principais desafios. (GRANT, 1979)

De fato, uma mudança importante que precisa ocorrer no pensamento para que um currículo para a compreensão atinja esse objetivo é a de que o aprendiz deve ser ajudado a perceber que a aprendizagem é uma busca incessante de compreensões, não a procura de "fatos definitivos" transmitidos pelas "autoridades" no assunto.

A falibilidade e a pluralidade das compreensões

Reflita sobre o que pretendemos dizer quando afirmamos: "Bem, é *minha* compreensão que...". A beleza dessa frase, em nossa opinião, é que ela apropriadamente implica discernimento *e* falibilidade. Cada compreensão é sempre a compreensão de alguém, e as pessoas, mesmo os especialistas, são falíveis e trabalham com conhecimento incompleto. A compreensão é *sua* ou *dela* ou *dele*; nunca é *a* compreensão em um mundo democrático moderno. As compreensões podem diferir – de fato, no século XXI, elas sempre diferem em todos os campos. A universidade, de fato, é por definição um "universo" de discursos pluralistas, um espaço onde concordamos em discordar e também em concordar e onde somos livres para formarmos uma opinião e mudá-la com base em novos argumentos e evidências. Como uma compreensão é uma inferência baseada em evidências inerentemente limitadas, cada um de nós pode muito bem chegar a conclusões diferentes sobre cada questão importante.

Essa noção pode compreensivelmente incomodar algumas pessoas. Elas podem argumentar, assim como o sargento Friday na antiga série de TV *Dragnet*: "Apenas os fatos, senhora". De fato, as infindáveis batalhas políticas sobre temas como evolução e *Harry Potter* podem ser vistas como nostalgia – uma tentativa sentimental de retornar àquela época mítica da Verdade, desprovida de toda essa indecisão "relativista" e "politicamente correta" sobre o que é Conhecido, ao que respondemos: *nunca* foi assim no mundo moderno. Todas as afirmações dos especialistas continuam sendo compreensões humanas, obtidas por pessoas reais que chegaram a uma conclusão considerada. Nenhuma teoria é um fato; elas são compreensões, inclusive as de Newton, as dos nutricionistas de gerações passadas e a da Suprema Corte atual. Pense nas novas compreensões e nas antigas compreensões derrubadas ao longo da nossa vida nas ciências "duras": buracos negros, teoria das cordas, fractais, lógica confusa, dúzias de novas partículas subatômicas, matéria negra, a base genética das doenças. Ou considere compreensões mais mundanas. Úlceras causadas por estresse? Não, por bactérias. A pirâmide alimentar do Ministério da Saúde? Qual versão? E quanto à dieta mediterrânea?

É um esforço nobre racionalizar a educação estabelecendo orientações curriculares para especificar conhecimento e habilidades importantes. Mas isso não deve ser confundido com a existência mítica de um conjunto atemporal e oficial de "compreensões" imutáveis. Tal visão é anti-intelectual e condenada ao fracasso em um mundo democrático povoado por livres pensadores nas profissões. Não queremos compreensões que perdurem no horrível sentido fascista de indiferença às devolutivas e resistência à mudança.

O melhor que cada um de nós pode fazer – seja um único professor, seja um comitê da regional de ensino, seja um grupo de construção do currículo da Secretaria de Educação – é recordar como se desenrolou toda a nossa pesquisa como estudantes. O desafio é chegar a compreensões *aceitáveis*, com base em uma consideração dos recursos apropriados e disponíveis e dos nossos objetivos. Consideramos a matéria cuidadosamente, cientes do que os especialistas dizem, chegamos à nossa compreensão e submetemos essa compreensão à revisão – por exemplo, a dissertação e sua *defesa*. Então nos apegamos a essa visão, embora sempre abertos à reconsideração da matéria, permanecendo prontos para mudar de ideia se e quando novos argumentos e evidências convincentes cruzarem nosso caminho.

Sim, as melhores compreensões perduram. E é nossa tarefa compartilhar com os alunos o que os especialistas compreendem e compreenderam e o que passamos a compreender como seus professores. Mas também é nossa tarefa tratar os alunos com respeito intelectual. Precisamos lhes proporcionar prática para atingir, verificar e, sim, criticar as compreensões. É assim que funciona a compreensão disciplinar moderna – testamos afirmações para fortalecê-las ou derrubá-las. Assim ajudamos os aprendizes a viverem em um mundo no qual existe *expertise*, mas no qual os especialistas também argumentam e mudam de opinião, em um lugar e momento em que o livre pensar é seu direito inato.

Planejamento reverso em ação com Bob James

À luz das ideias aqui discutidas, nosso professor imaginário, Bob James, repensa sua abordagem original da "compreensão." (Compare com os pensamentos originais de Bob no final do Capítulo 1.)

Acho que sempre usei as palavras *saber* e *compreender* de forma intercambiável. Mas agora, pensando bem, com frequência há momentos em que as crianças respondem corretamente às perguntas de memorização do conhecimento nas minhas provas, e, no entanto, eu sei que elas não compreendem realmente o material. Também percebo que ter muito conhecimento não significa que você consegue usar o que sabe. Recordo quando, no ano passado, dois dos meus melhores alunos, que sempre se saíam bem em todos os questionários e testes na unidade de nutrição, não conseguiram analisar o planejamento do cardápio da sua família para pensar em um plano mais nutritivo. (Também notei que eles comiam principalmente *junk food* no almoço.) Então acho que existe uma diferença entre *saber*, *saber como* e *compreender*.

Mais importante, estou começando a perceber que meus objetivos de compreensão originais para a unidade não são adequados. Eu simplesmente identificava uma área de interesse – boa nutrição – e achava que os padrões estaduais explicavam cientificamente o que eu estava buscando. Mas os padrões de conteúdo para nutrição não especificam as compreensões particulares que meus alunos devem adquirir. Apenas afirmam que eles devem compreender os elementos da boa nutrição. Então eu preciso ser mais específico: que ideias sobre nutrição eles devem vir a compreender e extrair da unidade? Como trabalhei essas questões e os exercícios de UbD, agora tenho muito mais clareza sobre como estruturar meus objetivos de unidade em termos de proposições específicas. Vou focalizar agora em três compreensões principais: (1) uma dieta balanceada contribui para a saúde física e mental; (2) a pirâmide alimentar do Ministério da Saúde oferece orientações *relativas* para nutrição; e (3) as necessidades nutricionais variam para os indivíduos com base na idade, no nível de atividade, no peso e na saúde geral.

Cara, isso é difícil, mas já consigo ver os benefícios de ser mais específico quanto ao que, especificamente, meus alunos precisam levar consigo como compreensão. Isso vai facilitar o planejamento das avaliações e das aulas para produzir essas compreensões.

Em resumo

As quatro regras práticas a seguir podem ajudar os planejadores enquanto elaboram, selecionam e editam as compreensões propostas:

1. Uma compreensão desejada é uma prioridade. Uma unidade deve focar em um número pequeno de grandes ideias transferíveis sobre quais compreensões são expressas – caso contrário, realmente *não há* prioridades.

2. As compreensões desejadas são mais bem expressas na forma proposicional: "Os alunos irão compreender *que...*".[4]
3. Embora se refiram a ideias gerais ou abstratas, as compreensões desejadas devem ser expressas em termos claros, inequívocos – como generalizações *específicas e elucidativas*.
4. As compreensões são de dois tipos: tópicas e abrangentes. Compreensões tópicas são específicas para a unidade, e compreensões abrangentes são mais amplas e (como o nome indica) oferecem uma conexão possível com outras unidades e cursos.

Capítulo 7
Pensando como um avaliador

Nós reconhecemos a compreensão por meio de um desempenho flexível [...] A compreensão mostra a sua cara quando as pessoas conseguem pensar e agir flexivelmente em torno do que sabem. Por outro lado, quando um aprendiz não consegue ir além do pensamento e ação mecânicos e rotineiros, isso sinaliza falta de compreensão [...] Compreender significa ser capaz de desempenhar com flexibilidade.
_ David Perkins, "What Is Understanding?" in Martha Stone Wiske, (Org.), *Teaching for Understanding*, 1998

O método de educação mais importante [...] sempre consistiu daquele em que o aluno foi estimulado ao desempenho real.
_ Albert Einstein, *Ideas and Opinions*, 1982

Depois de esclarecido como estruturar os resultados desejados no Estágio 1, agora avançamos para o segundo estágio do planejamento reverso. Aqui, examinamos as implicações avaliativas do nosso planejamento emergente fazendo (e tornando a fazer) as perguntas do avaliador:

- Que evidências podem mostrar que os alunos atingiram os resultados desejados (Estágio 1)?
- Que tarefas de avaliação e outras evidências irão ancorar nossas unidades curriculares e, assim, guiar nosso ensino?
- O que devemos procurar para determinar o alcance da compreensão do aluno?

A Figura 7.1 lista os três estágios do planejamento reverso e apresenta as considerações e os padrões de planejamento que se aplicam. O Estágio 2 resume os elementos que devem ser considerados quando planejamos a coleta de evidências das avaliações.

Em nenhum outro lugar o processo do planejamento reverso parte de uma prática mais convencional do que nesse estágio. Em vez de seguirmos desde o objetivo até o ensino, perguntamos: o que contaria como evidência do sucesso da aprendizagem? Antes de planejarmos as atividades, nossa pergunta deve ser primeiramente: que atividade ava-

Perguntas-chave do planejamento	Capítulos do livro	Considerações sobre o planejamento	Filtros (critérios de planejamento)	O que o planejamento final obtém
Estágio 1 • Quais são os resultados importantes e adequados? • Quais são as principais aprendizagens desejadas? • O que os alunos devem sair do curso compreendendo, sabendo e sendo capazes de fazer? • Que grandes ideias podem estruturar todos esses objetivos?	• Capítulo 3 – Obtendo clareza nos nossos objetivos • Capítulo 4 – As seis facetas da compreensão • Capítulo 5 – Perguntas essenciais: a porta de entrada para a compreensão • Capítulo 6 – Elaborando compreensões	• Orientações curriculares nacionais • Orientações curriculares estaduais • Orientações curriculares locais • Oportunidades de temas regionais • Proficiência e interesse do professor	• Focado em grandes ideias e desafios centrais	• Unidade estruturada em torno de compreensões duradouras e perguntas essenciais, em relação a objetivos claros e padrões curriculares
Estágio 2 • **Quais são as evidências dos resultados desejados?** • **Em particular, quais são as evidências apropriadas da compreensão desejada?**	• **Capítulo 7 – Pensando como um avaliador** • **Capítulo 8 – Critérios e validade**	• **Seis facetas da compreensão** • ***Continuum* dos tipos de avaliação**	• **Válido** • **Confiável** • **Suficiente**	• **Unidade ancorada em evidências confiáveis e úteis dos resultados desejados**
Estágio 3 • Que atividades de aprendizagem e ensino promovem compreensão, conhecimento, habilidades, interesse dos alunos e excelência?	• Capítulo 9 – Planejando para a aprendizagem • Capítulo 10 – Ensinando para a compreensão	• Repertório de aprendizagem e estratégias de ensino baseados em pesquisa • Conhecimento e habilidades apropriados e estruturantes	Engajador e efetivo, usando os elementos de OPERAAO: • Para onde vai? • Prender a atenção dos alunos • Explorar e equipar • Repensar e revisar • Exibir e avaliar • Adequar às necessidades, interesses e estilos dos alunos • Organizar para o máximo engajamento e efetividade	• Atividades de aprendizagem coerentes e ensino que evoque e desenvolva as compreensões, o conhecimento e as habilidades desejadas, promova interesse e aumente a probabilidade de um desempenho excelente

Figura 7.1
A matriz do planejamento para a compreensão: foco no Estágio 2.

liativa dos resultados desejados se segue logicamente ao Estágio 1? E, especificamente, o que conta como evidência da compreensão buscada?

O mantra deste e do próximo capítulo é pensar como um avaliador, não como um professor. Lembre-se da lógica do planejamento reverso, conforme mostrado na Figura 7.2. O texto que liga a primeira e a segunda coluna mostra o que significa pensar como um avaliador.

Como a lógica do planejamento reverso nos faz lembrar, somos obrigados a considerar as evidências de aprendizagem implicadas nos resultados desejados, em vez de pensar na

Estágio 1	Estágio 2
Se o resultado desejado for que os aprendizes...	*Então você precisa de evidências da habilidade do aluno para...*

Estágio 1

Atendam às expectativas curriculares (O)

Expectativa 6 – Os alunos irão compreender conceitos essenciais sobre nutrição e dieta.

6a – Os alunos irão usar uma compreensão de nutrição para planejar dietas apropriadas para eles mesmos e os outros.
6c – Os alunos irão compreender seus próprios padrões alimentares e formas como esses padrões podem ser melhorados.

Compreendam que... (CD)

- Uma dieta balanceada contribui para a saúde física e mental.
- A pirâmide alimentar do Ministério da Saúde apresenta orientações relativas para nutrição.
- As exigências nutricionais variam entre os indivíduos com base na idade, nível de atividade, peso e saúde global.
- Uma vida saudável requer que um indivíduo utilize as informações disponíveis sobre boa nutrição, mesmo que isso signifique romper hábitos confortáveis.

Reflitam ponderadamente sobre as perguntas... (PE)

- O que é alimentação saudável?
- Você se alimenta de forma saudável? Como você pode saber?
- Como é possível que uma dieta saudável para uma pessoa possa ser insalubre para outra?
- Por que há tantos problemas de saúde nos Estados Unidos causados por má alimentação apesar de todas as informações disponíveis?

Saibam e sejam capazes de... (CO) (H)

- Usar termos-chave – proteína, gordura, caloria, carboidrato, colesterol.
- Identificar os tipos de alimentos em cada grupo alimentar e seus valores nutricionais.
- Estar familiarizados com as orientações da pirâmide alimentar do Ministério da Saúde.
- Discutir as variáveis que influenciam as necessidades nutricionais.
- Identificar problemas de saúde específicos causados pela má nutrição.

Estágio 2

- Planejar uma dieta para diferentes tipos de pessoas em diferentes tipos de contextos.
- Revelar uma compreensão de que as orientações do Ministério da Saúde não são absolutas, mas "guias" – e que existem outros guias (bem como variáveis contextuais).
- Observar atentamente e analisar os hábitos dos outros, além dos próprios hábitos, e fazer inferências embasadas sobre por que as pessoas comem da forma como comem.

Isso sugere a necessidade de tarefas ou testes específicos, como... (T)

- Planejar refeições para grupos diversos.
- Reagir a planos nutricionais excessivamente rígidos ou dispersos feitos por outros.
- Fazer um bom levantamento do que as pessoas realmente comem e por quê.

Questionário: Sobre os grupos alimentares e a pirâmide alimentar do Ministério da Saúde (OE)

Comandos: Descreva problemas de saúde que podem surgir como resultado da má nutrição e explique como podem ser evitados; reflexões sobre os próprios hábitos alimentares e os de outras pessoas.

Figura 7.2
A lógica do planejamento reverso.

avaliação primariamente como um meio para gerar notas. Levando em consideração os objetivos, quais evidências significam que os desempenhos esperados foram atingidos? Dadas as perguntas essenciais, que evidências mostrariam que o aprendiz as considerou profundamente? Levando em conta as compreensões, o que mostraria que o aprendiz "chegou lá"? Incentivamos os professores a considerarem uma analogia judicial enquanto planejam a avaliação. Pense nos alunos na forma como os jurados pensam nos acusados: inocentes (de compreensão, habilidades, e assim por diante) até que seja provada sua culpa por uma preponderância de evidências que são mais do que circunstanciais. Em um mundo de responsabilização (*accountability*) baseada em padrões curriculares, uma abordagem como essa é vital.

As histórias a seguir são verdadeiras e ilustram o problema resultante de não se considerar cuidadosamente as evidências necessárias.

- Uma professora da educação infantil pede que cada aluno traga um cartaz com cem itens para o centésimo dia de aula. No entanto, quando precisa justificar a atividade avaliativa, a professora se refere à expectativa curricular que faz referência à "ideia" de número e valor posicional. Mas o aprendiz só teve que colar cem itens no cartaz. Os alunos não foram requeridos a usar ou explicar linhas, colunas ou padrões. Assim, na verdade, temos apenas evidências de que o aprendiz sabe contar até cem, o que não é o mesmo que compreender "centenas" como um conceito associado ao sistema decimal e a ideia de valor posicional, como é a expectativa do currículo. De fato, como o cartaz foi preparado em casa, não temos evidências adequadas de que os alunos fizeram a contagem sozinhos, sem participação dos pais.
- Um professor de Ciências do 7° ano captura a energia e a imaginação dos alunos anunciando que eles terão que comer os resultados do seu próximo experimento em Ciências. Mas o que é engajador nem sempre é o mais efetivo ou apropriado, devido ao tempo disponível. Nesse caso, fazer pé-de-moleque ofereceu pouco no caminho para alcançar grandes ideias e compreensões duradouras para a semana alocada para experimentação.
- Um professor universitário de História prepara uma prova final consistindo exclusivamente de cem perguntas de múltipla escolha e respostas curtas para um programa de curso no qual "fazer" história com as fontes primárias é enfatizado como um objetivo importante.

Todas essas avaliações podem ter algum mérito quando vistas pela ótica das aulas individuais, mas cada uma precisa se alinhar melhor com os objetivos do currículo. Um planejamento reverso mais rigoroso – desde os objetivos, em geral (e as ideias-chave a serem compreendidas, especificamente), até as avaliações relacionadas que eles implicam – teria proporcionado essa ligação. Esses erros são comuns e não são isolados. De fato, durante a última década, observamos que poucos educadores têm uma compreensão adequada de validade, e muitos têm compreensões equivocadas sobre avaliação mais em geral, conforme refletido em seus comentários e no trabalho de planejamento.

Ampliando ainda mais o foco na compreensão, muitos testes dos professores tendem a focar na precisão do conhecimento e das habilidades em vez de nas evidências da *transferibilidade*, baseados em grandes ideias de como usar o conhecimento e as habilidades efetivamente. Nossa discussão anterior das seis facetas e da necessidade de transferibilidade alertou devidamente os planejadores quanto à importância da obtenção de evidências da compreensão por meio de avaliações do desempenho. Contudo, a riqueza e a complexidade de todos os resultados desejados também demandam variedade nas evidências que coletamos.

Três perguntas básicas

Pensar como um avaliador se traduz em algumas perguntas básicas. A primeira pergunta é: *de que tipos de evidências precisamos* para encontrar as marcas dos nossos objetivos, inclusive a da compreensão? Antes de planejarmos um teste ou tarefa específica, é importante levar em consideração os tipos gerais de desempenhos que estão implicados nesse teste ou tarefa. Por exemplo, independentemente do conteúdo, a compreensão em geral é revelada por meio de exercícios de comparação e contraste ou resumo das ideias principais. Depois do mapeamento de uma abordagem geral para avaliação, desenvolvemos, então, as particularidades das atividades avaliativas.

A segunda pergunta pressupõe que alguma tarefa específica foi desenvolvida, sobre a qual, então, perguntamos: *que características específicas nas respostas dos alunos, em seus produtos ou desempenhos, devemos examinar* para determinar em que medida os resultados desejados foram alcançados? É aí que entram em jogo os critérios, as rubricas e os modelos exemplares.

A terceira pergunta tem a ver com um teste para validade e confiabilidade da atividade avaliativa: *as evidências propostas nos possibilitam inferir o conhecimento, habilidade ou compreensão de um estudante?* Em outras palavras, as evidências (Estágio 2) se alinham com nossos objetivos (Estágio 1), e os resultados são suficientemente inequívocos? Poucos professores têm o hábito de testar seus planejamentos depois que as avaliações foram definidas, mas esse autodiagnóstico é o segredo para resultados melhores e mais justos.

Neste capítulo, examinamos o primeiro dos três aspectos do pensar como um avaliador: considerar, em termos gerais, o tipo de evidências necessárias para avaliar uma variedade de objetivos de aprendizagem em geral e a compreensão especificamente. No próximo capítulo, trataremos das outras duas perguntas, relacionadas aos critérios e a questões de validade e confiabilidade.

Um processo não natural

Pensar como um avaliador antes de planejar as aulas não acontece tão naturalmente ou facilmente para muitos professores. Estamos muito mais acostumados a pensar como um planejador de atividades ou como professor depois que temos um objetivo. Ou seja, fácil e inconscientemente, nós pulamos para o Estágio 3 – o planejamento das aulas, atividades e tarefas – sem primeiro nos perguntarmos de quais desempenhos e produtos precisamos para seguir ensinando.

O planejamento reverso demanda que superemos esse instinto natural e esse hábito confortável. Caso contrário, nosso planejamento provavelmente será menos coerente e focado nos resultados desejados – e será mais o resultado do acaso e da habilidade dos alunos. De fato, um dos principais valores do modelo de planejamento reverso, e do processo de planejamento reverso de modo mais geral, é fornecer ferramentas e processos para evitar esse hábito mental de negligenciar a solidez de nossas atividades avaliativas. A Figura 7.3 resume como as duas abordagens – pensar como um avaliador e pensar como um planejador de atividades – são diferentes.

As perguntas da primeira coluna derivam dos resultados desejados e aumentam a probabilidade de que atividades eventuais e estratégias de ensino apontem para as avaliações mais apropriadas. A segunda coluna de perguntas, embora sensatas segundo a perspectiva do ensino e planejamento de atividades, torna muito menos provável que as avaliações usadas sejam apropriadas. De fato, quando pensamos apenas como um plane-

Quando pensamos como um avaliador, perguntamos...	Quando pensamos (apenas) como um planejador de atividades, perguntamos...
• O que seria uma evidência suficiente e reveladora da compreensão? • Considerando-se os objetivos, que tarefas de desempenho devem ancorar a unidade e ser o foco do ensino? • Quais são os diferentes tipos de evidências requeridos pelos resultados desejados no Estágio 1? • Em comparação com quais critérios consideraremos apropriadamente o trabalho e avaliaremos os níveis de qualidade? • As avaliações revelaram e distinguiram aqueles que realmente compreenderam daqueles que apenas pareceram compreender? Estão claras para mim as razões por trás dos erros dos aprendizes?	• Que atividades sobre este tópico seriam divertidas e interessantes? • Que projetos os alunos podem querer realizar sobre este tópico? • Que testes eu devo dar com base no conteúdo que ensinei? • Como darei notas para os alunos (e as justificarei para seus pais)? • Como as atividades funcionaram? • Como os alunos se saíram no teste?

Figura 7.3
Duas abordagens para pensar sobre avaliação.

jador de atividades, podemos muito bem acabar com alguma coisa tal qual a unidade das maçãs descrita na Introdução. Embora alguns alunos *possam* desenvolver compreensões importantes e atendam a algumas expectativas de aprendizagem como consequência, isso ocorrerá muito mais por sorte e acaso do que por meio do planejamento. (Veja o Capítulo 8 para considerações adicionais referentes à validade.)

A atenção à qualidade das avaliações locais não poderia ser mais importante do que é agora, quando a responsabilização (*accountability*) formal demanda avaliações alinhadas com as expectativas de aprendizagem*. A menos que usemos o planejamento reverso de forma frequente e cuidadosa, é improvável que a avaliação local proporcione a devolutiva necessária para informar o ensino e melhorar a aprendizagem. Uma maior atenção à autoavaliação e à revisão de pares com base nos padrões de planejamento pode melhorar enormemente as avaliações escolares.

Da fotografia instantânea ao álbum de memórias

A avaliação efetiva se parece mais com um álbum de memórias com lembranças e fotografias do que com uma única fotografia instantânea. Em vez de usar apenas um teste, de um único tipo, ao final do ensino, os professores avaliadores eficazes reúnem inúmeras evidências ao longo do caminho usando uma variedade de métodos e formatos. Assim, ao planejarem a coleta de evidências da compreensão, consideram uma gama de métodos de avaliação como os apresentados na Figura 7.4.

---

* N. de R.T.: Os autores se referem, nessa passagem, ao contexto estadunidense, no qual houve um forte movimento ao longo dos anos 2000 (impulsionado sobretudo pelo ato *No Child Left Behind*) de introdução de medidas de responsabilização (*accountability*) das escolas, particularmente aquelas ligadas ao alinhamento entre o ensino e as orientações curriculares que pautavam as avaliações externas.

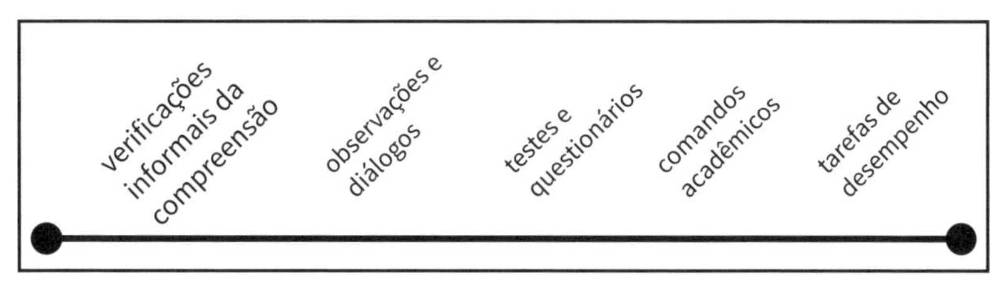

Figura 7.4
Um *continuum* de atividades avaliativas.

Esse *continuum* de avaliações inclui verificações informais da compreensão (como perguntas orais, observações, diálogos); questionários, provas com testes de múltipla escolha e perguntas de resposta construída tradicionais; e tarefas de desempenho e projetos. Elas variam quanto a escopo (de simples a complexas), duração (de curto a longo prazo), contexto (de descontextualizado a contextos autênticos) e estrutura (de altamente diretivas a não estruturadas). Uma vez que a compreensão se desenvolve como resultado da constante investigação e do repensar, a avaliação da compreensão deve ser pensada em termos de uma coleta de evidências ao longo do tempo em vez de um "evento" - um teste em num único momento específico no fim da instrução –, como tão frequentemente acontece na prática.

Dado o foco na compreensão, uma unidade ou curso irá naturalmente ser ancorado pelas tarefas de desempenho ou projetos, porque eles fornecem evidências de que os alunos são capazes de usar seu conhecimento no contexto. Nossa teoria da compreensão alega que a aplicação contextualizada é o meio apropriado para evocar e avaliar compreensões *duradouras*. As atividades avaliativas mais tradicionais (questionários, testes, provas de resposta construída e listas de exercícios) completam o quadro avaliando conhecimentos e habilidades essenciais que contribuem para os desempenhos culminantes. Os vários tipos de evidências estão resumidos na Figura 7.5.

Desempenho autêntico - uma necessidade, não um supérfluo

A compreensão é revelada no desempenho. A compreensão é revelada como transferibilidade das ideias nucleares, do conhecimento e das habilidades por meio de tarefas desafiadoras em uma variedade de contextos. Assim, a avaliação da compreensão deve estar fundamentada em tarefas autênticas baseadas no desempenho.

O que entendemos por tarefas autênticas? Uma tarefa de avaliação, problema ou projeto é autêntico se:

- *É contextualizado de forma realista.* A tarefa é estabelecida em um cenário que replica ou simula as formas como o conhecimento e as habilidades de uma pessoa são testados em situações do mundo real.
- *Requer julgamento e inovação.* O aluno deve usar o conhecimento e as habilidades de forma inteligente e efetiva para enfrentar desafios ou resolver problemas que são relativamente desestruturados. Em vez de um comando ou estímulo específico que testa uma porção restrita do conhecimento, os desafios realistas requerem que o aprendiz descubra a natureza do problema. Que tipo de conhecimento e habilidades estão sendo explorados aqui? Como devo resol-

Tarefas de desempenho T

Desafios complexos que refletem as questões e problemas enfrentados pelos adultos. Variando em sua duração, desde tarefas de curto prazo até projetos de longo prazo em múltiplas etapas, produzem um ou mais produtos e desempenhos tangíveis. Elas diferem das questões abertas nos seguintes aspectos:

- Envolvem um contexto real ou simulado e o tipo de limitações, "ruído" de fundo, incentivos e oportunidades que um adulto encontraria em uma situação similar (i. e., são autênticos)
- Tipicamente requerem que o aluno se dirija a uma audiência identificada (real ou simulada)
- Estão baseadas em um propósito específico relacionado à audiência
- Permitem aos alunos maior oportunidade de personalizar a tarefa
- Não são protegidas: a tarefa, os critérios avaliativos e os padrões de desempenho são conhecidos previamente e orientam o trabalho do aluno

Questões abertas (ou de resposta construída) OE

Perguntas ou problemas abertos que requerem que o aluno pense de forma crítica, não simplesmente recorde o conhecimento, e prepare uma resposta acadêmica, produto ou desempenho específico. Tais questões ou problemas

- Requerem respostas construídas para comandos específicos sob condições escolares e de exame
- São "abertos", sem que haja uma única resposta melhor que as outras ou estratégia esperada para resolvê-los
- Com frequência são "fragilmente estruturados", requerendo o desenvolvimento de uma estratégia
- Envolvem análise, síntese e avaliação
- Tipicamente requerem uma explicação ou defesa da resposta dada e dos métodos utilizados
- Requerem atribuição de juízo de valor/nota com base em critérios e padrões de desempenho
- Podem ou não ser protegidos
- Envolvem perguntas em geral só formuladas aos alunos em contexto escolar

Questionários e itens de teste OE

Formatos de avaliação familiares consistindo de itens simples e focados no conteúdo que

- Avaliam informações factuais, conceitos e habilidades específicas
- Usam formatos de resposta selecionada (p. ex., múltipla escolha, verdadeiro-falso, combinações) ou resposta curta
- São convergentes, tipicamente tendo uma resposta melhor que as outras
- Podem ser facilmente pontuados com o uso de uma chave de respostas (gabarito) ou máquina leitora de respostas
- São tipicamente protegidos (i. e., os itens não são conhecidos previamente)

Verificações informais da compreensão OE

Verificações da aprendizagem contínuas usadas como parte do processo de ensino. Exemplos incluem questionamento do professor, observações, exame do trabalho do aluno e atividades em que os alunos "pensam em voz alta". Essas avaliações fornecem devolutivas para o professor e para o aluno. Elas não costumam ser pontuadas nem recebem notas.

Figura 7.5
Tipos de evidências.

vê-los? Mesmo que o objetivo seja muito claro, o aluno precisa desenvolver um plano e estabelecer um procedimento para resolver o problema ou abordar a questão.

- *Pede que o aluno "ponha em prática" o conteúdo disciplinar.* Em vez de recitar, repetir ou replicar por meio de demonstração o que lhe foi ensinado ou já sabe, o aluno deve fazer o trabalho de exploração das disciplinas de Ciências,

História ou algum outro tema. Os esforços do aluno se parecem ou simulam o tipo de trabalho feito pelos profissionais da área.

- *Replica situações-chave* desafiadoras *nas quais os adultos são verdadeiramente "testados" no ambiente de trabalho, na vida cívica e na vida pessoal.* Desafios reais envolvem situações específicas com "confusões" e objetivos significativos: limitações importantes, "ruído", propósitos e audiências no trabalho. Contudo, quase todos os testes escolares estão fora de contexto (mesmo quando um comando escrito tenta sugerir um senso de propósito e audiência). No mundo real – ao contrário das escolas –, há pouco ou nenhum sigilo acerca dos objetivos ou critérios para o sucesso. Além disso, é vantajoso para o executor fazer as perguntas ao "examinador" ou chefe, e as devolutivas contínuas estão tipicamente disponíveis entre os colegas. Os alunos precisam vivenciar como é realizar tarefas como aquelas no ambiente de trabalho e em outros contextos da vida real, os quais tendem a ser complexos e confusos.
- *Avalia a habilidade dos alunos de usarem um repertório de conhecimentos e habilidades de forma eficaz e eficiente para negociar uma tarefa complexa e estruturada em múltiplos estágios.* A maior parte dos itens de testes convencionais envolve conhecimentos isolados ou elementos de desempenho, similares aos exercícios de aquecimento fora do campo que os jogadores da reserva fazem, que diferem do uso integrado de conhecimento, habilidades e devolutivas que um jogo requer. Embora exercícios e testes sejam apropriados algumas vezes, o desempenho é sempre mais do que a soma dos exercícios.
- *Possibilita oportunidades apropriadas para ensaiar, praticar, consultar os recursos e obter devolutivas sobre os desempenhos e produtos e refiná-los.* Embora exista uma função para o teste "protegido", que mantém o sigilo das questões e não fornece recursos materiais aos alunos, esse tipo de testagem deve coexistir com atividades avaliativas mais transparentes se quisermos focar na aprendizagem dos alunos e melhorar seu desempenho. Como já foi comprovado pelo modelo de aprendizagem por vivência na área comercial*, a aprendizagem é maximizada quando os ciclos de *desempenho-devolutiva-revisão-desempenho* guiam a elaboração de produtos reconhecidos como de alta qualidade, julgados a partir de critérios públicos de desempenho. Não há espaço para "teste surpresa" se quisermos que os alunos demonstrem sua compreensão usando informações, habilidades e recursos relevantes para desempenho contextualizado.

A necessidade de maior autenticidade nos testes não é realmente nova ou inadequada para um mundo repleto de padrões curriculares. Bloom e colaboradores assinalaram a importância desse tipo de atividade avaliativa 40 anos atrás em sua descrição sobre *aplicação* e em sua explicação de síntese: "um tipo de pensamento divergente [no qual] é improvável que a solução certa para um problema possa ser determinada previamente" (BLOOM; MADAUS; HASTINGS, 1981, p. 265).

---

* N. de R.T.: Os autores se referem aqui aos estudos que investigam modelos de aprendizagem na prática (*apprenticeship*) em contextos profissionais, tais como aprendizes de comerciantes, parteiras ou ferreiros. Os autores mais importantes nessa linha de pesquisa são Jean Lave e Étienne Wenger. Eles desenvolveram o conceito de "participação periférica legítima", segundo o qual o aprendiz, inserido no contexto de sua profissão, vai paulatinamente saindo da função de observador para a função de executor, recebendo o apoio do mestre da profissão durante esse processo. Para saber mais, ver: LAVE, J.; WENGER, E. *Situated learning: legitimate peripheral participation*. New York, NY: Cambridge University, 1991.

Uma abordagem avaliativa fundamentada em trabalho autêntico requer que os alunos (e professores) cheguem a duas compreensões importantes: primeiro, aprender como adultos em um mundo mais amplo que os muros da escola *realmente* usam ou não usam o conhecimento e as competências que são ensinados na escola; e segundo, como as aulas específicas são significativas, ou seja, como elas levam ao desempenho de maior qualidade ou ao domínio de tarefas mais importantes. Assim como o jogador de basquete enfrenta o trabalho árduo de treinar intermináveis arremessos e o flautista enfrenta a monotonia de tocar as escalas musicais – ambos com sonhos de conquistas autênticas –, assim também os alunos precisam ter a experiência de que exercícios e questionários oferecem a recompensa de melhores desempenhos em empreendimentos significativos.

Planejando em torno de problemas, não só de exercícios

Os planejadores frequentemente acham útil considerar a questão mais geral implicada nos exemplos do basquete e flauta para aprimorar suas avaliações: o teste equivale apenas a um "exercício" fora do contexto? Ou a atividade avaliativa requer que os alunos realmente "desempenhem" inteligentemente com conhecimento e habilidades em um contexto problemático de questões, necessidades, limitações e oportunidades reais? Para obter evidências da verdadeira compreensão, precisamos estimular que os aprendizes façam julgamentos durante o desempenho genuíno, e não apenas observar como eles respondem a pistas facilmente seguidas que requerem mera memorização e encaixe dos conceitos no lugar certo.

Em outras palavras, na avaliação autêntica temos que ter certeza de que apresentamos ao aprendiz um *problema autêntico*, para invocar uma distinção oportuna feita por Dewey há quase cem anos:

> A pergunta mais significativa que pode ser feita sobre uma situação ou experiência proposta para induzir [e revelar] a aprendizagem é qual qualidade de problema ela envolve, [...] mas é indispensável distinguir entre problemas genuínos [...] ou inventados. As perguntas a seguir podem auxiliar a fazer essa distinção [...] A pergunta naturalmente se sugere dentro de alguma situação ou experiência pessoal? Ou é uma coisa distante [...]? Esse é o tipo de tentativa que provocaria observação e envolveria experimentação fora da escola? [Ou é] um problema para o aluno simplesmente porque ele não terá a nota necessária, não passará de ano ou não receberá a aprovação do professor a menos que o resolva? (DEWEY, 1916, p. 155)

Uma variante da distinção de Dewey pode ser encontrada em todas as áreas de desempenho, em que distinguimos exercícios dos problemas de desempenho. Um exercício envolve uma execução simples de um "movimento" fora do contexto. Um problema é uma demanda inserida no desempenho, que exige pensar nas muitas opções e desafios com que um executor se defronta no contexto. Os treinos de arremesso no basquete são exercícios; os jogadores formam duas linhas, uma para os passadores, outra para os arremessadores, e eles se alternam em arremessos livres na cesta. Entretanto, o uso dessa habilidade (arremessar na cesta ou fazer uma cesta) em um jogo requer que os arremessadores também trabalhem em função da defesa do outro time.

Uma situação similar ocorre em Ciências. Um exercício de laboratório de Ciências típico apresenta um exercício, não um problema: existe a abordagem certa, a resposta certa, e, assim, nenhuma confusão ou desafio à nossa compreensão. Contudo, ter que planejar e depurar um experimento efetivo, viável e de baixo custo para dar sentido a um fenômeno intrincado reflete a verdadeira solução de um problema. Todo o "fazer" de um assunto envolve a solução de problemas, portanto nossas avaliações da compreensão precisam estar baseadas em problemas reais, não apenas em experiências que requerem fatos e habilidades específicos usados isoladamente.

Matemática e História podem ser as áreas do programa com maior necessidade de reflexão sobre essa distinção. Quase todos os testes de Matemática e História na educação básica são um conjunto de exercícios, não problemas no sentido discutido: é preciso apenas responder ao comando com o movimento correto. Não importa se o tópico é soma de frações ou a compreensão da época dos direitos civis, o aprendiz invariavelmente é testado por exercícios sem ambiguidade e que têm respostas certas. Um problema autêntico relacionado a frações ou História deve ser como jogar uma partida de basquete – não é suficiente simplesmente arremessar na cesta sem obstáculos ou apenas acionar a abordagem óbvia ou os fatos. A autêntica solução de problemas requer decidir quando usar qual abordagem e quais fatos. Esse problema é resolvido melhor com o uso de frações ou decimais? A época dos direitos civis é compreendida melhor como um movimento religioso ou secular?

Desenvolver atividades avaliativas de Matemática e História somente a partir de exercícios (como fazemos tão frequentemente) não capta a essência do desempenho autêntico nesses campos. Como já dissemos, o desempenho real sempre envolve transferência – ou seja, o uso flexível do conhecimento e das habilidades diante de desafios específicos. Isso requer desvendar os enigmas e encontrar sentido naquilo que uma situação demanda, o que é muito diferente de meramente responder a um exercício altamente estruturado procurando a resposta certa. Transferibilidade é a compreensão revelada: os executores devem descobrir sozinhos *qual* conhecimento e *qual* habilidade são necessários, sem que sejam dados comandos ou pistas simplificados pelo professor, para resolver problemas de desempenho reais.

A Figura 7.6 ajuda a esclarecer a diferença entre um problema e um exercício. Observe que exercícios são necessários, mas não suficientes, no desenvolvimento do desempenho competente; e os exercícios nem sempre são indicadores confiáveis da habilidade para desempenhar.

ALERTA DE EQUÍVOCO!

Nosso objetivo no Estágio 2 é a evidência apropriada, não projetos ou tarefas interessantes. Embora nosso objetivo deva ser sempre fazer avaliações interessantes e instigantes (porque assim evocamos um trabalho melhor e mais detalhado), esse não é o ponto principal no Estágio 2. Muitos projetos são divertidos e educacionais, mas eles podem não fornecer evidências suficientes sobre as compreensões buscadas no Estágio 1 – particularmente se o trabalho envolver colaboração e liberdade de escolha na abordagem, no conteúdo e na apresentação. Muitos exercícios são menos envolventes do que tarefas de desempenho complexas, mas algumas vezes eles produzem evidências mais conclusivas sobre uma compreensão ou competência específica. Precisamos nos assegurar de que o projeto é planejado reversamente a partir das evidências de que precisamos, e não planejado tendo em mente primariamente os interesses dos aprendizes. Tenha cuidado para não confundir tarefas de desempenho ou projetos interessantes com evidências válidas. Esse ponto será retomado em detalhes no Capítulo 8.

Estruturando tarefas de desempenho usando OPASDP

As tarefas de desempenho autênticas se diferenciam de outros tipos de atividades avaliativas pelas suas características particulares. As tarefas de desempenho tipicamente apresentam aos alunos um problema: um objetivo no mundo real, estabelecido dentro de um contexto de desafios e possibilidades realistas. Os alunos desenvolvem um produto ou desempenho tangível para uma audiência identificável (algumas vezes real, algumas

	Problema	Exercício
A estruturação da tarefa	A declaração do problema é clara, mas são oferecidas poucas ou nenhuma sugestão ou comando sobre como melhor estruturar ou resolvê-lo.	A tarefa é simples ou tornada simples pelas sugestões ou comandos, ou pela natureza do desafio, ou pela forma como proceder para enfrentá-lo.
A abordagem	Várias abordagens são possíveis. Descobrir que tipo de problema é esse é um aspecto essencial do desafio; ou seja, é necessária uma estratégia. Será requerida alguma combinação de método lógico com tentativa e erro.	Existe uma abordagem melhor (embora isso possa não estar explícito), e ela é sugerida pela forma como o exercício está estruturado. A habilidade do aprendiz de reconhecer e usar a tática "certa" é um objetivo-chave do exercício.
O contexto	Realisticamente "barulhento" e complicado, em geral envolvendo variáveis diferentes - algumas vezes concomitantes - relacionadas a audiência, propósito, critérios para julgar o trabalho e mais.	Simplificado para garantir que a única "variável" seja a habilidade ou conhecimento visado. (Semelhante aos exercícios na linha lateral do campo no futebol ou em exercícios de dedilhado em música.)
A solução	O objetivo é uma solução apropriada, ciente das várias exigências e talvez considerando as variáveis concorrentes e o custo/benefício. Pode haver uma resposta certa, mas decorrente de um raciocínio sólido e uma abordagem ou argumento sustentado.	O objetivo é a resposta certa. O exercício é construído para assegurar que haja apenas uma resposta certa, por planejamento. Embora esse possa ser um desafio intrigante, existe uma resposta certa definida que pode ser encontrada por meio da memorização e do acionamento do conhecimento prévio, com pouca ou nenhuma modificação.
Evidências do sucesso	O foco muda da resposta para a justificativa da abordagem e da solução.	A precisão da resposta e a escolha da abordagem "certa".

Figura 7.6
Problemas *versus* exercícios.

vezes simulada), e os critérios avaliativos e padrões de desempenho são apropriados à tarefa – e conhecidos pelo aluno previamente.

Como esses elementos caracterizam avaliações autênticas, podemos usá-los durante o planejamento da tarefa. Criamos uma ferramenta de planejamento usando o acrônimo **OPASDP*** para auxiliar na criação de tarefas de desempenho. Cada letra corresponde a um elemento da tarefa – Objetivo, Papel, Audiência, Situação, Desempenho, Padrões. A Figura 7.7 apresenta cada elemento com os comandos correspondentes para ajudar os planejadores a construir tarefas de desempenho. Frequentemente os professores transformam avaliações existentes ou atividades de aprendizagem envolventes usando OPASDP.

Apesentamos, a seguir, um exemplo de uma tarefa de desempenho em Ciências, construída com o uso de OPASDP, para avaliar a compreensão do planejamento experimental com múltiplas variáveis.

- Objetivo e Papel: Como cientista de um grupo de pesquisa do consumidor, sua tarefa é planejar um experimento para determinar qual das quatro marcas de detergente irá remover de forma mais eficiente três tipos diferentes de manchas em um tecido de algodão.

---

* N. de R.T.: No original, o acrônimo é GRASPS (*Goal, Role, Audience, Situation, Performance, Standard*). A palavra *grasp* tem o sentido de entendimento, compreensão, domínio.

Objetivo
- Sua tarefa é ______________________________.
- Seu objetivo é ______________________________.
- O problema ou desafio é ______________________________.
- Os obstáculos a serem superados são ______________________________.

Papel
- Você é ______________________________.
- Você foi solicitado a ______________________________.
- Sua função é ______________________________.

Audiência
- Seus clientes são ______________________________.
- O público-alvo é ______________________________.
- Você precisa convencer ______________________________.

Situação
- O contexto em que você se encontra é ______________________________.
- O desafio envolve lidar com ______________________________.

Produto, Desempenho e Propósito
- Você irá criar um ______________________________
  para ______________________________.
- Você precisa desenvolver ______________________________
  de modo que ______________________________.

Padrões e Critérios para o Sucesso
- Seu desempenho precisa ______________________________.
- Seu trabalho será julgado por ______________________________.
- Seu produto precisa atender aos seguintes padrões ______________________________.

Figura 7.7
Comandos para o planejamento de tarefas com OPASDP.

- Audiência: Seu público-alvo é o departamento de testes da revista *Pesquisa do Consumidor*.
- Situação: Você tem um desafio composto de duas partes: (1) desenvolver um planejamento experimental para isolar as variáveis principais e (2) comunicar claramente o procedimento de modo que a equipe do departamento de testes possa realizar o experimento para determinar qual dos detergentes é mais eficiente para cada tipo de mancha.
- Desempenho/Produto: Você precisa desenvolver um procedimento experimental por escrito (seguindo o formato dado) descrevendo os passos em sequência. Você pode incluir um esboço ou um elemento gráfico para acompanhar a descrição escrita.
- Padrões: Seu planejamento experimental precisa seguir com precisão e de maneira completa os critérios para um bom planejamento; isole apropriadamente as principais variáveis; inclua uma descrição escrita do procedimento que seja clara e precisa (é opcional um esboço ou gráfico para auxiliar os testadores); e possibilite que a equipe do departamento de testes determine qual detergente é o mais eficiente para cada tipo de mancha.

Nem todas as avaliações de desempenho precisam ser estruturadas com OPASDP. No entanto, propomos que pelo menos uma tarefa de desempenho central para a avaliação da compreensão em uma unidade ou curso importante seja desenvolvida dessa maneira. Muitos professores observaram que tarefas estruturadas dessa forma oferecem aos alunos objetivos de desempenho claros, além de um significado no mundo real não encontrado em itens de testes ou comandos acadêmicos descontextualizados.

Casos com tarefas de desempenho

Os casos a seguir oferecem breves descrições de tarefas de desempenho para possível uso na avaliação da compreensão dos alunos. Observe como eles refletem os elementos de OPASDP.

- Das montanhas até a praia (História, Geografia; 6ª a 8ª anos). Um grupo de nove estudantes estrangeiros está visitando a sua escola por um mês como parte de um programa internacional de intercâmbio. (Não se preocupe, eles falam inglês!) O diretor pediu que a sua turma planejasse e fizesse o orçamento para um passeio de quatro dias até a Virgínia* para ajudar os visitantes a compreenderem o impacto desse Estado na história e no desenvolvimento da nossa nação. Planeje seu passeio de modo que seja mostrado aos visitantes os lugares que melhor capturam como a Virgínia influenciou o desenvolvimento da nossa nação. Sua tarefa é preparar por escrito um itinerário do passeio, incluindo uma explicação de por que cada local foi escolhido. Inclua um mapa traçando a rota do passeio de quatro dias e um orçamento para a viagem.
- Planejamento de um jardim (Matemática, 6ª a 8ª anos). Você foi solicitado a planejar um jardim de flores para uma empresa com um logotipo que tem lado a lado formas circulares, retangulares e triangulares. Seu produto final deve ser um desenho em escala e uma lista de quantas plantas de cada tipo e cor você precisa para executar o plano.
- Galeria da Fama Literária (Literatura, 2° e 3° anos do Ensino Médio). O Conselho de Artes e Letras anunciou a fundação da Galeria da Fama para homenagear os trabalhos de autores e artistas notáveis. Como a sua turma está terminando um curso sobre literatura contemporânea, você foi solicitado a submeter uma indicação de um autor a ser admitido na Galeria da Fama. Preencha o formulário de indicações para um autor que você acredita que merece ser admitido. A redação deve incluir sua análise da contribuição do autor para a literatura nacional e sua justificativa da recomendação desse autor para inclusão na Galeria da Fama.
- Encomenda de um amigo pelo correio (Linguagem, anos iniciais do ensino fundamental). Imagine que você tenha a oportunidade de pedir um amigo por telefone a partir de um catálogo de vendas por correspondência. Pense nas qualidades que você deseja em um amigo. Antes de pedir seu amigo pelo telefone, pratique a solicitação de três características que você deseja em um amigo e dê um exemplo de cada característica. Lembre-se de falar em um tom suficientemente claro e alto para que o vendedor saiba exatamente o que você está procurando. Sua solicitação será registrada e avaliada levando em conta uma rubrica quanto à clareza, além do quanto você refletiu sobre sua solicitação.

---

* N. de R.T.: O Estado da Virgínia foi central no processo de Independência dos Estados Unidos. As primeiras contestações da autoridade britânica sobre as colônias começaram onde futuramente seria o Estado da Virgínia.

- Mudanças Van Go (Matemática e Escrita, 6ª a 9ª anos). Você está trabalhando para uma empresa de mudanças que planeja apresentar uma proposta para transportar os conteúdos de um prédio de escritórios para uma nova localização. Você é responsável pela determinação do volume mínimo de mobília e equipamento que deve ser transportado. O produto explicativo levará em conta (a) a possibilidade de empilhamento dos itens, (b) a possibilidade de encaixe das peças não cúbicas, (c) o acolchoamento para proteger a mobília e (d) o número e tamanho das caixas necessárias para embalar os itens pequenos. Você vai preparar um relatório escrito estabelecendo o volume dos itens a serem transportados com uma justificativa para os resultados e uma planilha mostrando como os itens serão organizados para minimizar o volume necessário.
- Aplicando gesso em uma casa (Matemática, 8ª ano até o 2° ano do ensino médio). Quando os empreiteiros dão uma estimativa dos reparos domésticos, como podemos saber se o custo é razoável? Nesta tarefa, você irá determinar se um empreiteiro que aplica gesso está dando informações precisas ou está tentando cobrar demais de um cliente desinformado. Você receberá as dimensões da peça e os custos com o material e a mão de obra.
- Os índios Cheyenne – o que realmente aconteceu (História, alunos dos últimos períodos da faculdade). Você irá pesquisar um possível massacre durante a Guerra Civil sobre o qual não foi escrita nenhuma narrativa detalhada. Você lerá transcrições do Senado e vários relatos diretos conflitantes, o que originará a sua própria narrativa para inclusão em um livro de História. Seu trabalho será revisado por seus pares e julgado por professores que atuam como editores de livros didáticos.
- Plano de preparo físico (Educação Física e Saúde, anos finais do ensino fundamental). Fazendo o papel de preparador físico em uma academia de ginástica, você irá desenvolver um programa de preparo físico consistindo de exercícios aeróbicos, anaeróbicos e de flexibilidade para um novo cliente. O plano precisa levar em conta o estilo de vida do cliente, sua idade, nível de atividade e objetivos pessoais quanto ao preparo físico. Você irá receber descrições detalhadas de vários clientes.

Usando as seis facetas como modelos de avaliação

Uma exigência básica do avaliar para a compreensão é que precisamos conhecer os processos de pensamento dos aprendizes juntamente com suas "respostas" ou soluções. A explicação de *por que* eles fizeram o que fizeram, o *embasamento* deles para a abordagem ou resposta e a *reflexão* sobre o resultado são necessários para que possamos ter uma percepção mais completa do seu grau de compreensão. Respostas sem razões e embasamento são tipicamente insuficientes para "julgar" o aprendiz por ter compreendido. É por isso que requeremos uma tese e também a defesa para a obtenção de um título de doutorado. A avaliação da compreensão é aprimorada quando fazemos maior uso de instrumentos de avaliação orais, redes de conceitos, portfólios e itens de resposta construída de todos os tipos para permitir que os alunos mostrem seu trabalho e revelem seu pensamento. Formatos de respostas selecionadas – múltipla escolha, combinação de pares, verdadeiro ou falso – em geral fornecem evidências insuficientes (e algumas vezes enganadoras) sobre a compreensão ou sua ausência.

As seis facetas da compreensão sinalizam os tipos de desempenhos de que necessitamos como medidas válidas da compreensão. Elas mapeiam, em termos gerais, os tipos de evidências de desempenho de que precisamos para diferenciar com sucesso o conhecimento factual de uma compreensão dos fatos. O valor das facetas se torna mais claro quando as acrescentamos ao nosso gráfico anterior do planejamento reverso, conforme mostrado na Figura 7.8.

As seis facetas fornecem uma estrutura intelectual útil para a segunda coluna ao nos lembrarem, em geral, como é a compreensão. Podemos usar as várias habilidades centrais de cada faceta para guiar o processo de planejamento no Estágio 2. Por exemplo, a Faceta 1 envolve a habilidade de explicar, verificar ou justificar uma posição com as próprias palavras. Iniciar com "Um aluno que *realmente* compreende..." e acrescentar as palavras-chave de cada faceta produz sugestões para os tipos de tarefa de avaliação de que precisamos, conforme ilustrado na Figura 7.9.

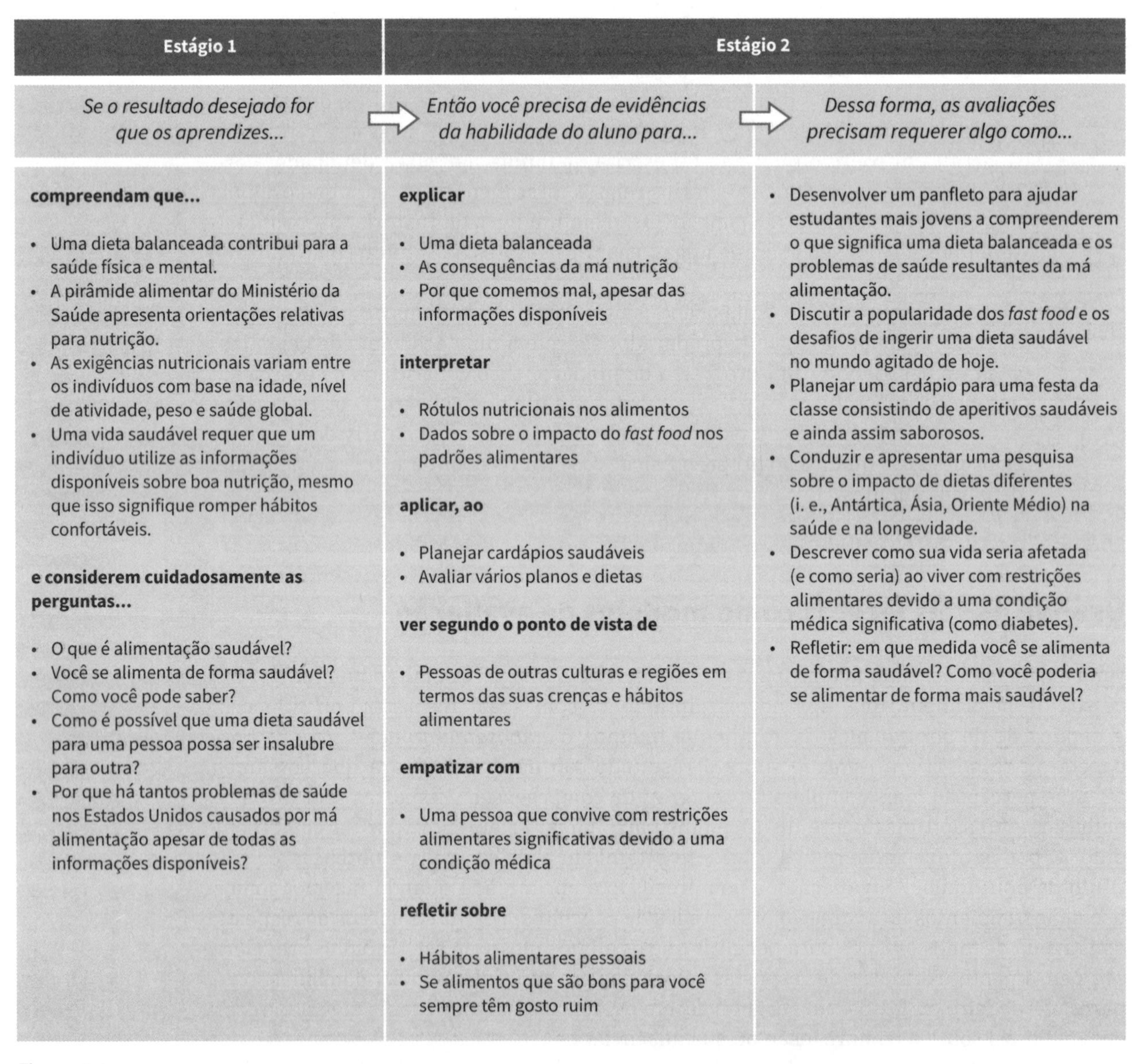

Estágio 1	Estágio 2	
Se o resultado desejado for que os aprendizes...	*Então você precisa de evidências da habilidade do aluno para...*	*Dessa forma, as avaliações precisam requerer algo como...*
compreendam que... • Uma dieta balanceada contribui para a saúde física e mental. • A pirâmide alimentar do Ministério da Saúde apresenta orientações relativas para nutrição. • As exigências nutricionais variam entre os indivíduos com base na idade, nível de atividade, peso e saúde global. • Uma vida saudável requer que um indivíduo utilize as informações disponíveis sobre boa nutrição, mesmo que isso signifique romper hábitos confortáveis. **e considerem cuidadosamente as perguntas...** • O que é alimentação saudável? • Você se alimenta de forma saudável? Como você pode saber? • Como é possível que uma dieta saudável para uma pessoa possa ser insalubre para outra? • Por que há tantos problemas de saúde nos Estados Unidos causados por má alimentação apesar de todas as informações disponíveis?	**explicar** • Uma dieta balanceada • As consequências da má nutrição • Por que comemos mal, apesar das informações disponíveis **interpretar** • Rótulos nutricionais nos alimentos • Dados sobre o impacto do *fast food* nos padrões alimentares **aplicar, ao** • Planejar cardápios saudáveis • Avaliar vários planos e dietas **ver segundo o ponto de vista de** • Pessoas de outras culturas e regiões em termos das suas crenças e hábitos alimentares **empatizar com** • Uma pessoa que convive com restrições alimentares significativas devido a uma condição médica **refletir sobre** • Hábitos alimentares pessoais • Se alimentos que são bons para você sempre têm gosto ruim	• Desenvolver um panfleto para ajudar estudantes mais jovens a compreenderem o que significa uma dieta balanceada e os problemas de saúde resultantes da má alimentação. • Discutir a popularidade dos *fast food* e os desafios de ingerir uma dieta saudável no mundo agitado de hoje. • Planejar um cardápio para uma festa da classe consistindo de aperitivos saudáveis e ainda assim saborosos. • Conduzir e apresentar uma pesquisa sobre o impacto de dietas diferentes (i. e., Antártica, Ásia, Oriente Médio) na saúde e na longevidade. • Descrever como sua vida seria afetada (e como seria) ao viver com restrições alimentares devido a uma condição médica significativa (como diabetes). • Refletir: em que medida você se alimenta de forma saudável? Como você poderia se alimentar de forma mais saudável?

Figura 7.8
A lógica do planejamento reverso com as seis facetas.

Um aluno que *realmente* compreende...

Faceta 1. Consegue explicar – *Demonstra poder explanatório sofisticado e discernimento. É capaz de...*

a. Fornecer razões complexas, ponderadas e críveis – teorias e princípios baseados em boas evidências e argumentos – para explicar ou esclarecer um acontecimento, fato, texto ou ideia; mostrar conexões significativas; fornecer uma explicação sistemática usando modelos mentais úteis e vívidos.
   - Fazer distinções finas e sutis; qualificar adequadamente suas opiniões.
   - Ver e argumentar sobre o que é central – as grandes ideias, momentos fundamentais, evidências decisivas, perguntas-chave, etc.
   - Fazer boas previsões.

b. Evitar ou superar equívocos comuns e visões superficiais ou simplistas – demonstrado, por exemplo, ao evitar teorias ou explicações excessivamente simplistas, banais ou imprecisas.

c. Revelar um entendimento personalizado, ponderado e coerente de um assunto – indicado, por exemplo, pelo desenvolvimento de uma integração reflexiva e sistemática do que ele sabe. Essa integração estaria, assim, baseada em parte na experiência significativa e adequada, direta ou simulada de ideias ou sentimentos específicos.

d. Fundamentar ou justificar suas visões com sólidos argumentos e evidências.

Faceta 2. Consegue interpretar – *Oferece interpretações, traduções e narrativas significativas. É capaz de...*

a. Interpretar efetiva e sensivelmente textos, dados e situações – demonstrado, por exemplo, pela habilidade de ler nas entrelinhas e oferecer explicações plausíveis dos muitos propósitos e significados possíveis de algum "texto" (livro, situação, comportamento humano, etc.).

b. Oferecer uma explicação significativa e esclarecedora de situações complexas e pessoas – demonstrado, por exemplo, pela habilidade de fornecer antecedentes históricos e biográficos para ajudar a tornar as ideias mais acessíveis e relevantes.

Faceta 3. Consegue aplicar – *Usa o conhecimento no contexto. Sabe como fazer. É capaz de...*

a. Empregar seu conhecimento efetivamente em contextos diversos, autênticos e realisticamente confusos.

b. Estender ou aplicar o que sabe de uma maneira nova e efetiva (inventar no sentido de inovar, como Piaget discute em *Compreender é inventar*).[1]

c. Autoadaptar-se efetivamente durante o desempenho.

Faceta 4. Vê em perspectiva – *É capaz de...*

a. Criticar e justificar uma posição, ou seja, vê-la como um ponto de vista; usar competências e disposições que incorporam ceticismo disciplinado e o teste de teorias.

b. Colocar fatos e teorias em contexto; conhecer as perguntas ou problema para os quais o conhecimento ou teoria é uma resposta ou solução.

c. Inferir os pressupostos nos quais uma ideia ou teoria está baseada.

d. Conhecer os limites e a força de uma ideia.

e. Ver através de um argumento ou linguagem que é tendencioso, partidário ou ideológico.

f. Ver e explicar a importância ou valor de uma ideia.

g. Assumir uma postura crítica; empregar de forma inteligente tanto a crítica quanto a crença (uma habilidade resumida pela máxima de Peter Elbow de que é mais provável que compreendamos melhor quando metodicamente "acreditarmos quando os outros duvidarem e duvidarmos quando os outros acreditarem").[2]

Faceta 5. Demonstra empatia – *É capaz de...*

a. Projetar-se, sentir e apreciar a situação, o afeto e o ponto de vista de outra pessoa.

b. Operar segundo o pressuposto de que mesmo um comentário, texto, pessoa ou conjunto de ideias aparentemente estranho ou obscuro pode conter percepções que justificam trabalhar para compreendê-lo.

c. Ver quando pontos de vista incompletos ou falhos são plausíveis, até mesmo perspicazes, embora talvez um tanto incorretos ou desatualizados.

d. Ver e explicar como uma ideia ou teoria pode ser tão facilmente incompreendida pelos outros.

e. Observar e ouvir sensivelmente e perceber o que outros frequentemente não conseguem.

Faceta 6. Revela autoconhecimento – *É capaz de...*

a. Reconhecer seus próprios preconceitos e estilo e como eles colorem a compreensão; ver e ir além do egocentrismo, do etnocentrismo, da centralidade presente, da nostalgia ou do pensamento.

b. Engajar-se em metacognição efetiva; reconhecer o seu estilo intelectual, pontos fortes e pontos fracos.

c. Questionar as próprias convicções; como Sócrates, diferenciar meras crenças e hábitos fortes do conhecimento seguro, ser intelectualmente honesto e admitir ignorância.

d. Autoavaliar-se com precisão e autorregular-se efetivamente.

e. Aceitar devolutivas e críticas sem ser defensivo.

f. Refletir regularmente sobre o significado da própria aprendizagem e experiências.

---

[1] PIAGET, J. To understand is to invent: the future of education. New York: Grossman's, 1973.

[2] ELBOW, P. Writing without teachers. New York: Oxford University, 1973.

Figura 7.9

Usando as seis facetas para construir avaliações da compreensão.

Essa lista emergente proporciona um início útil para um modelo de avaliação da compreensão. Independentemente do nosso tópico ou da idade dos alunos que ensinamos, os verbos dessa lista sugerem os tipos de atividades avaliativas necessários para determinar em que medida os alunos compreendem. Então, na terceira coluna da Figura 7.8, podemos ser mais específicos, perguntando: que tipos de tarefas são adequadas para os resultados desejados específicos do Estágio 1 e para os alunos que ensinamos? Qual faceta (ou facetas) guiará mais apropriadamente o planejamento de uma tarefa particular, com exigências específicas de desempenho, processo ou produto?

A seguir, são apresentadas algumas ideias iniciais para tarefas de desempenho desenvolvidas em torno das seis facetas da compreensão.

Faceta 1: Explicação

A explicação pede que os alunos contem a "grande ideia" com suas próprias palavras, façam conexões, mostrem seu trabalho, expliquem seu raciocínio e induzam uma teoria a partir dos dados.

- Matemática – subtração. Faça o planejamento de uma aula usando manipulativos para ensinar um novo aluno na sua classe o que significa "subtração".
- Estudos Sociais – Geografia e Economia. Crie um organizador gráfico para mostrar as conexões entre ambiente, recursos naturais e economia para duas regiões diferentes.
- Ciências – eletricidade. Desenvolva um guia de soluções de problemas para um sistema de circuito elétrico.
- Língua Estrangeira – estrutura linguística. Desenvolva um manual no qual você explica a diferença entre as várias formas do tempo passado e quando elas devem e não devem ser usadas.

Faceta 2: Interpretação

A interpretação requer que o aluno encontre sentido em histórias, obras de arte, dados, situações ou alegações. A interpretação também envolve a tradução de ideias, de sentimentos ou de trabalho de uma mídia para outra.

- História – história estadunidense. Escolha de 5 a 10 canções sobre os Estados Unidos escritas desde a Guerra Civil. Use-as para explorar as perguntas: nós somos a nação que determinamos que seríamos? Como nos vemos como nação? Que atitudes modificamos e quais não modificamos?
- Literatura – *O apanhador no campo de centeio* e *Frog and Toad Are Friends* ("O sapo e a rã são amigos", em tradução livre). Responda à pergunta: o que há de errado com Holden? Estude as palavras e ações do personagem principal e a reação dos outros personagens para ajudá-lo a entender Holden Caulfield. Examine a pergunta: o que é um amigo verdadeiro? Estude as palavras e ações dos personagens principais, Sapo e Rã. Procure padrões para ajudá-lo a responder à pergunta.
- Artes Visuais e Artes Cênicas – qualquer mídia. Represente fortes emoções (p. ex., medo e esperança) por meio de uma colagem, dança, peça musical ou outra mídia. Como a mídia afeta a mensagem?

- Ciência e Matemática – padrões de dados. Colete dados ao longo do tempo sobre algum fenômeno complexo (p. ex., variáveis climáticas). Analise e exiba os dados para encontrar padrões.

Faceta 3: Aplicação

Alunos que compreendem são capazes de usar seu conhecimento e habilidades em situações novas. Coloque ênfase na aplicação em contextos autênticos, com uma audiência, propósito, contexto, limitações e ruído de fundo real ou simulado.

- Matemática – área e perímetro. Planeje a forma da área cercada de um quintal, considerando uma quantidade especificada de material para o cercado, para maximizar a área de lazer para um novo cachorrinho.
- Estudos Sociais – competências com mapas. Desenvolva um mapa da sua escola em escala para ajudar um aluno novo a se localizar.
- Saúde – nutrição. Desenvolva o plano de um cardápio para refeições e lanches saudáveis para uma família de cinco pessoas durante uma semana, mantendo-se dentro de um orçamento definido.
- Ciências – estudos ambientais. Realize uma análise química de um curso d'água local para monitorar a observância da limpeza da água e apresente seus achados para o escritório regional da companhia de saneamento.

Faceta 4: Perspectiva

A perspectiva é demonstrada quando o aluno é capaz de ver as coisas a partir de diferentes pontos de vista, articular o outro lado do caso, ter uma visão mais ampla, reconhecer pressupostos subjacentes e assumir uma postura crítica.

- História – compare e contraste. Revise relatos de livros didáticos britânicos, franceses e chineses sobre a era da Guerra Revolucionária estadunidense. Identifique a perspectiva histórica de cada um e defenda ou se oponha a sua utilização como recurso de ensino em uma reunião simulada da diretoria da escola.
- Aritmética – diferentes representações. Compare os prós e os contras de diferentes visões da mesma quantidade representada em decimais, frações e porcentagens e em diferentes representações gráficas e simbólicas.
- Linguagem – análise literária e escrita. Presuma que você é o editor em uma importante editora. Examine uma história curta submetida quanto a possível plágio. (O professor não diz aos alunos que eles estão revisando uma história escrita por um dos autores que eles estudaram neste ano.) Depois, escreva uma carta-resposta diplomática, mas firme, para o autor sobre a provável fonte desse manuscrito.
- Geometria. Compare a distância mais curta entre dois pontos em três espaços diferentes: corredores físicos no prédio da sua escola, na superfície terrestre e em um espaço euclidiano.
- Música. Escute três diferentes versões gravadas da mesma canção e critique cada versão, como se você fosse um produtor trabalhando com seu astro atual para escolher um arranjo.

Faceta 5: Empatia

Imaginação intelectual é essencial para a compreensão, e ela se manifesta não só nas artes e na literatura, mas também de forma mais geral por meio da habilidade de apreciar as pessoas que pensam e agem de forma diferente de nós. O objetivo não é fazer os alunos aceitarem as formas usadas pelos outros, mas ajudá-los a melhor compreender a diversidade de pensamentos e sentimentos no mundo; isto é, desenvolver sua capacidade de se colocar no lugar do outro. Dessa maneira, os alunos podem evitar estereótipos e aprender como uma ideia que era estranha no passado pode ser um lugar-comum no presente.

- História. Usando um formato *Meeting of Minds**, dramatize vários personagens com os outros alunos e discuta ou debata um problema (p. ex., colonizadores e o Destino Manifesto dos nativos americanos, a decisão de Truman de usar a bomba atômica, as razões para o colapso da União Soviética).
- Linguagem – escrita. Imagine que você é o poeta recentemente laureado pela União Europeia e foi encarregado de escrever um soneto sobre acontecimentos no Oriente Médio. Seu poema será publicado no *Jerusalem Times* e no *Cairo Daily News*. Seu objetivo é promover empatia pelas pessoas que estão sofrendo em ambos os lados dessa luta.
- Ciências. Leia e discuta escritos científicos pré-modernos ou desacreditados para identificar teorias plausíveis ou "lógicas" (considerando as informações disponíveis na época), tais como a explicação de Ptolomeu de por que a Terra deve estar em repouso e as ideias de Lamarck sobre o desenvolvimento dos seres vivos.
- Literatura – Shakespeare. Imagine que você é a Julieta de *Romeu e Julieta* e pondere sobre seu terrível ato final. Faça uma anotação final no seu diário para descrever o que você está pensando e sentindo. (*Observação: Este comando foi usado em um exame nacional britânico.*)

Faceta 6: Autoconhecimento

É importante solicitar que os alunos autoavaliem seu trabalho passado e presente. É apenas por meio da autoavaliação que obtemos a compreensão mais completa do quanto são sofisticadas e precisas as visões dos alunos sobre as tarefas, os critérios e os padrões que eles devem dominar.

Uma estratégia simples é fazer *a mesma pergunta* na primeira e na última tarefa escrita para qualquer curso e pedir que os alunos elaborem um pós-escrito com uma autoavaliação descrevendo sua noção de progresso na compreensão. Os professores que coletam amostras dos trabalhos dos alunos em portfólios usam uma abordagem relacionada, pedindo que os alunos examinem seus portfólios e respondam a perguntas reflexivas: de que forma seu trabalho mostra como você progrediu? Que tarefa ou atividade foi a mais desafiadora e por quê? De qual trabalho selecionado você tem mais orgulho e por quê? De que forma seu trabalho ilustra seus pontos fortes e pontos fracos como aprendiz?

---

* N. de R.T.: O programa *Meeting of Minds* (Encontro de Mentes, em tradução livre), no canal de TV estadunidense PBS, apresentava dramatizações de personalidades históricas (representadas por atores) interagindo umas com as outras e discutindo temas como filosofia, religião, história, ciências, entre outros.

Estas são algumas outras abordagens de autoavaliação e metacognição para qualquer assunto e nível:

- Aí vou eu! No final do ano letivo, escreva uma carta para o professor do próximo ano descrevendo-se como aprendiz. Descreva seus pontos fortes acadêmicos, necessidades, interesses e estilos de aprendizagem. Estabeleça objetivos específicos com base na autoavaliação de seu desempenho durante o ano que está terminando. (Idealmente, essas cartas seriam recolhidas sistematicamente e enviadas aos professores destinatários na passagem do ano letivo.)
- O que eu aprendi? Acrescente um pós-escrito a algum trabalho escrito para um curso em que você deve desapaixonadamente autoavaliar os pontos fortes, os pontos fracos e as lacunas na sua abordagem ou resposta. Faça a pergunta: sabendo o que sei agora, o que eu faria diferente na próxima vez?
- O quão bem eu acho que me saí? Alunos no final do ensino básico, ensino médio e faculdade podem produzir uma autoavaliação escrita ou oral em relação aos critérios usados para avaliar o trabalho (rubricas). A precisão da autoavaliação é uma pequena parte da nota. (*Observação: Esta prática é usada em todas as tarefas importantes no Alverno College em Milwaukee, Wisconsin.*)

Primeira entre os iguais

Geralmente precisamos incluir a primeira faceta, *explicação*, como parte de uma tarefa que envolva as outras cinco facetas. Precisamos saber *por que* os alunos tiveram aquele desempenho, o que eles acham que isso significa e o que justifica sua abordagem, não só o que fizeram. Em outras palavras, na avaliação da compreensão baseada no desempenho, as tarefas e os desempenhos devem requerer reflexão, autoavaliação explícita e autoajuste, com raciocínio ou fundamentação tornados o mais evidentes possível.

Usando perguntas essenciais para avaliação

Se nós fizemos um bom trabalho na estruturação da unidade em torno de perguntas essenciais, então temos outra forma útil de refletir a respeito e testar a adequação das nossas ideias para avaliação. Os desempenhos devem requerer direta ou indiretamente que os alunos abordem as perguntas essenciais.

Vamos retomar nossa unidade sobre nutrição (Figura 7.10). Observe como as Perguntas Essenciais oferecem uma estrutura útil sobre quais os tipos certos de tarefas que podem ser construídos.

Você pode começar seu trabalho simplesmente presumindo que a pergunta essencial será como uma pergunta de uma prova final da faculdade – comece seu trabalho de planejamento pensando nas perguntas como comandos para a dissertação final. Então, veja se consegue utilizar o comando e elaborar uma situação OPASDP na qual a mesma pergunta está sendo abordada de uma forma mais autêntica.

Se um cenário OPASDP parecer forçado ou você achar que um comando de escrita tradicional proporciona a avaliação mais apropriada, use as perguntas essenciais para focar na aprendizagem e como parte da prova final. O uso das perguntas essenciais dessa maneira fornece um foco para professores e alunos e torna o processo de avaliação muito menos misterioso e arbitrário do que ele precisa ser.

Perguntas essenciais	Tarefas de desempenho propostas
• Por que as pessoas têm tanta dificuldade para comer corretamente?	• Os alunos coletam e analisam dados de pesquisa para descobrir onde fazem a maioria das suas refeições.
• Um alimento que é bom para você precisa ter gosto ruim, e vice-versa?	• Os alunos investigam o valor nutricional de vários alimentos para comparar sabor com os benefícios para a saúde.
• Por que os especialistas frequentemente discordam sobre orientações nutricionais? Que concordâncias existem em meio às discordâncias?	• Os alunos comparam e avaliam várias abordagens da boa nutrição – do Ministério da Saúde, dieta da proteína, dieta mediterrânea –, culminando na apresentação de um pôster e relato oral.

Figura 7.10
Perguntas essenciais que conduzem a tarefas de desempenho.

Completando as evidências

A pergunta que fazemos quando pensamos como um avaliador é esta: quais são as evidências de que precisamos (considerando os resultados desejados)? Não precisamos ter nenhum machado filosófico* para moldar a resposta a essa pergunta. Devemos usar os melhores tipos de avaliações, incluindo, quando apropriado, comandos de resposta curta e testes com resposta selecionada. Como professores, muito frequentemente nos baseamos apenas em um ou dois tipos de avaliação, então agravamos esse erro nos concentrando naqueles aspectos do currículo que são mais fáceis de testar e atribuir notas por meio do uso de itens de múltipla escolha ou resposta curta. Contudo, um equívoco comum é que modelos de educação progressistas têm a ver com uma dependência exclusiva de avaliações autênticas. Este simplesmente não é o caso. Para evidências de muitos resultados desejados, especialmente conhecimentos e habilidades específicos, questionários objetivos, testes e observações com listas pré-definidas geralmente são suficientes. Podemos descrever visualmente a relação dos vários tipos de avaliação para prioridades do currículo examinando o diagrama na Figura 7.11.

Frequentemente, também, não consideramos as diferenças entre testes e outras formas de avaliação que são particularmente muito adequadas para reunir evidências de compreensão. De fato, ao visar a compreensão, em geral erramos ao acreditar que a testagem formal e somativa é necessária para a reunião de evidências. O corolário é presumir que tudo o que é avaliado precisa receber uma nota.

Pelo contrário, como sugerem as expressões "verificação da compreensão" e "devolutiva", avaliações formativas contínuas são vitais para revelar a compreensão ou incompreensão dos alunos. Um recurso simples para avaliação contínua da compreensão é a "redação de um minuto". No final de cada aula, os alunos são solicitados a responder duas perguntas: (1) Qual é o ponto principal que você aprendeu na aula de hoje? e (2) Qual é a principal pergunta não respondida com a qual você sai da aula hoje? Uma leitura rápida das respostas dos alunos dá ao professor uma devolutiva imediata da extensão

* N. de R.T.: Referência a um paradoxo filosófico que questiona se um objeto, quando tem todos os seus componentes trocados, permanece o mesmo.

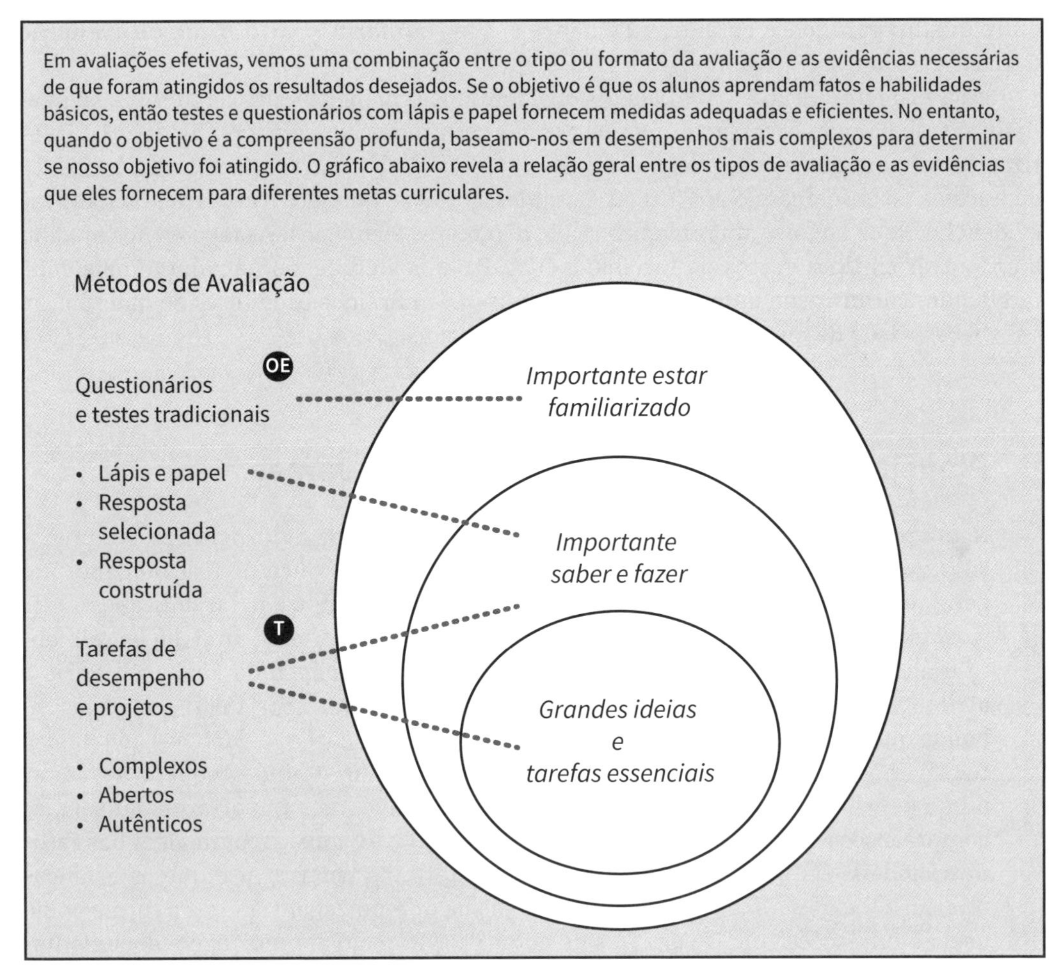

Figura 7.11
Prioridades curriculares e métodos de avaliação.

da compreensão deles (ou da falta dela). De fato, professores da Universidade de Harvard consideraram essa técnica como uma das inovações mais efetivas no seu ensino (LIGHT, 2001).

Em nossa própria prática de ensino, solicitamos que os alunos tragam diariamente para a aula perguntas por escrito. A aula começa com os alunos discutindo suas perguntas em grupos de dois ou três, trazendo a pergunta mais importante para a classe inteira para discussão. A seguir, procuramos padrões de uma rede de perguntas e possíveis respostas. Faltando alguns minutos para o final da aula, pedimos que um ou dois alunos resumam a conversa e que todos tomem notas. Perkins (1992) propõe muitas outras estratégias, e sugerimos outras verificações da compreensão como essas no Capítulo 9.

A necessidade de uma variedade de evidências para avaliação no Estágio 2 é sinalizada no modelo de planejamento por um quadro para as principais Tarefas de Desempenho e

ALERTA DE EQUÍVOCO!

Quando falamos de evidências da compreensão, estamos nos referindo a evidências reunidas por meio de uma variedade de atividades avaliativas formais e informais durante uma unidade de estudo ou um curso. Não estamos fazendo alusão unicamente aos testes no fim do ensino ou às tarefas de desempenho culminantes. Ao contrário, as evidências coletadas que buscamos podem incluir observações e diálogos, questionários e testes tradicionais, tarefas de desempenho e projetos, além das autoavaliações dos alunos coletadas ao longo do tempo.

outro quadro para todas as Outras Evidências. Um equilíbrio entre os tipos de avaliação é a boa medida e a prática inteligente no ensino.

Nessa primeira visão da avaliação, consideramos o planejamento de atividades avaliativas trabalhando reversamente a partir dos resultados desejados no Estágio 1. Enfatizamos que, quando a compreensão é o foco, nossas evidências precisam estar baseadas em tarefas de desempenho autênticas (complementadas, quando necessário, por "outras evidências") que envolvem problemas reais, não meros exercícios. As facetas nos ajudam a encontrar os tipos certos de tarefas, e OPASDP nos ajuda a refinar ainda mais cada tarefa para garantir sua autenticidade. Além disso, lembramos os leitores de que sempre há a necessidade de uma variedade de evidências.

Planejamento reverso em ação com Bob James

Agora preciso refletir sobre o que realmente serviria como evidência das compreensões que estou procurando. Isso vai exigir de mim um pouco de flexibilidade. Em geral, em uma unidade de 3 a 4 semanas como esta, eu dou um ou dois questionários, faço um projeto, valendo nota, e concluo com um teste da unidade (geralmente múltipla escolha ou combinação). Embora essa abordagem de avaliação torne a atribuição de notas (e a justificativa das notas) relativamente fácil, acabei percebendo que essas atividades avaliativas nem sempre fornecem evidências adequadas relativas às compreensões mais importantes da unidade. Tenho a tendência a testar o que é fácil de ser testado em vez de avaliar o que é mais importante, ou seja, as compreensões e as atitudes que os alunos devem levar consigo, para além dos fatos nutricionais. Na verdade, uma coisa que sempre me perturbou é que as crianças tendem a focar nas suas notas em vez de na sua aprendizagem. Talvez a forma como usei as avaliações – mais para fins de notas do que como aprendizagem documentada – tenha contribuído para essa atitude.

Agora preciso pensar no que realmente serviria como evidência da compreensão duradoura que estou procurando. Depois de examinar alguns exemplos de avaliações de desempenho e de discutir as ideias com meus colegas, decidi usar a seguinte tarefa de desempenho:

> *Como estamos aprendendo sobre nutrição, o diretor do acampamento do Centro de Educação ao Ar Livre nos pediu que propuséssemos um cardápio nutricionalmente balanceado para a viagem de três dias ao centro no final do ano. Usando as diretrizes da pirâmide alimentar do Ministério da Saúde e as informações nutricionais dos rótulos dos alimentos, iremos fazer um plano para três dias, incluindo três refeições principais e três lanches (pela manhã, à tarde e em volta da fogueira). Nosso objetivo é elaborar um cardápio saboroso e nutricionalmente balanceado.*

Essa tarefa também faz uma boa ligação com um dos nossos projetos da unidade – analisa a dieta de uma família hipotética por uma semana e propõe formas de melhorar sua nutrição. Com essa tarefa e projeto em mente, agora posso usar questionários para verificar o conhecimento que era pré-requisito (dos grupos alimentares e as recomendações da pirâmide alimentar) e um teste para checar a compreensão de como uma dieta nutricionalmente deficiente contribui para problemas de saúde. Esse é o pacote de avaliação mais completo que já planejei para uma unidade, e acho que a tarefa vai motivar os alunos e também fornecer evidências de sua compreensão.

Olhando em frente

Agora, precisamos considerar a segunda e a terceira perguntas que residem na essência de pensar como um avaliador: o que devemos procurar quando avaliamos? Como podemos estar confiantes de que nossas avaliações propostas permitem inferências válidas e confiáveis em relação ao Estágio 1? No próximo capítulo, retomaremos essas duas questões.

Capítulo 8

Critérios e validade

Avaliação e devolutivas são cruciais para ajudar as pessoas a aprenderem. Uma avaliação que é consistente com os princípios da aprendizagem e da compreensão deve:

- Ser o reflexo do ensino.
- Acontecer de forma contínua, porém não intrusiva, como parte do ensino.
- Fornecer informações sobre os níveis de compreensão que os alunos estão atingindo.

_ John Bransford *et al.*, *How People Learn*, 2000

O problema central [...] é que as avaliações sobre o desempenho acadêmico mais amplamente usadas estão baseadas em crenças altamente restritivas sobre aprendizagem e competência.

_ Committee on the Foundations of Assessment *et al.*, *Knowing What Students Know*: The Science and Design of Educational Assessment, 2001

No Capítulo 7, nós focamos nos tipos de atividades avaliativas necessários para fornecer evidências apropriadas sobre nossos resultados desejados. Observamos que sempre existe a necessidade de uma variedade de evidências e que os planos de avaliação devem estar embasados em tarefas de desempenho autênticas. Também descobrimos que a avaliação da compreensão requer atividades avaliativas de desempenho. Precisamos ver em que grau o aprendiz lida com os desafios de desempenho no contexto e quais foram seus processos de pensamento ao fazer isso.

A necessidade de critérios

Como os tipos de comandos abertos e tarefas de desempenho necessários para avaliar a compreensão não têm uma única resposta correta ou um processo de solução único, a avaliação do trabalho do aluno se baseia no julgamento orientado pelos critérios. Critérios claros e apropriados especificam o que devemos examinar para determinar o grau de compreensão e nos servem para tornar consistente e justo um processo baseado no julgamento (WIGGINS, 1998, p. 91-99). Como, então, encontramos critérios apropriados e como os tornamos claros para os aprendizes?

Critérios apropriados destacam os aspectos mais reveladores e importantes do trabalho (dados os objetivos), não apenas aquelas partes do trabalho que são meramente fáceis de visualizar ou atribuir nota. Por exemplo, quando lemos uma história queremos ser envolvidos, ter nossa imaginação despertada ou o interesse provocado. As melhores histórias fisgam e mantêm o interesse por meio de uma combinação efetiva entre enredo e personagens. Assim, um critério essencial ao julgar uma história é o *engajamento*. Outro pode ser a *proficiência* do autor no uso de mecanismos literários efetivos e na escolha da linguagem. Um terceiro critério está relacionado à profundidade e à credibilidade dos personagens – ou ao *desenvolvimento dos personagens*. Os critérios de uma história não são arbitrários. Todo livro deve ser envolvente, bem elaborado e construído com base em personagens plenamente desenvolvidos e verossímeis.

Embora esses três critérios estejam relacionados, eles também são independentes. Uma história pode nos envolver apesar dos seus personagens caricatos; a história pode ser envolvente, mas repleta de lacunas no enredo ou erros tipográficos. Portanto, ao identificarmos critérios apropriados, devemos elucidar um conjunto de *variáveis independentes no desempenho* que afetam nosso julgamento da qualidade. Os critérios, então, especificariam as condições que um desempenho deve atender para ter sucesso; eles definem, operacionalmente, as exigências da tarefa.

Muitos professores cometem o erro de se basear em critérios que são simplesmente fáceis de observar, em vez de centrais para o desempenho e seu propósito. Portanto, é comum ver: trabalhos de pesquisa que recebem notas altas meramente por terem inúmeras notas de rodapé (em vez de pesquisa bem embasada); inferências da compreensão porque o discurso era espirituoso (em vez de minucioso); ou apresentações julgadas como efetivas porque são coloridas e criativas (em vez de fornecerem informações precisas). Assim como precisamos derivar avaliações a partir dos objetivos e compreensões, precisamos derivar critérios dos objetivos.

Dos critérios à rubrica

Uma rubrica é um guia de avaliação baseado em critérios que consistem de uma escala de medida fixa (4 pontos, 6 pontos ou o que for apropriado) e de descrições das características para cada ponto dessa gradação. Rubricas descrevem graus de qualidade, proficiência ou compreensão ao longo de um *continuum*. (Se a resposta à atividade requer apenas uma resposta do tipo sim/não ou certo/errado, é usada uma lista de checagem em vez de uma rubrica.) As rubricas respondem às perguntas:

- Com base em quais critérios o desempenho deve ser julgado e determinado?
- Onde devemos procurar e o que devemos buscar para julgar o sucesso do desempenho?
- Como os diferentes níveis de qualidade, proficiência ou compreensão devem ser descritos e distinguidos uns dos outros?

Dois tipos gerais de rubricas – *holística* e *analítica* – são amplamente usados para julgar os produtos e desempenhos do aluno. Uma rubrica holística fornece uma impressão global do trabalho de um aluno. Rubricas holísticas produzem uma pontuação ou classificação *única* para um produto ou desempenho.

Uma rubrica analítica divide um produto ou desempenho em traços distintos ou dimensões e julga cada um separadamente. Como uma rubrica analítica avalia cada um dos traços identificados independentemente, é fornecida uma pontuação separada para cada um. Por exemplo, uma rubrica analítica popular para redação examina seis traços: (1) ideias, (2) organização, (3) voz, (4) escolha das palavras, (5) fluência das frases e (6) convenções. A escrita de um aluno é avaliada de acordo com o nível de desempenho em cada traço. Por exemplo, uma redação pode receber um *3* para *desenvolvimento da ideia* (traço 1) e um *4* para *uso de convenções* (traço 6). O Laboratório Educacional Regional Northwest desenvolveu e utiliza um conjunto de rubricas analíticas amplamente implantadas envolvendo os seis critérios (e um sétimo opcional) denominado 6+1. Os traços avaliados, com o principal descritor para cada critério, são apresentados na Figura 8.1.

Embora uma rubrica holística seja uma ferramenta de avaliação apropriada quando é necessária uma impressão global, propomos que os avaliadores da compreensão usem rubricas analíticas. Por quê? Porque a qualidade da devolutiva para o aluno é facilmente comprometida em nome da eficiência quando diluímos a avaliação em uma única rubrica (holística). Por exemplo, duas dissertações persuasivas podem ser consideradas insatisfatórias, mas seus defeitos são muito diferentes. Um dos trabalhos é falho mecanicamente, mas repleto de ótimos argumentos. O outro está escrito de maneira clara e gramatical-

Desenvolvimento de ideias: O trabalho é claro e focado. Ele prende a atenção do leitor. Episódios e detalhes relevantes enriquecem o tema central.

Organização: A organização enaltece e evidencia a ideia ou tema central. A ordem, estrutura ou apresentação das informações é convincente e move o leitor ao longo do texto.

Voz: O escritor fala diretamente com o leitor de uma forma que é individual, convincente e envolvente. O escritor elabora a redação com uma consciência de seu público e respeito por ele, bem como com propósito para escrever.

Escolha das palavras: As palavras transmitem a mensagem pretendida de uma forma precisa, interessante e natural. As palavras são poderosas e envolventes.

Fluência das frases: A escrita tem um fluxo, ritmo e cadência fáceis. As frases são bem construídas, com estrutura forte e variada que convida à leitura oral expressiva.

Convenções: O escritor mostra um bom entendimento das convenções de escrita padrão [...] e usa as convenções efetivamente para aprimorar a legibilidade. Os erros tendem a ser tão poucos que apenas alguns retoques deixam essa peça pronta para ser publicada.

Apresentação: A forma e a apresentação do texto reforçam a capacidade do leitor de compreender e se conectar com a mensagem. Ela é agradável ao olhar.

Fonte: Education Northwest (2012). Reproduzido com permissão.
Nota: Existem inúmeros indicadores úteis para cada nível, em uma escala de cinco pontos. Além disso, foram desenvolvidas mais versões acessíveis ao aprendiz para alunos mais jovens. Veja Arter e McTighe (2001) para esta e outras rubricas e um olhar abrangente em problemas de planejamento e implementação de rubricas.

Figura 8.1
Descritores de alto nível de uma rubrica NWREL* para redação.

---

* N. de R.T.: NWREL é o acrônimo para Northwest Regional Educational Laboratory, um dos dez laboratórios regionais de educação dos Estados Unidos financiados pelo Ministério da Educação dedicados ao uso de pesquisas e dados para a melhoria de políticas educacionais e práticas de sala de aula. Esse conjunto de rubricas apresentado aqui pertence ao que eles chamam de "6+1 Trait ® Writing Model of Instruction and Assessment" e foi criado para apoiar professores e alunos na melhoria da escrita.

mente correto, mas contém raciocínio superficial e uma conclusão não embasada. No entanto, se fôssemos obrigados a atribuir uma única pontuação usando uma rubrica holística, involuntariamente induziríamos o aprendiz, os pais e outros a pensarem que os desempenhos foram os mesmos. Sempre há critérios independentes em ação no desempenho, especialmente quando a compreensão é a meta, portanto devemos tentar estabelecer um equilíbrio entre critérios apropriadamente válidos e viabilidade.

Rubricas para avaliar a compreensão

Para promover esta discussão geral sobre rubricas e critérios para a compreensão, lembre-se de que a compreensão é uma questão de gradação ao longo de um *continuum*. Não se trata simplesmente de certo *versus* errado, mas de *mais ou menos* ingênuo ou sofisticado, *mais ou menos* superficial ou aprofundado. Assim, uma rubrica para a compreensão deve fornecer respostas concretas às nossas principais perguntas de avaliação: com o que a compreensão se parece? O que diferencia, na prática, uma compreensão sofisticada de uma compreensão ingênua? Como é a aparência de uma gama de explicações, desde a mais ingênua ou simplista até a mais complexa e sofisticada?

Vamos examinar dois exemplos de rubricas que descrevem "compreensão". Uma versão genérica de uma rubrica usada no exame de colocação avançada em História estadunidense no passado recente pede que os leitores diferenciem uma tese embasada de uma mera descrição dos eventos em contraste com uma mera descrição de eventos:

- *Tese clara, bem desenvolvida, que trata de uma maneira sofisticada dos componentes [principais] [...]*
- *Tese clara, desenvolvida, que trata [das principais questões] [...]*
- *Tese geral que se refere a todos os componentes de forma superficial [...]*
- *Pouca ou nenhuma análise [...]* (ZANGRANDO; COLLEGE ENTRANCE EXAMINATION BOARD; COLLEGE ENTRANCE EXAMINATION BOARD. Advanced Placement Program, 1992, p. 25).

A rubrica explicitamente alerta os avaliadores, primeiramente, para avaliarem o grau de compreensão do aluno (análise sofisticada em oposição a simples recontar) e, segundo, para não confundirem o número de erros factuais ou a qualidade da escrita com a compreensão que o aluno tem daquele período de tempo.

A rubrica seguinte pertence a um exame de artes de uma província canadense que faz um alerta aos avaliadores sobre a distinção entre discernimento *versus* os méritos de uma interpretação particular:

> **5** Proficiente: Uma compreensão perspicaz da(s) seleção(ões) de leitura está efetivamente estabelecida. A opinião do aluno, seja ela diretamente expressa, seja ela implícita, é perceptível e apropriadamente embasada por detalhes específicos. O embasamento é preciso e cuidadosamente selecionado.
>
> **4** Capaz: Uma compreensão bem considerada [...] A opinião é fundamentada [...] O embasamento é bem definido e apropriado.
>
> **3** Adequado: Uma compreensão plausível está estabelecida e embasada. A opinião do aluno é convencional, mas plausivelmente embasada. A fundamentação é geral, mas funcional.

2 Limitado: Alguma compreensão é evidenciada, mas a compreensão nem sempre é defensável ou embasada. A opinião pode ser superficial, e o embasamento, escasso e/ou vago.

1 Fraco: Uma conjetura implausível [...] A opinião do aluno, se presente, é inapropriada ou incompreensível. O embasamento é inapropriado ou ausente.

A avaliação da resposta deve ser em termos da quantidade de evidências de que o aluno realmente leu alguma coisa e refletiu a respeito, não se ele pensou a respeito como um adulto faria, ou de acordo com a resposta "correta" de um adulto.

Em ambos os casos, as rubricas focam na descrição dos graus de compreensão, o traço que está sendo avaliado. Outros traços, como mecânica, destreza e organização, devem ser julgados separadamente.

Recomendamos que os avaliadores considerem pelo menos dois traços diferentes, independentemente de os descritores serem formatados como uma rubrica em uma tabela ou duas rubricas separadas. Sugerimos uma rubrica para "compreensão" e uma rubrica para as qualidades do "desempenho" (incluindo produtos e processos, quando apropriado) no qual a compreensão foi exibida.

Planejamento reverso a partir de critérios e rubricas

> É útil quando os próprios alunos identificam as caraterísticas de um projeto exemplar, de modo que tenham uma compreensão mais clara das partes do todo. Isso significa expor os alunos a muitas amostras de redação feitas por alunos e profissionais, orientando os alunos a identificar exatamente o que faz cada uma delas ser uma composição forte (ou fraca), identificando as competências de escrita necessárias e ensinando essas competências. Os alunos agora têm um "mapa" para cada unidade, [o qual] parece deixá-los muito mais entusiasmados com o processo. Com unidades claramente definidas, mais planos de aula intencionais e mais alunos entusiasmados, o planejamento para a compreensão tornou o ensino muito mais divertido!
>
> _ Professor de Artes Linguísticas do 6ª ano

O planejamento reverso sugere outra abordagem para nos ajudar com critérios e rubricas – embora seja uma abordagem contraintuitiva. Ocorre que qualquer objetivo explícito no Estágio 1 implica os critérios necessários no Estágio 2, mesmo *antes* que uma tarefa particular seja planejada. Por exemplo, considere o que alunos do 6° ano na Pensilvânia precisarão incluir em sua redação para mostrar que corresponderam à expectativa de aprendizagem do currículo estadual para escrita:

[Os alunos irão] escrever textos persuasivos com uma posição ou opinião claramente expressa e detalhes que apoiem seus argumentos, citando as fontes quando necessário.

Independentemente de os alunos comporem uma redação persuasiva, um informe político ou uma carta para o editor, os seguintes critérios (derivados diretamente da expectativa de aprendizagem) devem ser empregados ao ser julgada a sua redação:

- Posição ou opinião claramente expressa
- Detalhes apoiadores fornecidos
- Fontes apropriadas citadas (quando necessário)

As facetas e os critérios

Uma vez que defendemos que a compreensão é revelada por meio das seis facetas, estas se tornaram úteis na identificação dos critérios e na construção de rubricas para avaliar o grau de compreensão. A Figura 8.2 apresenta uma lista parcial dos critérios aplicáveis baseados nas seis facetas da compreensão.

Como, então, podemos avaliar o controle crescente sobre as facetas da compreensão levando em conta esses critérios? A rubrica apresentada na Figura 8.3 fornece um quadro de referência para fazer distinções úteis e julgamentos sólidos. A rubrica reflete um *continuum* apropriado – desde a compreensão ingênua (na base) até a compreensão sofisticada (no topo) – para cada uma das facetas.

Como a rubrica deixa claro, a compreensão pode ser pensada como um *continuum* – da incompreensão até o discernimento ou da inépcia autoconsciente até a proficiência em habilidades autônomas. Além disso, ela reflete a realidade de que os indivíduos podem ter compreensões diferentes, porém válidas, sobre as mesmas ideias e experiências. Em outras palavras, o perfil de uma pessoa pode parecer muito diferente do de outra mesmo quando descrevemos ambas, em geral, como "sofisticadas" (da mesma maneira que atribuímos pontuações holísticas a desempenhos na escrita consistindo de diferentes padrões dos traços analíticos envolvidos).

Os critérios, e consequentemente as rubricas, estão se acumulando! Uma estratégia prática para abordar essa complexidade é estruturar múltiplas rubricas à luz dos poucos aspectos distintos da compreensão, do conhecimento e das habilidades. Eis um exemplo de um conjunto de cinco critérios em Matemática (editados para mostrar apenas a pontua-

UMA IMPLICAÇÃO PARA DAR NOTAS

O uso regular de rubricas baseadas em critérios e múltiplas verificações da compreensão tem implicações para a atribuição de notas, especialmente nos níveis secundário e universitário. Muitos professores de nível superior têm dois hábitos de longa data que são contraproducentes: eles frequentemente dão notas para cada trabalho sem deixar claro os critérios e o peso apropriado de cada critério e em geral calculam a média dessas notas ao longo do tempo para chegar à nota final. Esta última prática especialmente faz pouco sentido quando avaliamos em relação aos objetivos da compreensão e rubricas ao longo do tempo: calcular a média da compreensão inicial de um aluno *versus* a compreensão final de uma ideia complexa não fornecerá uma representação precisa da sua compreensão. Veja também Guskey (2002), Wiggins (1998) e Marzano (2000).

Faceta 1 Explicação	Faceta 2 Interpretação	Faceta 3 Aplicação	Faceta 4 Perspectiva	Faceta 5 Empatia	Faceta 6 Autoconhecimento
• precisa • coerente • justificada • sistemática • preditiva	• significativa • perspicaz • relevante • ilustrativa • esclarecedora	• efetiva • eficiente • fluente • adaptativa • elegante	• verossímil • reveladora • perspicaz • plausível • incomum	• sensível • aberta • receptiva • perceptiva • prudente	• consciente • metacognitiva • autoajustável • reflexiva • sábia

Figura 8.2
Critérios relacionados às facetas.

Explicativa	Significativa	Efetiva	Em perspectiva	Empática	Reflexiva
Sofisticada e abrangente: um relato excepcionalmente minucioso, elegante ou inventivo (modelo, teoria, explicação); plenamente embasado, verificado, justificado; profundo e amplo; vai muito além da informação dada	**Perspicaz:** uma interpretação ou análise poderosa e esclarecedora da importância, significado, significância; conta uma história rica e perspicaz; fornece uma história ou contexto revelador	**Excepcional:** fluente, flexível eficiente, capaz de usar o conhecimento e competências e adaptar bem as compreensões em contextos diversos e difíceis – habilidade excepcional de transferência	**Perspicaz e coerente:** um ponto de vista reflexivo e circunspecto; critica efetivamente; abrange outras perspectivas plausíveis; assume uma visão crítica extensa e desapaixonada das questões envolvidas	**Madura:** disciplinada; disposta e capaz de ver e sentir o que os outros veem e sentem; excepcionalmente aberta e disposta a procurar o que é ímpar, estranho ou diferente; capaz de encontrar sentido em textos, experiências, acontecimentos que parecem esquisitos para outros	**Sábia:** profundamente consciente das fronteiras entre a própria compreensão e a dos outros; capaz de reconhecer os próprios preconceitos e projeções; tem integridade – capaz e disposta a agir de acordo com a compreensão
Sistemática: um relato atípico e revelador, vai além do que é óbvio ou do que foi explicitamente ensinado; faz conexões sutis; bem embasado por argumentos e evidências; pensamento novo exibido	**Reveladora:** uma interpretação ou análise ponderada da importância, significado, significância; conta uma história perspicaz; fornece uma história ou contexto útil	**Habilidosa:** competente no uso do conhecimento e habilidades e na adaptação das compreensões em uma variedade de contextos práticos e exigentes	**Detalhada:** uma visão crítica plenamente desenvolvida e coordenada; torna a própria visão mais plausível por uma consideração justa da plausibilidade de outras perspectivas; faz críticas, diferenciações e qualificações adequadas	**Sensível:** disposta a ver e sentir o que os outros veem e sentem; aberta ao não familiar ou diferente; capaz de ver o valor e o trabalho que outros não veem	**Circunspecta:** consciente da própria ignorância e da dos outros; consciente dos próprios preconceitos
Em profundidade: um relato que reflete algumas ideias aprofundadas e personalizadas; o aluno está fazendo o trabalho sozinho, indo além do que é dado; há uma teoria embasada, mas evidências e argumentos são insuficientes ou inadequados	**Perceptiva:** uma interpretação ou análise razoável da importância, significado ou significância; conta uma história clara e instrutiva; fornece uma história ou contexto reveladores	**Capaz:** habilidade limitada, mas em crescimento, de ser adaptativo e inovador no uso do conhecimento e habilidades	**Considerada:** um olhar razoavelmente crítico e abrangente para pontos de vista importantes no seu próprio contexto; deixa claro que há plausibilidade para outros pontos de vista	**Consciente:** sabe e sente que os outros veem e sentem de forma diferente e é um pouco capaz de empatizar com os outros	**Perspicaz:** geralmente consciente do que compreende ou não compreende; consciente de como o preconceito e a projeção ocorrem sem consciência
Desenvolvida: uma explicação incompleta, mas com ideias adequadas e perspicazes; estende e aprofunda parte do que foi aprendido; alguma leitura nas entrelinhas; a explicação tem apoio, argumentos e	**Interpretada:** uma interpretação ou análise plausível da importância, significado ou significância; faz sentido com uma história; fornece uma história ou contexto descritivos	**Aprendiz:** baseia-se em um repertório limitado de rotinas, capaz de desempenhar bem em alguns contextos familiares ou simples; uso limitado do julgamento e resposta a devolutiva ou situação	**Consciente:** conhece diferentes pontos de vista e é um pouco capaz de colocar a própria visão em perspectiva, mas há fragilidade na consideração do valor ou crítica de cada	**Descentralizada:** tem alguma capacidade ou autodisciplina para se colocar no lugar do outro, mas ainda é principalmente limitada às próprias reações e atitudes, confundidas ou desencorajadas por diferentes sentimentos ou atitudes	**Irreflexiva:** geralmente não consciente da própria ignorância específica; geralmente não consciente sobre como pré-julgamentos colorem a compreensão
	Literal: uma leitura simplista ou superficial; tradução mecânica; uma decodificação com pouca	**Novato:** consegue desempenhar somente com monitoramento ou se baseia no "acionamento" singular, altamente roteirizado, (algorítmico e mecânico) de habilidades,			**Inocente:** completamente inconsciente dos limites da própria compreensão e do papel das projeções e do preconceito nas opiniões e tentativas de compreensão

Figura 8.3
Rubrica de seis facetas.
Fonte: Revisada e adaptada de Wiggins e McTighe (1998). Reimpressa com permissão. © 1998 Association for Supervision and Curriculum Development.

Explicativa	Significativa	Efetiva	Em perspectiva	Empática	Reflexiva
dados limitados ou generalizações radicais; há uma teoria com testes e evidências limitados **Ingênua:** explicação superficial; mais descritiva do que analítica ou criativa; uma explicação fragmentada ou vaga dos fatos e ideias; generalizações simplistas; explicação do tipo preto e branco; menos teoria do que um palpite não examinado ou ideia emprestada	ou nenhuma interpretação; sem noção da importância ou significância mais ampla; uma reafirmação do que foi ensinado ou lido	procedimentos ou abordagens	perspectiva, especialmente a própria; acrítico sobre pressupostos tácitos **Acrítica:** não ciente de diferentes pontos de vista; tendência a negligenciar ou ignorar outras perspectivas; tem dificuldade de imaginar outras maneiras de ver as coisas; tendência a críticas *ad hominem*	**Egocêntrica:** tem pouca ou nenhuma empatia além da consciência intelectual dos outros; vê as coisas através das próprias ideias e sentimentos; ignora ou é ameaçada ou confundida por diferentes sentimentos, atitudes, visões	

Figura 8.3 (continuação)

Rubrica de seis facetas.

Fonte: Revisada e adaptada de Wiggins e McTighe (1998). Reimpressa com permissão. © 1998 Association for Supervision and Curriculum Development.

ção mais alta em cada uma das cinco rubricas) que podem ser usados para avaliar as principais dimensões do desempenho matemático mais complexo:

- Discernimento matemático: Mostra uma compreensão sofisticada da disciplina envolvida. Os conceitos, evidências, argumentos e qualificações feitos, as perguntas formuladas e os métodos usados são perfeitamente esclarecedores, indo muito além do entendimento do tópico tipicamente encontrado nesse nível de experiência. Capta a essência do problema e aplica as ferramentas mais poderosas para resolvê-lo. O trabalho mostra que o aluno é capaz de fazer distinções sutis e relacionar o problema particular a princípios, fórmulas ou modelos matemáticos mais significativos, complexos ou abrangentes.
- Raciocínio: Mostra um plano metódico, lógico e minucioso para a solução do problema. A abordagem e as respostas são explicitamente detalhadas e completamente aceitáveis (se o conhecimento usado for sofisticado ou preciso). O aluno justifica todas as alegações com argumentos detalhados: contra-argumentos, dados questionáveis e premissas implícitas são plenamente explicados.
- Eficácia da solução: A solução do problema é efetiva e frequentemente inventiva. Todos os detalhes essenciais do problema, audiência, propósito e outras questões contextuais são integralmente abordados de uma forma elegante e efetiva. A solução pode ser criativa de muitas formas possíveis: uma abordagem não ortodoxa, uma combinação incomumente inteligente das variáveis conflitantes, a introdução de evidências matemáticas não óbvias ou imaginativas.
- Precisão do trabalho: O trabalho é altamente preciso. Todos os cálculos estão corretos, apresentados no apropriado grau de precisão e erro de medida e adequadamente rotulados.
- Qualidade da apresentação: O desempenho do aluno é persuasivo e excepcionalmente bem apresentado. A essência da pesquisa e os problemas a serem resolvidos são sintetizados de forma altamente envolvente e eficiente, levando em conta a audiência e o propósito da apresentação. A proficiência no produto final é óbvia. O uso efetivo é baseado em material de apoio (p. ex., visuais, modelos, suplementares e vídeos) e nos membros da equipe (quando apropriado). A audiência mostra entusiasmo e a confiança de que o apresentador compreende o que está falando e compreende os interesses dos ouvintes.

ALERTA DE EQUÍVOCO!

De onde vêm os critérios e indicadores mais apropriados? Como as rubricas partem dos descritores gerais para os específicos? As respostas envolvem ainda outro elemento do planejamento reverso: para que os descritores sejam apropriados, detalhados e úteis, eles devem emergir de revisões de muitas amostras concretas do trabalho. Os descritores refletem as características distintivas do conjunto de trabalho nesse nível. Assim, uma rubrica nunca está completa até que tenha sido usada para avaliar o trabalho do aluno *e* uma análise dos diferentes níveis de trabalho seja usada para aprimorar os descritores.

Se o pensamento de usar tantos traços de rubricas parecer excessivo, comece com poucos. Retorne aos dois critérios básicos – qualidade das compreensões e qualidade do desempenho. Acrescente um terceiro para o processo quando apropriado e outros traços de rubricas quando o tempo e o interesse permitirem. Mais tarde, depois que você tiver identificado múltiplos traços, use apenas partes do conjunto, conforme apropriado para cada tarefa. (No capítulo sobre problemas do planejamento macro, iremos discutir quais conjuntos de tais rubricas devem ser estabelecidos no nível do Programa.)

Planejando e refinando rubricas com base no trabalho dos estudantes

Os critérios importantes para avaliação da compreensão e proficiência do aluno são inicialmente derivados dos resultados desejados do Estágio 1. No entanto, como deixa claro o Alerta de Equívoco, o processo de construção e revisão de uma rubrica também se baseia em uma análise do desempenho dos alunos. A seguir, apresentamos um resumo do processo de seis passos que Arter e McTighe (2001, p. 37-44) propõem para a análise do desempenho do aluno.

Passo 1: Reúna amostras do desempenho do aluno que ilustrem a compreensão ou proficiência desejada. *Escolha um conjunto de amostras o mais amplo e diverso possível.*

Passo 2: Organize o trabalho do aluno em diferentes "pilhas" e anote as razões. *Por exemplo, coloque as amostras do trabalho do aluno em três pilhas: forte, médio e fraco. Depois que o trabalho estiver classificado, anote as razões para colocar cada um nas várias pilhas. Se um trabalho for colocado na pilha "sofisticado", descreva as suas características distintivas. O que indica que o trabalho reflete compreensão sofisticada? O que você está dizendo a si mesmo enquanto coloca um trabalho em uma pilha? O que você poderia dizer a um aluno quando devolver esse trabalho? As qualidades ou atributos que você identifica revelam os indicadores importantes dos critérios. Continue organizando o trabalho até que você não esteja acrescentando nada novo a sua lista de atributos.*

Passo 3: Agrupe as razões em traços ou dimensões importantes do desempenho. *O processo de organização usado até aqui neste exercício é "holístico". Os participantes deste processo acabam com uma lista de comentários referentes ao alto, médio e baixo desempenho; qualquer produto do aluno recebe apenas uma pontuação global. Em geral, durante a listagem dos comentários, alguém irá dizer algo do tipo: "Eu tive dificuldade para colocar este trabalho em uma pilha porque ele era forte em um traço, mas fraco em outro". Isso cria a necessidade de sistemas de classificação dos traços analíticos; isto é, avaliar o produto ou desempenho de cada aluno em mais de uma dimensão.*

Passo 4: Escreva uma definição de cada traço. *Essas definições devem ser o "valor neutro" – elas descrevem sobre o que é o traço, não como é o bom desempenho. (As descrições de bom desempenho no traço são atribuídas à classificação "mais alta" da rubrica.)*

Passo 5: Escolha exemplos do desempenho do aluno que ilustrem cada ponto na escala em cada traço. *Encontre exemplos do trabalho dos alunos que ilustrem o desempenho forte, fraco e médio em cada traço. Esses exemplos são algumas vezes chamados de "âncoras", uma vez que fornecem exemplos concretos dos níveis em uma rubrica. As âncoras podem ser usadas para ajudar os alunos a compreenderem com o que "bom" se parece. (Nota: É importante ter mais de um exemplo. Se você mostrar aos alunos apenas um exemplo de como é um bom desempenho, eles provavelmente irão imitá-lo ou copiá-lo.)*

Passo 6: Refine continuamente. *Os critérios e rubricas evoluem com o uso. Quando você os experimentar, invariavelmente encontrará algumas partes da rubrica que funcionam bem e outras que não. Acrescente e modifique descrições para que elas possam comunicar com mais precisão e escolha melhores âncoras que ilustrem o que você pretende.*

O desafio da validade

A terceira pergunta ao pensar como um avaliador nos pede que sejamos cuidadosos ao evocarmos as evidências mais apropriadas, ou seja, as evidências dos resultados desejados no Estágio 1. Não estamos tentando criar tarefas *meramente* interessantes e realistas no Estágio 2, mas obter as evidências mais apropriadas dos resultados desejados estruturados no Estágio 1. Esse é o desafio da validade.

Validade se refere ao significado que podemos e não podemos inferir de maneira apropriada a partir de evidências específicas, inclusive evidências relacionadas a testes tradicionais. Nós vemos um aluno tendo uma atitude gentil no *playground*. O que devemos inferir sobre a propensão desse aluno a "ser gentil"? Este é o desafio da validade: que acontecimentos ou dados devemos observar para obter as evidências mais reveladoras de habilidades mais gerais?

Considere o seguinte desafio que atualmente se encontra em qualquer sala de aula convencional. A Sra. Metrikos, professora do 6° ano na Escola de Ensino Fundamental Carson, elabora um teste com 20 problemas sobre frações. José acerta 11. A professora infere que o controle de José sobre *todo o campo de frações* é muito instável. Essa conclusão é válida? Não necessariamente. Primeiro, precisamos examinar os itens do teste e determinar se são representativos de todos os tipos de problemas com frações. Considerando que José é um imigrante recente, talvez seu inglês seja deficiente, mas sua matemática seja forte; o teste exclui o inglês para nos deixar ver apenas sua habilidade na Matemática? O teste é tão saturado de problemas com enunciados que é, na verdade, um teste de compreensão do inglês? E quanto à dificuldade relativa dos problemas? Cada questão valia o mesmo que as outras. Mas e se algumas forem muito mais difíceis do que outras?

Ao avaliar o teste, a Sra. Metrikos focou unicamente na exatidão das respostas, ignorando o processo que cada aluno usou para analisar e resolver cada problema. Exatidão é indicação de compreensão? Não necessariamente. As melhores provas podem simplesmente refletir recordação das fórmulas envolvidas, sem qualquer compreensão de por que elas funcionam. Além disso, o que devemos inferir quando José, depois da devolução dos trabalhos, se apressa em explicar sua compreensão das frações e por que seus erros foram "apenas" descuido? Isso deve afetar sua nota ou nossa compreensão da sua compreensão? Talvez quando a Sra. Metrikos passar os olhos nos resultados, ela veja não só que José parecia ter dificuldades com o inglês nos problemas com enunciado, mas que também tem dificuldades com frações em que os denominadores diferem, mas não teve dificuldade em explicar a regra e por que você precisa de um denominador comum. Dizer que José "não compreende" frações com base nas respostas erradas é, portanto, uma conclusão inválida.

Um foco na compreensão torna a questão da validade desafiadora em qualquer atividade avaliativa. Suponha que Jenny tenha acertado 19 de 20 problemas, mas o único que ela errou pedia uma explicação de por que são necessários denominadores comuns. Suponha que Sara acerte todos os fatos históricos na parte do teste de múltipla escolha em sua prova de História, mas fracasse completamente na pergunta baseada em documentos que requer análise dos acontecimentos principais durante o mesmo período de tempo. E se Ian fizer um pôster excelente sobre o ciclo da água, mas falhar no teste? Esses são os desafios com os quais todos nós nos defrontamos. Temos que ter certeza de que os desempenhos que esperamos são apropriados para as compreensões particulares buscadas. Um aluno poderia ter um bom desempenho no teste sem ter compreensão? Um aluno com compreensão poderia esquecer ou fazer uma miscelânea com os fatos principais? Sim e sim – isso acontece o tempo todo. Queremos evitar inferências duvidosas quando avaliamos o trabalho de um aluno, mas especialmente quando avaliamos a compreensão.

Conforme observamos anteriormente, compreensão é uma questão de grau. Como sugere o exemplo das frações, tipicamente prestamos muita atenção à *exatidão* (em parte porque pontuar a exatidão torna a avaliação muito mais fácil e aparentemente "objetiva" – máquinas podem fazer isso) e muito pouca atenção ao *grau* de compreensão (em que alguém tem que fazer um julgamento válido). Assim, a compreensão facilmente passa despercebida na testagem e na atribuição de nota típicas.

Essa questão se torna ainda mais difícil por uma confusão comum no planejamento da avaliação do desempenho. Muitos professores planejadores confundem atividades de aprendizagem interessantes e envolventes com evidências apropriadas do desempenho. Só porque o desempenho é complexo e a tarefa é interessante não significa que as evidências que obtemos a partir do trabalho do aluno sejam apropriadas para os resultados desejados.

Podemos sintetizar o desafio a partir da história de uma professora do 5° ano na Virgínia. Ela propôs avaliar o domínio dos seus alunos das expectativas de aprendizagem relacionadas à Guerra Civil fazendo-os construir uma maquete. A professora estava desenvolvendo uma unidade sobre a Guerra Civil em uma oficina de formação na qual o objetivo era duplo: encontrar formas criativas de abordar as expectativas de aprendizagem do currículo estadual e honrar as ideias do planejamento para a compreensão. Ela estava tentando avaliar a compreensão dos seus alunos das causas e efeitos da Guerra Civil por meio de uma tarefa de desempenho engajadora.

A professora perguntou se poderia usar um projeto real e já testado (um que as "crianças adoram"), já que envolvia desempenho e produzia um produto avaliável. Dissemos que, teoricamente, não havia razão para não o fazer, contanto que o projeto gerasse o tipo certo de evidências. Ela não estava segura quanto ao que queríamos dizer, então lhe pedimos que descrevesse o projeto. Bem, disse ela, as crianças precisam construir uma maquete de uma grande batalha da Guerra Civil para um suposto museu sobre a Guerra Civil. Não há mapas, placas explicativas nem artefatos relevantes. Então, perguntamos sobre as particularidades da expectativa de aprendizagem:

Guerra Civil e Reconstrução: de 1860 a 1877

USI.9 O aluno irá demonstrar conhecimento das causas, principais acontecimentos e efeitos da Guerra Civil

a. *descrevendo os problemas culturais, econômicos e constitucionais que dividiam a nação;*
b. *explicando como as questões dos direitos dos Estados e o escravagismo aumentavam as tensões nos setores;*
c. *identificando em um mapa os Estados que se separaram da União e aqueles que permaneceram na União;*
d. *descrevendo os papéis de Abraham Lincoln, Jefferson Davis, Ulysses S. Grant, Robert E. Lee, Thomas "Stonewall" Jackson e Frederick Douglass nos acontecimentos que originaram a guerra e durante a guerra;*

e. *usando mapas para explicar desdobramentos críticos na guerra, entre os quais as principais batalhas;*
f. *descrevendo os efeitos da guerra segundo as perspectivas da União e dos soldados Confederados (incluindo os soldados negros), mulheres e escravos.*

Respondemos pedindo que ela autoavaliasse o planejamento da tarefa de avaliação proposta em relação a duas perguntas. Qual a probabilidade de que:

- Um aluno possa se sair bem nessa tarefa de desempenho, mas realmente não demonstre as compreensões que você está buscando?
- Um aluno possa ter um desempenho fraco nessa tarefa, mas ainda tenha compreensão significativa das ideias e mostre isso de outras maneiras?

Se a resposta a uma das perguntas for "sim", então a avaliação provavelmente *não* irá fornecer evidências válidas.

"Oh, é claro!", ela disse rapidamente. "Como eu pude ser tão tola? Isso realmente só abrange uma pequena fatia dos padrões e ignora inteiramente o problema da causa e efeito. Como eu não percebi isso?"

Este erro é muito comum – confundir projetos interessantes ou *atividades* autênticas com atividades avaliativas válidas. Nesse caso, a professora havia feito apenas uma pequena ligação entre seu projeto e o padrão (os principais momentos decisivos militares) e tentou tirar uma conclusão a partir de evidências que não eram justificadas. A boa notícia? Quando solicitada a fazer a autoavaliação em relação às duas perguntas sobre validade, ela percebeu o problema imediatamente. A má notícia? A maioria das pessoas não autoavalia suas atividades avaliativas propostas em relação aos padrões de planejamento e frequentemente acaba com inferências inválidas. O objetivo do Estágio 2 não é o trabalho envolvente; o objetivo é obter boas evidências para julgar o desempenho em relação aos objetivos estabelecidos.

A situação também nos faz lembrar da importância de derivar os critérios gerais dos objetivos. Considerando que a expectativa de aprendizagem focava nas *causas e efeitos* da Guerra Civil, se a professora considerasse critérios apropriados relacionados ao padrão *antes* de planejar a tarefa específica da maquete, poderia ter evitado o problema da validade. Em termos de avaliação do raciocínio causal, o desempenho de qualquer aluno precisaria (1) identificar múltiplas causas, (2) identificar múltiplos efeitos, (3) ser historicamente preciso e (4) incluir uma explicação clara. Pensar dessa maneira também sugere outras possibilidades de tarefas mais apropriadas, tais como um cartaz das causas e efeitos mostrando múltiplas causas e múltiplos efeitos da guerra.

PERMANECE UMA QUESTÃO ESSENCIAL SOBRE DISCERNIMENTO

Esta discussão sobre validade não trata diretamente ou diminui uma antiga controvérsia entre filósofos e psicólogos: se o ato de compreender envolve primariamente uma imagem mental separada do desempenho. Para estruturá-la como uma pergunta essencial de pesquisa cognitiva, o debate envolve perguntar: a habilidade de desempenho é necessariamente *precedida* por um modelo mental? Ou a compreensão é mais como uma improvisação de *jazz* bem-sucedida – algo que é inerentemente uma habilidade de desempenho e sensibilidade em que o pensamento deliberado prévio não desempenha um papel crítico ou determinante? Embora não tomemos partido aqui, os leitores interessados na questão podem ler o livro de Gilbert Ryle, *The Concept of Mind* (1949), o capítulo de Perkins em *Teaching for Understanding* (WISKE, 1998) e *The Nature of Insight* (STERNBERG; DAVIDSON, 1995).*

A análise ilustra muito bem o paradoxo do planejamento de avaliações locais: se levados pelos nossos próprios instintos, ver questões de validade é muito difícil. Entretanto,

* N. de R.T.: Nenhum dos títulos possui publicação em língua portuguesa.

com uma autoavaliação relativamente disciplinada em relação aos padrões corretos (sem mencionar alguma rápida revisão dos pares), podemos resolver a maioria dos problemas que encontramos.

> **ALERTA DE EQUÍVOCO!**
>
> *Validade tem a ver com inferências, não com o teste em si.* Validade refere-se ao significado das evidências: o que pedimos que os alunos façam e como avaliamos o trabalho resultante. Em outras palavras, validade tem a ver com a nossa compreensão dos resultados, não com o teste propriamente. Temos que ser um pouco mais cuidadosos no nosso discurso. Embora todas as pessoas usem casualmente as palavras "válido" e "inválido" como adjetivos modificadores de "teste", a rigor isso é impreciso. Validade tem a ver com as *inferências* que tentamos fazer a partir de resultados de testes particulares. E aprimorar a força dessas inferências é essencial para se tornar um avaliador melhor.

Planejamento reverso para salvar o dia

Lembre-se da versão horizontal do modelo de planejamento reverso (Figura 7.2) e veja como ele nos pede para examinar as ligações lógicas entre o Estágio 1 e o Estágio 2. Observe, na Figura 8.4, como o planejamento reverso, usando duas das seis facetas, nos ajuda a melhor "pensar como um avaliador".

Para ficarem mais atentos às questões de validade, os planejadores são encorajados a regularmente aplicar o autoteste da Figura 8.5 às suas avaliações atuais (ou passadas), o qual expande essa linha de questionamento e pode ser usado para qualquer ideia de planejamento de avaliação, passada ou futura, para aprimorar a validade.

Obviamente, suas respostas provavelmente serão menos do que certas. Não há regras ou receitas no que tange à validade. Às vezes, temos apenas que fazer um julgamento ponderado, cientes da nossa falibilidade. Mas não subestime o poder da autoavaliação no planejamento. Ela pode resolver muitos dos seus problemas e deixá-lo mais confiante e corajoso como avaliador – para que você avalie o que realmente importa, não apenas o que é fácil de ver e atribuir nota.

A validade também afeta o planejamento da rubrica. Problemas de validade surgem em rubricas, não apenas em tarefas. Temos que nos certificar de que empregamos os critérios certos para julgar a compreensão (ou alguma outra meta), e não o que é fácil de contar ou atribuir nota. Ao avaliarmos a compreensão, precisamos estar especialmente atentos para não confundir mera precisão e habilidade no desempenho (i.e., redação, PowerPoint, representações gráficas) com o grau de compreensão. Um problema comum na avaliação é que muitos avaliadores pressupõem maior compreensão no aluno que conhece todos os fatos ou se comunica com elegância em comparação com o aluno que comete erros ou se comunica mal. Mas e se os achados dos trabalhos com erros forem verdadeiramente perspicazes, ao passo que o trabalho que está bem escrito e baseado em fatos for superficial? Ter clareza sobre o que podemos e não podemos concluir a partir das evidências: essa é sempre a questão na validade e se aplica a como avaliamos, não apenas ao que avaliamos.

Na prática, variantes das duas perguntas formuladas anteriormente também nos ajudam a autoavaliar a validade dos critérios e rubricas. Levando em conta os critérios que você está propondo e as rubricas que estão sendo elaboradas a partir deles, considere:

- É possível que os critérios propostos sejam cumpridos, mas o executor ainda assim não demonstre compreensão profunda?
- É possível que os critérios propostos não sejam cumpridos, mas o executor mesmo assim demonstre compreensão?

Se a sua resposta a uma das perguntas for sim, então os critérios e rubrica propostos ainda não estão prontos para fornecer inferências válidas.

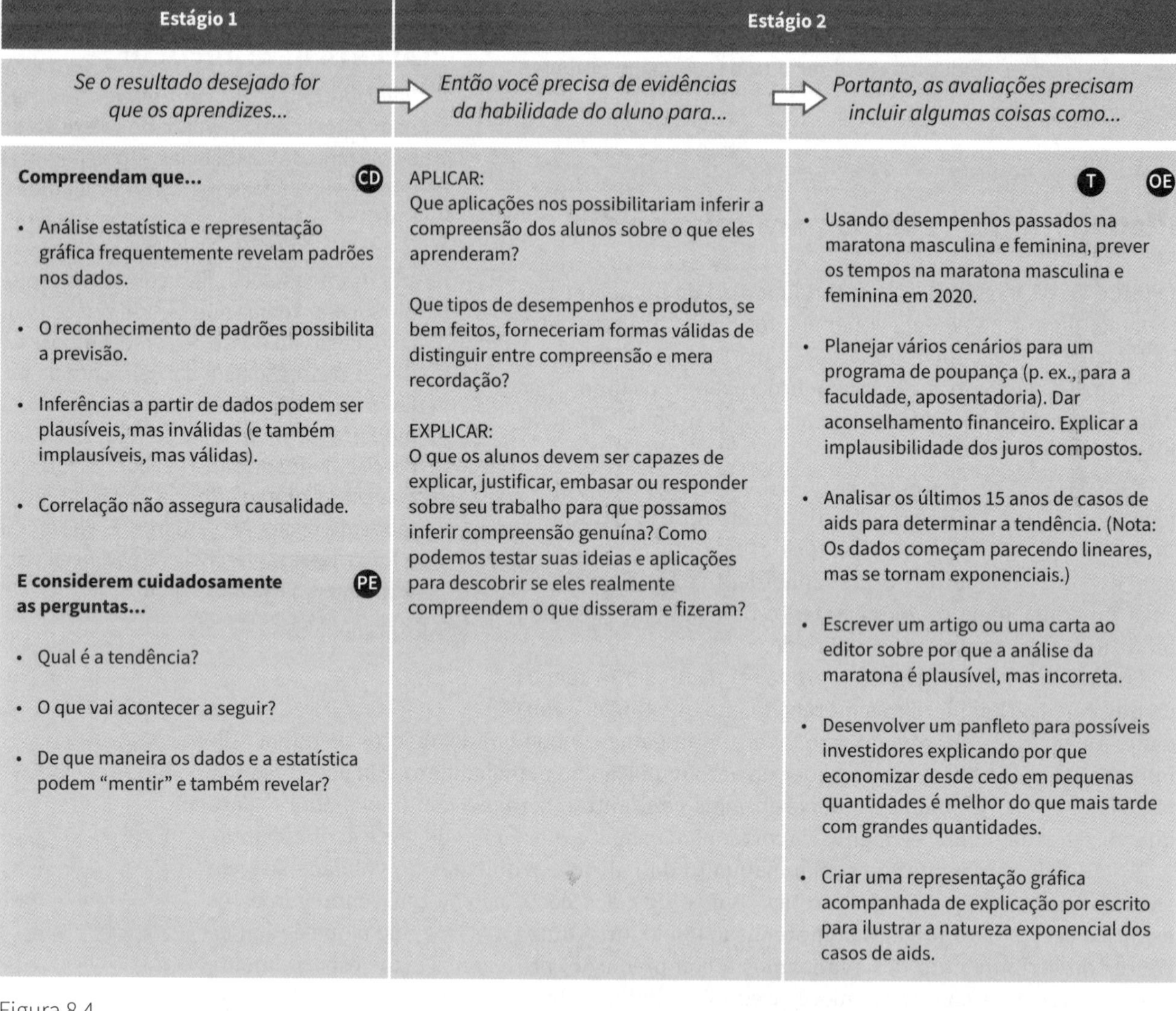

Estágio 1	Estágio 2	
Se o resultado desejado for que os aprendizes...	*Então você precisa de evidências da habilidade do aluno para...*	*Portanto, as avaliações precisam incluir algumas coisas como...*
Compreendam que... CD • Análise estatística e representação gráfica frequentemente revelam padrões nos dados. • O reconhecimento de padrões possibilita a previsão. • Inferências a partir de dados podem ser plausíveis, mas inválidas (e também implausíveis, mas válidas). • Correlação não assegura causalidade. **E considerem cuidadosamente as perguntas...** PE • Qual é a tendência? • O que vai acontecer a seguir? • De que maneira os dados e a estatística podem "mentir" e também revelar?	APLICAR: Que aplicações nos possibilitariam inferir a compreensão dos alunos sobre o que eles aprenderam? Que tipos de desempenhos e produtos, se bem feitos, forneceriam formas válidas de distinguir entre compreensão e mera recordação? EXPLICAR: O que os alunos devem ser capazes de explicar, justificar, embasar ou responder sobre seu trabalho para que possamos inferir compreensão genuína? Como podemos testar suas ideias e aplicações para descobrir se eles realmente compreendem o que disseram e fizeram?	T OE • Usando desempenhos passados na maratona masculina e feminina, prever os tempos na maratona masculina e feminina em 2020. • Planejar vários cenários para um programa de poupança (p. ex., para a faculdade, aposentadoria). Dar aconselhamento financeiro. Explicar a implausibilidade dos juros compostos. • Analisar os últimos 15 anos de casos de aids para determinar a tendência. (Nota: Os dados começam parecendo lineares, mas se tornam exponenciais.) • Escrever um artigo ou uma carta ao editor sobre por que a análise da maratona é plausível, mas incorreta. • Desenvolver um panfleto para possíveis investidores explicando por que economizar desde cedo em pequenas quantidades é melhor do que mais tarde com grandes quantidades. • Criar uma representação gráfica acompanhada de explicação por escrito para ilustrar a natureza exponencial dos casos de aids.

Figura 8.4
Usando o planejamento reverso para pensar como um avaliador.

Confiabilidade: nossa confiança no padrão

Uma discussão sobre a adequação das evidências para avaliação é vital, mas não suficiente. Precisamos não só de uma inferência válida, mas também de uma que seja confiável. Precisamos ter confiança de que um resultado reflete um padrão. Talvez os 9 erros de José em 20 acabassem sendo 9 em 50 se ele recebesse outro teste no dia seguinte. O teste proposto pode ser apropriado, mas um único resultado é inconfiável ou anômalo. Esse é o problema de confiabilidade e é a razão pela qual defendemos, no Capítulo 7, ter um livro de memórias das evidências em vez de uma única fotografia instantânea.

Considere seu time esportivo favorito para entender o problema da confiabilidade. Seu desempenho nos jogos é seguramente uma medida apropriada da sua conquista. Os resultados dos jogos produzem inferências válidas sobre conquistas no esporte, por definição. Mas um único resultado do jogo pode não ser representativo. Considere uma noite em que o time foi desestabilizado por outro time historicamente fraco. Essa pontuação

Estágio 1	Resultados desejados:
Estágio 2	Atividades avaliativas propostas:

Qual é a probabilidade de que um aluno se saia bem na avaliação ao	muito provável	um pouco provável	muito improvável
1. Fazer suposições inteligentes com base em compreensão limitada?	❑	❑	❑
2. Repetir ou acionar o que foi aprendido, com memorização precisa, mas compreensão limitada ou nenhuma compreensão?	❑	❑	❑
3. Fazer um esforço de boa vontade, com muito trabalho árduo e entusiasmo, mas com compreensão limitada?	❑	❑	❑
4. Produzir produtos e desempenhos excelentes, mas com compreensão limitada?	❑	❑	❑
5. Aplicar a habilidade natural de ser articulado e inteligente, com compreensão limitada do conteúdo em questão?	❑	❑	❑
Qual é a probabilidade de que um aluno se saia mal na avaliação ao			
6. Não atingir os objetivos de desempenho apesar de ter uma compreensão profunda das grandes ideias? (Por exemplo, a tarefa não é relevante para os objetivos.)	❑	❑	❑
7. Não atingir os critérios de avaliação e notas usados, apesar de ter uma compreensão profunda das grandes ideias? (Por exemplo, alguns dos critérios são arbitrários, colocando ênfase indevida ou inapropriada em coisas que têm pouco a ver com os resultados desejados ou verdadeira excelência em uma tarefa como essa.)	❑	❑	❑

Objetivo: Tornar todas as suas repostas "muito improvável"

Figura 8.5
Autoteste das ideias para avaliação.

é fora do comum – inconfiável – depois que temos muitos resultados na mão, porque o time se saiu muito bem durante a temporada inteira. Avaliações confiáveis revelam um padrão verossímil, uma tendência clara.

Observe que, se vários juízes concordam entre si, esse é um problema diferente, em geral denominado "confiabilidade entre os avaliadores". Nesse caso, queremos os julgamentos de múltiplos juízes para formar um padrão consistente. Mas aqueles múltiplos juízes ainda podem apenas estar avaliando um único evento. Nesse caso, os juízes podem ser confiáveis, ou seja, eles podem todos atribuir a mesma pontuação, mas o desempenho naquele dia pode não ser "confiável" ou típico do padrão de desempenho dos alunos.

Um segundo aforismo que gostamos de usar na estruturação do desafio da avaliação (além de "inocente até prova em contrário") é uma frase famosa de Binet, o criador do teste de QI e fundador das técnicas de medida modernas: "Não importa os testes que você usa contanto que eles sejam *variados* e *muitos*". É por isso que no planejamento para a compreensão pedimos que os planejadores usem uma mescla de diferentes tipos de evidências ao longo do tempo.

Orientações gerais

Podemos resumir as considerações dos Capítulos 7 e 8 apresentando os seguintes questionamentos e diretrizes a serem levados em consideração na construção de um conjunto balanceado de atividades avaliativas locais da compreensão:

1. As evidências necessárias são inerentemente menos diretas e mais complicadas do que as obtidas por meio de testes objetivos para avaliar conhecimento e habilidades. Precisamos examinar mais do que apenas a porcentagem de respostas corretas. Por quê? Algumas vezes, dar a resposta correta ocorre como resultado da recordação mecânica, de boas habilidades para fazer testes ou de sorte ao fazer suposições. Ao avaliarmos a compreensão, precisamos investigar as razões por trás das respostas e o significado que o aprendiz atribui aos resultados.
2. A avaliação da compreensão requer evidências de "aplicação" no desempenho ou produtos, mas isso complica o julgamento dos resultados. O que fazemos quando partes de um desempenho complexo são instáveis, mas discernimos uma visão clara do conteúdo? Ou quando o resultado é muito bom, mas percebemos que foi necessário pouco discernimento para concluir o projeto? Como planejamos desempenhos que nos possibilitem fazer julgamentos precisos acerca das diferentes partes do desempenho?
3. Uma vez que a compreensão envolve as seis facetas, algumas facetas prevalecem sobre as outras? *Quais* desempenhos são mais importantes, em *quais* situações? O que podemos inferir, por exemplo, quando a "aplicação" e a "explicação" da estratégia são fortes, mas a "interpretação" da situação é fraca? Ou a "aplicação" foi ineficaz, mas a análise verbal e a autoavaliação deixam claro que o aprendiz tem uma compreensão sólida do conteúdo e do processo?
4. Procure ter versões paralelas do mesmo conteúdo em diferentes formatos de avaliação – em outras palavras, compensar a "confusão" de uma tarefa complexa com um questionário simples do mesmo conteúdo. Ou usar perguntas com respostas construídas do mesmo conteúdo para ter certeza de que as respostas corretas não conseguem ocultar a falta de compreensão. Sempre que possível, fazer avaliações paralelas em diversos formatos melhora a qualidade das evidências dos resultados desejados.
5. Tente antecipar as principais incompreensões e desenvolva avaliações e pós-avaliações rápidas para identificar se essas incompreensões foram superadas

– independentemente das outras tarefas de avaliação que você está utilizando. Por exemplo, a seguinte atividade avaliativa rápida revela se os alunos compreendem o processo de isolamento das variáveis como parte de uma investigação científica:

> Roland quer decidir qual de dois removedores de manchas é o melhor. Primeiro, ele experimentou o removedor de manchas A em uma camiseta que tinha manchas de fruta e chocolate. A seguir, experimentou o removedor de manchas B em *jeans* que tinham manchas de gordura e ferrugem. Então, comparou os resultados. Há algum problema com o plano de Roland que dificultará que ele saiba qual dos removedores é melhor? Explique.

6. Levando em conta que uma única aplicação ou produto pode ou não se associar a objetivos maiores, peça que seus alunos "mostrem seu trabalho", apresentem razões para as respostas e demonstrem conexões com princípios ou ideias mais amplas nas respostas.
7. Considerando que uma explicação articulada pode ser mais uma função da habilidade verbal e do conhecimento verbal sem nenhuma compreensão real, peça que o aluno "transfira" essa explicação para um problema, situação ou questão nova ou diferente.
8. Explore várias facetas para ampliar as evidências: ao requerer uma aplicação prática (Faceta 3), também solicite uma interpretação (Faceta 2) e autoavaliação (Faceta 6) para certificar-se de que o produto final não está supervalorizado. Requeira uma mescla de perspectiva e empatia sempre que possível.

Uma advertência antes de encerrar

Embora neste capítulo tenhamos nos concentrado em avaliações mais formais e somativas da compreensão, as verificações diárias do professor são os veículos por meio dos quais monitoramos se os alunos compreendem. A natureza iterativa da compreensão, a probabilidade de confusões ou incompreensões e a necessidade de evidências reiteradas tornam imperativo, de fato, que os professores saibam como usar avaliações contínuas para informar seu ensino e os ajustes necessários. Como o Estágio 2 é sobre avaliação somativa, postergamos considerações adicionais sobre as verificações informais da compreensão e devolutivas para o Estágio 3.

Adiamos por muitos capítulos o trabalho que todos nós tipicamente mais gostamos de fazer: a confecção do plano de aprendizagem. O Estágio 3 agora nos acena, e nele determinamos mais detalhadamente o que o plano de aprendizagem precisa atingir, considerando não só as compreensões desejadas e as evidências para avaliação, mas também quem são nossos alunos e o que é do seu melhor interesse.

Capítulo 9

Planejando para a aprendizagem

As ideias mais fundamentais geralmente não são apropriadas como conteúdo explícito até que seja alcançado um estágio relativamente avançado de compreensão...
O lugar das ideias representativas não está [...] nos lábios do professor, mas na sua mente, para direcioná-lo na escolha de experiências de aprendizagem que ilustrem as ideias que ele tem em mente.
Assim, nos estágios iniciais, as ideias representativas são para orientação do professor (ou do autor do currículo), e não diretamente para o aluno. Posteriormente, elas podem ser explicitadas para o aluno e revelarem-se úteis para ele no desenvolvimento e resumo da sua própria compreensão, assim como são para o professor.

_ Phillip Phenix, *Realms of Meaning*, 1964, ênfase acrescentada

O que eu escuto, esqueço.
O que eu vejo, lembro.
O que eu faço, entendo.

_ Provérbio chinês

Já esclarecemos o que entendemos por *resultados desejados*, com um foco nas grandes ideias, e discutimos as atividades de verificação de aprendizagem apropriadas desses resultados com uma ênfase na compreensão. Agora, estamos prontos para examinar o Estágio 3 e planejar as *atividades de aprendizagem* apropriadas para a sala de aula. Como é a cara de um plano de aprendizagem para a compreensão? Como aumentamos a *probabilidade* de que todos atinjam a compreensão?

O desafio do planejamento está atingindo uma nova fase em outro sentido. Estamos deixando de pensar apenas no que *nós* queremos obter como planejadores para pensar sobre quem são os aprendizes – os usuários finais do nosso planejamento – e do que *eles* precisam, individual e coletivamente, para alcançar os resultados desejados no Estágio 1 e para que tenham um bom desempenho nas tarefas propostas no Estágio 2. Assim como um planejador de *software*, temos que fazer mais do que assegurar que todos os códigos e funções funcionem. Precisamos levar em conta quem são os usuários e planejar para que todos eles estejam engajados e sejam produtivos. Em outras palavras, nosso planejamento deve ser verdadeiramente acessível ao usuário, não apenas intelectualmente justificável.

Nosso tratamento do Estágio 3 pretende ser sugestivo, não exaustivo. Procuramos destacar as considerações para o planejamento que acompanham a lógica do planejamento reverso e a natureza da compreensão. Em parte, escolhemos essa abordagem porque o plano de aprendizagem é bem conhecido na prática dos educadores e porque existem muitos recursos disponíveis para apoiar o ensino e a aprendizagem para a compreensão. Além disso, o nível de detalhes necessários para o planejamento de uma unidade é menor do que o exigido pelos planos de aula diários que decorrerão desse planejamento da unidade.

Mais uma vez, fornecemos uma visão geral do estágio revisitando a matriz usada anteriormente, com um destaque para o Estágio 3 (veja a Figura 9.1).

O que o professor planejador precisa fazer aqui, acima de tudo, é resistir à tentação de retroceder para técnicas confortáveis e familiares. A essência do planejamento reverso é ser criterioso ao fazer esta pergunta: levando em conta os resultados desejados e os desempenhos visados, que tipos de abordagens de ensino, recursos e experiências são necessários para alcançar esses objetivos? Em outras palavras, as perguntas essenciais para o Estágio 3 são estas: do que os aprendizes precisam, levando em conta os resultados desejados? Qual é o melhor uso do tempo dentro e fora da sala de aula, levando em consideração os objetivos de desempenho? A Figura 9.2 mostra como essas perguntas podem ser respondidas para a unidade sobre nutrição que estamos acompanhando ao longo deste livro.

Observe que a palavra *ensino* não está destacada em nenhum gráfico. Em vez disso, enfatizamos que o foco deve ser no planejamento das "atividades de aprendizagem" apropriadas, das quais o "ensino" (ensino direto) é apenas uma das muitas atividades, com base nos objetivos e evidências identificados nos Estágios 1 e 2. Esta não é meramente uma discreta mudança semântica. Ao contrário, ela reflete a mudança fundamental necessária para se tornar um educador melhor. Como estamos dizendo desde o começo, o desafio é pensar menos sobre os "ensinos" e mais sobre as "aprendizagens" buscadas. Independentemente de nossas potências de ensino, estilos preferidos ou hábitos confortáveis, a lógica do planejamento reverso requer que coloquemos à prova *qualquer* atividade de aprendizagem proposta, inclusive o "ensino", considerando as particularidades dos Estágios 1 e 2. (Discutiremos os vários tipos de ensino e sua utilização ideal em mais detalhes no Capítulo 10.)

No Estágio 3, os planejadores são especialmente encorajados a levar em conta, talvez por formas novas e não familiares, o uso contínuo da verificação da aprendizagem como decisivo para melhorar a aprendizagem. Considerando a probabilidade de que os alunos compreendam mal as ideias-chave e cometam erros nas atividades de verificação de desempenho (não necessariamente sinais de mau ensino ou aprendizagem), o planejamento deve assegurar que os professores e também os alunos recebam a devolutiva necessária para repensar, revisar e refinar. Tal qual no campo de futebol, no palco ou no estúdio, basear-se nas devolutivas e ter a oportunidade de usá-las é um aspecto vital de um plano de aprendizagem. (Um participante de uma oficina registrou essa "descoberta" no formulário de avaliação: "vou ser mais parecido com um técnico na sala de aula e com um professor no campo".)

Principais perguntas para o planejamento	Capítulos do livro	Considerações sobre o planejamento	Filtros (critérios para o planejamento)	O que o planejamento final obtém
Estágio 1 • Quais são os resultados importantes e adequados? • Quais são as principais aprendizagens desejadas? • O que os alunos devem sair do curso compreendendo, sabendo e capazes de fazer? • Que grandes ideias podem estruturar todos esses objetivos?	• Capítulo 3 – Obtendo clareza nos nossos objetivos • Capítulo 4 – As seis facetas da compreensão • Capítulo 5 – Perguntas essenciais: a porta de entrada para a compreensão • Capítulo 6 – Elaborando compreensões	• Orientações curriculares nacionais • Orientações curriculares estaduais • Orientações curriculares locais • Oportunidades de temas regionais • Proficiência e interesse do professor	• Focado em grandes ideias e desafios centrais	• Unidade estruturada em torno de compreensões duradouras e perguntas essenciais, em relação a objetivos claros e padrões curriculares
Estágio 2 • Quais são as evidências dos resultados desejados? • Em particular, quais são as evidências apropriadas da compreensão desejada?	• Capítulo 7 – Pensando como um avaliador • Capítulo 8 – Critérios e validade	• Seis facetas da compreensão • *Continuum* dos tipos de avaliação	• Válido • Confiável • Suficiente	• Unidade ancorada em evidências confiáveis e úteis dos resultados desejados
Estágio 3 • **Que atividades de aprendizagem e ensino promovem compreensão, conhecimento, habilidades, interesse dos alunos e excelência?**	• **Capítulo 9 – Planejando para a aprendizagem** • **Capítulo 10 – Ensinando para a compreensão**	• **Repertório de aprendizagem e estratégias de ensino baseados em pesquisa** • **Conhecimento e habilidades apropriados e estruturantes**	**Engajador e efetivo, usando os elementos de OPERAAO:** • **Para *onde* vai?** • ***Prender* a atenção dos alunos** • ***Explorar* e equipar** • ***Repensar* e revisar** • **Exibir e *avaliar*** • ***Adequar* às necessidades, interesses e estilos dos alunos** • ***Organizar* para o máximo engajamento e efetividade**	• **Atividades de aprendizagem coerentes e ensino que evoque e desenvolva as compreensões, conhecimento e habilidades desejadas, promova interesse e aumente a probabilidade de um desempenho excelente**

Figura 9.1
A matriz do planejamento para a compreensão: foco no Estágio 3.

Os melhores planejamentos: envolventes e efetivos

Mas o que exatamente entendemos por um bom plano para a aprendizagem, à luz dos nossos objetivos? O que qualquer plano precisa ser para que seja um "bom" plano? Nossa resposta mais simples: ele deve ser engajador e efetivo.

Por *engajador* entendemos um planejamento que os (diversos) aprendizes acham verdadeiramente instigante, fascinante, energizante. O planejamento os leva mais a fundo

Estágio 1	Estágio 2	Estágio 3
Se o resultado desejado for que os aprendizes... ⇨	*Então você precisa de evidências da capacidade do aluno para...* ⇨	*E as atividades de aprendizagem precisam...*
Atendam às orientações curriculares... (O) Padrão 6 – Os alunos irão compreender conceitos essenciais sobre nutrição e dieta. 6a – Os alunos irão usar uma compreensão da nutrição para planejar dietas apropriadas para eles mesmos e os outros. 6c – Os alunos irão compreender seus próprios padrões alimentares e formas como esses padrões podem ser melhorados. **Compreendam que...** (CO) • Uma dieta balanceada contribui para a saúde física e mental. • A pirâmide alimentar do Ministério da Saúde apresenta diretrizes relativas para nutrição. • As necessidades nutricionais variam entre os indivíduos com base na idade, nível de atividade, peso e saúde geral. • Uma vida saudável requer que um indivíduo utilize as informações disponíveis sobre boa nutrição, mesmo que isso signifique romper hábitos confortáveis. **Reflitam ponderadamente sobre as perguntas...** (PE) • O que é alimentação saudável? • Você se alimenta de forma saudável? Como você pode saber? • Como é possível que uma dieta saudável para uma pessoa seja prejudicial para outra? • Por que há tantos problemas de saúde nos Estados Unidos causados por má alimentação apesar de todas as informações disponíveis?	• Planejar uma dieta para diferentes tipos de pessoas em diferentes tipos de contextos. • Revelar uma compreensão de que as diretrizes do Ministério da Saúde não são absolutas, mas "orientações" – e que existem outras linhas de orientação (além de variáveis contextuais). • Observar atentamente e analisar os hábitos dos outros, além dos próprios hábitos, e fazer inferências embasadas sobre por que as pessoas comem da forma como comem. **Isso sugere a necessidade de tarefas ou testes específicos, como...** (T) • Planejar refeições para grupos diversos. • Reagir a planos nutricionais excessivamente rígidos ou dispersos feitos por outros. • Fazer um bom levantamento do que as pessoas realmente comem e por quê. (OE) *Questionários*: Sobre os grupos alimentares e a pirâmide alimentar do Ministério da Saúde *Comandos*: Descrever problemas de saúde que podem surgir como resultado da má nutrição e explicar como podem ser evitados; reflexões sobre os próprios hábitos alimentares e os de outras pessoas.	(AA) • Engajar os alunos para considerarem os efeitos da nutrição em suas vidas e nas dos outros de formas sutis e interessantes. • Ajudar os aprendizes a compreenderem não só o que diz a pirâmide alimentar, mas por que ela diz isso, como os vários interesses fizeram-na ficar dessa maneira e que existem outras possibilidades. • Informar os alunos sobre como os cardápios e planos nutricionais são realmente feitos. • Ensinar os alunos, proporcionar prática e devolutivas sobre como fazer, conduzir e analisar levantamentos. • Proporcionar atividades que ajudem os alunos a ver, por meio de investigação, análise e discussão, como os hábitos alimentares estão associados a problemas de saúde e condição física. • Equipar os aprendizes com todas as habilidades e oportunidades necessárias para desenvolver cardápios e criticar os dos outros – por conta própria. • Ajudar os aprendizes a entender como os hábitos funcionam e como eles podem nos fazer pensar que nossos hábitos alimentares são melhores do que realmente são.

Figura 9.2
A lógica do planejamento reverso, incluindo o Estágio 3.

no tema, e eles *têm* que se envolver pela natureza das demandas, do mistério ou do desafio dentro do qual são lançados. O objetivo é afetá-los em muitos níveis; não deve ser um conteúdo acadêmico árido, mas um trabalho interessante e relevante, intelectualmente atraente e significativo. Os aprendizes não devem apenas apreciar o trabalho; ele deve engajar *cada* um deles em um esforço intelectual válido, centrado em grandes ideias e desafios de desempenho importantes.

Por *efetivo* entendemos que o planejamento da aprendizagem auxilia os aprendizes a se tornarem mais competentes e produtivos em um trabalho de valor. Eles acabam tendo um desempenho de alto nível e vão além das expectativas tradicionais. Eles desenvolvem maior competência e compreensão, maior força intelectual e autorreflexão quando alcançam os objetivos identificados. Em outras palavras, o planejamento é recompensado com uma aprendizagem substancial e com alto valor agregado. Todos eles alcançaram algo com substância intelectual, e eles sabem disso.

Quais são os sinais de engajamento e efetividade? Como podemos "planejar" essas características? Para tornar as respostas a essas perguntas mais compreensíveis, desenvolvemos dois exercícios construtivistas para os professores com quem trabalhamos nas oficinas de formação nos quais eles fazem uso da sua experiência como professores *e* aprendizes. Esses exercícios podem ser encontrados em *Understanding by Design Professional Development Workbook* (MCTIGHE; WIGGINS, 2004, p. 250, 281). No primeiro exercício, formamos dois grupos (A e B). Então, fazemos aos participantes do Grupo A as seguintes perguntas: quando é que os alunos estão mais plenamente *engajados* dentro e fora da escola? O que os deixa tão engajados, e os mantém tão engajados, e quais são os elementos transferíveis a partir desses casos exemplares? Damos aos membros do Grupo B perguntas relacionadas: quando é que a aprendizagem do aluno é mais *efetiva*? Sob quais condições os aprendizes são mais produtivos? Sob quais condições é produzido o trabalho de mais alta qualidade? O que contribui para a aprendizagem mais efetiva e quais são os elementos transferíveis a partir desses casos exemplares? A seguir, os participantes compartilham seus exemplos e identificam elementos comuns.

Tipicamente, o Grupo A responde que os aprendizes estão mais engajados quando o trabalho:

- É prático.
- Envolve mistérios ou problemas.
- Fornece variedade.
- Oferece oportunidade de adaptar, modificar ou de alguma forma personalizar o desafio.
- Equilibra cooperação e competição, própria e dos outros.
- É construído a partir de um desafio do mundo real ou significativo.
- Usa abordagens interativas provocativas, tais como estudos de caso, ensaios simulados e outros tipos de desafios simulados.
- Envolve audiências reais e outras formas de responsabilização "autêntica" pelos resultados.

O Grupo B tipicamente identifica que a aprendizagem do aluno é mais efetiva quando:

- O trabalho está focado em objetivos claros e de valor.
- Os alunos compreendem o propósito do trabalho e a justificativa para ele.
- São fornecidos modelos e exemplares.
- Critérios claros e partilhados permitem que os alunos monitorem acuradamente seu progresso.
- O medo é reduzido e o incentivo é máximo para esforçar-se, correr riscos e aprender com os erros, sem sanções injustas.
- As ideias se tornam concretas e reais por meio de atividades que associam as experiências dos alunos ao mundo além da sala de aula.
- Há muitas oportunidades de se autoavaliar e autoadaptar com base em devolutivas.

Por fim, os dois grupos se reúnem, comparam suas respectivas respostas e preenchem a parte central de um diagrama de Venn para identificar a sobreposição. Em outras palavras, quando o trabalho é altamente engajador *e* efetivo? A mistura é reveladora. Muitos dos traços que estão na essência do engajamento intelectual (p. ex., aplicação genuína a problemas significativos no mundo real; oportunidades práticas de "fazer" o assunto; obtenção de devolutivas úteis ao longo do caminho) melhoram a efetividade, e vice-versa.

O segundo exercício da oficina de formação é uma variação do primeiro. Pedimos que as pessoas recordem um exemplo de um planejamento na sua própria experiência como aprendizes que foi, para elas e seus colegas, tanto engajador quanto efetivo. Depois de compartilharem suas histórias pessoais em pequenos grupos, pedimos que generalizem: o que parece ser comum a todas as experiências de aprendizagem, segundo o ponto de vista de um planejamento? A seguir, facilitamos que todo o grupo compartilhe as ideias dos pequenos grupos e registre as respostas em um documento em PowerPoint usando a linguagem exata do porta-voz de cada grupo. Por fim, mostramos as respostas de oficinas anteriores para sublinhar a solidez objetiva das respostas do grupo e a noção "comum" da nossa profissão.

As características dos melhores planejamentos

As respostas ao segundo exercício revelam que nossa profissão tem uma noção consistente e clara sobre o que constitui um bom planejamento para a aprendizagem. Apresentamos uma lista das características mais comumente citadas:

- Claros objetivos de desempenho baseados em um desafio genuíno e explícito
- Abordagem totalmente prática; "ensino" muito menos frontal do que é habitual
- Foco em ideias, perguntas, questões, problemas interessantes e importantes
- Aplicação óbvia no mundo real, daí o significado para os aprendizes
- Forte sistema de devolutivas, com oportunidades de aprender por tentativa e erro
- Abordagem personalizada, com mais de uma maneira de realizar tarefas importantes, e espaço para adaptação do processo e objetivo ao estilo, interesse e necessidade
- Modelos e exemplificação claros
- Tempo reservado para reflexão focada
- Variedade nos métodos, agrupamentos, tarefas
- Ambiente seguro para correr riscos
- O papel do professor se assemelha ao de um facilitador ou preparador
- Mais próximo de uma experiência de imersão do que de uma experiência típica de sala de aula
- O panorama geral fornecido é totalmente claro, com um fluxo de vaivém transparente entre as partes e o todo.

Essas respostas são dadas por educadores em todo o espectro educacional, por professores da educação infantil e professores universitários, professores novatos e gestores veteranos, professores de Artes e Matemática, equipes de escolas públicas urbanas e escolas independentes de subúrbio. *Existe* um "senso comum" do qual lançar mão para melhorar nossos planejamentos curriculares individuais e coletivos. (A propósito, as respostas se transformam em um primeiro passo útil no estabelecimento de critérios de planejamento locais e na sua utilização em autoavaliação e revisão por pares. Como esses "padrões" são gerados pelos participantes, eles são mais plausíveis e aceitáveis como base para tornar o trabalho de planejamento, tradicionalmente individual, mais apropriadamente coletivo, baseado em padrões e sujeito a análise.)

Assim, o planejamento para a compreensão tem sucesso na medida em que nossas recomendações sobre as atividades de aprendizagem e sua organização refletem esse senso comum. É apenas isto o que estabelecemos fazer – materializar o senso comum em um conjunto de regras básicas de planejamento e padrões de planejamento. Assim, temos sucesso como autores do planejamento para a compreensão na medida em que o modelo desse planejamento e nossas estratégias refletem o que "já conhecemos" de formas altamente explícitas e práticas.

Como essas características gerais do bom planejamento se tornam mais deliberadamente interligadas em um planejamento? Como o planejamento para a compreensão se baseia concretamente no nosso senso comum? É aí que entra nosso acrônimo OPERAAO.

Os elementos de OPERAAO no planejamento de ensino

Para melhor honrar o que em algum nível já sabemos, OPERAAO destaca as principais considerações:

> ***O*** – Assegurar que os alunos compreendam para ONDE a unidade está se encaminhando e por quê.
>
> ***P*** – Engajar os alunos no começo e PRENDER sua atenção o tempo todo.
>
> ***E*** – EQUIPAR os alunos com as necessárias experiências, ferramentas, conhecimento e o *saber-fazer* para alcançar os objetivos de desempenho.
>
> ***R*** – Proporcionar aos alunos inúmeras oportunidades de REPENSAR grandes ideias, REFLETIR sobre o progresso e REVISAR seu trabalho.
>
> ***A*** – Construir oportunidades para os alunos AVALIAREM o progresso e se autoavaliarem.
>
> ***A*** – Ser ADAPTADO para refletir talentos, interesses, estilos e necessidades individuais.
>
> ***O*** – Ser ORGANIZADO para otimizar a compreensão profunda, no lugar da cobertura superficial.

O restante deste capítulo explora as implicações específicas de OPERAAO para criar e implantar um plano efetivo e engajador. Vamos explorar cada elemento por vez.

O – Onde e Por quê

Para onde vamos? De onde viemos? Por que estamos indo para esse lugar? Quais são as obrigações de desempenho específicas dos alunos? Quais são os critérios pelos quais o trabalho dos alunos será avaliado quanto à compreensão?

No exercício sobre o melhor planejamento, a característica número um identificada pelos participantes ao longo dos anos é "objetivos claros" para os aprendizes. Isso requer mais do que apenas declarar ou esclarecer nossas próprias metas de ensino. O planejador deve deixar os objetivos claros para os *alunos*. Isso significa desmistificar completamente as grandes ideias, as perguntas essenciais, o desempenho desejado e os critérios avaliativos que constituem essa verificação de desempenho. Requer que os professores forneçam uma justificativa para as aprendizagens desejadas – identificar o que é mais importante (e o que não é) e *por que* vale a pena ser aprendido.

Além de esclarecer e racionalizar os objetivos, o *O* procura lembrar os professores de ajudarem os alunos a ter clareza a respeito e estar cientes do desempenho esperado (e os critérios de avaliação correspondentes, tais como exemplos e rubricas) que irá revelar a extensão da sua compreensão. Apenas muito raramente os alunos sabem para onde uma aula ou unidade está sendo direcionada em termos das suas próprias obrigações de desempenho final. Embora os alunos não precisem necessariamente saber muito acerca do que será o "ensino", é essencial que eles compreendam o que a "aprendizagem" requer que um dia façam. Conhecer o tópico, saber quais capítulos ler, as orientações para cada atividade ou que haverá um teste no final não é suficiente para focar a atenção, guiar os esforços e garantir que os objetivos sejam compreendidos. Assim que possível na unidade ou curso de estudo, então, os alunos devem conhecer as perguntas-chave e o desempenho específico (p. ex., tarefas, testes, deveres, critérios avaliativos e os padrões de desempenho relacionados) que eles precisam alcançar até o final.

Essa exigência é mais rigorosa do que parece inicialmente. Ela significa que o trabalho esperado, seu propósito e as obrigações de aprendizagem final devem todos ser transparentes para o aprendiz. Os alunos devem ser capazes de responder às seguintes perguntas com especificidade enquanto a unidade se desenvolve, baseados nas atividades e materiais planejados pelo professor:

ALERTA DE EQUÍVOCO!

Enfatizamos aqui que OPERAAO, assim como as seis facetas da compreensão, serve como uma ferramenta analítica para checar os elementos do planejamento, e não como uma receita ou sequência de como construir o planejamento. (Discutiremos melhor esse ponto nos Capítulos 11 e 12.) Lembre-se de que *A taxonomia dos objetivos educacionais* (1956), de Bloom, representa uma forma de julgar os itens de avaliação e as tarefas quanto à dificuldade cognitiva, *não* uma sequência prescrita para ensino. Igualmente, OPERAAO representa uma forma de *testar* as lições e unidades em vez de uma fórmula para desenvolvê-las.

Para usar uma analogia com a narrativa de histórias, uma história precisa de um enredo, personagens e um contexto. Estes são elementos da história, assim como OPERAAO resume os elementos do planejamento. Mas como esses elementos devem ser moldados em um todo mais engajador e efetivo? Há muitos começos, meios e fins possíveis. Assim como um contador de histórias pode começar com fragmentos de diálogo ou com uma descrição de um personagem e trabalhar na direção de um enredo (ou vice-versa), também o trabalho de planejamento pode surgir com o tempo, seguindo muitos caminhos e sequências diferentes. Dessa forma, um professor pode introduzir uma unidade com a tarefa final feita de uma forma preliminar, como um rascunho.

- O que terei que compreender até o fim da unidade, e como é essa compreensão?
- Quais são minhas obrigações finais? Que conhecimento, habilidade, tarefas e perguntas devo dominar para corresponder a essas obrigações e demonstrar compreensão e proficiência?
- Que recursos estão disponíveis para apoiar minha aprendizagem e meu desempenho?
- Qual é minha tarefa imediata? Como ela me ajuda a cumprir minhas obrigações mais abrangentes?
- Como o trabalho de hoje se relaciona ao que fizemos anteriormente? O que é mais importante nesse trabalho?

- Como devo distribuir meu tempo? Que aspectos dessa e de futuras tarefas demandam mais atenção? Como devo planejar? O que devo fazer a seguir? O que tem prioridade do ponto de vista global?
- Como meu trabalho final será avaliado? Onde meu desempenho atual é mais forte e mais fraco? O que posso fazer para melhorar?

Trabalho intencional

Conforme sugerem as perguntas *O*, o trabalho deve ser intencional do ponto de vista *do aluno* para apropriadamente focar a atenção e fornecer orientação. Independentemente do quão abstratas são as ideias-chave, o planejamento precisa transformar esses objetivos em tarefas e critérios práticos e inteligíveis que o aluno possa entender o mais rápido possível.

Este é um exemplo de como um professor de inglês fornece essas informações para uma unidade sobre o livro *O apanhador no campo de centeio*. Note como o professor começa a unidade com um desafio de desempenho e uma pergunta essencial para deixar claro para onde o trabalho está direcionado, como a leitura deve ser abordada e como o desempenho final dos alunos será avaliado. O professor diz à classe:

> *No final de uma leitura atenta de* O apanhador no campo de centeio, *vocês irão atuar como parte de um comitê para revisão de casos por pares no hospital em que Holden está contando sua história. Com acesso à transcrição das próprias palavras de Holden, mais os materiais relacionados selecionados, vocês deverão escrever um relatório diagnóstico para o hospital e uma carta prescritiva aos pais de Holden explicando o que está errado com ele (se for o caso). [A rubrica para esta tarefa também é distribuída no primeiro dia.]*
>
> *Além dessa tarefa de desempenho final, vocês receberão três questionários sobre a leitura e um exercício escrito no qual irão descrever Holden segundo a perspectiva de outro personagem. Depois de cada tarefa de leitura e antes da próxima aula, respondam em seus cadernos de anotações de leitura a duas perguntas:* qual é a coisa mais importante que vocês aprenderam acerca de Holden neste trecho do livro? Qual é a pergunta mais importante não respondida acerca de Holden neste ponto do livro? *Suas respostas a essas perguntas irão começar e encerrar as discussões em classe diariamente.*
>
> *No final da unidade, vocês serão convidados a refletir sobre a evolução da sua compreensão da história, conforme relatado nas anotações diárias em seus cadernos. As perguntas finais nos últimos dias serão:* o que mudou na forma como você via Holden à medida que foi percorrendo o livro? *e* se, como algumas pessoas alegam, "a incompreensão é inevitável" quando você se depara com um material novo, quais foram suas incompreensões em algum ponto durante esta unidade? *Por fim, se você tivesse que ensinar este livro aos alunos do próximo ano,* o que faria para assegurar que eles compreendam a história, em vez de simplesmente conhecerem os fatos sobre ela?

Considere como essa abordagem da literatura difere da mera estratégia de abertura de entregar cópias de um livro, revisar um programa de tarefas de leitura e examinar as exigências para as notas. Nesse caso, os alunos recebem um propósito e um contexto para a sua leitura, juntamente com um desafio de desempenho (i.e., descobrir *o que há de errado com Holden*). Desde o primeiro dia, eles sabem o que é esperado e como seu trabalho será avaliado. Observe, também, como os diferentes tipos de avaliação fornecem um "álbum de fotografias" com evidências para julgar a compreensão dos alunos. E as anotações regulares no caderno não só fornecem ao professor evidências da compreensão como também envolvem os alunos na aplicação das estratégias de leitores competentes (p. ex., resumir o texto e levantar perguntas).

Como uma questão prática, alertar os alunos desde o primeiro dia para as perguntas essenciais da unidade e do curso é uma maneira fácil de sinalizar para eles as prioridades. Assim, conhecendo as perguntas essenciais – e as perguntas que estruturam as avaliações principais –, os alunos podem estudar, fazer pesquisa, tomar notas e fazer perguntas com muito mais clareza, foco e confiança.

"Para onde?" e "De onde?"

Outra dimensão de *O* lembra que os planejadores devem fazer as seguintes perguntas e planejar com as respostas em mente. De onde os alunos estão vindo? Que conhecimento prévio, interesses, estilos de aprendizagem e talentos os alunos trazem? Que equívocos podem existir? Essas perguntas destacam a importância de incluir avaliações diagnósticas logo no começo do plano de aprendizagem.

Uma técnica diagnóstica eficiente, efetiva e amplamente utilizada é conhecida como S-Q-A*. No começo de uma nova unidade ou curso, o professor pede que os alunos identifiquem o que eles já *Sabem* (ou acham que sabem) sobre o tópico. Suas respostas são listadas em uma tabela S-Q-A. A lista dá aos professores uma noção imediata do conhecimento anterior de um grupo de aprendizes, ao mesmo tempo que revela equívocos potenciais que possam existir e a necessidade de serem abordados. Em seguida, o professor pede que os alunos identifiquem coisas que eles podem *Querer* aprender sobre o tópico e fazer as perguntas que têm a respeito. Essas respostas também são registradas na tabela e servem como indicadores das áreas de interesse que podem conduzir a oportunidades de ensino. (Na verdade, algumas vezes os alunos levantarão perguntas essenciais em "linguagem das crianças". Por exemplo, uma unidade de Estudos Sociais na escola fundamental apresentou leituras e atividades que exploravam o aspecto das regiões e as características regionais. Uma das perguntas geradas pelos alunos – "Os sulistas são realmente diferentes dos nortistas?" – capturava o interesse da classe e levou a discussões e investigações engajadoras não só sobre as regiões, mas sobre estereótipos *versus* generalizações rigorosas.) Então, com o desenrolar da atividade, os fatos adquiridos e as grandes ideias são registrados na tabela na coluna *A*, fornecendo um registro das principais *Aprendizagens*.

Uma abordagem mais formal amplamente usada em todas as áreas de desempenho e na educação especial é começar a unidade com um pré-teste que não recebe uma nota, como parte de uma estratégia explícita de pré e pós-avaliação. Isso pode gerar evidências valiosas sobre a evolução da compreensão, particularmente se as perguntas visarem às principais incompreensões. De fato, muitos professores de Física e professores universitários usam agora de forma rotineira o Force Concept Inventory (Inventário do conceito de força, em tradução livre), descrito no Capítulo 2, apenas de forma a poder medir seu próprio sucesso no desenvolvimento de uma compreensão mais aprofundada das ideias-chave em Física. Igualmente, um levantamento sobre as atitudes e o estilo de aprendi-

---

* N. de R.T.: A sigla original é K-W-L, referente a *Know, Want to learn* e *Learnings*.

ALERTA DE EQUÍVOCO!

"Bem, o que eu posso fazer com todas essas informações? É provável que isso vá arruinar totalmente os meus planos!" Na verdade, já ouvimos esse lamento de alguns professores universitários que participaram de uma oficina de formação. Os professores estavam cometendo o erro de pressupor que seus "planejamentos" deviam ser sempre imunes às devolutivas; caso contrário, não seriam realmente planejamentos. Pelo contrário, seja na construção, na escultura, na paternidade, em conflitos e guerras, na segurança financeira ou no treinamento de futebol, alcançar objetivos de desempenho complexos requer *ajustes planejados* à luz dos objetivos, devolutivas e problemas previsíveis.

zagem dos aprendizes pode gerar informações valiosas para uso posterior no ensino.

Independentemente das técnicas específicas usadas, as informações provenientes das avaliações diagnósticas guiam os professores na confecção do plano de aprendizagem em resposta às necessidades e à base de conhecimento dos seus "clientes" principais. Esta não é uma mera retórica ou tática a ser usada por professores "preocupados". Segundo nossa perspectiva, os professores nunca poderão alcançar resultados excelentes sem que melhorem sua competência diagnóstica e o planejamento flexível.

Uma implicação prática importante é que os professores devem deixar espaço no programa para ajustes baseados na coleta de devolutivas úteis e nas oportunidades de usá-las. Essa flexibilidade incorporada é um aspecto essencial do planejamento efetivo de ensino.

P – Engajar e prender

Quais são os "ganchos" poderosos e instigantes para engajar todos os alunos nas grandes ideias e desafios de desempenho? Em que experiências, problemas, curiosidades, questões e situações posso mergulhar os alunos para tornar as grandes ideias imediatamente interessantes, concretas e claramente relevantes? Que abordagens para este material irão gerar interesse e curiosidade sobre o tópico e o trabalho em questão? Que tipos de oportunidades irão manter o interesse dos aprendizes, especialmente quando a atividade ficar difícil? Quais são as características mais desgastantes do ensino tradicional que minimizam a tomada de riscos, a imaginação e a coragem de questionar, e como isso pode ser anulado?

O trabalho intelectual que leva à compreensão sofisticada requer um alto grau de autodisciplina, autogestão e recompensa adiada na maioria dos contextos acadêmicos. No entanto, muitos estudantes vêm para a escola com pouca disposição (e nem sempre na expectativa) para trabalhar duro. E eles em geral interpretam mal que a sua função é construir compreensão em oposição a meramente assimilar (e devolver) informações que os professores e os livros didáticos fornecem. Historicamente, as escolas têm agido como se a solução para esse problema residisse apenas em meios extrínsecos, tais como as "cenouras" do elogio, recompensas, prêmios e privilégios e as notas baixas, punições e humilhação pública.

Nós temos uma posição diferente. O objetivo no planejamento não é nem ceder ao que os alunos gostam, nem os fazer temer maus resultados. O desafio no planejamento é explorar a motivação intrínseca mais efetivamente. Como Bruner (1960, p. 31) afirmou muito tempo atrás, "A melhor maneira de criar interesse em um tópico é fazer esse conhecimento valer a pena, o que significa tornar o conhecimento alcançado utilizável para pensar além da situação em que a aprendizagem ocorreu". Conforme observado em nossa discussão dos dois exercícios da oficina de formação sobre boas situações de aprendizagem, algumas características do planejamento são conhecidas pelo senso comum como mais instigantes e intelectualmente engajadoras do que outras. O *P* nos pede para agir segundo nosso conhecimento sobre engajamento (e desinteresse) para alcançar nossos objetivos como professores.

Vamos falar sem rodeios. O trabalho escolar não precisa ser chato ou fragmentado. De fato, para possibilitar que os aprendizes atinjam padrões intelectuais mais altos, teremos que melhorar nossa habilidade de provocar seu pensamento, curiosidade e motivação. O trabalho escolar com frequência é desnecessariamente enfadonho, em especial quando composto por folhas de tarefas que anestesiam a mente ou pela excessiva escuta passiva – tudo isso divorciado de problemas significativos e de desafios de desempenho realistas e com algum valor.

A organização do trabalho em torno de perguntas provocativas e problemas desafiadores já foi citada como uma maneira efetiva de provocar engajamento continuado nos alunos. Mas sempre surge uma questão quando os educadores começam a elaborar perguntas essenciais. Eles perguntam: a pergunta essencial deve ser estruturada na "linguagem das crianças" ou em termos de como os adultos discutem, investigam e discutem a pergunta? Nossa resposta um tanto provocadora é sim. Devemos fazer ambos, conforme sugerido pelos quatro significados diferentes de *essencial* citados no Capítulo 5.

Tenha em mente que o objetivo do modelo de planejamento para a compreensão – e o Estágio 1, especialmente – é orientar o planejador adulto. Assim, ter clareza sobre quais perguntas realmente são importantes no campo e sobre as investigações que ajudarão os aprendizes a compreenderem a grande ideia – os dois primeiros significados de *essencial* – é crucial. Então, mais tarde, ao elaborar os materiais e atividades para os alunos, o planejador deverá editar, modificar e adaptar as perguntas, quando necessário, para melhor satisfazer os outros dois significados: perguntas que servem como ligações úteis entre os aprendizes e o pensamento adulto e perguntas que provavelmente irão interessar todos os seus alunos.

A experiência sugere cautela; apenas apresentar uma pergunta essencial no começo de uma unidade pode *não* gerar interesse instantâneo ou provocar uma compreensão útil. Os alunos podem não saber o suficiente (ou se importar o suficiente) sobre os temas envolvidos para ver a necessidade ou valor em tratar tal questão. Ela pode ser essencial para um professor ou um especialista no campo, mas não para um aprendiz, como indica a citação de Phenix na abertura deste capítulo.

Algumas vezes, de fato, as melhores perguntas de abertura (ou problemas) estão mais relacionadas a enigmas, provocações e tarefas muito particulares, tais como dramatizações e estudos de caso, e perguntas essenciais podem surgir naturalmente depois que os alunos tiverem experiência suficiente com os temas. Apresentamos três exemplos de como isso pode acontecer:

- Uma professora de Linguagem do final do ensino fundamental desenvolveu a seguinte pergunta essencial para guiar a leitura, a discussão e a redação dos alunos: "como um grupo de pares influencia as crenças e as ações dos adolescentes?". A pergunta era apropriada para as histórias curtas e livros que faziam parte do seu programa. E certamente a pergunta é relevante para a faixa etária. Entretanto, a professora descobriu que a pergunta não motivou seus alunos porque eles a consideravam muito como um "sermão". Usando as sugestões de seus alunos, ela revisou a pergunta, que ficou assim: "por que algumas pessoas agem de um jeito estúpido quando estão em grupos?". Essa pergunta teve mais sucesso, instantaneamente atraindo e mantendo o interesse dos alunos por um longo tempo.
- Um professor do ensino médio em Nova Iorque usou esta pergunta em uma unidade de História Russa dentro de um curso de Estudos Globais: "Gorbachev foi um herói ou um traidor para o seu país?". A pergunta focava nas atividades de aprendizagem e no debate final em que os alunos desempenhavam o papel de vários líderes russos (Gorbachev, Yeltsin, Lenin, Stalin, Trotsky e Catarina, a

Grande) em um formato de *Audiência de conciliação*. Depois de usar a pergunta com várias turmas, o professor percebeu que ela poderia ser mais incisiva e, então, modificou-a para: "quem estragou tudo?". Após o debate com dramatização, os alunos tinham opções escritas (a simulação de um artigo de jornal, um editorial ou um ensaio) para responder à pergunta original.

- Uma professora do 4º ano começou sua unidade de Ciências sobre insetos com a pergunta "para que serve um inseto?" porque ela queria que os alunos reconhecessem a natureza e o valor das várias formas de vida. Enquanto trabalhava com o tópico e com essa pergunta, ficou claro para ela que as ideias maiores nas orientações curriculares estaduais tinham a ver com "forma e função" e "sobrevivência". Então, revisou suas perguntas e o planejamento subsequente da unidade: "como a estrutura e os padrões de comportamento dos insetos os ajudam a sobreviver?", "se somente os fortes sobrevivem, quão fortes são os insetos (comparados a outras espécies)?". Ela manteve sua pergunta original como um gancho para começar a unidade.

A introdução das perguntas essenciais "oficiais" pode ser imediata ou adiada, direta ou indutiva. Uma pergunta essencial pode ser lançada na abertura de uma unidade ou pode ser projetada para surgir naturalmente em um momento posterior após a solução de problemas, o ensino ou outras atividades de aprendizagem.

Outros tipos de ganchos incluem a imersão dos estudantes em enigmas, desafiando-os a resolver um problema no mundo real e engajando-os em uma dramatização para explorar questões relevantes segundo diferentes perspectivas. Na verdade, é digno de nota que o capítulo em que Ted Sizer introduziu a ideia do diploma pela "demonstração de domínio" em seu livro inovador *Horace's Compromise* (1984) é intitulado "Incentivos".

Apresentar teorias não convencionais, paradoxos e incongruências estimula o questionamento e a investigação. Esse foi um achado importante de Richard Light (2001) sob a rubrica do Harvard Assessment Seminar, um exame plurianual do curso de graduação em Harvard: os cursos mais engajadores e efetivos foram organizados em torno de controvérsias ou argumentos contrários. O educador Frank Lyman (1992), que ironiza que "educação deve ser uma irritação, não uma coceira", é a favor do uso de "fatos estranhos" para provocar interesse inicial em um tópico. Ele sugere iniciar uma aula ou unidade com uma anomalia, tal como: "vocês sabiam que, de acordo com as leis da aerodinâmica, o zangão não deveria conseguir voar [enquanto é mostrada a figura de uma abelha em voo]? Como isso é possível?" (LYMAN, 1992).

Um mistério é sempre um bom ponto de partida para pensar, especialmente quando as respostas provocam perguntas essenciais. Eis um exemplo de uma aula com aprendizagem baseada em problemas para a introdução de uma unidade sobre a expansão para o oeste na metade do século XIX:

> Você descobre uma cópia amarelada do seguinte artigo de capa de uma edição muito antiga de um jornal de Nova Iorque no meio de um livro da biblioteca. Apenas o primeiro parágrafo está preservado, e não há data ou número do volume. Este é o texto:
>
> Atrasando os Ponteiros
>
> *Exatamente às 9h, horário local, ontem pela manhã, o Sr. James Hamblet, superintendente geral da Times Telegraph Company e diretor do serviço de tempo da Western Union Telegraph Company, parou o pêndulo do seu relógio de referência na Sala 48 no prédio da Western Union Telegraph. O longo bastão relu-*

zente e sua pesada bola de pêndulo cilíndrico ficaram em repouso por 3 minutos e 58,38 segundos. O delicado mecanismo do relógio repousou pela primeira vez em muitos meses. O clicar do instrumento eletrônico sobre uma prateleira ao lado do relógio cessou, e com ele cessaram os correspondentes tiques em instrumentos similares em muitas joalherias e relojoarias pela cidade. Quando, da forma mais precisa possível de ser averiguada, o tempo acima mencionado expirou, o pesado pêndulo mais uma vez foi colocado em movimento e balançando para trás e para a frente em suas invariáveis viagens de um segundo de um lado ao outro. Com o acionamento do pêndulo, o clicar dos pequenos instrumentos por toda a cidade foi retomado. O Sr. Hamblet havia mudado o tempo da cidade e do Estado de Nova Iorque.

Você sabe a que se refere esse artigo? (Daremos a resposta mais adiante no capítulo.) Os alunos são imediatamente atraídos por esse mistério. Depois de descobrirem, eles usam o que aprenderam para "descobrir" outras causas e efeitos importantes do movimento americano em direção ao oeste.

Um elemento de mistério é central para despertar e desenvolver o poder de investigação dos alunos, bem como a compreensão de que sua função é investigar o que é aprendido. Essa abordagem contrasta muito com a forma como o típico trabalho carregado de conteúdo começa e se desenvolve (especialmente quando o trabalho é conduzido pelo livro didático). Ou podemos examinar os *videogames* mais populares. O jogo *The Sims* está entre os *games* de simulação por computador mais populares do mundo e, no entanto, não contém violência, explosões ou os outros elementos clichê de *games* perversos – apenas o drama e o quebra-cabeça de como cuidar das pessoas e resolver seus problemas.

Ou considere como cineastas competentes provocam questionamentos em nossa mente que permanecem sem resposta como uma forma de nos manter pensando e questionando. Por exemplo, nas oficinas de formação, frequentemente mostramos os primeiros 10 minutos da série em vídeo de Ken Burns, *A Guerra Civil*, para mostrar como essa técnica de levantar questionamentos e introduzir drama funciona brilhantemente como abertura para um documentário. As cenas iniciais personalizam a devastação causada pela guerra. Mas apenas fatos instigantes e limitados são apresentados sobre as pessoas representadas nessa abertura dramática, e somos deixados entregues aos questionamentos com o narrador: como é que pudemos matar nossos irmãos em números tão estarrecedores? Quem são essas pessoas nas fotografias que estão sendo descritas de forma tão dissimulada e incompleta pelo narrador John Chancellor (p. ex., "o escravo fugitivo" e o "homem rude de Illinois" – Frederick Douglass e Abraham Lincoln)?

As melhores aulas expositivas nos mantêm envolvidos ao levantarem questionamentos e fornecerem interessantes percepções e relatos, também. De fato, com o advento da tecnologia, foi possível direcionar as aulas expositivas para o interesse potencial e as necessidades dos alunos de uma forma imediata. Os alunos podem fazer uma busca na internet ou consultar um *website* para uma aula expositiva quando forem necessárias certas informações básicas, de modo que o tempo na sala de aula possa ser mais aproveitado com investigação ou prática de desempenho facilitados pelo professor. Essa é uma forma mais sutil, porém muito importante, de "engajar" os alunos. As aulas expositivas com frequência cometem o erro de apresentar inicialmente excesso de informação, de uma forma desmotivadora, antes de ser dada uma tarefa de aplicação ou uma pergunta essencial para provocar a "coceira" pela informação nas mentes dos alunos.

Um de nós, anos atrás, observou um curso de História Russa muito exigente cuja estrutura inteira era uma sequência de biografias. Cada aluno revezava pesquisando o personagem seguinte, apresentando sua pesquisa e, então, participando de uma conferência de imprensa, na qual quatro ou cinco outros atores respondiam a perguntas do resto da classe (a imprensa). As biografias eram escolhidas para tornar o assunto interessante e permitir o engajamento e encontros de personalidades provocativos. O formato *Audiência de conciliação* (baseado no programa de TV de Steve Allen) era o modelo para as conferências de imprensa finais nas quais os pesquisadores tinham que atuar enquanto também respondiam perguntas dos outros alunos, os quais faziam o papel do corpo de imprensa.

Somando-se às reviravoltas provocativas e algumas vezes dramáticas no curso, havia um artifício maquiavélico por parte do professor. Ele montou uma biblioteca com alguns materiais falsos e infames sobre os personagens incluídos, para que os alunos tivessem que ser céticos e fazer uma verificação cruzada das suas referências. Decisivamente, esse professor nunca deu aulas expositivas, embora tenha registrado dúzias de suas aulas prévias na forma impressa ou em vídeo para que pudessem ser checadas na biblioteca (mas os alunos tinham que checá-las em duplas e discuti-las com outra pessoa).

Outro exemplo provém da física. Um professor desenvolveu um módulo inteiro em torno de uma competição de carros de brinquedo movidos a energia solar que requeria que os times de alunos trabalhassem em diferentes aspectos do problema (coletando a energia, transformando-a em energia para o carro, reduzindo a derrapagem dos pneus, conduzindo o carro, etc.); era dada uma aula expositiva quando um ou mais times solicitavam.

Em resumo, tal como muitos participantes das oficinas expressaram no exercício sobre o melhor planejamento, os planejamentos de aprendizagem mais engajadores incluem diversão, mistério e desafios estimulantes. O gancho não é extrínseco, mas intrínseco. A pesquisa é muito clara sobre esse ponto, e os professores precisam simplesmente parar de dizer que a educação não é inerentemente divertida. A motivação aumenta quando o trabalho é de valor evidente, tem interesse intrínseco e proporciona transferência. A pesquisa de Goodlad em *A Place Called School* (1984) ainda é oportuna:

> O que os próprios alunos percebem sobre o que estão aprendendo? Pedimos [a eles] que anotassem a coisa mais importante aprendida em matérias escolares [...] Mais comumente os alunos listavam um fato ou tópico... visivelmente ausentes estavam respostas que implicam a percepção de ter adquirido alguma força intelectual [...]
>
> Uma ênfase um pouco diferente permeia as artes, a educação física, a educação vocacional e vários cursos fora do convencional como jornalismo. Ocorreu uma notável mudança: da identificação dos temas e tópicos para a aquisição de algum tipo de habilidade ou competência [...]
>
> Os únicos temas que obtiveram avaliações como "muito interessantes" para mais de um terço dos alunos do segundo grau foram artes, educação vocacional, educação física e línguas estrangeiras [...] Foi especialmente lamentável ver que os tipos de práticas em sala de aula encontrados mais frequentemente na escola eram apreciados por pequenas porcentagens de alunos. (GOODLAD, 1984, p. 233-236)

O estudo abrangente do engajamento na universidade, realizado pela National Survey of Student Engagement (NSSE), envolvendo respostas de mais de 730 instituições durante os últimos anos, revela a importância do trabalho engajador:

> Cursos que enfatizam a aplicação do material do curso, fazendo julgamentos sobre o valor das informações e argumentos, e sintetizam o material em interpretações e relações mais complexas estão altamente relacionados aos ganhos edu-

> cacionais e pessoais [...] As percepções dos alunos da qualidade das relações com os docentes estão fortemente relacionadas aos ganhos educacionais e pessoais – assim como a frequência com a qual os membros do corpo docente dão devolutivas oportunas. (NATIONAL SURVEY OF STUDENT ENGAGEMENT, 2003)[1]

Da mesma forma, a pesquisa de Light (2001) em Harvard, mencionada anteriormente, observou que a língua estrangeira recebe boas críticas quando comparada com muitas outras áreas do programa:

> Os professores insistem para que cada aluno contribua e participe oralmente com regularidade – mesmo aqueles que são tímidos. Os alunos são encorajados a trabalhar em pequenos grupos fora da sala de aula. As aulas demandam tarefas escritas regulares [...] e questionários dão aos alunos devolutivas constantes para que possam fazer repetidas correções no meio do curso [...] Acredito que a grande mensagem a partir desses resultados é a de que os alunos ficam entusiasmados quando as aulas são estruturadas para maximizar o envolvimento pessoal e a interação colegial. (LIGHT, 2001, p. 80)

Os resultados formais simplesmente reforçam o que os participantes de nossas oficinas disseram inúmeras vezes. Os planejamentos mais efetivos e engajadores incluíam aplicações desafiadoras e significativas da aprendizagem.

Além do entretenimento até o essencial

O desafio, obviamente, é direcionar para o que é essencial, não meramente fornecer um trabalho que seja divertido. O trecho do artigo "Atrasando os ponteiros" é não só engajador como também efetivo para estabelecer ideias e questões importantes na história estadunidense. De fato, perguntas-chave surgem habitualmente entre os alunos quando o trecho é decifrado, identificado e discutido. (Você já se perguntou o que o artefato do problema está na verdade descrevendo? É um relato do dia em que os Estados Unidos mudaram do horário local, baseado no nascer e no pôr do sol, para o horário padrão, o que incluiu os Estados Unidos em quatro fusos horários. As estradas de ferro conduziram essa mudança devido à necessidade de horários nacionais padronizados.)

Muitos educadores que leem esse artigo e fazem o papel de um aluno de História em nossas oficinas sentem-se perceptivelmente energizados, propõem dúzias de teorias plausíveis, mas incorretas, e discutem de forma acalorada. Como consequência, eles experimentam em primeira mão o quanto perguntas importantes e questões investigativas podem emergir *naturalmente* e como equívocos podem ser trazidos à tona e tratados por meio de um planejamento deliberado.

As condições a seguir resumem nossa noção de como despertar o interesse intelectual:

- *Imersão instantânea em perguntas, problemas, desafios, situações ou histórias que requerem perspicácia do aluno, não apenas conhecimento escolar.* Essa maneira de pensar é central para a aprendizagem baseada em problemas e o método de casos. Por exemplo, um professor de cálculo desafia suas turmas a determinar se a caixa d'água da cidade, visível da sua sala de aula no segundo andar, realmente guarda "quatro milhões de litros de água fresca", como sua sinalização pintada proclama.
- *Provocações do pensamento.* Anomalias, fatos estranhos, eventos ou ideias contraintuitivas e mistérios atraem a determinação, tornando o estranho fa-

miliar e o familiar estranho. Por exemplo, um professor de Matemática pede que os alunos leiam a história *Flatland – O mundo plano** para introduzir ideias-chave em geometria.

- *Choques de experiência*. Esse tipo de atividade pode ser caracterizado como uma experiência intelectual no estrangeiro, na qual os alunos devem enfrentar sentimentos, obstáculos e problemas pessoalmente e como grupo para realizar uma tarefa. Uma concorrência entre bolsas de valores em matemática ou economia, a necessidade de manter viva uma planta ou animal ou o desafio de situações de imersão em linguagens mundiais são apenas alguns exemplos comuns do que queremos dizer.
- *Conexão pessoal*. Os alunos frequentemente ficam mais engajados quando são dadas oportunidades de fazer uma conexão pessoal com o tópico ou perseguir um tema de interesse. Por exemplo, como um prefácio para o estudo dos assentamentos dos colonos, alunos do ensino fundamental entrevistam seus pais e parentes para descobrir *de onde eles vieram* e *por que as pessoas se mudam*. As razões que eles descobrem os ajudam a compreender melhor os temas universais envolvidos na migração e na colonização em novos países.
- *Diferentes pontos de vista ou múltiplas perspectivas de uma questão*. Uma mudança de perspectiva deliberada pode incentivar os alunos a saírem da sua zona de conforto para estimular o questionamento e o pensamento mais profundo. Por exemplo, uma unidade de História no final do ensino fundamental pode incluir uma leitura de um livro didático de outro país para apresentar uma perspectiva surpreendentemente diferente de acontecimentos famosos.

E – Explorar e experimentar, estruturar e equipar

Como os alunos serão engajados na exploração de grandes ideias e perguntas essenciais? Que atividades de aprendizagem, ensino guiado e preparação irão equipar os alunos para seu desempenho final? Que dever de casa e experiências fora da sala de aula são necessários para possibilitar que os alunos desenvolvam e aprofundem sua compreensão de ideias importantes?

O núcleo do plano de aprendizagem reside aqui. Os alunos precisam experimentar as grandes ideias como reais e estar equipados para seu desempenho final.

Explorando por meio da experiência

O alerta geral é que os professores, especialmente do ensino médio e do superior, com frequência não consideram de forma adequada deficiências nas *experiências* prévias dos alunos – e então pensam de maneira equivocada que o que eles precisam é de mais *conhecimento*. Compreensão requer uma mistura frequente de experiências bem planejadas, reflexões sobre essas experiências e ensino orientado à luz de experiências e objetivos. A essência de métodos tão diversos quanto a imersão em outra língua, materiais práticos de Montessori em matemática, a prática em educação e medicina e o estudo de caso em direito e administração é que o bom planejamento envolve oferecer suficientes experiências reais ou simuladas para possibilitar que se desenvolva a compreensão. Em

---

* N. de R.T.: ABBOTT, E. A. *Flatland: o mundo plano*. Porto: Porto Editora, 2016.

outras palavras, uma grande ideia será apenas outra abstração inútil na ausência de uma base de experiência rica na qual a ideia esclareça a experiência.

Um exemplo do ensino de Steven Levy ilustra como atividades experienciais ou simulações podem dar vida a abstrações (nesse caso, a faceta da empatia):

> Em setembro de 1992, quando os alunos de Levy entraram na sala de aula pela primeira vez, descobriram, para sua surpresa, que a sala estava vazia – sem carteiras, cadeiras, computadores ou estantes. Assim como os peregrinos, sobre os quais estavam estudando durante todo aquele ano, os alunos iriam adaptar seu novo ambiente às suas necessidades. Ao longo do ano, eles tiveram oportunidades de experimentar os conceitos especificados no currículo do 4º ano: construíram suas próprias carteiras e cadeiras; formaram uma cooperativa, adquiriram ações e deram os dividendos para financiar suas atividades; cultivaram e colheram trigo para fazer pão; e tingiram e fiaram lã para confeccionar tapetes. (REGIONAL LABORATORY FOR EDUCATIONAL IMPROVEMENT OF THE NORTHEAST & ISLANDS, s.d., p. 1)[2]

Equipando para o desempenho

As compreensões desejadas identificadas no Estágio 1 e as verificações de desempenho de compreensão especificadas no Estágio 2 informam a natureza do ensino e experiências de aprendizagem necessárias no Estágio 3. Assim, o planejamento reverso sugere o outro significado do *E*: é função do professor *equipar* e *estruturar* o aprendiz para, por fim, desempenhar com compreensão.

Ao utilizarmos os termos *equipar* e *estruturar*, sublinhamos o papel vital que a clareza quanto às tarefas de transferência final, associadas aos padrões ou resultados finais, desempenha no melhor planejamento. Estamos *equipando* os alunos para o desempenho; estamos *estruturando-os* para desempenhar com compreensão, com crescente autonomia. Isso é muito diferente de prepará-los para o teste do capítulo (ou avaliação externa) contendo três itens específicos. Nessa fase do trabalho de planejamento, os professores precisam se perguntar: que tipos de conhecimento, habilidades e hábitos da mente são pré-requisitos para o sucesso no desempenho final? Que tipos de atividades de ensino ajudarão os alunos a desenvolver e aprofundar sua compreensão das ideias-chave?

Quando os planejadores examinam atentamente a lógica do planejamento reverso para ver o que seu ensino e os deveres da formação envolvem, frequentemente descobrem, para sua surpresa, que não planejaram suficientemente o preparo estruturante necessário. Professores universitários, por exemplo, com frequência se queixam de que os alunos não conseguem transferir o que lhes foi ensinado para novos problemas, tarefas, pesquisas ou desempenho. No entanto, quando você solicita que os professores determinem cuidadosamente todos os pré-requisitos relacionados a aquisição de uma capacidade para transferência, eles não costumam fazer menção a um plano para o preparo dos alunos para a aprendizagem de *como* transferir o conhecimento para variadas situações. O problema é tipicamente definido como um déficit do aprendiz em vez de uma necessidade de ensino.

Da mesma forma, professores desde o ensino básico até a faculdade expressam preocupações de que os alunos com frequência são muito literais na sua leitura, tendo dificuldades com textos que envolvem ironia, sarcasmo, sátira e alegoria. Entretanto, quando esses professores autoavaliam seus planejamentos, com frequência encontram duas falhas: as tarefas mais curtas e avaliações típicas não envolvem leituras *ambíguas* suficientes, e pouco ou nenhum ensino foi planejado para ajudar os alunos a descobrirem como determinar – quando há poucas pistas óbvias – que tipo de leitura requer que tipo de resposta.

Em muitos casos, os professores simplesmente precisam oferecer experiências mais concretas das ideias em questão, associadas a perguntas essenciais, para indicar o tipo de transferência desejado. Considere uma unidade sobre o clima em um curso no ensino médio sobre Ciências da Terra. Por exemplo, ao empinar pipas e formar empresas de consultoria, os alunos irão compreender as causas e os efeitos do clima. Os alunos compreenderão como o aquecimento desigual entre o Equador e os polos, a rotação da Terra e a distribuição da terra e dos oceanos geram os padrões dos ventos globais que determinam o clima. Apresentamos uma unidade como esta, construída com base em uma variedade de experiências engajadoras:

1. Uma unidade sobre o clima é introduzida com referência à tarefa final: ser um consultor de várias empresas que necessitam de previsões do tempo precisas durante o ano. As perguntas essenciais: o que causa o clima? O quanto o clima é previsível? (*O*)
2. Os alunos irão realizar a atividade "Vamos empinar uma pipa". Eles são desafiados a encontrar no *campus* o melhor local possível para empinar uma pipa e justificar sua afirmação fazendo referência ao conhecimento sobre ventos e correntes. (*P*)
3. Os alunos irão avaliar diagramas das células de circulação identificando as direções do movimento do ar sob condições específicas e explicar esses movimentos em termos de aquecimento diferencial. (*E*)
4. Os alunos lerão artigos e realizarão uma série de laboratórios que ilustram a Primeira Lei de Newton e a aceleração centrípeta e depois irão relacioná-las ao efeito Coriolis, (*O, E, R*)
5. Os alunos irão analisar mapas que mostram isóbaros e nomear as direções do vento (e explicar por quê). (*E*)
6. Os alunos irão estudar por que o ângulo dos raios do Sol causa aquecimento diferencial. Isso será aplicado às diferentes áreas da Terra e às diferentes estações em nossa região. (*P, E, R, A2*)
7. Os alunos irão analisar o diagrama de um orçamento para energia mostrando a corrente de energia (calor) entre o Sol, a superfície da Terra e a atmosfera da Terra. (*A*)
8. Os alunos irão analisar diagramas mostrando centros de alta e baixa pressão e descrever a corrente de ar em torno e entre esses centros. (*E*)
9. Os alunos irão estudar casos (artigos fornecidos pelo professor) em que se acredita que eventos como El Niño e vulcões em uma parte do mundo afetam o clima em outra parte do mundo. Então, irão propor os mecanismos por meio dos quais isso é possível. (*O, P, E, A2*)
10. Os alunos completarão a proposta de "comparação de climas", incluindo apresentações. (*P, R, A, A2*)
11. Os alunos farão uma prova sobre a unidade com base nas compreensões para esta unidade. (*A*)
12. Os alunos irão autoavaliar seu desempenho e pesquisa usando as mesmas rubricas fornecidas para cada um. (*A*)
13. Os alunos retornam à atividade de empinar pipa e agora refletem sobre ela. (*O, P, R, A*)

Considere também o exemplo da Figura 9.3, em que é introduzido um organizador gráfico específico, "juntando os fatos", para guiar alunos do ensino básico para chegarem a

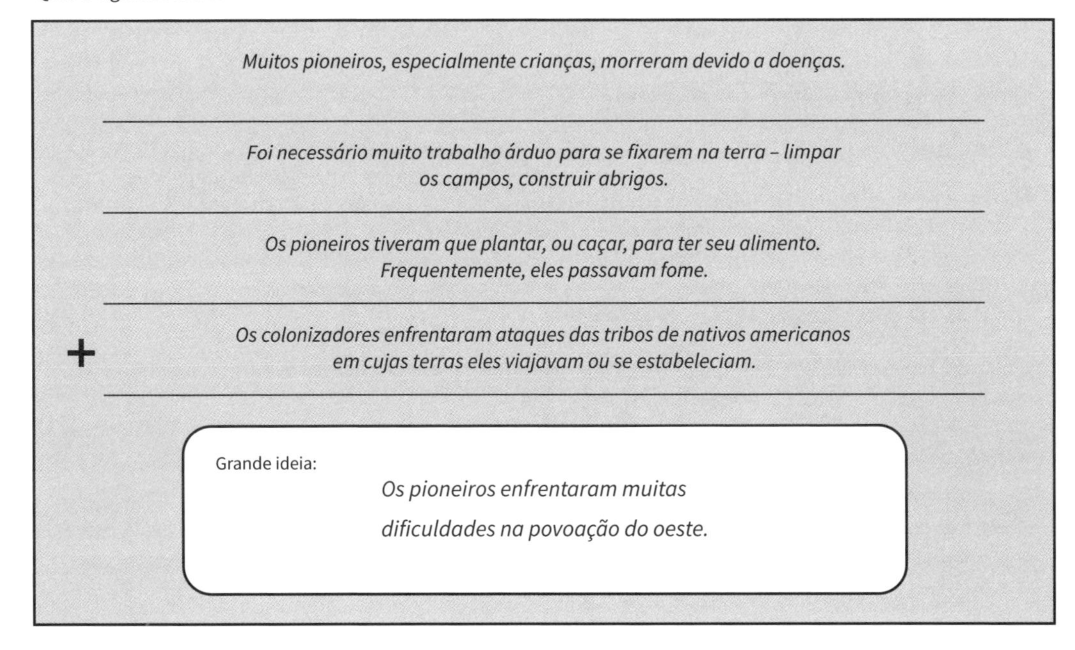

Figura 9.3
Juntando os fatos.

uma compreensão. Depois de introduzir e exemplificar o organizador, o professor facilita a "junção dos fatos" sobre a vida dos pioneiros, levando à grande ideia. Essa abordagem guiada ajuda os aprendizes a construir significado de forma indutiva. O organizador proporciona aos alunos uma ferramenta cognitiva que eles podem aplicar a uma variedade de situações em várias disciplinas, ao mesmo tempo sinalizando que a busca por tal compreensão é a sua tarefa principal.

Donald Deshler e seus colegas na Kansas State University (BULGREN *et al.*, 2001) desenvolveram um impressionante conjunto desses organizadores gráficos. Inicialmente focada em ajudar estudantes com necessidades especiais*, sua pesquisa originou uma variedade de recursos para auxiliar *todos* os estudantes a aprenderem a usar organizadores. A Figura 9.4 é um exemplo de um dos seus organizadores, o Guia para a Exploração de Perguntas, preenchido por um aluno. (Os autores chamam de Perguntas "Críticas" o que chamamos de Perguntas "Essenciais", e "Ideias Globais" o que chamamos de "Ideias Abrangentes".) Merece especial referência o fato de que o *mesmo* organizador é usado *pelo professor* no desenvolvimento da aprendizagem, resultando no tipo de transparência que todos os planejadores devem buscar.

Em educação, frequentemente falamos sobre a necessidade de oferecer apoios intelectuais ou alicerces; é isso que fazem os melhores organizadores gráficos. Eles fornecem ferramentas para os tipos de processos mentais que o aprendiz precisa internalizar para que, em algum momento, *quando não for fornecido nenhum alicerce*, ele tenha um repertório de "movimentos" para empregar.

* N. de R.T.: Aqui, mantemos o termo "necessidades especiais" porque nesse contexto ele significa alunos com necessidade de algum tipo de adaptação, não apenas em decorrência de deficiências.

Qual é a pergunta crítica?

Como a destruição da floresta tropical contribui para o efeito estufa?

Quais são os termos-chave e explicações?

Floresta tropical	Uma floresta densa perene em uma área quente e úmida
Estufa	Uma casa de vidro que retém calor para o crescimento rápido de plantas
Efeito estufa	Um evento em que o CO_2 na atmosfera absorve e retém o calor da Terra em vez de permitir que ele seja liberado

Quais são as perguntas de apoio e as respostas?

O que está acontecendo com as florestas?	Elas estão sendo queimadas para que os fazendeiros tenham mais terras para cultivo
O que as queimadas causam?	1. As queimadas liberam mais CO_2 na atmosfera e 2. O CO_2 que antes a floresta removia permanece na atmosfera
Qual é o efeito do aumento do CO_2?	1. O aumento do CO_2 retém calor na atmosfera, criando um efeito estufa, o que significa que 2. A Terra está ficando mais quente

Qual é a ideia principal?

Quando as florestas tropicais são queimadas, o aumento resultante do CO_2 contribui para o efeito estufa.

Como podemos usar a ideia principal?

Como cortar, em vez de queimar, as florestas tropicais afetaria a atmosfera?

Existe uma ideia global? Uma utilização no mundo real?

Ideia global: O que acontece em uma parte do mundo pode afetar todos nós.
Uso: Qualquer evento que tenha acontecido em uma parte do mundo afeta outras...

Figura 9.4
Guia para a exploração de perguntas.

Esta é uma sequência típica para esse ensino alicerçado, nesse caso aplicado a um organizador gráfico (mas aplicável a qualquer estratégia):

1. A professora mostra aos alunos seu próprio organizador gráfico preenchido para a aula do dia.
2. Ela fornece exemplos parciais para os alunos estudarem.
3. Ela exemplifica como usar o organizador, utilizando um processo de pensamento em voz alta para revelar seu pensamento.
4. Ela engaja os alunos no uso do organizador, fornecendo prática guiada e devolutivas enquanto eles trabalham.
5. Progressivamente, os alunos trabalham de forma independente na aplicação do organizador a usos diversos e mais sofisticados.

Em *The Question Exploration Routine*, Deshler e seus colegas usam o termo *rotinas* para descrever esse processo porque o objetivo é fazer o processo se tornar rotineiro por meio da sua utilização repetida (BULGREN *et al.*, 2001). Em algum momento, o aprendiz não vai mais precisar do organizador físico como um recurso porque sua "rotina" estará internalizada.

A habilidade de desempenhar de forma autônoma, com os alicerces e apoios intelectuais removidos, é a essência da transferência, e nós raramente "equipamos" os alunos para isso. Como afirmou um professor em nossa oficina anos atrás: "Você sabe qual é o problema com as crianças? Elas não sabem o que fazer quando não sabem o que fazer!". Isso resume o desafio de ensinar para a compreensão, para a transferência inteligente de conhecimento e habilidades para situações novas. Assim, precisamos equipar (e avaliar) os alunos apenas para essas situações – em que a conclusão não é óbvia, as questões são obscuras e a situação é ambígua em termos de quais conhecimentos e habilidades são necessários.[3]

R – Refletir, repensar, revisar

Como os alunos serão guiados para repensar sua compreensão de ideias importantes? Como os produtos e o desempenho dos alunos podem ser melhorados por meio da revisão com base na autoavaliação e nas devolutivas? Como os alunos serão encorajados a refletir sobre sua aprendizagem e desempenho?

Quando perguntas abrangentes e tarefas recorrentes ancoram o currículo, é evidente que uma marcha linear ao longo do conteúdo será um erro. Como os alunos irão dominar ideias e tarefas complexas se as encontrarem apenas uma vez? Como é que as nuanças e mudanças de perspectiva essenciais para a compreensão se tornarão claras a menos que revisitemos compreensões anteriores? Uma premissa central do planejamento para a compreensão é que as grandes ideias devem ser constantemente reconsideradas e que o desempenho complexo está sempre sendo refinado. Portanto, o fluxo da unidade e do curso deve ser iterativo, os alunos devem estar plenamente conscientes da *necessidade* de repensar e revisar à luz das aulas atuais, e o trabalho deve seguir o caminho de volta às ideias ou técnicas originais.

Por exemplo, uma turma do 1º ano explora a pergunta essencial "o que é amizade?" discutindo suas experiências com amigos e lendo várias histórias sobre amizade. Os alunos desenvolvem uma teoria da amizade e criam uma rede de conceitos para o tópico. O professor, então, os faz repensar sua concepção inicial levantando uma segunda pergunta essencial, usando uma história apropriada de amigos apenas nas horas boas: "quem é um verdadeiro amigo? E como você sabe?". Os alunos modificam seu conceito de amizade quando compreendem que um amigo verdadeiro é leal nas horas difíceis, não apenas um companheiro de brincadeiras nas horas boas. Por fim, o professor desafia o pensamento dos alunos apresentando-lhes dois provérbios – "O inimigo do meu inimigo é meu amigo" e "É nos tempos difíceis que conhecemos os amigos verdadeiros" – e pedindo-lhes que reexaminem sua teoria de amizade ainda mais uma vez com base nessas ideias.

Apresentamos outro exemplo do processo de repensar desenvolvido a partir de uma unidade no final do ensino fundamental sobre a civilização antiga. A unidade é planejada em torno da crescente exigência de indução quando os alunos aprendem a pensar como arqueólogos enquanto examinam artefatos simulados e genuínos para fazer inferências sobre o passado. Observe como repensar o processo e o produto se desenvolve a partir da sequência de experiências-chave.

1. Introduza a unidade usando estas perguntas essenciais: o que é civilização? Como sabemos o que sabemos? Faça os alunos escreverem uma breve definição de civilização. Para uma atividade adicional, os alunos podem trazer um objeto que acham que simboliza a civilização.
2. Em classe, os alunos examinam a moeda de centavo estadunidense. Eles fazem observações e uma lista de fatos observáveis, que serão chamados de *quase-fatos*. Eles compartilham fatos e quase-fatos para acumular o máximo possível. Eles podem usar lentes de aumento e microscópios para examinar o centavo. Depois que cada aluno escolher fatos e quase-fatos, copiam cada um deles em um cartão pequeno. Os fatos são cor-de-rosa, e os quase-fatos são azuis.
3. Os alunos organizam as camadas de fatos e quase-fatos na base de uma torre piramidal. Ao organizarem e reorganizarem os cartões, eles combinam fatos e quase-fatos para fazer alegações de conhecimento. As alegações de conhecimento são colocadas nos cartões amarelos.
4. Depois de os alunos compartilharem as alegações de conhecimento entre si, cada um faz uma interpretação final do centavo e a escreve em um cartão verde. Esse trabalho é feito em casa. Alguns alunos irão fazer uma interpretação para cada lado do artefato. Eles fazem uma interpretação final em outro cartão de uma cor diferente e fazem uma anotação no caderno sobre os pontos fortes e os pontos fracos da interpretação.
5. Os alunos compartilham suas interpretações.
6. Em duplas, os alunos acumulam fatos e quase-fatos com base em uma observação atenta do Padrão de Ur, um artefato descoberto no início deste século. O nome do artefato não é compartilhado com os alunos porque pode influenciar sua interpretação. É usada a mesma codificação por cores.
7. Em casa, cada aluno faz alegações de conhecimento e uma interpretação final do artefato. Para manter o material organizado, os alunos devem organizar todos os fatos, quase-fatos e alegações de conhecimento com base em cada lado do artefato em seções separadas da torre.
8. Os alunos apresentam à classe suas torres indutivas acabadas. Os colegas são encorajados a questionar a validade da interpretação.
9. A interpretação publicada de *O padrão de Ur*, de Sir Leonard Woolley, é lida. Em casa, os alunos comparam e contrastam a interpretação de Woolley e a sua.
10. Os alunos escrevem outra definição de civilização com a intenção de fazer uma definição mais sofisticada com base no que aprenderam no processo indutivo.
11. Os alunos fazem uma anotação no caderno sobre os pontos fortes e os pontos fracos do método indutivo com base em suas experiências com o centavo, o Padrão de Ur e a interpretação de Woolley. Uma discussão intitulada "como sabemos o que sabemos?" encerra a unidade.

Um terceiro exemplo mostra a construção do processo de repensar por meio de uma mudança deliberada na perspectiva. Nesse caso, como parte do seu estudo da expansão em direção ao oeste, os alunos recebem um organizador gráfico representando diferentes perspectivas sobre a colonização do oeste e são solicitados a considerar as perspectivas dos:

- Pais pioneiros buscando uma vida melhor para sua família
- Crianças pioneiras sentindo-se arrancadas do convívio com os amigos e ambientes familiares
- Executivos da estrada de ferro buscando povoar o Meio-Oeste para gerar uma maior necessidade dos seus serviços
- Nativos americanos cujas vidas foram desestabilizadas pelos colonizadores

Em ciências de nível superior, é comum ocorrer um processo de repensar quando pedimos que os alunos considerem uma abordagem teórica, seguida de novos dados e análise que sugerem que uma abordagem teórica diferente poderia ser mais fértil – por exemplo, explorando a ideia da luz como uma onda e da luz como uma partícula ou de "características inatas" *versus* "adquiridas*".

Conforme ilustrado nesses exemplos, o processo de repensar incorporado é um elemento de planejamento crítico e deliberado, central para a aprendizagem para a compreensão. Precisamos planejar para fazer os alunos constantemente reconsiderarem compreensões anteriores das grandes ideias para que possam ir além do pensamento simplista e entender, de modo mais geral, a necessidade de atenção e circunspecção que reside no núcleo da verdadeira compreensão.

Em outras palavras, os planejamentos mais efetivos para o desenvolvimento da compreensão profunda (além de sinalizarem para os alunos que é necessária alguma coisa mais ativa do que memorização) destacam as facetas da perspectiva, da empatia e da autocompreensão. Mudanças constantes de perspectiva ou a necessária empatia com contextos, textos e personagens não familiares demandam processos de repensar e refletir – como quando são considerados *Os três porquinhos* e *A verdadeira história dos três porquinhos*, de A. Wolf.

A – Avaliar o trabalho e o progresso

Como os alunos serão guiados na autoavaliação e na regulação? Como os aprendizes irão se engajar em uma autoavaliação final para identificar as dúvidas restantes, definir objetivos futuros e apontar para nova aprendizagem? Como os alunos serão ajudados a fazer o inventário do que aprenderam e do que precisa de maior investigação ou refinamento?

Aqui, levamos em consideração um aspecto frequentemente negligenciado do planejamento de ensino – a necessidade de ajudar os alunos a automonitorar, autoavaliar e autorregular seu trabalho, individual e coletivamente, à medida que o trabalho progride. A Faceta 6 é a autocompreensão, provavelmente a faceta mais importante da compreensão para a aprendizagem para toda a vida. Central para a autocompreensão é uma autoavaliação honesta baseada na clareza progressiva quanto ao que compreendemos e o que não compreendemos, o que alcançamos e o que ainda precisa ser feito. As pessoas de mais sucesso na vida não só têm essa capacidade como também aprenderam a fazer isso da maneira mais oportuna e efetiva possível. Elas se automonitoram e se autorregulam quando necessário. Elas consideram de forma proativa o que está funcionando, o que não está e o que poderia ser feito melhor enquanto fazem isso.

A pesquisa não poderia ser mais clara: ao resumirem seus achados sobre aprendizagem, os autores de *Como as pessoas aprendem* oferecem três achados. O terceiro envolve o papel vital da "metacognição" e a importância, conforme apoiado pela pesquisa, de ensinar explicitamente e demandar automonitoramento e autoavaliação:

> O ensino de competências metacognitivas deve estar integrado ao currículo em uma variedade de disciplinas. Como a metacognição frequentemente assume a forma de um diálogo interno, muitos alunos não têm conhecimento da sua

---

* N. de R.T.: No original: *"nature" followed by "nurture"*.

importância, a menos que os processos sejam explicitamente enfatizados pelos professores. (BRANSFORD *et al.*, 2000, p. 18, 21)

Estes são alguns exemplos simples de "planejamento" desses momentos metacognitivos:

- Reserve cinco minutos na metade e no final de uma aula baseada na investigação (p. ex., um seminário socrático ou um episódio de aprendizagem baseado no problema) para examinar estas perguntas: então o que concluímos? O que permanece não resolvido ou não respondido?
- Peça que uma autoavaliação seja anexada a cada produto ou desempenho formal, com a opção de basear uma pequena parte da nota do aluno na precisão da autoavaliação.
- Inclua uma redação de um minuto no final de uma aula expositiva, em que os alunos resumem os dois ou três pontos principais e as perguntas que ainda persistem para eles (e, assim, na próxima vez, para o professor!).
- Peça que os alunos anexem um pós-escrito a um trabalho ou projeto formal no qual devem ser honestos quanto ao que eles realmente compreendem e não compreendem acerca do tema em questão – independentemente do quanto seu trabalho possa parecer confiável. (Obviamente, os alunos precisam saber que não serão punidos por confessarem!)
- Prepare os alunos para avaliarem o trabalho da mesma maneira que os professores são formados como leitores para nivelamento avançado, de modo que os alunos se tornem mais precisos como revisores dos pares e como autoavaliadores e também mais inclinados a "pensar como avaliadores" em seu trabalho.
- Comece a aula com um levantamento das perguntas mais cruciais nas mentes dos alunos, apuradas nas fichas apresentadas inicialmente pelos indivíduos e depois apuradas em pequenos grupos. (A ficha pode ser um dever de casa todas as noites.) Então, como parte do encerramento, reserve um tempo no final para avaliar o quão bem as questões foram abordadas, quais perguntas ainda permanecem e que outras surgiram. (Esta estratégia se presta para anotações regulares no caderno, nas quais o aluno reflete sobre uma pergunta e o desdobramento do seu significado.)
- Identifique um conjunto de estratégias de aprendizagem benéficas associadas aos resultados desejados (p. ex., heurística para a solução de problemas ou estratégias para a compreensão da leitura) e aos hábitos da mente relevantes (p. ex., persistência ou superação da impulsividade). Faça os alunos criarem símbolos visuais ou personagens de histórias em quadrinhos retratando cada estratégia, afixando-os nas paredes da sala de aula. Regularmente indique exemplos de quando uma estratégia está sendo empregada e peça que os alunos reflitam sobre seu uso pessoal de uma das estratégias afixadas e seu efeito.
- De vez em quando, assista a um videoteipe de momentos deliberadamente selecionados de ensino em sua classe (p. ex., durante uma discussão, solução de problemas, experimentação ou debate) para que os alunos estejam mais cientes das estratégias efetivas e também daquelas que não funcionam (assim como os treinadores esportivos fazem com filmes dos jogos).
- Como em geral é feito em cursos baseados no estudo de caso ou aprendizagem baseada em problemas, deixe a Parte 2 de uma unidade deliberadamente "aberta" para permitir que os alunos estruturem e façam a investigação (em vez de serem direcionados pelo professor) com base nas perguntas principais que permanecem e nas pistas que surgem no final da Parte 1.

- No começo do ano, faça os alunos desenvolverem um perfil dos seus próprios pontos fortes e pontos fracos como aprendizes (talvez com base em instrumentos formais relacionados a estilos de aprendizagem, fornecidos pelo professor). Eles devem refletir sobre como aprendem melhor, que estratégias funcionam bem para eles, que tipo de aprendizagem é mais difícil e o que eles desejam melhorar (em outras palavras, estabelecer objetivos). A seguir, estruture oportunidades periódicas para a escrita de diários, quando, então, os alunos podem monitorar seus esforços e refletir sobre seus pontos fortes e êxitos e possíveis modificações de suas próprias percepções.

Os professores que usam estratégias explícitas para estimular a reflexão e a metacognição são testemunhas dos seus benefícios práticos. Por exemplo, um professor de Harvard que usa a técnica do ensaio de um minuto fez esta observação:

> Um benefício colateral não mencionado, mas importante, do trabalho de um minuto é que o fato de saberem que serão solicitados a fazer o trabalho no final da aula foca o pensamento do aluno. Os alunos se questionam continuamente: "qual é a grande ideia aqui?" e também: "o que não está claro para mim e como posso escrever algumas frases coerentes que transmitam o que eu não compreendo?". Eles estão pensando durante toda a aula sobre o que irão escrever... Meu colega acrescenta que [a natureza recorrente desta tarefa] constrói continuidade ao longo do tempo. Isso também oferece um meio confortável para que ele possa esclarecer as incompreensões. (LIGHT, 2001, p. 67)

A Alverno College, em Milwaukee, Wisconsin, desenvolveu uma das abordagens mais sofisticadas, duradouras e integradas de autoavaliação entre os currículos. Na Alverno, a autoavaliação é parte integral do planejamento do currículo e da avaliação, não apenas uma técnica de ensino. Por exemplo, todos os trabalhos precisam incluir uma autoavaliação anexada comparada com as rubricas, e a precisão e o detalhamento da autoavaliação serão avaliados. De fato, a autoavaliação é vista como uma habilidade tão importante que, em muitas tentativas iniciais de desempenho complexo, as notas iniciais são dadas para a autoavaliação dos alunos *e* para os planos de aprimoramento, não para o produto ou desempenho em si. Para encorajar a autoavaliação de forma mais geral, a faculdade tem um sistema de rubrica de desenvolvimento que é usado para todos os cursos, em todo o *campus*. Os componentes da rubrica são Observação, Interpretação, Julgamento e Planejamento.

Assim, na essência do primeiro *A* em OPERAAO, o planejamento deliberado de oportunidades para reflexão constante (p. ex., como estão indo as coisas? O que está funcionando? O que precisa de ajustes? E então? E agora, o quê?) é esperado de *todos* os aprendizes, não apenas daqueles que são naturalmente reflexivos. Tais oportunidades vão de mãos dadas com a necessidade de clareza sobre o Onde – um sistema claro e transparente de objetivos de desempenho, associado a um sistema de devolutivas robusto em relação a esses objetivos de desempenho. Caso contrário, a reflexão não será focada ou útil.

A2 – Adaptar e personalizar o trabalho

Como iremos diferenciar o ensino para conciliar as várias necessidades de desenvolvimento, estilos de aprendizagem, conhecimento prévio e interesses dos alunos (ao mesmo tempo nos mantendo fiéis aos resultados desejados)? Como iremos adaptar o plano de aprendizagem para maximizar o engajamento e a efetividade para todos os aprendizes?

Ao longo do livro, falamos em generalidades sobre o que os aprendizes precisam. Esse elemento do planejamento nos faz lembrar que devemos examinar mais atentamente quem todos esses diferentes aprendizes realmente são e adaptar nossos planos a eles. Os melhores planejadores adaptam seus planos de aprendizagem para acomodar o que sempre é um grupo de aprendizes diversos. Consideremos alguns métodos práticos para diferenciar a aprendizagem em termos de conteúdo, processo e produto.

Conteúdo

No Estágio 1 do modelo de planejamento para a compreensão, os Resultados Desejados devem permanecer consistentes – afinal de contas, os padrões de conteúdo (conforme expressos nos Objetivos Desejados) e as Compreensões são metas de aprendizagem para *todos* os alunos. Entretanto, as Perguntas Essenciais (PEs) oferecem um meio natural de acomodar os diversos aprendizes devido à sua natureza de final aberto. Alunos com diferentes níveis de conhecimento prévio e desempenho podem mesmo assim se envolver na análise de perguntas provocativas, tais como: "como as coisas vivas se adaptam para sobreviver?" ou "o que constitui uma boa história?". Embora alguns alunos possam responder em maior profundidade, todos os aprendizes têm o potencial para aprofundar sua compreensão como resultado da abordagem da pergunta.

Os elementos de Conhecimentos e Habilidades do Estágio 1 oferecem um espaço natural para adaptar o conteúdo às necessidades dos alunos. Usando avaliações diagnósticas (parte do *O*), os professores podem identificar alunos com lacunas no conhecimento prévio e nas habilidades. Essas necessidades podem ser abordadas por meio do ensino orientado em pequenos grupos.

Processo

Usando uma variedade de recursos materiais (como textos em diferentes níveis de leitura) e abordando várias modalidades de aprendizagem (apresentando informações oralmente, visualmente e por escrito), os professores podem abordar as diferenças nos estilos de aprendizagem e nos níveis de desempenho. Permitir aos aprendizes opções sobre *como* eles trabalham (p. ex., sozinhos ou em grupos) ou como comunicam sua aprendizagem (oralmente, visualmente ou por escrito) é outro meio apropriado de adaptação no Estágio 3.

Produto

Os professores podem dar aos alunos escolhas apropriadas de produtos e desempenho para as tarefas e avaliações. Por exemplo, uma turma do ensino fundamental trabalha na criação de uma "exposição de museu" para retratar as dificuldades na vida dos pioneiros. Os alunos contribuem para a exposição com diferentes produtos e tarefas de desempenho, como uma amostra dos registros em diários, desenhos de atividades cotidianas e dramatização de personagens dos pioneiros. Tal abordagem permite que os alunos participem de acordo com seus talentos e interesses. É importante observar que, quando os alunos têm uma opção de produtos como parte de uma avaliação no Estágio 2, os vários resultados devem ser avaliados com a utilização de critérios comuns. No exemplo da exposição sobre os pioneiros, independentemente de um aluno produzir um desenho, um registro no diário ou uma encenação da vida cotidiana, julgaríamos todos os produtos pela precisão histórica, representação efetiva das dificuldades, empatia revelada e aptidão. Dessa maneira, podemos permitir diversidade apropriada sem sacrificar a avaliação válida ou a confiabilidade da avaliação.

Este é um exemplo de elementos de unidade selecionados do plano de um professor para adequar o trabalho de nível superior (estudar *Macbeth*, de Shakespeare) a alunos com necessidades especiais e habilidade de leitura limitada:

1. Conduza uma sessão de *brainstorming* na qual os alunos dizem o que sabem sobre a Idade Média; peça-lhes para criar uma lista no quadro como um projeto de grupo. (Procure por cavalaria, feudalismo, código de honra, reis, cavaleiros e batalhas, etc.) Direcione para o fato de que a peça que irão ler é sobre todas essas coisas e também sobre honra e lealdade. (*O, P*)
2. Introduza as perguntas essenciais: o que é honra? Desonra? Lealdade? Deslealdade? Como podemos saber em quem confiar? Como podemos evitar perder nossa integridade? (*O, P, A2, A*)
3. Conduza uma discussão sobre honra e lealdade e escreva ideias da discussão do grupo no quadro. O resultado será uma lista de ideias, pensamentos, opiniões e exemplos que os alunos podem consultar quando escreverem sua redação pessoal. Procure um "momento para ensinar" – quando parecer recomendável procurar no dicionário definições dessas palavras, com base na conversa. (*O, E*)
4. Peça que todos ajudem a construir uma parede com citações apropriadas. Coloque as citações por toda a sala todos os dias; muitas delas – sobre honra, lealdade e poder, por exemplo – podem ser trazidas para a discussão quando apropriado. Cada aluno acrescenta duas durante as duas semanas. (*P, A2*)
5. Discuta estudos de caso de conflitos modernos de honra e lealdade relacionados aos adolescentes usando ideias da discussão do grupo (incluindo referências a filmes e programas de TV). O resultado – escrito no quadro – será uma lista de ideias, pensamentos, opiniões e exemplos que os alunos podem usar na escrita da sua redação pessoal sobre as perguntas essenciais. (*P, E, R, A2*)
6. Apresente o pano de fundo histórico da peça e um mapa. Leia a primeira cena das bruxas dramaticamente; pare e discuta; introduza termos literários como *paradoxo* e *contexto*. Mostre como fazer uma linha do tempo das cenas – um projeto individual; faça acréscimos a intervalos regulares. (*E*)
7. Ato I, Cena ii: Descreva os personagens e os acontecimentos – um organizador do progresso. Use áudio e vídeo das cenas principais; permita ajuda com tarefas de leitura e escrita; tenha acesso a versões abreviadas e simplificadas do texto. Dê cadernos aos alunos e ajude-os a organizar os conteúdos para seus portfólios. (*O, E, A2*)
8. Peça que os alunos autoavaliem todo o trabalho antes de entregá-lo e reflitam sobre uma pergunta essencial em termos de uma experiência reveladora que tiveram com questões de honra e lealdade.

O2 – Organizar para a efetividade máxima

Que sequência de experiências de aprendizagem irá desenvolver melhor e aprofundar a compreensão dos alunos, ao mesmo tempo minimizando prováveis equívocos? Como iremos organizar e sequenciar o ensino e a aprendizagem para maximizar o engajamento e a efetividade?

Até agora, pensamos apenas nos elementos analíticos do bom planejamento. O *O2* requer que coloquemos esses elementos na sequência mais poderosa possível. O que entendemos por "mais poderosa" é a sequência que na verdade resulta na experiência mais engajadora e efetiva para os alunos.

Sequência é algo sobre o que muitos professores não refletem o suficiente, sobretudo se eles ponderam sobre uma unidade de estudo relativamente longa. Entretanto, como sinalizam o *P* e o *R* em OPERAAO, a sequência típica de encaminhamento do conteúdo raramente pode ser a melhor escolha para engajamento ou compreensão. Isso é especialmente importante de considerar se a sequência costuma ser imposta pela organização do livro didático, um ponto que retomaremos com mais detalhes no Capítulo 10.

No mínimo, a sequência deve refletir o que os educadores sempre observam no exercício do "melhor planejamento": um movimento constante de vaivém entre todo-parte--todo e aprender-fazer-refletir. Como está implícito no *R*, não nos movemos apenas para a frente; precisamos voltar a fatos anteriores (provisórios), ideias e técnicas se quisermos ir além do pensamento superficial, simplista ou preto e branco. É por isso que tantas pessoas relatam que a aprendizagem baseada em problemas, o estudo de caso ou simulações são tão estimulantes intelectualmente e memoráveis – eles rompem com a tradição de como a aprendizagem deve ser organizada.

As implicações do "gancho" são suficientemente claras: é *nosso* interesse engajar os alunos precoce e frequentemente por meio dos interesses *deles* e pelo que é, de forma inerente, intelectualmente provocativo. Assim, as melhores sequências logo no início mergulham os aprendizes em questões, problemas, situações ou outras experiências intrigantes e adiam o ensino de definições, regras e teorias até que elas sejam necessárias para dar um sentido à experiência.

Para melhor avaliar o quanto boa parte da aprendizagem tradicional pode ser desnecessariamente monótona e desmotivadora quando vista como um fluxo, examinemos o exemplo a seguir, extraído de um livro didático de pré-álgebra comumente usado no fim do ensino fundamental e ensino médio. As primeiras 80 páginas não oferecem nada além de definições, regras e exercícios relacionados a elas. Na página 36, por exemplo, encontramos a seguinte introdução à ideia de reta numérica:

> *Os pontos pareados em uma reta numérica [...] têm a mesma distância da origem, mas em lados opostos da origem. A origem é pareada com ela mesma [...]*
>
> *Cada número em um par como -4 e 4 é chamado de oposto do outro número. O oposto de a é escrito como -a [...] Os numerais -4 (sinal de menos rebaixado) e -4 (sinal de menos elevado) nomeiam o mesmo número. Assim, -4 pode significar "4 negativo" ou "o oposto de 4".*
>
> Para simplificar a notação, sinais de menos rebaixado serão usados para escrever números negativos no resto deste livro. Cuidado: -a, lido como "oposto de a", não é necessariamente um número negativo. Por exemplo, se a = -2, então -a = -(-2) = 2. (BROWN *et al.*, 2000, p. 36)

Gostaríamos que isso fosse um jogo, mas infelizmente não é. Isso é simplesmente inaceitável como pedagogia. Confunde uma abordagem útil de "seguir em frente" com "discussão de ninharias" excessivamente técnica, apresentando informações completamente fora de contexto.

Podemos oferecer um simples princípio básico, então: ao se ensinar para a compreensão, as perguntas "por quê?" e "e então?" devem ser abordadas cedo e frequentemente. Para criar aprendizagem significativa e memorável, o fluxo deve ser um vaivém entre todo-parte-todo e aprender-fazer-refletir. Embora muitos professores achem que aprendizagem requer que todos os fatos "básicos" e habilidades possíveis sejam apresentados de forma antecipada, simplesmente não é assim que funciona a aprendizagem efetiva e duradoura. (Discutiremos melhor essa questão no Capítulo 10, sobre ensinar para a compreensão por meio da "descoberta".)

Temos uma consideração final sobre sequência com base em uma experiência de aprendizagem extraordinária que um de nós teve abrangendo todos os elementos de OPERAAO como parte das exigências para ser certificado como treinador de futebol juvenil. O instrutor, membro do time de futebol profissional no New Jersey MetroStars, apresentou uma estrutura conceitual de atividades estimulantes e solução de problemas. Inicialmente, ele descreveu a importância de programar todas as práticas com uma lógica clara do todo pelas partes, usando a seguinte descrição do andamento de todas as boas práticas no desenvolvimento de cada habilidade importante: habilidades específicas, simulação de jogo, condições do jogo, jogo – por exemplo, começar com um exercício simples de vaivém, passando a bola primeiro com um pé e depois com o outro em duplas. Então, fazer uma simulação do jogo em que todas as duplas passam sua bola para a frente e para trás no mesmo espaço pequeno, o que requer levantar os olhos e passar a bola no momento oportuno, considerando todas as pessoas e as bolas. Depois disso, ele criou condições mais exigentes semelhantes a um jogo – por exemplo, uma linha de *scrimmage* que requer um máximo de drible de dois toques antes de passar a bola. A seguir, eles jogam uma partida. Por fim, retornam ao exercício anterior de passar a bola em um espaço pequeno, dessa vez focando em maior velocidade e precisão.

Além disso, o instrutor defendeu que cada exercício deveria maximizar os seguintes elementos: boa forma, bola em jogo, habilidade técnica, trabalho em equipe e pensamento estratégico. Não só a prática deve maximizar esses elementos, mas também cada exercício. O instrutor, então, pediu que cada participante propusesse um exercício comum de futebol que já conhecesse e que levasse a um passe rápido no campo, usando os outros participantes. O exercício era, então, analisado usando-se os elementos dados e sempre muito aprimorado pelas sugestões do grupo. De fato, essa experiência levou os participantes a concluírem que alguns exercícios testados ao longo do tempo (como a abordagem habitual de três em dois) eram totalmente ineficazes.

E, por falar em agrupamentos heterogêneos, o grupo de 30 pessoas variava quanto à idade, de 23 a 61 anos, e à experiência, desde jogador de futebol universitário até nenhuma experiência com futebol. Todas as pessoas concordaram que aquela havia sido uma das experiências de aprendizagem mais estimulantes da sua vida e que ela havia oferecido uma estrutura robusta para transferência – o planejamento de mais exercícios e práticas do que foram explicitamente exibidos ou discutidos.

Sugestões para inserir os elementos do planejamento em um todo mais potente

Embora os elementos de OPERAAO sejam úteis para desenvolver e testar nosso planejamento para a aprendizagem, é fácil perder de vista o todo – a unidade e seu propósito. O objetivo primordial é assegurar que as grandes ideias estruturem o trabalho e que a transferência da aprendizagem baseada nessas ideias seja alcançada. Isso é o que é a compreensão. Então, temos que assegurar, no final, que a aprendizagem seja coerente e intencional (em vez de um conjunto de "aprendizagens" isoladas que, embora defensáveis isoladamente, não se somam para o conhecimento significativo e duradouro). Em outras palavras, se não tivermos cuidado, o planejamento pode levar ao sucesso na aprendizagem de curto prazo de muitos fatos e habilidades específicas, mas ignorar compreensões e tarefas de transferência.

O planejamento reverso a partir de tarefas de desempenho robustas que requerem essa transferência baseada em grandes ideias é um meio fundamental de prevenir esse erro, é claro. Mas há outros passos que podemos dar ao refletirmos sobre o Estágio 3 que evitarão que nos afastemos demais de um foco na compreensão. Especificamente, podemos usar as seis facetas como um lembrete de quais tipos de trabalho relacionados à compreensão precisam ocorrer no Estágio 3 para apoiar as metas de desempenho relacionadas ao uso da compreensão no Estágio 2.

Usando as facetas no Estágio 3

Embora as seis facetas da compreensão tenham sido concebidas originalmente como indicadores de compreensão para uso na avaliação (Estágio 2), comprovou-se que elas são um construto útil também para o planejamento da aprendizagem. Uma abordagem simples é listar as seis facetas e fazer um *brainstorm* das atividades possíveis (cientes, é claro, dos resultados desejados no Estágio 1 e das necessárias evidências de avaliação do Estágio 2). Apresentamos um exemplo de uma unidade do fim do ensino fundamental sobre a Guerra Civil:

- *Explicação* – Explique as principais causas e efeitos de acontecimentos importantes na Guerra Civil. Compare com outros incidentes de conflito civil.
- *Interpretação* – Interprete a guerra através dos olhos do principal personagem em *O emblema vermelho da coragem**.
- *Aplicação* – Discuta o legado da guerra. (Ela acabou? Pode ocorrer outra guerra civil nos Estados Unidos? Uma "guerra fria" vem ocorrendo desde então?)
- *Perspectiva* – Discuta a guerra segundo a perspectiva do Norte, do Sul, de um observador europeu, um nativo americano, um rico latifundiário, um trabalhador pobre.
- *Empatia* – Faça uma dramatização para revelar empatia por uma família do Sul cuja casa foi destruída pelo exército de Sherman. Encontre outras canções, como "The Night They Drove Old Dixie Down".
- *Autoconhecimento* – Reflita: pelo que você acha que vale a pena lutar?

Embora algumas facetas pareçam mais naturais para certas áreas de conteúdo do que outras, muitos professores relataram que desenvolveram atividades energizantes e efetivas usando as facetas para "pensar fora da caixa". Por exemplo, um professor de Física, depois de inicialmente rejeitar o valor da empatia nessa disciplina, pensou na seguinte tarefa: "escreva um registro no diário sobre um dia na vida de um elétron".

As próximas perguntas gerais foram ótimos desencadeadores de ideias para os planejadores:

- *Faceta 1: Explicação*. Que tipo de motivação para teorização e conexão os alunos devem encontrar se quiserem entender o que não é óbvio, encontrar ideias novas, testá-las e verificá-las e desenvolver sua própria teoria ou explicação (ou internalizar completamente, por meio de teste, a de outra pessoa)? Que ar-

* N. de R.T.: CRANE, S. *O emblema vermelho da coragem*. São Paulo: Penguin, 2010.

tefatos, dados, comportamentos e acontecimentos eles devem tentar explicar para obter prática em generalizar e fazer inferências consistentes?

- *Faceta 2: Interpretação*. Como o trabalho irá requerer que os alunos façam interpretações, derivem significado, explorem a importância ou encontrem o significado no material ou conhecimento? Que textos, eventos ou outros recursos serão fornecidos "por planejamento" como motivação suficiente para um trabalho interpretativo significativo e revelador?
- *Faceta 3: Aplicação*. Como o trabalho irá requerer e possibilitar que os alunos testem suas compreensões em contextos adequados e variados, onde situações autênticas, propósitos e audiências exigirão transferência criteriosa da aprendizagem prévia? Como o trabalho pode encorajar os alunos a propor ou mesmo inventar novas e reveladoras aplicações da sua aprendizagem?
- *Faceta 4: Perspectiva*. Como os materiais, tarefas, experiências e discussões serão confrontados de modo que os alunos possam não só entender em geral múltiplos pontos de vista, mas também avaliá-los criticamente?
- *Faceta 5: Empatia*. Que tipos de experiências diretas ou simuladas em classe podem fazer os alunos se conectarem visceralmente às experiências de outros? Como o trabalho pode ajudar os alunos a ultrapassar palavras vazias e abstrações para encontrar mérito ou possível valor nos textos, ideias ou experiências de outras pessoas que podem inicialmente soar para eles como tolas, pouco atraentes ou exóticas?
- *Faceta 6: Autoconhecimento*. Que tipos de experiências ajudarão os alunos a autoavaliar e refletir sobre o que eles sabem e compreendem ou não sabem e não compreendem? Como as lições irão evocar hábitos da mente e vieses que os alunos trazem para o trabalho?

Planejamento reverso em ação com Bob James

Vimos como o professor Bob James esboçou sua unidade sobre nutrição nos capítulos anteriores. Ele agora reflete sobre como poderia fazer acréscimos ou modificar seu planejamento à luz dos critérios e diretrizes fornecidos por OPERAAO.

Justamente quando eu penso que já acabei, descubro que meu pensamento sobre a unidade de nutrição está sendo ampliado pelo OPERAAO. Estas são minhas ideias atuais:

O – O processo de planejamento reverso realmente me ajudou a esclarecer para onde estou indo com a unidade. Agora, preciso pensar em como posso ajudar os alunos a saberem para onde estão se dirigindo e por quê. Acho que as perguntas essenciais e de ponto de partida vão ajudar a dar direção, especialmente porque eu planejo afixar essas perguntas no mural da sala de aula. Mas provavelmente posso deixar os objetivos ainda mais claros introduzindo as tarefas de avaliação, projeto e meus critérios de avaliação e rubricas no início da unidade.

Tendo em mente essas metas de desempenho, espero que os garotos vejam com mais clareza o propósito das particularidades que estão aprendendo – os grupos de alimentos, a pirâmide alimentar, como ler as informações nutricionais nos rótulos dos alimentos, coisas como essas.

P – Gosto da sugestão de iniciar com um gancho, algo que atraia o interesse do aluno pelo tópico. Nosso livro didático de Estudos Sociais tem uma seção sobre os exploradores que vai funcionar bem, acredito. As crianças adoram mistérios, e este é um deles – a história dos marinheiros oceânicos do século XVI e XVII. Eles desenvolveram uma doença misteriosa, denominada escorbuto, durante seus longos meses a bordo dos navios, mas sua condição melhorou drasticamente depois que voltaram à terra firme.

Depois que as crianças aprenderem que a doença resultou da falta de vitamina C e que consumir frutas frescas e vegetais era o "remédio", estaremos preparados para examinar o papel da nutrição na saúde.

E – Acho que as minhas aulas vão equipar muito bem os alunos para as tarefas de desempenho e o projeto. E acredito que meu ensino será muito mais focado agora que refleti sobre minhas compreensões desejadas e as evidências de avaliação que preciso coletar.

R – A parte de repensar o planejamento da unidade é provavelmente o maior acréscimo para mim. A não ser quando usamos a revisão como parte do processo de escrita, raramente pedi que meus alunos formalmente repensassem as ideias que discutimos. No entanto, estou começando a me dar conta do quanto isso pode ser importante.

Duas perguntas muito interessantes surgiram durante o almoço com os outros professores. Se deixássemos que as crianças comessem tudo o que quisessem, elas comeriam uma dieta balanceada? Os animais ingerem alimentos que atendem às suas necessidades nutricionais? Uma dessas perguntas, ou ambas, deve ser boa de intercalar no meio da unidade para desafiar os alunos a refinarem seu pensamento sobre alimentação nutritiva.

Essas perguntas apontam para outra pergunta essencial: a Mãe Natureza conduz as criaturas vivas na direção da alimentação nutritiva? Essas provocações devem estimular a discussão e o processo de repensar, bem como originar perguntas interessantes para mais investigação.

A – As tarefas de desempenho e o projeto final do cardápio para o acampamento lhes darão oportunidades de me mostrar que compreendem a alimentação saudável – o objetivo principal da unidade. Antes de avaliar, vou envolver a turma em uma revisão por pares dos cardápios para o acampamento em grupos de aprendizagem cooperativos de modo que os alunos recebam devolutivas. E vou lhes dar tempo para as revisões dos cardápios antes que seus cardápios finais estejam prontos.

Por fim, vou pedir que cada aluno complete duas autoavaliações – uma para seu cardápio para o acampamento e outra sobre se (e como) seus hábitos alimentares pessoais mudaram devido ao que aprenderam durante a unidade. Essas atividades devem levar a um encerramento efetivo da unidade.

A2 – Ano passado, eu participei de um programa em serviço no distrito sobre diferenciação de ensino e aprendi formas de adaptar meu ensino para atingir uma variedade de aprendizes. Agora, vejo como aplicar algumas das estratégias de diferenciação de ensino a esta unidade. Por exemplo, tenho seis alunos que vão ter dificuldade em ler e compreender sozinhos a seleção de livros didáticos, então terei que colocá-los em duplas com seus "parceiros de leitura" em Linguagem. Quando chegar a hora dos questionários, farei os testes oralmente para esses alunos.

Acho que a minha tarefa de desempenho sobre o panfleto de nutrição vai abranger os alunos que não escrevem com proficiência, pois eles podem usar figuras para ilustrar uma dieta balanceada. Nosso professor de recursos para os alunos de alto desempenho escolar me deu uma boa ideia para estender a tarefa para esses alunos, solicitando que planejem um panfleto sobre nutrição para uso em um consultório médico em vez de para crianças menores. Para a tarefa do cardápio para o acampamento, vou permitir que os não escritores me digam por que seu plano do cardápio é saudável e saboroso, em vez de exigir que escrevam uma carta explicativa. Vou pedir para os alunos avançados incluírem um plano de cardápio alternativo para alunos com problemas de saúde, como diabetes, ou com restrições alimentares específicas, como necessidade de dieta com baixo teor de sódio.

Acho que esses ajustes permitirão que os aprendizes com desempenho inferior tenham mais sucesso, ao mesmo tempo que desafiam meus alunos avançados.

O2 – Estou bem confortável com a sequência do meu plano para a unidade. Ele começa com um gancho, desenvolve o conhecimento necessário por meio de várias experiências e recursos de aprendizagem e, então, acaba com uma aplicação autêntica do conhecimento. Agora percebo que o processo e o modelo de planejamento para a compreensão contribuem para um plano bem organizado porque eles me ajudaram a estruturar a unidade inteira em torno de perguntas importantes e tarefas de desempenho significativas.

Acho que a unidade sobre nutrição foi definitivamente aprimorada por OPERAAO, e pretendo usá-la ao planejar outras unidades. Estou ansioso para ver quais serão os resultados com meus alunos.

Próxima pergunta

Essas considerações iniciais expõem em amplas pinceladas o que a *unidade* precisa fazer e as regras básicas de como fazer isso acontecer "por planejamento". Agora, precisamos refletir sobre a próxima pergunta: qual é o papel do *professor* em sala de aula para ajudar os alunos a compreender?

Capítulo 10

Ensinando para a compreensão

Professores... são particularmente afligidos pela tentação de dizer o que sabem [...] No entanto, informação alguma, seja de teoria ou fato, por si só melhora a percepção e o julgamento ou aumenta a capacidade de agir de forma inteligente.

_ Charles Gragg, *Because Wisdom Can't be Told*, 1940

O ensino de sucesso é o ensino que promove aprendizagem efetiva. A questão decisiva não é quais métodos ou procedimentos são empregados e se eles são antiquados ou modernos, comprovados pelo tempo ou experimentais, convencionais ou progressivos. Todas essas considerações podem ser importantes, mas nenhuma delas é definitiva, pois elas têm a ver com os meios, não com os fins. O critério fundamental para o sucesso no ensino são – os resultados!

_ James L. Mursell, *Successful Teaching*, 1946

O planejamento reverso adia a escolha das estratégias de ensino para a última fase do processo. Embora tal abordagem contrarie os hábitos de muitos educadores, a demora deve fazer sentido à luz do que dissemos até o momento, pois, até que tenhamos especificado os resultados desejados, as tarefas de verificação de aprendizagem implicadas e as principais atividades de aprendizagem requeridas pelos objetivos, uma discussão da estratégia de ensino será prematura. Os movimentos certos no ensino são feitos à luz do que a aprendizagem requer. O planejamento reverso nos força a abandonar hábitos de ensino confortáveis para perguntar: considerando-se os desempenhos da compreensão que buscamos e as atividades de aprendizagem que tais resultados requerem, o que devemos fazer como professores?

No entanto, falar demoradamente sobre o ensino para a compreensão obviamente nos levaria muito longe em um livro sobre planejamento. Dúzias de livros e programas maravilhosos abordam o ensino eficaz, incluindo vários livros sobre o ensino para a compreensão que os leitores devem consultar[1]. Em vez disso, o objetivo deste capítulo é oferecer algumas diretrizes gerais sobre o papel do professor e os recursos de ensino mais comuns à luz do que dissemos sobre o planejamento reverso para a compreensão.

Cobertura *versus* descoberta

A epígrafe de Mursell no começo deste capítulo, embora escrita anos atrás, é um sopro de ar fresco, considerando-se os intermináveis debates sobre métodos de ensino na área. O ensino deve ser julgado pelos seus resultados. Que métodos devemos usar no ensino para a compreensão? Qualquer método que funcione para provocar compreensão. Não há ideologia para isto: fazer no Estágio 3 o que funciona para atingir os objetivos definidos no Estágio 1.

As palavras de Mursell também estão relacionadas ao *ponto cego do especialista* que estamos sempre mencionando. Somos lembrados de uma das anedotas mais antigas em educação – sobre o menino que alegava que havia ensinado seu cachorro a falar. Quando seu amigo pede que ele faça uma apresentação, e o cachorro não faz nada além de latir, seu amigo diz: "achei que você tinha dito que o ensinou a falar!". "Eu ensinei", disse o suposto treinador: "eu o ensinei a falar, mas eu não disse que ele aprendeu".

"Eu ensinei, mas eles não aprenderam". Ainda é surpreendente a frequência com que todos nós dizemos isso de boa-fé em algum ponto em nossas carreiras quando as coisas não dão certo e ficamos frustrados. Com muita facilidade nos esquecemos: não é o ensino que causa aprendizagem. "O que você quer dizer, ensino não causa aprendizagem? Nós somos inúteis? Vocês devem estar brincando". Não, estamos falando sério. O ensino, por si só, nunca causa aprendizagem. A aprendizagem é o resultado do sucesso do aprendiz em dar sentido ao ensino. Isso é o que todos nós queremos dizer – não é? – quando falamos que compreensão é um exercício "construtivista", conquistado pelo aprendiz. Eu não posso dar a você a compreensão; você precisa conquistá-la.

Ter ensinado bem não é ter usado um grande conjunto de técnicas ou ter dado aos alunos algumas palavras a serem devolvidas, mas ter provocado compreensão por meio de palavras, atividades, ferramentas, reflexão guiada, os esforços do aprendiz e devolutivas. Essa é uma conquista dinâmica complexa, não um conjunto de habilidades unidirecionais. Em outras palavras, esquecemos, devido ao nosso ponto cego, que o ato de ensinar – no sentido de ensino direto (falar, afirmar, informar, contar) – é apenas um aspecto desencadeador de aprendizagem (e não o aspecto mais importante, se os argumentos neste livro forem convincentes). O planejamento do trabalho para a aprendizagem é tão importante quanto – e talvez mais importante do que – qualquer compartilhamento eloquente do nosso conhecimento. Minhas percepções não podem se transformar nas deles simplesmente por osmose. Como um provocador de aprendizagem, tenho que ser empático com o estado mental mais ingênuo do aprendiz iniciante e "revelar" as minhas ideias por meio de experiências de aprendizagem bem planejadas – as quais seguramente incluem ensino, mas não estão limitadas a ele – para tornar o que eu digo real, e não apenas palavras. Somente especialistas (ou pensadores altamente talentosos) conseguem ouvir as palavras de um professor e fazer todo o trabalho construtivista nas suas cabeças, sem experiências, orientações e ferramentas de processo (como organizadores gráficos), tarefas para provocar respostas e devolutivas, sozinhos em suas tentativas de demonstrar que sua aprendizagem foi bem-sucedida.

Assim, ao longo de todo o livro, estamos constantemente fazendo alusão à necessidade de descoberta e aos danos provocados pela mera cobertura. Mas talvez até agora os leitores tenham compreendido mal a questão: descoberta não é um determinado *tipo* de ensino ou filosofia de educação, mas a forma como tornamos uma ideia acessível e real, *independentemente* dos métodos de ensino usados. Assim, vamos esclarecer o que entendemos por descoberta e cobertura e por que *todos* os professores precisam descobrir e evitar a cobertura, independentemente dos seus métodos de ensino preferidos.

Considere estas definições: como substantivo, a palavra *cobertura* se refere a alguma coisa na superfície, como uma colcha. Aplicada ao ensino, sugere algo superficial. Quando "cobrimos" o material (como na vinheta de História na Introdução do livro), acabamos, de forma inconsciente, focando em detalhes superficiais, sem nos aprofundarmos em nenhum deles. Pela perspectiva do aprendiz, tudo parece de igual valor – uma série de fatos a serem lembrados, sem hierarquia, importância marcante ou significados conectados.

"Percorrer" é outra definição de *cobrir* (como em: "nós cobrimos 660 milhas hoje"). Ao falarmos em cobrir um longo caminho, seja como viajantes, seja como professores, podemos ter ido muito longe, mas isso não significa que extraímos algum significado ou percepções marcantes das nossas "viagens". O título do filme *If It's Tuesday, This Must Be Belgium* (no Brasil, *Enquanto viverem as ilusões*; literalmente: Se hoje é terça-feira, esta deve ser a Bélgica) evoca uma imagem apropriada da aprendizagem sacrificada por um programa rígido. Não importa o quão boas sejam as nossas intenções, acabamos sendo incapazes de alcançar compreensão profunda (ou mesmo uma lembrança duradoura) quando tudo for nivelado em uma caminhada superficial e esbaforida pelos fatos, atividades e habilidades isolados e frequentemente vagos.

Os educadores geralmente justificam a cobertura nesse sentido dizendo que ela é necessária por conta dos padrões curriculares, livros didáticos ou exames padronizados. Deixando de lado as evidências empíricas contra essas alegações (discutidas anteriormente de forma resumida e novamente no Capítulo 13, sobre pesquisa relevante), o senso comum sugere que "ensinar mencionando" simplesmente não pode produzir aprendizagem efetiva que culmine em desempenho competente. Acharíamos inaceitável que um professor de geometria argumentasse, por exemplo, que não há tempo para investigar as provas em detalhes porque há muitos teoremas para "cobrir". Em outras palavras, esse roteiro apressado é o *ponto cego do especialista* em ação, mais uma vez: se os professores discutem, os alunos entendem; quanto mais discutimos, mais eles entendem. Essa é uma lógica falsa que confunde nosso *ensino* com qualquer *aprendizagem* resultante – confunde o mero *plantio* com a *produção*, ou o *marketing* com as *vendas*.

Uma compreensão nunca pode ser "coberta" para que seja compreendida. Essa é a premissa deste livro, apoiada pela pesquisa. Uma compreensão estabelece um objetivo final, um desafio: ela demanda determinadas experiências, discussão e reflexão. Ninguém apresentou esse desafio mais seriamente do que Dewey, quando defendeu que nenhuma ideia genuína pode ser "ensinada" pelo ensino direto:

> Nenhum pensamento, nenhuma ideia, poderá ser transmitido como uma ideia de uma pessoa para outra. Quando é contada, ela é, para aquele a quem é contada, mais um fato assumido, não uma ideia [...] Ideias [...] são testadas pelo ato de agir sobre elas. Elas devem guiar e organizar outras observações, lembranças e experimentos. (DEWEY, 1916, p. 159-160)

Entretanto, em um mundo dominado pela cobertura do que os livros didáticos dizem, frequentemente acabamos de forma inconsciente violando esse alerta importante. Portanto, vamos refletir sobre o desafio de ensinar usando livros didáticos. Como podemos usar recursos que apoiem nossos objetivos sem involuntariamente prejudicar o objetivo da compreensão?

Para tratar dessa questão, precisamos levar em conta ainda outro significado para o termo *cobrir* – uma conotação negativa, como em "tapar" ou "esconder da visão". Uma cobertura sugere ocultação, não honrar a obrigação de tornar alguma coisa conhecida. *Descobrir* alguma coisa, em contraste, sugere encontrar alguma coisa importante no que estava escondido – revelar em vez de ocultar. Quando descobrirmos alguma coisa, nesse sentido, somos como repórteres investigativos revelando alguma coisa que de outra forma teria permanecido desconhecida, em detrimento dos nossos leitores. O desafio de trabalhar com livros didáticos é compreender melhor o que eles ocultam, não apenas o que revelam.

O livro didático e o ensino para a compreensão

Ao nos referirmos ao que os livros didáticos "ocultam", não estamos fazendo alusão a nefastas conspirações. A maior parte da "cobertura" feita pelos livros didáticos é involuntária. Mas o prejuízo é real. Por concepção, os livros didáticos investigam e resumem o que é conhecido, como uma enciclopédia. Eles simplificam o conhecimento especializado para adequá-lo aos padrões dos níveis de aprendizagem dos alunos, sem falar nas necessidades dos professores em 50 Estados estadunidenses e grupos de interesse concorrentes. Ao fazer isso, o texto pode facilmente esconder dos alunos (e professores) a verdadeira natureza do assunto e do mundo acadêmico. Assim como uma enciclopédia, poucos livros didáticos ajudam os alunos a compreender as investigações, argumentos e julgamentos que estão por trás dos resumos. O grande paradoxo de educar para a compreensão é que textos exaustivamente pesquisados acabam representando um impedimento para a aprendizagem mais engajada e instigante. Como afirma o relatório Carnegie, de 1983, sobre a educação secundária:

> A maioria dos livros didáticos apresenta aos alunos uma visão da realidade altamente simplificada e praticamente nenhum conhecimento sobre os métodos pelos quais as informações foram reunidas e os fatos destilados. Além disso, os livros didáticos raramente comunicam aos alunos a riqueza e o entusiasmo dos trabalhos originais. (BOYER; CARNEGIE FOUNDATION FOR THE ADVANCEMENT OF TEACHING 1983, p. 143)

Pouca coisa mudou em 20 anos. A Associação Americana para o Avanço da Ciência (AAAS) recentemente revisou livros didáticos de Matemática e Ciências dos anos finais do ensino fundamental e ensino médio e encontrou falhas gritantes:

> O Projeto 2061 classificou todos os livros de Ciências dos anos finais do ensino fundamental como "insatisfatórios" e os criticou como "cheios de fatos desconexos que não educam nem motivam" os alunos. Nenhum dos 10 livros de Biologia amplamente utilizados no ensino médio foi considerado merecedor de uma classificação alta na rigorosa avaliação.
>
> O estudo em profundidade encontrou que a maioria dos livros didáticos cobre tópicos em excesso e não desenvolve bem nenhum deles. Todos os textos incluem muitas atividades em sala de aula que são irrelevantes para a aprendizagem de ideias-chave em Ciências ou que não ajudam os alunos a relacionar o que estão fazendo com as ideias subjacentes. (ROSEMAN; KULM; SHUTTLEWORTH, 2001)

Além disso, sua análise dos testes de Biologia do ensino médio revelou os seguintes problemas:

- *Pesquisas mostram que essencialmente todos os alunos – mesmo os melhores e os mais brilhantes – têm dificuldades previsíveis para entender muitas ideias que são cobertas nos livros didáticos. No entanto, a maioria dos livros não leva em conta esses obstáculos nas atividades e questões.*
- *Para muitos conceitos de Biologia, os livros didáticos ignoram ou mascaram as ideias mais importantes, focando, em vez disso, em termos técnicos e detalhes supérfluos – os tipos de materiais que se traduzem facilmente em itens para testes de múltipla escolha.*

- *Embora a maioria desses livros seja generosamente ilustrada, essas representações raramente são úteis porque são demasiadamente abstratas, desnecessariamente complicadas ou inadequadamente explicadas.*
- *Mesmo que várias atividades estejam incluídas em cada capítulo, os alunos recebem pouca orientação na interpretação dos resultados em termos dos conceitos científicos a serem aprendidos (ROSEMAN; KULM; SHUTTLEWORTH, 2001)*

Acreditamos que essas críticas aos livros didáticos são consistentes e que se aplicam às Humanidades e também à Ciência e à Matemática. Lamentavelmente, os livros didáticos com frequência são fracos, excessivamente carregados de jargão e superficiais.

O livro didático como um programa: um equívoco importante

Em última análise, culpar o livro didático pelas unidades mal planejadas é como culpar Ted Williams em *The Science of Hitting** por você ter um desempenho medíocre nas rebatidas no beisebol. O problema principal no planejamento de uma unidade não é o livro didático *per se*. O problema é se o professor ou gestor presume que o livro didático *é* o curso de estudo a partir do qual o planejamento de todo o trabalho deve fluir. Pelo contrário: o texto é um *recurso* que apoia os Resultados Desejados especificados no Estágio 1 do modelo de planejamento reverso. Até mesmo o melhor livro didático será útil apenas para atingir alguns dos seus resultados desejados, e muitos objetivos irão exigir que os professores-planejadores sejam proativos e criativos na identificação de perguntas essenciais, avaliações e experiências apropriadas para estruturar as unidades. Essas perguntas, tarefas e atividades podem, de fato, rotineiramente exigir que os professores complementem o texto ou façam uma leitura seletiva dele, quando necessário. O livro didático não é um mapa nem um itinerário baseado em um mapa, mas um guia para apoiar uma jornada intencional.

Com isso, estamos insinuando que os livros didáticos são terrivelmente defeituosos ou que não devem ser um recurso importante? É claro que não. O que estamos dizendo é que o texto é uma ferramenta; ele *não* é o programa. As grandes ideias devem ser descobertas e tornadas significativas pelo uso inteligente de muitos recursos e atividades. Assim, a função do professor não é cobrir o que o livro didático oferece, mas usar o texto como auxílio para alcançar os objetivos de aprendizagem. A Figura 10.1 ajuda a esclarecer algumas diferenças relativas a cobertura *versus* descoberta quando um livro didático é usado.

Assim, é nossa responsabilidade como planejadores não apenas escolher bons livros didáticos que apoiem nossos objetivos, mas nos assegurar de que usamos o livro didático para o que ele faz bem e compensar o que ele faz de forma deficiente. Os livros didáticos, na melhor das hipóteses, organizam informações e fornecem muitos exercícios para reforçar o conhecimento principal e as habilidades. Eles geralmente são deficientes na estruturação do trabalho em torno de perguntas recorrentes e avaliações complexas baseadas em grandes ideias e na oferta de diferentes perspectivas.

Portanto, nossos planejamentos de unidades e curso precisam ajudar os alunos a ver que as informações nos livros didáticos, por mais úteis que sejam ao sintetizar o que se conhece, podem inibir a compreensão mais profunda. Como? Porque sua simplificação árida comumente esconde as questões, os problemas, a história das ideias e as investiga-

* N. de R.T.: *The Science of Hitting* é um livro que traz informações sobre a arte de rebater no beisebol, escrito por um famoso rebatedor estadunidense chamado Ted Williams.

Descoberta	Cobertura
• O texto serve como um recurso para um curso de estudos planejado com propósitos e resultados de aprendizagem específicos.	• O texto *é* o programa; não existe propósito explícito além de avançar ao longo do que o livro didático oferece.
• Os resultados desejados requerem investigações específicas que culminam no uso do conteúdo via avaliações de desempenho da compreensão.	• A avaliação consiste exclusivamente de testes de conhecimento e habilidades específicas do conteúdo do livro didático.
• O texto é usado para revelar, destacar e explorar perguntas essenciais e desafios de desempenho centrais do assunto.	• A função do aluno é saber o que está no texto; não há perguntas essenciais e objetivos de desempenho para guiar a leitura, discussão e preparação.
• As seções do texto são lidas em uma sequência que apoia os objetivos de aprendizagem estruturados no programa e os resultados desejados para a unidade.	• O texto é lido na ordem da sua paginação.
• O livro didático é um recurso entre muitos, inclusive materiais de fonte primária – em parte porque o texto geralmente apenas resume ideias importantes e encobre questões e argumentos importantes.	• Materiais de fonte primária e outras fontes secundárias raramente são usados; as sínteses do livro didático são tomadas como dados a serem aprendidos, não como relatos a serem analisados, explorados, testados e criticados.

Figura 10.1
Descoberta *versus* cobertura no uso de livros didáticos.

ções que acabaram por originar o que agora sabemos – justamente o processo do qual o aprendiz necessita para chegar a uma compreensão! Os livros didáticos distorcem como a compreensão se desenvolve, tanto no especialista quanto no iniciante, apresentando somente o material limpo de todos os resíduos. Você simplesmente não consegue aprender a "fazer" o assunto ou compreendê-lo em profundidade estudando apenas um resumo simplificado de achados; ninguém se torna um bom jogador de beisebol apenas lendo os resultados dos jogos no jornal.

O papel crucial do professor: planejar as experiências ideais

> O ensino pode ser mais bem definido como a organização da aprendizagem. Ocorre, no entanto, que o problema do ensino bem-sucedido é organizar a aprendizagem para resultados autênticos [...] [Isso] é nitidamente preferível como definição às definições habituais de ensino, como direção ou orientação da aprendizagem. Isso nos poupa de discussões sobre se o professor deve orientar ou direcionar – argumentos que são, de certa forma, inúteis, uma vez que a verdade é que ele deveria fazer ambos.
>
> _ James L. Mursell, *Successful Teaching*, 1946

Dada a natureza pouco óbvia, frequentemente contraintuitiva e de outra forma abstrata das grandes ideias, as compreensões devem ser "conquistadas" por meio de experiências cuidadosamente planejadas que descubram os possíveis significados do conteúdo central. Poucos livros didáticos são planejados em torno de uma série de experiências estruturantes, apesar de experiências bem planejadas serem a única maneira de tornar as ideias reais.

Essa é uma ideia antiga na reforma da educação. Mais de 200 anos atrás, Rousseau defendeu a ideia em *Emílio ou da educação* quando descreveu a educação de uma criança fictícia, por meio da qual os habitantes da cidade costumavam criar situações apropriadas para aprendizagem sobre honestidade, propriedade, números e astronomia. "Não dê ao seu aluno lições verbais; ele deve recebê-las pela experiência" (ROUSSEAU, 1979, p. 92). Este é o principal antídoto para o *ponto cego do especialista*: "Nunca sabemos como nos colocarmos no lugar das crianças; não penetramos nas suas ideias; emprestamos as nossas e [...] com encadeamentos de verdades amontoamos apenas tolices e erros em suas cabeças" (ROUSSEAU, p. 170). Compartilhar nossas próprias compreensões e paixões sobre como o mundo funciona está fadado ao fracasso sem a experiência ideal:

> Cheio do entusiasmo que ele sente, o mestre deseja comunicar isso à criança. Ele acredita que sensibiliza a criança ao torná-la atenta às sensações pelas quais ele próprio, o mestre, está sensibilizado. Pura ignorância! [...] A criança percebe os objetos, mas ela não pode perceber as relações que os vinculam [...] Para isso é necessária a experiência que ela não adquiriu. (ROUSSEAU, 1979, p. 168-169)

Dewey (1933) apresenta uma ilustração simples ao contrastar o que ele chama de *fato* da esfericidade da Terra *versus* a *ideia* significativa que o aluno tem dela, gerada por meio de uma experiência bem planejada. Inicialmente, a natureza esférica da Terra é uma abstração distante, um fato verbal incorpóreo sem significado intelectual. Transformá-la em uma ideia ativa requer mais do que uma definição e um globo terrestre. Requer que ajudemos o aluno a ver o valor da ideia, por meio do trabalho construtivista e de preparação, para encontrar sentido nas experiências particulares, especialmente fatos relevantes confusos ou inconsistentes:

> Ideias, então, não são ideias genuínas a menos que elas sejam ferramentas com as quais procuramos material para resolver um problema [...] Ele [o aluno] pode ser apresentado (ou lembrado de) a uma bola ou globo terrestre, ouvir que a Terra é redonda como essas coisas; ele pode, então, ser convidado a repetir essa afirmação dia após dia até que a forma da Terra e a forma da bola estejam soldadas uma à outra na sua mente. Mas assim ele não adquiriu uma ideia da esfericidade da Terra [...] Para entender "esfericidade" como uma ideia, o aluno deve primeiro ter percebido certas características confusas nos fatos observados e ter tido a ideia da forma esférica sugerida a ele como uma maneira possível de explicar fenômenos como os topos dos mastros sendo vistos no mar depois que os cascos desapareceram, a forma das sombras da Terra em um eclipse, etc. Somente pelo uso dos dados como um método de interpretação de modo a lhes atribuir significado pleno é que a esfericidade se transforma em uma ideia genuína (DEWEY, 1933, p. 133-134)

Um conceito se torna "real" em vez de abstrato apenas se ele der sentido à (nossa) experiência e ao conhecimento ou nos fornecer novas capacidades intelectuais que abram possibilidades.

O trabalho de dar vida a ideias dessa maneira se torna mais difícil pela nossa tendência como professores a usarmos apenas abordagens verbais:

> A comunicação [verbal] [de uma ideia] pode estimular a pessoa a se dar conta sozinha da questão e pensar em uma ideia semelhante ou pode sufocar seu interesse intelectual e suprimir seu esforço inicial de pensamento. Mas o que ela recebe diretamente não pode ser uma ideia. Somente enfrentando as condições do problema pessoalmente, procurando e encontrando seu próprio caminho, é que ela pensa. (DEWEY, 1933, p. 159-160)

Podemos, portanto, explicar a descoberta como: dar vida a um conceito por meio de experiências. O aluno precisa de experiência, não apenas com ideias-chave, mas também com os fenômenos que originaram a necessidade da ideia. Não importa se a ideia é "esfericidade" ou "equilíbrio de forças" ou "valor posicional", o aluno só consegue entender essas ideias ao vê-las como realmente são: não como fatos, mas como modelos mentais que resolvem problemas ou nos dão maior capacidade intelectual.

A necessidade dessa descoberta é vital, não uma opção, porque todas as grandes ideias são contraintuitivas e abstratas. Tanto os pioneiros intelectuais quanto os alunos ingênuos precisam saber como ir além das aparências porque as aparências podem enganar. Não será possível haver transferência efetiva por meio de grandes ideias a menos que o aluno seja ajudado a descobrir seu significado e interconexões.

Assim, a cobertura, na verdade, dificulta a aprendizagem. Quando "cobrimos" o conteúdo, igualamos tudo a uma "tralha" verbal a ser recordada. Isso é, na verdade, mais difícil para o aprendiz do que fornecer uma experiência de narração e uma estrutura conceitual para dar sentido à experiência. Para ter uma ideia do quanto a aprendizagem pode ser abstrata e difícil para os alunos quando grandes ideias ainda não são reais, imagine, por exemplo, ter que aprender sobre *hardware* e *software* sem primeiro ver ou usar um computador.

Dito de forma simplificada, ensinar para a compreensão sempre requer alguma coisa *antes* de "ensinar": experiências refletidas e planejadas, engenhosamente promovidas, para levantar todas as perguntas ideais e fazer as ideias, conhecimento e habilidades parecerem reais e importantes. Os alunos precisam de chances para "jogar" com e "trabalhar" com as ideias para que possam compreendê-las como *úteis*. Isso também afetará como e quando usamos ensino direto. Ensinar depois de uma experiência reveladora é geralmente mais eficaz do que ensinar um volume considerável antes de qualquer experiência.

ALERTA DE EQUÍVOCO!

Descoberta e cobertura, profundidade e amplitude: eles não são os mesmos pares? Não. Abordar um tópico "em profundidade" sugere que precisamos ir "abaixo da superfície" das coisas. Em que sentido ir abaixo da superfície é essencial para a compreensão? Uma simples analogia revela isso. Podemos nos sentar no carro, podemos saber como dirigi-lo, mas isso não significa que compreendemos (em profundidade) como ele funciona. Para isso, precisamos olhar abaixo do capô, literal e figurativamente. Para ser um mecânico eficiente, não basta saber dirigir ou conhecer a teoria do motor a combustão. É preciso saber como um carro funciona e como diagnosticar problemas e consertar as coisas quando ele não funciona. Você precisa compreender em que aspectos os casos se parecem e em que diferem.

A amplitude expande o estudo de um tópico restrito para examinar as conexões e as implicações mais amplas. A amplitude do conhecimento (ao contrário de uma educação baseada na cobertura) é uma coisa *boa*. De fato, o dicionário aponta a força que provém da amplitude do conhecimento: "livre da limitação, a partir do ponto de vista". O mecânico precisa de ampla experiência com muitos tipos diferentes de carros, clientes e ferramentas diagnósticas para que tenha sucesso. Profundidade excessiva e exclusiva não é melhor do que cobertura excessiva: não é efetivo focar em uma única ideia, cavar mais fundo o mesmo buraco. Um bom curso de estudos precisa fornecer detalhes interessantes e úteis, com ligação com outros tópicos relacionados, além de questões de significado.

Descoberta: penetrar nos processos e argumentos da disciplina

Muito do que chamamos de conhecimento especializado é resultado de ensaio e erro, investigação e discussão. No entanto, como observado anteriormente, quando ensinamos apenas por livros didáticos (sem investigação ativa das afirmações do livro didático), os alunos são facilmente levados a pensar que o conhecimento de alguma forma está bem ali para ser colhido. Compreender verdadeiramente um assunto, no entanto, requer a descoberta de problemas essenciais, questões, perguntas e argumentos por trás das alegações de conhecimento. *O trabalho em si* deve gradualmente inspirar uma clara necessidade de questionar e aprofundar as alegações principais. Em outras palavras, embora, algumas vezes, o texto simplifique de forma útil e aceitemos alegremente seu conhecimento, quando ele simplifica excessivamente uma grande ideia, precisamos *questionar* o texto. Os melhores professores planejadores sabem precisamente o que seus alunos provavelmente irão ignorar e compreender mal no texto. Eles planejam aulas para solicitar aos alunos, de forma deliberada e explícita, que encontrem questões, problemas, lacunas, perguntas intrigantes e inconsistências que estavam ocultas em relatos prévios e presentes.

O que torna isso desnecessariamente mais difícil de fazer é o estilo de escrita com o qual os autores do livro didático sugerem que a necessidade de investigação terminou, que a função do aluno é meramente apreender "o que é conhecido". Este é um pequeno exemplo do problema da "cobertura" que, de forma prejudicial e desnecessária, barra o pensamento. A sentença a seguir parece, de passagem, inexplicável, como parte do relato da Guerra Revolucionária em um livro didático de História estadunidense comumente usado: "Washington teve a ousadia de fazer bom uso [de seus compatriotas], também, quando violou as regras da guerra ordenando um ataque de surpresa ao inimigo durante o trimestre de inverno" (CAYTON; PERRY; WINKLER, 1998, p. 111-112).

Nada mais é dito sobre as regras da guerra. Mas algum aluno reflexivo poderia pensar: "o quê? *Regras* da guerra? Como pode haver regras para batalhas que valem tudo ou nada até a morte? E, se um ataque de surpresa era algo errado, como os soldados normalmente lutavam, e por quê?". Então temos uma pergunta essencial para a unidade e também para muitas outras: tudo é justo na guerra? Como podemos ter certeza de que não estamos sendo hipócritas ao julgarmos esses acontecimentos? Quais "regras" existem, e com que autoridade? Essas regras (e crimes) mudaram ao longo do tempo? O que acontece (ou deveria acontecer) quando as regras são infringidas? "Crime de guerra" é uma ideia moral legítima ou uma contradição nos termos – apenas a vingança dos vitoriosos sobre os perdedores?

Esse exemplo sugere uma estratégia de descoberta frutífera: esquadrinhe o texto por afirmações que podem ser reestruturadas como perguntas essenciais para investigação transversal em muitos outros temas importantes, entre unidades e entre cursos. De fato, as perguntas sobre guerra não poderiam ser mais assustadoramente relevantes hoje em dia, quando terror e violência contra civis têm sido vistos como uma estratégia aceitável para algumas pessoas, enquanto são profundamente condenados por outras.

Este é um exemplo mais perturbador de "cobertura" retirado do mesmo livro didático de História estadunidense amplamente usado:

> Jefferson, como a maioria dos membros do Congresso Continental, não tinha a intenção de entregar o poder a pessoas que não eram como ele. Embora condenasse a escravidão em teoria, ele mesmo era proprietário de escravos e não poderia ter imaginado uma sociedade na qual afro-americanos fossem tratados como seus iguais [...]

> Jefferson tinha um compromisso apaixonado com os direitos humanos – e, no entanto, possuía escravos. Jefferson sabia muito bem que escravidão era errado. Poucos plantadores brancos escreveram de forma mais eloquente sobre isso como um mal moral; no entanto, ele nunca conseguiu libertar mais do que alguns escravos. Como plantador, sua sobrevivência dependia do trabalho deles. Ele não poderia ignorar seus preconceitos e arriscar perder o conforto pessoal que o trabalho escravo lhe proporcionava, mesmo pelos princípios de igualdade democrática. (CAYTON; PERRY; WINKLER, 1998, p. 149)

Se deixado de lado o desnecessário tom politicamente correto nas passagens – isso é o melhor que podemos dizer, que Jefferson se destacou entre outros "plantadores brancos"? –, mais alarmante para a compreensão é a finalidade do texto. As autoridades declararam; não há discussão; isso é o que Jefferson acreditava.

Precisamos apenas evocar as Facetas 1 (Explicação), 2 (Interpretação) e 3 (Empatia) para perguntar: onde estão as evidências para essa teoria? Que fontes primárias justificam essa visão? Como eles sabem o que Jefferson sentia e pensava? A ironia em nossas perguntas é que tais perguntas são realmente o que significa história, no entanto o texto torna provável que o aluno ignore tais questões, e, assim, ele será desencorajado de realmente "fazer" a história (conduzir uma investigação crítica do passado) para descobrir isso!

Não é preciso que seja assim. Devemos procurar livros didáticos que deixem claro que perguntas importantes estão e sempre continuarão vivas, que pensar sobre perguntas recorrentes é central para uma boa educação. Compare o encerramento falacioso anterior com o convite publicado em *A History of Us*, de Joy Hakim, sobre o mesmo tópico:

> O que significa "igual"? Somos todos iguais? Olhe à sua volta. É claro que não somos. Alguns de nós somos mais inteligentes do que outros, e outros são melhores atletas [...] mas nada disso importa, disse Jefferson. Todos nós somos iguais aos olhos de Deus, e todos merecemos direitos iguais [...]
>
> Ele disse "todos os homens são criados iguais". Ele não mencionou as mulheres. Para ele estavam incluídas as mulheres? Ninguém sabe. Talvez não. O que sabemos é que no século XVIII as palavras "homens" e "humanidade" incluíam homens e mulheres [...] Thomas Jefferson teve a intenção de incluir homens negros quando disse "todos os homens"? Os historiadores algumas vezes discutem sobre isso. Você terá que decidir por conta própria. (HAKIM, 1993, p. 101)

Embora Hakim simplifique a discussão para os alunos mais jovens, ela não faz uma afirmação simplista; ela deixa uma pergunta histórica controversa aberta para estimular os historiadores a pesquisar e discutir. (Mas os professores devem oferecer materiais de pesquisa e orientações necessários, mais uma vez mostrando como o livro didático não pode, sozinho, cumprir a função.) Os professores precisam assegurar que todas as grandes ideias sejam tratadas igualmente – tornadas acessíveis, talvez, por meio do livro didático, mas não tornadas impenetráveis ou aparentes becos sem saída intelectuais que não merecem reflexão adicional. Pense no livro didático como uma plataforma de onde saltar e para onde retornar no curso da investigação de perguntas importantes. De fato, essa descoberta estimula naturalmente a consulta a outras fontes, inclusive outros livros didáticos, para lançar mais luz sobre a investigação.

A mesma cobertura pode ser vista em assuntos aparentemente tão estáveis e não problemáticos quanto a geometria. Os livros didáticos dizem pouco sobre as controvérsias históricas em torno dos principais postulados euclidianos, levando, por fim, à revolução desencadeada pelo desenvolvimento das geometrias não euclidianas. Observe, por exemplo, que a seguinte consideração oriunda de um famoso livro-texto de geometria foi apresentada 600 páginas depois que a ideia de postulados foi introduzida pela primeira vez como uma necessidade aparentemente não problemática de começar de algum lugar com "dados":

> Você pode ver que o quinto postulado [o postulado das paralelas de Euclides] é muito mais longo e mais complexo do que os outros. Isso incomodou os matemáticos, que acharam que uma afirmação tão complicada não deveria ser supostamente verdadeira. Por 2 mil anos eles tentaram provar o quinto postulado a partir de outros supostos euclidianos [...] O trabalho desses matemáticos influenciou enormemente todos os matemáticos que vieram depois. Pela primeira vez, os postulados foram vistos como afirmações supostamente verdadeiras em vez de afirmações definitivamente verdadeiras. (COXFORD; USISKIN; HIRSCHHORN, 1993, p. 662)

O que devemos entender com a última sentença, oferecida como um aparte, e não como um prelúdio, para o repensar fundamental: postulados como afirmações "supostamente" verdadeiras *versus* "definitivamente" verdadeiras? Suspeitamos que nenhum aluno (e poucos professores) aprecia a importância dessa observação – uma observação que permanece sem explicação no texto. Qual é a diferença entre "supostamente verdadeira" e "definitivamente verdadeira"? Quais são as implicações da distinção para os geômetras e para os alunos? Algum aprendiz reflexivo poderia querer ir mais longe e perguntar: "sim, por que esses postulados *devem* ser presumidos? Por que estes e não outros? De onde vêm os axiomas, enfim? O que constitui uma premissa apropriada em comparação a uma premissa arbitrária ou inadequada? Como eu sei que as teorias de Euclides ou outra pessoa não são arbitrárias? Se não são arbitrárias, por que as presumimos? E, de qualquer forma, o que esses matemáticos tolos estavam fazendo durante todos esses anos? O que significa dizer que eles estavam 'tentando provar que um postulado é verdadeiro'? – Você nos disse que eram *premissas*!".

Essas perguntas são ignoradas, embora sejam básicas para uma compreensão profunda das grandes ideias de geometria e da revolução histórica por meio da qual os matemáticos fizeram um movimento que passou da Verdade para um sistema axiomático irrestrito para perspectivas tradicionais do senso comum do espaço tridimensional. À luz da necessidade de repensar e de mudanças de perspectiva, é fácil aqui descobrir algumas das investigações vitais que o debate sobre os postulados gerou: por que *presumimos* o que presumimos? Quando *devemos* mudar nossas premissas e por quê? *Flatland: terra plana* (ABBOTT, 1963), um relato ficcional de outros mundos espaciais, é uma introdução fascinante e inteligível a essas questões, escrito mais de um século atrás para servir a esse propósito.

Mais precisamente (e ciente de todas as falhas da transferência em geometria citadas em capítulos anteriores), os alunos nunca compreenderão o *sistema* denominado geometria euclidiana até que vejam as premissas como a sustentação necessária dos *teoremas que queremos provar*. E, então, descobrimos, para nossa surpresa, que outras premissas levaram a outras geometrias com valor não só intelectual, mas também prático.

Em outras palavras, em uma educação para a *compreensão* da geometria, um objetivo primário seria ajudar o aluno a "repensar" e "ver por diferentes perspectivas" (para nos referirmos a duas das nossas ideias principais) os axiomas que antes eram aceitos como "fatos", sem questionamento. Então o aluno poderá dizer mais tarde: "*agora* entendo por que presumimos *esses* postulados [...]" ou "epa! Quando presumimos que era verdade, isso parecia arbitrário, mas agora vejo que não era" ou "hum! Esses dados pareciam mais óbvios e menos controversos do que agora. Pode haver outras premissas?". (Sim, pode haver, e sim, elas existem.)

Todas as principais premissas – em Matemática e em qualquer outra área – não são assim brilhantemente intuídas, nem os sistemas são simplesmente encontrados, de forma integral, aos nossos pés. Eles surgem da investigação, com o tempo, com base em uma busca cuidadosa dos fundamentos lógicos das percepções que temos e das provas que queremos estabelecer. Euclides sabia que para provar que havia 180 graus em todos os triângulos ele *precisava* do postulado das paralelas. Essa ideia contraintuitiva é raramente explicada ou nem mesmo adequadamente sugerida nos livros didáticos. Não é de causar surpresa, então, que muitos estudantes fiquem confusos acerca de uma questão básica – a diferença, se é que existe, entre axiomas e teoremas.

Aqui, portanto, está outro exemplo de como é o ensino para a compreensão: identificar as grandes ideias e revisitá-las por meio de problemas de crescente sofisticação à medida que o trabalho se desenvolve, não importando se o livro didático faz isso ou não. Não "cubra" as grandes ideias (nesse caso, "sistema axiomático"), mas "revele" as questões reais à espreita abaixo da superfície e continue voltando a elas, mesmo que o livro didático não esteja organizado para fazer isso.

Percebemos que o exemplo de geometria é um pouco esotérico. Porém, a ironia é que *não deveria ser*! Qualquer um que estude geometria por um ano no ensino médio é capaz de compreender a ideia de que boas hipóteses também têm limites e que a busca por uma teoria abrangente de tudo frequentemente acaba sendo ilusória com o tempo. (Isso é o que Kuhn [1970] queria dizer, afinal de contas, quando cunhou o termo "paradigma" para descrever como as mudanças no pensamento científico aconteceram com o tempo.) O fracasso em revisitar premissas que inicialmente pareciam adequadas é uma ideia com transferência poderosa para todos os setores da vida. Nós "repensamos" porque, embora percebamos que tínhamos que começar por algum lugar, aprendemos a compreender que cada ponto inicial simples sempre esconde questões mais profundas, e essas questões devem ser revisitadas se quisermos verdadeiramente compreender as nuanças e dilemas subjacentes ou concessões na essência de um assunto. Essa é a lição que uma criança pode aprender sobre amigos, um adolescente pode aprender sobre valores e um historiador precisa aprender sobre historiografia. Na verdade, nós incentivamos os equívocos dos alunos e os encorajamos a mantê-los escondidos, fazendo parecer como se todas as grandes ideias fossem óbvias e só precisassem ser assimiladas quando apresentadas, apreendidas *versus* compreendidas. Em outras palavras, outro papel essencial do professor é o de "descobridor" dos equívocos dos alunos e dos erros de desempenho persistentes por meio de experiências e discussões engenhosas. Os alunos precisam aprender que esses erros não são evitáveis, ou vergonhosos, mas episódios importantes no processo de obtenção da compreensão.

Indo além da supersimplificação: questionando compreensões passadas e presentes

Na essência da descoberta, então, encontra-se a aprendizagem planejada de como questionar o material. Embora isso possa parecer estranho, aponta para uma verdade importante sobre chegar à compreensão. As ideias e afirmações mais importantes precisam ser testadas, não apenas mencionadas, para que sejam compreendidas. É assim que construímos significado e superamos o pensamento simplista. Podemos dizer que o conteúdo que não foi questionado é como alegações no tribunal que nunca são examinadas, originando uma miscelânea de opiniões e crenças em vez de conhecimento. Isso é particularmente verdadeiro à luz do quanto é fácil equivocar-se com as grandes ideias.

"Cobertura" não é apenas lamentável, então. Ela agrava o esquecimento, a inércia e os equívocos que trabalhamos para resolver. O perigo de programas baseados no livro didático é que essa representação simplista não é desafiada. Ideias importantes não são revisitadas ou examinadas segundo pontos de vista diferentes. O aluno "aprende" por meio da abordagem de cobertura de que há apenas um ponto de vista oficial a ser assimilado para ser recordado posteriormente – sem necessidade de questionamento proativo ou de "fazer" o assunto:

> Uma das perguntas mais comuns que os alunos fazem quando embarcam em um trabalho de História é: "estou no caminho certo?" ou "é isso que você quer?". Eles se sentem impelidos a encontrar uma resposta certa, e a insistência do professor para que pensem na diferença entre uma resposta e um argumento é atendida com confusão. Seu problema está profundamente enraizado nas formas convencionais pelas quais os livros didáticos apresentam a história como uma sucessão de fatos caminhando diretamente para um único resultado ou resolução definida, cuja importância pode-se avaliar facilmente. Mas depois que os alunos aprendem a importância fundamental de levar os fatos a sério, eles precisam se dar conta de que os historiadores podem discordar amplamente de como esses fatos devem ser interpretados. (CRABTREE, 1996, p. 26)

Em suma, todo ensino deve simplificar, mas há uma diferença fundamental entre relatos adequadamente simplificados e cobertura excessivamente simplista que acaba com a investigação. Esta última abordagem, encontrada muito frequentemente em narrativas nos livros didáticos, esconde as incertezas subjacentes, os argumentos e as sutilezas que são centrais para a compreensão de um assunto. A dependência excessiva desses relatos implica que uma investigação adicional não é realmente necessária, exceto por curiosidade sobre o tópico. Contudo, uma educação para a compreensão trata as perguntas camufladas e emergentes como essenciais para a compreensão, não como uma tangente meramente agradável a ser abandonada quando o tempo for curto ou que deve ser realizada como trabalho para os alunos talentosos.

Pensamento mais intencional sobre como e quando ensinar

Então o que devemos fazer no nosso papel como professores? Que exigências de ensino estão implicadas em nossa discussão da necessidade de descobrir o conteúdo para ajudar os alunos a alcançarem a compreensão? Primeiramente, vamos observar todos os movimentos possíveis que *poderíamos* fazer, levando em consideração nossos objetivos. Achamos útil listar esses movimentos distribuindo-os nas três categorias amplas de ensino originalmente propostas por Mortimer Adler (1984) em *The Paideia Proposal*. As categorias são: ensino didático (direto), facilitação construtivista e preparação para o desempenho (veja a Figura 10.2).[3] Assim, quando falamos em "ensinar" uma unidade, estamos nos referindo a *três diferentes papéis possíveis* que a pessoa denominada "professor" pode desempenhar na companhia dos aprendizes; não estamos definindo "ensino" como ensino direto *apenas*. Isso significa que podemos dizer sem qualquer contradição, por exemplo, que "nosso professor sabiamente forneceu ensino mínimo", "o professor usou a maior parte do seu tempo verificando a aprendizagem" ou "o professor deu aula expositiva somente quando necessário". (Observe que a pessoa denominada "professor"

O que o professor usa	O que os alunos precisam fazer
Ensino didático ou direto	**Receber, assimilar, responder**
• demonstração ou exemplificação	• observar, tentar, praticar, refinar
• aula expositiva	• ouvir, assistir, tomar notas, questionar
• perguntas (convergentes)	• responder, dar respostas
Métodos facilitadores ou construtivistas	**Construir, examinar e ampliar o significado**
• obtenção de conceitos	• comparar, induzir, definir, generalizar
• aprendizagem cooperativa	• colaborar, apoiar outros, ensinar
• discussão	• ouvir, questionar, considerar, explicar
• investigação experimental	• levantar hipóteses, reunir dados, analisar
• representação gráfica	• visualizar, conectar, mapear as relações
• investigação guiada	• questionar, pesquisar, concluir, apoiar
• aprendizagem baseada em problemas	• apresentar ou definir problemas, resolver, avaliar
• perguntas (abertas)	• responder e explicar, refletir, repensar
• ensino recíproco	• esclarecer, questionar, prever, ensinar
• simulação (p. ex., falso julgamento)	• examinar, considerar, desafiar, debater
• seminário socrático	• considerar, explicar, desafiar, justificar
• processo de escrita	• *brainstorm*, organizar, projetar, revisar
Preparação para o desempenho	**Refinar habilidades, aprofundar compreensões**
• devolutivas e treinamento	• ouvir, considerar, praticar, repetir, refinar
• prática guiada	• revisar, refletir, refinar, reciclar

Figura 10.2
Tipos de ensino.

desempenha três papéis adicionais que *não envolvem o contato pessoal*, essencial para o planejamento para a compreensão: planejador, avaliador do trabalho do aluno e pesquisador da própria efetividade.)

A pergunta que provavelmente se encontra na mente da maioria dos leitores é previsível e importante. Levando em conta esses três papéis do ensino, o que estamos recomendando como apropriado quando ensinamos para a compreensão? A pergunta não tem uma resposta vaga possível; nem podemos prescrever uma proporção para os três papéis sem conhecer os resultados e avaliações desejados. A questão é equivalente a perguntar: entre os muitos papéis que um pai ou mãe desempenha, qual deles ele ou ela deve desempenhar mais? A resposta: isso *depende* dos nossos objetivos particulares, além de nosso estilo, de nossos filhos e da situação. Não existe a pretensão de nenhuma visão de ensino focada no estilo ou orientada ideologicamente – assim como não havia uma visão orientada ideologicamente sobre os tipos de avaliações a serem ou não usados quando discutimos o Estágio 2.

Para melhor compreensão de por que o objetivo, as evidências e o contexto são tão importantes, examinemos dois exemplos simples. Se você se perde enquanto está dirigindo e faz uma parada para pedir informações, você quer ensino direto. Você não quer o questionamento interminável do Fulano Sócrates: "e por que você está tentando chegar lá e não a algum outro lugar? Qual o significado de você estar dirigindo? Como você acha que se perdeu? Você considerou que talvez não esteja perdido e tenha encontrado algo importante?". Não, você quer que o Fulano lhe informe como chegar à Rua Principal. Contudo, se o seu objetivo é aprender a cozinhar, você ficaria profundamente decepcionado se recebesse 30 aulas expositivas sobre cada ângulo da culinária sem jamais colocar o pé em uma cozinha e "fazer" culinária. Qualquer concepção sobre o que é um bom ensino precisa levar em conta os objetivos, a natureza dos aprendizes e a situação.

Um retorno à unidade sobre nutrição

Uma vez que o contexto importa, vamos considerar um exemplo específico – a unidade sobre nutrição – segundo a posição estratégica dos três tipos de ensino:

- *Didático/Direto.* A unidade certamente requer ensino direto. Conhecimento sobre gorduras, proteína, carboidratos e colesterol; a pirâmide alimentar; a relação entre consumo alimentar, ingestão calórica e gasto de energia são aprendidos de forma mais eficiente e efetiva por meio do ensino explícito e leituras pelo aluno, seguidos por checagens da compreensão.
- *Facilitação construtivista.* A unidade também apresenta inúmeras oportunidades para investigação guiada e discussões fomentadas em torno das perguntas essenciais (p. ex., o que entendemos por "alimentação saudável?"). Além disso, os alunos irão precisar de alguma orientação do professor enquanto trabalham nas tarefas de desempenho e no projeto final do cardápio para o acampamento.
- *Preparação para o desempenho.* Ocorre quando o professor dá *devolutivas* e orienta os alunos enquanto trabalham em suas tarefas e no projeto.

Outras unidades exigirão outras ênfases. Algumas unidades podem envolver somente dois dos três papéis. A proporção de cada papel em relação aos outros irá mudar entre as unidades e os professores que ensinam a mesma unidade.

ALERTA DE EQUÍVOCO!

Um dos equívocos mais comuns e previsíveis no ensino para a compreensão refere-se ao ensino direto ou aula expositiva. Muitos educadores acham que nós (e outros) estamos sugerindo que o ensino direto ou aula expositiva é ruim e que "aprendizagem pela descoberta" é bom. A visão limitada que resulta disso é que, se aula expositiva for ruim e descoberta for bom, então mais aprendizagem por descoberta é melhor e menos aulas expositivas é menos ruim. Não estamos dizendo nem sugerindo tal coisa. O planejamento reverso determina as respostas baseadas na lógica dos nossos objetivos: que abordagens de ensino fazem mais sentido considerando-se os objetivos de aprendizagem, as avaliações e as experiências necessárias para tornar as grandes ideias reais?

Todos os preparadores para o desempenho dão aulas expositivas; nem mesmo um devoto apaixonado dos seminários socráticos evita o ensino explícito ou *devolutivas.* Quando a aula expositiva é *apropriadamente* criticada, geralmente é porque os objetivos requerem mais tentativas por parte dos aprendizes para jogar com, testar e aplicar as ideias (para "encontrar sentido") do que as aulas expositivas possibilitam.

Cuidado com o autoengano baseado em hábitos e conforto

Ao escolher abordagens de ensino, reflita sobre o que é necessário para aprender, não só o que é confortável de ensinar. O quanto devemos falar e o quanto devemos deixar que os alunos "façam"? O quanto devemos "cobrir" e o quanto devemos ajudar os alunos a "descobrir"? Nossa regra fundamental: as proporções são provavelmente uma relação que você não tem o hábito de usar. Professores que adoram dar aula expositiva fazem isso demais; professores que resistem a ela fazem isso muito pouco. Professores que adoram ambiguidade tornam as discussões desnecessariamente confusas. Professores que são lineares e orientados para a tarefa frequentemente intervêm demasiadamente em um seminário e cortam a possibilidade de investigações frutíferas. Professores que adoram preparar para o desempenho algumas vezes fazem exercícios em excesso e negligenciam a transferência. Professores que adoram o panorama geral frequentemente fazem um trabalho deficiente no desenvolvimento de habilidades e competências centrais. O resultado? Cuidado com o autoengano! O autoconhecimento pedagógico – Faceta 6 – se aplica aos *professores* enquanto eles contemplam cada plano para aprendizagem e ensino. Ensinar para a compreensão requer o uso rotineiro de todos os três tipos de ensino, de forma que possam desafiar os hábitos confortáveis de um professor.

Assim, toda a orientação está baseada em afirmações condicionais do tipo se/então. Se o objetivo da unidade for primariamente o desenvolvimento de habilidades, então a preparação para o desempenho é a chave. (Mas lembre-se de que a facilitação da compreensão sobre as grandes ideias da estratégia se tornará a chave para utilizar sabiamente a competência.) Se o objetivo for compreender uma ideia contraintuitiva, então serão necessárias muitas investigações facilitadas de experiências bem planejadas, mesmo que isso nos deixe desconfortáveis com a "perda" de tanto tempo; aulas expositivas frequentemente serão mais úteis depois de experiências para solidificar a aprendizagem. Em suma, os métodos de ensino particulares, sua quantidade e seu momento são escolhidos com base nos tipos específicos de aprendizagem necessária para atingir os desempenhos desejados.

Embora a decisão de usar um tipo particular de ensino dependa, assim, das prioridades curriculares, necessidades dos alunos, tempo disponível e de outros fatores, não há muito mais que possamos dizer aqui sobre as especificidades de fazer tais escolhas. Entretanto, podemos oferecer as seguintes diretrizes gerais:

- *Conversa excessiva está correlacionada a objetivos pouco claros. Seja explícito consigo mesmo e com seus alunos quanto ao que a aprendizagem está planejada para capacitar o aluno a fazer.* Sua decisão sobre o quanto falar é consideravelmente influenciada pela clareza dos objetivos de desempenho para os aprendizes. Pense na preparação para o desempenho como um esporte, como ensinar alguém a tocar um instrumento musical ou a desenhar. Em determinado ponto, será tolice continuar falando em vez de deixar que o aprendiz experimente a tarefa e obtenha as devolutivas necessárias para a aprendizagem. Se não fizermos um planejamento reverso do "fazer" explícito por parte do aprendiz, tendemos a instruir excessivamente. Os bons preparadores ensinam, mas em doses menores e mais oportunas do que muitos professores em sala de aula, porque os preparadores se mantêm focados no objetivo básico de possibilitar que o aprendiz desempenhe. Por sua vez, os professores têm a tendência a se tornarem excessivamente didáticos quando não há um desafio central ou objetivo de desempenho para focar a aprendizagem.[4]
- *Faça a distinção entre "just in time"* (no momento certo) *e "just in case"* (em caso de necessidade). Reduza as informações prévias. Mesmo quando for requerido ensino direto, resista em antecipar todas as informações necessárias usando ensino direto. A memória não consegue reter muito quando as informações principais são apresentadas em grandes quantidades antes de oportunidades para uso significativo. Reserve as aulas expositivas para o "intervalo" e a "análise após o jogo", depois que os alunos tiveram oportunidade de aplicar a aprendizagem e tenham mais probabilidade de compreender e valorizar suas aulas.
- *Crie oportunidades de pré e pós-reflexão e metacognitivas.* Parafraseando Dewey, não aprendemos fazendo, a menos que possamos refletir sobre o que fizemos. Lembre-se do aforismo que se origina da vinheta das maçãs na Introdução: é a reflexão guiada sobre o significado da atividade, não a atividade em si, que provoca aprendizagem.
- *Use o livro didático como um recurso, não como o programa.* As decisões sobre quando dar aula expositiva se tornam desnecessariamente difíceis se o livro didático *for* o curso, conforme observamos anteriormente. A sua função não é explicar o livro didático. Sua função é usar os recursos para facilitar que os aprendizes compreendam ideias importantes e usem o conhecimento e as habilidades conforme indicado para determinados desempenhos. É mais provável que você dê aulas expositivas em excesso se fizer do livro didático o próprio curso.

- *Deixe que os modelos façam o ensino.* Os professores eficazes reconhecem o valor de permitir que seus alunos examinem modelos fortes e fracos (p. ex., em redação ou em arte) como uma forma de aprofundar a compreensão das qualidades de um trabalho excelente. Igualmente, alunos que aprendem uma habilidade se beneficiam ao ver desempenhos proficientes contrastados com aqueles que ilustram problemas comuns. Professores que usam modelos e exemplos dessa maneira exploram um processo mental natural de compreensão do mundo. Ao comparar modelos fortes e fracos, o aprendiz desenvolve distinções conceituais e procedimentais cada vez mais refinadas.

Relacionando o tipo de ensino com o tipo de conteúdo

Devemos usar ensino direto e preparação focada para conhecimentos e habilidades que sejam específicos, não problemáticos e capacitadores, ao mesmo tempo reservando a facilitação construtivista para aquelas ideias que são sutis, propensas a ser mal compreendidas e com necessidade de investigação pessoal, testagem e verificação. Considere o quadro da Figura 10.3 e suas aplicações para as abordagens de ensino. Uma das formas de interpretar o quadro é simples: quando os objetivos educacionais em determinada unidade envolvem os itens da coluna A, o ensino direto tende a ser eficiente e efetivo. Em outras palavras, os alunos conseguem entender os itens da coluna A mediante a apreensão simples por meio do professor, da atividade ou do texto. No entanto, quando os objetivos envolvem os itens da coluna B, os alunos irão precisar de alguma forma de experiência facilitada, investigação guiada e "compreensões construídas" para que possam realmente compreender.

Mas podemos olhar para o quadro por outra perspectiva – como elementos em um movimento de vaivém entre partes menores e um todo mais complexo. Para que ocorra aprendizagem na forma mais efetiva possível, os alunos precisam de conhecimento e competência suficientes para prosseguirem sem que se sintam entediados ou sobrecarregados, enquanto também se defrontam com ideias e desafios mais amplos que dão significado à aprendizagem. Em outras palavras, não se pode concluir das duas colunas que os aprendizes devem primeiro trabalhar na coluna A por um longo tempo e então seguir para a coluna B. Para derivar compreensões de modo indutivo, os alunos precisam

Coluna A	Coluna B
• Fatos • Conhecimento específico • Definições • Informações óbvias • Informações literais • Informações concretas • Informações evidentes • Resultado previsível • Competências e técnicas específicas • Regras e receitas • Algoritmo	• Conceitos e princípios • Conexões sistemáticas • Conotações • Sutileza, ironia • Simbolismo • Abstração • Informações contraintuitivas • Anomalia • Estratégia (uso de repertório e julgamento) • Invenção de regras e receitas • Heurística

Figura 10.3
Conteúdo do ensino.

do incentivo de experiências específicas, fatos e ensinamentos; para compreender fatos e habilidades, eles precisam ver os problemas, perguntas e tarefas que tornam o conteúdo relevante. (Lembre-se de que, no exercício do "melhor planejamento", os educadores sempre notam que o planejamento recuou e avançou repetidamente e de forma transparente entre a parte e o todo, entre os fatos e o quadro geral.) Então, podemos imaginar as duas colunas como um tipo de hélice dupla, requerendo ciclos de cada tipo de ensino.

Há uma terceira perspectiva em relação às colunas. A coluna A representa compreensões *antigas* que foram tão bem internalizadas que se transformaram em fatos. A coluna B representa como surgem *novas* ideias e desafios, independentemente do nosso nível de compreensão. Os alunos mais experientes, avançados ou proficientes provavelmente descobrirão que o que antes era obscuro, contraintuitivo e complicado agora *se tornou* óbvio, simples e claro. "Compreensões" duramente conquistadas se tornaram "fatos". Os alunos avançados podem frequentemente apreender por meio do ensino direto, o que requer daquele aluno menos experiente e capaz grande trabalho construtivo e treinamento para compreender.

Aqui reside o perigo profundo do *ponto cego do especialista*, discutido ao longo do livro. Os professores há muito tempo já não são novatos. O assunto, com suas ideias, desafios e conexões, já se tornou "óbvio". Perdemos nossa empatia se não nos mantivermos vigilantes quanto à possibilidade de equívocos, confusão e a necessidade de aprendizagem construtivista. Temos mais tendência a cobrir o conteúdo de forma imprópria quando perdemos nossa empatia pela dificuldade concreta de todas as ideias e tarefas novas.

O momento é tudo

> O segredo do sucesso [no ensino] é o ritmo [...] Obtenha o seu conhecimento rapidamente e então o utilize. Se conseguir utilizá-lo, conseguirá retê-lo.
>
> _ Alfred North Whitehead, *The Aims of Education and Other Essays*, 1929

No ensino para a compreensão – como no romance, no mercado de ações e na comédia –, o momento é tudo. Embora seja importante decidir qual dos papéis usar e o quanto, achamos que existe outra pergunta importante frequentemente negligenciada pelos professores-planejadores: quando? Em casos nos quais a compreensão é o objetivo, quando devo me engajar em ensino direto e quando não? Quando devo facilitar uma experiência e seguir com reflexão? Quando devo fazê-los tentar desempenhar e lhes dar *devolutivas*? Podemos fazer uma generalização simplista: poucos professores aproveitam o momento ideal no uso dos três papéis de forma adequada, mesmo que eles tenham um repertório relativamente extenso. *Um grande erro no ensino para a compreensão não é basear-se excessivamente em uma única abordagem, mas não refletir sobre o momento ideal para o uso da abordagem.*

A pergunta, então, não é se eu *devo* dar aula expositiva. A pergunta é sempre: eu sei *quando* dar aula expositiva e *quando não* dar quando o objetivo é a compreensão? Eu sei quando ensinar e quando deixá-los aprender? Eu sei quando liderar e quando seguir?

Mesmo dentro de cada papel, estas podem ser perguntas difíceis de responder. Tomemos a aula expositiva:

- Quando devo responder e quando devo perguntar?
- Quando devo defender e quando devo fornecer alternativas igualmente plausíveis?

- Quando devo dizer o que penso e quando devo fazer o papel de advogado do diabo?
- Quando devo declarar o propósito da exposição e quando devo deixar inferido?
- Quando eu devo fazer a pesquisa e quando eles devem?

Igualmente, em uma discussão:

- Quando devo estruturar a conversa por meio das minhas perguntas e quando devo pedir que os alunos iniciem a discussão?
- Quando devo desafiar uma resposta inadequada e quando devo ignorá-la, para deixar que um aluno a desafie?
- Quando devo vir em auxílio de um participante cujas perspectivas estão sendo equivocadamente ignoradas e quando devo simplesmente esperar?
- Quando devo corrigir claramente afirmações equivocadas do fato e quando devo deixar passar?
- Quando devo atuar mais como um observador silencioso em segundo plano e quando devo atuar como um coparticipante?

Precisamos derivar muitas das nossas respostas a essas perguntas difíceis não só do que os Estágios 1 e 3 sugerem, mas do que OPERAAO sugere. E o que o *P*, *R* e *O* sugerem é que precisamos fazer menos ensino direto *antecipado* do que é habitualmente feito nas salas de aula estadunidenses. Parafraseando as palavras imortais de Whitehead, escritas quase um século atrás: obtenha seu conhecimento e utilize-o rapidamente.

Avancemos rapidamente até o presente. A seguir, temos um achado essencial do Terceiro Estudo Internacional de Matemática e Ciências (TIMSS): os professores estadunidenses tendem a meramente *apresentar* termos, regras e táticas, enquanto os professores de nações com melhores desempenhos tendem a *desenvolver* as ideias principais por meio de problemas e discussões (veja a Figura 10.4). Consideravelmente, os problemas são em geral apresentados primeiro, seguidos pelo ensino direto. A ironia é que falar menos pode produzir mais e melhor aprendizagem se nossas tarefas e avaliações forem bem planejadas e nosso uso das abordagens de ensino for criterioso, oportuno e direcionado

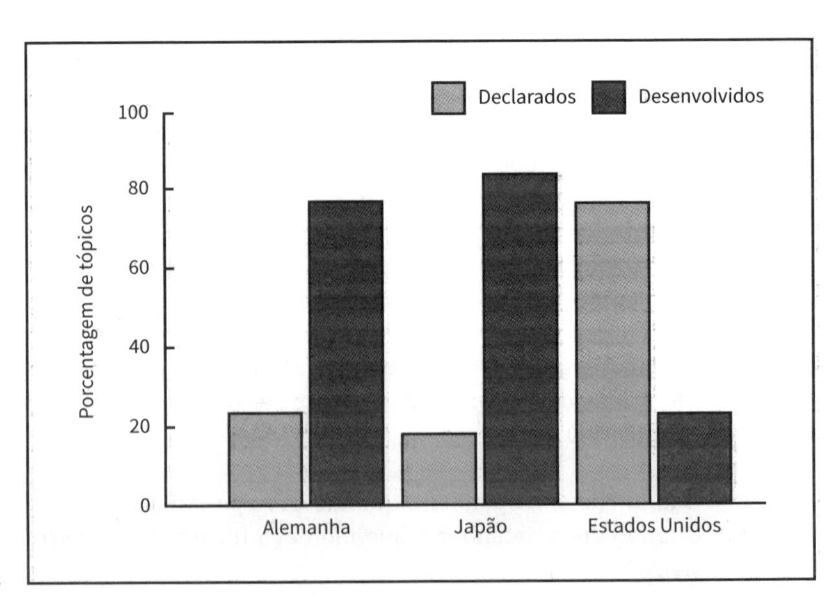

Figura 10.4
Porcentagem média de tópicos com conceitos que foram desenvolvidos ou apenas declarados.
Fonte: U.S. Department of Education (1998).

para os objetivos. As pesquisas sobre aprendizagem conforme resumido em *Como as pessoas aprendem* e os estudos internacionais em Matemática e Ciências (TIMSS) que documentam essa afirmação são discutidos em detalhes no Capítulo 13.

Em muitas salas de aula de nível secundário e universitário encontramos ensino direto em excesso e de forma antecipada, e não o contrário. O título da fonte da citação no início do capítulo diz tudo: "Porque sabedoria não pode ser ensinada". Esse artigo de 50 anos apresenta a justificativa para o uso do método de estudo de casos na Harvard Business School, uma abordagem na qual os alunos derivam o significado quando estudam casos específicos de negócios, com facilitação socrática pelo professor. O mesmo método é agora amplamente usado em escolas médicas, programas de engenharia e em unidades de aprendizagem baseadas em problemas e cursos em escolas secundárias.

A necessidade de mais avaliação formativa

Ao planejarmos nosso ensino e experiências de aprendizagem, portanto, nossa função não é apenas descobrir as grandes ideias do conteúdo. Uma grande mudança requer que sejamos agressivos em verificar as aprendizagens enquanto ensinamos, descobrindo as *compreensões e os equívocos* dos alunos durante o processo. Portanto, o planejamento para a compreensão enfatiza o uso regular de avaliações informais e formais contínuas, em vez de restringir a avaliação a tarefas de desempenho no final do ensino, projetos e provas finais.

O propósito de tal avaliação em progresso é diferenciar as compreensões aparentes das genuínas, conforme discutido em capítulos anteriores. Dada a propensão do professor a acreditar que respostas corretas indicam compreensão e o desejo dos alunos de parecer que compreendem, mesmo que não seja assim, o professor precisa estar sempre vigilante. Lembre-se da máxima baseada em uma analogia judicial: os alunos devem ser presumidos inocentes da compreensão até que seja provado que são culpados. Só porque oito alunos "entendem" e não há mais perguntas não significa que os outros compreendem. Só porque os alunos respondem a uma pergunta simples com uma dica não significa que eles conseguem usar sozinhos esse conhecimento ou que sabem quando ele é requerido em situações em que não é dada uma dica.

Como, então, podemos determinar se os alunos "entendem" antes que seja tarde demais? Durante anos os professores têm usado uma variedade de técnicas informais para verificar de forma eficiente e efetiva a compreensão durante o processo. Apresentamos inúmeras dessas técnicas na Figura 10.5. Observe que, embora sejam técnicas de avaliação, elas *não* são usadas para notas. Em vez disso, sua intenção é dar devolutivas oportunas das concepções (ou falsas concepções) atuais dos alunos e informar os ajustes de ensino necessários para melhorar a sua compreensão.

Grandes turmas em cursos com aula expositiva? Não tem problema, já que há tecnologia disponível. Considere este exemplo, conforme relatado no *Boston Globe*:

> Na expectativa de tornar as classes grandes mais interativas, cada vez mais professores em grandes *campi* estão pedindo que os alunos comprem transmissores portáteis sem fio que dão aos professores devolutivas instantâneas se compreenderam a aula – ou até mesmo se eles estão presentes.
>
> A utilização de aparelhos de 36 dólares explodiu neste outono na Universidade de Massachusetts [...] Quase 6.000 dos 17.500 alunos da graduação no *campus* de Amherst devem ter transmissores em aula neste outono [...]

1. **Resumos/perguntas em cartões**
   Periodicamente, distribuímos cartões e pedimos que os alunos escrevam nos dois lados, com estas instruções:

   (Lado 1) Com base em nosso estudo de (*tópico da unidade*), liste uma grande ideia que você compreende e a escreva como uma afirmação resumida.

   (Lado 2) Identifique alguma coisa sobre (*tópico da unidade*) que você ainda não compreende inteiramente e escreva uma afirmação ou uma pergunta sobre ela.

2. **Sinais com a mão**
   Peça que os alunos façam um sinal designado com a mão para indicar a sua compreensão de um conceito, princípio ou processo específico:
   - Eu compreendo ______ e consigo explicar. (*p. ex., polegares para cima*)
   - Ainda não compreendo ______. (*p. ex., polegares para baixo*)
   - Não estou completamente seguro sobre ______. (*p. ex., acenar com a mão*)

3. **Redação de um minuto**
   Na conclusão de uma aula ou leitura, peça que os alunos escrevam uma redação breve (de um minuto) resumindo sua compreensão da ideia ou ideias principais apresentadas. Recolha e revise.

4. **Caixa ou quadro de perguntas**
   Estabeleça um local (p. ex., caixa de perguntas, quadro mural ou endereço de *e-mail*) onde os alunos possam deixar ou postar perguntas sobre conceitos, princípios ou processos que eles não compreendem. (Esta técnica pode ser útil para aqueles alunos que se sentem desconfortáveis em admitir publicamente que não compreendem.)

5. **Comando de analogia**
   Periodicamente, apresente aos alunos um comando de analogia:
   (*Conceito, princípio ou processo designado*) é como ______
   porque ______.

6. **Representação visual (rede ou mapa conceitual)**
   Peça que os alunos criem uma representação visual (p. ex., rede, mapa conceitual, fluxograma ou linha do tempo) para mostrar os elementos ou componentes de um tópico ou processo. Esta técnica revela efetivamente se os alunos compreendem as relações entre os elementos.

7. **Questionamento oral**
   Use as perguntas a seguir e sondagens de acompanhamento regularmente para verificar a compreensão:
   Como ______ é semelhante a/diferente de ______?
   Quais são as características/partes de ______?
   De que outras maneiras podemos mostrar/ilustrar ______?
   Qual é a grande ideia, conceito-chave, moral em ______?
   Como ______ está relacionado a ______?
   Que ideias/detalhes você pode adicionar a ______?
   Dê um exemplo de ______?
   O que há de errado com ______?
   O que você pode inferir de ______?
   Que conclusões podem ser extraídas de ______?
   Que pergunta você está tentando responder? Que problema você está tentando resolver?
   O que você está presumindo sobre ______?
   O que aconteceria se ______?
   Que critérios você usaria para julgar/avaliar ______?
   Que evidências apoiam ______?
   Como podemos provar/confirmar ______?
   Como isso pode ser visto segundo a perspectiva de ______?
   Que alternativas devem ser consideradas?
   Que abordagem/estratégia você poderia usar para ______?

Figura 10.5 (continua)
Técnicas para verificar a compreensão.

8. Sondagens de acompanhamento

- Por quê?
- Como você sabe?
- Explique.
- Você concorda?
- O que você entende por _______?
- Você poderia dar um exemplo?
- Conte-me mais.
- Dê suas razões.
- Mas e quanto a ___________?
- Você pode encontrar isso no texto?
- Que dados apoiam sua posição?

9. Verificação de equívoco

Apresente aos alunos equívocos comuns ou previsíveis sobre um conceito, princípio ou processo designado. Pergunte a eles se concordam ou discordam e peça que justifiquem sua resposta. A verificação do equívoco também pode ser apresentada na forma de um questionário de múltipla escolha ou verdadeiro-falso.

Figura 10.5 (continuação)
Técnicas para verificar a compreensão.

> Para se conectarem com os alunos em grandes auditórios, os professores "espalham" múltiplas perguntas ao longo de suas aulas expositivas. Os alunos apontam e acionam seus transmissores para responder, apertando botões azuis numerados de 1 a 9 em seus teclados numéricos. Um gráfico de barras é exibido no *laptop* do professor, mostrando o número de respostas certas e erradas; os professores podem ir mais devagar ou retroceder quando há muitas respostas erradas. Cada aparelho é registrado e recebe um número de modo que os professores possam verificar quem está presente e ter contato depois da aula com aqueles que dão respostas erradas com frequência [...] (RUSSEL, 2003)
>
> A tecnologia se disseminou das Ciências e da Economia até a Psicologia, a Estatística, o Direito e a Contabilidade, e uma turma de História da Arte também participou do estudo no ano passado.
>
> "Ela funciona melhor do que o professor ter que dizer 'levantem a mão' porque as pessoas não querem ir contra a pessoa que está sentada ao seu lado", disse [um aluno].

Sem acesso a essa tecnologia? Use conjuntos de cartões coloridos, os quais os alunos podem erguer e virar para cada problema, com seus nomes em cada cartão.

Estes não são apenas movimentos atrativos. Eles são tão essenciais para o ensino quanto qualquer leitura, exposição ou discussão porque permitem que o aprendiz e o professor saibam o que está e o que não está sendo compreendido com tempo para fazer os ajustes necessários. Essas abordagens sinalizam que esse ensino é muito mais do que informar; ele requer atenção constante ao curso da aprendizagem porque é assim que ocorre a compreensão – por meio das tentativas repetidas e cada vez mais bem-sucedidas de aprender por parte do aluno, associadas às devolutivas e à orientação do professor (além do ensino inicial).

Compreensão e o uso de conhecimentos e habilidades

> Esta discussão rejeita a doutrina de que os alunos devem primeiro aprender passivamente e, então, depois de terem aprendido, devem aplicar o conhecimento. Este é um erro psicológico. No processo de aprendizagem, deve estar presente, em um ou outro sentido, uma atividade subordinada de aplicação. De fato, as aplicações fazem parte do conhecimento. Pois o próprio significado das coisas conhecidas está envolvido em suas relações além delas mesmas. Assim, conhecimento não aplicado é conhecimento desprovido do seu significado.
>
> _ Alfred North Whitehead, *The Aims of Education and Other Essays*, 1929

Em outras palavras, como temos dito ao longo deste livro, compreensão tem a ver com desempenho inteligente – transferência e uso de grandes ideias –, não com mera recordação. Se você compreende, você pode *fazer* coisas importantes de forma apropriada, como sugere o senso comum e as seis facetas. O ensino para a compreensão, portanto, deve estar mais próximo da preparação do que de ensinar, especialmente quando olhamos para o fluxo das atividades de aprendizagem e o que elas requerem do professor.

Uma educação para a aplicação deriva sua sequência de modo "reverso" de objetivos de desempenho específicos que significam sucesso na compreensão. Mais uma vez, a máxima de Whitehead de "obtenha seu conhecimento e utilize-o rapidamente" sempre se aplica. Ao planejarmos, voltamo-nos inicialmente para o desempenho desejado, mesmo que a tarefa tenha que estar em forma simplificada ou estruturada (p. ex., jogar bola para crianças de 6 anos, ou modelos para escritores); desenvolvemos o desempenho de forma progressiva; e revisitamos os aspectos fundamentais repetidamente enquanto fazemos isso. Por fim, retiramos as rodinhas de apoio do treinamento intelectual – dicas, comandos e ferramentas – para ver se os alunos podem desempenhar com compreensão por conta própria. Essa abordagem envolve uma cuidadosa análise da tarefa que se move de modo reverso a partir dos desempenhos desejados e um planejamento para a aprendizagem do tipo todo-parte-todo para desempenhar com compreensão.

Lamentavelmente, muitos educadores, habituados à sua própria experiência como professores em um mundo movido pelos livros didáticos, resistem a essa abordagem. Eles argumentam que "os alunos precisam aprender todos os aspectos básicos antes que possam desempenhar" ou que "alunos inexperientes não estão prontos para realizar tarefas complexas". Mas isso vai contra o senso comum, não apenas contra o planejamento reverso. Considere o quanto seria *improvável* o domínio final de algum desempenho complexo em música, teatro, atletismo e nas profissões se o treinamento fosse organizado com muito conhecimento ensinado de antemão fora de contexto usando um escopo e sequência lineares. Se você fosse treinar a Liga Infantil, começaria passando vários dias ensinando às crianças todas as regras e habilidades técnicas do beisebol na ordem lógica? Você adiaria jogar uma partida em um ano ou dois até que os jogadores tivessem dominado todas as habilidades específicas, na ordem lógica? Não se o seu objetivo fosse o desempenho qualificado com compreensão e seu tempo fosse limitado. Da parte para o todo, do todo para a parte – é assim que compreendemos e usamos nosso conhecimento.

Esse movimento para a frente e para trás, do conteúdo para o desempenho e de volta novamente, da competência específica para a estratégia e de volta novamente, é familiar a todos os preparadores e executores. No teatro, ensaiamos algumas linhas do diálogo, então voltamos ao Ato 2, Cena 4, e ensaiamos novamente, quando necessário. Na escrita, fazemos ajustes na introdução da nossa história, lemos toda a história para ver se ela funciona, e então ela é editada por pares. Infelizmente, a introdução confunde o leitor, então trabalhamos nela novamente. Da mesma forma, no basquete, praticamos arremesso e dribles isoladamente, trabalhamos em exercícios que combinam os dois, depois temos uma disputa controlada para ver se unimos tudo no contexto. Com base nas devolutivas dos resultados no desempenho como um todo, voltamos ao trabalho dos exercícios para superar os equívocos, maus hábitos ou aulas esquecidas. Constantemente nos reciclamos por meio do trabalho sobre elementos específicos, partes do desempenho e o desempenho como um todo.

Ocorre o mesmo com o método de estudos de caso agora rotineiramente usado em Direito, Medicina e Engenharia; os professores não mais cobrem todas as leis em uma área primeiramente. Trabalhando com casos autênticos, os alunos podem ver a importância dos aspectos básicos no contexto da aplicação significativa. O trabalho é estruturado como sequências de desafios, modelos, prática, devolutivas, prática, desempenho e devolutivas seguidos por mais desses ciclos à medida que a complexidade aumenta.

O outro lado dessa lógica iterativa também é verdadeiro. Com cada novo grupo, os preparadores invariavelmente revisitam os aspectos básicos – como segurar o instrumento, como passar a bola e lançar e como cantar pelo diafragma, e não pela garganta –, não importa o quanto um aluno é experiente. Eles não dizem: "bem, já que você aprendeu a lançar no ano passado, não vamos cobrir isso neste ano". Eles não pensam nesse reforço como tempo perdido ou conteúdo sacrificado porque sabem que irão obter melhores resultados ao incluir uma revisão dos fundamentos no contexto do trabalho visando a um desempenho excelente.

Dois tipos de aprendizagem pela ação devem continuar ocorrendo. Os alunos precisam praticar as novas ideias na forma de exercícios simplificados e, então, aplicar essas habilidades ou movimentos específicos em um desempenho mais complexo e fluido – um movimento para a frente e para trás entre a parte e o todo, entre a preparação alicerçada e o ensaio e erro no desempenho. Você irá recordar que os participantes de nossa oficina de formação consideravam esse movimento como a marca das experiências de aprendizagem mais bem planejadas, independentemente do conteúdo. O ensino direto ocorre *enquanto* os aprendizes atuam e *depois* que eles atuam como uma forma de derivar compreensão das tentativas de desempenho.

Em outras palavras, a lógica da aprendizagem de como fazer as coisas *com* conteúdo é diferente da lógica de *transmitir* o conteúdo – com implicações para os tipos de ensino que fazemos *e* a sequência na qual fazemos. (Examinamos essa questão em maior profundidade no Capítulo 12, em que discutimos o panorama geral do planejamento curricular.) Os possíveis realizadores não tiram muito proveito de longas aulas expositivas antecipadas. Ao contrário, eles precisam de ensino explícito na medida em que "precisam saber" para que possam começar a ver os conhecimentos e as habilidades como ferramentas para realizar uma tarefa específica ou um conjunto de tarefas dentro de um desempenho complexo.

Não se baseie apenas na nossa palavra. Consulte os estudos de ensino que acompanham o Terceiro Estudo Internacional de Matemática e Ciências (TIMSS) e você verá que eles colocam em questão a abordagem estadunidense tradicional do ensino. Essa pesquisa revela que os professores de Matemática nas nações de mais alto desempenho, como o Japão, começam por problemas desafiadores para desenvolver compreensões matemáticas de forma indutiva (todo-parte-todo). (O Capítulo 13 inclui resumos dos estudos do TIMSS e pesquisas relacionadas em Matemática e Ciências.)

Agora considere a disciplina de História – um assunto que é tipicamente concebido como uma marcha cronológica pelo conteúdo ao longo do tempo. O curso típico de História baseado em um livro didático simplesmente expõe informações sobre tópicos específicos cronologicamente – "um remendo após o outro", nas palavras apócrifas de um estudante frustrado. Ao iniciarem um curso de História em um passado remoto e distante, dissociado de acontecimentos contemporâneos, interesses dos aprendizes, perguntas abrangentes e tarefas específicas, é muito menos provável que os alunos se engajem em "fazer" história de uma forma que lhes permita vir a compreender a "história" do passado e as grandes ideias que se transferem para o presente.

Considere esta abordagem alternativa para ensinar História que apresentaria uma "história" mais relevante, coerente e envolvente segundo o ponto de vista do aluno, *sem* sacrificar o conteúdo. Imagine a reestruturação de um curso de História Geral de modo que ele comece e termine com a mesma pergunta essencial (digamos, uma de quatro para aquele ano): "por que se deram os eventos de 11 de setembro de 2001, de um ponto de vista histórico? Como um historiador assessorando a administração sobre questões políticas (ou então como um curador de museu ou um jornalista do Oriente Médio), como você colocaria esses acontecimentos em perspectiva histórica de forma que nossos líderes pudessem compreender melhor por que eles aconteceram e abordar os problemas subjacentes?". Todas as leituras, discussões, aulas expositivas e pesquisas estariam focadas em torno da resposta à pergunta, como se os alunos fossem jornalistas, historiadores e curadores de museu, representando diferentes perspectivas culturais. O curso culminaria em produtos escritos, orais e visuais, além de desempenhos interativos. O livro didático, com seus resumos cronológicos, serviria como um *recurso* – a ser aproveitado apenas quando necessário. Nós retrocederíamos e avançaríamos no tempo, descobrindo conteúdos e processos importantes, quando necessário, para equipar os alunos para responderem a pergunta e para que tenham um desempenho de sucesso. O movimento seria *lógico*, embora não *cronológico*. Em suma, compreensão com o objetivo de desempenho requer um currículo iterativo que foque em perguntas abrangentes e tarefas explícitas, com abordagens de ensino variadas conforme determinado pelas necessidades dos aprendizes para dominar tais perguntas e tarefas.

Essas reflexões sobre ensino para a compreensão apenas arranham a superfície do que é um empreendimento para toda a vida. Confiamos, no entanto, que tenhamos apresentado algumas perguntas essenciais e sugerido direções produtivas para pesquisa e reflexão sobre a prática do ensino.

Planejamento reverso em ação com Bob James

Quanto mais reflito sobre tudo isso, mais me dou conta de que algumas vezes eu ensino demais e não faço preparações suficientes e algumas vezes não faço ensino suficiente, em especial quando se refere às habilidades necessárias para trabalho em grupo, projetos e apresentações.

Quando eu ensino demais? Quando digo apenas, em palavras diferentes, o que está no livro didático. Quando não preparo o suficiente? Quando meus alunos estão se organizando para uma apresentação. Não lhes dou devolutivas suficientes em relação aos modelos e rubricas antes de se apresentarem. Da mesma forma, não estou fazendo suficiente verificação da compreensão, em parte porque usei muito tempo de aula para ensinar mais coisas e os deixei soltos em seus projetos. Acho que vou tentar usar mais questionários sem valer nota e verificações orais da compreensão das grandes ideias com mais frequência. Sabe, por mais que eu pense a respeito, frequentemente acabo dando devolutivas aos alunos lentos quando já é tarde demais – depois que eles fizeram a apresentação. Talvez possamos passar mais tempo ensaiando. De fato, talvez eu possa ensiná-los a melhor autoavaliar seu trabalho enquanto trabalham.

É engraçado, nunca realmente pensei sobre a questão dessa maneira. Qual é o melhor uso do tempo, do meu conhecimento, nos poucos minutos em que estamos todos juntos em classe? O mesmo para as crianças. Qual é o melhor uso do nosso tempo para cada uma delas? Quando penso em "ensinar" dessa maneira, consigo ver que talvez eu possa ser mais um avaliador e menos um fornecedor de informações e que, na verdade, esse possa ser um melhor uso do nosso tempo juntos. Isso é com certeza o que eu faço no ginásio durante o basquete. Desconfio de que se eu continuar fazendo esta pergunta a mim mesmo – qual é o melhor uso do tempo limitado em que estamos juntos? – serei mais incisivo nessa pergunta essencial, para benefício de todo o meu ensino.

Olhando em frente

Depois de termos examinado os três estágios do planejamento e algumas reflexões sobre ensinar para a compreensão, agora consideramos brevemente o processo de planejamento. O que os planejadores devem levar em conta quando tentam iniciar um projeto? Que problemas e possibilidades provavelmente encontrarão no caminho? Agora nos voltaremos para essas e outras questões relacionadas.

Capítulo 11

O processo de planejamento

Os arquitetos têm paciência para planejar. Os construtores têm habilidade para improvisar. Improvisação, no entanto, não é um substituto do planejamento.
O propósito do planejamento é atingir resultados previsíveis. O propósito da improvisação é manter o andamento do trabalho.

_John McClean, *20 Considerations That Help a Project Run Smoothly*, 2003

Os estadunidenses têm a noção de que um bom ensino provém de interações habilidosas e espontâneas com os alunos durante as aulas [...] Tal visão minimiza a importância de planejar aulas cada vez mais efetivas e dá credibilidade à crença tradicional de que bons professores já nascem prontos, não que eles são formados.

_James Stigler e James Hiebert, *Understanding and Improving Classroom Mathematics Instruction*, 1997

Se você tem acompanhado nosso relato de como o fictício professor Bob James está refletindo sobre o seu planejamento, deve ter notado que ele precisa repensar elementos da sua unidade à medida que cada ideia nova é apresentada. Por exemplo, suas compreensões iniciais não eram estruturadas como compreensões; elas apenas resumiam o tópico. Seu processo ilustra uma ideia fundamental do planejamento para a compreensão – a de que chegar a uma compreensão profunda requer repensar ideias-chave, quer estejamos falando de estudantes jovens ou de professores-planejadores veteranos.

De forma mais prática, isso ressalta uma lição vital do modelo de planejamento reverso e nos ajuda a evitar uma incompreensão comum. O modelo é estruturado para refletir um planejamento completo e organizado, com os elementos alinhados. Acontece, no entanto, que a melhor maneira de planejar não é preencher o modelo na ordem em que os quadros aparecem. O verdadeiro planejamento reverso requer uma reflexão atenta sobre os objetivos, derivando as avaliações de maneira lógica a partir dos objetivos e, por fim, inferindo as atividades de aprendizagem apropriadas. Contudo, na prática, todo planejamento é um processo não linear. Os planejadores – sejam eles planejadores de unidade, sejam eles compositores ou arquitetos paisagistas – avançam e recuam entre um aspecto do planejamento e outro. Embora o *produto* final precise obedecer à lógica dos três estágios, o *processo* contínuo do planejamento se desenvolve de forma imprevisível, única para cada planejador e para cada desafio de planejamento. Sim, você tem que chegar ao final com um modelo preenchido, com todos os elementos alinhados; entretanto, os caminhos para chegar lá podem ser diferentes.

Como exemplo de como processo e produto diferem no planejamento para a compreensão, pense na diferença entre esses aspectos em livros de culinária. Os cozinheiros jogam com ideias, testam possibilidades e, por fim, produzem receitas que são escritas no formato passo a passo já conhecido. Observe, no entanto, que a receita não é desenvolvida de uma maneira puramente sequencial. Ocorre muito ensaio e erro enquanto são experimentadas várias combinações de ingredientes, temperaturas e tempos de cozimento. Um cozinheiro pode ser inspirado a começar por uma destas várias maneiras: por um ingrediente fresco disponível da estação, um público específico para o qual cozinhar ou pelo desejo de preparar uma refeição tailandesa. Cada ponto de partida sugere sua própria lógica particular. Começar com uma ideia para um novo prato com frango requer uma sequência de atividades diferente do que começar com a ideia de cozinhar um prato tailandês com os ingredientes que estiverem disponíveis.

Além disso, os *chefs* tipicamente experimentam diferentes proporções de ingredientes e tempos de cozimento em múltiplas versões do prato de forma simultânea. Eles anotam as proporções finais e os passos da receita no final do processo depois que experimentaram e degustaram muitas versões. Algumas vezes um assistente do *chef* acompanha em segundo plano, medindo cuidadosamente as quantidades dos vários ingredientes que o cozinheiro apenas calculou e refinou por meio do paladar. Cozinhar a partir do zero é verdadeiramente um processo complicado!

A "confusão" é transformada em receita por meio do planejamento reverso: se outra pessoa além do criador desejar replicar a receita, o que precisa ser feito, em qual ordem? Embora o processo de criação de uma receita seja confuso, o produto final do trabalho do *chef* é apresentado às pessoas que cozinham em suas casas como uma receita em um formato passo a passo eficiente. Da mesma forma, o modelo de planejamento reverso fornece um formato para autoavaliação e compartilhamento do planejamento final da "receita", mas não uma história de *como* o trabalho de planejamento se desenvolveu ao longo do tempo (ou como qualquer trabalho "deveria" evoluir).

Pode parecer surpreendente que estejamos sugerindo que você pode começar de qualquer ponto – até mesmo pelo Estágio 3. Mas isso simplesmente reconhece a realidade de que é frequentemente natural começar por uma unidade existente em vez de com um modelo em branco. Às vezes faz sentido começar com um recurso importante (p. ex., um texto ou um *kit* de ciências) ou uma avaliação planejada (p. ex., problemas para resolver em Matemática, um diálogo em uma língua estrangeira, um projeto de tecnologia). De certo modo, não importa por onde você *entra* no processo de planejamento e como você prossegue; só o que importa é que você *termine* com um produto coerente.

Embora o planejamento possa ser flexível, alguns caminhos acabam sendo mais sensatos do que outros. Mesmo quando nos sentimos confiantes ao iniciar com um texto que aparentemente vale a pena (como *Romeu e Julieta* ou *A teia de Charlotte*), rapidamente o planejador deve justificar a escolha de forma consciente, associando-a a fins específicos e aos resultados desejados (Estágio 1). Por que isso está sendo lido? Que grandes ideias e ligações com as orientações curriculares podem justificá-lo?

Dito de outra forma, é mais importante testar em relação à lógica do planejamento reverso e em relação às orientações curriculares enquanto você joga com as ideias em vez de pensar no planejamento como um processo passo a passo no qual você não precisa olhar para trás. Tratar o modelo como um conjunto de quadros a serem preenchidos, um de cada vez, provavelmente resultará em um planejamento pobre porque essa abordagem não envolverá o tipo de revisão e alinhamento necessários para produzir um plano coerente.

A citação no início do capítulo sugere uma consideração adicional. A aprendizagem final só pode ser obtida com um plano refletido cuidadosamente. Uma improvisação inteligente ocorre alicerçada sobre um bom plano. Assim, os melhores planejadores em educação são como bons arquitetos e construtores hábeis, realizando duas tarefas diferentes: (1) enquanto trabalham, eles jogam criativamente com as ideias para a unidade, independentemente de onde essas ideias se encaixam no modelo, para no final produzirem um plano sólido; e (2) eles testam as ideias, antes e durante sua aplicação com os alunos, para aumentar a probabilidade de que no fim das contas os objetivos sejam atingidos na forma de aprendizagem concreta.

Portas de entrada para o planejamento

Achamos útil identificar seis pontos de entrada comuns e abordagens gerais para o processo de planejamento, dependendo de variáveis como o conteúdo, a natureza dos aprendizes, o tempo disponível e nosso estilo como planejadores. Algumas abordagens começam com um modelo em branco; outras pressupõem que você irá usar o modelo de planejamento reverso para revisar um planejamento "tradicional" existente. Seja qual for a abordagem adotada, você deve rotineiramente checar o planejamento emergente em relação aos Padrões de Planejamento do planejamento para a compreensão para assegurar que o resultado seja um plano de alta qualidade. (Veja a Figura 11.1).

Comece pelas orientações curriculares

- Procure os substantivos-chave nas expectativas de aprendizagem. (Agrupe as expectativas relacionadas para identificar melhor quais são os substantivos-chave.) Leve em consideração as grandes ideias implicadas nesses substantivos.
- Identifique os principais conhecimentos e habilidades necessários para as expectativas de aprendizagem ou outra referência de conteúdo. Infira as ideias relacionadas e as compreensões.
- Pergunte: que perguntas essenciais se originam da expectativa de aprendizagem ou apontam para ela? Que discussões e investigações importantes se relacionam com a expectativa?
- Considere os verbos principais; pense neles como um modelo para as principais avaliações de desempenho.
- Liste as atividades que possibilitarão o alcance do desempenho e desenvolverão a habilidade de compreender as grandes ideias.
- Refine a unidade para garantir o alinhamento entre todos os três estágios.

Comece considerando as aplicações desejadas no mundo real

- Esclareça os propósitos maiores e os objetivos finais do conteúdo. O que o conteúdo possibilitará que você faça no mundo real se você o dominar? Quais são os desafios centrais e os desempenhos autênticos nesse campo?

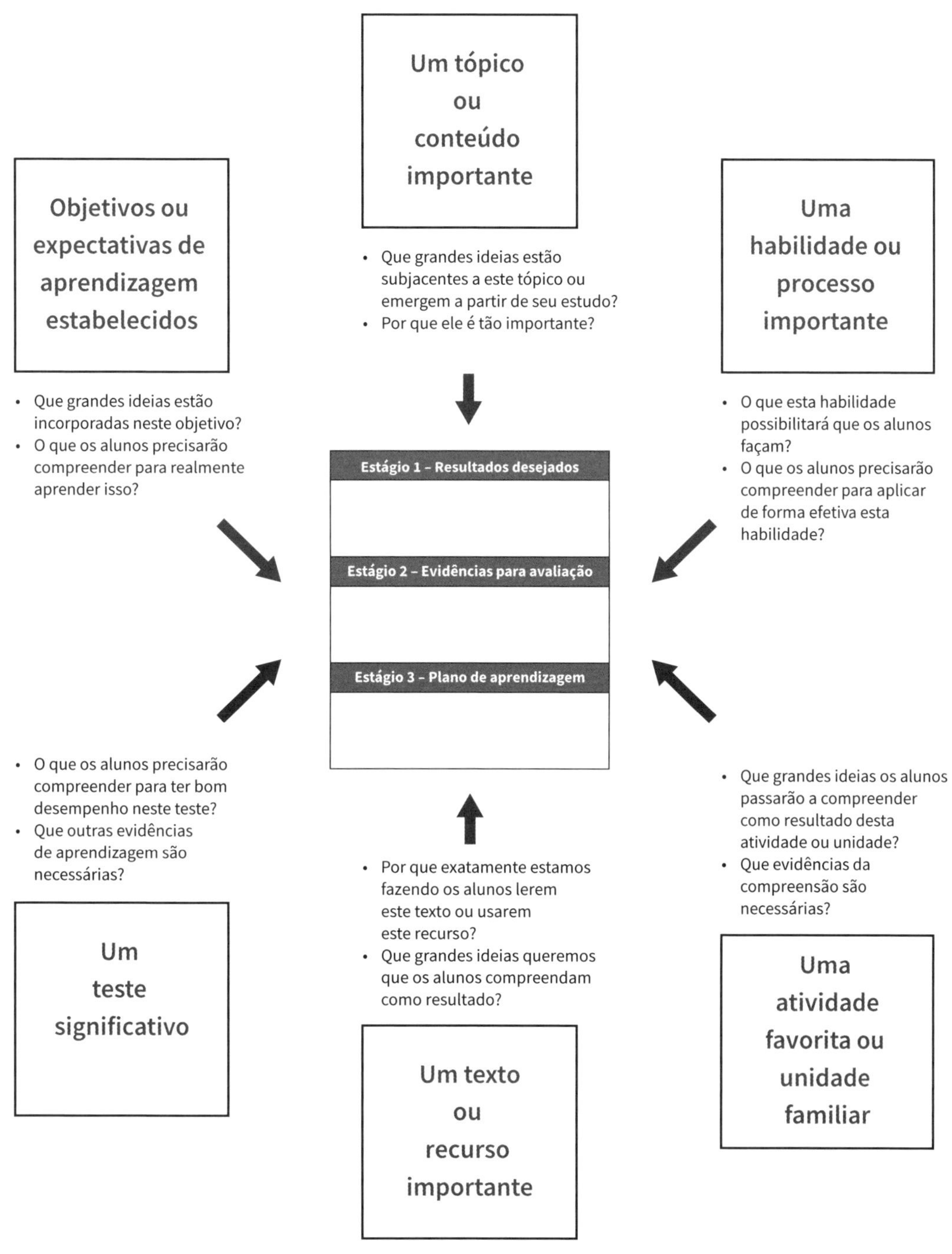

Figura 11.1
Pontos de entrada para o processo de planejamento.

- Identifique tarefas específicas e complexas do mundo real que incorporam esses desafios ou o alcance desses objetivos.
- Determine as compreensões, os conhecimentos e as habilidades de que os aprendizes irão necessitar para alcançar o domínio dessas tarefas.
- Esboce um plano de aprendizagem que possibilitará a prática, a devolutiva e o desempenho competente.

- Infira as perguntas que os alunos precisam sempre levar em consideração enquanto tentam dominar o conteúdo e a tarefa.
- Identifique as expectativas de aprendizagem que se referem explicitamente a, ou que deixam implícitas, essas aplicações.
- Alinhe os elementos do planejamento, conforme a necessidade.

Comece com um recurso estratégico ou atividade favorita

- Comece com uma atividade "campeã" ou um recurso consagrado (p. ex., uma experiência ou simulação instigante ou um romance obrigatório).
- Considere a pergunta "por quê?": por que isso é importante? Que grandes ideias esse recurso ajuda os alunos a compreenderem?
- Esclareça as perguntas essenciais que irão direcionar os alunos para essas ideias enquanto eles analisam a experiência ou o texto.
- Identifique as habilidades, os fatos e as compreensões que o recurso ou atividade pretende produzir. Localize expectativas de aprendizagem relevantes. Infira os conceitos principais e as perguntas essenciais implicados nos propósitos mais amplos.
- Revise e alinhe as avaliações e as atividades de aprendizagem.

Comece com uma habilidade importante

- Considere as perguntas: que desempenho complexo e válido essa habilidade possibilitará? Como essa habilidade está conectada a outras habilidades relevantes?
- Identifique a expectativa ou expectativas de aprendizagem que se referem a essas habilidades direta ou indiretamente.
- Determine o tipo de avaliações implícitas ou explícitas na expectativa relevante.
- Identifique estratégias que são úteis na utilização eficiente de tais habilidades.
- Identifique as grandes ideias e perguntas essenciais que reforçam a habilidade.
- Elabore atividades de aprendizagem que possibilitarão que os aprendizes usem essa habilidade no contexto, se autoavaliem e se autorregulem.
- Assegure-se de que o alinhamento esteja adequado.

Comece com uma atividade avaliativa central

- Considerando uma determinada avaliação (local ou estadual), esclareça os objetivos para os quais a avaliação existe. Que tipos de transferibilidade esses testes buscam?
- Identifique as expectativas de aprendizagem que tratam desses objetivos.
- Infira as grandes ideias relevantes (compreensões, perguntas essenciais) necessárias para satisfazer essa expectativa e passar nesse teste.
- Desenvolva e refine as tarefas de avaliação de desempenho que correspondem às avaliações necessárias. Elabore e modifique as atividades de aprendizagem para assegurar o desempenho efetivo e intencional.

Comece com uma unidade existente

- Levando em consideração as aulas e avaliações tradicionais, coloque os elementos no modelo e procure o alinhamento entre os três estágios. Os objetivos combinam com as avaliações?
- Pergunte-se se as aulas estão relacionadas aos aspectos mais importantes dos seus objetivos.
- Foque no esclarecimento das grandes ideias e nos objetivos de desempenho de longo prazo relacionados às orientações curriculares.
- Continue perguntando: o que os alunos devem compreender ao final?
- Revise as avaliações e aulas para fazer justiça aos elementos revisados do Estágio 1.
- Revise o planejamento em comparação com os Padrões de Planejamento, quando necessário.

Revisando planejamentos existentes

Planejamento para a compreensão oferece um quadro de referência tanto para melhorar planejamentos existentes quanto para construir novos. Vamos examinar dois planejamentos que foram revisados usando o planejamento reverso. O primeiro exemplo envolve a revisão de uma unidade de Estudos Sociais para os anos iniciais do ensino fundamental; o segundo é uma unidade de Geometria do ensino médio.

A Figura 11.2 descreve as principais atividades e avaliações de uma unidade sobre a marcha para o Oeste e a vida nas planícies que foi originalmente elaborada e ensinada por uma equipe de professoras do 3° ano. Dando uma rápida olhada, dizemos: hummm, parece uma unidade interessante, prática e divertida para alunos dessa idade. As professoras planejaram uma variedade de experiências de aprendizagem para incluir várias formas de aprender. Propositalmente, elas integraram o conteúdo de Literatura e Estudos Sociais. As atividades avaliativas são variadas, embora comuns. Como todos os professores usam as mesmas avaliações, o sistema de notas é mais consistente entre as salas de aula. A atividade culminante, "O Dia das Planícies", oferece um conjunto de atividades práticas agradáveis e interessantes para as crianças e seus pais. Por fim, os alunos têm a oportunidade de refletir sobre suas experiências na unidade.

No entanto, um olhar mais atento revela vários problemas de planejamento. Observe que a própria estrutura da unidade é reveladora por si só: tópico, atividades e avaliações. As atividades são literal e figurativamente o centro de tudo! Não foram identificadas expectativas das orientações curriculares nem existem objetivos de aprendizagem específicos para guiar o trabalho; não há grandes ideias ou perguntas essenciais para focar o ensino; e há pouco na forma de evidências válidas para a avaliação de aprendizagens importantes – existe apenas um esquema de atividades avaliativas.

Talvez sejam mais esclarecedoras as reflexões reais dos alunos que vivenciaram essa unidade. Considere alguns exemplos:

- "Gostei de perfurar as latas porque você podia fazer seu próprio desenho ou seguir outros desenhos. Você pode ver a luz do sol através dos furos."
- "Gostei da estação em que você escrevia uma carta. Gostei dela porque você colocava cera para selar a carta."
- "Foi divertido planejar uma vestimenta no computador."

Tópico
Estudos Sociais – 3º ano *A Marcha para o Oeste e a Vida dos Pioneiros*

Atividades
1. Ler a seção do livro didático – "A Vida nas Planícies". Responder às perguntas do final do capítulo. 2. Ler e discutir o livro *Sarah, plain and tall.** Completar um caça-palavras com os termos do vocabulário dos pioneiros a partir da história. 3. Criar uma caixa de recordações da vida dos pioneiros que reflita como seria a vida de uma criança que estivesse viajando para o Oeste ou vivendo nas planícies. 4. Atividades do "Dia das Planícies": vestir-se com roupas dos pioneiros e completar as seguintes estações de aprendizagem: a. Bater manteiga b. Jogar um jogo do século XIX c. Mandar uma carta para a própria casa lacrada com cera d. Jogar no computador o game "vista o pioneiro" e. Fazer uma boneca de sabugo de milho f. Fazer uma colcha g. Perfurar latinhas metálicas

Atividades avaliativas
1. Responder ao questionário sobre termos do vocabulário dos pioneiros a partir de *Sarah, plain and tall.* 2. Responder às perguntas sobre a vida dos pioneiros no final do capítulo. 3. Mostrar e explicar os conteúdos da caixa de recordações. 4. Percorrer as sete estações de aprendizagem durante o Dia do Pioneiro. 5. Refletir a respeito da unidade.

Figura 11.2
Versão original de uma unidade de Estudos Sociais.

- Gostei dos jogos das planícies. O meu favorito foi a corrida de saco porque eu gosto de pular."

Sim, algumas das atividades são divertidas e envolventes, e os alunos e pais adoram o *"Dia da Planície"*. Mas quais são as compreensões duradouras a serem obtidas a partir de uma incursão de três semanas na vida dos pioneiros? Que habilidades transferíveis as atividades proporcionaram? Que evidências foram coletadas para mostrar as aprendizagens importantes que ocorreram, se é que ocorreram?

Veja o que acontece quando enquadramos o planejamento original no modelo de planejamento reverso – sem acrescentar nada novo (veja a Figura 11.3). Imediatamente vemos com clareza as áreas que precisam ser melhoradas.

Agora, vamos examinar a mesma unidade de três semanas depois da revisão com o uso do modelo de planejamento reverso (veja a Figura 11.4). O que observamos quando a unidade é repensada com a utilização do planejamento reverso? Como o modelo ajuda a moldar o mesmo conteúdo tornando-o um planejamento mais robusto para aprendizagem? Estas são algumas observações:

* N. de R.T.: MCLACHLAN, Patricia. *Sarah, plain and tall.* New York: NY: Harper Trophy, 1985. O livro conta a história de uma família no Meio-Oeste estadunidense durante o período da "marcha para o Oeste".

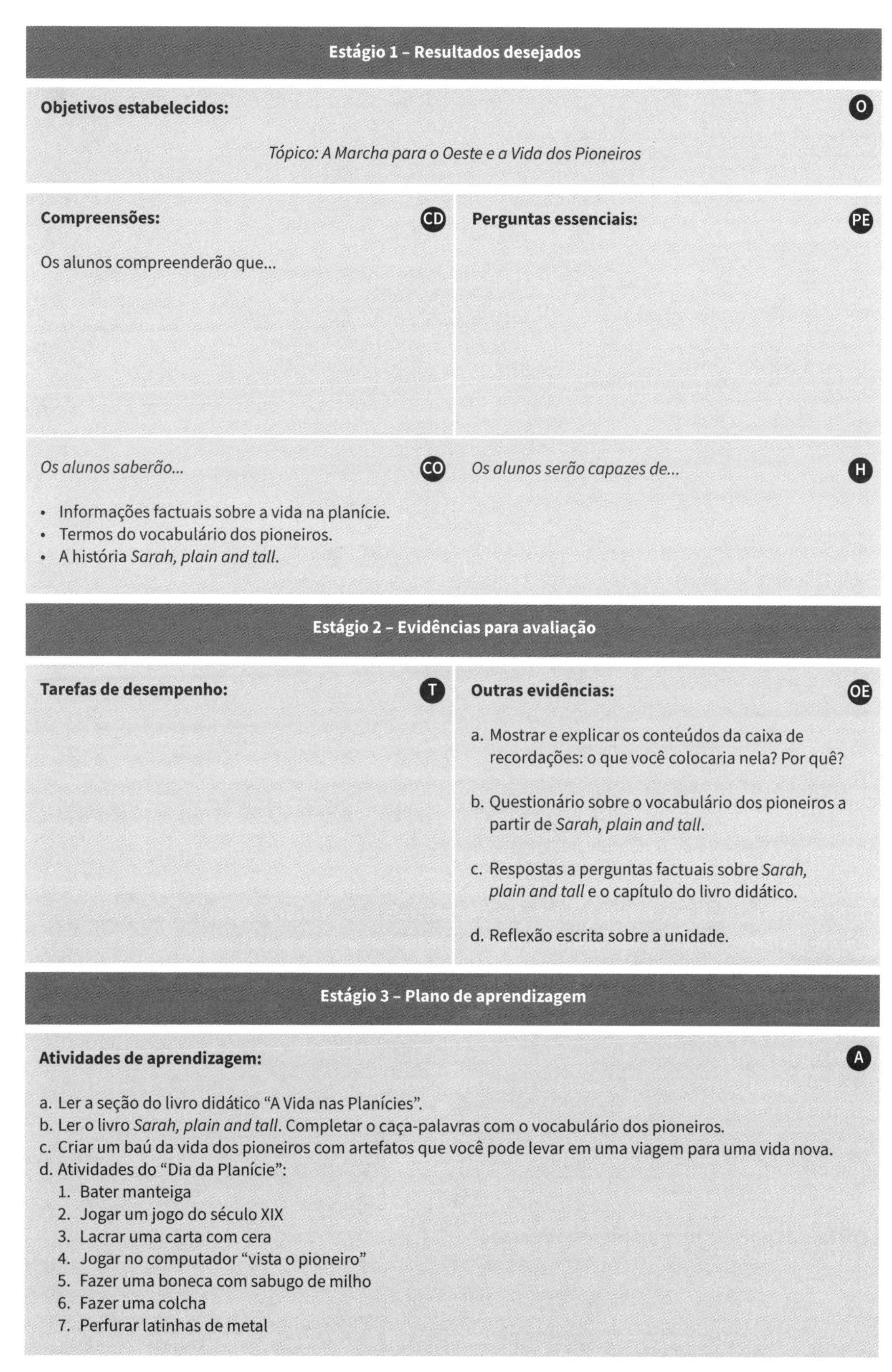

Estágio 1 – Resultados desejados

Objetivos estabelecidos: O

Tópico: A Marcha para o Oeste e a Vida dos Pioneiros

Compreensões: CD

Os alunos compreenderão que...

Perguntas essenciais: PE

Os alunos saberão... CO

- Informações factuais sobre a vida na planície.
- Termos do vocabulário dos pioneiros.
- A história *Sarah, plain and tall.*

Os alunos serão capazes de... H

Estágio 2 – Evidências para avaliação

Tarefas de desempenho: T

Outras evidências: OE

a. Mostrar e explicar os conteúdos da caixa de recordações: o que você colocaria nela? Por quê?

b. Questionário sobre o vocabulário dos pioneiros a partir de *Sarah, plain and tall.*

c. Respostas a perguntas factuais sobre *Sarah, plain and tall* e o capítulo do livro didático.

d. Reflexão escrita sobre a unidade.

Estágio 3 – Plano de aprendizagem

Atividades de aprendizagem: A

a. Ler a seção do livro didático "A Vida nas Planícies".
b. Ler o livro *Sarah, plain and tall*. Completar o caça-palavras com o vocabulário dos pioneiros.
c. Criar um baú da vida dos pioneiros com artefatos que você pode levar em uma viagem para uma vida nova.
d. Atividades do "Dia da Planície":
   1. Bater manteiga
   2. Jogar um jogo do século XIX
   3. Lacrar uma carta com cera
   4. Jogar no computador "vista o pioneiro"
   5. Fazer uma boneca com sabugo de milho
   6. Fazer uma colcha
   7. Perfurar latinhas de metal

Figura 11.3
Unidade de Estudos Sociais no modelo de planejamento reverso.

Estágio 1 - Resultados desejados

Objetivos estabelecidos: O

2D - Explicar a sedução provocada pelo Oeste comparando as ilusões dos migrantes com a realidade encontrada na fronteira.
5A - Demonstrar compreensão dos movimentos de grandes grupos de pessoas nos Estados Unidos atualmente e muito tempo atrás.

Fonte: CRABTREE (1996); CRABTREE; NASH (1994)

Compreensões: CD

Os alunos compreenderão que...

- Muitos pioneiros tinham ideais ingênuas sobre as oportunidades e dificuldades de mudar para o Oeste.
- As pessoas se mudam por uma variedade de razões - novas oportunidades econômicas, mais liberdade ou para fugir de alguma coisa.
- Os pioneiros bem-sucedidos contam com a coragem, a engenhosidade e a colaboração para superar as dificuldades e os desafios.

Perguntas essenciais: PE

- Por que as pessoas se mudam? Por que os pioneiros deixaram suas casas e rumaram para o Oeste?
- Como a geografia e topografia afetam a viagem e o assentamento?
- Por que alguns pioneiros sobreviveram e prosperaram, enquanto outros não?
- O que é um pioneiro? O que é "espírito pioneiro"?

Os alunos saberão... CO

- Fatos principais sobre a marcha para o Oeste e a vida dos pioneiros nas planícies.
- Termos do vocabulário dos pioneiros.
- Geografia básica (i. e., as rotas de viagem dos pioneiros e a localização de seus assentamentos).

Os alunos serão capazes de... H

- Reconhecer, definir e usar o vocabulário dos pioneiros no contexto.
- Usar as habilidades de pesquisa (com orientação) para conhecer a vida em um comboio e nas planícies.
- Expressar seus achados oralmente e por escrito.

Estágio 2 - Evidências para avaliação

Tarefas de desempenho: T

- Criar uma exibição de museu, incluindo artefatos, fotografias e registros em diários, retratando uma semana na vida de uma família de colonizadores vivendo nas planícies. (Quais as incompreensões comuns que as pessoas hoje têm sobre a vida nas planícies e a colonização do Oeste?)
- Escrever uma carta por dia (cada uma representando um mês de viagem) para um amigo "lá no Leste", descrevendo sua vida no comboio e nas planícies. Conte sobre suas esperanças e sonhos, depois explique como realmente era a vida na fronteira. (Os alunos também podem fazer desenhos e explicar oralmente.)

Outras evidências: OE

- Resposta oral ou escrita a uma das Perguntas Essenciais.
- Desenhos mostrando as dificuldades da vida dos pioneiros.
- Teste sobre fatos acerca da marcha para o Oeste, a vida nas planícies e geografia básica.
- Uso do vocabulário dos pioneiros no contexto.
- Explicação dos conteúdos da caixa de recordações.

Estágio 3 - Plano de aprendizagem

Atividades de aprendizagem: A

- Usar S-Q-A* para avaliar o conhecimento prévio dos alunos e identificar os objetivos de aprendizagem para a unidade.
- Revisar as atividades do "Um dia na planície" (p. ex., substituir o jogo "vista o pioneiro" pela simulação no computador Oregon Trail 2** e solicitar registros no diário enquanto a simulação é jogada).
- Incluir outras leituras ficcionais ligadas às expectativas de aprendizagem ou compreensões identificadas (p. ex., *Little House on the Prairie, Butter in the Well*).
- Criar um mapa com a linha do tempo da marcha para o Oeste de uma família de pioneiros.
- Acrescentar fontes de não ficção que acomodem vários níveis de leitura, tais como *Life on the Oregon Trail, Diaries of Pioneer Women* e *Dakota Dugout*. Guiar os alunos no uso de uma variedade de recursos para pesquisar o período.
- Revisar as rubricas de nota para a caixa de recordações, exibição de museu, cartas e diários antes de os alunos começarem as tarefas de desempenho. Incluir oportunidade para os alunos estudarem exemplos desses produtos.

Figura 11.4
Unidade de Estudos Sociais depois do planejamento reverso.

* N. de R.T.: Ver Capítulo 9, seção *"Para onde? E de onde?"*.
** N. de R.T.: O jogo "Oregon Trail 2" foi criado para ajudar no ensino do conteúdo da Marcha para o Oeste. Nele, as crianças escolhem um avatar de um personagem da época, bem como a ocupação e os tipos de habilidades que seus personagens devem ter. Depois, eles devem percorrer a trilha para o Oeste.

- Expectativas de aprendizagem apropriadas agora dão foco para as atividades e avaliações da unidade.
- As grandes ideias estruturam claramente o trabalho, exemplificado nas Perguntas Essenciais: *Por que as pessoas se mudam?* (migração); *O que é um pioneiro?* (definição conceitual); *Por que alguns pioneiros sobreviveram e prosperaram, enquanto outros não?* (sobrevivência, desafios).
- As tarefas de avaliação agora são mais autênticas e requerem conhecimentos e habilidades de ordem superior.
- As evidências avaliativas (Estágio 2) são variadas e mais bem alinhadas com os resultados desejados (Estágio 1) – um indicador de um planejamento reverso eficiente.
- As leituras (ficção e não ficção), a simulação por computador e as tarefas são mais intencionalmente direcionadas para o objetivo.
- As atividades do "Dia da Planície" permanecem, mas a experiência foi aprimorada para melhor apoiar os objetivos da unidade.

A estruturação da unidade no modelo teve outro efeito benéfico: fez os planejadores verem com maior facilidade que sua unidade estava deixando de considerar uma perspectiva vital (Faceta 4), a perspectiva dos nativos americanos que foram expulsos de suas terras. Assim, a unidade sofreu nova revisão (veja a Figura 11.5).

Vamos examinar outro exemplo – este é de uma unidade de Geometria do ensino médio. As Figuras 11.6 e 11.7 mostram a versão anterior e posterior, respectivamente, no modelo de planejamento reverso. O primeiro exemplo mostra a unidade ensinada e avaliada exclusivamente a partir do livro didático. Na versão revisada, o planejador deliberadamente planejou de maneira reversa a partir de um conjunto de expectativas de aprendizagem do currículo estadual. Ao identificar as Compreensões e Perguntas Essenciais relacionadas, complementar as avaliações do livro didático com duas Tarefas de Desempenho e incluir explicações mais interessantes do mundo real, ele conseguiu melhorar muito a coerência e a autenticidade (portanto, o significado) do plano da unidade.

Mais uma vez, observe como as categorias do modelo de planejamento reverso forçam o planejador a se preocupar com um foco mais claro nas grandes ideias e no maior alinhamento dos elementos do planejamento:

- As grandes ideias agora estruturam claramente o trabalho, exemplificado nas Compreensões e nas duas Tarefas de Desempenho.
- As Perguntas Essenciais promovem o raciocínio matemático e são transferíveis para outras unidades matemáticas.
- Os mesmos conhecimentos e habilidades permanecem como o conteúdo central, mas agora estão incluídos em um conjunto de questões significativas relacionadas a embalagens e confecção de mapas.
- O livro didático serve como um recurso, mas não como programa. Os problemas do livro didático permanecem na avaliação, mas estão apropriadamente subordinados às Tarefas de Desempenho complexas e às grandes ideias que essas tarefas incorporam.

O modelo de planejamento reverso nos ajuda consideravelmente se o utilizarmos como um guia para autoavaliação do nosso trabalho. Ele esclarece e aprimora nossos propósitos e nos ajuda a estabelecer prioridades mais significativas e torná-las claras para os aprendizes. O resultado é uma abordagem mais poderosa e coerente com o "mesmo" conteúdo.

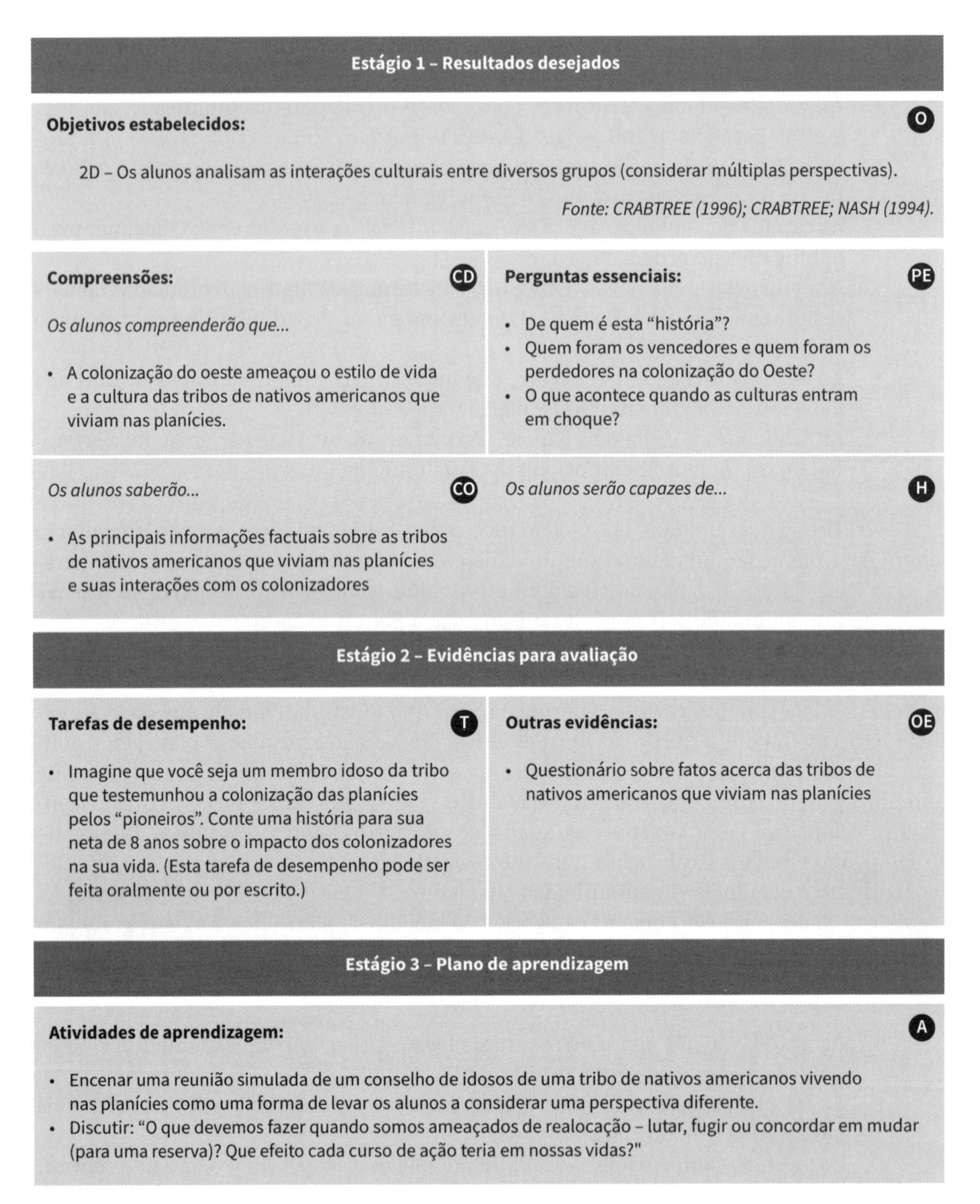

Estágio 1 – Resultados desejados

Objetivos estabelecidos: O

2D – Os alunos analisam as interações culturais entre diversos grupos (considerar múltiplas perspectivas).

Fonte: CRABTREE (1996); CRABTREE; NASH (1994).

Compreensões: CD	**Perguntas essenciais:** PE
Os alunos compreenderão que... • A colonização do oeste ameaçou o estilo de vida e a cultura das tribos de nativos americanos que viviam nas planícies.	• De quem é esta "história"? • Quem foram os vencedores e quem foram os perdedores na colonização do Oeste? • O que acontece quando as culturas entram em choque?
Os alunos saberão... CO • As principais informações factuais sobre as tribos de nativos americanos que viviam nas planícies e suas interações com os colonizadores	*Os alunos serão capazes de...* H

Estágio 2 – Evidências para avaliação

Tarefas de desempenho: T	**Outras evidências:** OE
• Imagine que você seja um membro idoso da tribo que testemunhou a colonização das planícies pelos "pioneiros". Conte uma história para sua neta de 8 anos sobre o impacto dos colonizadores na sua vida. (Esta tarefa de desempenho pode ser feita oralmente ou por escrito.)	• Questionário sobre fatos acerca das tribos de nativos americanos que viviam nas planícies

Estágio 3 – Plano de aprendizagem

Atividades de aprendizagem: A

- Encenar uma reunião simulada de um conselho de idosos de uma tribo de nativos americanos vivendo nas planícies como uma forma de levar os alunos a considerar uma perspectiva diferente.
- Discutir: "O que devemos fazer quando somos ameaçados de realocação – lutar, fugir ou concordar em mudar (para uma reserva)? Que efeito cada curso de ação teria em nossas vidas?"

Figura 11.5
Revisões adicionais da unidade de Estudos Sociais.

Padrões, não receitas

Alguns leitores e participantes de oficinas de formação ficam frustrados porque não apresentamos uma receita passo a passo para o planejamento e o replanejamento da unidade para que possam segui-la. Lamentavelmente, acreditamos firmemente que essa receita não existe. Tentamos desenvolver fluxogramas para a tarefa, mas as tabelas ficaram incompreensíveis, devido a todos os possíveis segmentos se/então! Acreditamos que o planejamento da unidade é mais como um planejamento gráfico ou de uma escultura do que como seguir uma receita de um livro de culinária. Cada planejamento é diferente e precisa refletir os interesses, talentos, estilo e recursos do planejador.

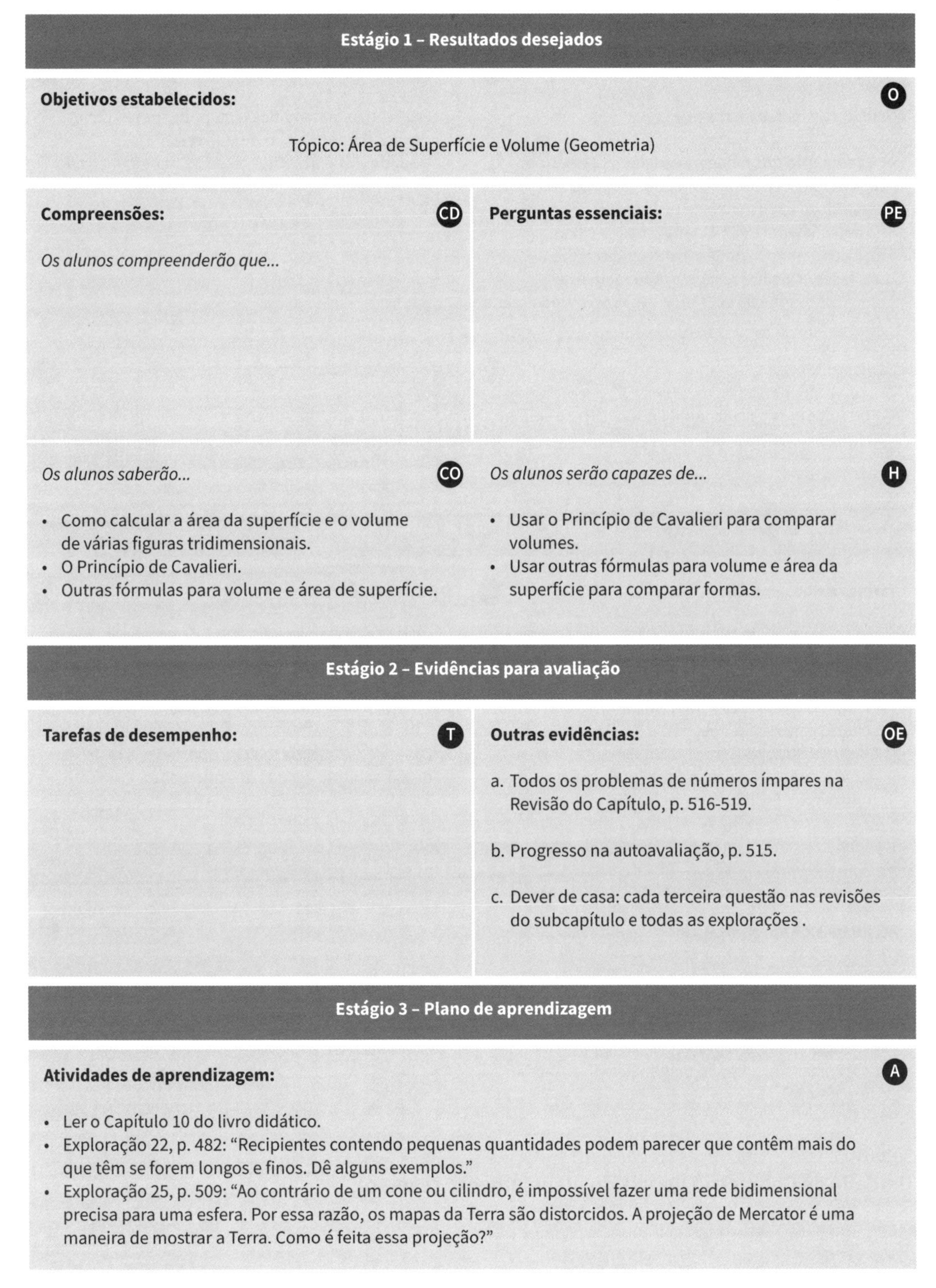

Estágio 1 – Resultados desejados

Objetivos estabelecidos: O

Tópico: Área de Superfície e Volume (Geometria)

Compreensões: CD

Os alunos compreenderão que...

Perguntas essenciais: PE

Os alunos saberão... CO

- Como calcular a área da superfície e o volume de várias figuras tridimensionais.
- O Princípio de Cavalieri.
- Outras fórmulas para volume e área de superfície.

Os alunos serão capazes de... H

- Usar o Princípio de Cavalieri para comparar volumes.
- Usar outras fórmulas para volume e área da superfície para comparar formas.

Estágio 2 – Evidências para avaliação

Tarefas de desempenho: T

Outras evidências: OE

a. Todos os problemas de números ímpares na Revisão do Capítulo, p. 516-519.

b. Progresso na autoavaliação, p. 515.

c. Dever de casa: cada terceira questão nas revisões do subcapítulo e todas as explorações .

Estágio 3 – Plano de aprendizagem

Atividades de aprendizagem: A

- Ler o Capítulo 10 do livro didático.
- Exploração 22, p. 482: "Recipientes contendo pequenas quantidades podem parecer que contêm mais do que têm se forem longos e finos. Dê alguns exemplos."
- Exploração 25, p. 509: "Ao contrário de um cone ou cilindro, é impossível fazer uma rede bidimensional precisa para uma esfera. Por essa razão, os mapas da Terra são distorcidos. A projeção de Mercator é uma maneira de mostrar a Terra. Como é feita essa projeção?"

Figura 11.6
Unidade de Geometria antes do planejamento reverso.

Estágio 1 - Resultados desejados

Objetivos estabelecidos:  

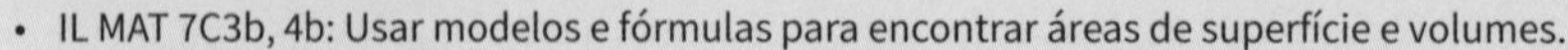

- IL MAT 7C3b, 4b: Usar modelos e fórmulas para encontrar áreas de superfície e volumes.
- IL MAT 9A: Construir modelos em 2D/3D; fazer desenhos em perspectiva.

Fonte: Orientações Curriculares de Matemática de Illinois.

Compreensões: CD

Os alunos compreenderão que...

- A adaptação dos modelos e ideias matemáticos aos problemas humanos requer julgamento cuidadoso e sensibilidade ao impacto.
- O mapeamento de três dimensões em duas (ou duas em três) pode introduzir distorções.
- Às vezes, a melhor resposta matemática não é a melhor solução para problemas do mundo real.

Perguntas essenciais: PE

- O quanto a matemática pura pode exemplificar situações confusas do mundo real?
- Quando é que a melhor resposta matemática não é a melhor solução para um problema?

Os alunos saberão... 

- Fórmulas para calcular área de superfície e volume.
- O Princípio de Cavalieri.

Os alunos serão capazes de... 

- Calcular a área de superfície e o volume de várias figuras tridimensionais.
- Usar o Princípio de Cavalieri para comparar volumes.

Estágio 2 - Evidências para avaliação

Tarefas de desempenho: 

- Problema de embalagem: qual é o recipiente ideal para transportar de forma econômica quantidades a granel de M&M's para as lojas? (Nota: a "melhor" resposta matemática - uma esfera - não é a melhor solução para este problema.)
- Como consultor das Nações Unidas, proponha o mapa bidimensional do mundo que seja menos controverso. Explique seu raciocínio matemático.

Outras evidências: 

a. Todos os problemas de números ímpares da Revisão do capítulo, p. 516-519.

b. Progresso na autoavaliação, p. 515.

c. Dever de casa: cada terceira questão nas revisões do subcapítulo e todas as explorações.

Estágio 3 - Plano de aprendizagem

Atividades de aprendizagem: 

- Investigar a relação das áreas de superfície e volume de vários recipientes (p. ex., latas de atum, caixas de cereal, batatas fritas, pacotes de balas).
- Investigar diferentes projeções de mapas para determinar sua precisão matemática (i. e., o grau de distorção).

a. Ler o Capítulo 10 do livro didático
b. Exploração 22, p. 504
c. Exploração 22, p. 482
d. Exploração 25, p. 509

Figura 11.7
Unidade de Geometria depois do planejamento reverso.

Os autores de um livro recente sobre análise de tarefas no planejamento de ensino esclarecem o problema:

> O planejamento de ensino está repleto de conhecimento incerto e múltiplas interpretações. Assim também é a análise de tarefas. Nem todo aspecto do pensamento e comportamento humano pode ser identificado ou articulado. Como podemos conciliar essa discrepância? Não podemos, então convivemos com ela. Essa é a natureza do processo de planejamento. (JONASSEN; TESSMER; HANNUN, 1999, p. 5)

Depender demasiadamente de uma receita origina outros problemas. Pode restringir uma resposta reflexiva do professor-planejador – empatia! –, dada a falsa ideia de que um plano bem pensado precisa, necessariamente, funcionar e de que, se não deu certo, deve ser culpa dos alunos. Ou corremos o risco de comprometer a própria coisa que estamos tentando planejar:

> Se tentássemos eliminar toda a ambiguidade na análise da tarefa, precisaríamos de procedimentos excessivos para um conjunto complexo de decisões – para desenvolver um livro de receitas [...] o processo de planejamento depende em grande parte da habilidade de raciocínio do planejador. (JONASSEN; TESSMER; HANNUN, 1999, p. 5)

Nesse sentido, a verdadeira culinária também envolve ir além das receitas:

> As receitas, que no começo eram tão úteis, se transformaram em tiranas, deixando mesmo o cozinheiro mais bem-intencionado inseguro quanto aos próprios instintos. Uma devoção servil a receitas rouba das pessoas o tipo de conhecimento experimental que se infiltra no cérebro [...] A maioria dos *chefs* não é restringida por fórmulas; eles já cozinharam o suficiente para confiar no seu paladar. Hoje essa é a lição mais valiosa que um *chef* pode ensinar a um cozinheiro. (O'NEILL, 1996, p. 52)

Diferentemente disso, os planejadores precisam se acostumar ao ritmo de vaivém entre a tempestade de ideias criativa e a respectiva experimentação delas e o teste cuidadoso e crítico do planejamento emergente em relação aos padrões de planejamento. Conforme sugere a descrição no capítulo anterior dos vários pontos de entrada, não importa muito por onde você começa; o que mais importa é que você acabe tendo um planejamento que atenda aos padrões. Esse objetivo faz da busca de devolutivas (iniciais e frequentes) do seu planejamento emergente em relação aos padrões de planejamento uma parte essencial do processo. Outra razão para que esta seja uma experiência útil para o professor-planejador é que ela ilustra concretamente por que a avaliação contínua é vital para o sucesso do desempenho.

Os dilemas inevitáveis no planejamento

Os exemplos de antes e depois da unidade de Estudos Sociais do 3° ano e da unidade de Geometria do ensino médio ajudam a mostrar o que o processo envolve. No entanto, assim como os comerciais de perda de peso que apresentam essas comparações, os exemplos podem, ironicamente, servir apenas para trazer à tona preocupações persistentes.

Como planejamos ou replanejamos para focar em grandes ideias sem perder de vista o conteúdo? O quanto tais unidades são viáveis, levando-se em consideração o tempo que temos disponível para o tópico e todas as nossas outras obrigações? Como determinamos se o plano é bom, capaz de ser transformado em aprendizagem efetiva, ou se ele é um sonho irrealista? O quão fácil é conciliar a visão do arquiteto com a realidade dos recursos disponíveis, a habilidade dos alunos que fazem a "construção" e o "código de construção" das orientações curriculares?

Tais preocupações são razoáveis. De fato, é importante enfatizar que as tensões internas dos planejamentos são inerentes e inevitáveis, seja na construção de um prédio residencial, seja no planejamento de uma unidade. É imperativo que os professores sejam auxiliados a expressar e explorar tais preocupações devido aos *dilemas inevitáveis* envolvidos no planejamento do ensino e no planejamento curricular. O trabalho não é apenas exigente, mas também inerentemente problemático. Sempre foi! Como podemos ter certeza de que as compreensões buscadas serão acessíveis para todos os alunos? Quanto tempo e energia podemos destinar para tarefas de desempenho complexas ou ideias difíceis? Como podemos adaptar os vários níveis de desempenho, interesses e estilos de aprendizagem dos alunos que ensinamos? *Cada* planejamento requer um meio-termo; sempre temos que pesar os prós e os contras.

Assim, utilizamos a palavra *dilema* deliberadamente. Precisamos não só refletir sobre todos os elementos do planejamento de forma ponderada; também temos que lidar com as tensões inerentes dentro de um planejamento se quisermos atingir nossos objetivos. Muitos desafios de planejamento envolvem elementos concorrentes – até mesmo conflitantes; por exemplo, uma grande ideia, mas um tempo limitado dentro do qual a abordar, ou o desejo de uma aplicação complexa como base para avaliação válida, mas a falta de confiabilidade de determinado desempenho. Você não "resolve" esses problemas; você criteriosamente os negocia. É o planejamento incomum que deixa o planejador completamente satisfeito, porque os comprometimentos são inevitáveis.

A seguir, apresentamos um catálogo dos principais dilemas que todos os planejadores de aprendizagem para a compreensão enfrentam, com algumas considerações finais sobre como pesar as opções.

- *Grandes ideias e transferência* versus *conhecimento específico e habilidades.* Como equilibramos os objetivos da "compreensão" com "fatos" e "habilidades"? Como focamos o trabalho em grandes ideias sem torná-lo excessivamente filosófico ou abstrato, deixando os alunos sem conhecimento essencial e repertório de habilidades? E como evitamos o foco tão frequente em informações específicas e habilidades isoladas que deixam os alunos com pouca aprendizagem significativa e capacidade limitada para aplicar o que aprenderam?
- *Desempenho complexo, realista e confuso* versus *testes eficientes e sólidos.* Quando devemos buscar o realismo contextual na avaliação e quando devemos perseguir a eficiência evidente dos testes tradicionais (indiretos)? A aplicação autêntica é obviamente uma coisa boa, porém difícil e demorada de implementar com facilidade e de avaliar com precisão. No entanto, os testes tradicionais de conhecimento e habilidades, embora fáceis de planejar e atribuir notas, frequentemente produzem resultados inválidos e devolutivas inúteis sobre o que os aprendizes na verdade compreendem. Como, então, tornamos a avaliação rica e educativa e ao mesmo tempo viável e eficiente?
- *Controle do trabalho pelo professor* versus *controle pelo aluno.* Quando é função do especialista estruturar as questões e guiar a aprendizagem? E quando é inteligente possibilitar que os alunos persigam as *suas* perguntas, interesses e abordagens? Quando nossas compreensões devem direcionar o planejamento

e o ensino? Quando devemos nos esforçar para ajudar os alunos a chegarem às suas próprias compreensões?

- *Abordagens diretas* versus *construtivistas*. Quando o ensino direto ajuda a aprendizagem e quando ele a impede? Quando eficiência demanda ensino explícito e quando devemos ensinar mais indutivamente? (Igualmente, na formação de professores, quando os novos professores devem ser criativos como planejadores e quando é mais inteligente que eles trabalhem a partir dos planejamentos de especialistas para evitar a reinvenção da roda?) De forma mais geral, quando o trabalho *deve* envolver a descoberta construtivista e a inevitavelmente confusa e personalizada "construção de significado" necessária para que ocorra compreensão, e quando o ensino direto é mais eficiente?
- *Profundidade* versus *abrangência do conhecimento*. Como equilibramos o desejo de oferecer uma compreensão aprofundada e completa e a realidade daquilo que é viável, levando em consideração todas as demandas e limitações que os professores enfrentam? Quando somos obrigados a fornecer uma ampla cobertura do material, expor os alunos a uma gama de informações e ideias? Quando é que realizamos um melhor serviço limitando a abrangência, examinando mais profundamente uma menor quantidade de assuntos, a serviço da verdadeira compreensão? Igualmente, quando é uma escolha pedagógica inteligente planejar o trabalho interdisciplinar em torno de algumas grandes ideias, e quando tal trabalho inadvertidamente resulta em aprendizagem superficial ao se tentar fazer demais em tão pouco tempo?
- *Conforto e sentimento de competência* versus *um desafio real*. Como encontramos o equilíbrio certo entre um "salto" importante para os alunos e a necessidade de um ambiente de aprendizagem confortável? Quando devemos fornecer um contexto de baixo estresse para que os alunos sintam que podem correr riscos e ainda assim ter sucesso, e quando devemos apropriadamente desafiar os alunos (e até mesmo lhes causar estresse) a serviço de nova aprendizagem poderosa? Como, por exemplo, devemos construir aprendizagem em torno de perguntas essenciais, sabendo que elas podem provocar irritação e confusão no aluno? E quando e como devemos usar tarefas de desempenho complexas mesmo que elas possam frustrar aprendizes menos capazes e que facilmente se sentem derrotados?
- *Trabalho e expectativas uniformes* versus *personalizados*. Tipicamente lecionamos para turmas com alunos que diferem quanto a conhecimento prévio, níveis de desempenho, hábitos de trabalho, interesses e estilos de aprendizagem. Como devemos manejar as demandas concorrentes? Como devemos planejar e ensinar para um grande grupo de maneira eficiente e efetiva, sem perder alunos nesse percurso? Como podemos manter, de forma apropriada, ao mesmo tempo, diferentes expectativas de compreensão sem baixar os padrões ou tratar alguns alunos como cidadãos de segunda classe? Como podemos personalizar o trabalho sem ficarmos enlouquecidos e perdermos o foco? Como sabemos quando a diferenciação é apropriada no ensino para a compreensão e quando ela é contraproducente?
- *Efetivo* versus *meramente envolvente*. O trabalho que oferecemos por meio do planejamento deve ser interessante e envolvente, embora esses critérios não sejam suficientes. O planejamento deve abordar os objetivos e as orientações curriculares de forma eficiente e efetiva. Como fisgamos os aprendizes, mas também os mantemos engajados para desempenhar de acordo com o padrão? Como tornamos o trabalho intelectualmente demandante, e não apenas "mão na massa"? Como podemos nos manter atentos às nossas responsabilidades

como professores e avaliadores sem falhar em nosso papel como provedores de um trabalho interessante – e vice-versa? Como evitamos atividades sem propósito (embora divertidas) sem cair no outro extremo de tornar o trabalho maçante e ineficaz?

- *Simplificado* versus *simplista.* Como tornamos as grandes ideias acessíveis a todos os aprendizes sem "emburrecer" essas ideias? Como atingimos a riqueza e a complexidade de perguntas e problemas intelectuais genuínos sem perder os alunos ou o foco? Como simplificamos um assunto complexo sem sermos tão simplistas a ponto de impedir a investigação e a discussão futuras? Como garantimos a adequação para o nível de desenvolvimento sem tornar o trabalho insípido?
- *Um plano bem elaborado* versus *flexibilidade apropriada e abertura.* Atingir objetivos requer um planejamento cuidadosamente pensado, mas em geral só conseguimos atingir nossos objetivos desviando do plano, em resposta à quantidade considerável de devolutivas e aos momentos únicos de ensino que irão ocorrer em sala de aula. Como evitamos ser rígidos demais e, por isso, ineficazes? E como evitamos perder de vista nossos objetivos em resposta à reação ou pergunta de cada aluno? Como equilibramos nossos objetivos de planejamento com o feliz acaso de oportunidades de aprendizagem?
- *Uma grande unidade individual* versus *objetivos mais amplos e outros planejamentos.* Como cada unidade pode ter um fluxo natural, mostrando-se como um trabalho elegante e lógico de planejamento, ao mesmo tempo honrando todos os objetivos e orientações curriculares do programa que estruturam nossas obrigações? Como usamos livros didáticos e trabalhamos em todo o conteúdo exigido sem subverter os princípios do bom planejamento? Como lidamos com as pressões para aumentar as notas nos testes, ao mesmo tempo ensinando para a compreensão? Como desenvolvemos um plano de aprendizagem lógico, ao mesmo tempo cientes de todas as demandas distintas e talvez concorrentes que enfrentamos?

Conselhos modestos sobre como lidar com esses dilemas

Não oferecemos regras ou um conjunto de prescrições sobre como tratar cada dilema particular. Como dissemos anteriormente, você não "resolve" um dilema; você equilibra os elementos concorrentes em cada planejamento da melhor forma possível. Contudo, podemos dar um conselho geral para aprender como esses dilemas funcionam e como eles podem ser mais bem negociados. O conselho é: busque agressivamente por devolutivas enquanto você trabalha. Conforme observamos anteriormente, a chave para o planejamento excelente é experimentar alguma coisa, ver como ela funciona e fazer ajustes – ou seja, obter devolutivas em relação aos seus resultados desejados (além de devolutivas em relação aos padrões de planejamento).

Em qualquer área, o valor da devolutiva regular é reconhecido como a chave para o aperfeiçoamento contínuo. Em educação, o benefício da abordagem de "planejar, experimentar, obter devolutivas, ajustar" foi reconhecido formalmente em um estudo importante do ensino universitário:

> Perguntamos ao corpo docente e aos alunos universitários qual seria a mudança que mais melhoraria seu ensino e aprendizagem atual. Duas ideias dos professores e dos alunos se destacaram de todas as outras. Uma delas é a importância

> de aumentar a consciência dos alunos do "quadro mais amplo", o "sentido de tudo", e não os detalhes de um tópico particular. A segunda é a importância da devolutiva útil e regular por parte dos alunos para que o professor possa fazer ajustes durante o curso. (LIGHT, 1990, p. 66)

Observe como ambas as ideias são centrais para o planejamento para a compreensão: um foco nas grandes ideias e a necessidade de *todos* (aprendiz, professor, planejador do currículo) repensarem em resposta às devolutivas.

Não precisamos tornar o processo de obter devolutivas muito formal ou exigente e não devemos confundi-lo com as avaliações oficiais do curso. O objetivo é a devolutiva frequente, oportuna, útil e não intrusiva para saber se o planejamento está funcionando segundo a perspectiva do aluno. Considere as perguntas a seguir para obter uma devolutiva contínua:

- O que funcionou para você nesta semana? Diga por quê, em poucas palavras.
- O que não funcionou? Diga por quê, em poucas palavras.

Um ex-colega de um de nós fez essas duas perguntas aos alunos em todas as classes a cada sexta-feira, entregando fichas para as respostas dos alunos (ele guardava os resultados durante o ano). Observe as perguntas: elas se referem *ao que funciona*, e não ao que os alunos gostaram ou não gostaram. As respostas são tipicamente muito mais úteis para o professor-planejador porque deixam claro que não há "nada pessoal" na devolutiva anônima (o que deixará alguns alunos menos temerosos e mais honestos em suas respostas).

Uma investigação mais detalhada poderia ser feita usando-se perguntas associadas especificamente aos dilemas. Tal investigação poderia ser implementada não só por indivíduos, mas também por um grupo de estudos de professores, por equipes de cada ano, por departamentos ou por toda a escola, com o compartilhamento dos resultados nas reuniões de docentes e por comunicação eletrônica ou escrita. A Figura 11.8 fornece um exemplo de um formato que pode ser usado para esse tipo de investigação.

Devolutivas melhoram o desempenho *de todos*. No entanto, observamos com alguma tristeza que poucos professores solicitam voluntariamente devolutivas contínuas, seja por parte dos alunos, pares, supervisores, seja por parte de pais ou especialistas externos. Somos solidários com o seu temor, porém o medo é contraproducente para nos tornarmos mais eficientes. A boa notícia é que muitos educadores nos dizem que ser instigado pela revisão dos pares e a autoavaliação em relação aos Padrões de Planejamento do planejamento para a compreensão tem sido uma das experiências mais gratificantes e estimulantes de suas carreiras. Na verdade, como poderia não ser? Desta vez, você pode falar sobre suas dificuldades em face de dilemas reais e obter devolutivas úteis e conselhos de colegas profissionais. Toda organização de aprendizagem saudável e efetiva tornará essa colaboração sobre planejamento, com devolutivas em relação aos padrões de planejamento, uma parte regular do trabalho, com treinamento e tempo reservado para isso. A Figura 11.9 ilus-

ALERTA DE EQUÍVOCO!

"Todo esse planejamento e trabalho de planejamento vai reduzir a minha espontaneidade e habilidade de responder ao momento de aprendizado", você pode argumentar. Não achamos que seja assim. Na verdade, acreditamos que ocorre justamente o contrário. Manter em foco objetivos claros e desempenhos centrais aumenta significativamente nossa atenção para os momentos intencionais e ensináveis.

Mesmo os melhores professores algumas vezes ficam tão engessados pelo seu plano excelente que não escutam ou dão pouca atenção a comentários que ameaçam o fluxo. Mas então eles perdem de vista seu verdadeiro objetivo – *provocar aprendizagem* em vez de *ensinar*. Por sua vez, muitos professores racionalizam sua propensão a deixar acontecer, argumentando que "acompanhar o fluxo" está mais centrado no aluno e evita a necessidade de um planejamento minucioso. Mesmo em tais casos corremos o risco de nos tornarmos vítimas passivas das contribuições que os alunos dão ou não dão. Isso é "compreensão por sorte", não por planejamento.

O Que Funcionou? O Que Não Funcionou?

1. Qual foi a coisa mais interessante em classe nesta semana? O que a tornou tão interessante?

2. Qual foi a coisa mais chata que fizemos em classe nesta semana? O que a tornou tão chata?

3. O que funcionou melhor para você nesta semana nesta classe? Em outras palavras, que atividade, lição, técnica ou ferramenta específica o ajudou a aprender mais? Por quê?

4. O que não funcionou para você nesta semana? Que atividade, tarefa ou lição foi a mais confusa ou sem utilidade? Por quê?

5. Por favor, responda "Sim" ou "Não" às afirmações abaixo. Explique as respostas "Não".

	Sim	Não
O trabalho foi focado em grandes ideias, não apenas em fatos e competências desconexas. Aprendemos coisas importantes.		
Achei o trabalho instigante e interessante.		
Estava muito claro quais eram os objetivos da unidade. Foi-nos mostrado o que era importante, o que era um trabalho de alta qualidade, qual era a nossa função e qual era o propósito da unidade.		
Recebemos opções e liberdade suficientes sobre como fazer para atingir os objetivos.		
As avaliações estavam no nível certo. O que tivemos que fazer foi um "teste justo" da nossa aprendizagem.		

Figura 11.8
Formulário semanal de devolutivas.

tra como ciclos constantes de devolutivas se encaixam na elaboração e implementação de aspectos do planejamento para a compreensão.

Fazendo ajustes

Como sugere a Figura 11.9, há mais unidades para planejar do que para sonhar enquanto estamos sozinhos, distantes da sala de aula e de nossos colegas. Precisamos de devolutivas em várias fases de pesquisa e desenvolvimento – da autoavaliação, dos pares, dos revisores especialistas, dos alunos, de nossas próprias observações sobre o que está e o que não está funcionando. Além disso, não terminamos nosso planejamento até que nos direcionemos para os alunos específicos a quem iremos ensinar. Uma pré-avaliação das suas necessidades, habilidades e interesses é parte crucial do trabalho mais bem-sucedido. Não podemos honrar verdadeiramente o segundo A em OPERAAO (*Adaptar* o trabalho, isto é, personalizá-lo e talvez diferenciá-lo) a menos que façamos ajustes de última hora nas nossas unidades, com base em quem são os aprendizes e na nossa história recente com eles. Além disso, precisaremos adaptar o planejamento à luz das incompreensões, pontos difíceis não previstos e oportunidades casuais que surgem, para que possamos melhor atingir nossos objetivos. A Figura 11.10 sugere as etapas em um processo de ajuste, com base no diagnóstico e na devolutiva formativa.

Em suma, o famoso aforismo de Pasteur pode ser aplicado aqui: a sorte favorece a mente preparada. O momento de ensino verdadeiramente apropriado é mais visível e aparece mais frequentemente para o professor-planejador que refletiu com cuidado sobre seus objetivos e sobre como atingi-los. E a constante solicitação de devolutivas, da-

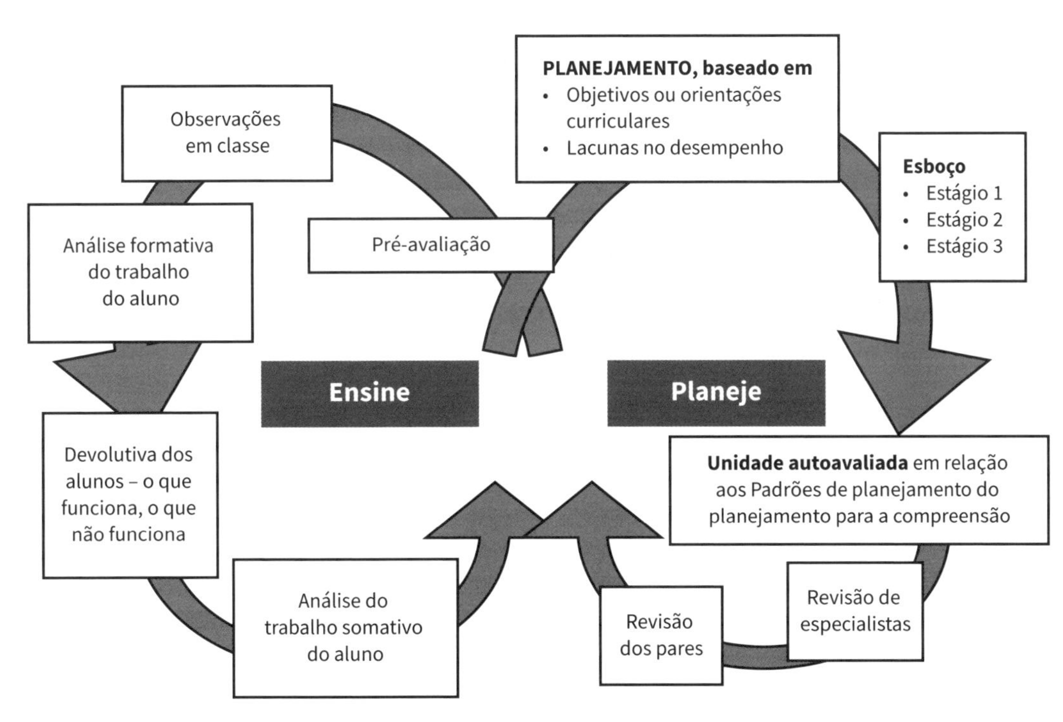

Figura 11.9
Ciclos do planejamento da unidade.

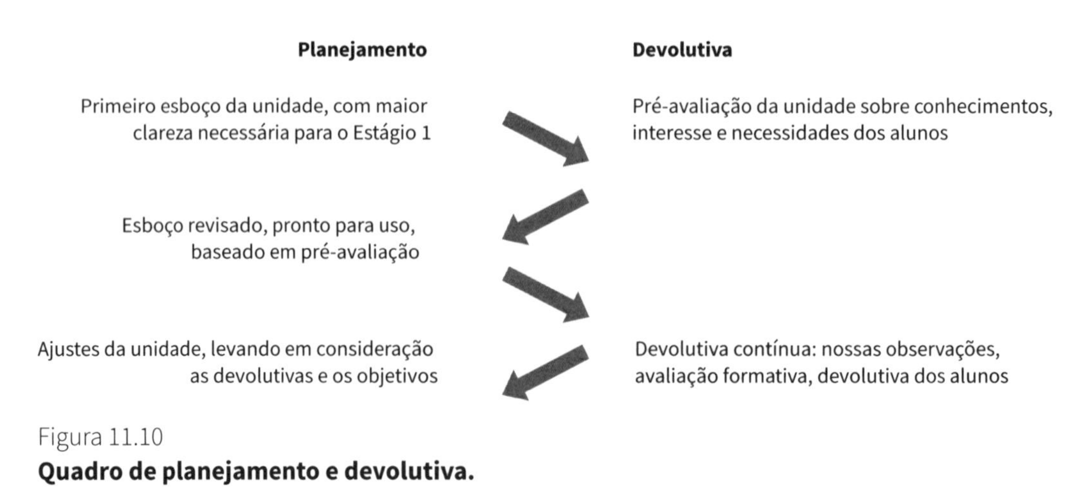

Figura 11.10
Quadro de planejamento e devolutiva.

dos os dilemas inerentes, só pode melhorar um planejamento e os resultados que lhe dão propósito.

Tendo considerado o processo de planejamento e seus dilemas inerentes, podemos agora aplicar o que examinamos até aqui a perguntas de planejamento maiores. Dado que as unidades são os únicos blocos constitutivos, como deveria ser a construção inteira? Como o planejamento da unidade deveria ser informado pelas ideias abrangentes, tarefas e padrões que devem inevitavelmente influenciar o trabalho de planejamento da unidade? Agora, vamos nos voltar a essas questões.

Capítulo 12
Panorama geral: planejamento para a compreensão como estrutura do currículo

Podemos perguntar, como um critério para qualquer assunto ensinado [...] se, quando plenamente desenvolvido, vale a pena que um adulto o conheça e se tê-lo aprendido quando criança torna a pessoa um adulto melhor. Se a resposta a ambas as perguntas for negativa ou ambígua, então o material está estorvando o currículo.
—Jerome Bruner, *The Process of Education*, 1960

A menos que uma experiência conduza a um campo previamente não familiar, não surgirão problemas, e problemas são um estímulo para o pensamento [...] Os novos fatos e novas ideias assim obtidos se tornam a base para mais experiências nas quais novos problemas são apresentados. O processo é uma espiral contínua.
—John Dewey, *Experience and Education*, 1938*

Até agora nós concentramos o planejamento para a compreensão no planejamento de unidade. Isso foi conveniente por uma série de razões. A unidade é um foco de planejamento confortável para os professores – não tão pequena que conduza a aulas isoladas e aprendizagens extremamente específicas, no entanto não tão grande que pareça excessiva e demasiado ampla para guiar o ensino no dia a dia.

Entretanto, muitos de vocês podem ter achado nossa abordagem ilógica (talvez até mesmo verdadeiramente reversa!), já que uma unidade precisa fazer parte de um curso de estudo prévio ou de um currículo anual adequado ao nível da série e também de uma estrutura mais ampla do programa. Como, então, o panorama geral, o currículo "macro", deve ser elaborado e implantado para refletir plenamente o planejamento reverso com uma ênfase na compreensão?

Uma descrição completa do planejamento de um currículo sistêmico plurianual está além do escopo deste livro. Em vez disso, focamos na pergunta que surge a partir das unidades individuais dos professores: que trabalho de planejamento no nível macro irá

* N. de R.T.: Versão em português: DEWEY, J. *Experiência e educação.* São Paulo: Vozes, 2011.

tornar o planejamento da unidade mais eficiente, coerente e efetivo? Nossa resposta previsível: o planejamento do programa do *curso* e as estruturas do *programa* usando planejamento reverso e os mesmos elementos-chave encontrados no modelo de unidade do planejamento para a compreensão. Especificamente, defendemos que os programas e cursos devem ser idealizados e estruturados em termos das *perguntas essenciais, compreensões duradouras, principais tarefas de desempenho* e *rubricas*. Esses elementos abrangentes servem, assim, como um modelo para todas as unidades e as conexões entre elas.

Quão grande é grande?

Compreensivelmente, você deve ter-se frustrado um pouco pelo fato de que nos capítulos anteriores nunca especificamos o escopo ideal das perguntas e compreensões ou como distinguir com maior precisão elementos abrangentes de elementos tópicos. Agora vamos dizer que a pergunta "quão 'grande' deve ser uma 'grande ideia'?" não pode ser respondida de forma isolada dos objetivos do curso e do programa. Algumas ideias são claramente "maiores" do que outras – ou seja, conceitualmente mais gerais, com maior transferibilidade e impacto. Ideias com alcance tão grande devem ancorar o trabalho e os programas inteiros. Uma única unidade possivelmente não poderá fazer justiça às ideias complexas mais comuns.

Portanto, chegar a um acordo quanto às ideias e tarefas de avaliação centrais – independentemente de se fazer isso pelas equipes curriculares da secretaria de educação ou por equipes de departamentos de área da escola e de acordo com o nível de ensino – alivia significativamente a carga do planejador da unidade. Dessa forma também livramos o currículo da incoerência que resultaria ao ser permitido que as unidades fossem planejadas isoladamente. A Figura 12.1 ilustra nossa visão macro do planejamento para a compreensão.

A Figura 12.2 apresenta uma ilustração do trabalho de um distrito para estruturar seu programa de História dos Estados Unidos para todo o ano em torno de grandes ideias e perguntas essenciais. As unidades individuais foram, então, construídas segundo essa perspectiva abrangente.

Perguntas essenciais como fundamentos para o curso e o programa

> O [impacto] mais significativo é provavelmente o modelo do distrito para os contornos do curso e mapas do currículo [...] Estamos mapeando todos os currículos com as compreensões duradouras e perguntas essenciais como um componente-chave.
>
> —Dorothy Katauskas, assistente do superintendente, New Hope-Solebury, Pennsylvania

A natureza abrangente e recorrente das perguntas essenciais faz delas idealmente adequadas para a estruturação do currículo macro de programas e cursos. Devido à sua natureza, as perguntas essenciais focam em grandes ideias que tipicamente não são específicas para a unidade. Elas só podem ser apropriadamente trabalhadas ao longo de muitas unidades e, em alguns casos, ao longo de anos de estudo. Na prática, isso significa que perguntas essenciais podem ser usadas para fornecer a espinha dorsal dos cursos e

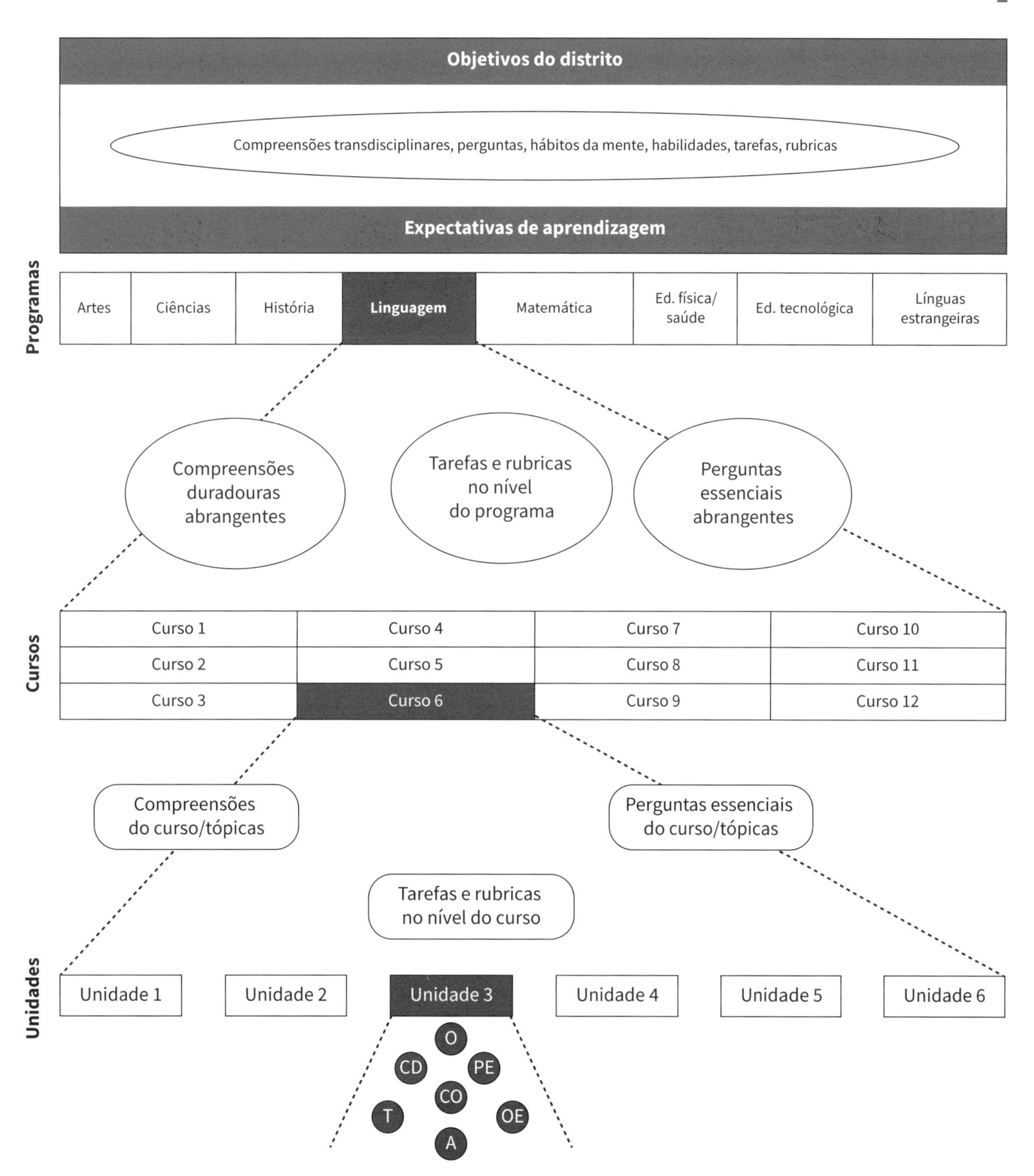

Figura 12.1
Uma estrutura de currículo baseada no planejamento para a compreensão: macro e micro.

programas dentro dos quais as unidades individuais se encaixam. Os exemplos a seguir ilustram como o uso de perguntas essenciais para estruturar todo o currículo torna o trabalho de planejamento das unidades mais fácil e mais coerente para os alunos.

História dos Estados Unidos - 7° ano		
Compreensões do curso	**Perguntas essenciais do curso**	**Habilidades do curso**
Os alunos irão compreender que... • Os preâmbulos da Declaração da Independência e a Constituição estabelecem o ideal de por que precisamos de governo e os princípios que devem guiar a tomada de decisão do governo – fornecendo uma estrutura por meio da qual possamos avaliar o progresso da nação e sugerir meios para melhorias. • O progresso geralmente tem um preço – e como consequência permite que a história julgue seu sucesso. • Indivíduos específicos, mesmo não sendo líderes eleitos, podem ter um impacto profundo na história. • Os Estados Unidos abandonaram sua política isolacionista quando os interesses econômicos e geopolíticos começaram a mudar, tornando-se uma força mundial dominante com novos desafios e responsabilidades. • Para promover o bem-estar geral, o governo tentou equilibrar a necessidade de deixar o mercado operar livremente e a necessidade de regulação para salvaguardar os interesses públicos. • A geografia continua a influenciar o desenvolvimento econômico, político e social da nossa nação. • Ao longo de toda a história americana, os temores em tempos de guerra e as ameaças percebidas à segurança levaram à negação de certas liberdades civis. • A cultura estadunidense reflete os eventos do dia e molda como os estadunidenses percebem a si mesmos. • A ratificação da Constituição não encerrou o debate sobre o poder governamental; ao contrário, as tensões econômicas, regionais, sociais e ideológicas que emergiram e continuaram a emergir estimulam os debates sobre o significado da Constituição e o equilíbrio apropriado entre o poder federal e estadual. • O compromisso do governo e do público com os direitos civis e igualitários avançou.	**1. Estamos nos transformando na nação que definimos que seríamos?** • Qual é o preço do progresso? • Como os indivíduos fazem a diferença? • Como os Estados Unidos se tornaram uma potência mundial? • Que aspectos determinam nosso envolvimento em assuntos internacionais? • Por que os Estados Unidos abandonaram sua política isolacionista estrangeira tradicional? • O compromisso com as ideias na Constituição deve se estender além das nossas fronteiras? • Qual é a responsabilidade do governo na promoção do bem-estar geral? • O governo deve ser mais intervencionista ou liberal em relação à economia? • Como a geografia influencia a história? • Historicamente, por que existe um conflito entre segurança e liberdade? • Como a identidade cultural da América mudou com o tempo? • Como o conflito entre os direitos dos Estados e o poder federal evoluiu com o tempo? • Como o compromisso do governo de "estabelecer a justiça" mudou com o tempo? • Como a definição de "justiça" mudou historicamente para se tornar mais inclusiva?	**O aluno irá desenvolver competências para análise histórica e geográfica, incluindo a habilidade de** • Identificar, examinar e interpretar documentos de fonte primária e secundária para aumentar a compreensão dos acontecimentos e da vida na história dos Estados Unidos. • Fazer conexões entre o passado e o presente. • Sequenciar acontecimentos significativos da história dos Estados Unidos desde a época constitucional até o presente. • Interpretar ideias e acontecimentos por diferentes perspectivas históricas. • Avaliar e discutir questões oralmente e por escrito. • Criar e explicar mapas, diagramas, tabelas, quadros e gráficos. • Analisar e interpretar mapas para explicar as relações entre relevo, características hídricas, características climáticas e acontecimentos históricos. • Analisar charges políticas, propagandas políticas, imagens e outras mídias gráficas. • Distinguir entre informação relevante e irrelevante. • Revisar informações quanto à precisão, separando fatos de opiniões. • Identificar um problema e recomendar soluções. • Escolher e defender posições por escrito, em discussões e debates.

Mark Wise and the Middle School Social Studies Team, West Windsor-Plainsboro, New Jersey.

Figura 12.2
Um exemplo de plano de currículo baseado no planejamento para a compreensão: Estágio 1.

Considere o seguinte conjunto de perguntas essenciais apresentadas por dois acadêmicos em História (BURNS; MORRIS, 1986) como uma forma de compreender a Constituição estadunidense. Reflita sobre como um curso de História dos Estados Unidos pode abordar estas questões por meio dos aspectos específicos de cada unidade:

> Muito – ou muito pouco – poder nacional? *Os limites aos poderes do Governo Federal determinados pela Constituição são realistas e aplicáveis?*
>
> O federalismo funciona? *A Constituição está mantendo um equilíbrio eficiente e realista entre o poder nacional e o poder estadual?*
>
> O poder judiciário é muito poderoso? *Os tribunais estão exercendo seus poderes como intérpretes da Constituição e apoiadores da política pública de forma apropriada?*
>
> Liberdade e segurança podem ser balanceadas? *Como o governo republicano pode fornecer segurança nacional sem colocar em risco as liberdades civis?*
>
> O que entendemos por "Todos os homens criados iguais"? *Quais tipos de igualdade são e devem ser protegidos pela Constituição e por quais meios?*
>
> Os direitos das mulheres e das minorias estão adequadamente assegurados?
>
> O presidente possui poder adequado – ou excessivo – sobre declaração de guerra e política internacional?
>
> Existem muitos freios e contrapesos constitucionais? *A separação dos poderes entre os três braços do governo cria um impasse na governança?*

Estes são alguns trechos de dois programas para cursos universitários, o primeiro sobre Direito Comercial e o segundo sobre História dos Estados Unidos, revisados para refletir o pensamento do planejamento para a compreensão:

> *Os alunos irão focar em quatro perguntas durante esta aula:*
>
> 1. *Por que o governo regula certas atividades? Ele deveria?*
> 2. *Quem são os atores envolvidos na definição de políticas governamentais e a partir de que base de poder eles estão operando?*
> 3. *Como é aplicada a regulação governamental?*
> 4. *Em que medida as leis e opiniões judiciais que interpretam as leis refletem a política subjacente à regulação governamental?*

Tudo o que fazemos neste curso aborda uma ou mais das seguintes perguntas:

> 1. *Qual é a história da História dos Estados Unidos?*
> 2. *Como os historiadores constroem e avaliam as histórias que eles contam?*
> 3. *Por que estudar História?*

Qualquer curso ou programa de estudo pode ser organizado da mesma forma. Este é um conjunto de perguntas abrangentes para uso na estruturação de um programa de Artes:

- De que formas os artistas influenciam a sociedade? De que formas a sociedade influencia os artistas?
- O que torna a arte "grande"? O que é beleza? O que é gosto? Eles estão relacionados? Fazem alguma diferença?
- Como as diferentes concepções de beleza influenciam o trabalho?
- Como artistas de diferentes épocas apresentam temas similares? Como a arte muda ao longo do tempo? Como e por que os artistas escolhem ferramentas, técnicas e materiais para expressar suas ideias?
- O que motiva os artistas? Como e de onde eles tiram suas ideias? O processo artístico é principalmente intuitivo? Artistas são formados ou já nascem prontos? Um artista sabe ou precisa saber? A resposta importa?
- Como podemos "ler" um trabalho de arte? A arte pode ser explicada de forma significativa? Pode ser criticada? A arte precisa ser explicada e criticada, ou se tentarmos fazer isso a arruinamos?
- Os artistas têm responsabilidade com o seu público ou com a sociedade?
- As artes têm regras? Quem deveria fazê-las?
- Devemos em algum momento censurar ou restringir a expressão artística?

E apresentamos aqui um conjunto de perguntas abrangentes para serem usadas na estruturação de um programa de Matemática:

- Que tipo de problema é este? O que devemos fazer quando estamos emperrados? Como você sabe se já terminou? O que fazem os melhores solucionadores de problemas? Como podemos mostrar...? De que outras formas...? Como melhor representamos a relação entre as partes e o todo? O padrão? A sequência?
- O que é um número? Tudo pode ser quantificado? O que não poderíamos fazer se não tivéssemos ou não pudéssemos usar os números? Por que temos números negativos? Números irracionais? Números imaginários?
- Qual é o padrão aqui? O quanto estamos confiantes? Como encontramos padrões? O que os padrões podem revelar? Como eles podem confundir?
- Quais são os pontos fortes e os limites da modelagem matemática? De que formas um modelo esclarece e de que formas ele distorce? Como os números (dados) podem mentir ou confundir? Quando uma resposta correta pode não ser a melhor solução para o problema?
- Como o que medimos influencia a forma como medimos? Como a forma como medimos influencia o que concluímos? Quando fazer uma estimativa é melhor do que calcular e quando não é? Quando a simplificação é útil? Prejudicial? Quando devemos exemplificar? Quando não devemos? O quanto (de um exemplo) é suficiente?
- O quanto você está certo? Qual é a provável margem de erro? O quanto ela é precisa? O quão precisa ela necessita ser? O que é prova? Eu tenho uma?

As estruturas curriculares típicas enfatizam listas de conhecimento do conteúdo e habilidades específicas. Isto tem o efeito de sutilmente encorajar os professores a "cobrir" as coisas de uma forma mecânica e excessivamente didática que sabemos ser menos envolvente, coerente e efetiva. Estruturar o currículo em torno de perguntas essenciais, e não do conteúdo, torna as investigações conectadas, instigantes e recorrentes mais apropriadamente centrais para a experiência de aprendizagem. Como sugere Mark Wise, o supervisor de Estudos Sociais que liderou o desenvolvimento da estrutura de História apresentada na Figura 12.2, "o planejamento para a compreensão é uma filosofia para o ensino e a aprendizagem. Depois que você entende, é muito difícil retornar às atividades de criação desconectadas ou à cobertura dos fatos sem um contexto mais amplo".

Perguntas transdisciplinares

Como observaram muitos participantes das oficinas de formação, as perguntas essenciais frequentemente ultrapassam as fronteiras curriculares, mesmo quando um planejamento transdisciplinar não é o objetivo. Tomemos duas das perguntas das listas anteriores: Qual é o padrão? O processo é primariamente intuitivo? As perguntas estão relacionadas à solução de problemas matemáticos *e* à expressão artística. Essa é uma das grandes virtudes da estruturação do currículo em torno de perguntas, e não do conteúdo. Boas perguntas tornam mais provável que o trabalho produza conexões e significados interessantes e férteis.

Considere as perguntas essenciais, então, em um nível ainda mais alto de generalidade. A escola secundária Central Park East, em Nova Iorque, fundada pela *MacArthur Fellow* Deborah Meier, desenvolve todo o seu currículo em torno de um conjunto de perguntas essenciais que são elencadas como principais "hábitos da mente" para os alunos internalizarem.

> *Em cada aula e cada matéria, os alunos aprenderão a perguntar e responder estas perguntas:*
>
> - *Segundo quais pontos de vista estamos vendo, lendo ou ouvindo? A partir de que ângulo ou perspectiva?*
> - *Como sabemos quando sabemos? Quais são as evidências e o quanto elas são confiáveis?*
> - *Como as coisas, acontecimentos ou pessoas estão conectados uns aos outros? Qual é a causa e qual é o efeito? Como eles se encaixam?*
> - *O que é novo e o que é antigo? Já nos deparamos com essa ideia antes?*
> - *E então? Por que isso tem importância? O que tudo isso significa?*

Em *The Basic School*, Ernest Boyer, o ex-presidente do *Carnegie Institute for the Advancement of Teaching*, propôs uma educação construída sobre uma base de "semelhanças essenciais" transdisciplinares e perguntas essenciais que as acompanham. Este é um exemplo dessas semelhanças acompanhado de um conjunto de perguntas relacionadas que devem ser exploradas em todos os anos do ensino fundamental:

> *Todo mundo está associado a uma variedade de grupos.*
>
> - *A quais grupos me associei quando nasci?*
> - *A quais grupos eu pertenço?*
> - *Por que as pessoas se associam a grupos?*
> - *Eu posso sair de um grupo? (BOYER, 1995, p. 90)*

Ainda outro exemplo provém do *International Baccalaureate Primary Years Program* (PYP). Cada unidade em um programa IB PYP deve abordar uma ou mais das seguintes perguntas essenciais:

- Como é?
- Como funciona?
- Por que é da forma como é?
- Como está mudando?
- Como está conectado a outras coisas?
- Quais são os pontos de vista?
- Qual é a nossa responsabilidade?
- Como sabemos?

As estruturas desenvolvidas em torno de grandes ideias e perguntas essenciais não precisam ser restringidas às humanidades e a outras disciplinas focadas em conteúdo. A Figura 12.3 é um exemplo de um currículo de Educação Física estruturado em torno dos elementos do planejamento para a compreensão.

Estruturando o currículo pelas tarefas de desempenho

Conforme destacamos, evidências robustas do desempenho dos alunos requerem mais do que uma fotografia isolada captada por uma avaliação externa uma vez por ano. E compreensão requer tarefas complexas que forneçam evidências da habilidade para transferência. Assim, o plano de avaliação local deve envolver mais tarefas de desempenho de alta qualidade e focadas na aplicação, construídas em torno das seis facetas. No entanto, a maioria das estruturas curriculares ignora ou dá pouca importância às avaliações, muito embora para ganhar especificidade sobre o currículo seja necessário clareza quanto aos objetivos de desempenho que estão incorporados em seus objetivos gerais – ou seja, as avaliações e rubricas.

Uma forma diferente de estruturar o currículo macro, então, é estruturá-lo por meio das atividades avaliativas! Quais são os principais tipos ou gêneros de desempenho que um aluno deve demonstrar para dominar o conteúdo? A Figura 12.4 fornece um exemplo do distrito de Greece, em Nova Iorque, onde os professores de Linguagens entraram em acordo quanto a um conjunto de avaliações escritas trimestrais em todo o distrito, avaliadas a partir de rubricas comuns. Cada aluno completa duas tarefas escritas para cada gênero apresentado na figura. Todo o distrito utiliza um mesmo comando para uma tarefa para cada gênero em cada série. Esse foco coordenado com avaliações comuns trouxe maior coerência ao programa *de ensino* para a escrita, resultando em melhor desempenho dos alunos.

A Faculdade Alverno vem planejando o seu currículo inteiro dessa forma por mais de 25 anos. Os objetivos são estruturados para cada disciplina e, entre as disciplinas, organizados em oito áreas de competência geral. Os professores desempenham um papel duplo: além de planejarem e ensinarem os cursos na sua disciplina, eles participam de comitês de planejamento das avaliações nas oito áreas de competência. Isso acarreta dois benefícios poderosos: cada professor aprende a pensar em termos mais amplos sobre o seu papel em relação à missão global, e as competências não passam despercebidas como no típico planejamento de curso focado no conteúdo disciplinar.

Um benefício de estruturar os currículos em torno das perguntas essenciais é que as perguntas naturalmente sugerem os tipos certos de tarefas de avaliação de ordem superior para ancorar o currículo local. Uma estratégia prática para elaborar as avaliações de desempenho mais apropriadas é imaginar que as perguntas essenciais oferecem as "especificações" gerais para uma atividade avaliativa particular. Então, conforme vimos nos dois exemplos sobre o curso universitário de Direito Comercial e sobre o curso de

Grandes ideias	Compreensão duradoura	Perguntas essenciais	Expectativas de aprendizagem
Liderança	Uma pessoa pode fazer a diferença.	Quem tem o poder e como essa pessoa o mantém?	4b, 4c, 4d, 4e, 5c, 5d, 6b
Comunicação	As palavras são poderosas. Fale gentilmente sobre si mesmo.	Quando você deve abrir a boca?	4b, 4d, 4e, 5c, 6a, 6b
Trabalho em equipe	Nem todos pensam ou agem como você.	Quando existe um "EU" na EQUIPE? Quando vencemos uma batalha e perdemos a guerra?	4b, 4c, 4d, 5c, 5d, 6a, 6b
Exploração	Correr riscos traz consequências inesperadas.	Quais são as dificuldades potenciais? Você é capaz de lidar com elas?	1d, 5a, 6c, 6d
Estratégia	Para onde você está indo é mais importante do que como você vai chegar lá.	Qual é o plano? Como ele vai ser para você?	2b, 2c, 2d
Regras	Regras são restrições e oportunidades.	Como as regras mudam a forma como você joga?	1b, 1c, 2a, 4a
Preparo físico	O preparo físico é um processo, não um produto.	Como é a aparência de uma pessoa em boa forma física?	3a-f
Bem-estar	Você deve se preparar para estar prevenido.	Você está falhando com seu corpo? Seu corpo está falhando com você?	Saúde: prevenção de lesões e doença Educação Física: 3d, 3e
Espírito esportivo	Não é o que você faz, mas COMO você faz.	O que faz com que um jogo valha a pena ser jogado?	4a, 4b, 4d, 4e, 5c, 5d, 6b
Competição	Cada partida pode deixar você mais forte.	Como uma competição o motiva? Quando ela vai além dos seus limites?	1a, 4b, 4e, 5b, 5d, 6c
Técnica	Primeiro, deliberadamente. Depois, naturalmente.	Quando você vai chegar lá? O que fazer até então?	1a-d, 2a-d

Figura 12.3
Um currículo de Educação Física estruturado em torno do planejamento para a compreensão.

História dos Estados Unidos, podemos dizer de antemão a alunos de qualquer idade: "Ao final deste curso, teremos considerado essas perguntas segundo vários pontos de vista, e vocês as utilizarão em vários tipos de projetos e desempenhos – portanto devem tê-las em mente constantemente".

Se as perguntas essenciais parecerem excessivamente conceituais ou filosóficas para cursos focados primariamente em competências, simplesmente identifique questões ou

Ano	Escrita expositiva	Escrita persuasiva	Análise literária	Escrita criativa/expressiva
6º	Relato de pesquisa	Trabalho com posicionamento	Ensaio literário sobre contexto ou conflito	Mito original
7º	Autobiografia	Avaliação de políticas	Ensaio literário sobre personagem	Redação pessoal
8º	Relato de pesquisa	Ensaio sobre problema/solução	Ensaio literário sobre simbolismo	Ficção narrativa
9º	Ensaio sobre causa e efeito	Editorial	Análise de múltiplos elementos literários	Poesia
10º	Relato de pesquisa	Ensaio sobre problemas sociais	Ensaio com uma visão crítica	Personagem histórico
11º	Ensaio de definição	Ensaio argumentativo	Ensaio comparativo de gêneros	Paródia/sátira
12º	Artigo de pesquisa	Trabalho com posicionamento	Resposta à crítica literária	Ironia

Figura 12.4
Um plano de avaliação de todo o distrito para redação.
Fonte: Adaptada do Departamento de Currículo e Ensino, Distrito Escolar Central de Greece, NY.

problemas relacionados aos principais desafios de desempenho que requerem o uso inteligente dessas competências. Em Matemática, duas perguntas – "Então, qual é o padrão?" e "Como isso deve ser exemplificado?" – podem estruturar um currículo inteiro *se* também dermos aos alunos um conjunto de problemas cuidadosamente planejados que se adaptem às perguntas e requeiram as habilidades desejadas. Por exemplo, a matemática equivalente aos gêneros linguísticos apresentados na Figura 12.4 envolveria apresentar aos alunos os mesmos problemas, ou similares, com base no mesmo conjunto de dados *heterogêneos*, a cada ano. Ou o mesmo problema básico poderia requerer (e apoiar) as respostas em vários níveis de sofisticação matemática, conforme sugerido, por exemplo, por uma pergunta como: "Qual é a embalagem ideal para transportar M&M's a granel?". Tais desafios também nos possibilitam diferenciar entre os alunos muito mais do que é possível agora usando itens de avaliação baseados em fatos e competências específicos.

Estruturar os cursos por meio de tarefas de avaliação com uma estratégia flexível pode ser especialmente útil ao lidar com cursos que contêm muitos conteúdos, como História. A seguir, apresentamos um exemplo planejado para atender aos padrões do estado de Nova Iorque em História Geral:

1. Planeje uma viagem aos locais mais sagrados do mundo, incluindo: mapas precisos; um guia com descrições das normas, costumes e etiqueta locais para os peregrinos visitantes; uma análise das rotas e meios de transporte mais econômicos; uma história curta sobre os principais locais, que desperte o interesse de seus pares; e uma bibliografia (leituras recomendadas para outros alunos).

2. Escreva uma Carta de Direitos para uso no Afeganistão, no Iraque e em democracias emergentes. Consulte tentativas passadas (p. ex., Carta de Direitos dos Estados Unidos, resoluções da ONU, Corte Suprema) e seus pontos fortes e pontos fracos e obtenha assinaturas de um grupo distinto de colegas e adultos para estimular a necessidade de um consenso.
3. Prepare um relatório sobre a América Latina para a Secretária de Estado. Escolha um país latino-americano e apresente uma análise das políticas e um relato histórico. Qual deveria ser nossa política atual, e o quanto a política recente tem sido efetiva nesse país?
4. Colete e analise reportagens da mídia na internet sobre a visão que outros países têm da política estadunidense no Oriente Médio. Organize um "caderno de informes" com cópias de trechos obtidos na imprensa para o Presidente, com seus comentários quanto à precisão e ao impacto dessas reportagens. Produza um vídeo curto de vários noticiários resumindo a reação mundial a uma decisão política recente dos Estados Unidos relacionada ao Oriente Médio.
5. Produza uma história oral, com gráficos em PowerPoint, para destacar a imigração característica dos Estados Unidos, as razões por que pessoas do mundo inteiro se mudaram para o país e as razões pelas quais as pessoas agora procuram limitar ou restringir a imigração. Entreviste imigrantes recentes nos Estados Unidos e registre suas razões para deixarem seu país de origem e irem para os Estados Unidos. Entreviste pessoas a favor da restrição da imigração e pergunte-lhes como suas famílias vieram para os Estados Unidos. Em que aspectos elas acham que é parecido e em que aspectos é diferente agora?
6. Planeje a apresentação de uma feira comercial demonstrando as conexões entre a geografia e a economia de um país europeu e o impacto da sua filiação à nova União Econômica Europeia.
7. Escreva e faça em vídeo com um discurso feito por um dirigente de um país africano sobre a história das relações entre Estados Unidos e África e uma resposta do Secretário de Estado dos Estados Unidos.
8. Faça parte de um debate formal sobre um assunto controverso de relevância global, como um socorro das Nações Unidas ao Iraque, o papel dos Estados Unidos no Oriente Médio ou o aquecimento global.
9. Organize um modelo das Nações Unidas formando grupos de 2 a 3 alunos, cada um representando um país, e tente aprovar uma resolução do Conselho de Segurança sobre terrorismo.
10. Apresente ao Comitê das Nações Unidas um informe sobre o estado atual da Rússia, as relações entre Estados Unidos e Rússia no último século e preocupações e possibilidades futuras. A Rússia é amiga ou adversária?
11. Prepare um relatório sobre a Índia e a terceirização. Em que medida a economia global é uma coisa boa para os Estados Unidos? Para a Índia? Para os vizinhos da Índia?

Das tarefas às rubricas

O desenvolvimento de tarefas de desempenho centrais naturalmente leva à seleção ou ao planejamento de rubricas de avaliação que as acompanham. Imagine a força de um sistema desenvolvido em torno de 30 rubricas que são usadas de forma consistente em todo o distrito ou escola pelos professores *e* pelos alunos. Por exemplo, suponha que existissem rubricas de avaliação *em todos os sistemas* para os seguintes critérios:

- Efetivo
- Claro
- Elegante
- Gracioso
- Bem elaborado
- Bem apresentado
- Organizado
- Minucioso
- Coerente
- Intencional
- Eficiente
- Persistente
- (Auto)crítico
- Ponderado
- Cuidadoso
- Responsivo
- Metódico
- Polido
- Detalhado
- Preciso
- Embasado
- Verificado
- Focado
- Perceptivo
- Fluente
- Proficiente
- Capacitado

Esse conjunto pode ser alterado, quando necessário, com marcadores de itens ou outros indicadores para tarefas particulares, embora a estrutura mais geral permaneça intacta de modo que os alunos recebam uma mensagem consistente sobre a natureza do trabalho de qualidade. Eis um exemplo de uma rubrica para o critério "claro", com itens mostrando como as expectativas gerais podem ser interpretadas para uma tarefa da 3ª série envolvendo um cartaz:

Claro

6 A comunicação é excepcionalmente clara. A linguagem é sofisticada e precisa. A estrutura da sentença é variada e complexa. O uso é correto. Erros de menor importância na mecânica e na grafia, caso ocorram, não interferem na fluência do trabalho. O trabalho é desenvolvido de forma minuciosa e lógica, e o significado é inequívoco. A intenção do trabalho é atingida por meio de um controle incomum sobre a forma e o conteúdo.

- *Uau! Muito claro. Sabemos o que você pretendia nos contar. Você chama a nossa atenção para a sua grande ideia inteligentemente pela forma como organiza, colore e escreve as coisas e pelas palavras que usou.*
- *Sem desordem ou confusão no cartaz. Excelente caligrafia, ilustração e uso do espaço.*
- *Sem erros de grafia ou gramática.*

5 A comunicação é clara. A linguagem é adequada e precisa. A estrutura da sentença é variada. O uso é correto. Erros de menor importância na mecânica e na grafia, caso ocorram, não interferem na fluência do trabalho. O trabalho é desenvolvido de maneira lógica, e o significado pretendido é inequívoco. O trabalho revela uma mensagem ou significado bem ponderado e bom controle sobre a melhor forma de transmiti-lo.

- *Um cartaz claro. Entendemos a sua mensagem sem dificuldade. Limpo e bem organizado para deixar claro qual é a sua grande ideia.*
- *Sem erros de grafia ou gramática.*

4 A comunicação é preponderantemente clara. A linguagem é adequada, mas nem sempre suficientemente precisa. A estrutura da sentença é variada. Erros de menor importância no uso, na mecânica ou na grafia não interferem na fluência do trabalho. Há alguns casos de ambiguidade, imprecisão ou linguagem difícil de discernir (especialmente referente a ideias mais sutis ou complexas). O trabalho sugere, no entanto, um significado ponderado.

- *Um cartaz bem claro. Entendemos sua mensagem, porém pode haver algumas coisas que nos distraem um pouco.*
- *De modo geral, um bom planejamento para apoiar sua posição, mas pode haver pontos em que não temos certeza do que é mais importante.*
- *Um ou dois erros de menor importância de grafia ou gramática que não nos confundem ou distraem.*

3 A comunicação não é tão clara. A linguagem pode ser inadequada, nem sempre adequada ou à altura das demandas da tarefa. A estrutura da sentença é preponderantemente correta. Erros no uso, na mecânica ou na grafia podem ter um efeito menor na fluência do trabalho. Há exemplos importantes de ambiguidade, imprecisão ou significados difíceis de discernir. As ideias principais são insuficientemente desenvolvidas ou explicadas. O trabalho é insuficiente para comunicar o significado de forma efetiva e/ou o trabalho sugere um significado insuficientemente ponderado.

- *Cartaz pouco claro. Descobrir a mensagem não é tão fácil quanto deveria ser devido a sua configuração, palavras ou figuras que são confusas ou desordenadas. Podemos ter problemas em entender a sua mensagem: "Onde você quer chegar?" pode ser uma pergunta comum. Talvez uma lista exagerada.*
- *Alguns erros de grafia ou gramática nos distraem do que você pretende informar.*

2 A comunicação é pouco clara. Pode haver erros maiores na estrutura da sentença, no uso, na mecânica ou na grafia que interferem na fluência do trabalho. Há pontos em que os significados pretendidos não podem ser discernidos. A linguagem pode ser muito imprecisa, inapropriada ou imatura para transmitir a mensagem pretendida e/ou o trabalho sugere um significado insuficientemente ponderado. As ideias principais não são conectadas nem desenvolvidas.

- *Cartaz pouco claro. É difícil descobrir a mensagem devido à desorganização ou a um trabalho incompleto.*
- *Temos dificuldade em entender as palavras devido a caligrafia, erros de grafia ou gramática.*

1 A comunicação é difícil, se não impossível de decifrar, ou não há evidências no trabalho de um significado pretendido ou deliberado.

- *Não conseguimos descobrir a sua mensagem. Não há material suficiente aqui OU é uma grande miscelânea e/ou há muitas palavras, figuras e grafia confusas e erros de gramática.*

Como ocorre com todas as rubricas, os alunos irão precisar ver exemplos de trabalho para cada ponto na escala para que a rubrica possa ser útil para autoavaliação, autoajuste e compreensão do julgamento final do professor.

Rubricas *longitudinais* são úteis para mapear o progresso ao longo do tempo. A Grã-Bretanha usa um conjunto dessas rubricas para os vários assuntos como parte de sua orientação curricular nacional. A seguir, apresentamos uma rubrica que descreve níveis crescentes de compreensão em Ciências para alunos entre 5 e 16 anos (SCHOOL CURRICULUM AND ASSESSMENT AUTHORITY, 1995):[1]

Cumprimento da meta 1: investigação científica

Nível 1. Os alunos descrevem ou respondem apropriadamente a características simples de objetos, coisas vivas e eventos que eles observam, comunicando seus achados de forma simples, *por exemplo, falando sobre seu trabalho, por meio de desenhos, tabelas simples.*

Nível 2. Os alunos respondem a sugestões sobre como descobrir as coisas e, com ajuda, fazem suas próprias sugestões sobre como coletar dados para responder às perguntas. Eles usam textos simples, com ajuda, para encontrar informações. Utilizam equipamento simples fornecido e fazem observações relacionadas à sua tarefa. Observam e comparam objetos, coisas vivas e eventos. Eles descrevem suas observações usando vocabulário específico e as registram usando tabelas simples, quando apropriado. Eles dizem se o que aconteceu foi o que esperavam.

Nível 3. Os alunos respondem a sugestões e apresentam suas ideias sobre como encontrar a resposta a uma pergunta. Eles reconhecem por que é importante coletar dados para responder perguntas. Eles usam textos simples para encontrar informações. Fazem observações relevantes e medem quantidades, como comprimento ou massa, usando uma variedade de equipamentos simples. Quando apropriado, eles realizam um teste de confiabilidade com alguma ajuda, reconhecendo e explicando por que o resultado é confiável. Eles registram suas observações de várias maneiras. Fornecem explicações para as observações e para padrões simples nas medidas registradas. Eles comunicam de forma científica o que descobriram e sugerem melhorias em seu trabalho.

Nível 4. Os alunos reconhecem que ideias científicas estão baseadas em evidências. Em seu trabalho investigativo, eles decidem quanto a uma abordagem apropriada, *por exemplo, usando um teste de confiabilidade* para responder uma pergunta. Quando apropriado, eles descrevem ou mostram a forma como desempenham sua tarefa, como variar um dos fatores mantendo os outros iguais. Quando apropriado, fazem previsões. Eles selecionam informações das fontes que lhes são fornecidas. Escolhem o equipamento adequado e fazem uma série de observações e medidas que são adequadas para a tarefa. Registram suas observações, comparações e medidas usando tabelas e gráficos de barras. Eles começam a traçar pontos para formar gráficos simples e usam esses gráficos para indicar e interpretar os padrões em seus dados. Começam a relacionar suas conclusões a esses padrões e ao conhecimento e compreensão científicos e a comunicá-los com linguagem científica apropriada. Eles sugerem melhorias em seu trabalho, apresentando as razões.

Nível 5. Os alunos descrevem como evidências experimentais e pensamento criativo foram combinados para oferecer uma explicação científica, *por exemplo, o trabalho do aprendiz sobre vacinação no Estágio 2, o trabalho de Lavoisier sobre combustão no Estágio 3.* Quando tentam responder uma pergunta científica, identificam uma abordagem apropriada. Eles escolhem a partir de uma gama de recursos de informação. Quando a investigação envolve um teste de confiabilidade, eles identificam os principais fatores a serem considerados. Quando apropriado, eles fazem previsões com base em seu conhecimento científico e compreensão. Eles escolhem o instrumento para uma variedade de tarefas e planejam como usá-lo efetivamente. Fazem uma série de observações, comparações ou medidas com precisão apropriada à tarefa. Começam a repetir observações e medidas e oferecem explicações simples para as diferenças que encontram. Registram as observações e medidas sistematicamente e, quando apropriado, apresentam os dados como gráficos de linha. Eles tiram conclusões que são consistentes com as evidências e começam a relacioná-las com o conhecimento científico e a compreensão. Eles fazem sugestões práticas sobre como seus métodos de trabalho podem ser melhorados. Usam linguagem científica e convenções apropriadas para comunicar dados quantitativos e qualitativos.

Nível 6. Os alunos descrevem as evidências para algumas ideias científicas aceitas e explicam como a interpretação das evidências pelos cientistas leva ao desenvolvimento e à aceitação de novas ideias. Em seu próprio trabalho investigativo, eles usam o conhecimento científico e a compreensão para identificar uma abordagem apropriada. Eles escolhem e usam fontes de informação de maneira efetiva. Fazem medidas, comparações e observações suficientes para a tarefa. Medem uma variedade de quantidades com precisão, usando instrumentos com divisões em escala precisa. Eles escolhem escalas para os gráficos e diagramas que lhes possibilitam apresentar dados e características efetivamente. Eles identificam medidas e observações que não se encaixam no padrão principal apresentado. Tiram conclusões que são consistentes com as evidências e usam o conhecimento científico e a compreensão para explicá-las. Fazem sugestões fundamentadas sobre como seus métodos de trabalho podem ser melhorados. Eles selecionam e usam métodos apropriados para comunicar dados qualitativos e quantitativos usando a linguagem e convenções científicas.

Nível 7. Os alunos descrevem algumas previsões com base em teorias científicas e dão exemplos das evidências coletadas para testar essas previsões. Em seu próprio trabalho, usam o conhecimento científico e a compreensão para decidir sobre as abordagens apropriadas para as perguntas. Identificam os fatores principais em contextos complexos e em contextos em que as variáveis não podem ser prontamente controladas e planejam procedimentos apropriados. Eles sintetizam informações de uma variedade de fontes e identificam possíveis limitações em dados secundários. Fazem observações sistemáticas e medidas com precisão, usando uma ampla variedade de instrumentos. Eles identificam quando precisam repetir as medidas, comparações e observações para obter dados confiáveis. Quando apropriado, representam os dados em gráficos, plotando as linhas das funções que são mais adequadas aos dados. Eles tiram conclusões que são consistentes com as evidências e as explicam usando o conhecimento científico e a compreensão. Começam a considerar se os dados que coletaram são suficientes para as conclusões que tiraram. Eles comunicam o que fizeram usando uma ampla gama de linguagens e convenções científicas e técnicas, que incluem símbolos e fluxogramas.

Nível 8. Os alunos dão exemplos de explicações científicas ou modelos que tiveram que ser mudados à luz de evidências científicas adicionais. Eles avaliam e sintetizam dados de uma variedade de fontes. Reconhecem que investigar diferentes tipos de questões científicas requer diferentes estratégias e usam o conhecimento científico e a compreensão para selecionar uma estratégia apropriada no seu próprio trabalho. Eles decidem quais observações são relevantes no trabalho qualitativo e incluem detalhes apropriados em seus registros. Decidem o nível de precisão necessário em comparações ou medidas e coletam dados que lhes possibilitam testar as relações entre as variáveis. Eles identificam e começam a explicar observações e medidas anômalas e as levam em consideração quando desenham os gráficos. Usam o conhecimento científico e a compreensão para tirar conclusões a partir das suas evidências. Examinam gráficos e tabelas de resultados de forma crítica. Comunicam os achados e argumentos usando linguagem e convenções científicas apropriadas, demonstrando consciência da variedade de opiniões.

Desempenho excepcional. Os alunos dão exemplos de explicações e modelos científicos que foram questionados por experimentos posteriores e explicam a importância das evidências na modificação das teorias científicas. Eles avaliam e sintetizam os dados a partir de uma gama de recursos. Reconhecem que a investigação de diferentes tipos de perguntas científicas requer diferentes estratégias e usam o conhecimento científico e a compreensão para selecionar uma estratégia apropriada em seu próprio trabalho. Eles registram as observações e comparações relevantes, identificando claramente pontos de particular importância. Decidem o nível de precisão necessário nas medidas e coletam dados que satisfazem essas exigências. Usam seus dados para testar as relações entre as variáveis. Identificam e explicam observações e medidas anômalas, levando isso em conta quando desenham os gráficos. Eles usam o conhecimento científico e a compreensão para interpretar tendências e padrões e para tirar conclusões a partir das suas evidências. Examinam de forma crítica os gráficos e tabelas dos resultados e dão explicações fundamentadas de como podem coletar evidências adicionais. Eles comunicam os achados e argumentos usando linguagem científica e convenções apropriadas, mostrando sua consciência do grau de incerteza e de uma gama de visões alternativas.

A rubrica do planejamento para a compreensão para as seis facetas da compreensão (veja a Figura 8.3) pode servir como uma estrutura para desenvolver outras rubricas de desenvolvimento. Existem rubricas de desenvolvimento similares em línguas estrangeiras. O Conselho Americano sobre o Ensino de Línguas Estrangeiras (ACTFL), por exemplo, desenvolveu diretrizes de proficiência para falar e escrever (BREINER-SANDERS *et al.*, 1999). Vários sistemas de rubricas também projetam o desenvolvimento da alfabetização. Por exemplo, o sistema abrangente desenvolvido pelo pesquisador infantil Samuel Meisels indica o desenvolvimento da alfabetização de acordo com o ano, observando que as crianças de jardim de infância preveem os próximos acontecimentos em uma história, os alunos do 1° ano podem pular as palavras novas e os do 2° ano podem usar uma figura para dar significado a palavras que não são familiares. O sistema abrangente foca no desenvolvimento desde o jardim de infância até o 5° ano (JABLON *et al.*, 1994)*.

Aplicando "escopo e sequência" a um currículo para a compreensão

> As crianças raramente [recebem trabalho de] redefinição do que foi encontrado, remodelando-o, reordenando-o. O cultivo da reflexão é um dos grandes problemas que enfrentamos *ao criar currículos*: como levar as crianças a descobrirem a força e os prazeres que estão à espera no exercício da retrospecção.
>
> _ Jerome Bruner, *Beyond the Information Given*, 1973 (ênfase acrescentada)

* N. de R.T.: Trata-se de um sistema de avaliação do desenvolvimento infantil que cobre aspectos como letramento, pensamento matemático, desenvolvimento social, comportamento, entre outros aspectos. O sistema de rubricas foi criado para aumentar a confiabilidade e a validade nas avaliações feitas por meio de observação, especialmente com crianças pequenas.

Uma estrutura abrangente de grandes ideias, tarefas centrais e rubricas de desenvolvimento – isso não é tudo o que precisamos, então, para desenvolver um currículo poderoso? A resposta é não, conforme sugerem a citação de Bruner, os argumentos sobre OPERAAO, a discussão sobre "descoberta" e o foco em grandes ideias e desempenhos centrais. Se compreender requer o repensar e a constante (re)aplicação no interior de uma *unidade*, então o que acontece com um *currículo* inteiro? Questões de escopo e sequência assumem grande importância em uma estrutura macro – muito maior do que muitos educadores talvez percebam.

Perguntas sobre a "sequência" ideal em escopo e sequência soam um tanto abstratas, mas o impacto de determinado fluxo *versus* outro é real e imediato, conforme observado na discussão da organização de unidades no Capítulo 10. Um mecânico aprendiz acharia muito estranho e sem utilidade, por exemplo, se um mecânico experiente separasse o motor de um carro, espalhasse as peças no piso da garagem e desse aulas expositivas detalhadas, com ótimos audiovisuais, sobre cada parte do motor e sua relação com as outras em resposta à pergunta "O que há de errado com este carburador?". No entanto, o profissional poderia argumentar que as explicações apresentavam um tratamento lógico e detalhado de todas as informações relevantes sobre motores de automóveis.

Em outras palavras, tanto o conteúdo quanto os métodos de ensino podem ser da mais alta qualidade, porém o curso pode falhar completamente em produzir aprendizagem efetiva. O sequenciamento da aprendizagem, tendo em mente os desempenhos e as grandes ideias que recorrem, é tão importante quanto a qualidade dos elementos curriculares – talvez mais, se o engajamento do aprendiz, a compreensão e a produtividade forem os critérios para julgamento da sequência. Acreditamos que o objetivo de compreensão do aprendiz está em risco em sequências do curso e do currículo que envolvem um circuito para cada tópico, em um fluxo imposto pelos elementos separados do conteúdo em vez de pelos objetivos de desempenho do aprendiz relacionados à compreensão.

Eis uma maneira simples de resumir como deve ser o escopo e a sequência, levando em conta nossos argumentos acerca das grandes ideias e das tarefas de desempenho centrais: o fluxo do trabalho de aprendizagem em uma sala de aula deve ser o mesmo de uma pista de atletismo ou de um estúdio de arte. O objetivo em todos os casos é ser capaz de *fazer* o conteúdo com compreensão – adquirir conhecimento e competência não como um fim em si mesmo, mas como um meio de lidar com as tarefas principais na área. Independentemente de estarmos falando sobre Física ou um jogo de hóquei, então, se o objetivo for o desempenho inteligente, a lógica geral para a aprendizagem deve ser a mesma: (1) planejamento reverso a partir de objetivos de desempenho explícitos, com o trabalho ajustado constantemente em resposta às devolutivas dos aprendizes e aos resultados de desempenho (i.e., evidências da compreensão); (2) um movimento constante e frequente entre um elemento de desempenho (aprendizagem e uso de conhecimento e habilidades específicas) e a tarefa complexa como um todo que prioriza e justifica a aprendizagem; (3) um movimento regular de vaivém entre ser instruído e tentar aplicar a aprendizagem; e (4) uma sequência que possibilita aprendizagem a partir dos resultados, sem punições, antes de avançar e estar pronto para desempenhar formalmente.

Acreditamos que a lógica se aplica a todos os currículos em todas as áreas, mesmo que muitos de vocês possam instintivamente contra-argumentar que programas baseados no desempenho são inerentemente diferentes das áreas de conteúdo centrais. Mas lembre-se de que, quando os participantes das oficinas de formação foram convidados a trabalhar no exercício do "melhor planejamento" mencionado anteriormente, independentemente do conteúdo, eles disseram que a melhor aprendizagem envolve um movimento de vaivém entre o desempenho como um todo e elementos de conhecimento e habilidade específicos e uma aplicação constante do conteúdo baseada em objetivos de desempenho claros. *Seja qual for* o assunto, aprendemos melhor atravessando muitos ciclos de aprendizagem do tipo parte-todo-parte, experimentando, refletindo, ajustando. Aprendemos conteúdo suficiente para sermos capazes de usá-lo e fazemos progresso enfrentando ideias e aspectos de desempenho cada vez mais complicados.

Entretanto, a maioria dos cursos acadêmicos tem sido historicamente organizada como o curso de mecânica daquele especialista em consertos de automóveis: uma caminhada através do conteúdo, desde os aspectos básicos até o material avançado, com uma longa demora – algumas vezes interminável – na aplicação, em detrimento do envolvimento e da eficácia. De alguma forma, nos conteúdos acadêmicos isso não parece tão tolo quanto seria na garagem, no computador, na sala de ensaios da banda ou no campo de jogo. Mas é dessa forma que longos anos de hábito nos deixam cegos. Ciências, Matemática e História, na forma como são realmente praticadas, envolvem consideravelmente mais do que colocar uma marcação de visto em fatos recordados. Usamos a palavra *disciplina* por uma razão: uma área de estudo envolve, em última análise, *praticar* um assunto – usar o conteúdo de forma *disciplinada*.

Além disso, existe uma ironia na lógica consagrada dos cursos típicos. Independentemente do quanto é moderno seu *conteúdo*, seu *fluxo* é em geral baseado em uma visão pré-moderna da aprendizagem. Uma caminhada através do "que é conhecido", organizada pela lógica do *conteúdo*, é uma tradição medieval usada antes que houvesse máquinas de impressão, antes que houvesse discordâncias intelectuais profundas e públicas sobre a verdade e antes que a educação visasse atender aos interesses do aluno como usuário. Na visão pré-moderna, *compreensão* requeria apenas receptividade e contemplação das verdades, organizadas logicamente em palavras – o que deliberadamente distinguia uma educação liberal de uma aprendizagem prática.

Propomos, então, que a estrutura de boa parte de um currículo é lamentavelmente inadequada e que apenas melhorar a forma como o conteúdo é estruturado e transmitido é insuficiente para tornar a aprendizagem focada na compreensão. De fato, quanto mais conteúdo apresentarmos e buscarmos "logicamente", em nome do rigor e do cronograma, mais difícil será para os aprendizes entenderem as grandes ideias e tarefas centrais dentro da abordagem tradicional da sequência. Sugerimos que a sequência do currículo encontrada nas áreas de desempenho mais "modernas" (seja em engenharia, espanhol, administração, banda de *jazz* ou culinária) é mais verdadeira em relação ao que sabemos sobre como e por que as pessoas aprendem e deve ser aplicada a todas as áreas acadêmicas tradicionais para que a compreensão (e até a memória) do aprendiz possa melhorar.

A lógica do conteúdo *versus* a lógica de compreender o conteúdo

Vamos esclarecer como a lógica da aprendizagem para *desempenhar* com conteúdo é muito diferente da lógica do *conteúdo em si*. Para usar um exemplo simples, considere o fluxo de aprendizagem requerido para dominar um *software*. O objetivo é ser capaz de usar o *software* produtivamente o mais rápido possível. Muitos fabricantes inclusive fornecem um livreto denominado *Guia Inicial*, concebido para as pessoas que não querem ler os manuais ou que ficam travadas diante de muitos fatos! Além disso, tipicamente são fornecidos pelo menos dois manuais diferentes: um para trabalhar com o *software* em situações cotidianas típicas e um manual mais volumoso, que inclui todas as características e procedimentos para a solução de problemas, que pode ser consultado quando necessário. *Softwares* mais complicados também fornecem tutoriais práticos para que o usuário se familiarize e se sinta confortável com as principais características do programa. O manual mais volumoso é mais como um livro didático tradicional e é organizado de forma diferente dos materiais impressos com tutorial. No manual de referência mais volumoso, todas as características são explicadas, uma por uma; no tutorial, o fluxo é determinado pela lógica da aprendizagem para usar o conteúdo em aplicações gradualmente mais complicadas.

Assim, acreditamos que não é por acaso que mesmo crianças consigam ter domínio do uso de *softwares*, enquanto estudantes universitários se esforçam para aprender História e Biologia. Quando o objetivo é o uso autossuficiente e produtivo, a abordagem do conteúdo e da sequência muda drasticamente em termos de transmissão da informação. Isso é precisamente o que é necessário em toda a aprendizagem acadêmica. Aquilo que chamamos de "assunto" do ponto de vista da aprendizagem não é o "material", assim como o "material" do *software* segundo a perspectiva do usuário é o código subjacente e uma lista de todas as características. Assim, até agora falhamos no meio acadêmico em ver o que o mundo em geral aprendeu no treinamento. A questão é a máxima transferibilidade – o *uso* efetivo do material, não meramente a *aprendizagem* do material. As necessidades de desempenho e as prioridades determinam o momento e as abordagens usadas na aprendizagem do conteúdo. A sequência de aprendizagem é estruturada pelas principais tarefas de desempenho, não pelo sumário dos materiais de referência usados no treinamento.

Mais uma vez, essa ideia não é nada nova. Whitehead (1929, p. 2) disse isso de forma brilhante quase um século atrás:

> Permita que as principais ideias introduzidas na educação de uma criança sejam poucas e importantes e permita que elas sejam lançadas em todas as combinações possíveis. A criança deve se apropriar delas e deve compreender a sua aplicação aqui e agora [...] Os pedantes torcem o nariz para uma educação que é útil. Mas se uma educação não for útil, então o que ela será? É um talento a ser escondido em um guardanapo?... É claro que a educação deve ser útil [...] Ela é útil porque a compreensão é útil.

Lamentavelmente, veja qualquer livro didático de Matemática, Ciências ou História. Independentemente da inclusão de atividades, exercícios e gráficos, o livro didático é como o manual de consulta do *software*. A apresentação basicamente passa pelos tópicos ordenadamente, divorciada de um uso significativo ou perguntas abrangentes importantes. Em vez de ser tratado como um recurso que serve a objetivos específicos relacionados ao uso, o livro didático desnecessariamente se transformou em um programa fechado, inapropriadamente visto como forma e conteúdo aos olhos dos autores e usuários.

Essa forma de pensar deve nos ajudar a ver mais claramente uma característica disfuncional dos currículos convencionais. Como eles são direcionados pelo conteúdo, não é exagero afirmar que eles não revelam prioridades genuínas. Cada tópico parece ser igual a cada um dos outros tópicos, e o fluxo é insensível à necessidade de desempenho ou aos equívocos do aprendiz. As prioridades genuínas, por sua vez, se tornam tangíveis como perguntas recorrentes relacionadas aos principais objetivos de desempenho. As prioridades de aprendizagem devem ser separadas do livro didático, em outras palavras, como quando um treinador de futebol ou de representação teatral estrutura os objetivos de desempenho separados de algum material de recurso que possa ser usado. Compreensão, habilidade e até mesmo memorização precisa e oportuna estão em risco, independentemente do quanto a abordagem é consagrada, quando meramente cobrimos os tópicos.

Podemos chamar a abordagem típica de visão da aprendizagem "tijolo por tijolo". Se os pedreiros fizerem apenas o que lhes é dito para fazer, tijolo por tijolo, a casa da compreensão será o resultado. Simplesmente não é assim que a aprendizagem funciona. Na condição de trabalhadores, temos que ter a visão geral, o plano; temos que jogar com, experimentar e usar o que nos é dado para vermos seu valor e significado. Aprendizagem se parece mais com a resolução de palavras cruzadas difíceis ou com o ato de esculpir com uma ideia em mente do que com assentamento de tijolos. A atividade todo-parte--todo é crucial, assim como o movimento de vaivém entre o domínio dos elementos e as perguntas acerca da sua importância e o inevitável repensar durante o percurso.

Para uma visão melhor do dano involuntário causado por uma abordagem do tipo "peça por peça" da sequência na aprendizagem, pense em um currículo inteiro como colapsado dentro de um curso, apoiado por um livro. Em outras palavras, pense no que fazemos agora como o equivalente a organizar toda a aprendizagem em torno da forma e do conteúdo da enciclopédia. Resumos organizados como esse são úteis somente quando temos perguntas específicas, curiosidades ou necessidades de desempenho (como sabem os redatores de manual do *software*). Quando temos uma pergunta em mente, a organização e o conteúdo da enciclopédia são mais úteis, possibilitando que encontremos o que precisamos em quantidade suficiente. No entanto, quando ainda não conhecemos o assunto, quando nenhuma pergunta ou problema de alta prioridade guiam a investigação, uma marcha interminável se torna confusa, desprovida de significado e desalentadora, como se apenas lêssemos na enciclopédia uma entrada após outra e fôssemos testados em nosso conhecimento.

Em consequência, em muitos cursos, desde o jardim de infância até a universidade, as perguntas mais básicas do aprendiz sobre propósito – Por que isso? Por que agora? E então? – são interminavelmente adiadas ou ignoradas *pelo próprio trabalho* (independentemente de qualquer explicação verbal dada pelo professor). A que custo da compreensão ou mesmo do engajamento? Deve nos surpreender, então, que os únicos alunos que perseveram são aqueles que são mais capazes de adiar a gratificação ou de confiar nos adultos? É possível que tudo esteja de cabeça para baixo? Talvez nossos melhores e mais brilhantes alunos sejam aqueles que persistem *apesar* da falta de significado acarretada por tanto trabalho, que conseguem encontrar valor no trabalho escolar por conta própria.

Repensando o escopo e a sequência

Há uma ironia aqui. A expressão *escopo e sequência* é bem conhecida dos educadores como rótulo para a lógica do currículo. Porém, a maioria dos educadores perdeu de vista seu significado original. Hollis Caswell*, um deweyano progressista que tornou essa expressão popular, estava tentando organizar muitas das ideias que discutimos até aqui em uma estrutura útil para os educadores. Em seu significado original, o *escopo* se referia às "principais funções da vida social", e a *sequência* se referia aos "centros de interesse" nas vidas dos alunos em determinado ponto no tempo. O sequenciamento apropriado dos tópicos – a "lógica" do programa – pretendia, assim, derivar do desdobramento do trabalho que pareceria mais natural e interessante para o aprendiz.[2]

Dewey, mentor de Caswell, viu essa questão com mais clareza do que ninguém, cem anos atrás. Ele repetidamente defendeu em seus escritos, sem sucesso, que se basear na lógica do conteúdo para guiar a sequência e a pedagogia era uma causa importante dos resultados decepcionantes que vemos em educação:

---

* N. de R.T.: Caswell foi um importante educador estadunidense, mais conhecido por seu trabalho no campo do planejamento de currículo. Foi presidente do *Teachers College* da Universidade de Columbia, em Nova Iorque.

> Há uma forte tentação em pressupor que apresentar uma disciplina em sua forma perfeita fornece uma estrada perfeita para a aprendizagem. O que é mais natural do que supor que o imaturo pode ser poupado de tempo e energia e ser protegido de erros desnecessários ao começar por onde os investigadores competentes pararam? Os resultados estão escritos em grande parte da história da educação. Os alunos iniciam seu estudo [...] com textos nos quais o assunto é organizado em tópicos de acordo com a ordem dada pelo especialista. Os conceitos técnicos e suas definições são introduzidos no início. As leis são introduzidas em uma etapa inicial, com no máximo algumas indicações da forma como se chegou a elas [...] O aluno aprende símbolos sem a chave para o seu significado. Ele adquire um corpo de informações técnicas sem a habilidade de identificar as suas conexões [com o que] lhe é familiar – frequentemente ele adquire simplesmente um vocabulário. (DEWEY, 1916, p. 220)

Em outras palavras, segundo o ponto de vista do aprendiz, a "lógica" do conteúdo é ilógica para aprender o que é importante sobre o conteúdo – ou seja, o que o conteúdo pode ajudá-lo a ver e fazer melhor (p. ex., ajudá-lo a resolver um problema ou enfrentar um desafio). Mais uma vez, o entendimento de Dewey é relevante:

> Cada assunto no currículo passou – ou permanece – pelo que pode ser chamado de fase de método "anatômico": a etapa em que se considera que a compreensão do assunto consiste em multiplicar as distinções [...] e atribuir um nome a cada elemento distinguido. No desenvolvimento normal, as propriedades específicas são enfatizadas e assim individualizadas somente quando servem para esclarecer uma dificuldade presente. (DEWEY, 1933, p. 127)

Prender e repensar, um novo olhar

Dessa forma, um exame das primeiras semanas de um curso é altamente revelador. "Bem, você começa com os fatos e elementos básicos e segue em frente logicamente. Você começa com os axiomas em Matemática, ou volta ao passado em História, ou com as leis básicas em Ciências – por onde mais você *começaria* e de que outra forma seria possível desenvolver o curso?" Ou, ainda, como isso faz jus ao *O* ou *P* em OPERAAO? Como um programa sinaliza as prioridades e imediatamente desperta o interesse do aprendiz por elas? Aqui os livros didáticos não são úteis. Quase todos eles, baseados como são na lógica do conteúdo, começam com uma caminhada frequentemente confusa e, em última análise, sombria entre definições, regras e algoritmos ou pelos acontecimentos mais distantes no tempo – totalmente afastados do contexto de um problema, pergunta ou desempenho.

Conforme observamos ao falar sobre os elementos de OPERAAO para as unidades, as perguntas, questões, experiências e problemas relacionados ao Onde (O) e ao Prender (P) sugerem uma maneira de repensar completamente a sequência. A primeira prioridade em um curso ou programa deve ser estabelecer as perguntas e questões que fazem o conteúdo parecer interessante, significativo e valioso. Considere esta proposta de Ciências Avançadas feita anos atrás pelo autor Lewis Thomas (1983, p. 151-152):

> Sugiro que os cursos introdutórios em Ciências em todos os níveis sejam radicalmente revisados. Deixe de lado por enquanto os aspectos fundamentais, os chamados aspectos básicos, e concentre a atenção dos alunos nas coisas que não são conhecidas... Deixe que eles tomem conhecimento, inicialmente, de que

> existem mistérios e paradoxos profundos... Deixe que tomem conhecimento de que eles podem ser abordados mais de perto e decifrados depois que a linguagem da Matemática tiver sido suficientemente dominada. Ensine no início, antes de qualquer conceito básico, os enigmas ainda imponderáveis da cosmologia.

Ou leve em consideração este conselho do professor de Matemática e educador Morris Kline (1973, p. 178-179):

> As abordagens tradicionais tratam a Matemática como um desenvolvimento lógico cumulativo... A nova abordagem apresentaria o que é interessante, esclarecedor e culturalmente significativo... cada tópico deve ser motivador. A pergunta dos alunos "Por que eu tenho que aprender este material?" é plenamente justificada.

A sugestão de Kline nos permite compreender mais claramente uma falsa concepção prevalente em Educação Matemática. Muitos professores de Matemática nos disseram ao longo dos anos: "A Matemática é sequencial; o livro didático apenas reflete o que as coisas formam logicamente. Já que a Matemática segue uma sequência lógica, ela tem que ser ensinada dessa maneira". Isso simplesmente não é verdade. Os *elementos* matemáticos são organizados em sequência lógica nos livros didáticos, assim como o dicionário é organizado em ordem alfabética ou as regras de beisebol são construídas. Os professores de Matemática que argumentam assim estão confundindo a lógica do sumário com a lógica da aprendizagem. Se eles estivessem certos, ensinaríamos Língua Inglesa por meio de um dicionário e cartões de memorização, ou ensinaríamos beisebol estudando as regras em ordem. Todavia, isso *não* significa que devemos aprender palavras ou regras na ordem em que aparecem no livro de referência, mesmo que os textos estejam "organizados de forma lógica". Da mesma forma, simplesmente porque os elementos e teoremas matemáticos estão mais facilmente organizados na sua hierarquia lógica, isso não significa que o sumário do livro didático seja a melhor forma de aprender as ideias principais e o *significado e valor das suas relações*.

O currículo em espiral

Você pode pensar que essas ideias sobre sequência são, na melhor das hipóteses, fantasiosas e tolas. No entanto, os reformistas há muito tempo desafiaram a lógica da cobertura do tipo "peça por peça", como sugere o comentário anterior de Whitehead. Uma abordagem alternativa conhecida para escopo e sequência é o currículo em espiral. A ideia da espiral como uma metáfora para aprender e repensar o que foi aprendido foi articulada plenamente pela primeira vez por Dewey e mais tarde defendida por Bruner, mas está alicerçada em uma longa tradição filosófica e pedagógica que remete a Piaget, G. Stanley Hall e aos recapitulacionistas e, mais anteriormente, a Kant, Rousseau e Hegel. Embora muitos enalteçam a ideia, poucos currículos foram desenvolvidos para incorporá-la. Quem sabe estejamos agora no momento em que a teoria da aprendizagem, os resultados de desempenho decepcionantes e o senso comum possam se combinar para apontar para uma abordagem do fluxo da aprendizagem mais favorável à aprendizagem.

Uma abordagem em espiral desenvolve o currículo em torno de investigações recorrentes cada vez mais aprofundadas, ajudando os alunos a compreender de maneira efetiva e inteligente do ponto de vista do desenvolvimento. Um exemplo dessa abordagem em espiral aparece no desenvolvimento da unidade de arqueologia discutida no Capítulo 9. As mesmas ideias e materiais são revisitados de formas mais complexas para chegar a julgamentos e produtos sofisticados. Igualmente, quando os alunos se deparam com a poesia de E. E. Cummings e as histórias de James Joyce na esteira de formas mais familiares, eles obtêm uma compreensão mais profunda das aulas anteriores em forma, mecânica e impacto.

Bruner (1960, p. 3) popularizou o ideal do currículo em espiral com seu postulado categórico e provocativo de que "[...] qualquer assunto pode ser ensinado efetivamente de alguma forma intelectualmente honesta a qualquer criança em qualquer etapa do desenvolvimento". Esta é, como ele disse, uma hipótese "ousada", porém central para uma educação coerente para repensar e para a eventual compreensão:

> Os fundamentos de qualquer assunto podem ser ensinados a qualquer um em qualquer idade de alguma forma. Embora a proposição possa ser surpreendente à primeira vista, sua intenção é sublinhar um aspecto essencial frequentemente ignorado no planejamento de currículos. É que as ideias básicas na essência de toda a Ciência e Matemática e os temas básicos que dão forma à vida e à literatura são tão simples quanto poderosos. Para estar no comando dessas ideias básicas, usá-las efetivamente requer um aprofundamento contínuo na compreensão que temos delas proveniente da aprendizagem de como usá-las de formas progressivamente mais complexas. *Somente quando tais ideias básicas forem colocadas em termos formalizados como equações ou conceitos verbais elaborados é que elas estarão fora do alcance da criança pequena, caso ela já não as tenha compreendido intuitivamente e tenha tido a oportunidade de testá-las.* (BRUNER, 1960, p. 12-13, ênfase no original)

Dewey (1938) usou pela primeira vez a analogia da espiral para descrever como a disciplina deve ser organizada para passar de um problema para outro problema, fazendo o conhecimento aumentar em profundidade e abrangência. Dessa maneira, o curso pode desenvolver o pensamento e o interesse do aluno de uma forma intencional e sistemática, apontando para os frutos de cada disciplina. A tarefa é mover para a frente e para trás entre o conhecido e o problemático; caso contrário, "[...] não surgirão problemas, ao passo que os problemas são o estímulo para o pensamento" (DEWEY, 1938, p. 79). A tarefa do professor é planejar desafios relacionados de modo que a aprendizagem resulte na "produção de novas ideias", assim como para o acadêmico. Os novos fatos e ideias "[...] se tornam a base para mais experiências nas quais novos problemas são apresentados. *O processo é uma espiral contínua*". (DEWEY, 1938, p. 79, ênfase no original)

Ralph Tyler, aluno de Dewey e o mentor da moderna avaliação dos alunos, destacou em seu livro precursor sobre planejamento, *Princípios básicos de currículo e ensino* (1950*), a necessidade de pensar em questões curriculares segundo a perspectiva dos resultados desejados e das necessidades do aprendiz. Na verdade, mais do que ninguém, Tyler estabeleceu os princípios básicos do planejamento reverso. Ele propôs três critérios para a organização efetiva – continuidade, sequência e integração – para mostrar como a lógica do currículo deve se adequar à noção de ordem do aprendiz, não à dos especialistas:

> Na identificação dos princípios organizadores importantes, é necessário observar que os critérios continuidade, sequência e integração se aplicam *às experiências do aprendiz, e não à forma como esses temas podem ser vistos por alguém que já está no comando dos elementos a serem aprendidos*. Assim, con-

* N. de R.T.: Edição brasileira publicada em 1983.

> tinuidade envolve a ênfase recorrente na experiência do aprendiz com esses elementos particulares; sequência se refere à crescente amplitude e profundidade do desenvolvimento do aprendiz; e integração se refere à crescente unificação do comportamento do aprendiz em relação aos elementos envolvidos. (TYLER, 1950, p. 96, ênfase acrescentada)

A propósito da nossa discussão anterior, Tyler alerta explicitamente que a abordagem sequencial típica de seguir o conteúdo cronologicamente na história *não* passa no teste de continuidade inteligente.

Por que persistiu esse uso excessivo da aprendizagem fragmentada baseado na lógica do conteúdo? Um fator básico é uma dependência excessiva do livro didático ou de outros recursos de ensino, que tendem a ser organizados em torno do conteúdo. Por que persiste a concentração excessiva no livro didático como um programa? Eis uma resposta:

> Há inúmeras razões para que esse procedimento tenha persistido por tanto tempo. O dominante, talvez, é que o procedimento é lógico e pode ser facilmente aplicado. Ele simplifica e objetiva a tarefa do desenvolvedor do currículo, do professor e do gestor. O professor menos capaz pode indicar páginas em um livro didático e ouvir os alunos recitarem os fatos envolvidos. Ele pode dar evidências de que fez a sua parte cobrindo um determinado número de páginas. Assim ele tem um álibi para falhar porque pode colocar a culpa pelo baixo desempenho em seus alunos em algum lugar. Segundo o ponto de vista do gestor, é fácil dividir o trabalho da escola, identificar precisamente onde cada criança deve estar em seu trabalho e ter uma organização sistemática que parece funcionar com tranquilidade. Embora a teoria educacional venha desafiando, com ênfase crescente, os pressupostos básicos do procedimento há três décadas, esse provavelmente ainda é o meio dominante de determinar o escopo do trabalho nas escolas estadunidenses. (CASWELL; CAMPBELL, 1935, p. 142)

Plus ça change [Quanto mais as coisas mudam...]. Esse comentário foi feito em 1935! Na verdade, a situação é pior agora do que era na década de 1930. Por exemplo, na maioria dos cursos da educação infantil até o nível superior nos Estados Unidos, o livro didático é o programa. Entretanto, considere mais uma vez algumas das críticas feitas pela AAAS por meio de George Nelson, ex-diretor do Projeto 2061, em um artigo na versão *on-line* da revista *Prism*:

> Um dos principais problemas refletidos nos livros didáticos, diz Nelson, é que "a compreensão que a comunidade educacional tem de Ciências é a de que é um amontoado de fatos e palavras de vocabulário". O livro *Glencoe Life Science*, por exemplo, lista "Palavras Científicas" na margem no início de cada capítulo, e muitos são termos que mesmo um cientista instruído em outro campo provavelmente não conheceria, nem precisaria conhecer. Saprófitos, Quadro de Punnett, auxismo, Ilhotas de Langerhans, comensalismo e taiga são apenas alguns dos termos em Biologia da 7ª série que devem ser dominados. *Macmillan/McGraw-Hills Life Science* oferece, em sua unidade sobre plantas, células floema, células do córtex, células xilema, meristema apical, células paliçadas e câmbio. Os exercícios incluídos em cada capítulo frequentemente equivaliem a nada mais do que à regurgitação dessas palavras e definições [...]
>
> No entanto, a incoerência nos textos ocorre em um nível muito mais profundo, e isso está no centro das críticas da AAAS e de outros especialistas. [O livro di-

dático comumente usado] é um dos livros menos desorganizados, mas ele, como todos os textos padrão, lança para o aluno um turbilhão de conceitos e termos em uma ordem confusa. Ele traz átomos nas primeiras páginas com a afirmação didática e, para a maioria dos alunos, incompreensível de que "a matéria consiste de átomos de vários pesos que interagem de acordo com princípios específicos". (BUDIANSKY, 2001)

Essa necessidade de uma melhor sequência no currículo, derivada independentemente do conteúdo e da paginação dos livros didáticos, é simplesmente a ideia do planejamento reverso elevada a um novo patamar. Precisamos replanejar o *próprio* escopo e sequência, com base em padrões relacionados aos objetivos de aprendizagem.

É claro que séculos de tradição custam a desaparecer. Mas a mudança está em marcha naquelas áreas que agora se definem em termos de desempenho em vez de conteúdo. Cem anos atrás, a "escrita" era ensinada sobretudo por meio da aprendizagem da gramática, da sintaxe, da análise, da diagramação da sentença e da leitura da boa escrita. Supostamente se aprendia a escrever primeiramente aprendendo os elementos lógicos da escrita. (Na verdade, 20 anos atrás ainda era possível testar a habilidade da escrita por meio de um teste padronizado sem pedir que os alunos escrevessem.) Até mesmo os esportes se baseavam nessa abordagem abstrata, analítica, passo a passo. Os esquiadores veteranos irão recordar da abordagem *Stem Christie* e outras abordagens passo a passo. Nos dias atuais, os esquiadores novatos são imediatamente introduzidos no processo holístico de esquiar, começando com esquis pequenos e encostas menos íngremes. E hoje o processo de escrita é mais fiel ao objetivo da boa escrita porque ele faz os alunos partirem do ponto inicial mesmo que ainda não tenham dominado toda a mecânica.

Muitos cursos de pós-graduação também experimentaram uma revolução. Agora, não é só Direito e Administração que são ensinados pelo método de casos; em um período de tempo surpreendentemente curto, Medicina, Engenharia, *Design* e outros programas reformularam inteiramente sua abordagem de planejamento do currículo para torná-lo mais focado na transferência.

Se pensarmos em uma disciplina como a "disciplina" de desempenhar com *expertise*, em vez do "conteúdo" com o qual o especialista desempenha, então poderemos facilmente aplicar as lições aprendidas em esqui, desenvolvimento de *software*, redação, Medicina e Engenharia às áreas acadêmicas essenciais. Tudo o que precisamos fazer é chegar a um acordo quanto às tarefas de desempenho centrais em cada área e planejar programas e currículos de forma reversa a partir deles, assim como fazemos no futebol juvenil quando os garotos jogam o jogo real de uma maneira estruturada, em vez de primeiro aprenderem muitas "coisas" fora de contexto, em uma sequência ditada pelo "conteúdo".

Por que não há mais experimentação sobre sequência em áreas acadêmicas essenciais ou nos próprios livros didáticos? Velhos hábitos novamente. Foram necessários mais de 30 anos para que o sistema eletivo criasse raízes na educação superior. Livros didáticos criativamente organizados com frequência não encontravam um mercado. Talvez uma resposta mais prosaica seja que muitos professores nunca pensaram em outras possibilidades nem experimentaram outras sequências.

Para um programa melhor

Oferecemos uma solução prática, cientes do fato de que é necessária muita pesquisa para encontrar abordagens mais efetivas do sequenciamento curricular no longo prazo. Sugerimos que a sequência seja primeiramente refletida com mais cuidado em um nível administrável: o curso (ou, na escola de educação básica, o ano de trabalho em cada tema em cada série). Propomos que *os programas de cursos sejam exigidos de todos os professores* da educação básica, assim como dos professores universitários. E, como é o caso na faculdade, *propomos que o programa seja um documento público, à disposição dos alunos, pais e colegas*.

O que iria diferir da prática atual em muitos lugares é que também haveria padrões públicos para o programa, paralelos aos padrões para as unidades, apoiados por exemplos. O formato pode variar, mas, seja ele um modelo, seja ele uma narrativa ou um cronograma, o documento teria que especificar pelo menos os seguintes elementos:

- As perguntas essenciais e os problemas centrais na essência do conteúdo
- Os desempenhos centrais e os desafios que estruturam todo o trabalho e estão implícitos em toda a aprendizagem
- As rubricas e os sistemas de avaliação usados
- Um resumo e justificativa da avaliação e das políticas de atribuição de notas, em referência aos objetivos institucionais e padrões estaduais
- Um resumo dos principais "objetivos de aprendizagem" (em vez de uma lista de tópicos) em um breve cronograma semanal
- Flexibilidade incorporada para assegurar que o programa possa se adaptar às devolutivas com base no desempenho e na compreensão dos alunos

Até que possamos entender que um curso de estudo precisa ser organizado de maneira reversa a partir de grandes ideias e objetivos de desempenho relacionados ao seu uso (com o conteúdo como o meio), os resultados educacionais continuarão a ser decepcionantes e a compreensão irá se perder em meio ao ensino.

Em suma, a sequência começaria, assim, a se parecer mais com a lógica de um programa para aprender a esquiar em vez de com a lógica do livro didático; mais com a cronologia na aprendizagem da escrita do que com a lógica da própria gramática; mais com aprender a melhorar na montagem de uma planilha do que com aprender a tabuada em ordem; mais com planejar jardins com ladrilhos cada vez mais complexos do que com desfilar entre os teoremas euclidianos.

ALERTA DE EQUÍVOCO!

O fato de que não podemos prever as reais necessidades de desempenho futuro de cada aprendiz foge à questão. É improvável que a maioria dos nossos alunos se torne artistas, músicos ou jogadores de futebol profissionais. No entanto, organizamos a sequência em torno do domínio do desempenho porque é assim que as pessoas aprendem mais efetivamente.

O ensino *just in time* (na hora exata) seria o mantra, em vez da cobertura do conteúdo *just in case* (por via das dúvidas) fora do contexto. Um currículo que constantemente adia o *significado* do conteúdo não pode produzir compreensão, memorização máxima ou paixão pela aprendizagem, exceto naqueles poucos alunos que estão dispostos e são capazes de aprender sozinhos. (O ponto cego do especialista também faz muitos educadores falsamente acreditarem que o que funcionou para eles provavelmente irá funcionar para muitos outros.)

Precisamos controlar nosso mau hábito de desenvolver estruturas em torno da lógica do conteúdo em vez de pautá-las na lógica da aprendizagem. Para colocar a questão em termos mais claros, a maioria das estruturas e cursos reflete meramente a organização do conteúdo nos livros didáticos, não as necessidades dos aprendizes que estão tentando compreender. Qualquer reforma de currículo depende de colocar os livros didáticos no seu lugar adequado – como recursos – e estruturar os currículos e programas em torno do fluxo ideal da aprendizagem inerentemente iterativa e não linear para usar as grandes ideias efetivamente, com compreensão, por meio do desempenho.[3]

Capítulo 13
"Sim, porém..."

O trabalho é difícil e requer revisão constante. É particularmente difícil para os professores que têm que "desaprender" sua prática anterior.
_ Mark Wise, Supervisor de Estudos Sociais, West Windsor-Plainsboro, NJ

Agora considere como seria a sua libertação e cura das obrigações e loucuras... Imagine um homem que seja libertado e de repente é obrigado a ficar de pé, virar o pescoço e olhar na direção da luz [...] que, inclusive, ao fazer tudo isso, está com dor, e porque sua visão está ofuscada, é incapaz de distinguir as sombras que conhecia antes [...] E, se ele fosse obrigado a olhar para a luz, seus olhos doeriam e ele fugiria [...] e, se alguém o arrastasse à força pela escada acidentada, ele não ficaria perturbado e exasperado? Ficaria.
_ Platão, *A República*, c. 360 B.C.E.

Neste livro, apresentamos uma visão e um caminho para uma reforma curricular, da avaliação e do ensino que seja significativa, planejada cuidadosamente em torno do planejamento para a compreensão. Entendemos que a nossa visão de reforma não é tão original nem muito radical. Ela se assemelha à visão de muitos educadores, pesquisadores e proponentes de reformas de décadas passadas.

No entanto, sempre que ideias de reforma* são proferidas, é comum ouvir-se um coro de "Sim, porém..." de professores e gestores bem-intencionados. As reformas propostas são condenadas com falsos elogios e destruídas pela resposta de que essas ideias excelentes não podem funcionar no mundo de hoje, envolto por orientações curriculares estaduais e avaliações externas de alto impacto. Alguns proponentes de reformas se mantêm taxativos de que a boa pedagogia e as orientações curriculares são inerentemente incompatíveis; muitos educadores se preocupam com a possibilidade de não existir uma base

* N. de R.T.: No contexto estadunidense, a ideia de "reforma" educacional está atrelada à proposição de inovações, especialmente as curriculares, que tendem a ter uma abordagem mais progressista e mais centrada no aluno.

de pesquisa que apoie nossos argumentos, independentemente do quanto sejam senso comum.[1]

Somos solidários com essas queixas e as preocupações em que estão baseadas, considerando-se as pressões da responsabilidade que enfrentam os educadores. No entanto, muitos dos argumentos recorrentes estão baseados em equívocos com relação a aprendizagem, avaliação, testes padronizados, ensino para a compreensão de grandes ideias e a relação entre as metodologias locais e os padrões estaduais. Neste capítulo, apresentamos argumentos e pesquisas em apoio às nossas opiniões enquanto examinamos os três equívocos principais que frequentemente entravam ou interferem em uma reforma abrangente. Explicamos por que cada um *é* um equívoco "desvendando" as suposições implícitas e questionáveis que acompanham as preocupações do tipo "sim, porém..." e oferecemos um contra-argumento amigável, porém firme.

Os equívocos que abordamos são:

> "Sim, porém... temos que ensinar para as avaliações externas estaduais e nacionais."
>
> "Sim, porém... temos conteúdo demais para cobrir."
>
> "Sim, porém... o trabalho com o currículo e a avaliação necessário é árduo, e simplesmente não tenho tempo para fazê-lo bem."

Equívoco 1: "Sim, porém... temos que ensinar para a avaliação externa."

As orientações curriculares estaduais, regionais ou nacionais e as concomitantes avaliações externas emergiram no mundo inteiro com a intenção de focar o currículo local e o ensino na promoção do desempenho do aluno fazendo as escolas serem responsáveis pelos resultados. Ironicamente, a alavanca essencial nessa estratégia de reforma baseada em orientações curriculares – o uso de avaliações externas de alto impacto – ofereceu aos professores, de forma inconsciente, uma racionalização para evitar ou minimizar a necessidade de *ensinar bem*, isto é, ensinar para a compreensão em profundidade.

Para muitos educadores, ensino e avaliação para a compreensão são vistos como incompatíveis com as determinações estaduais e os testes padronizados. Embora raramente sejam apresentadas pesquisas que apoiem essa alegação frequentemente ouvida, o interlocutor claramente sugere que as capacidades da escola estão amarradas à ideia de ensinar para o teste – contra sua vontade. Eles *ensinariam* para a compreensão, se pudessem. A suposição implícita é a chave: a única forma de assegurar ou aumentar os resultados nos testes é "cobrir" essas coisas que são testadas e "praticar" o formato dos testes (tipicamente uma resposta escolhida ou uma breve resposta construída) fazendo a avaliação local se assemelhar à avaliação estadual. Em consequência, não há tempo para um ensino em profundidade e atraente que foque no desenvolvimento e no aprofundamento da compreensão das grandes ideias pelos alunos; nem há tempo para avaliação do desempenho.

Essa opinião é tão amplamente defendida que muitos leitores podem estar pensando que somos *nós* que temos uma falsa concepção (ou miopia ou ingenuidade) sobre o mundo real da educação. Não é fato que temos que ensinar para o teste e deixar de lado abordagens de ordem superior, focadas em grandes ideias e baseadas no desempenho? Muitos certamente pensam, dizem e agem de acordo com isso. Embora sejamos obrigados a ensinar de acordo com as orientações curriculares, isso não significa que a melhor forma de atender a essas orientações seja simulando o formato do teste estadual em todos os testes locais e cobrindo aleatoriamente todo o conteúdo prescrito mediante um ensino superficial e disperso.

Para mostrar mais claramente por que a queixa comum e a solução reticente estão baseadas em um equívoco, considere a reformulação da afirmação sobre a razão dada para focar nos itens do teste com prejuízo à profundidade. O interlocutor nos pede para acreditar que a única maneira de *aumentar* as notas nos testes é ensinar *pior*. Não é exatamente assim que ele se expressa, é claro, mas é o que o argumento sugere. "Eu adoraria ensinar para a compreensão, mas simplesmente não posso; não compensa. É melhor eu ensinar fatos e competências específicos, exatamente da maneira como eles são testados" é o que a primeira resposta "sim, porém..." realmente significa.

Colocar tudo dessa maneira deveria causar uma expressão de admiração. Realmente tem que ser ou/ou? Precisamos evitar formas efetivas e envolventes de ensino para *aumentar* as notas nos testes? Um ensino mais passivo, fragmentado e superficial tem *mais* probabilidade de maximizar o interesse e o desempenho dos alunos? Achamos que essa teoria é incorreta, baseada em um equívoco sobre como funciona a testagem.

O paralelo com o exame físico do médico

Para começarmos a descobrir a falha nesse raciocínio, examinemos uma analogia. Uma vez por ano, vamos ao médico para um exame físico. Ninguém particularmente gosta da ideia de um exame desses, mas mesmo assim vamos com a compreensão de que é do nosso interesse no longo prazo obter uma medida objetiva (embora superficial) da nossa saúde. De fato, isso é mais como uma revisão, porque a enfermeira e os técnicos do laboratório realizam alguns testes em um curto período de tempo (como pressão arterial, pulso, temperatura, hemograma para colesterol). O exame físico é uma pequena amostra dos testes, produzindo alguns indicadores úteis do estado de saúde. Sua validade e valor provêm do fato de que os resultados *sugerem* nosso estado de saúde, e não porque o exame físico *define* saúde. Passamos por um exame físico relativamente rápido e não invasivo para que vários indicadores possam ser examinados na busca de sinais que demandem uma análise mais aprofundada.

Agora suponha que estejamos terrivelmente preocupados com os números finais (p. ex., peso ou pressão arterial) e que os números estejam, em última análise, associados aos custos do nosso seguro de saúde. O que poderíamos fazer, em nosso estado de pânico antes de cada exame físico anual, seria "praticar" para o teste – focar toda nossa energia no exame físico (em oposição ao que seus indicadores sugerem). Se nossos médicos soubessem de nossas ações, sua resposta certamente seria algo como: "Epa! Você fez o contrário. A melhor forma de 'passar' no seu exame físico é viver uma vida saudável regularmente – fazendo exercícios, cuidando do peso, reduzindo a ingestão de gorduras, comendo mais fibras, dormindo o suficiente e evitando o cigarro. Você está se fixando no indicador em vez de nas causas dos bons resultados".

Por quê? Nenhum dos elementos da verdadeira saúde – sua dieta, sua condição física – é testado diretamente no exame físico; os médicos fazem um controle da sua saúde *indiretamente* por meio de fatores que incluem pressão arterial, peso, tônus da pele e cor. Assim, "pressão arterial normal" e "peso normal" são apenas indicadores da saúde e condição física geral, o que não deve ser confundido com a saúde geral. O exame físico envolve a avaliação rápida de alguns indicadores, geralmente precisos. Portanto, confundir o indicador com a coisa em si é má política. Quanto mais você se concentrar apenas no seu peso, por exemplo, à exclusão de tudo o mais em seu regime diário, menos provável será que você esteja saudável em longo prazo.

Assim como o médico, as secretarias de educação fazem nas escolas um *checkup* anual examinando evidências indiretas – testes estaduais – da saúde intelectual dos alunos. Um teste, assim como um exame físico, é uma revisão relacionada com os padrões estaduais. Como o exame físico, o teste estadual fornece indicadores indiretos sobre a nossa saúde. Os itens dos testes avaliam indiretamente a qualidade do nosso "regime diário" da mesma maneira que a pressão arterial e o peso são representantes para os "testes" diários do real estado físico e bem-estar.

Nós *podemos* obter boas informações quanto ao rigor do nosso regime a partir de indicadores rápidos e simples. Qualquer bom teste – seja na escola, seja na sala de exame – não precisa envolver o desempenho essencial no qual devemos estar engajados diariamente. Para as escolas, só o que interessa é que os indicadores produzam inferências válidas das orientações curriculares. Essa é a natureza da validade do teste, como vimos em capítulos anteriores – estabelecer uma ligação entre um conjunto de indicadores fáceis de serem obtidos e um conjunto relacionado de resultados complexos e desejados.[2]

Seria um pensamento tolo praticar para o exame físico como uma forma de ser saudável. Mas esse erro é precisamente o que vemos em inúmeras escolas por toda a América do Norte. Educadores locais, temerosos dos resultados, estão focando nos indicadores, e não nas causas dos resultados satisfatórios.

Por favor, entenda que essa explicação não constitui um endosso de nenhuma questão de teste específica ou de práticas estaduais atuais as quais se apoiam fortemente sobre testagens externas únicas, com frequência feitas em segredo com testes aprovados de forma imprópria. De fato, consideramos fortemente que as secretarias estaduais e os legisladores têm responsabilidade por permitirem que persista a confusão acerca da relação entre a prática local e os testes estaduais ao não tornarem as avaliações locais parte de um sistema de responsabilização estadual abrangente e não fazendo um esforço maior para planejar a responsabilização de forma mais transparente (como a divulgação de todos os testes e resultados depois que o teste foi administrado, para fins de devolutivas e imparcialidade).

O que importa para a reforma local é que levemos a sério a base desta analogia: *nós* somos responsáveis pelo bem-estar, não o Estado. A função do Estado é verificar – assim como o exame físico faz –, e não fornecer o regime diário no qual devemos nos engajar em casa. Na verdade, o Estado não poderia avaliar tudo o que é de valor de uma forma autêntica, mesmo que todos nós quiséssemos isso, devido aos custos excessivos e ao desejo de limitar as intromissões de avaliações externas. Os médicos têm um problema semelhante – exigir que cada paciente viesse para um programa de avaliação abrangente de vários dias e exames laboratoriais completos seria excessivamente moroso e caro (sem falar da improbabilidade de conseguir que nossas seguradoras paguem a conta). Portanto, na ausência de dados que mostrem que os indicadores produzem inferências inválidas, a tarefa é focar no rigor local, não na preparação para o teste.

O equívoco a respeito do que é causa e do que é efeito nos ganhos em desempenho pode muito bem estar relacionado a equívocos sobre a "validade nominal" dos testes, como os elaboradores de testes a denominam. Os educadores podem olhar para o formato e o conteúdo do teste e concluir que ele não contempla o ensino para a compreensão nem a avaliação local baseada no desempenho. Essa visão, embora compreensível, é equivocada. Validade tem a ver com a ligação empírica entre os resultados do teste, os objetivos testados e a prática local. É por isso que os testes aparentemente não autênticos produzem inferências válidas (p. ex., os testes de vocabulário frequentemente são bons previsores do sucesso acadêmico) se planejados apropriadamente e que alguns projetos baseados no desempenho produzem maus resultados (uma vez que os projetos frequentemente acabam não sendo relacionados às orientações curriculares, como no exemplo da maquete discutido no Capítulo 9). Para complicar mais as coisas, muitos professores erroneamente inferem que a prática de ensino é de alguma forma ditada pelo formato do teste, portanto eles ensinam uma *cobertura do conteúdo aleatória e superficial* – tornando muito menos provável que a aprendizagem do aluno seja envolvente e efetiva.

Para invocar uma analogia diferente para explicar o erro na lógica, as orientações curriculares são como códigos de construção; o planejamento de ensino local é nossa arquitetura. O objetivo do planejamento arquitetônico não é atender aos códigos de construção e zoneamento de forma cega. O objetivo é planejar alguma coisa que seja prática, agradável e com estilo – ao mesmo tempo atendendo aos códigos de construção e zoneamento.

De fato, a situação referente à educação é muito melhor do que muitos presumem. A maioria das orientações curriculares enfatiza a importância da compreensão em profundidade e o domínio de desempenhos-chave e gêneros complexos em que conhecimento, competência e compreensão são revelados. O planejamento para a compreensão (e outras abordagens de programas e reforma) fornece uma forma na qual um foco em grandes ideias, uma avaliação robusta e um plano de aprendizagem focado e coerente tornam provável que as expectativas de aprendizagem das orientações curriculares sejam consideradas e atendidas.

Base de pesquisa

A melhor notícia é que existe uma base empírica para esse argumento lógico. Na metade da década de 1990, Newmann *et al.* (1996) conduziram um estudo de escolas reestruturadas do ensino fundamental e ensino médio. Esse estudo ambicioso mediu o quão bem 24 escolas reestruturadas implantaram uma pedagogia autêntica e abordagens de desempenho acadêmico autêntico em Matemática e Estudos Sociais e se as escolas com altos níveis de pedagogia autêntica e desempenho acadêmico autêntico obtiveram melhor desempenho em relação àquelas com baixos níveis. Pedagogia e desempenho autênticos foram medidos por um conjunto de padrões, que incluíam pensamento de ordem superior, abordagens de conhecimento profundo e conexões com o mundo além da sala de aula. As classes selecionadas foram observadas por quatro vezes durante o ano letivo em cada escola. Os pesquisadores observaram 504 aulas e analisaram 234 tarefas de avaliação. Eles também analisaram o trabalho dos alunos.

Os alunos em salas de aula com níveis altos e baixos de pedagogia e desempenho autênticos foram comparados, e os resultados foram surpreendentes. Os alunos nas salas de aula com altos níveis de pedagogia e desempenho autênticos foram ajudados substancialmente, fossem eles alunos de alto ou baixo desempenho. Outro achado significativo foi o de que as desigualdades entre os alunos de alto e baixo desempenho foram grandemente reduzidas quando os alunos normalmente de baixo desempenho usaram pedagogia e estratégias e avaliações de desempenho autênticos.

O estudo oferece fortes evidências de que pedagogia e avaliações autênticas são vantajosas na melhora do desempenho acadêmico para todos os alunos, mas especialmente para aqueles com baixo desempenho. Essa pesquisa apoia a abordagem do planejamento para a compreensão, que enfatiza o uso de avaliações de desempenho autênticas e uma pedagogia que promove um foco no conhecimento e compreensão profundos e ensino e aprendizagem ativos e reflexivos.

Dois estudos recentes de fatores que influenciam o desempenho dos alunos foram conduzidos em escolas públicas de Chicago por meio do Consórcio de Pesquisa Escolar de Chicago. No primeiro estudo, Smith, Lee e Newmann (2001) focaram na ligação entre as diferentes formas de ensino e aprendizagem em escolas de ensino fundamental. Foram examinadas as notas nos testes de mais de 100 mil estudantes entre o 2° e 8° anos e levantamentos com mais de 5 mil professores em 384 escolas do ensino fundamental de Chicago. Os resultados fornecem forte apoio empírico de que a natureza da abordagem de ensino que os professores usam influencia o quanto os alunos aprendem em leitura e matemática. Mais especificamente, o estudo encontrou evidências claras e consistentes de que métodos de ensino interativos estavam associados a mais aprendizagem nas duas disciplinas.

Para fins de estudo, Smith, Lee e Newmann caracterizaram ensino interativo da seguinte forma:

> O papel do professor é primariamente o de guia ou preparador. Professores que usam essa forma de ensino criam situações em que os alunos [...] fazem perguntas, desenvolvem estratégias para solução de problemas e se comunicam uns com os outros [...] É esperado que os alunos expliquem suas respostas e discutam como chegaram às suas conclusões. Esses professores geralmente avaliam o domínio do conhecimento dos alunos por meio de discussões, projetos ou testes que demandam explicação e escrita prolongada. Além do domínio do conteúdo, o processo de desenvolvimento da resposta também é visto como importante na avaliação da qualidade do trabalho dos alunos.
>
> Em salas de aula que enfatizam o ensino interativo, os alunos discutem ideias e respostas conversando, algumas vezes argumentando entre si e com o professor. Os alunos trabalham em aplicações ou interpretações do material para desenvolver compreensões novas ou mais profundas de determinado tópico. Tais tarefas podem levar vários dias para serem concluídas. Os alunos em salas de aula interativas frequentemente são encorajados a escolher as questões ou tópicos que desejam estudar dentro de uma unidade de ensino planejada pelo professor. Diferentes alunos podem estar trabalhando em diferentes tarefas durante o mesmo período de aula. (SMITH; LEE; NEWMANN, 2001, p. 12)

O tipo de ensino que melhora o desempenho dos alunos se assemelha aos métodos defendidos pelo planejamento para a compreensão para o desenvolvimento e a avaliação da compreensão dos alunos. Smith, Lee e Newmann (2001, p. 33) resumem seus resultados da seguinte maneira:

> Os efeitos positivos do ensino interativo devem dissipar os medos que são prejudiciais para o aluno para a obtenção de competências básicas em leitura e matemática. Por outro lado, os achados colocam em questão a suposição de que alunos economicamente desfavorecidos com baixo desempenho são mais bem atendidos com uma ênfase em métodos de ensino direto e revisão. Nossos resultados sugerem precisamente o contrário: para elevar o domínio de competências básicas, o ensino interativo deve ser aumentado, e o uso de ensino direto e revisão deve ser moderado.

Um estudo relacionado examinou a relação entre a natureza das tarefas em sala de aula e o desempenho no teste padronizado. Os pesquisadores coletaram e analisaram sistematicamente tarefas de redação e matemática em sala de aula no 3°, 6° e 8° anos de escolas escolhidas aleatoriamente e escolas controle ao longo de três anos. Além disso, avaliaram o trabalho dos alunos gerado pelas várias tarefas. Por fim, os pesquisadores examinaram as correlações entre a natureza das tarefas em sala de aula, a qualidade do trabalho dos alunos e as notas em testes padronizados. As tarefas foram classificadas de acordo com o grau de "autenticidade" do trabalho intelectual que exigiam, o qual os pesquisadores descreveram assim:

> O trabalho intelectual autêntico envolve a aplicação original do conhecimento e habilidades, em vez de apenas o uso rotineiro de fatos e procedimentos. Também envolve a investigação disciplinada dos detalhes de um problema particular e resulta em um produto ou apresentação que tem significado ou valor além do sucesso na escola. Resumimos essas características distintivas do trabalho intelectual autêntico como construção de conhecimento, através do uso de investigação disciplinada, para produzir discurso, produtos ou desempenhos que tenham valor além da escola. (NEWMANN; BRYK; NAGAOKA, 2001, p. 14-15)

Esse estudo concluiu que

> Os alunos que receberam tarefas que requerem trabalho intelectual mais desafiador também atingiram ganhos acima da média nos testes de habilidades básicas do Estado de Iowa em leitura e matemática e demonstraram desempenho superior em leitura, matemática e redação no programa de verificação de aprendizagem do Estado de Illinois. Diferentemente de muitas expectativas, encontramos tarefas de alta qualidade em algumas salas de aula desfavorecidas de Chicago e [identificamos] que todos os alunos nessas classes se beneficiaram com a exposição a esse tipo de ensino. Concluímos, portanto, [que] tarefas que requerem trabalho intelectual mais autêntico na verdade melhoram as notas dos alunos em testes convencionais. (NEWMANN; BRYK; NAGAOKA, 2001, p. 29)

Os leitores imediatamente irão reconhecer a semelhança com o planejamento para a compreensão. Os métodos de ensino que demonstraram melhorar o desempenho dos alunos são elementos básicos da pedagogia no Estágio 3 do modelo de planejamento. Como na concepção dos pesquisadores de trabalho intelectual autêntico, as abordagens de ensino do planejamento para a compreensão requerem que o aluno construa significado por meio da investigação disciplinada. As avaliações da compreensão requerem que os alunos apliquem sua aprendizagem em contextos autênticos e expliquem ou justifiquem seu trabalho.

Perguntaram a nós: "Então vocês estão dizendo que um esforço mais concentrado de 'ensinar para o teste' *reduz* as notas?". Não, não estamos dizendo isso. Ensinar para o teste obviamente tem *algum* efeito, particularmente se antes dessa prática foi dada pouca atenção aos padrões curriculares comuns e um foco nos resultados. Mas as notas realmente aumentam no curto prazo quando uma escola ou distrito foca mais atentamente em um objetivo comum. Não há nenhuma surpresa aqui: maior atenção a um resultado irá melhorar o desempenho em *qualquer* medida. No entanto, depois que as particularidades do teste tiverem sido compreendidas e os alunos estiverem familiarizados com o formato do teste e com as competências necessárias para realizá-lo, raramente haverá progresso no longo prazo. Mais ameaçadoramente, as notas em geral caem quando o teste é alterado ou reformulado.[3]

Por fim, considere as evidências do senso comum para a nossa alegação. Nós vemos os alunos mais envolvidos na prática submissa dos testes estaduais e nacionais nas escolas de *mais alto* desempenho? Pelo contrário, durante os últimos 15 anos de trabalho com centenas de escolas e distritos por todos os Estados Unidos e Canadá (incluindo algumas das melhores escolas públicas e particulares do país), observamos mais ensino em profundidade e avaliação exigente nas escolas de mais alto desempenho. Em contraste, dentro das escolas de desempenho mais baixo encontramos exercícios e orientações práticas ostensivamente planejados para aumentar as notas nos testes padronizados – frequentemente à custa de aprendizagem mais significativa e ganhos de desempenho duradouros.

A conclusão é que deveríamos estar ensinando de acordo com as orientações curriculares e desenvolvendo os tipos de avaliações complexas refletidas na linguagem das orientações, não da verificação.

Equívoco 2: "Sim, porém... temos conteúdo demais para cobrir."

Professores de alunos desde o jardim de infância até a faculdade enfrentam a realidade descrita nas expressões familiares "era da informação" e "explosão do conhecimento". Eles enfrentam o desafio todo os dias – simplesmente há muita informação, e ela está se expandindo muito rapidamente para que seja possível "cobrir" tudo.

Em teoria, o movimento de reforma curricular prometia uma solução para o problema da sobrecarga de informação ao identificar as prioridades curriculares. As orientações curriculares visavam especificar o que é mais importante para os alunos saberem e serem capazes de fazer, dessa forma fornecendo o foco e a priorização tão necessários para o currículo, o ensino e a avaliação. Na prática, os comitês curriculares em âmbito nacional, estadual e distrital frequentemente trabalharam de forma isolada para produzir listas excessivamente ambiciosas de aspectos essenciais para suas disciplinas. Em vez de simplificar o currículo, a infinidade de padrões em muitos Estados contribuiu para o problema da sobrecarga.

O estresse é desnecessariamente aumentado pela propensão de muitos professores a tratarem os livros didáticos como sua obrigação de ensino. Esses professores cometem um equívoco básico, e podemos corrigi-lo: eles precisam usar o livro didático como um recurso, não como o programa. Um curso tem certas prioridades, estruturadas como objetivos de desempenho e compreensões. Não faz sentido presumir que tudo no livro didático deve ser ensinado em classe ou aprendido por todos os alunos. Os editores de livros didáticos nos Estados Unidos procuram cobrir todo oceano de possibilidades para que possam contentar 50 comitês estaduais que adotam o livro didático, organizações nacionais ligadas a uma área de estudo e vários grupos de interesse específico. O resultado é o tratamento invariavelmente superficial de todo o leque de conhecimento especializado.

A visão de livros didáticos sobrecarregados e longas listas de expectativas de aprendizagem frequentemente leva a um equívoco fundamental por parte de muitos professores de que a sua função é cobrir grandes quantidades de conteúdo. A percepção da necessidade de "cobrir" está tipicamente baseada em dois pressupostos implícitos que consideramos infundados: (1) se eu "ensinar" isso (p. ex., falar sobre o tema e passar algum trabalho), isso será adequadamente aprendido para os testes; e (2) se eu não abordar de uma forma didática, isso não será aprendido.

Como observamos ao longo de todo o livro, o *ponto cego do especialista* está atuando intensamente aqui. É improvável que "ensinar mencionando" vá garantir que os aprendizes iniciantes recordem, muito menos compreendam, as principais ideias e processos do assunto. Um ensino superficial e desconectado das informações simplesmente não é capaz de produzir os resultados ideais em nenhum teste. Mais uma vez estamos confundindo o ensino com a aprendizagem.

É interessante observar que, quando os professores sustentam que são obrigados a seguir de acordo com os textos e programas (independentemente do grau de compreensão dos alunos ou dos resultados da aprendizagem), eles com frequência fazem relatos de pressões externas por parte dos supervisores. Nunca conseguimos rastrear esses relatos até a sua origem administrativa nem encontramos um supervisor que afirmasse ter emitido tal decreto. Nossas investigações dessas afirmações revelaram que os professores frequentemente estavam interpretando o foco de um diretor ou supervisor nas notas das avaliações externas como uma exigência *implícita* de se manterem presos aos livros didáticos e à preparação para os testes como a única estratégia.

A obrigação com as orientações curriculares desperta uma questão importante referente à adequação entre tais orientações e um livro didático comercializado nacionalmente ou um recurso comercial. Peça que os professores revisem seu livro didático em comparação com as expectativas de aprendizagem das orientações curriculares para determinar seu grau de correlação. Peça-lhes que escolham a ilustração da Figura 13.1 que melhor representa a relação entre as orientações e o livro didático.

Na ausência de uma correlação perfeita entre o livro didático e o programa, o livro didático deve, na melhor das hipóteses, servir apenas como um dos muitos recursos, *não* como o programa. As ilustrações de número 2 e 3 sugerem que uma parte do conteúdo do livro didático não contribui para a aprendizagem dos padrões (não precisará ser aprendida), mas que outros recursos serão necessários.

Um exercício mais perturbador é procurar e encontrar as poucas revisões independentes de livros didáticos. As revisões mais completas são do Projeto 2061 da Associação Americana para o Avanço da Ciência (AAAS) e relacionam-se aos textos para Biologia no ensino médio, Ciências para o final do ensino fundamental e Álgebra. Os resultados são alarmantes.

> *Os atuais livros didáticos de Biologia falham em tornar compreensíveis importantes ideias em Biologia... [O presidente da Academia Nacional de Ciências observa que] "lamentavelmente, aparentemente nossos livros didáticos continuam a ser distorcidos por um mercado comercial de livros que requer que eles cubram a gama completa dos fatos... dessa forma sacrificando a oportunidade de tratar os conceitos centrais com suficiente profundidade para dar aos nossos alunos a chance de compreendê-los de fato".*[4]

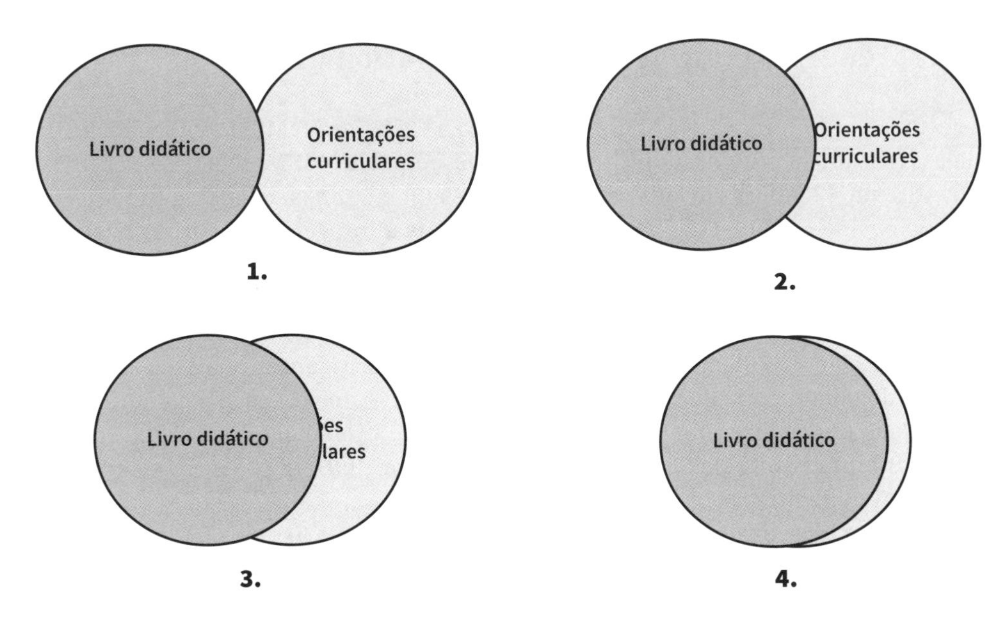

Figura 13.1
Correlação entre livros didáticos e padrões.

Nenhum dos livros didáticos amplamente utilizados no fim do ensino fundamental estava classificado como satisfatório... "Nossos alunos estão arrastando para casa textos pesados repletos de fatos que nem os educam, nem os motivam", disse o Dr. George Nelson, Diretor do Projeto 2061... "Este estudo confirma nossos piores temores sobre o material usado para educar nossas crianças no ensino básico."

Mesmo que bons livros didáticos estejam disponíveis, é simplesmente um equívoco afirmar que a função de um professor é ensinar o texto. O trabalho de planejamento, ensino e avaliação é moldar um programa à luz dos padrões de conteúdo, das prioridades intelectuais e das necessidades e interesses dos alunos para atingir objetivos específicos. Assim, o livro didático serve como um recurso entre muitos a serviço do atendimento às orientações curriculares. O livro didático é um livro de referência. Seu propósito é resumir o conhecimento – não diferente da enciclopédia. Tratar o livro didático como o programa resulta em uma falta de propósito e coerência com o planejamento global. Tratar o livro didático como o curso de estudo é semelhante a consultar uma enciclopédia de *A* a *Z*. Lógico e eficiente, sim; intencional e efetivo, não.

Por que esse equívoco não é visto mais claramente? Talvez porque os sistemas escolares falhem em abordar adequadamente a pergunta essencial "qual é a minha função?" ao contratarem, supervisionarem e avaliarem a sua equipe. Poucos sistemas apresentam descrições das funções baseadas no desempenho. A maioria dos currículos no fim do ensino fundamental e ensino médio assume que o livro didático é o programa. Os membros das equipes escolares costumam ser contratados com base nas credenciais para preencher uma lacuna disponível (História Estadunidense, 3° ano). Portanto, sem um maior esclarecimento, é fácil cair na armadilha de pensar que o livro didático é a função. É justo dizer, no entanto, que, mesmo com essa falta de clareza, *nunca* vimos um contrato distrital que especificasse que a função de um professor é cobrir o número máximo de páginas do livro didático. O que *realmente* sabemos é que 49 dos 50 Estados dos Estados Unidos estabeleceram padrões de conteúdo estaduais e que os professores nesses Estados devem ensiná-los.[5]

O que aprendemos com os estudos internacionais

O Terceiro Estudo Internacional de Matemática e Ciências (TIMSS), realizado em 1995, apoia essa visão. Os pesquisadores testaram o desempenho em Matemática e Ciências de estudantes em 42 países em três séries diferentes (5° e 8° anos do ensino fundamental e 3° ano do ensino médio). O TIMSS foi a maior, mais abrangente e rigorosa avaliação já realizada. Embora os resultados do TIMSS sejam bem conhecidos – os alunos estadunidenses foram superados no desempenho por alunos da maioria dos outros países industrializados (MARTIN *et al.*, 2000) –, os resultados do estudo do ensino menos divulgado que acompanha o TIMSS oferecem visões explicativas intrigantes relativas à questão da cobertura do conteúdo nos livros didáticos. Em suma, o ensino para a compreensão em profundidade que utiliza uma abordagem baseada em problemas apoiada por pequenos textos possibilita resultados muito melhores do que a típica abordagem estadunidense focada no livro didático sobrecarregado.

Após uma análise exaustiva do ensino em sala de aula nos Estados Unidos, no Japão e na Alemanha, os pesquisadores apresentam evidências surpreendentes dos benefícios do ensino para a compreensão na otimização do desempenho. Por exemplo, dados dos testes do TIMSS e estudos de ensino mostram claramente que, embora os professores japoneses ensinem menos tópicos em Matemática, seus alunos atingem melhores resultados. Em vez de cobrirem aleatoriamente muitas competências específicas, os professores no Japão afirmam que seu objetivo principal é desenvolver compreensão conceitual em seus alunos. Eles enfatizam cobertura profunda *versus* superficial. Embora os professores no Japão cubram menos terreno em termos de tópicos ou páginas específicas em um livro didático, eles enfatizam a aprendizagem baseada em problemas em que as regras e teoremas são derivados e explicados pelos alunos, dessa forma levando à compreensão mais profunda (STIGLER; HIEBERT, 1999).

Apesar do fato de os professores de Matemática no Japão cobrirem menos tópicos, seus alunos atingem melhores resultados nos testes. Em vez de dizer que seu objetivo é o desenvolvimento de muitas habilidades específicas, esses professores relatam que seu objetivo é a compreensão conceitual, e suas práticas de ensino refletem esses objetivos, o que contrasta muito com a visão que os professores estadunidenses têm do seu trabalho. No Japão, o objetivo de uma aula é que os alunos desenvolvam pensamento matemático, enquanto em outros países o objetivo é adquirir um procedimento matemático específico. Os pesquisadores resumiram as diferenças entre aulas de Matemática típicas para o 8° ano no Japão, na Alemanha e nos Estados Unidos:

> *A ênfase na compreensão é evidente nos passos típicos das aulas de Matemática do 8° ano no Japão:*
>
> *O professor apresenta um problema complexo e instigante.*
> *Os alunos enfrentam o problema.*
> *Vários alunos apresentam ideias ou soluções para a classe.*
> *O professor resume as conclusões da classe.*
> *Os alunos praticam problemas similares.*
>
> *Em contraste, a ênfase na aquisição de habilidades é evidente nos passos comuns à maioria das aulas de Matemática estadunidenses e alemãs:*
>
> *O professor ensina os alunos um conceito ou habilidade.*
> *O professor resolve exemplos de problemas com a classe.*
> *Os alunos praticam sozinhos enquanto o professor auxilia individualmente (STIGLER* et al., *1999).*

Os professores no Japão enfatizam a aprendizagem baseada em problemas em que as regras e teoremas são frequentemente derivados, não apenas apresentados e reforçados por meio de exercícios. Das suas aulas de Matemática no 8° ano, 42% envolviam a apresentação pelos alunos de possíveis soluções alternativas para os problemas, em contraste com apenas 8% nas salas de aula estadunidenses. Os alunos no Japão passam 44% do tempo em sala de aula tentando induzir a ideia a ser aprendida a partir dos problemas; os alunos nos Estados Unidos gastam menos de 1% do tempo nessa habilidade. Em contraste, 95% do tempo nas salas de aula estadunidenses é passado praticando-se um procedimento a ser aprendido, algo que acontece somente 40% do tempo em uma sala de aula japonesa.

Em uma pesquisa relacionada, os pesquisadores observaram que os professores estadunidenses abordam muito mais tópicos em Matemática e Ciências do que seus colegas internacionais. Eles também fazem muito menos conexões com outras aulas – 96% dos professores do fim do ensino fundamental no Japão fazem tais ligações quando comparados com apenas 40% dos professores nos Estados Unidos:

> Uma maneira de medir a coerência é procurar ameaças à coerência, características de aulas que tornam difícil colocar em prática o "planejamento" e manter um funcionamento tranquilo. As ameaças incluem coisas como trocar os tópicos frequentemente ou ser interrompido por intromissões externas. Descobrimos que as aulas nos Estados Unidos continham significativamente mais tópicos do que as aulas japonesas e significativamente mais trocas de tópico para tópico do que as aulas alemãs e japonesas. (STIGLER; HIEBERT, 1999, p. 61)

Os professores japoneses aprofundam muito mais do que os professores estadunidenses:

> Definimos "[conceito] desenvolvido" de forma generosa para incluir casos em que o conceito foi apenas explicado ou ilustrado, mesmo em poucas frases ou com um breve exemplo. Constatamos que um quinto dos tópicos nas aulas nos Estados Unidos continha conceitos desenvolvidos, enquanto quatro quintos continham apenas conceitos expressos [...] Essa distribuição era quase invertida no [...] Japão. (STIGLER; HIEBERT, 1999, p. 60)

> Uma das razões por que batizamos o ensino estadunidense como "aprender termos e praticar procedimentos" é que as aulas nos Estados Unidos pareciam colocar maior ênfase nas definições de termos e menos ênfase na explicação subjacente. Quando contamos o número de definições apresentadas em todas as aulas, havia aproximadamente duas vezes mais nos Estados Unidos do que na Alemanha ou no Japão. (STIGLER; HIEBERT, 1999, p. 58)

Ensino *versus* aprendizagem

Como sugere a discussão das definições, um pressuposto frequentemente escondido por trás da "necessidade de cobrir" reside em pensar que tudo o que queremos que seja aprendido precisa ser ensinado e que ensinar os fatos principais é o mesmo que causar a aprendizagem. Isso simplesmente não é verdade, como indica um momento de reflexão sobre tarefas que sejam baseadas em pesquisa, discussão e desempenho real dos alunos – usando fatos para *fazer* o assunto. Muito do que visamos que os alunos aprendam é obtido pelo trabalho bem planejado e enquanto eles se esforçam para compreender (talvez assistindo ao artista, ao atleta e ao cientista da computação). Muitos críticos do trabalho de E.D. Hirsch Jr.* têm uma compreensão equivocada – em nenhum lugar ele defende o ensino direto de todos os fatos fundamentais, apenas que o aluno os aprenda para que possa estar equipado com a formação cultural necessária para o desempenho intelectual de alto nível. (*Planejamento para a compreensão* já foi usado com sucesso em escolas de *Core Literacy* com base no trabalho de Hirsch, além de em escolas baseadas em projetos no extremo oposto do espectro político.) Hirsch Jr. não disse que a famosa lista de fatos é tudo o que importa ou que ela deve ser ensinada didaticamente:

* N. de R.T.: Eric Donald Hirsch Jr. é professor emérito da Universidade de Virgínia, e desenvolveu uma série de estudos sobre o letramento. Uma de suas teses centrais é que a ausência de repertório de conteúdo interfere na interpretação de textos, e que portanto a escola precisa oferecer oportunidades para que os alunos se apropriem de conhecimentos essenciais. É fundador do "Core Knowledge Foundation" (https://www.coreknowledge.org/).

> O currículo extensivo pode ser ensinado em uma escola tradicional altamente formal ou em uma escola progressiva informal. Qualquer tipo de escola pode encontrar maneiras de incorporar esses conteúdos mínimos em seus cursos [...] O currículo intensivo, embora diferente, é igualmente essencial. O estudo intensivo encoraja uma compreensão plenamente desenvolvida de um assunto, tornando nosso conhecimento dele integrado e coerente [...] Para compreender como fatos isolados se combinam de alguma forma coerente, precisamos sempre adquirir modelos mentais de como eles têm coerência, e esses esquemas só podem se originar de estudo e experiência detalhados e intensivos. (HIRSCH JR., 1988, p. 128-129)

Conforme observamos na discussão das compreensões, ensinar grandes ideias como informações a serem recordadas deve acabar. Grandes ideias – justiça, números irracionais, ironia – são inerentemente abstratas ou mesmo contraintuitivas para o aprendiz ingênuo. Elas precisam de descoberta – estudo intensivo. De fato, o ensino excessivamente direto é a causa principal, acreditamos, do equívoco dos alunos descrito em capítulos anteriores.[6]

Então, seguramente não é demasiado controverso dizer que a função do ensino é otimizar a aprendizagem pelo aluno daquilo que é importante – não "cobrir" um livro, nem "ensinar, testar e esperar pelo melhor", independentemente dos resultados. Acreditamos que o planejamento reverso, a partir do conteúdo e das expectativas de aprendizagem (e as avaliações que eles implicam), não a apresentação do livro didático, é a melhor maneira de honrar essa obrigação.

Nossos achados de pesquisas informais são relevantes aqui. Lembre-se das respostas mais comuns dadas por educadores quando lhes foi pedido para refletir sobre as qualidades dos melhores planejamentos de ensino:

- Claros objetivos de desempenho, baseados em um desafio genuíno e explícito
- Abordagem inteiramente prática; menos ensino direto na fase inicial do que o habitual
- Foco em ideias, perguntas, questões, problemas interessantes e importantes
- Aplicação óbvia no mundo real, consequentemente com significado para os aprendizes
- Sistema de *devolutivas* poderoso, com oportunidades de aprender a partir da tentativa e erro
- Abordagem personalizada, com mais de uma maneira de fazer as tarefas principais, e espaço para adaptação do processo e objetivo ao estilo, interesse, necessidade
- Modelos e exemplos claros
- Tempo reservado para reflexão focada
- Variedade de métodos, agrupamentos, tarefas
- Ambiente seguro para correr riscos
- O papel do professor se parece com o de um facilitador ou preparador
- Mais uma experiência de imersão do que uma experiência de sala de aula típica
- Panorama geral fornecido e claro o tempo todo, com um fluxo transparente de vaivém entre as partes e o todo

A pesquisa formal sobre aprendizagem dá maior apoio ao bom senso dos educadores. No resumo mais aprofundado sobre a aprendizagem conduzido em anos recentes, os autores de *How People Learn* deixam claro que mais cobertura não equivale a mais aprendizagem. Três achados formam a base desse livro:

1. Os alunos chegam à sala de aula com equívocos. Se a sua compreensão inicial não for engajada, eles podem falhar em entender os novos conceitos e informações.
2. Para desenvolver competência em uma área de investigação, os alunos precisam (a) ter uma profunda base de conhecimento factual, (b) compreender fatos e ideias no contexto de uma estrutura conceitual e (c) organizar o conhecimento de formas que facilitem a recuperação e a aplicação.
3. Uma abordagem metacognitiva do ensino pode ajudar os alunos a aprenderem a assumir o controle da aprendizagem, definindo os objetivos de aprendizagem e monitorando seu progresso em alcançá-los.

Em resumo, "[...] evidências de pesquisas indicam que, quando esses três princípios estão incorporados ao ensino, o desempenho do aluno melhora" (BRANSFORD *et al.*, 2000, p. 21).

Quais são algumas das principais implicações para planejamento e ensino? Aqui iremos destacar algumas das mais relevantes sobre transferência e compreensão, propostas pelos autores:

> Um objetivo importante da escolarização é preparar os alunos para a adaptação flexível a novos problemas e contextos. A habilidade dos alunos para transferir o que aprenderam a novas situações fornece um indicador importante de aprendizagem adaptativa e flexível. (BRANSFORD *et al.*, 2000, p. 235)

> O conhecimento de um grande conjunto de fatos desconexos não é suficiente. Para desenvolver competência em uma área de investigação, os alunos precisam ter oportunidades de aprender com compreensão. A compreensão profunda de uma disciplina transforma informação factual em conhecimento utilizável... Um achado principal na [...] literatura é que a organização da informação em uma estrutura conceitual permite maior "transferência". (BRANSFORD *et al.*, 2000, p. 16-17)

> Aprendizagem com compreensão é mais provável de promover transferência do que simplesmente memorizar a informação [...] Muitas atividades na sala de aula [...] focam em fatos ou detalhes em vez de em temas maiores de causas e consequências.

> Os alunos desenvolvem compreensão flexível de quando, onde, por que e como usar seu conhecimento para resolver novos problemas para que possam aprender a extrair temas e princípios relacionados a partir das suas experiências de aprendizagem. Compreender como e quando colocar o conhecimento em uso [...] é uma característica importante da proficiência. Aprender em múltiplos contextos muito provavelmente afeta esse aspecto da transferência. (BRANSFORD *et al.*, 2000, p. 236, ênfase acrescentada).

> A cobertura total de todos os tópicos precisa ser substituída pela cobertura em profundidade de menos tópicos que permitem que conceitos-chave nessa disciplina sejam compreendidos. (BRANSFORD *et al.*, 2000, p. 20)

Apesar do mantra educacional estadunidense típico e dos temores sobre ter que ensinar para o teste, a cobertura – com igual atenção a cada pequeno fato ou sub-habilidade (em vez de um foco em ideias e desafios de desempenho que dão significado aos fatos e sub-habilidades) – simplesmente não funciona para maximizar as notas do teste.

Equívoco 3: "Sim, porém... esse trabalho é árduo, e eu não tenho tempo."

Mesmo que pudéssemos convencer os educadores de que a primeira e a segunda afirmações "Sim, porém..." estão baseadas em equívocos e são mantidas, sobretudo, pelo hábito, um terceiro argumento invariavelmente surge: o tempo necessário para fazer todo esse trabalho não está atualmente disponível. Nós concordamos, em parte. Aparentemente, essa afirmação não é um equívoco. Sim, alinhar o currículo com as orientações curriculares, identificar "grandes ideias", criar perguntas essenciais, planejar avaliações mais autênticas, desenvolver planos para ensinar para a compreensão de forma envolvente, analisar o trabalho resultante dos alunos e conduzir pesquisa ativa para validar as intervenções é um trabalho muito desafiador, e isso necessita de tempo. E não, os professores não têm todo o tempo necessário para esse trabalho difícil (se o objetivo for que ele seja bem feito). Mas precisamos trabalhar de forma mais inteligente, não apenas com mais afinco ou mais horas.

Para trabalhar de forma mais inteligente, precisamos entender que alguns equívocos se escondem como pressupostos parcialmente inconscientes: (1) de que *cada* professor, *cada* escola ou *cada* distrito precisa escalar sozinho essa montanha; (2) de que o tempo necessário deve vir diretamente do tempo de ensino, o qual (concordamos) já é insuficiente; (3) de que cada expectativa de aprendizagem deve ser tratada separadamente, em dúzias de unidades planejadas do zero; e (4) de que "árduo e demorado" é uma coisa *ruim*.

Construindo pesquisa colaborativa e desenvolvimento contínuos no trabalho

Como sugere o exercício sobre como planejar melhor, as compreensões mais profundas do professor podem ser mais bem-desenvolvidas por meio de grupos de estudos locais e pesquisa-ação. Precisamos aplicar o que a lista diz e o que o livro propõe para a compreensão pelo professor: uma investigação *aprofundada* de grandes ideias em aprendizagem é o que importa, e a escola deve tornar essa aprendizagem mais central para o desenvolvimento profissional e a descrição da função. Na essência de tantos problemas encontra-se uma variante do ponto cego do professor: "Eu ensinei, portanto eles devem ter aprendido; se eu ensinar mais coisas, eles vão aprender mais". Não. Se formos entregues à nossa sorte, o hábito da cobertura provavelmente sempre parecerá mais defensável do que é. Temos que *compreender* melhor a aprendizagem. Precisamos desenvolver "perspectiva" e aprender a melhor "aplicar" "explicações" e "interpretações" teóricas sólidas da pesquisa educacional ao nosso trabalho.

Professores, equipes, departamentos e todo o corpo docente precisam se perguntar a *cada* ano: que abordagens de planejamento do currículo, ensino e avaliação realmente produzem uma maior aprendizagem pelos alunos, independentemente dos nossos hábitos e atitudes? Aprendemos com as respostas a essas perguntas que precisamos praticar no desenvolvimento profissional aquilo que o planejamento para a compreensão diz sobre compreensão: precisamos descobrir, não cobrir as grandes ideias, por meio da investigação e da discussão contínuas.

Mas, levando em conta os problemas reais de tempo e a necessidade de estudo intensivo, faça a pesquisa local ser de pouca abrangência, porém profunda – focada em uma única unidade por ano. Uma unidade, planejada em colaboração com outros, experimentada e ajustada algumas vezes por ano, com análise intensiva do trabalho dos alunos – seguramente tal processo é possível dentro do tempo existente destinado aos dias de trabalho e às reuniões da equipe. Considere uma analogia para identificar a viabilidade e o valor de proceder dessa maneira: quantos educadores ocupados preparam refeições *gourmet todas as noites* durante o ano letivo? Começamos a rir só de pensar. Mesmo os cozinheiros ávidos entre nós não têm tempo ou energia. Porém, algumas vezes por ano, talvez mais do que isso, nos envolvemos na preparação de um jantar mais elaborado em casa (p. ex., a comemoração de um feriado em família) que requer um planejamento mais extenso, mais tempo de preparação e atenção à apresentação do que as típicas refeições diárias. Faça com que uma exigência de trabalho, apoiada pela supervisão, seja desenvolver, coletar, revisar e compartilhar uma unidade *gourmet* por ano. (Imagine, então, o "livro de culinária" resultante na escola ou distrito dez anos depois!)

Tal abordagem gradual, baseada no desenvolvimento de exemplares de planejamento a partir dos quais todos nós podemos aprender, foi a recomendação central em *The Teaching Gap*. Além das diferenças de ensino entre os professores no Japão e nos Estados Unidos, os pesquisadores observaram importantes diferenças na educação continuada do professor nos dois países. No Japão, a educação dos professores busca profundidade, não amplitude; descoberta, e não cobertura; aprendizagem na função, não o "ensino" de novas técnicas. Por décadas, os professores no Japão têm usado um processo conhecido como estudo de aula (*Lesson Study*), no qual eles regularmente trabalham em pequenos grupos para desenvolver, ensinar e refinar uma aula de pesquisa por ano. Eles compartilham os resultados da sua pesquisa-ação e os planejamentos correspondentes da aula não só com seus colegas em reuniões de equipe, mas em mostras regionais para que outros professores também se beneficiem com as suas ideias.

Enfatizamos que a reforma do desenvolvimento profissional para os professores é a única maneira garantida de melhorar a prática padrão e o profissionalismo entre todos os professores:

> Outro benefício importante da natureza colaborativa do estudo de aulas é que ele oferece um processo comparativo que os professores podem usar para aferir suas próprias habilidades [...] Ao mesmo tempo, a natureza colaborativa do estudo de aulas traz um equilíbrio entre a autocrítica [...] e a ideia de que o ensino aperfeiçoado é um processo conjunto... Os problemas que surgem são geralmente atribuídos à aula conforme planejada pelo grupo... Dessa forma, isso possibilita que os professores sejam críticos. (STIGLER; HIEBERT, 1999, p. 125)[7]

Esse processo de planejamento colaborativo, refinamento e compartilhamento regional das unidades e aulas está refletido no processo de revisão por pares do planejamento para a compreensão. Informações específicas, orientações e exemplos estão em *Understanding by Design Professional Development Workbook* (MCTIGHE; WIGGINS, 2004).

O que é curioso em relação à queixa sobre a falta de tempo é que ela é apenas parcialmente verdadeira. Cada sistema escolar dedica pelo menos 12 horas por ano a dias de desenvolvimento profissional e aproximadamente 16 horas para reuniões de equipe, por série e por departamento. Apenas imagine o que poderia ser obtido repensando-se essas horas e dedicando-se metade delas a alguma forma de estudo de aula requerido como uma exigência da função, inserido no cronograma de reuniões por série e por departamento, além dos dias de trabalho. Com o tempo, a pesquisa-ação se tornaria parte da obrigação de todas as equipes e departamentos, com a divulgação de relatórios anuais referentes às metas de desempenho alcançadas, pesquisas e desenvolvimento realizados, resultados encontrados e novas investigações propostas para o futuro.

Considere o exemplo a seguir de como essa abordagem funciona. Imagine que os professores na sua escola ou distrito tivessem a oportunidade, a cada três anos, de participar de uma oficina regional de verão para planejamento curricular. Eles seriam convidados a trazer a melhor unidade (p. ex., mais atraente e efetiva) que eles ensinam (conectada, é claro, com as orientações curriculares locais). Eles se reuniriam com um ou dois outros professores da mesma disciplina e nível que identificaram um tópico de unidade similar e trabalhariam com a orientação de um especialista no conteúdo para preparar uma unidade *gourmet*. Seu trabalho em construção seria revisado em comparação com um conjunto de padrões para o planejamento curricular (como aqueles em *Planejamento para a compreensão*), e eles fariam ajustes com base nas devolutivas recebidas dos pares e especialistas. A seguir, eles alimentariam um computador com suas melhores ideias em um formato acordado, tal como o modelo de planejamento reverso no Estágio 3 do planejamento para a compreensão, e como acontece com o *UbD Exchange*.*

Durante o ano letivo seguinte, eles testariam em campo a sua unidade aprimorada e coletariam os trabalhos dos alunos como evidências dos resultados. Eles se reuniriam durante o ano (talvez durante um dia de trabalho agendado) para avaliar coletivamente o trabalho dos alunos e fazer os ajustes necessários no seu planejamento da unidade. Seu planejamento concluído estaria qualificado para revisão regional por especialistas de conteúdo (com base nos padrões de planejamento e nos resultados do trabalho dos alunos). Aquelas unidades que fossem consideradas exemplares seriam disponibilizadas para outros educadores por meio de uma base de dados eletrônica. Ajudamos muitos docentes a desenvolver esse sistema nos últimos cinco anos.

Um equívoco que se coloca no caminho de mais colaborações como essa (estimulado, em parte, pela cultura local, em que os professores estão disfuncionalmente isolados uns dos outros) é que com frequência presumimos que as expectativas de aprendizagem precisam ser abordadas especificamente, uma de cada vez em aulas muito delimitadas, por diferentes professores, de maneira isolada em uma sala de aula. Isso, de forma compreensiva, alimenta a sensação de que o trabalho é demais para qualquer um de nós dar conta, mas a premissa é falsa. Essa confusão está relacionada ao primeiro argumento "Sim, porém..." e ao problema da validade nominal dos testes estaduais. Os testes padronizados experimentam os padrões um de cada vez por meio de (adequadamente denominados) "itens" descontextualizados. Assim, a aparência e a essência dos testes e listas de padrões com frequência sugerem equivocadamente que devemos ensinar de acordo com os padrões, um pouco de cada vez, como se cada padrão, referência e indicador fosse de igual importância.

Ao contrário, estamos de volta ao início do *Planejamento para a compreensão*: o gráfico de 3 círculos no qual estabelecemos prioridades em torno de grandes ideias e tarefas centrais, derivadas dos padrões. Então, quando as unidades envolvem trabalho rico e profundo, culminando em desempenho complexo, dúzias de padrões são abordados simultaneamente, em ordem hierárquica apropriada – e com mais coerência segundo a perspectiva do aprendiz. O desafio em nível local não é planejar uma aula por expectativa, mas planejar unidades ricas que por fim abordem todos os padrões e sinalizem claramente as prioridades para os alunos. Esse é um problema que é solucionável pelo melhor desvendamento dos padrões, redação dos currículos, mapeamento e coleta de dados.

Defendemos que toda essa pesquisa-ação irá produzir quatro benefícios distintos:

---

* N. de R.T.: Em português, algo como "intercâmbio de planejamentos para a compreensão".

1. Faça o que você diz. Aplicando os padrões ao *nosso próprio* trabalho profissional, a qualidade dos planejamentos do currículo e da avaliação será melhorada. Em vez de presumirmos que nossos planejamentos são sólidos porque trabalhamos duro ou incluímos atividades de que os alunos gostam, os planejamentos precisam ser validados em comparação com os padrões de planejamento. Os planejamentos de currículo que atendem aos padrões e resultam na aprendizagem dos alunos são designados como exemplares e, assim, estabelecem altos padrões para o trabalho curricular futuro.
2. Modelo mental. A lógica do planejamento reverso requer clareza quanto aos resultados desejados e às evidências de avaliação necessárias *antes* de identificar atividades de aprendizagem ou selecionar recursos. Quando os professores usam o modelo de planejamento reverso para planejar unidades do currículo, eles desenvolvem um modelo mental produtivo para planejar que ajuda a evitar os dois problemas dos currículos orientados para a atividade e orientados para a cobertura. Tal processo de planejamento é particularmente valioso para professores novos que ainda não desenvolveram um arquivo próprio de atividades favoritas ou que ainda não foram completamente seduzidos pela dependência de livros didáticos.
3. Trabalhar de forma mais inteligente usando a tecnologia. A maioria dos educadores é obrigada a ensinar as expectativas de aprendizagem das orientações curriculares, então por que compartilhar com toda rede de ensino não deveria ser a norma? Como as orientações curriculares nas várias disciplinas são mais similares do que diferentes, esse compartilhamento não poderia ser estendido para âmbito nacional? Acreditamos que sim. Em vez de cada professor, escola e distrito desnecessariamente reinventarem as mesmas rodas, essa abordagem oferece um mecanismo para trabalhar de forma mais inteligente usando uma base de dados pesquisáveis de unidades validadas. Não precisamos nos sentir culpados porque não preparamos refeições *gourmet* todos os dias. Focar regularmente em exemplares (sejam eles receitas, sejam eles planejamentos de currículo) é bom para todos. Assim, podemos dedicar nossas energias para o desenvolvimento de uma ou duas unidades de alta qualidade e construir gradualmente padrões mais altos e competências de planejamento mais refinadas enquanto trabalhamos. E, como ocorre com os livros de culinária, é muito mais inteligente compartilhar nossos planejamentos para que todos possam se beneficiar de receitas comprovadas.
4. Aprimorar as conversas profissionais. Além de produtos curriculares de qualidade superior, o *processo* do trabalho de planejamento compartilhado proporciona rico desenvolvimento profissional. As respostas de professores que trabalham com equipes de planejamento em vários distritos (como parte de consórcios regionais e estaduais) confirmaram o valor da experiência. Diferentemente de sessões de desenvolvimento do tipo "tamanho único" sobre tópicos genéricos, o trabalho de planejamento se concentra nos aspectos peculiares de ensinar e avaliar tópicos específicos do conteúdo e resulta em produtos tangíveis de valor imediato para os professores. As conversas focam em aspectos que estão na essência da profissão: quais são as grandes ideias que queremos que os alunos compreendam? Como saberemos que eles realmente aprenderam isso? O que significa atender a esses padrões? Que experiências de ensino e aprendizagem são mais envolventes e efetivas? O que o trabalho do aluno revela sobre os pontos fortes e as necessidades do nosso currículo e ensino? Levando em consideração o tempo limitado disponível para desenvolvimento profissional, é imperativo que ele seja orientado para os resultados dessa ma-

neira – diferentemente da cobertura de tendências educacionais por interlocutores externos.

Trabalho árduo e demorado não é uma coisa ruim. É uma coisa boa e vital, como sugere a citação de Platão em *A República* na abertura do capítulo. Aprendizagem, a verdadeira aprendizagem, é sempre difícil. Ela *sempre* afeta a aprendizagem antiga, levando ao desequilíbrio e à resistência. Constatamos que muitos educadores têm uma resistência paradoxal à aprendizagem – especialmente professores acostumados a trabalhar sozinhos e que acham que o controle suave de tudo o que acontece em seu espaço, com base em seus hábitos, é o que mais importa. Talvez a melhor razão para replanejar as escolas em torno da pesquisa colaborativa contínua seja que esta é a única maneira de superar alguma resistência do professor a mudar hábitos, alguma timidez em relação à experimentação e algum medo de críticas e fracasso. Existe mais coragem – e pressão útil dos pares para *aprender* – quando um grupo de professores trabalha em conjunto para fazer pesquisa dentro da sua prática individual e coletiva.

As seis facetas estão envolvidas aqui. Os professores precisam de um trabalho que desenvolva maior empatia e autocompreensão para que verdadeiramente compreendam como causar aprendizagem. O ponto cego esconde de nós a dor de toda aprendizagem, não apenas a probabilidade de equívocos por parte do aluno ou as diferenças individuais e necessidades dos aprendizes. Não somos professores; somos alunos e causas da aprendizagem. O trabalho deve, portanto, requerer que ingressemos e permaneçamos "dentro" de como a aprendizagem funciona para constantemente nos lembrarmos do quão difícil ela é. A escola deve requerer que os professores façam pesquisa-ação de modo que eles constantemente *sintam* como é aprender, sejam lembrados de que a aprendizagem real é sempre assustadora, frustrante e capaz de causar insegurança, independentemente da idade ou do talento. Se o trabalho e o cronograma nos fizerem pensar em nós mesmos como apenas professores em vez de também aprendizes, perderemos oportunidades vitais de tornar a educação mais honesta, revigorante e de autocorreção para todos, adultos e crianças. O tempo necessário para esse trabalho não deve ser interpretado como extra, mas como essencial.

Conclusão

Examinamos algumas visões amplamente defendidas sobre os obstáculos ao planejamento, ao ensino e à avaliação para a compreensão em um mundo de responsabilização externa e tentamos revelar seus equívocos subjacentes. Sugerimos que as ideias do Planejamento para a compreensão são centrais para melhorar o desempenho nas medidas externas, ao mesmo tempo preservando o engajamento intelectual da equipe e dos alunos: (1) ensinar e avaliar para a compreensão de grandes ideias e o domínio das tarefas centrais da disciplina; (2) aplicar padrões de planejamento para revisar e refinar o currículo e a avaliação locais, como parte da pesquisa local contínua e do desenvolvimento incorporados ao trabalho.

Não pedimos ou esperamos que você aceite completamente a nossa palavra. Sabemos pela experiência que hábitos e equívocos raramente são superados por argumentos – pela nossa cobertura deles! Não, as afirmações neste capítulo e no livro como um todo precisam ser localmente descobertas e discutidas, testadas, defendidas e exploradas por você em seu próprio contexto para que possam ser aceitas (ou rejeitadas) por motivos racionais. Esta, também, foi uma conclusão importante sobre a reforma escolar nos Estados Unidos a que chegaram os autores de *The Teaching Gap:*

> Como o ensino é complexo, as melhorias no ensino serão mais bem-sucedidas se forem desenvolvidas nas salas de aula onde os professores ensinam e os alunos aprendem... O que funciona em uma sala de aula pode ou não funcionar em outra sala de aula. As ideias para melhorias que vêm de longe – incluindo, por exemplo, o que aprendemos com as aulas japonesas – precisarão ser testadas e adaptadas às nossas salas de aula locais. (STIGLER; HIEBERT, 1999, p. 134)

Desafiamos você a investigar o que compreensão é e o que não é, como melhor ensiná-la e como melhor avaliá-la – tudo isso no seu mundo de expectativas de aprendizagem, testes e alunos específicos. Toda a pesquisa no mundo significa pouco se você não puder vê-la em ação nas *suas* aulas, com os *seus* alunos. Compreender este livro significa realizar o trabalho de experimentar as ideias contidas no livro. Isso é o que o estudo de aulas desencadeia.

Esperamos que por meio da descoberta de algumas dessas alegações pessimistas frequentemente ouvidas possamos encorajar uma postura mais proativa por parte dos docentes nas escolas e dos líderes distritais na direção do que você *pode* fazer para melhorar a aprendizagem, independentemente do contexto em que se encontra e do trabalho árduo necessário. Os achados de pesquisa são animadores. Independentemente de todas as coisas relacionadas aos alunos, escolas e sociedade que não podemos controlar, as coisas que estão no nosso controle – planejamento, ensino, devolutivas – ainda podem afetar significativamente o desempenho.

Posfácio: começando o trabalho

Fazer com que os professores parassem e pensassem, e mudassem e selecionassem a partir de seu repertório de atividades e aulas foi uma grande mudança de paradigma por si só. Os professores estavam refletindo sobre o que estavam ensinando. Eles estavam avaliando cada uma das tarefas e atividades avaliativas para assegurar sua validade. Os professores estavam abrindo mão de lições consagradas e favoritas que não estavam alinhadas com os resultados desejados. Aquilo era GRANDE, realmente GRANDE!

_ Angela Ryan, Facilitadora de Ensino, Hershey, Pennsylvania

Simplesmente faça!

_ *Slogan* de propaganda da Nike Corporation

Depois de elucidar a lógica, a base de pesquisa e as principais ideias de planejamento para a compreensão, concluímos com uma nota prática oferecendo algumas ideias comprovadas para efetivamente dar início a essa prática de planejamento.

A criação de um planejamento é o ponto de partida natural. Para a maioria dos professores, recomendamos iniciar com uma unidade do currículo. Geralmente, os professores escolhem uma unidade familiar para reestruturação em torno dos elementos do planejamento para a compreensão. Alternativamente, aqueles que planejam um novo tópico com frequência acham benéfico planejar a nova unidade a partir do zero, usando o modelo de planejamento reverso. Tenha em mente que um livro que complementa este *Understanding by Design Professional Development Workbook* (MCTIGHE; WIGGINS, 2004), com mais de 250 páginas de folhas de trabalho, exercícios, exemplos e dicas de planejamento, está disponível, em inglês, apoiar o trabalho de planejamento.

Para os gestores, sugerimos duas opções para aplicação das ideias apresentadas neste livro: (1) trabalhar com um professor para planejar em conjunto um currículo em torno das expectativas de aprendizagem identificadas, ou (2) usar o modelo de planejamento reverso para planejar uma oficina de formação ou curso de desenvolvimento profissional para aprendizes adultos. Muitos educadores comentaram que não compreendiam plenamente ou valorizavam o planejamento para a compreensão até o aplicarem a um planejamento de currículo real e receberem devolutivas dos colegas. Como ocorre com toda grande ideia, é mais fácil entender plenamente as nuanças e sutilezas desta estrutura depois da aplicação e reflexão.

Intensificando os esforços por meio da colaboração

Juntamente com a criação de uma unidade do currículo, encorajamos fortemente o uso regular dos padrões de planejamento do planejamento para a compreensão para autoavaliação e revisão de pares. Os padrões articulam as qualidades do planejamento efetivo e encorajam a reflexão e revisão do professor.

O valor da estrutura do planejamento para a compreensão aumenta quando ele é adotado e aplicado de maneira coordenada pelas equipes, escolas ou distritos inteiros. Estas são algumas ações práticas que as equipes de um nível ou departamento escolar, corpo docente das escolas ou a equipe inteira do distrito podem assumir para dar início e seguir em frente com o planejamento para a compreensão:

- Forme um grupo de estudos para ler e discutir seções relacionadas a este livro.
- Organize uma oficina introdutória sobre o planejamento para a compreensão em seu distrito ou escola (p. ex., em um dia de trabalho programado).
- Explore as perguntas essenciais relacionadas ao planejamento para a compreensão em reuniões dos docentes e da equipe (p. ex., Como podemos ensinar todas essas expectativas de aprendizagem de formas envolventes e efetivas? Que conteúdo vale a pena compreender? Como sabemos que os alunos realmente compreendem o que ensinamos? Como aumentamos os resultados sem nos fixarmos em testes na "prática"?).
- Envie uma equipe para visitar uma escola ou distrito na região que utilize o modelo de planejamento para a compreensão e relate os benefícios potenciais para a sua escola ou distrito.
- Identifique um grupo de professores e administradores para encabeçar os esforços do planejamento para a compreensão na escola ou distrito.
- Dê tempo (e outros incentivos) aos membros do grupo para planejarem e compartilharem a unidade feita nos moldes do planejamento reverso.
- Realize revisões de pares de unidades planejadas localmente usando os padrões de planejamento do planejamento para a compreensão.
- Trabalhe em grupos por série ou áreas do conhecimento para descobrir padrões de conteúdo (p. ex., identificar compreensões e perguntas essenciais).
- Trabalhe em grupos por série ou áreas do conhecimento para priorizar expectativas de aprendizagem e conteúdo de livros didáticos usando a folha de trabalho dos três ovais (Figura 3.3, no Capítulo 3).
- Crie um mapa do currículo escolar ou distrital baseado no planejamento para a compreensão, isto é, contendo compreensões, perguntas essenciais e tarefas de desempenho centrais).
- Afixe perguntas essenciais na sala de aula. Compartilhe exemplos durante reuniões dos docentes.
- Desenvolva tarefas de desempenho centrais (baseadas nas seis facetas da compreensão) e rubricas de avaliação comuns.
- Trabalhe em grupos por série ou áreas do conhecimento para revisar e avaliar o trabalho dos alunos ou tarefas de desempenho centrais. Escolha "âncoras" na escola ou no distrito para as rubricas.

- Analise dados de avaliações externas e o trabalho dos alunos para identificar áreas de equívocos comuns dos estudantes e desenvolva planos de intervenção.
- Estabeleça e implemente equipes para pesquisa-ação e estudo das aulas (*lesson study*) em torno de áreas de desempenho problemáticas.
- Desenvolva e implemente um programa de indução para apresentar o planejamento para a compreensão a novos professores.
- Aplique o planejamento reverso para planejar várias iniciativas escolares e distritais.
- Procure financiamentos estaduais, federais e de fundações para custear a implementação do planejamento para a compreensão.

Faça o que você diz

Não há um caminho único que leve um indivíduo ou equipe a desenvolver compreensão e proficiência do planejamento para a compreensão. Entretanto, recomendamos que os educadores "façam o que dizem" e usem planejamento reverso no planejamento de como irão usar a planejamento para a compreensão.

Apêndice: exemplo do modelo de 6 páginas

Use o seguinte modelo de seis páginas como um guia enquanto planeja suas unidades de *Planejamento para a compreensão*.

Página de rosto da unidade

Título da unidade: *Você é o que você come* Ano: *5°*

Áreas da disciplina/tópico: *Saúde e nutrição*

Palavras-chave: *nutrição, saúde, bem-estar, dieta balanceada, pirâmide alimentar*

Planejada por: *Bob James* Período: *3 semanas*

Distrito escolar: *Montgomery Knolls P.S.* Escola: *Cheshire Cat Elem.*

Breve resumo da unidade (incluindo contexto curricular e objetivos da unidade):

Nesta unidade introdutória do curso de educação e saúde, os alunos irão aprender sobre as necessidades nutricionais humanas, os grupos alimentares, os benefícios nutricionais dos vários alimentos, as diretrizes da pirâmide alimentar do Ministério da Saúde e problemas de saúde associados à má nutrição. Eles irão planejar um folheto ilustrado sobre nutrição para ensinar crianças menores sobre a importância da boa nutrição para uma vida saudável, trabalhar em grupos cooperativos para analisar uma dieta familiar hipotética e recomendar formas de melhorar seu valor nutricional e conduzir pesquisa sobre problemas de saúde resultantes de maus hábitos alimentares.

Na tarefa de desempenho culminante, os alunos desenvolvem e apresentam um cardápio proposto para um programa educacional de três dias ao ar livre. Seu cardápio para as refeições e lanches deve atender às recomendações da pirâmide alimentar do Ministério da Saúde. A unidade conclui com os alunos avaliando seus hábitos alimentares pessoais e em que medida sua alimentação é saudável.

Status do planejamento da unidade:

☑ Páginas do modelo preenchidas – Estágios 1, 2 e 3

☑ Modelo preenchido para cada tarefa de desempenho

☐ Rubricas preenchidas

☐ Orientações aos alunos e professores

☐ Materiais e recursos listados

☐ Acomodações sugeridas

☐ Extensões sugeridas

Status: ○ Versão inicial (data *12/3*) ⊗ Versão revisada (data *14/7*)

⊗ Revisado por pares ⊗ Conteúdo revisado ⊗ Testado na área ○ Validado ○ Ancorado

Estágio 1 – Identificar os resultados desejados

Objetivos estabelecidos:

Padrão 6 – Os alunos compreenderão conceitos essenciais sobre nutrição e dieta.

6a – Os alunos usarão uma compreensão de nutrição para planejar dietas apropriadas para eles mesmos e os outros.

6c – Os alunos compreenderão seus próprios padrões alimentares individuais e formas pelas quais esses padrões podem ser melhorados.

Que perguntas essenciais serão consideradas? 

- O que é alimentação saudável?
- Você se alimenta de forma saudável? Como você sabe?
- Como uma dieta saudável para uma pessoa pode não ser saudável para outra?
- Por que há tantos problemas de saúde nos Estados Unidos causados por má nutrição apesar de todas as informações disponíveis?

Que compreensões são desejadas?  

Os alunos compreenderão que...

- Uma dieta balanceada contribui para a saúde física e mental.
- A pirâmide alimentar do Ministério da Saúde apresenta diretrizes relativas para nutrição.
- As necessidades dietéticas variam entre os indivíduos com base na idade, no nível de atividade, no peso e na saúde geral.
- Uma vida saudável requer que um indivíduo coloque em prática as informações disponíveis sobre boa nutrição mesmo que isso signifique romper com hábitos confortáveis.

Que conhecimento-chave e habilidades os alunos irão adquirir como resultado desta unidade?

Os alunos saberão... 

- Os termos-chave – proteína, gordura, carboidrato, colesterol.
- Tipos de alimentos em cada grupo alimentar e seus valores nutricionais.
- As diretrizes da pirâmide alimentar do Ministério da Saúde.
- Variáveis que influenciam as necessidades nutricionais.
- Problemas gerais de saúde causados por má nutrição.

Os alunos serão capazes de... 

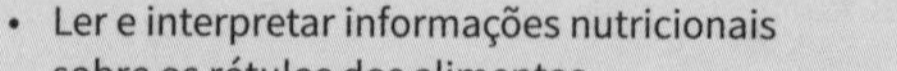

- Ler e interpretar informações nutricionais sobre os rótulos dos alimentos.
- Analisar dietas quanto ao seu valor nutricional.
- Planejar dietas balanceadas para eles mesmos e para os outros.

Estágio 2 - Determinar evidências aceitáveis

Que evidências mostrarão que os alunos compreendem? 

Tarefas de desempenho:

Você é o que você come - Os alunos criam uma brochura ilustrada para ensinar crianças pequenas sobre a importância da boa nutrição para uma vida saudável. Eles apresentam aos jovens alunos ideias para romper com maus hábitos alimentares.

Devore! - Os alunos desenvolvem um cardápio de três dias para as refeições e os lanches de uma próxima experiência de acampamento de educação ao ar livre. Eles escrevem uma carta ao diretor do acampamento para explicar por que seu cardápio deve ser escolhido (mostrando que ele atende às recomendações da pirâmide alimentar do Ministério da Saúde e ao mesmo tempo é suficientemente saboroso para os estudantes). Eles incluem pelo menos uma modificação para uma condição dietética específica (diabéticos ou vegetarianos) ou consideração religiosa.

Que outras evidências precisam ser reunidas à luz dos Resultados Desejados do Estágio 1? 

Outras evidências:
(p. ex., testes, questionários, estímulos, amostras do trabalho, observações)

Teste - Os grupos alimentares e a pirâmide alimentar do Ministério da Saúde.

Estímulo - Descrever dois problemas de saúde que podem surgir como consequência de má nutrição e explicar como eles podem ser evitados.

Verificação da habilidade - Interpretar as informações nutricionais em rótulos de alimentos.

Autoavaliação e reflexão do aluno: 

1. Autoavaliar o folheto: Você é o que você come.
2. Autoavaliar o cardápio do acampamento: Devore!.
3. Refletir sobre o quanto você come de forma saudável no final da unidade (comparado com o início).

(Continua)

(Continuação)

Estágio 2 – Determinar evidências aceitáveis

Modelo de tarefa de avaliação

Que compreensões ou objetivos serão avaliados por meio desta tarefa? O

Os alunos irão planejar dietas apropriadas para eles mesmos e para os outros.

Que critérios estão implicados nas expectativas de aprendizagem e compreensões apesar das especificidades desta tarefa? Que qualidades o aluno deve demonstrar para significar que as expectativas foram atingidas?

- Nutricionalmente sólido
- Comparação de sabor vs. nutrição
- Viável

Por meio de qual tarefa de desempenho os alunos demonstrarão compreensão?

Visão geral da tarefa:

Como estamos aprendendo sobre nutrição, o diretor do acampamento no Centro de Educação ao Ar Livre nos pediu para propormos um cardápio nutricionalmente balanceado para nosso passeio de três dias ao centro no fim do ano, incluindo as três refeições principais e três lanches (pela manhã, à tarde e em volta da fogueira). Nosso objetivo é criar um cardápio saboroso e nutricionalmente balanceado. Além do seu cardápio, prepare uma carta ao diretor do acampamento explicando como o seu cardápio atende às diretrizes nutricionais do Ministério da Saúde. Inclua um quadro mostrando detalhamento de gordura, proteína, carboidratos, vitaminas, minerais e calorias.

Que produtos dos alunos e desempenhos fornecerão evidências das compreensões desejadas?

Cardápio com um quadro dos valores nutricionais

Carta ao diretor do acampamento

Por quais critérios os produtos dos alunos e seus desempenhos serão avaliados?

- O cardápio atende às diretrizes do Ministério da Saúde.
- O quadro com os valores nutricionais é preciso e completo.
- O cardápio é voltado à audiência e à situação.

- Explicação efetiva do valor nutricional e apelo do gosto do cardápio proposto.
- Formulário de carta apropriado.
- Ortografia e convenções corretas.

Estágio 3 – Planejar experiências de aprendizagem

OPERAAO*

Que sequência de experiências de ensino e aprendizagem equiparão os alunos para se engajar, desenvolver e demonstrar as compreensões desejadas? Use a folha de trabalho a seguir para listar as principais atividades de ensino e aprendizagem em sequência. Codifique cada entrada com as iniciais apropriadas dos elementos de OPERAAO.

A

1. Comece com uma pergunta de entrada (Os alimentos que você ingere causam espinhas?) para fisgar os alunos e estimulá-los a considerarem os efeitos da nutrição em suas vidas. **P**
2. Introduza as Perguntas Essenciais e discuta as tarefas de desempenho da unidade culminante (*Devore e Plano de ação alimentar*). **O**
3. Nota: Os principais termos do vocabulário são introduzidos quando necessário pelas várias atividades de aprendizagem e tarefas de desempenho. Os alunos leem e discutem trechos relevantes do livro sobre saúde para apoiar as atividades e tarefas de aprendizagem. Como atividade contínua, os alunos mantêm uma tabela diária do que comem e bebem para exame e avaliação posteriores. **E**
4. Dê uma aula expositiva para a apreensão de conceitos sobre os grupos alimentares. A seguir, faça os alunos praticarem a classificação de figuras de alimentos em conformidade com os grupos alimentares. **E**
5. Introduza a pirâmide alimentar e identifique os alimentos em cada grupo. Os alunos trabalham em grupos para desenvolver um cartaz da pirâmide alimentar contendo figuras recortadas dos alimentos em cada grupo. Exponha os cartazes na sala de aula ou no corredor. **E**
6. Dê um questionário sobre grupos de alimentos e a pirâmide alimentar (formato compatível). **E**
7. Revise e discuta o folheto sobre nutrição do Ministério da Saúde. Pergunta para discussão: Todas as pessoas devem seguir a mesma dieta para que sejam saudáveis? **R**
8. Trabalhando em grupos cooperativos, os alunos analisam uma dieta familiar hipotética (deliberadamente desequilibrada) e fazem recomendações para melhorar a nutrição. O professor observa e orienta os alunos enquanto trabalham. **A**
9. Os alunos compartilham suas análises da dieta e discutem em classe. **E, A** (Nota: O professor recolhe e examina as análises da dieta para identificar equívocos que precisam de atenção no ensino.)
10. Cada aluno planeja um folheto nutricional ilustrado para ensinar crianças menores sobre a importância da boa nutrição para uma vida saudável e os problemas associados à má alimentação. Essa atividade é realizada fora da classe. **E, A-2**
11. Os alunos trocam os folhetos com os membros do seu grupo para uma avaliação dos pares baseada em uma lista de critérios. Permita que os alunos façam revisões com base nas devolutivas. **E, A**
12. Apresente e discuta o vídeo "Nutrição e Você". Discuta os problemas de saúde associados à má alimentação. **E**
13. Os alunos ouvem e questionam um palestrante convidado (nutricionista do hospital local) sobre problemas de saúde causados pela má nutrição. **E**
14. Os alunos respondem ao comando escrito: "Descreva dois problemas de saúde que podem surgir em consequência da má nutrição e explique as mudanças na alimentação que poderiam ajudar a evitá-los". (Isso é coletado e avaliado pelo professor.) **A**
15. O professor exemplifica como ler e interpretar informações nos rótulos dos alimentos sobre os valores nutricionais. Então os alunos praticam usando caixas, latas e garrafas doadas (vazias!). **E**
16. Os alunos trabalham independentemente para desenvolver o cardápio do acampamento de três dias. Avalie e dê devolutivas sobre o projeto do cardápio para o acampamento. Os alunos se autoavaliam e avaliam os projetos dos colegas usando rubricas. **A, A-2**
17. Na conclusão da unidade, os alunos revisam sua tabela alimentar diária preenchida e autoavaliam o quanto sua alimentação é saudável. Eles observaram mudanças? Melhoras? Eles percebem mudanças em como se sentem e na sua aparência? **A**
18. Os alunos desenvolvem um "plano de ação alimentar" pessoal para uma alimentação saudável. Esses planos são guardados e apresentados em futuras reuniões que envolvem pais e alunos. **A, A-2**
19. Conclua a unidade com autoavaliação dos alunos relativa aos seus hábitos alimentares pessoais. Cada aluno deve desenvolver um plano de ação pessoal para seu objetivo de "alimentação saudável". **A, A-2**

(Continua)

* N. de R.T.: Os elementos do OPERAAO são apresentados na Introdução do livro.

(Continuação)

Estágio 3 – Planejar experiências de aprendizagem

Considere os elementos de OPERAAO.

A

Segunda	Terça	Quarta	Quinta	Sexta
1. Prenda a atenção dos alunos com uma discussão de hábitos alimentares e "espinhas". 2. Introduza perguntas essenciais e o vocabulário principal. 3. Peça que os alunos comecem um diário alimentar para registrar seus padrões alimentares diários. **1** PO	4. Apresente a aula para aprendizagem de conceitos sobre os grupos de alimentos, depois classifique os alimentos. 5. Peça que os alunos leiam e discutam o folheto sobre nutrição do Ministério da Saúde. **2** E	6. Apresente a aula sobre a pirâmide alimentar e identifique os alimentos em cada grupo. 7. Leia e discuta seleções importantes do livro didático sobre saúde. Forneça um panfleto ilustrado para leitores menos proficientes. **3** EA-2	8. Apresente e discuta o vídeo "Nutrição e Você". 9. Peça que os alunos planejem um folheto ilustrado sobre nutrição para ensinar crianças menores sobre a importância da boa nutrição para uma vida saudável. **4** EA-2	10. Avalie e dê devolutivas sobre os folhetos. Permita que os alunos se autoavaliem e avaliem os pares usando uma lista de critérios. **5** EA-2
11. Trabalhando em grupos cooperativos, peça que os alunos analisem uma dieta para uma família hipotética e façam recomendações para melhorar a nutrição. **6** E	12. Conduza uma revisão em grupo e dê devolutivas referentes às análises da dieta. Permita revisões. **7** R	13. Peça que os alunos ouçam e questionem o palestrante convidado (nutricionista do hospital local) sobre problemas de saúde causados pela má nutrição. **8** E	14. Peça que os alunos conduzam uma pesquisa sobre problemas de saúde resultantes da má alimentação. Forneça aos alunos opções sobre como compartilhar seus achados. **9** EA-2	15. Exemplifique como interpretar as informações dos valores nutricionais nos rótulos dos alimentos. Peça que os alunos pratiquem a interpretação dos rótulos de alimentos. **10** E
16. Revise a rubrica do cardápio do acampamento para que os alunos compreendam os critérios. Peça que trabalhem independentemente para desenvolver um menu para um acampamento de três dias. **11** E	17. Observe e apoie os alunos enquanto trabalham em seus cardápios. **12** E	18. Avalie e devolva o projeto para o cardápio do acampamento. Peça que os alunos se autoavaliem e avaliem os pares quanto aos seus projetos usando a rubrica. **13** E	19. Peça que os alunos revisem seus diários alimentares para procurar mudanças de padrões na sua alimentação. Peça que cada aluno estabeleça um objetivo pessoal para melhorar a nutrição. **14** EA-2	20. Conclua a unidade com a autoavaliação dos alunos em relação aos seus hábitos alimentares pessoais. Peça que cada aluno desenvolva um plano de ação pessoal para um objetivo de alimentação saudável. **15** ET

Notas finais

Capítulo 1

1. Para informações adicionais e exemplos de ferramentas cognitivas, veja McTighe e Lyman Jr. (1988).

Capítulo 2

1. Esta é uma canção fictícia em que palavras em francês são usadas para compor uma rima sobre números – em inglês com sotaque. Pista: o livro é chamado *Mots d'heures: gousses, rames (Mots d'heures: gousses rames*, de Luis d'Antin Van Rooten [VAN ROOTEN, L. A. *Mots d'heure: gousses, rames*: the d'Antin manuscript. Harmondsworth: Penguin Books, 1980. Obra original publicada por Grossman Publishers em 1967]).
2. Informações sobre o Science Education Project disponíveis no Harvard-Smithsonian Center for Astrophysics, 60 Garden Street, Cambridge, MA 02138. Disponível em: http://cfa-www.harvard.edu/

Capítulo 3

1. Recomendamos enfaticamente este texto de muito tempo atrás. Ele apresenta as análises mais claras e úteis do problema da estruturação de currículo, especialmente porque um dos autores foi uma figura-chave na educação progressista, com experiência prática na tentativa de honrar quase todas as ideias apresentadas em *Planejamento para a compreensão.* O livro pode ser encontrado em vários locais na internet, por exemplo, na biblioteca online www.questia.com.
2. Para fontes adicionais, veja Erickson (1998), Tomlinson *et al.* (2001), o *Dicionário da história das ideias,* uma unidade de referência multivolume baseada em conceitos-chave, e Adler (1999).

Capítulo 4

1. Compare Schank (1995) e Egan (1986) sobre a importância da narrativa para cognição e aprendizagem.

Capítulo 5

1. Esta não é uma convocação generalizada para uma abordagem de descoberta da instrução. Ao contrário, meramente observamos que compreender uma grande ideia tipicamente requer o tipo de investigação ativa, discussão e aplicações que descrevemos aqui. Veja o Capítulo 9 para uma abordagem mais abrangente do problema em nossa discussão da sequência de ensino.
2. Veja o Capítulo 1 de Erickson (1998) para uma discussão detalhada dos limites de vários documentos com orientações curriculares nacionais e a necessidade de ser mais claro sobre as perguntas e compreensões que buscamos.

Capítulo 6

1. Observe que Lynn Erickson enfatiza o que denominamos generalizações "conceituais", dessa forma transformando o que chamamos de compreensões tópicas mais como fatos. Preferimos nossa distinção entre compreensões tópicas e abrangentes em oposição a fatos porque ambos os tipos de compreensões requerem inferência a partir dos fatos.
2. Veja materiais complementares em História/Estudos Sociais (New York: http://www.emsc.nysed.gov/ciai/socst/ssrg.html; Virginia: http://vastudies.pwnet.org/sol/c_framework.htm).
3. Veja Piaget (1973, 1977).
4. Isto é verdadeiro mesmo quando pensamos no objetivo que requer que o aluno "compreenda como...". Embora possamos focar em processos ou desempenhos-chave, ainda esperamos que os alunos entendam percepções específicas para melhorar seu desempenho. Veja Erickson (1998, p. 83). Compare com Erickson (2001), Capítulo 2 sobre "currículo baseado em conceitos."

Capítulo 9

1. Do Relatório Anual de 2003 do *National Survey of Student Engagement* (NSSE), disponível em http://nsse.indiana.edu/pdf/2003_inst_report/NSSE_2003_Overview.pdf. Outros estudos do NSSE estão disponíveis em: http://nsse.indiana.edu/. Veja também Kuh (2003).
2. Veja também Levy (1996) para o relato do seu próprio ensino.
3. Os leitores são encorajados a revisar "*Ten Tools for Transfer*" para uma lista útil dos tipos de experiências mais prováveis de desenvolver transferência da aprendizagem. Veja Fogarty, Perkins e Barell (1992).

Capítulo 10

1. Veja, por exemplo, Blythe *et al.* (1998), Bottoms e Sharpe (1996), White e Gunstone (1992), Saphier e Gower (1997), e Marzano *et al.* (1997).
2. Leitores familiarizados com a história da educação ouvirão um eco da ideia de que a aprendizagem deve ser planejada para "recapitular" a história do conhecimento neste e em outros exemplos. Embora não concordemos com a ideia de recapitulação como uma teoria educacional sólida, a ideia de que os alunos devem experimentar investigação autêntica e algumas vezes recriar ou simular como o conhecimento foi desenvolvido faz parte do que entendemos por descoberta. Veja Egan (1997), Gould (1977) e Wiggins (1987) para mais sobre recapitulação.
3. Os leitores devem consultar Adler (1984) e outras obras complementares para maior percepção da lógica para as três colunas e como decidir que tipo de ensino melhor se adapta a que tipos de objetivos.
4. Veja Finkel (2000).

Capítulo 12

1. Veja – http://worldcat.org/identities/lccn-n96034276/ para outros exemplos de atividades da autoridade curricular da Grã-Bretanha.
2. Veja Kliebard (1987, p. 223-224). Contudo, Kliebard ironicamente observa que mesmo aqui a ideia de fazer currículos centrados nos interesses foi um pouco danificada em relação à abordagem mais radical pretendida por proponentes do "currículo de atividades", como Kilpatrick. Para Kliebard, parece ser "uma questão aberta" se a sequência de tópicos proposta "realmente representava interesses das crianças" ou uma concepção adulta mais benigna, mas ainda arbitrária, de como ordenar os tópicos.
3. Para leitura de apoio sobre uma lógica da investigação, veja Collingwood (1939), Gadamer (1994) e Bateman (1990).

Capítulo 13

1. Veja, por exemplo, Kohn (2000).
2. Embora possa surpreender muitos leitores que argumentemos assim, dada nossa antiga oposição documentada à dependência excessiva de testes indiretos, a questão aqui está mais especificamente focada na validade dos testes. Inúmeros argumentos podem ser apresentados em nome de mais avaliações de desempenho em testes educacionais, mas a questão aqui é inversa: Testes indiretos – "inautênticos" – podem produzir inferências válidas, assim como tarefas "autênticas" podem produzir inferências inválidas.
3. Além do mais, estudos recentes lançaram dúvida sobre as alegações extravagantes feitas por empresas que preparam para o SAT sobre os ganhos em pontuações que elas causam.
4. Disponível em: https://www.aaas.org/programs/project-2061. O projeto 2061 da Associação Americana para o Avanço da Ciência (http://www.aaas.org) conduziu avaliações de livros didáticos de matemática e ciências nos Estados Unidos. Veja https://www.aaas.org/programs/project-2061/publications

5. Iowa, o único Estado que não promulgou orientações curriculares em nível estadual, requer que os distritos escolares desenvolvam expectativas de aprendizagem e avaliações locais; além desses esforços locais, muitos distritos também usam o *Iowa Test of Basic Skills.*
6. Veja Gardner (1991), Capítulo 8; e Bransford *et al.* (2000, p. 10ff).
7. Informações adicionais sobre esta pesquisa podem ser encontradas no *website* do TIMSS (http://nces.ed.gov/timss/). Para mais sobre o *Lesson Study*, veja Lewis (2002).

Glossário

A

amostragem Toda unidade e planejamento de teste envolve o ato de amostragem de um vasto domínio de conhecimento, habilidades e tarefas possíveis. Assim como as pesquisas do Gallup, a amostragem possibilita que o avaliador faça inferências válidas a partir de uma investigação limitada se a amostra do trabalho ou as respostas forem apropriadas e justificadas.

O planejamento do teste e da unidade usa dois tipos diferentes de amostragem: amostragem do domínio mais amplo de todas as perguntas curriculares, tópicos e tarefas possíveis e amostragem que envolve a avaliação de apenas um subgrupo de toda a população de alunos em vez da testagem de todos. Esses dois tipos de amostragem são combinados em sistemas de testes em larga escala para formar a amostra da matriz, em que podemos testar muitos ou todos os alunos usando diferentes testes para cobrir o máximo possível do domínio de conhecimento.

Os professores tentam exemplificar o domínio da disciplina em uma unidade por meio de uma tarefa específica: que amostras viáveis e eficientes das tarefas ou perguntas nos possibilitarão fazer inferências válidas sobre o desempenho global dos alunos (porque não podemos testar o aluno em tudo o que foi ensinado e aprendido)? Quando os professores tentam usar um subgrupo da população para construir uma abordagem mais eficiente e efetiva da testagem, eles estão fazendo as perguntas que os pesquisadores fazem: qual deve ser a composição de uma pequena amostra de estudantes para que possamos inferir com validade conclusões sobre o desempenho de todos os alunos no sistema usando os resultados da nossa amostra?

âncoras Amostras de trabalho ou desempenho usadas para definir o padrão de desempenho específico para cada nível de uma **rubrica**. Por exemplo, anexadas ao parágrafo que descreve um desempenho de nível seis na escrita haveria duas ou três amostras de escrita que ilustram o que é um desempenho de nível seis. (A âncora para a pontuação mais alta é frequentemente chamada de "exemplar.")

As âncoras contribuem significativamente para a confiabilidade da classificação. Uma rubrica sem essas âncoras é tipicamente muito mais ambígua para estabelecer um padrão claro tanto para os juízes quanto para os executores. Expressões como "sofisticado e persuasivo" ou "solução matemática esclarecedora" têm pouco significado, a não ser que os professores tenham exemplos de trabalho que forneçam definições concretas e estáveis.

aplicação Uma das seis **facetas** da compreensão e um indicador de compreensão consagrado. A capacidade de aplicar conhecimento e habilidades em diversas situações fornece evidências importantes da compreensão do aprendiz. A ideia não é nova ou específica do planejamento para a compreensão. Bloom *et al.* (1956) viram a aplicação como central para a compreensão e muito diferente do tipo de atividade de conectar e preencher as lacunas encontrado em tantas salas de aula: "Os professores frequentemente dizem: se um aluno realmente compreende alguma coisa, ele consegue aplicá-la... Aplicação é diferente em dois aspectos do conhecimento e compreensão simples: o aluno não é incentivado a dar conhecimento específico, nem o problema é banal" (p. 120). *Veja também* **empatia; explicação; interpretação; perspectiva; autoconhecimento**.

autoconhecimento Uma das seis **facetas** da compreensão. Conforme discutido no contexto da teoria das facetas, autoconhecimento se refere à precisão da autoavaliação e à consciência dos vieses na compreensão do indivíduo devido aos estilos de investigação favorecidos, às formas habituais de pensar e às crenças não examinadas. A precisão da autoavaliação nesse caso significa que o aprendiz compreende o que ele não compreende com clareza e especificidade. (Sócrates se referiu a essa capacidade como "sabedoria".)

Autoconhecimento também envolve o grau de consciência dos vieses e como eles influenciam o pensamento, percepções e crenças sobre como o assunto deve ser compreendido. O indivíduo não recebe compreensão simplesmente (como imagens através dos olhos); em outras palavras, as formas de pensamento e categorização são projetadas nas situações de formas que inevitavelmente moldam a compreensão. *Veja também* **aplicação; empatia; explicação; interpretação; e perspectiva.**

avaliação Técnicas usadas para analisar o desempenho do aluno em contraste com objetivos e critérios. Um teste é um tipo de avaliação. Outros tipos incluem entrevistas clínicas (como no trabalho de Piaget), observações, autoavaliações e inventários. Uma boa avaliação requer um equilíbrio das técnicas, pois cada técnica é limitada e passível de erro.

Referir-se a "avaliações" em vez de simplesmente "testes" também é uma distinção de modo e atitude, como implica a origem em latim da palavra *avaliar (assess)*; avaliar é "sentar com" o aluno. A implicação é que em uma avaliação o professor faz observações ponderadas e julgamentos desinteressados e oferece devolutiva clara e útil.

Avaliação é algumas vezes vista como sinônimo de apreciação (*evaluation*), embora o uso comum seja diferente. Um professor pode avaliar os pontos fortes e as fraquezas de um aluno sem atribuir um valor ou uma nota ao desempenho. *Veja também* **tarefa de desempenho; padronizada**.

avaliação autêntica, tarefa autêntica Uma avaliação composta de **tarefas de desempenho** e atividades planejadas para simular ou replicar desafios importantes do mundo real. A essência da avaliação autêntica é o teste realista baseado no desempenho – solicitar que o aluno use o conhecimento como no mundo real, com propósitos, públicos e variáveis situacionais genuínos.

Assim, o contexto da avaliação, não apenas a tarefa em si e se ela é baseada no desempenho ou prática, é o que torna o trabalho autêntico (p. ex., a "desordem" do problema, a capacidade de buscar devolutivas e revisar, o acesso a recursos apropriados). As avaliações autênticas visam fazer mais do que "testar": elas devem ensinar os alunos (e os professores) como é o "fazer" de um assunto e que tipos de desafios de desempenho são na verdade considerados mais importantes em um campo ou profissão. As tarefas são escolhidas porque são representativas de perguntas essenciais ou desafios como aqueles enfrentados pelos profissionais no campo.

Um teste autêntico mede os alunos diretamente nos desempenhos avaliados. Por sua vez, os testes de múltipla escolha constituem medidas indiretas de desempenho (compare, por exemplo, o teste de direção com o teste escrito para obter a carteira de motorista). No campo das medidas, testes autênticos são denominados testes "diretos". *Compare com* **comando acadêmico** e **teste**.

avaliação longitudinal Avaliação dos mesmos desempenhos inúmeras vezes, usando-se um *continuum* de pontuação fixa, para acompanhar o progresso (ou falta dele) em direção a um padrão; também denominada "avaliação desenvolvimental". Por exemplo, o *National Assessment of Educational Progress* (NAEP) usa uma escala fixa para medir os ganhos no desempenho em Matemática durante o 4°, 8° e 12° anos. Igualmente, o *American Council on the Teaching of Foreign Languages* (ACTFL) usa um *continuum* (de iniciante até proficiente) para mapear o progresso de todos os alunos de línguas ao longo do tempo. A maioria dos testes escolares, tanto aqueles feitos em âmbito local quanto em âmbito estadual, não é longitudinal porque os testes são eventos únicos com sistemas de pontuação únicos. O planejamento para a compreensão propõe um sistema de avalição que utiliza escalas de pontuação e tarefas que podem ser usadas em vários níveis de ensino para fornecer uma avaliação longitudinal.

avaliar a aprendizagem Analisar minuciosa e metodicamente o desempenho do aluno em contraste com objetivos e critérios específicos. A palavra provém do latim *assidere*, que significa "sentar ao lado"*. *Veja também* **tarefa de desempenho**.

C

cobertura Uma abordagem de ensino que superficialmente ensina e testa o conteúdo do conhecimento independentemente da compreensão ou engajamento do aluno. O termo costuma ter uma conotação negativa: implica que o objetivo é seguir ao longo de um corpo de material (com frequência um livro didático) dentro de uma estrutura temporal especificada (ironicamente, um significado do termo cobrir é "obscurecer"). Os professores em geral associam o termo a uma desculpa ligada às demandas das estruturas curriculares ("Eu gostaria de ter me aprofundado mais, porém *temos* que cobrir o conteúdo") ou a avaliações externas ("mas os alunos serão testados em... e os resultados são publicados no jornal"). *Compare com* **descoberta**.

comando acadêmico Uma forma de avaliação que está entre uma tarefa de desempenho autêntica e um teste ou questionário. Os comandos acadêmicos são testes de desempenho escritos e de resposta aberta.

---

* N. de R.T.: Aqui, os autores se referem à palavra inglesa para avaliação da aprendizagem, *assessment*.

Como sugere a palavra *acadêmico*, esses testes ocorrem apenas na escola ou em situações de exame. O examinador estimula uma resposta a uma citação particular, ideia ou exigência de desempenho. Tais comandos não são autênticos (muito embora eles estimulem o desempenho) porque são impostas restrições escolares típicas na tarefa, no acesso aos recursos, no tempo utilizado e na oportunidade de falar com outros. *Compare com* **avaliação autêntica** e **questionário**.

compreensão Compreensão de ideias, pessoas, soluções e processos manifestada em vários desempenhos apropriados. Compreender é dar sentido ao que se conhece, ser capaz de saber por que aquilo é assim e ter a habilidade de usá-la em várias situações e contextos.

compreensões duradouras As inferências específicas, baseadas em **grandes ideias**, que têm um valor duradouro além da sala de aula. Em planejamento para a compreensão, os planejadores são encorajados a escrever afirmações com frases inteiras descrevendo o que, especificamente, os alunos devem compreender sobre o tópico. A frase "Os alunos vão compreender *que*..." oferece uma ferramenta prática para a identificação de compreensões. Ao pensarem nas compreensões duradouras para uma unidade ou curso, os professores são encorajados a perguntar: "O que queremos que os alunos compreendam e sejam capazes de usar daqui a vários anos, depois que já esqueceram os detalhes?". As compreensões duradouras são centrais para uma disciplina e são transferíveis para novas situações. Por exemplo, ao aprenderem sobre o estado de direito, os alunos compreendem que "as leis escritas especificam os limites do poder de um governo e articulam os direitos dos indivíduos, tais como o devido processo". Essa inferência a partir dos fatos, baseada em grandes ideias como "direitos" e "devido processo", oferece uma lente conceitual unificadora através da qual reconhecer a importância da Carta Magna, além de examinar as democracias emergentes no mundo em desenvolvimento. Como tais compreensões são geralmente de natureza abstrata e frequentemente não óbvias, elas requerem **descoberta** por meio da investigação contínua em vez de uma cobertura única. O aluno deve vir a compreender ou ser ajudado a entender a ideia como resultado do trabalho. Se os professores tratarem uma compreensão como um fato, provavelmente o aluno não irá entendê-la.

conceito Um construto mental ou categoria representado por uma palavra ou expressão. Os conceitos incluem objetos tangíveis (p. ex., cadeira, coelho) e ideias abstratas (p. ex., democracia, bravura). Entendimentos abrangentes são derivados de conceitos.

confiabilidade Em medidas e testagem, a precisão da pontuação. Ela é suficientemente livre de erro? Qual é a probabilidade de que a pontuação ou nota seja constante se o teste fosse refeito ou o mesmo desempenho fosse avaliado por outra pessoa? O erro é inevitável; nenhum teste, inclusive os melhores testes de múltipla escolha, tem 100% de confiabilidade. O objetivo é minimizar o erro até níveis toleráveis.

Na avaliação de desempenho, o problema da confiabilidade tipicamente ocorre de duas formas: (1) em que medida podemos generalizar a partir de um ou de um número pequeno de desempenhos para o desempenho provável do aluno em geral? e (2) qual é a probabilidade de que diferentes juízes vejam o mesmo desempenho da mesma maneira? A segunda pergunta envolve o que costuma ser denominado "confiabilidade entre os avaliadores".

Um erro no escore não é necessariamente um defeito nos métodos do criador do teste, mas um fato estatístico relacionado a (1) como fatores estranhos influenciam os realizadores dos testes ou juízes, ou (2) aos limites do uso de uma amostra pequena de perguntas ou tarefas em um único contexto.

É possível obter confiabilidade adequada garantindo que haja múltiplas tarefas para o mesmo resultado; é obtida melhor confiabilidade quando o aluno tem muitas tarefas, não apenas uma. Além disso, a confiabilidade do escore é grandemente melhorada quando a avaliação é realizada por juízes bem treinados e supervisionados, trabalhando a partir de rubricas claras e ancorados em trabalhos ou desempenhos específicos. (Esses procedimentos são usados há muito tempo em avaliações da escrita em grande escala e no programa de colocação avançada.)

conhecimento e habilidades resultantes Conhecimento e habilidades pretendidos como resultado de uma unidade de estudo. Além da compreensão visada, os professores identificam outros resultados desejados (p. ex., "habilidade para escuta").

Conhecimento e habilidades resultantes diferem de **conhecimento e habilidades como pré-requisito**. Conhecimento resultante é o objetivo da unidade. Conhecimento pré-requisito é o que é necessário para atingir os objetivos da unidade. Por exemplo, em uma unidade que culmina em uma dramatização da história, o conhecimento pré-requisito envolve os fatos biográficos das pessoas que são retratadas, e a habilidade pré-requisito é a habilidade de dramatizar. Os planejadores que usam o planejamento para a compreensão identificam o conhecimento e a habilidade resultantes do Estágio 1 e constroem o conhecimento pré-requisito no Estágio 3, o plano de aprendizagem.

critérios As qualidades que devem ser obtidas para que o trabalho corresponda a um padrão. Perguntar "quais são os critérios?" é o mesmo que perguntar "o que devemos procurar quando testamos os produtos ou o desempenho dos alunos para saber se eles tiveram sucesso? Como determinaremos o que é um trabalho aceitável?". Os critérios devem ser considerados *antes* do planejamento das tarefas de desempenho específicas (embora isso pareça estranho para os planejadores iniciantes). Planejar uma tarefa que mensure o pensamento crítico requer saber de antemão quais são os indicadores desse pensamento e, então, planejar a tarefa de modo que os alunos demonstrem esses traços por meio do seu desempenho. Uma avaliação também deve determinar o peso que cada critério deve receber em relação a outros critérios. Assim, se os professores concordam que ortografia, organização e o desenvolvimento de ideias são todos importantes no julgamento da redação, devem perguntar: "eles são de igual importância? Em caso negativo, que porcentagem devemos atribuir a cada um?". Os critérios usados para julgamento do desempenho, assim como um teste, podem ser válidos ou inválidos e autênticos ou inautênticos. Por exemplo, um professor pode mandar os alunos fazerem uma pesquisa histórica original (uma tarefa autêntica), mas atribuir nota ao trabalho somente se forem usadas quatro fontes e se o trabalho tiver exatamente cinco páginas. Tais critérios seriam inválidos porque um trabalho de história poderia facilmente não atender a esses critérios, mas ainda assim ser uma pesquisa excelente. Os critérios devem corresponder às qualidades de um desempenho excepcional. Muitas avaliações de desempenho desvalorizam os assim chamados critérios de impacto. (Veja os Capítulos 5 e 6 em Wiggins [1998] para mais desses tipos de critérios.)

currículo Literalmente, "o curso a ser percorrido". Em *Planejamento para a compreensão*, o termo se refere ao plano explícito e abrangente desenvolvido para honrar um quadro de referência baseado no conteúdo e orientações curriculares e expectativas de aprendizagem.

D

descoberta Uma abordagem de ensino que é necessária para todas as questões de compreensão. "Descobrir" um assunto é fazer o oposto de "cobri-lo", ou seja, ir em profundidade. Três tipos de conteúdo tipicamente demandam descoberta. O conteúdo pode consistir em *princípios, leis, teorias ou conceitos* que provavelmente só terão significado para um estudante se eles forem vistos como sensatos e plausíveis; isto é, o aluno pode verificar, induzir ou justificar o conteúdo por meio da investigação e construção. O conteúdo pode ser contraintuitivo, com nuanças, sutil ou ser composto por ideias de outra forma mal compreendidas, como gravidade, evolução, números imaginários, ironia, textos, fórmulas, teorias ou conceitos. O conteúdo pode ser o elemento conceitual ou estratégico de alguma competência (p. ex., persuasão na escrita ou "espaço de criação" no futebol). Tal descoberta envolve a clarificação de meios eficazes e eficientes, levando em conta os fins da competência, conduzindo ao maior uso proposital e menos impensado das técnicas. *Compare com* **cobertura**.

desempenhar Agir sobre e levar a termo. *Veja também* **tarefa de desempenho**.

desempenho *Veja* **tarefa de desempenho**.

E

empatia Uma das seis **facetas** da compreensão. Empatia, a habilidade de "se colocar no lugar do outro", evitar as próprias reações emocionais para compreender as do outro, é central para o uso coloquial mais comum do termo *compreender*. Quando "tentamos compreender" outra pessoa, pessoas ou a cultura nos esforçamos para ter empatia. Assim, ela não é simplesmente uma resposta afetiva, ela não é simpatia. É uma habilidade *aprendida* de entender o mundo (ou texto) pelo ponto de vista de outra pessoa. É a disciplina do uso da imaginação para ver e sentir como os outros veem e sentem, imaginar que alguma coisa diferente pode ser possível, até desejável.

Empatia não é o mesmo que **perspectiva**. Ver alguma coisa em perspectiva envolve ver a uma distância crítica, desprender-se para ver mais objetivamente. Empatia envolve ver a partir do interior a visão de mundo de outra pessoa, adotando os discernimentos, a experiência e os sentimentos que são encontrados no domínio subjetivo ou estético.

O termo foi cunhado por um estudioso alemão, Theodor Lipps, na virada do século XX para descrever o que os participantes devem fazer para compreender uma obra de arte ou apresentação artística. Empatia é, assim, o ato deliberado de encontrar o que é plausível, sensível ou significativo nas ideias e nas ações dos outros, mesmo que elas pareçam confusas ou desgastantes. *Veja também* **aplicação; explicação; interpretação; perspectiva; autoconhecimento**.

escala de pontuação Um *continuum* igualmente dividido (reta numérica) usado na avaliação do desempenho. A escala identifica como as diferentes pontuações serão usadas. As avaliações de desempenho tipicamente usam uma escala muito menor para pontuação do que os testes padronizados. Em vez de uma escala de 100 ou mais, a maioria das avaliações baseadas no desempenho usa uma escala de 4 ou 6 pontos.

Duas razões inter-relacionadas explicam esse uso de um número pequeno de pontos na escala. Cada posição na escala não é arbitrária (como é o caso em pontuações referenciadas pela norma); seu objetivo é corresponder a um critério específico ou qualidade do trabalho. A segunda razão é prática: a utilização de uma escala de tantos números específicos reduz a confiabilidade da pontuação.

explicação Uma das seis **facetas** da compreensão. Compreensão envolve mais do que simplesmente conhecer a informação. Uma pessoa com compreensão é capaz de explicar *por que* é assim, não apenas citar os fatos. Tal compreensão emerge como uma teoria bem desenvolvida e apoiada, uma explicação que dá sentido aos dados, fenômenos, ideias ou sentimentos. A compreensão é revelada por meio de desempenhos e produtos que explicam claramente, de maneira plena e instrutiva, *como* as coisas funcionam, *o que* elas implicam, *onde* se conectam e *por que* aconteceram.

Compreensões nesse sentido vão além de simplesmente devolver respostas "certas" para emitir opiniões *justificadas* (justificar como o aluno chegou lá e por que a resposta está certa). Verbos como *justificar, generalizar, apoiar, verificar, provar* e *fundamentar* englobam o que é necessário. Independentemente do conteúdo ou da idade ou sofisticação do aluno, a compreensão nesse sentido se revela na habilidade de "mostrar o seu trabalho", explicar *por que* a resposta está correta, incluir o trabalho atual segundo princípios mais gerais e poderosos, fornecer evidências e argumentos válidos para um ponto de vista e defender essa visão. *Veja também* **aplicação; empatia; interpretação; perspectiva; autoconhecimento.**

F

faceta, faceta da compreensão Uma forma como se manifesta a compreensão de uma pessoa. O planejamento para a compreensão identifica seis tipos de compreensão: **aplicação, empatia, explicação, interpretação, perspectiva** e **autoconhecimento**. Assim, a verdadeira compreensão é revelada pela habilidade de uma pessoa de:

- Explicar: fornecer explicações detalhadas, apoiadas e justificáveis dos fenômenos, fatos e dados.
- Interpretar: contar histórias significativas; oferecer traduções pertinentes; apresentar uma dimensão histórica ou pessoal reveladora de ideias e eventos; fazer alguma coisa pessoal ou acessível por meio de imagens, casos, analogias ou modelos.
- Aplicar: usar efetivamente e adaptar o conhecimento em diversos contextos.
- Ter perspectiva: ver pontos de vista, com olhos e ouvidos críticos; ter uma visão geral.
- Empatizar: penetrar, encontrar valor no que os outros podem achar esquisito, estranho ou implausível; perceber com sensibilidade, com base em experiência direta anterior.
- Ter autoconhecimento: perceber o estilo pessoal, preconceitos, projeções e hábitos da mente que tanto moldam quanto impedem a compreensão; estar ciente do que não é compreendido e por que é tão difícil de compreender.

Falar das facetas da compreensão implica que a compreensão (ou falta dela) se revela de diferentes formas mutuamente reforçadoras. Em outras palavras, quanto mais o aluno consegue explicar, aplicar e oferecer muitos pontos de vista sobre a mesma ideia, mais provável será que ele compreenda essa ideia.

Uma faceta é, assim, muito mais como um critério na avaliação do desempenho do que um estilo de aprendizagem. Ela se refere mais a como os professores julgam se a compreensão está presente do que a sua necessidade de apelar às habilidades ou preferências de um aprendiz. Da mesma forma que uma redação, para ser efetiva, tem que ser persuasiva e lógica (independentemente de a pessoa ter ou não esses traços ou os valorizar), assim também as facetas sugerem o que os professores precisam ver para que possam concluir se um aluno tem compreensão.

Isso *não* pretende sugerir que todas as seis facetas estejam *sempre* envolvidas em algum problema particular de compreensão. Por exemplo, autoconhecimento e empatia não estariam em jogo na procura de evidências da compreensão dos alunos de muitos conceitos matemáticos. As facetas não apresentam uma parcela, mas uma estrutura ou conjunto de critérios para o planejamento de aulas e avaliações que melhor desenvolvem e medem a compreensão.

ferramenta inteligente Uma ferramenta que coloca ideias e processos em uma forma tangível. Uma ferramenta inteligente melhora o desempenho em tarefas cognitivas, como o plano das unidades de aprendizagem. Por exemplo, um organizador gráfico eficiente, como um mapa da história, ajuda os alunos a internalizar os elementos de uma história de formas que aprimoram sua leitura e escrita de histórias. Da mesma forma, a utilização rotineira de ferramentas inteligentes, como o modelo de planejamento de uma unidade e as ferramentas de planejamento para a compreensão, deve ajudar os usuários a desenvolver um modelo mental das ideias-chave do livro. *Veja também* **modelo**.

G

gênero de desempenho Um tipo ou categoria de desempenho ou produto intelectual. Por exemplo, as pessoas comumente falam de gêneros de escrita (narrativa, ensaio, carta) ou fala (discussão em seminário, discurso formal, dar orientações). Um gênero é, portanto, um subgrupo dos três modos principais de desempenho intelectual: oral, escrito, demonstrado.

grande ideia Em planejamento para a compreensão, conceitos centrais, princípios, teorias e processos que devem servir como ponto focal dos currículos, do ensino e da avaliação. Por definição, grandes ideias são importantes e duradouras. Grandes ideias são transferíveis para além do escopo de uma unidade particular (p. ex., adaptação, alegoria, o Sonho Americano, figuras significativas). Grandes ideias são o material com o qual são construídas as compreensões. Elas podem pensadas como os padrões significativos que possibilitam que o indivíduo una os pontos de conhecimentos que de outra forma seriam fragmentados.

Tais ideias vão além de fatos ou competências específicos para focar em conceitos, princípios ou processos maiores. Elas são aplicáveis a novas situações dentro ou além do assunto. Por exemplo, os alunos estudam a promulgação da Carta Magna como um acontecimento histórico específico *devido* à sua importância para uma ideia maior, o estado de direito, em que as leis escritas especificam os limites do poder de um governo e os direitos dos indivíduos, como o devido processo. A grande ideia transcende suas raízes na Inglaterra do século XIII e é um marco das sociedades democráticas modernas.

Uma grande ideia também pode ser descrita como uma ideia "cavilha". Cavilha é a haste que fixa a roda sobre um eixo. Assim, a ideia cavilha é aquela que é essencial para a compreensão, sem a qual o aluno não consegue ir a lugar nenhum. Por exemplo, sem compreender a distinção entre a letra da lei e o espírito da lei, os alunos não conseguem entender o sistema constitucional e legal estadunidense – mesmo que sejam grandes conhecedores e articulados sobre os fatos da história. Sem um foco nas ideias cavilhas com valor duradouro, os alunos podem ser deixados com fragmentos de conhecimento facilmente esquecíveis.

guia de avaliação *Veja* **rubrica**.

I

interpretação Uma das seis **facetas** da compreensão. Interpretar é encontrar significado, significância, sentido ou valor na experiência humana, nos dados e nos textos. É contar uma boa história, apresentar uma metáfora poderosa ou refinar ideias por meio de uma edição.

A interpretação está, assim, repleta de maior subjetividade e especulações inerentes do que a teorização e a análise envolvidas na **explicação**. Mesmo que conheçamos os fatos relevantes e os princípios práticos, será necessário perguntar: o que tudo isso significa? Qual é a sua importância? (De fato, uma definição no dicionário para o verbo *compreender* é "saber a importância de".) Um jurado que tenta compreender o abuso infantil busca significado e intenção, não generalizações precisas da ciência teórica. O teórico constrói conhecimento objetivo sobre o fenômeno chamado abuso, mas o romancista pode oferecer tanto quanto ou mais discernimento por meio da investigação da vida psíquica de uma pessoa específica.

A construção dessa narrativa é o verdadeiro significado de construtivismo. Quando os professores dizem que os alunos precisam "construir seu próprio significado", eles querem dizer que entregar aos alunos interpretações ou noções de significância pré-embaladas, sem que os alunos elaborem e possam encontrar algumas explicações e interpretações como mais válidas do que outras, leva a uma falsa compreensão. Um ensino puramente didático *da* interpretação provavelmente levará a um conhecimento superficial e rapidamente esquecido e ilude os alunos quanto à natureza inerentemente discutível de toda interpretação. *Veja também* **aplicação; empatia; explicação; perspectiva; autoconhecimento.**

iterativo Que requer a retomada contínua do trabalho anterior. Uma abordagem iterativa é, assim, o oposto dos processos lineares ou graduais. Os sinônimos para iterativo são *recursivo*, *circular* e *em espiral*. O processo do planejamento curricular é sempre iterativo; os planejadores estão sempre revisitando suas ideias iniciais sobre o que estão buscando, como avaliar e como devem ensinar enquanto continuam trabalhando em cada elemento do planejamento. Eles repensam unidades e aulas anteriores à luz de planos e resultados posteriores – a aprendizagem que ocorre (ou não ocorre).

M

meta, realização *Veja* **objetivo de desempenho**.

modelo Um guia ou estrutura para os planejadores. No uso cotidiano, o termo se refere a uma forma, construída em papel, madeira ou folha de metal, cujas bordas servem de guia para recortar uma forma particular. Em planejamento para a compreensão, o modelo de planejamento das unidades oferece um guia conceitual para a aplicação dos vários elementos de **planejamento reverso** no desenvolvimento ou refinamento de uma unidade de estudo. Cada página do modelo contém perguntas-chave, estimulando o usuário a considerar elementos particulares do planejamento reverso, e um organizador gráfico contendo estruturas para registrar as ideias do planejamento. *Veja também* **ferramenta inteligente**.

O

objetivo de desempenho Um sinônimo para *resultado desejado, resultado da aprendizagem* e termos similares relacionados ao fim educacional buscado. *Veja também* **resultado desejado**.

OPERAAO Um acrônimo para: Para onde a unidade está indo? Prender a atenção de todos os alunos; Explorar e equipar; Repensar e revisar; Avaliar a compreensão; Adaptar às necessidades, interesses e estilos dos alunos; Organizar para o máximo engajamento e eficácia. Considerado em mais detalhes, OPERAAO consiste dos seguintes componentes:

- Onde. Para onde o trabalho está se direcionando? Por que ele está indo nessa direção? Quais são as obrigações de desempenho finais dos alunos, as avaliações de desempenho que fazem a ancoragem? Quais são os critérios pelos quais o trabalho dos alunos será julgado quanto à compreensão? (Estas são perguntas feitas pelos alunos. Ajude-os a encontrar as respostas a essas perguntas previamente.)
- Prender. Fisgar o aluno com pontos de entrada envolventes e provocativos: experiências instigantes, questões, curiosidades, problemas e desafios que apontam para perguntas essenciais, ideias nucleares e tarefas de desempenho finais.
- Explorar e equipar. Envolver os alunos em experiências de aprendizagem que lhes permitam explorar as grandes ideias e perguntas essenciais; que os façam buscar ligações e palpites, pesquisar e testar ideias, experimentar coisas. Equipar os alunos para os desempenhos finais por meio da instrução guiada e do treinamento nas competências e nos conhecimentos necessários. Fazê-los experimentar as ideias e torná-las reais.
- Repensar e revisar. Aprofundar nas ideias em questão (mediante as facetas da compreensão). Revisar, ensaiar e refinar quando necessário. Guiar os estudantes na autoavaliação e no autoajuste, com base nas devolutivas da investigação, dos resultados e da discussão.
- Avaliar a compreensão. Revelar o que foi compreendido por meio dos desempenhos e produtos finais. Envolver os alunos em uma autoavaliação final para

identificar questões remanescentes, determinar objetivos futuros e direcionar para novas unidades e aulas.

- Adaptar (personalizar) o trabalho para assegurar o máximo de interesse e desempenho. Diferenciar as abordagens usadas e oferecer opções e variedade suficientes (sem comprometer os objetivos) para aumentar a probabilidade de que todos os alunos sejam engajados e eficientes.
- Organizar e sequenciar a aprendizagem para engajamento máximo e eficácia, considerando-se os resultados desejados.

P

padrão Perguntar "qual é o padrão?" é questionar *como* deve ser o desempenho do aluno, em *que tipos* de tarefas, com base *em que* conteúdo, para que seja considerado proficiente ou eficiente. Dessa maneira, há três tipos de padrões, cada um voltado para uma pergunta diferente. Os *padrões de conteúdo* respondem à pergunta: "O que os alunos devem saber e ser capazes de fazer?". Os *padrões de desempenho* respondem à pergunta: "O quão bem os alunos devem fazer seu trabalho?". Os *padrões de planejamento* respondem à pergunta: "Que trabalho de valor os alunos devem encontrar?". A maioria das orientações curriculares identifica somente padrões de conteúdo. Algumas também identificam padrões de desempenho – um resultado ou nível específico de desempenho que é considerado exemplar ou apropriado (tipicamente medido por um teste padronizado). O planejamento para a compreensão também identifica e enfatiza **padrões de planejamento** relativos à qualidade da tarefa em si; estes são padrões e critérios por meio dos quais os educadores distinguem unidades sólidas de unidades inconsistentes.

São muitas as confusões devidas aos vários tipos de padrões. Pior ainda, a palavra *padrão* algumas vezes é usada como sinônimo de *altas expectativas*. Outras vezes, ela é usada como sinônimo de *referência* – o melhor desempenho ou produto que pode ser obtido por alguém. Em um teste em larga escala, *padrão* frequentemente significa implicitamente *padrão mínimo*, isto é, a pontuação mais baixa para ser aprovado. Também ouvimos com frequência os padrões sendo discutidos como se fossem diretrizes ou princípios gerais. Por fim, *padrão* é rotineiramente confundido com os *critérios* para julgar o desempenho. (Muitas pessoas acreditam erroneamente que uma rubrica é suficiente para a avaliação. Entretanto, um padrão de desempenho articulado, frequentemente tornado real por âncoras ou exemplares, também é necessário.)

Ao falarem sobre educação baseada em padrões, os educadores devem levar em consideração inúmeros pontos. Primeiro, em um sentido geral, eles devem ser cuidadosos para não confundir padrões com expectativas. Um padrão de desempenho não visa necessariamente ser atingível por todos que tentam e são bem treinados; isso é mais uma expectativa. Um padrão permanece importante independentemente de poucas pessoas ou nenhuma conseguir atingi-lo. Isso é muito diferente de uma expectativa que é alta ou um "alcance" – algo que um bom número de alunos não só consegue, mas *deve* atingir, se persistir e receber um bom ensino dos professores (que têm altas expectativas).

Segundo, um padrão de desempenho em avaliação é tipicamente definido por um desempenho **âncora** "exemplar" ou alguma especificação ou escore de ponto de corte. Considere parâmetros universais: a milha de 4 minutos [padrão de velocidade em corrida], a certificação da ISO para empresas, os livros de Hemingway, a apresentação oral de Peter Jennings. Poucos estudantes com bom desempenho, se houver algum, atenderão a tais padrões, mas eles ainda são de valor para a estruturação de um programa e uma avaliação. Os testes escolares raramente definem padrões de desempenho usando parâmetros profissionais como esses (embora esses exemplos sirvam como modelos instrucionais e como fontes de **critérios** para **rubricas**). Um padrão escolar é tipicamente estabelecido por meio da seleção de âncoras ou exemplares de desempenho baseados nos pares – o que pode ser chamado de "marco" ou padrões "apropriados para a idade". A escolha dessas amostras de trabalho exemplares define o padrão *de facto*.

Assim, uma pergunta-chave é: de onde provêm as amostras do trabalho dos alunos? O que seria uma escolha válida de âncoras? E como os professores fazem a ligação dos padrões escolares aos padrões universais e adultos? O que os professores tipicamente fazem é escolher o melhor trabalho disponível na população geral de alunos a serem testados. (Os proponentes do planejamento para a compreensão acreditam, no entanto, que os alunos precisam receber mais rotineiramente âncoras que provêm de alunos um pouco mais avançados e experientes para servir como uma meta útil de mais ampla abrangência e para guiar a devolutiva contínua.)

Terceiro, um padrão difere dos critérios usados para julgar o desempenho. Os critérios para um "grande salto" ou uma redação persuasiva são mais ou menos fixos independentemente da idade ou habilidade do aluno. Todos os grandes saltos, para serem bem-sucedidos, devem satisfazer o mesmo critério: a barra deve estar no lugar. Na escrita, todas as redações persuasivas precisam usar evidências apropriadas e raciocínio efetivo. Mas em que altura deve estar a barra? O quão sofisticados e rigorosos devem ser os argumentos? Estas são perguntas sobre padrões. (Os descritores para os diferentes níveis em uma rubrica tipicamente contêm ambos, critérios e padrões.)

No entanto, padrões não são normas, mesmo que as normas sejam usadas para determinar padrões apropriados à idade. Tradicionalmente, os padrões de desempenho foram colocados em operação pela fixação de um nível de desempenho minimamente aceitável por meio dos chamados escores de corte. Em geral, tanto nas notas em sala de aula quanto nos testes estaduais, um escore de 60 é considerado um padrão mínimo de desempenho. No entanto, os planejadores de testes raramente são convidados a estabelecer uma pontuação de corte defensável. Definir inicialmente que 60 é aprovação e 59 é reprovação é arbitrário; poucos testes são planejados para que uma diferença qualitativa significativa possa distinguir uma nota 59 de uma 61. Dessa maneira, é muito fácil, quando um padrão é considerado como um ponto de corte, transformar o que deveria ser um sistema de avaliação referenciado por critérios em um sistema de avaliação referenciado por normas.

Assim, a melhoria nos padrões de conteúdo não irá necessariamente elevar os padrões de desempenho. Conteúdo se refere a insumo, e desempenho a resultado. Os padrões de conteúdo estabelecem o conhecimento particular que o aluno deve dominar. Muitas reformas atuais pressupõem que a melhoria nos insumos necessariamente irá melhorar o resultado. Mas isso é obviamente falso. Ainda podemos receber dos alunos trabalho de má qualidade em um curso que demanda estudo. De fato, é razoável no curto prazo esperar obter desempenho pior ao serem elevados os padrões de conteúdo unicamente; estabelecer padrões mais altos apenas na dificuldade do que é ensinado provavelmente levará à maior reprovação dos alunos (ensino e tempo empregado no trabalho) se todos os outros fatores permanecerem constantes.

A pergunta principal a ser feita no estabelecimento de padrões de desempenho válidos e úteis sempre é: em que nível de desempenho o aluno estaria "apropriadamente qualificado ou certificado?". Uma solução eficiente para colocar os padrões em operação é, portanto, equiparar os padrões internos do professor e da escola com algum nível de desempenho importante equivalente no mundo externo – um parâmetro universal –, dessa maneira emprestando substância, estabilidade e credibilidade ao escore. Essa é uma característica comum da aprendizagem vocacional, musical, atlética e outras formas de aprendizagem baseadas no desempenho.

padrões de conteúdo *Veja* padrão.

padrões de planejamento Padrões específicos usados para avaliar a qualidade dos planejamentos das unidades. Em vez de tratarem o planejamento apenas como uma função de boas intenções e trabalho árduo, os padrões e um processo de revisão de pares fornecem uma forma do trabalho do professor ser avaliado da mesma forma que o trabalho do aluno é avaliado em função das rubricas e âncoras. Os padrões de planejamento têm duplo propósito: (1) guiar a autoavaliação e revisões dos pares para identificar os pontos fortes do planejamento e as melhorias necessárias; e (2) fornecer um mecanismo para controle de qualidade, um meio de validar os planejamentos curriculares.

padronizado Um termo usado para descrever um teste ou avaliação em que as condições administrativas e o protocolo são uniformes para todos os alunos. Em outras palavras, se todos os alunos se defrontam com a mesma logística, tempo, matérias e orientações de devolutivas e restrições, então o teste é padronizado.

Testes padronizados estimulam três equívocos comuns:

- "Teste de múltipla escolha" e "teste padronizado" são sinônimos. Uma tarefa de desempenho, administrada uniformemente como um teste, é também um teste padronizado, como visto, por exemplo, no teste de direção para obter a carteira de habilitação ou em uma qualificação atingida para as Olimpíadas.
- Testes padronizados são sempre pontuados objetivamente (i.e., mecanicamente). As redações do exame de colocação avançada e todos os testes estaduais de escrita são avaliados por juízes, embora haja padrões na sua administração.
- Somente os testes nacionais referenciados por normas ou referenciados por critérios (como o SAT) podem ser padronizados. Um exame departamental em uma escola de ensino médio também é um teste padronizado.

Uma implicação importante, então, é que todos os testes formais são padronizados. No entanto, isso não é válido para uma avaliação. Em uma avaliação, o administrador tem liberdade para variar as questões, as tarefas, a ordem das tarefas e o tempo alocado para que fique satisfeito sabendo que os resultados são justos, válidos e confiáveis. Esse foi o argumento dado por Piaget para o seu "método clínico" em contraste com o "método de testes" de Binet. *Veja também* **avaliação**.

parâmetro (*benchmark*) Em um sistema de avaliação, um padrão apropriado do ponto de vista do desenvolvimento; algumas vezes denominado padrão "de referência". Por exemplo, muitos sistemas distritais estabelecem parâmetros para as notas 4, 8, 10 e 12. Em muitas orientações curriculares estaduais, os parâmetros oferecem outros indicadores concretos para os padrões – eles servem como subpadrões. Em atletismo e na indústria, o termo é frequentemente usado para descrever o nível mais alto de desempenho – os exemplares. Usado como verbo, *estabelecer um parâmetro* significa procurar uma melhor especificação de desempenho ou realização para um objetivo particular. O parâmetro resultante (substantivo) define o padrão de desempenho mais alto possível, um objetivo a ser alcançado. Assim, um parâmetro nesse sentido é usado quando os professores querem que sua avaliação seja ancorada pelas melhores amostras de trabalho possíveis (em vez de ser ancorada por amostras de trabalho de um distrito escolar mediano).

Não deve ser esperado que uma avaliação ancorada por parâmetros, em qualquer sentido da palavra, produza uma curva de resultados previsíveis. Padrões diferem de expectativas racionais. (*Veja também* **padrão.**) É possível que muito poucos produtos ou desempenhos – ou até mesmo nenhum – irão combinar com um parâmetro de desempenho.

pergunta *Veja* **pergunta de entrada; pergunta essencial; pergunta orientadora; pergunta aberta.**

pergunta aberta Termo usado para descrever tarefas ou perguntas que não levam a uma única resposta correta. Entretanto, isso não significa que todas as respostas sejam de igual valor. Essas respostas são, por conseguinte, "justificadas" ou "plausíveis" ou "bem defendidas" em vez de "corretas". Perguntas de uma prova dissertativa, por exemplo, são abertas, enquanto testes de múltipla escolha não são (pela sua concepção).

pergunta de entrada Uma pergunta simples e instigante que abre uma aula ou unidade. Frequentemente introduz a ideia ou compreensão principal de forma acessível. Perguntas de entrada eficazes incentivam a discussão sobre uma experiência comum, questão provocativa ou problema intrigante, como uma introdução para a unidade e perguntas essenciais.

As perguntas de entrada devem ser estruturas com máxima simplicidade, ser expressas em linguagem acessível aos alunos, ter valor provocativo e apontar para a unidade maior e perguntas essenciais. O desafio do planejamento é possibilitar que perguntas essenciais e de unidade surjam naturalmente a partir das perguntas de entrada, problemas e atividades.

pergunta essencial Uma pergunta que reside no núcleo de um assunto ou currículo (diferentemente do que é trivial ou orientador) e promove investigação e **descoberta** de um assunto. Assim, perguntas essenciais não produzem uma resposta simples (como as perguntas orientadoras fazem), mas diferentes respostas plausíveis das quais pessoas reflexivas ou embasadas podem discordar.

Uma pergunta essencial pode ter um escopo abrangente ou tópico (específico para a unidade). (Note que isso representa uma mudança no uso da linguagem do livro anterior de planejamento para a compreensão. Na primeira edição da obra, as perguntas essenciais eram apenas abrangentes.)

pergunta orientadora Uma pergunta usada para ensinar, esclarecer ou avaliar o conhecimento. Diferentemente das **perguntas essenciais**, as perguntas orientadoras têm respostas corretas e simples. Chamar uma pergunta de "orientadora" não é condená-la; perguntas orientadoras têm um papel útil no ensino e na verificação da compreensão. Entretanto, seu propósito é um pouco diferente do propósito das perguntas essenciais.

perspectiva Uma das seis **facetas** da compreensão. A habilidade de ver outros pontos de vista plausíveis. Também implica que a compreensão possibilita um distanciamento do que se conhece, evitar ser arrebatado pelas visões e paixões do momento. *Veja também* **aplicação; empatia; explicação; interpretação; autoconhecimento.**

planejamento Planejar a forma e a estrutura de alguma coisa ou o padrão ou tema de uma obra de arte. Em educação, os professores são planejadores em ambos os sentidos, visando desenvolver aulas, unidades e cursos de estudo intencionais, coerentes, efetivos e envolventes, assim como as respectivas avaliações para atingir os resultados identificados. Dizer que alguma coisa acontece por planejamento é dizer que ela ocorre por meio de um planejamento cuidadoso, e não por acaso ou por "improvisação". No núcleo de planejamento para a compreensão está a ideia de que o que acontece *antes* do professor entrar na sala de aula pode ser tão ou mais importante do que o ensino que se dá dentro da sala de aula.

planejamento reverso Uma abordagem de planejamento de um currículo ou unidade que começa tendo o fim em mente e planeja para esse fim. Embora essa abordagem pareça lógica, ela é vista como reversa porque muitos professores começam o planejamento da sua unidade pelos meios – livros didáticos, lições escolhidas e atividades consagradas – em vez de derivá-los do final – os resultados visados, como os padrões e as compreensões do conteúdo. Defendemos o inverso do hábito: começar pelo fim (os resultados desejados) e, então, identificar as evidências necessárias para determinar se os resultados foram atingidos (avaliações). Com os resultados e as avaliações claramente especificados, o planejador determina o conhecimento e as habilidades necessários (capacitadores) para só então determinar o ensino necessário para equipar os alunos para o desempenho.

Essa visão não é nova. Ralph Tyler (1949) descreveu a lógica do planejamento reverso de forma clara e sucinta há mais de 50 anos:

> Os objetivos educacionais se transformam nos critérios pelos quais os materiais são selecionados, o conteúdo é delineado, os procedimentos de ensino são desenvolvidos e as provas e exames são preparados [...] O propósito de uma declaração de objetivos é indicar os tipos de mudanças a serem provocados nos alunos de modo que as atividades de ensino possam ser planejadas e desenvolvidas de uma maneira que provavelmente atinja esses objetivos. (p. 1, 45)

portfólio Uma coleção representativa do próprio trabalho. Como sugere a raiz da palavra (e como ainda é o caso nas artes), a amostra do trabalho é modelada para um objetivo particular e transportada de um lugar para outro para inspeção ou exibição. Em disciplinas acadêmicas, um portfólio frequentemente serve a dois propósitos distintos: fornecer uma documentação do trabalho do aluno e servir como base para avaliação do trabalho em progresso ou o trabalho ao longo do tempo. A documentação tipicamente serve a três funções: revelar o controle do aluno sobre todas as áreas, técnicas, gêneros e tópicos importantes do curso ou programa; permitir que os alunos reflitam a respeito e mostrem seu melhor trabalho (permitindo que escolham quais trabalhos irão colocar no portfólio); e fornecer evidências de como os trabalhos evoluíram e foram refinados.

pouco estruturado Termo usado para descrever uma pergunta, problema ou tarefa que não tem uma receita ou fórmula óbvia para respondê-la ou resolvê-la. Tarefas ou problemas pouco estruturados não sugerem ou implicam uma estratégia ou abordagem específica que garanta o sucesso. Frequentemente o problema é confuso e precisa ser mais definido ou esclarecido antes de ser apresentada uma solução. Assim, tais perguntas ou problemas demandam mais do que conhecimento; eles demandam bom julgamento e imaginação. Todas as boas perguntas de um ensaio, problemas de ciências ou desafios de planejamento são pouco estruturados: mesmo quando o objetivo é compreendido ou as expectativas são claras, um procedimento precisa ser desenvolvido pelo caminho. Invariavelmente, tarefas pouco estruturadas requerem constante autoavaliação e revisão, não apenas uma simples aplicação de transferência de conhecimento.

A maioria dos problemas reais na vida é pouco estruturada; a maioria dos itens de um teste não é. Perguntas de testes são bem estruturadas na medida em que têm uma resposta certa única e inequívoca ou um procedimento óbvio para a solução. Tais itens são ótimos elementos para avaliar validamente elementos do conhecimento, mas não são apropriados para julgar a habilidade dos alunos de usar o conhecimento sabiamente – ou seja, como julgar qual conhecimento e habilidade devem ser usados e quando. (Uma analogia com o basquete esclarece a distinção. O "teste" de cada treino no basquete difere do "teste" de jogar o jogo com bom desempenho: o treino é previsível e estruturado; o jogo é imprevisível e não tem um roteiro.)

pré-requisito de conhecimento e habilidade Conhecimento e habilidade necessários para realizar com sucesso uma tarefa de desempenho culminante ou atingir uma compreensão específica. Em geral, os pré-requisitos identificam o conhecimento mais específico e o saber necessário para organizar tudo em um desempenho final significativo. Por exemplo, o conhecimento das diretrizes da pirâmide alimentar do Ministério da Saúde seria considerado um pré-requisito para a tarefa de planejamento de uma dieta balanceada saudável para uma semana. *Contrastar com* **conhecimento e habilidades resultantes**.

processo No contexto da avaliação, os passos intermediários que o aluno dá para atingir o desempenho final ou o produto final especificado pela avaliação. Assim, processo inclui todas as estratégias, decisões, sub-habilidades, esboços e ensaios usados na realização de determinada tarefa.

Quando solicitado a avaliar o processo que leva ao desempenho ou produto final, o avaliador algumas vezes deve julgar explicitamente os passos intermediários do aluno, independentemente do que pode ser inferido sobre esses processos a partir do resultado final. Por exemplo, podemos classificar a habilidade de um aluno para trabalhar em grupo ou preparar um esboço como um componente pré-escrita de um projeto de pesquisa, independentemente do produto final que o grupo ou escritor individual produz. No entanto, avaliar separadamente as habilidades no processo requer cautela. A ênfase deve ser em se o produto ou desempenho final atende aos padrões estabelecidos – independentemente de como o aluno chegou lá.

produto O resultado tangível e estável de um desempenho e os processos que conduziram a ele. O produto é válido para avaliar o conhecimento dos alunos na medida em que o sucesso ou fracasso na produção do produto (1) reflete o conhecimento ensinado e que está sendo avaliado e (2) é uma amostra apropriada de todo o currículo da importância relativa do material no curso.

projeto Um conjunto complexo de desafios intelectuais que em geral ocorre por longos períodos de tempo. Os projetos costumam envolver investigação por parte dos alunos, o que culmina em produtos e desempenhos dos alunos. Uma unidade pode ser composta de um único projeto, mas incluir outras formas de evidências de avaliação (testes, observações) ao longo do caminho.

proposição Uma afirmação que descreve uma relação entre conceitos. O planejamento para a compreensão sugere que as compreensões visadas sejam estruturadas como proposições específicas a serem compreendidas, não apenas frases que se referem ao tópico ou padrão de conteúdo. As proposições incluem princípios, generalizações, axiomas e leis.

Q

questionário Um teste com resposta selecionada ou resposta curta (seja ele oral ou escrito) cujo propósito único é avaliar o conhecimento específico e a habilidade. *Contraste com* **comando acadêmico** e **avaliação autêntica.**

R

resultado Em educação, termo sucinto para "resultados pretendidos do ensino". Um resultado pretendido é um **resultado desejado**, um objetivo específico com o qual os educadores se comprometem. O planejamento para a compreensão usa os termos *meta de desempenho* e *objetivo* para descrever tais intenções. Determinar se os resultados foram atingidos requer consenso sobre medidas específicas – as tarefas de avaliação, os critérios e os padrões. Apesar das controvérsias nos últimos anos sobre educação baseada nos resultados, a palavra *resultado* é neutra, e não subentende nenhum tipo particular de meta ou filosofia educacional. Refere-se às prioridades de um currículo ou programa educacional. Uma abordagem baseada nos resultados focaliza nas produções (*outputs*) desejadas, não nos aportes (*inputs*) (conteúdo e métodos). A pergunta-chave é orientada para os resultados (O que os alunos saberão e serão capazes de fazer como resultado do ensino?), e não baseada nos aportes (Que métodos instrucionais e materiais iremos usar?).

resultado desejado Um objetivo educacional específico ou meta a ser atingida. Em planejamento para a compreensão, o Estágio 1 resume todos os resultados desejados. Os sinônimos comuns incluem: alvo, meta, objetivo e resultado pretendido. Os resultados desejados em educação são geralmente de cinco tipos: (1) conhecimento factual ou declarativo baseado em regras (p. ex., um substantivo é o nome de uma pessoa, lugar ou coisa); (2) habilidades e processos (p. ex., apresentar um desenho em perspectiva, pesquisar um tema); (3) compreensões, discernimentos derivados de inferências sobre ideias, pessoas, situações e processos (p. ex., a luz visível representa uma banda muito pequena dentro do espectro eletromagnético); (4) hábitos mentais (p. ex., persistência, tolerância à ambiguidade); e (5) atitudes (p. ex., apreciação da leitura como uma ocupação valiosa no tempo de lazer).

Embora envolvam aprendizagens complexas, os resultados desejados devem ser moldados em termos mensuráveis. Uma avaliação válida, em outras palavras, é planejada para medir o grau em que o trabalho do aprendiz atinge o objetivo. *Veja também* **meta de desempenho.**

rubrica Um guia para pontuação baseado em critérios que possibilita que os juízes façam julgamentos confiáveis sobre o trabalho do aluno e que os alunos se autoavaliem. Uma rubrica avalia um ou mais traços de desempenho. A rubrica responde à pergunta: com o que se parece a compreensão ou proficiência para um resultado identificado? *Veja também* **pontuação dos traços analíticos.**

rubrica analítica dos traços Um tipo de classificação que utiliza vários critérios distintos para avaliar os produtos e o desempenhos dos alunos. Em efeito, um desempenho é avaliado várias vezes, usando a lente de critérios separados um de cada vez. Por exemplo, na pontuação analítica de redações, podemos avaliar cinco traços – organização, uso de detalhes, atenção ao público, persuasão e convenções. A pontuação analítica dos traços contrasta com a pontuação holística, em que um juiz forma uma impressão única e global a respeito de um desempenho. *Veja também* **rubrica**.

rubrica holística Representação de uma impressão geral da qualidade de um desempenho ou produto. A pontuação holística distingue-se da **pontuação analítica dos traços**, em que são usadas rubricas separadas para cada critério separado que compõe um aspecto do desempenho. Contudo, são possíveis pontuações holísticas múltiplas para uma tarefa de desempenho multifacetada que envolve diversos padrões. Por exemplo, pontuações holísticas separadas podem ser aplicadas a uma apresentação oral e a um relatório escrito que fazem parte da mesma tarefa, sem separar essas pontuações em componentes analíticos de cada modo (p. ex., a organização e a clareza do desempenho oral).

S

seguro Um termo usado para descrever um teste com questões que não são acessíveis aos professores ou alunos para fins de preparação. A maioria dos testes de múltipla escolha *precisa* ser segura, ou sua validade ficará comprometida, porque eles se apoiam em um número pequeno de questões não complicadas. No entanto, muitas avaliações de desempenho válidas não são seguras. Exemplos incluem um jogo de beisebol ou o teste de direção para obter a carteira de habilitação. O aluno a ser avaliado com frequência sabe antecipadamente a peça musical, o tema do debate, as perguntas do exame oral ou o assunto do trabalho final do semestre, e o professor "ensina para o teste" de desempenho apropriadamente.

T

tarefa de desempenho Também denominada "desempenho". Uma tarefa que usa o conhecimento do indivíduo para agir efetivamente ou viabilizar um produto complexo que revela o conhecimento e *expertise* daquele indivíduo. Recitais de música, apresentações orais, exibições de arte e competições de mecânica de automóveis são desempenhos em ambos os sentidos. Muitos educadores usam equivocadamente a expressão "avaliação de desempenho" quando realmente estão se referindo a "teste de desempenho" (*veja* **avaliar, avaliação**). Uma avaliação de desempenho envolve mais do que um único teste de desempenho e também pode usar outros modos de avaliação (como inventários, entrevistas, observações e testes). Os testes de desempenho, autênticos ou não, diferem dos testes de múltipla escolha ou de resposta curta. Em um teste de desempenho, o aluno precisa reunir tudo no contexto de problemas ou desafios pouco estruturados, não rotineiros e imprevisíveis. Por sua vez, testes mais convencionais de resposta curta ou múltipla escolha são mais como os treinamentos em esportes do que o teste de desempenho. Os verdadeiros *performers* (atletas, debatedores, dançarinos, cientistas ou atores) devem aprender a inovar e usar seu julgamento além do seu conhecimento. Já os itens do teste de múltipla escolha apenas pedem que o aluno recorde, reconheça ou "ligue" fragmentos isolados e específicos de conhecimento ou competência, um de cada vez. Como muitos tipos de desempenhos são ações efêmeras, uma avaliação justa e tecnicamente sólida envolve a criação de produtos. Isso assegura a documentação adequada e a possibilidade de revisão e supervisão nas pontuações do desempenho. *Veja também* **desempenhar**.

Taxonomia de Bloom Nome comum de um sistema que classifica e clarifica a gama de objetivos intelectuais possíveis, desde o cognitivamente fácil até o difícil; em efeito, uma classificação dos graus de compreensão. Mais de 40 anos atrás, Benjamin Bloom e seus colegas, no campo de testagem e medidas, desenvolveram esse esquema para distinguir as formas mais simples de memorização dos usos mais sofisticados do conhecimento, focados no planejamento das avaliações dos alunos. Seu trabalho foi resumido no livro agora universal intitulado *A taxonomia de objetivos educacionais: domínio cognitivo*. Como frequentemente observam os autores, a produção desse livro foi motivada por problemas persistentes em testagem. Os educadores precisavam saber como deveriam ser medidos os objetivos educacionais ou objetivos do professor, dada a ausência de um claro consenso sobre o significado de objetivos como "compreensão crítica de" e "conhecimento profundo de" – expressões que os desenvolvedores de testes tipicamente usam. Na introdução à *Taxonomia*, Bloom e seus colegas (1956) se referem à "compreensão" como um objetivo comumente buscado, porém mal definido:

> Por exemplo, alguns professores acham que seus alunos devem "realmente compreender", outros desejam que seus alunos "internalizem o conhecimento", outros ainda querem que seus alunos "compreendam o núcleo ou essência". Todos eles querem dizer a mesma coisa? Especificamente, o que faz um aluno que "realmente compreende" e o que ele não faz quando não compreende? Por meio da consulta à Taxonomia [...] os professores devem ser capazes de definir esses termos nebulosos. (p. 1)

Eles identificaram seis níveis cognitivos: conhecimento, compreensão, aplicação, análise, síntese e avaliação, com as três últimas comumente referidas como "de ordem superior". Observe que, nesse esquema, pensamento de ordem superior não inclui *aplicação* conforme eles a definiram. Isso parece estranho, considerando-se as demandas de aplicação aparentemente complexas e a preocupação expressa por muitos defensores da avaliação autêntica de fazer o aluno aplicar o conhecimento de forma mais efetiva. Mas isso não é o que Bloom e seus colegas entendiam por *aplicar*. Eles estavam falando daqueles casos mais restritos em que um aluno deve usar conhecimento específico e competências em um contexto de prova, como ao construir uma sentença ou resolver um problema de Matemática; eles não estavam se referindo ao ato mais sofisticado de fazer uso de um repertório para resolver um problema contextualizado complexo e multifacetado. A descrição que os autores fazem de *síntese* se enquadra melhor no significado de *aplicação* usado em *Planejamento para a compreensão* em particular e no movimento de avaliação do desempenho, em geral, porque enfatizam que tal objetivo requer a "produção única dos alunos".

teste de verificação Nosso termo para avaliações externas padronizadas em âmbito estadual ou nacional. Assim como a auditoria em uma empresa ou um exame físico do médico, este é um teste rápido que avalia alguma coisa importante e complexa usando indicadores mais simples. As perguntas do teste são representantes de objetivos e padrões mais importantes, da mesma forma que uma leitura da pressão arterial oferece uma fotografia instantânea da saúde global. Achamos que é importante expressar esse ponto para lembrar os leitores de que o objetivo e a aparência do teste padronizado são muito diferentes do objetivo e da aparência de uma avalição mais direta dos objetivos e padrões, portanto faz pouco sentido atentar unicamente para a auditoria. Em vez disso, a auditoria correrá bem desde que a "saúde" receba atenção localmente. *Compare com* **teste direto**.

teste direto Um teste que mede a realização de um desempenho específico no contexto em que é esperado que ocorra o desempenho (p. ex., a parte do estacionamento paralelo em um exame de direção). Em comparação, um **teste indireto** com frequência usa deliberadamente formas simplificadas de medir o mesmo desempenho fora do contexto (p. ex., a parte escrita de um teste de direção). Um teste direto é mais autêntico do que um teste indireto, por definição. *Contraste com* **teste de auditoria**.

teste indireto Um teste que mede o desempenho fora do seu contexto normal. Assim, um teste de múltipla escolha de um desempenho complexo (leitura, escrita, solução de problema) é, por definição, indireto. O ACT ou SAT* são formas indiretas de avaliar o provável sucesso na faculdade porque seus resultados se correlacionam com as pontuações médias dos calouros.

Um teste indireto é menos autêntico do que um teste direto, por definição. Entretanto, um teste indireto de desempenho pode ser válido; se os resultados no teste indireto se correlacionam com os resultados nos testes diretos, então o teste é válido por definição.

transferibilidade A habilidade de usar o conhecimento apropriada e proveitosamente em um contexto novo ou diferente a partir do que foi aprendido inicialmente. Por exemplo, um estudante que compreende o conceito de "dieta balanceada" (com base nas diretrizes da pirâmide alimentar do Ministério da Saúde) transfere essa compreensão ao avaliar dietas hipotéticas quanto aos seus valores nutricionais e ao criar cardápios nutritivos que atendem as recomendações da pirâmide alimentar.

U

unidade Forma abreviada para uma "unidade de estudo". Unidades representam um conjunto coerente de trabalho em cursos ou programas, ao longo dos dias ou semanas. Um exemplo é uma unidade sobre hábitats naturais e adaptação que se enquadra no programa anual sobre os seres vivos (o curso) em Ciências no 3° ano (a matéria) e em Ciências (o programa).

Embora nenhum critério rígido signifique o que é uma unidade, os educadores em geral pensam em uma unidade como um corpo da disciplina que se localiza em algum ponto entre uma aula e um curso inteiro de estudo que focaliza em um tópico importante (p. ex., Guerra Revolucionária) ou processo (p. ex., processo de pesquisa) e que dura entre alguns dias e algumas semanas.

* N. de R.T.: ACT e SAT são testes padronizados que os estudantes de ensino médio nos Estados Unidos fazem para serem admitidos no ensino superior. O SAT é um teste de Matemática e Língua Inglesa, e o ACT incorpora também Ciências.

V

validade As inferências que se pode fazer sobre o ensino do aluno com base nos resultados de uma avaliação. O teste mede o que ele pretende medir? Os resultados do teste se correlacionam com outros resultados de desempenho que os educadores consideram válidos? A amostra das questões ou tarefas se correlaciona de maneira precisa com o que os alunos fariam se testados em tudo o que foi ensinado? Os resultados têm valor preditivo, ou seja, eles se correlacionam com possível sucesso futuro no assunto em questão? Se algumas ou todas essas perguntas tiverem uma resposta "sim", o teste é válido.

Como a maioria dos testes fornece uma amostra do desempenho dos alunos, o escopo e a natureza das amostras influenciam em que medida podem ser extraídas conclusões válidas. É possível prever de maneira precisa e confiável a partir do desempenho em uma tarefa específica que o aluno tem controle sobre todo o domínio? Um tipo de tarefa possibilita uma inferência para outros tipos de tarefas (digamos, um gênero de escrita em relação a todos os outros)? Não. Assim, as tipicamente poucas tarefas usadas em avaliação de desempenho com frequência fornecem uma base inadequada para generalização. Uma solução é usar uma ampla variedade de trabalhos do aluno de um tipo ou gênero similar, coletados ao longo do ano, como parte da avaliação somativa.

Para que seja preciso, não é o teste em si que é válido, mas as inferências que os educadores alegam ser capazes de fazer a partir dos resultados do teste. Assim, o propósito do teste deve ser considerado quando é avaliada a validade. Testes de leitura de múltipla escolha também podem ser válidos se forem usados para testar a habilidade de compreensão do aluno ou para monitorar a habilidade de leitura de acordo com o nível da população de um distrito em comparação com outras grandes populações. Eles podem não ser válidos como medidas do repertório de estratégias de leitura de um aluno e da habilidade de construir respostas adequadas e reflexivas aos textos.

O formato do teste pode ser enganador; um teste inautêntico ainda pode ser tecnicamente válido. Ele pode aplicar a amostra do tema do domínio e prever o desempenho de maneira precisa, mas baseado em tarefas inautênticas, até mesmo triviais. O teste de admissão universitária SAT e testes como o *Otis-Lennon School Ability Test* são considerados pelos seus marcadores como válidos neste sentido mais limitado: eles são indicadores eficientes que servem como previsores úteis. No entanto, uma tarefa autêntica pode não ser válida.

O sistema de avaliação pode levantar outras questões sobre validade. Perguntar se uma tarefa de desempenho é válida é perguntar, dentro dos limites da viabilidade, se a avaliação visa aos aspectos mais importantes do desempenho, em contraste como o que é mais facilmente avaliado. Os critérios mais adequados foram identificados, e a rubrica é desenvolvida com base nas diferenças de qualidade mais adequadas? Ou a avaliação focou meramente no que é fácil de contabilizar e classificar? A validade foi sacrificada pela confiabilidade, em outras palavras?

Referências

ABBOTT, E. A. *Flatland:* a romance of many dimensions. New York: Barnes & Noble, 1963. Obra original publicada em 1884.

ADLER, M. J. *How to read a book*: the art of getting a liberal education. New York: Simon & Schuster, 1940.

ADLER, M. J. *The great ideas:* a lexicon of Western thought. New York: Scribner Classics, 1999.

ADLER, M. J. *The Paideia program:* an educational syllabus. New York: Macmillan, 1984.

AMERICAN ASSOCIATION FOR THE ADVANCEMENT OF SCIENCE. *Atlas of science literacy*. New York: Oxford University, 2001.

AMERICAN ASSOCIATION FOR THE ADVANCEMENT OF SCIENCE. *Benchmarks for science literacy*. New York: Oxford University, 1993.

A PRIVATE universe: misconceptions that block learning. Produzido por Matthew H. Schneps, Harvard-Smithsonian Center for Astrophysics e Corporation for Public Broadcasting. Washington: The Corporation for Public Broadcasting, 1994. 1 videocassete.

ARTER, J. A.; MCTIGHE, J. *Scoring rubrics in the classroom:* using performance criteria for assessing and improving student performance. Thousand Oaks: Corwin, 2001.

BACON, F. *The new organon and related writings*. New York: BobbsMerrill, 1960. Obra original publicada em 1620.

BATEMAN, W. L. *Open to question:* the art of teaching and learning by inquiry. San Francisco: Jossey-Bass, 1990.

BERENBAUM, R. L. *The cake bible*. 8th ed. New York: William Morrow Co, 1988.

BERNSTEIN, R. J. *Beyond objectivism and relativism:* science, hermeneutics, and praxis. Philadelphia: University of Pennsylvania, 1983.

BLOOM, B. S. (Ed.). *Taxonomy of educational objectives:* classification of educational goals: handbook 1: cognitive domain. New York: Longman, Green & Co, 1956.

BLOOM, B. S.; MADAUS, G. F.; HASTINGS, J. T. *Evaluation to improve learning*. New York: McGraw-Hill, 1981.

BLYTHE, T. *et al. The teaching for understanding guide*. San Francisco, CA: Jossey-Bass, 1998.

BOTTOMS, G.; SHARPE, D. *Teaching for understanding through integration of academic and technical education*. Atlanta, GA: Southern Regional Education Board, 1996.

BOYER, E. L.; CARNEGIE FOUNDATION FOR THE ADVANCEMENT OF TEACHING. *High school:* a report on secondary education in America. New York: Harper & Row, 1983.

BOYER, E. L. *The basic school:* a community for learning. New York: Carnegie Foundation for the Advancement of Teaching, 1995.

BRANSFORD, J. D. *et al.* (Eds.). *How people learn:* brain, mind, experience, and school. Washington, DC: National Academy, 2000.

BREINER-SANDERS, K. E. *et al. ACTFL proficiency guidelines*: speaking: revised 1999. Alexandria: American Council on the Teaching of Foreign Languages, 1999.

BROWN, R. G. *et al. Algebra:* structure and method. Evanston: McDougal Littell, 2000. v. 1.

BRUNER, J. S. *Beyond the information given:* studies in the psychology of knowing. New York: Norton, 1973. Obra original publicada em 1957.
BRUNER, J. S. *The culture of education*. Cambridge: Harvard University, 1996.
BRUNER, J. S. *The process of education*. Cambridge: Harvard University, 1960.
BUDIANSKY, S. The trouble with textbooks. *Prism*. 2001. Disponível em: http://www.project2061.org/publications/articles/articles/asee.htm. Acesso em: 30 ago 2018.
BULGREN, J. A. *et al. The question exploration routine*. Lawrence: Edge Enterprises, 2001.
BURNS, J. M.; MORRIS, R. The Constitution: thirteen crucial questions. In: AMERICAN POLITICAL SCIENCE ASSOCIATION; AMERICAN HISTORICAL ASSOCIATION. *This Constitution:* our enduring legacy. New York: Franklin Watts, 1986. p. 1-9.
CASWELL, H. L.; CAMPBELL, D. S. *Curriculum development*. New York: American Book Company, 1935.
CAYTON, A. R. L.; PERRY, E. I.; WINKLER, A. M. *America:* pathways to the present: America in the twentieth century. Needham: Prentice-Hall, 1998.
CHAPMAN, A. (Ed.). *Making sense:* teaching critical reading across the curriculum. New York: College Entrance Examination Board, 1993.
COLLINGWOOD, R. G. *An autobiography*. Oxford: Oxford-Clarendon, 1939.
COMMITTEE ON THE FOUNDATIONS OF ASSESSMENT *et al.* (Eds.). *Knowing what students know:* the science and design of educational assessment. Washington: National Academy, 2001.
COVEY, S. R. *The seven habits of highly effective people:* powerful lessons in personal change. New York: Free, 1989.
COXFORD, A. F.; USISKIN, Z.; HIRSCHHORN, D. *Geometry:* the University of Chicago school mathematics project. Glenview: Scott Foresman, 1993.
CRABTREE, C. (Ed.). *National standards for United States history:* exploring the American experience, grades 5–12. Los Angeles: National Center for History in the Schools, University of California, 1996. Expanded version.
CRABTREE, C.; NASH, G. B. (Eds). *National standards for history for grades K–4:* expanding children's world in time and space. Los Angeles: The Center, 1994.
DARWIN, C. *The autobiography of Charles Darwin:* 1809-1882. New York: Collins, 1958.
DEWEY, J. *Democracy and education:* an introduction to the philosophy of education. New York: Macmillan, 1916.
DEWEY, J. *Experience and education*. New York: Macmillan, 1938.
DEWEY, J. *How we think:* a restatement of the relation of reflective thinking to the educative process. Boston: Henry Holt, 1933.
EDUCATION NORTHWEST. *What are the Traits?* 2012. Disponível em: https://educationnorthwest.org/traits/trait-definitions. Acesso em: 19 fev. 2019.
EGAN, K. *Teaching as story-telling:* an alternative approach to teaching and curriculum in the elementary school. Chicago: University of Chicago, 1986.
EGAN, K. *The educated mind:* how cognitive tools shape our understanding. Chicago: University of Chicago, 1997.
EINSTEIN, A. *Ideas and opinions*. New York: Three Rivers, 1982. Obra original publicada em 1954.
ELBOW, P. *Writing without teachers*. New York: Oxford University, 1973.
ERICKSON, H. L. *Concept-based curriculum and instruction:* teaching beyond the facts. Thousand Oaks: Corwin, 1998.
ERICKSON, H. L. *Stirring the head, heart, and soul:* redefining curriculum and instruction. 2nd ed. Thousand Oaks: Corwin, 2001.
FINKEL, D. L. *Teaching with your mouth shut*. Portsmouth: Heinemann, 2000.
FOGARTY, R.; PERKINS, D.; BARELL, J. *How to teach for transfer*. Palatine: Skylight, 1992.
FOSNOT, C. T.; DOLK, M. *Young mathematicians at work:* constructing multiplication and division. Portsmouth: Heinemann, 2001a.
FOSNOT, C. T.; DOLK, M. *Young mathematicians at work:* constructing number sense, addition, and subtraction. Portsmouth: Heinemann, 2001b.
GADAMER, H. *Truth and method*. New York: Continuum, 1994.
GAGNON, P. (Ed.). *Historical literacy:* the case for history in American education. Boston: Houghton-Mifflin, 1989.
GARDNER, H. *The unschooled mind:* how children think and how schools should teach. New York: Basic Books, 1991.
GOODLAD, J. I. *A place called school*. New York: McGraw-Hill, 1984.

GOULD, S. J. *Ontogeny and phylogeny*. Cambridge: Harvard University, 1977.
GOULD, S. J. Wide hats and narrow minds. In: GOULD, S. J. (Ed.). *The panda's thumb*. New York: Norton, 1980. c. 13, p. 145-151.
GRAGG, C. I. Because wisdom can't be told. *Harvard Alumni Bulletin*, p. 78-84, 1940.
GRANT, G. *et al. On competence:* a critical analysis of competence-based reforms in higher education. San Francisco: Jossey-Bass, 1979.
GREECE CENTRAL SCHOOL DISTRICT. Disponível em: https://www.greececsd.org/. Acesso em: 29 mar. 2019.
GUSKEY, T. R. *How's my kid doing?:* a parent's guide to grades, marks, and report cards. San Francisco, CA: Jossey-Bass, 2002.
HAKIM, J. *A history of us:* from colonies to country. New York: Oxford University, 1993.
HEIDEGGER, M. *What is called thinking?* New York: Harper, 1968.
HELLER, P.; HUFFMAN, D. Interpreting the force concept inventory: a reply to Hestenes and Halloun. *The Physics Teacher*, v. 33, p. 502–506, 1995.
HIRSCH JR., E. D. *Cultural literacy:* what every American needs to know. New York: Vintage Books, 1988.
JABLON, J. R. *et al. Omnibus guidelines:* kindergarten through fifth grade. 3rd ed. Ann Arbor, MI: Rebus Planning Associates, 1994. (The Work Sampling System, v. 2).
JAMES, W. *Talks to teachers on psychology and to students on some of life's ideals*. New York: Norton, 1958. Obra original publicada em 1899.
JONASSEN, D. H.; TESSMER, M.; HANNUM, W. *Task analysis methods for instructional design*. Mahwah: Lawrence Erlbaum, 1999.
KLIEBARD, H. M. *The struggle for the American curriculum:* 1893–1958. New York: Routledge & Kegan Paul, 1987.
KLINE, M. *Why Johnny can't add:* the failure of the new math. New York: Vintage, 1973.
KOHN, A. *The case against standardized testing:* raising the scores, ruining our schools. Portsmouth: Heinemann, 2000.
KUH, G. D. What we're learning about student engagement from NSSE: benchmarks for effective educational practices. *Change*, v. 35, n. 2, p. 24–32, 2003.
KUHN, T. S. *The structure of scientific revolutions*. 2nd ed. Chicago, IL: University of Chicago, 1970.
LEVY, S. *Starting from scratch:* one classroom builds its own curriculum. Portsmouth: Heinemann, 1996.
LEWIS, C. C. *Lesson study:* a handbook of teacher-led instructional change. Philadelphia: Research for Better Schools, 2002.
LIGHT, R. J. *Making the most of college:* students speak their minds. Cambridge: Harvard University, 2001.
LIGHT, R. J. *The Harvard assessment seminar:* explorations with students and faculty about teaching, learning, and student life. Cambridge: Harvard University, 1990.
LODGE, D. *The art of fiction*. New York: Viking, 1992.
LYMAN, F. Think-pair-share, thinktrix, thinklinks, and weird facts: an interactive system for cooperative thinking. In: DAVIDSON, N.; WORSHAM, T. (Eds.). *Enhancing thinking through cooperative learning*. New York: Teachers College, 1992.
MACFARQUHAR, N. For Jews, a split over peace effort widens. *New York Times*, p. A1, 1996. Disponível em: https://www.nytimes.com/1996/09/27/world/for-jews-a-split-over-peace-effort-widens.html. Acesso em: 30 ago. 2018.
MARTIN, M. O. *et al. Effective schools in science and mathematics:* IEA's Third International Mathematics and Science Study. Boston: International Study Center, Lynch School of Education, Boston College, 2000.
MARZANO, R. J. *Analyzing two assumptions underlying the scoring of classroom assessments*. Aurora: Mid-continent Research for Educational Learning, 2000.
MARZANO, R. J. *et al. Dimensions of learning:* teacher's manual. 2nd ed. Alexandria: Association for Supervision and Curriculum Development, 1997.
MARZANO, R. J.; KENDALL, J. *A comprehensive guide to designing standards-based districts, schools, and classrooms*. Alexandria: Association for Supervision and Curriculum Development, 1996.
MCCARTHY, B. *The 4Mat system:* teaching to learning styles with right/left mode techniques. Barrington: Excel, 1980.
MCCLEAN, J. 20 considerations that help a project run smoothly. *Fine Homebuilding*, v. 155, p. 24–28, 2003. Annual Issue on Houses.

MCTIGHE, J. What happens between assessments? *Educational Leadership*, v. 54, n. 4, p. 6–12, 1996.

MCTIGHE, J.; LYMAN JR., F. T. Cueing thinking in the classroom: the promise of theory embedded tools. *Educational Leadership*, v. 45, n. 7, p. 18–24, 1988.

MCTIGHE, J.; WIGGINS, G. *Understanding by design:* professional development workbook. Alexandria: Association for Supervision and Curriculum Development, 2004.

MINDS of our own. Produzido por Matthew Schneps, Lindsay Crouse e Harvard-Smithsonian Center for Astrophysics. South Burlington: Annenberg/CPB Math and Science Collection, 1997. 1 DVD.

MURSELL, J. L. *Successful teaching:* its psychological principles. New York: McGrawHill, 1946.

NATIONAL SURVEY OF STUDENT ENGAGEMENT. *Converting data into action:* expanding the boundaries of institutional improvement. Bloomington: Indiana University Center for Postsecondary Research, 2003.

NATIONAL SURVEY OF STUDENT ENGAGEMENT. *From promise to progress:* how colleges and universities are using engagement results to improve collegiate quality. Bloomington, IN: Indiana University Center for Postsecondary Research, 2002. Annual report.

NATIONAL SURVEY OF STUDENT ENGAGEMENT. *Improving the college experience:* national benchmarks of effective educational practice. Bloomington: Indiana University Center for Postsecondary Research, 2001.

NEW YORK STATE DEPARTMENT OF EDUCATION. *Learning standards for the arts*. Albany: [s.n.], 1996.

NEWMANN, F. N. *et al. Authentic achievement:* restructuring schools for intellectual quality. San Francisco: Jossey-Bass, 1996.

NEWMANN, F. M.; BRYK, A. S.; NAGAOKA, J. K. *Authentic intellectual work and standardized tests:* conflict or coexistence? Chicago: Consortium on Chicago School Research, 2001. Disponível em: https://consortium.uchicago.edu/sites/default/files/publications/p0a02.pdf. Acesso em: 30 ago. 2018.

NEW YORK TIMES. *Science Times*. p. D1, 2003.

O'NEILL, M. A pinch of common sense. *New York Times*, p. 6006051, 1996. Disponível em: https://www.nytimes.com/1996/09/01/magazine/a-pinch-of-common-sense.html. Acesso em: 10 mar. 2019.

PASSMORE, J. A. *The philosophy of teaching*. Cambridge: Harvard University, 1980.

PERKINS, D. N. *Smart schools:* from training memories to educating minds. New York: Free, 1992.

PHENIX, P. H. *Realms of meaning:* a philosophy of the curriculum for general education. New York: McGraw-Hill, 1964.

PIAGET, J. Comments on mathematical education. In: GRUBER, H. E.; VONÈCHE, J. J. (Eds.). *The essential Piaget:* an interpretive reference and guide. New York: Basic Books, 1977. p. 726-732.

PIAGET, J. *To understand is to invent:* the future of education. New York: Grossman's, 1973.

POINCARÉ, H. Science and method. In: POINCARÉ, H. *The foundations of science*. Washington: University Press of America, 1982. p. 359-546. Obra original publicada em 1913.

PÓLYA, G. *How to solve it:* a new aspect of mathematical method. Princeton: Princeton University, 1945.

PROBLEM-BASED learning across the curriculum: an ASCD professional inquiry kit. Produzido por William Stepien e Shelagh A. Gallagher. Alexandria: Association for Supervision and Curriculum Development, 1997. 1 videocassete.

REGIONAL LABORATORY FOR EDUCATIONAL IMPROVEMENT OF THE NORTHEAST & ISLANDS. (s.d.). *The voyage of pilgrim '92*: a conversation about constructivist learning[newsletter].

ROSEMAN, J. E.; KULM, G.; SHUTTLEWORTH, S. Putting textbooks to the test. *ENC Focus*, v. 8, n. 3, p. 56–59, 2001. Disponível em: http://www.project2061.org/publications/articles/articles/enc.htm. Acesso em: 30 ago. 2018.

ROTHSTEIN, E. Shelf life: a bioethicist's take on Genesis. *New York Times*, p. B7, 2003. Disponível em: https://www.nytimes.com/2003/08/02/books/shelf-life-a-bioethicist-s-take-on-genesis.html. Acesso em: 30 ago. 2018.

ROUSSEAU, J. J. *Emile:* or education. New York: Basic Books, 1979.

RUSSELL, J. On campuses, handhelds replacing raised hands. *Boston Globe*. 2003. Disponível em: http://archive.boston.com/news/nation/articles/2003/09/13/on_campuses_handhelds_replacing_raised_hands/. Acesso em: 30 ago. 2018.

RYLE, G. *The concept of mind*. London: Hutchinson House, 1949.

SALINGER, J. D. *The catcher in the rye*. Boston: Little Brown, 1951.
SAPHIER, J.; GOWER, R. *The skillful teacher:* building your teaching skills. 5th ed. Carlisle: Research for Better Teaching, 1997.
SCHANK, R. C. *Tell me a story:* narrative and intelligence. Evanston: Northwestern University, 1995.
SCHOENFELD, A. H. Problem solving in context(s). In: CHARLES, R. I.; SILVER, E. A. (Eds.). *The teaching and assessing of mathematical problem solving*. Reston: National Council on Teachers of Mathematics, 1988. v. 3, p. 82-92.
SCHOOL CURRICULUM AND ASSESSMENT AUTHORITY. *Consistency in teacher assessment:* exemplifications of standards. London: [s.n.], 1995.
SCHWAB, J. J. The practical: arts of eclectic. In: SCHWAB, J. J. *Science, curriculum, and liberal education:* selected essays. Chicago: University of Chicago, 1978. c. 11.
SHULMAN, L. S. Taking learning seriously. *Change*, v. 31, n. 4, p. 10–17, 1999.
SIZER, T. R. *Horace's compromise:* the dilemma of the American high school. Boston: Houghton Mifflin, 1984.
SMITH, J. B.; LEE, V. E.; NEWMANN, F. M. *Instruction and achievement in Chicago elementary schools*. Chicago: Consortium on Chicago School Research, 2001. Disponível em: https://consortium.uchicago.edu/sites/default/files/publications/p0f01.pdf. Acesso em: 30 ago. 2018.
SMITH, R. J. The soul man of suburbia. *New York Times Magazine*, p. 622, 1997. Disponível em: https://www.nytimes.com/1997/01/05/magazine/the-soul-man-of-suburbia.html. Acesso em: 30 ago. 2018.
STEPIEN, W. J.; PYKE, S. L. Designing problem-based learning units. Journal for the *Education of the Gifted*, v. 20, n. 4, p. 380–400, 1997.
STERNBERG, R. J.; DAVIDSON, J. E. (Eds.). *The nature of insight*. Cambridge: MIT, 1995.
STIGLER, J. W.; HIEBERT, J. Understanding and improving classroom mathematics instruction: an overview of the TIMSS video study. *Phi Delta Kappan*, v. 79, n. 1, p. 14–21, 1997.
STIGLER, J. W.; HIEBERT, J. *The teaching gap:* best ideas from the world's teachers for improving education in the classroom. New York: Free, 1999.
STIGLER, J. W. et a . *The TIMSS videotape classroom study:* methods and findings from an exploratory research project on eighth-grade mathematics instruction in Germany, Japan, and the United States. Washington, DC: U.S. Department of Education, National Center for Education Statistics, 1999. NCES 99-074. Disponível em: https://nces.ed.gov/pubs99/1999074.pdf. Acesso em: 30 ago. 2018.
SULLIVAN, K. Japanese director commits suicide. *Washington Post*, p. C1, 22, 1997.
SULLOWAY, F. J. *Born to rebel:* birth order, family dynamics, and creative lives. New York: Pantheon Books, 1996.
TANNEN, D. *You just don't understand:* women and men in conversation. New York: Morrow, 1990.
THOMAS, L. *Late night thoughts on listening to Mahler's Ninth Symphony*. New York: Viking, 1983.
TOMLINSON, C. A. *et al. The parallel curriculum:* a design to develop high potential and challenge high-ability learners. Thousand Oaks: Corwin, 2002.
TRIBLE, P. Of man's first disobedience, and so on. *New York Times*, p. 7007028, 19 Oct. 2003. Disponível em: https://www.nytimes.com/2003/10/19/books/of-man-s-first-disobedience-and-so-on.html. Acesso em: 30 ago. 2018.
TYLER, R. W. *Basic principles of curriculum and instruction*. Chicago: University of Chicago, 1950.
U.S. DEPARTMENT OF EDUCATION. National Center for Education Statistics. *Third international math and science study*. Washington: NCES, 1998. Disponível em: https://nces.ed.gov/timss/. Acesso em: 30 nov. 2018.
VAISHNAV, A. MCAS's most onerous questions revealed. *The Boston Globe*, 2003.
WHITE, R. T.; GUNSTONE, R. *Probing understanding*. London: Falmer, 1992.
WHITEHEAD, A. N. *The aims of education and other essays*. New York: Macmillam, 1929.
WIGGINS, G. Creating a thought-provoking curriculum. *American Educator*, v. 11, n. 4, p. 10–17, 1987.
WIGGINS, G. Practicing what we preach in designing authentic assessments. *Educational Leadership*, v. 54, n. 4, p. 18–25, 1996.
WIGGINS, G. Work standards: why we need standards for instructional and assessment design. *NASSP Bulletin*, v. 81, n. 590, p. 56–64, 1997.
WIGGINS, G. P. *Educative assessment:* designing assessments to inform and improve performance. San Francisco: Jossey-Bass, 1998.

WIGGINS, G. P.; MCTIGHE, J. *Understanding by design*. Alexandria: Association for Supervision and Curriculum Development, 1998.
WISKE, M. S. (Ed.). *Teaching for understanding:* linking research with practice. San Francisco: Jossey-Bass, 1998.
WITTGENSTEIN, L. *Philosophical investigations*. New York: Macmillan, 1953.
WOOLF, V. *A room of one's own*. New York: Harcourt Brace & World, 1929.
WYNN, C. M.; WIGGINS, A. W. *The five biggest ideas in science*. New York: Wiley, 1997.

Leituras recomendadas

ADLER, M. J. *The Paideia proposal:* an educational manifesto. New York: Macmillan, 1982.
ALVERNO COLLEGE. *Assessment at Alverno College*. Milwaukee: [s.n.], 1979.
AMERICAN ASSOCIATION FOR THE ADVANCEMENT OF SCIENCE. *Assessment of authentic performance in school mathematics*. Washington: [s.n.], 1995.
ANDERSEN, H. C. *Hans Christian Andersen's fairy tales*. Middlesex: Puffin Books, 1981.
ANDERSON, L. W.; KRATHWOHL, D. R. (Eds.). *A taxonomy for learning, teaching, and assessing:* a revision of Bloom's taxonomy of educational objectives. New York: Longman, 2001.
ANDRE, T. Does answering higher-level questions while reading facilitate productive learning? *Review of Educational Research*, v. 49, p. 280–318, 1979.
ARENDT, H. *Eichmann in Jerusalem:* a report on the banality of evil. New York: Viking, 1963.
ARENDT, H. *The life of the mind*. New York: Harcourt Brace Jovanovich, 1978.
ASHLOCK, R. B. *Error patterns in computation*. 7th ed. Upper Saddle River: Merrill, 1998.
BARELL, J. *Teaching for thoughtfulness:* classroom strategies to enhance intellectual development. 2. ed. White Plains: Longman, 1995.
BARENDSEN, R. D. (Comp.) *The American revolution:* selections from secondary school history books of other nations. Washington, DC: U.S. Department of Health, Education, and Welfare, 1976. HEW publication, No. OE 76-19124.
BARNES, L. B.; CHRISTENSEN, C. R.; HANSEN, A. J. *Teaching and the case method*: text, cases and readings. Cambridge: Harvard Business School, 1977.
BARON, J. *Assessments as an opportunity to learn:* the Connecticut common core of learning alternative assessments of secondary school science and mathematics: report No. SPA-8954692. Hartford, CT: Connecticut Department of Education, Division of Teaching and Learning, 1993.
BARON, J. B.; STERNBERG, R. J. *Teaching thinking skills:* theory and practice. New York: W. W. Freeman & Co, 1987.
BARROWS, H. S.; TAMBLYN, R. M. *Problem-based learning:* an approach to medical education. New York: Springer, 1980.
BEANE, J. (Ed.). *Toward a coherent curriculum:* the 1995 ASCD yearbook. Alexandria: Association for Supervision and Curriculum Development, 1995.
BREINER-SANDERS, K. E.; SWENDER, E.; TERRY, R. M. *ACTFL proficiency guidelines:* writing: revised 2001. Alexandria: American Council on the Teaching of Foreign Languages, 2001.
BROOKS, J. G.; BROOKS, M. G. *In search of understanding:* the case for constructivist classrooms. Alexandria: Association for Supervision and Curriculum Development, 1993.
BROWN, S. I.; WALTER, M. I. *The art of problem posing*. Philadelphia: Franklin Institute, 1983.
BRUNER, J. S. *Acts of meaning*. Cambridge: Harvard University, 1990.
BRUNER, J. S. Growth of mind. *American Psychologist*, v. 20, n. 17, p. 1007–1017, 1965.
BRUNER, J. S. *The relevance of education*. Cambridge: Norton, 1973.
BRUNER, J. S. *Toward a theory of instruction*. Cambridge: Harvard University, 1966.
CARRAMAZA, A.; MCCLOSKEY, M.; GREEN, B. Naive beliefs in "sophisticated" subjects: misconceptions about trajectories of objects. *Cognition*, v. 9, n. 1, p. 117–123, 1981.
CARROLL, J. M. *The Copernican plan:* restructuring the American high school. Andover: Regional Laboratory for Educational Improvement of the Northeast Islands, 1989.
COALITION FOR EVIDENCE-BASED POLICY. *Bringing evidence-driven progress to education:* a recommended strategy for the U.S. Department of Education. Washington: [s.n.], 1992.
COSTA, A. L. (Ed.). *Developing minds:* a resource book for teaching thinking. Alexandria: Association for Supervision and Curriculum Development, 1991. v. 1.
DARLING-HAMMOND, L. *et al. Authentic assessment in practice:* a collection of portfolios, performance tasks, exhibitions, and documentation. New York: National Center for Restructuring Education, Schools and Teaching, 1993.

DARLING-HAMMOND, L.; ANCESS, J.; FALK, B. *Authentic assessment in action:* studies of schools and students at work. New York: Teachers College, 1995.
DELISLE, R. *How to use problem-based learning in the classroom.* Alexandria: Association for Supervision and Curriculum Development, 1997.
DESBERG, P.; TAYLOR, J. H. *Essentials of task analysis.* Lanham: University Press of America, 1986.
DESCARTES, R. Rules for the direction of the mind. In: DESCARTES, R. *Philosophical essays.* Indianapolis: Bobbs-Merrill, 1964. Obra original publicada em 1628.
DETTERMAN, D. K.; STERNBERG, R. J. (Eds.). *Transfer on trial:* intelligence, cognition, and instruction. Norwood: Ablex, 1993.
DIAMOND, J. *Guns, germs, and steel:* the fates of human societies. New York: Norton, 1997.
DILLON, J. T. *Questioning and teaching:* a manual of practice. New York: Teachers College, 1988.
DILLON, J. T. *The practice of questioning.* New York: Routledge, 1990.
DOSSEY, J. A. *et al. The mathematics report card: are we measuring up?:* trends and achievement based on the 1986 national assessment. Princeton, NJ: Educational Testing Service, 1988.
DRUCKER, P. F. *Innovation and entrepreneurship:* practice and principles. New York: Harper & Row, 1985.
DUCKWORTH, E. *The having of wonderful ideas and other essays on teaching and learning.* New York: Teachers College, 1987.
EDUCATORS IN CONNECTICUT'S POMPERAUG REGIONAL SCHOOL DISTRICT 15. *A teacher's guide to performance-based learning and assessment.* Alexandria: Association for Supervision and Curriculum Development, 1996.
ELBOW, P. *Embracing contraries:* explorations in learning and teaching. New York: Oxford University, 1986.
EUCLID. *The thirteen books of Euclid's elements.* New York: Dover, 1956. 3 v. Traduzido a partir do texto de Heiberg, com introdução e comentários de Sir Thomas L. Heath.
FINK, L. D. *Creating significant learning experiences:* an integrated approach to designing college courses. San Francisco: Jossey-Bass, 2003.
FREEDMAN, R. L. H. *Open-ended questioning:* a handbook for educators. Menlo Park: Addison-Wesley, 1994.
FROME, P. *High schools that work:* findings from the 1996 and 1998 assessments. Triangle Park: Research Triangle Institute, 2001.
GALL, M. Synthesis of research on teacher questioning. *Educational Leadership,* v. 42, n. 3, p. 40–46, 1984.
GREENBERG, M. J. *Euclidean and non-Euclidean geometries:* development and history. San Francisco: W. H. Freeman Co, 1972.
GRIFFIN, P. E.; SMITH, P. G.; BURRILL, L. E. *The American literacy profile scales:* a framework for authentic assessment. Portsmouth: Heinemann, 1995.
GRUBER, H. E.; VONECHE, J. J. *The essential Piaget:* an interpretive reference and guide. New York: Basic Books, 1977.
GUILLEN, M. *Five equations that changed the world:* the power and poetry of mathematics. New York: MJF Books, 1995.
HAGEROTT, S. G. Physics for first graders. *Phi Delta Kappan,* v. 78, n. 9, p. 717–719, 1997.
HALLOUN, I. A.; HESTENES, D. The initial knowledge state of college physics students. *American Journal of Physics,* v. 53, p. 1043–1055, 1985.
HALPERN, D. F. Teaching critical thinking across domains: dispositions, skills, structure training, and metacognitive monitoring. *American Psychologist,* v. 53, n. 4, p. 449–455, 1998.
HAMMERMAN, E.; MUSIAL, D. *Classroom 2061:* activity-based assessments in science, integrated with mathematics and language arts. Palatine: IRI/Skylight, 1995.
HAROUTUNIAN-GORDON, S. *Turning the soul:* teaching through conversation in the high school. Chicago: University of Chicago, 1991.
HATTIE, J. Measuring the effects of schooling. *Australian Journal of Education,* v. 36, n. 2, p. 99–136, 1992.
HEATH, T. L. *Greek mathematics.* New York: Dover, 1963.
HEGEL, G. W. F. *Phenomenology of spirit.* New York: Oxford University, 1977.
HESTENES, D.; WELLS, M.; SWACKHAMER, G. Force concept inventory. *The Physics Teacher,* v. 30, p. 141–158, 1992.
HIPPEL, E. *The sources of innovation.* New York: Oxford University, 1988.
HUNTER, M. C. *Mastery teaching.* Thousand Oaks: Corwin, 1982.

JACOBS, H. H. (Ed.). *Interdisciplinary curriculum:* design and implementation. Alexandria: Association for Supervision and Curriculum Development, 1989.

JACOBS, H. H. *Mapping the big picture:* integrating curriculum and assessment K–12. Alexandria: Association for Supervision and Curriculum Development, 1997.

JOHNSON, A. H. (Ed.). *The wit and wisdom of John Dewey*. Boston: Beacon, 1949.

KANT, I. *The critique of pure reason*. New York: Macmillan, 1929. Obra original publicada em 1787.

KASULIS, T. P. Questioning. In: GILETTE, M. M. (Ed.). *The art and craft of teaching*. Cambridge: Harvard University, 1986. c. 4, p. 38-48.

KAUFMAN, P.; BRADBY, D.; TEITELBAUM, P. *High schools that work and whole school reform:* raising academic achievement of vocational completers through the reform of school practice. Berkeley, CA: National Center for Research in Vocational Education, University of California at Berkeley, 2000.

KLINE, M. Logic vs. pedagogy. *American Mathematical Monthly*, v. 77, n. 3, p. 264–282, 1970.

KLINE, M. *Mathematical thought from ancient to modern times*. New York: Oxford University, 1972.

KLINE, M. *Mathematics:* the loss of certainty. New York: Oxford University, 1980.

KLINE, M. *Mathematics and the search for knowledge*. New York: Oxford University, 1985.

KLINE, M. *Mathematics in Western culture*. New York: Oxford University, 1953.

KOBRIN, D. *Beyond the textbook:* teaching history using documents and primary sources. Portsmouth, NH: Heinemann, 1996.

KOESTLER, A. *The act of creation*. New York: Macmillan, 1964.

KRAUSE, E. F. *Taxicab geometry:* an adventure in non-Euclidean geometry. New York: Dover, 1975.

MA, L. *Knowing and teaching elementary mathematics:* teachers' understanding of fundamental mathematics in China and the United States. Mahway: Lawrence Erlbaum, 1999.

MANEN, M. *The tact of teaching:* the meaning of pedagogical thoughtfulness. Albany: State University of New York, 1991.

MANSILLA, V. B.; GARDNER, H. Of kinds of disciplines and kinds of understanding. *Phi Delta Kappan*, v. 78, n. 5, p. 381–386, 1997.

MARZANO, R. J. *What works in schools:* translating research into action. Alexandria: Association for Supervision and Curriculum Development, 2003.

MARZANO, R J.; PICKERING, D.; MCTIGHE, J. *Assessing student outcomes:* performance assessment using the dimensions of learning model. Alexandria: Association for Supervision and Curriculum Development, 1993.

MARZANO, R. J.; PICKERING, D. J.; POLLOCK, J. E. *Classroom instruction that works:* research-based strategies for increasing student achievement. Alexandria: Association for Supervision and Curriculum Development, 2001.

MASSACHUSETTS DEPARTMENT OF EDUCATION. *English language arts curriculum framework*. Boston: 1997a.

MASSACHUSETTS DEPARTMENT OF EDUCATION. *History curriculum framework*. Boston: 1997b.

MCGUIRE, J. M. Taking a storypath into history. *Educational Leadership*, v. 54, n. 6, p. 70–72, 1997.

MCKEOUGH, A.; LUPART J.; MARINI, Q. (Eds.). *Teaching for transfer:* fostering generalization in learning. Mahwah: Lawrence Erlbaum, 1995.

MCMILLAN, J. H. *Classroom assessment:* principles and practice for effective instruction. Boston: Allyn & Bacon, 1997.

MEICHENBAUM, D.; BIEMILLER, A. *Nurturing independent learners:* helping students take charge of their learning. Cambridge: Brookline Books, 1998.

MILGRAM, S. *Obedience to authority:* an experimental view. New York: Harper & Row, 1974.

MILNE, A. A. *Winnie-the-Pooh*. New York: E. P. Dutton, 1926.

NAGEL, N. G. *Learning through real-world problem solving:* the power of integrative teaching. Thousand Oaks: Corwin, 1996.

NEW STANDARDS. *Performance standards:* English language arts, mathematics, science, applied learning. Pittsburgh: [s.n.], 1997. 3 v.

NEWMANN, F. M.; MARKS, H. M.; GAMORAN, A. Authentic pedagogy: standards that boost student performance. *Issues in Restructuring Schools*, n. 8, p. 2-17, 1995.

NEWMANN, F. M.; SECADA, W. G.; WEHLAGE, G. G. *A guide to authentic instruction and assessment:* vision, standards and scoring. Madison: Wisconsin Center for Education Research, 1995.

NGEOW, K. Y. *Motivation and transfer in language learning*. Bloomington: ERIC Clearinghouse on Reading, English, and Communication, 1998. ERIC Digest ED427318 98.

NICKERSON, R. S. Understanding understanding. *American Journal of Education*, v. 93, n. 2, p. 201–239, 1985.

NICKERSON, R. S.; PERKINS, D. N.; SMITH, E. E. *The teaching of thinking*. Hillsdale: Lawrence Erlbaum, 1985.

OSBORNE, R.; FREYBERG, P. *Learning in science:* the implications of children's science. Aukland: Heinemann, 1985.

PARKES, J. The role of transfer in the variability of performance. *Educational Assessment*, v. 7, n. 2, p. 143-164, 2001.

PEAK, L. *et al. Pursuing excellence:* a study of U.S. eighth grade mathematics and science teaching, learning, curriculum, and achievement in international context. Washington, DC: U.S. Department of Education, National Center for Education Statistics, 1996. NCES 97-198.

PERKINS, D. N. Educating for insight. *Educational Leadership*, v. 49, n. 2, p. 4–8, 1991.

PERKINS, D. N.; GROTZER, T. A. Teaching intelligence. *American Psychologist*, v. 52, n. 10, p. 1125–1133, 1997.

PERRY JR., W. G. *Forms of intellectual development in the college years:* a scheme. New York: Holt, Rinehart & Winston, 1970.

PETERS, R. S. *The concept of education*. London: Routledge & Kegan Paul, 1967.

PIAGET, J. *The moral judgment of the child*. New York: Free, 1965.

PLANNING integrated units: a concept-based approach. Produzido por Association for Supervision and Curriculum Development. Alexandria: Association for Supervision and Curriculum Development , 1997. 1 videocassete.

POPPER, K. R. *Conjectures and refutations:* the growth of scientific knowledge. New York: Harper & Row, 1968.

PRESSLEY, M. et. al. Encouraging mindful use of prior knowledge: attempting to construct explanatory answers facilitates learning. *Educational Psychologist*, v. 27, n. 1, p. 91–109, 1992.

REDFIELD, D. L.; ROUSSEAU, E. W. A meta-analysis of experimental research on teacher questioning behavior. *Review of Educational Research*, v. 51, n. 2, p. 237–245, 1981.

RUIZ-PRIMO, M. A. *et al.* On the validity of cognitive interpretations of scores from alternative concept-mapping techniques. *Educational Assessment*, v. 7, n. 2, p. 99-141, 2001.

SANDERS, N. M. *Classroom questions:* what kinds? New York: Harper & Row, 1966.

SCHMOKER, M. J. *Results:* the key to continuous school improvement. Alexandria: Association for Supervision and Curriculum Development, 1996.

SCHÖN, D. A. *Educating the reflective practitioner:* toward a new design for teaching and learning. San Francisco: Jossey-Bass, 1990.

SCHOOL CURRICULUM AND ASSESSMENT AUTHORITY. *English tests mark scheme for paper two* (Key stage 3, Levels 4–7). London: Do autor, 1997.

SCHWAB, J. J. The practical: arts of eclectic. *School Review*, v. 79, n. 4, p. 493–542, 1971.

SENK, S. L.; THOMPSON, D. R. *Standards-based school mathematics curricula:* what are they? What do students learn? Mahwah: Lawrence Erlbaum, 2003.

SERRA, M. *Discovering geometry:* an inductive approach. Berkeley: Key Curriculum, 1989.

SHATTUCK, R. *Forbidden knowledge:* from Prometheus to pornography. New York: St. Martin's, 1996.

SHULMAN, J. E. (Ed.). *Case methods in teacher education*. New York: Teachers College, 1992.

SINGH, S. *Fermat's enigma:* the epic quest to solve the world's greatest mathematical problem. New York: Walker & Co, 1997.

SKEMP, R. R. *The psychology of learning mathematics*. Hillsdale: Lawrence Erlbaum, 1987.

SOUTHERN REGIONAL EDUCATION BOARD. *Making high schools work:* through integration of academic and vocational education. Atlanta: [s.n.], 1992.

SPIRO, R. J. *et al. Cognitive flexibility theory:* advanced knowledge acquisition in ill-structured domains. Hillsdale, NJ: Lawrence Erlbaum, 1988. Technical report nº 441.

STAVY, R.; TIROSH, D. *How students (mis-)understand science and mathematics*: intuitive rules. New York: Teachers College, 2000.

STEINBERG, A. *Real learning, real work:* school-to-work as high school reform. New York: Routledge, 1998.

STEINBERG, A.; CUSHMAN, K.; RIORDAN, R. *Schooling for the real world:* the essential guide to rigorous and relevant learning. San Francisco: Jossey-Bass, 1999.

STEPIEN, W.; GALLAGHER, S. Problem-based learning: as authentic as it gets. *Educational Leadership*, v. 50, n. 7, p. 23–28, 1993.

STEPIEN, W. J.; GALLAGHER, S. A.; WORKMAN, D. Problem-based learning for traditional and interdisciplinary classrooms. *Journal for the Education of the Gifted*, v. 16, n. 4, p. 338–357, 1993.

STIGGINS, R. J. *Student-centered classroom assessment*. 2nd ed. Upper Saddle River: Merril, 1997.

STONE, C. L. A meta-analysis of advance organizer studies. *Journal of Experimental Education*, v. 51, n. 4, p. 194–199, 1983.

STRONG, M. *The habit of thought:* from Socratic seminars to Socratic practice. Chapel Hill: New View, 1996.

TAGG, J.; EWELL, P. T. *The learning paradigm in college*. Bolton: Anker Publishing Company, 2003.

THARP, R. G.; GALLIMORE, R. *Rousing minds to life:* teaching, learning, and schooling in social context. Cambridge: Cambridge University, 1988.

THIER, H. D.; DAVISS, B. *Developing inquiry-based science materials:* guide for educators. New York: Teachers College, 2001.

TISHMAN, S.; PERKINS, D. The language of thinking. *Phi Delta Kappan*, v. 78, n. 5, p. 368-374, 1997.

VAN DE WALLE, J. A. *Elementary and middle school mathematics:* teaching developmentally. New York: Longman, 1998.

VANDERSTOEP, S. W.; SEIFERT, C. M. Learning "how" versus learning "when": Improving transfer of problem-solving principles. *Journal of the Learning Sciences*, v. 3, n. 1, p. 93–11, 1993.

WEAVER, B.; ADKINS, J.; COLLEGE OF WILLIAM AND MARY. Center for Gifted Education. *The Chesapeake Bay:* a problem-based unit. Dubuque: Kendall Hunt, 1997.

WEIL, M. L.; MURPHY, J. Instructional processes. In: MITZEL, H. E. (Ed.). *Encyclopedia of educational research*. 5th ed. New York: Free, 1982.

WENGLINSKY, H. *Does it compute?:* the relationship between educational technology and student achievement in mathematics. New Jersey: Educational Testing Service, 1998.

WIGGINS, G. The futility of teaching everything of importance. *Educational Leadership*, v. 47, n. 3, p. 44–59, 1989.

WIGGINS, G. P. *Assessing student performance:* exploring the purpose and limits of testing. San Francisco: Jossey-Bass, 1993.

WIGGINS, G. P. *Thoughtfulness as an educational aim*. 1987. Dissertação (Master) – Harvard University Graduate School of Education. Harvard University, Cambridge, 1987.

WILSON, J. *Thinking with concepts*. London: Cambridge University, 1963.

WOLF, D. The art of questioning. *Academic Connections*, p. 1-7, 1987.

YANNIS, A. SOCCER; Indiana only needs 90 minutes for a title. *New York Times*, p. D00002, 13 Sep. 1999. Disponível em: https://www.nytimes.com/1999/12/13/sports/soccer-indiana-only--needs-90-minutes-for-a-title.html. Acesso em: 11 dez. 2018.

ZANGRANDO, J.; COLLEGE ENTRANCE EXAMINATION BOARD; COLLEGE ENTRANCE EXAMINATION BOARD. Advanced Placement Program. *1992 AP U.S. history:* free-response scoring guide and sample student answers. New York: College Entrance Examination Board, 1992.

Índice

Obs.: Um número de página seguido pela letra *f* indica referência a uma figura.

A

A Place Called School (Goodlad), 200-201

B

N

O

P

Q

R

S

T

V

W

Y